(2017)

晋城年鉴

晋城市地方志办公室 编

方志出版社
Publishing House of Local Records

图书在版编目(CIP)数据

晋城年鉴. 2017 / 晋城市地方志办公室编. --北京:
方志出版社, 2018.3

ISBN 978-7-5144-3027-1

Ⅰ. ①晋… Ⅱ. ①晋… Ⅲ. ①晋城—2017—年鉴
Ⅳ. ①Z522.53

中国版本图书馆CIP数据核字(2018)第052771号

晋城年鉴(2017)

编　　者: 晋城市地方志办公室
责任编辑: 黄　彦

出 版 人: 冀祥德
出 版 者: 方志出版社
　　地址　北京市朝阳区潘家园东里9号(国家方志馆4层)
　　邮编　100021
　　网址　http://www.fzph.org
发　　行: 方志出版社图书经销中心
　　电话 (010) 67110500
经　　销: 各地新华书店
印　　刷: 山西智慧景潮包装印刷有限公司

开　　本: 889×1194　1/16
印　　张: 30
字　　数: 857千字
版　　次: 2018年3月第1版　2018年3月第1次印刷
印　　数: 0001~1500册

ISBN 978-7-5144-3027-1　定价: 280.00元

《晋城年鉴》编纂委员会

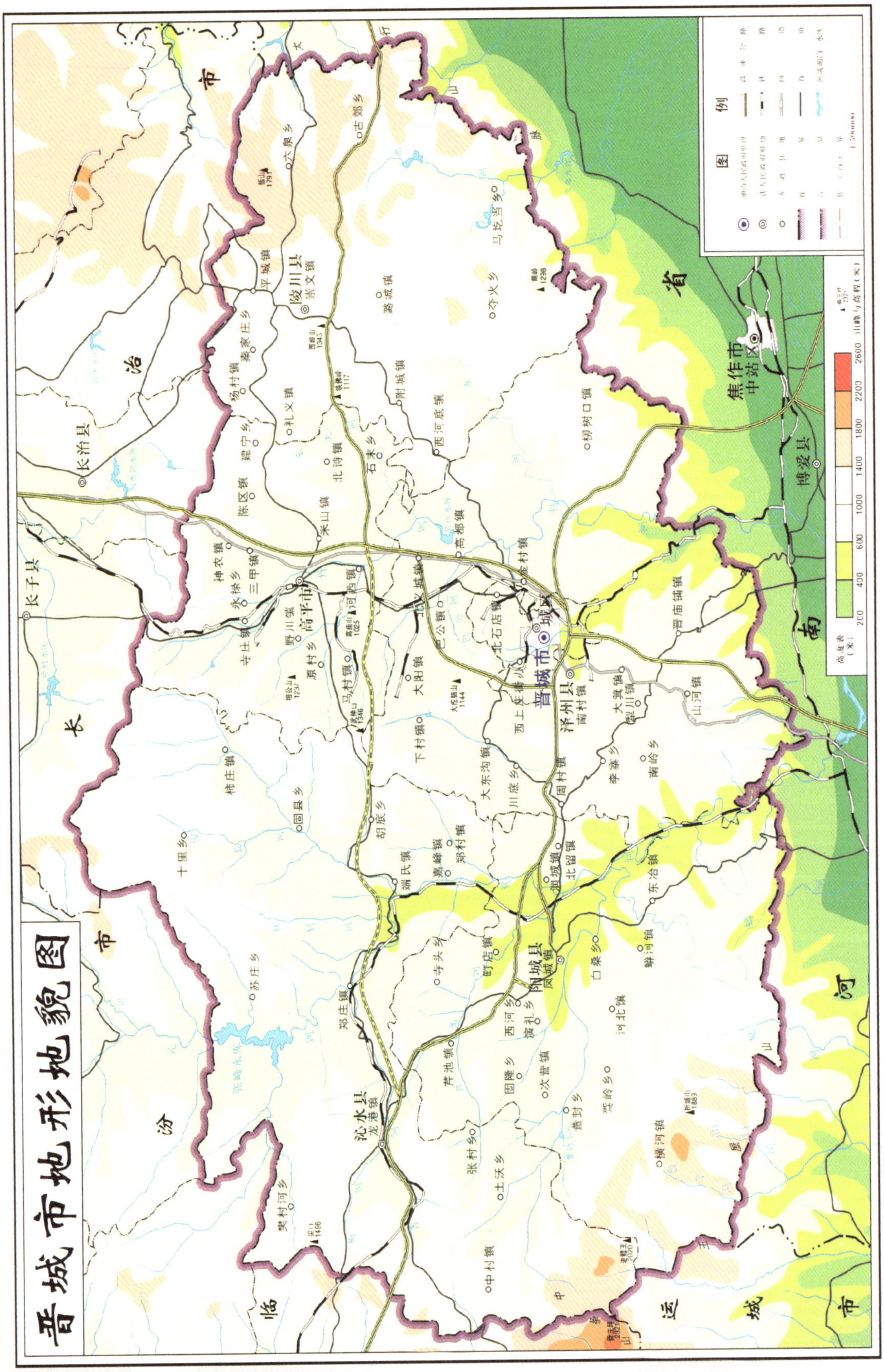
晋城市地形地貌图
晋城市
泽州县
高平市
阳城县
沁水县
陵川县
长治县
长子县
焦作市
博爱县
图例

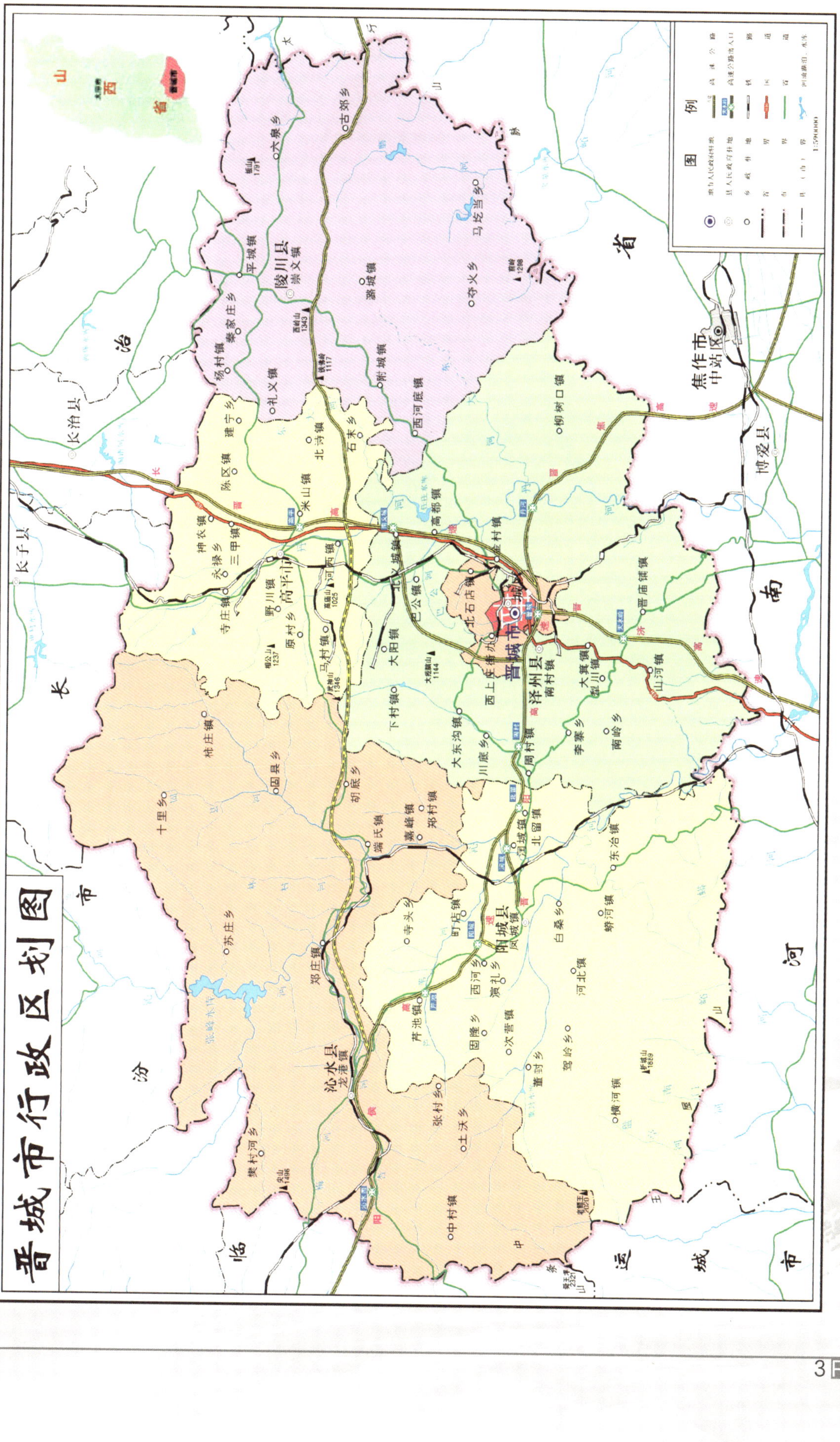

晋城市行政区划图

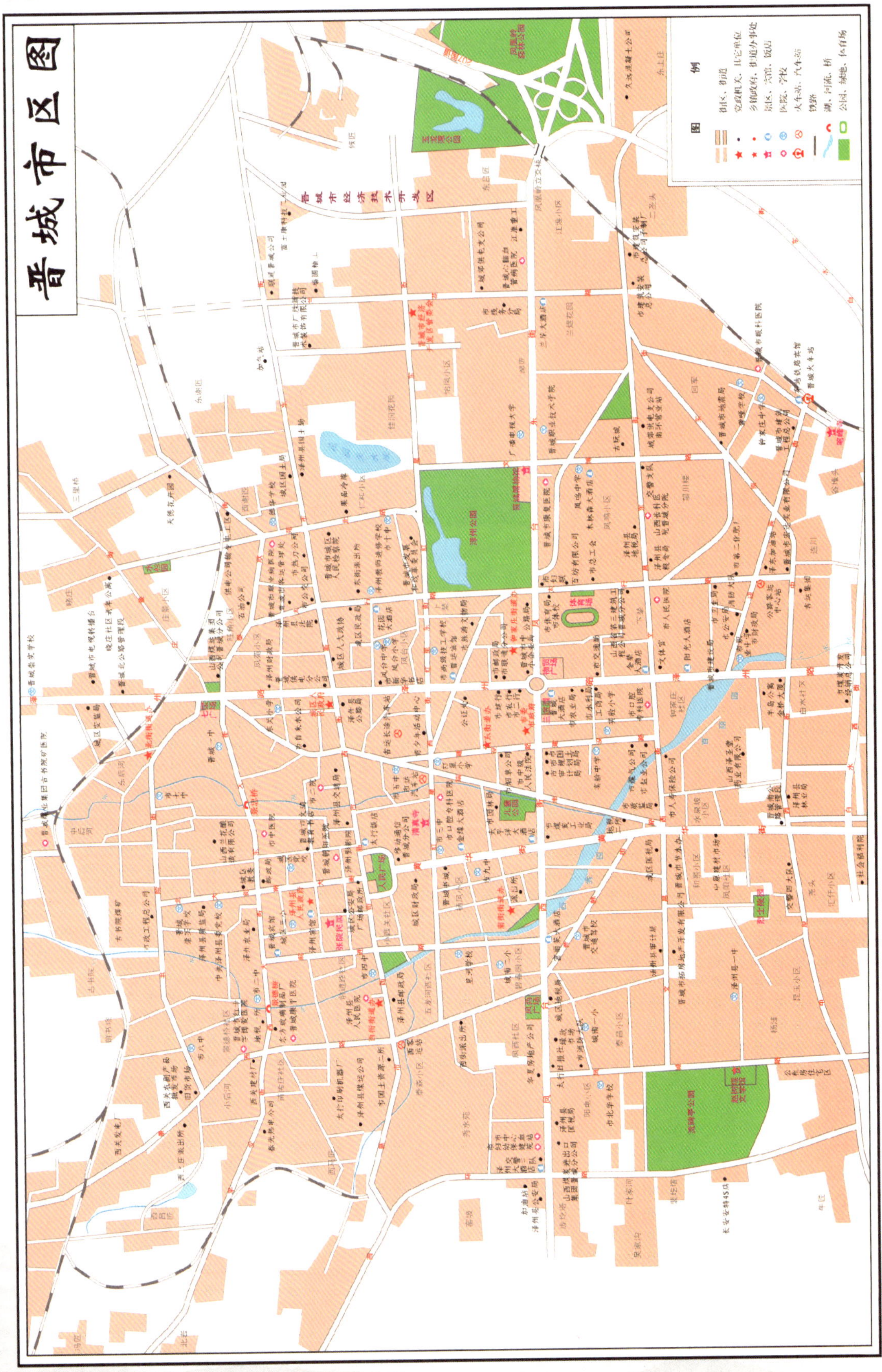
晋城市区图

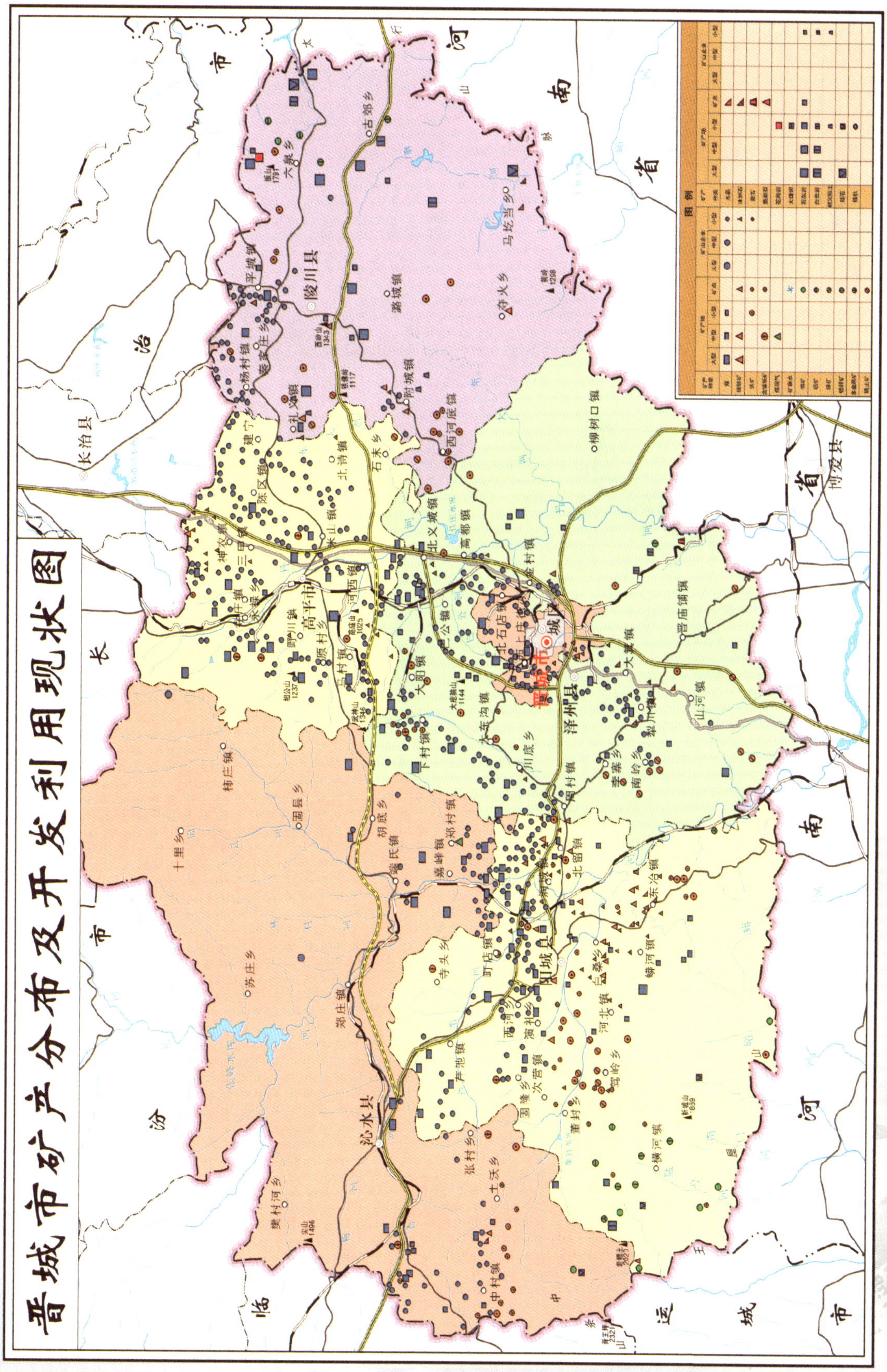
晋城市矿产分布及开发利用现状图
陵川县
高平市
晋城市
泽州县
阳城县
沁水县
长治市
临汾市
运城市
河南省
图例

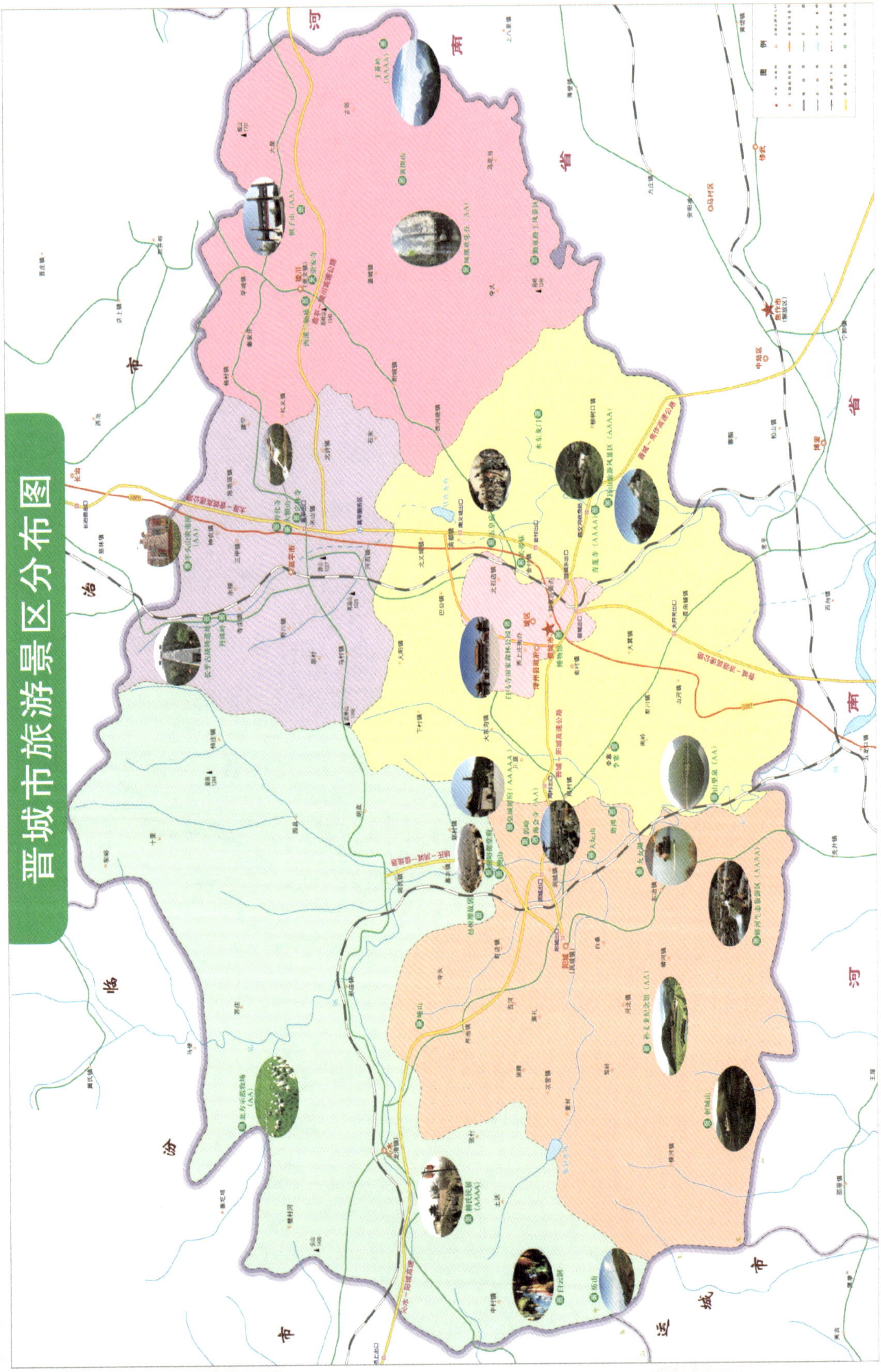
晋城市旅游景区分布图

2016年9月26日，中国共产党晋城市第七次代表大会在泽州会堂召开

2016年3月24日，市政府召开全市固定资产投资和重点工程工作会

2016 年 10 月 22 日，晋城市第七届人民代表大会第一次会议在泽州会堂开幕

2016 年 10 月 21 日，中国人民政治协商会议第七届晋城市委员会第一次会议在泽州会堂开幕

2016年8月18日，晋城市企业上市（挂牌）推进工作暨业务培训会议召开

2016年11月29日，晋城市政府与中国船舶重工集团公司在北京正式签署战略合作协议

2016年6月21日，省、市“十二五”规划重点工程，兰花科创年产20万吨己内酰胺一期项目竣工投产

2016年6月21日，中国城市竞争力研究会在香港发布“2016中国城市分类优势排行榜”榜单，晋城入围中国最干净城市

2016 年 5 月 14 日，海峡两岸同胞炎帝故里民间拜祖典礼在高平举行

2016 年 10 月，全市首家公建民营老年人日间照料中心“幸福苑”在西大街社区正式挂牌成立

数字晋城 2016

综　合

地区生产总值	1049.3 亿元
第一产业	49.8 亿元
第二产业	554.9 亿元
第三产业	444.6 亿元
人均地区生产总值	45271 元

人　口

常住人口	232.09 万人
男性	117.20 万人
女性	114.89 万人
出生人口	1.94 万人
死亡人口	1.35 万人

对外经济贸易

海关进出口总额	6.0 亿美元
出口总额	1.65 亿美元
进口总额	4.34 亿美元
实际利用外资额	1.8 亿美元

能　源

能源生产总量	7001.4 万吨标准煤
社会用电量	180.0 亿千瓦时
向省外运输煤炭量	6315 万吨

物　价

居名消费价格指数	100.7
商品零售价格指数	100.0
工业生产者出厂价格指数	93.6
工业生产者购进价格指数	93.4

就　业

经济活动人口	157.21 万人
社会从业人员	156.22 万人
第一产业	43.57 万人
第二产业	50.91 万人
第三产业	61.74 万人
城镇就业人员	75.10 万人
乡村就业人员	81.12 万人

固定资产投资

全社会固定资产投资	1150.4 亿元
第一产业	120.4 亿元
第二产业	368.5 亿元
第三产业	661.5 亿元

人民生活

居民人均可支配收入	20578 元
城镇居民人均可支配收入	28223 元
农村居民人均可支配收入	11635 元

农　业

农作物种植面积	18.03 万公顷
粮食种植面积	16.9 万公顷
粮食产量	90.1 万吨
设施蔬菜产量	11.0 万吨
肉类产量	16.6 万吨

数字晋城 2016

工　业

规模以上工业企业单位数	230 个
原煤产量(全社会)	9271 万吨
煤层气产量	33 亿立方米
生铁产量	417 万吨
钢材产量	354 万吨
水泥产量	193 万吨
化肥产量	259 万吨
发电量	226 亿千瓦时

建筑业

建筑业企业单位数	113 个
建筑业企业总产值	56.1 亿元
房屋建筑施工面积	376.3 万平方米

住宿　餐饮业和旅游

旅游景区	20 个
星级饭店	18 家
国内旅游人数	3885.28 万人次
国际旅游人数	12819 人次
旅游总收入	356.62 亿元

财政　金融和保险

财政总收入	169.0 亿元
公共财政预算收入	89.3 亿元
公共财政预算支出	173.2 亿元
城乡居民储蓄存款余额	1961.2 亿元
保费收入	39.0 亿元

交通运输　邮电通信业

公路线路里程	9134.5 公里
高速公路里程	318.6 公里
民用汽车保有量	36.4 万辆
邮电业务总量	41.5 亿元
移动电话户数	225.0 万户

国内贸易

社会消费品零售总额	386.2 亿元
城镇消费品零售额	326.5 亿元
乡村消费品零售额	59.7 亿元

教育　科技

普通高等学校数	2 所
普通高等学校在校学生数	6325 人
中等职业学校数	19 所
中等职业学校在校学生数	15930 人
实施各类科技项目	34 项
专利拥有量	340 件

文化　体育　卫生　环保

文化馆数	6 个
公共图书馆数	7 个
各级各类体育场馆数	5717 个
各级医疗卫生机构数	3201 个
自然保护区数	5 个

(晋城市统计局)

编纂说明

一、《晋城年鉴》全面系统地记载晋城市自然、政治、经济、文化、社会状况，以及市委、市政府的新思路、新举措、新进展、新成就和新经验，为广大读者了解晋城、认识晋城、研究晋城、投资晋城、建设晋城提供基础信息。

二、《晋城年鉴》以马克思列宁主义、毛泽东思想、邓小平理论、“三个代表”重要思想、科学发展观、习近平新时代中国特色社会主义思想为指导，坚持辩证唯物主义和历史唯物主义的立场、观点和方法，为晋城的经济社会发展服务。

三、《晋城年鉴(2017)》采用分类编排法，共分四个层次编排，即类目、分目、次分目、条目。全书共设立25个类目。

四、《晋城年鉴（2017）》涉及数据由于行业和地区统计口径等方面的原因，个别条目互有不一致之处，当以晋城市统计局发布的统计数字为准。

五、《晋城年鉴（2017）》记事时间为2016年1月1日至2016年12月31日。特载栏目选载2017年市委、市人大常务委员会、市人民政府、市政协、市中级人民法院、市人民检察院及市发改委、市财政局等工作报告中回顾2016年部分，增强年鉴所载资料的时效性。

六、本年鉴资料和照片均由各单位提供。

目录

彩页索引

目录

目录

鸣谢单位

中国邮政集团公司晋城市分公司

要　目

特 载

大事记

市情概况

生态环境

经济建设

社会建设

精神文明建设

机构设置和领导人名录

中国共产党晋城市委员会

市委办公厅

组 织

晋城市人民代表大会常务委员会

晋城市人民政府

军 事

法 治

社会团体

农业经济

农 业

农业综合开发

畜 牧

农 机

林 业

水 务

住房和城乡建设 环境保护

住房保障和城乡建设

城乡规划

商业 贸易

商务粮食

供　销

石　油

烟　草

财政 税务

财　政

税　务

金融 保险 证券

金融工作

银行业务

银行监管

银行机构

人 物

区县概览

CONTENTS

Education Science and Technology

Culture Health

Social Life

Personage

Brief Introduction to Countries and Districts

Index

中共晋城市委常委会工作报告

——2017年1月10日在晋城市委七届二次全体会议暨经济工作会议上的讲话

中共晋城市委书记 张九萍

一、主动作为、积极工作，推动全市经济在攻坚克难中砥砺前行

去年以来，我们深入学习贯彻习总书记系列重要讲话精神，统筹推进"五位一体"总体布局，协调推进"四个全面"战略布局，牢固树立五大发展理念，按照省委"一个指引、两手硬"的重大思路和要求，认真落实全面从严治党要求，着力推动构建良好政治生态向着"巩固、深化、提高"方向迈进；深入实施"一争三快两率先"战略部署，着力推动经济发展朝着"稳步向好、转型升级、振兴崛起"方向迈进，全市改革发展和各项事业取得了新进展、新突破、新成效，实现了"下半年好于上半年"的工作目标。

面对错综复杂的形势和艰巨繁重的任务，市委按照习总书记"一心一意谋发展、聚精会神抓党建"的指示精神，坚决贯彻落实中央和省委重大决策部署，切实加强和改善对经济工作的领导，市委常委会6次专题研究经济工作，理直气壮抓发展，廉洁为民抓发展，把省、市党代会提出的目标任务逐项层层分解，在全市组织大学习、开展大宣传、推动大落实，全力以赴保市场、保运转、保就业，提质量、提效益、提创新创造能力，最大限度地调动干部干事创业的积极性，最大限度地激发企业家发展的自信心。特别是以扶持实体经济为突破口，启动"1533"工业行动，积极开展"干部入企服务活动"，集中力量推进重点工程项目建设，积极扩大合理有效投资，大力发展文化旅游产业，先后召开县域经济发展会和推进会，引导和激励各县市区立足实际、错位发展、差异竞争。通过一系列举措，促进了全市经济企稳回升。12月份，又专门听取各位市委常委的工作汇报，并进行了专题研讨，召开了市直主要经济部门、税务金融单位座谈会，群策群力，进行集体把脉；组织各县市区和市直有关部门围绕经济发展中的重大问题开展了19个专题调研，不断提升综合分析、研究解决问题的能力，形成了对经济发展怎么看、怎么干的共识。

经过全市上下的共同努力，2016年经济发展取得稳步向好的积极成效。一是经济增长低位企稳回升。预计全年生产总值增长4%左右，比上半年提高约2.7个百分点；规模以上工业增加值增长2%，增速由负转正，比上半年提高3.7个百分点；社会消费品零售总额增长7.5%，比上半年提高1.6个百分点；固定资产投资增长6.6%，城镇居民人均可支配收入增长6.0%，农村居民人均可支配收入增长6.8%，增速与上半年基本持平；一般公共预算收入实际完成89.3亿元，下降4.9%，比上半年降幅收窄1.7个百分点。二是经济发展积极因素加快累积。从主要经济指标看，生产总值增速逐季回升；工业生产者出厂价格指数降幅连续8个月收窄；规模以上工业增加值累计增速连续10个月加快；规模工业企业实现利润从7月份开始扭亏为盈；限额以上单位消费品零售额累计增速连续8个月加快；一般公共预算收入1—11月份累计降幅为6月份以来最小。从实体经济发展看，主营业收入亿元以上工业企业108个，其中，百亿元以上1个（晋煤），50亿元以上2个（富士康、福盛钢铁），10亿元以上12个，5亿元—10亿元13个；利税在亿元以上27个，其中，30亿元以上1个（晋煤），10亿元以上2个（富士康、阳电）。从重点工程完成情况看，项目储备完成12296.3亿元，完成率100.3%，全省排名第六；项目签约完成2266.9亿元，完成率144.9%，全省排名第三；项目落地完成1009.3亿元，完成率103.4%，全省排名第五；项目开工完成955.4亿元，完成率108.1%，全省排名第四；重点工程建设完成910.3亿元，完成率97.6%，全省排名第五。三是干事创业的氛围日益浓厚。深化“两学一做”学习教育，组织开展“讲担当、转作风、抓落实”活动，在全省率先研究制定了加强“三基”建设实施方案，率先召开了动员大会，确定了“两年见成效、五年大变样”的时间表和路线图，推动基层组织全面加强、基础工作全面进步、基本能力全面提升；结合换届工作，甄别干部2317名，对2281名干部进行“四评十查一访”，顺利完成427名市管干部调整工作，制定出台了激励干部干事创业机制、支持改革创新合理容错机制和推进干部能上能下机制，提振了干部群众的精气神，全市奋发进取的大氛围大环境正在形成。

同时，必须清醒地看到，全市经济社会发展还有不少困难和问题。经济尚未进入合理增长区间，企稳向好的基础还不牢固；经济结构性矛盾突出，经济增长的内生动力不足；企业盈利能力减弱，实体经济融资难融资贵问题还没有得到明显缓解，一些煤炭企业财务运行成本偏高；节能降耗形势严峻，资源环境压力异常突出；财政增收困难加大，等等。对这些问题，我们要采取有力措施加以解决。

在直面问题、正视困难的同时，我们也要看到我们的成绩，看到业已形成的良好基础，鼓足勇气、坚定信心、勇往直前。在2016年全省县域经济实力综合考评中，我市6个县（市、区）中就有4个进入a类县第一方阵前15名（沁水第5名、泽州第8名、高平第11名、阳城第12名），城区在全省23个市辖区中排第5名，这充分说明我市县域经济实力普遍明显增强。从国家统计局制定的全面小康实现程度五个方面39项检测指标分析看，我市2015年的整体实现程度已达86.1%，高出全省4个百分点，其中，21项已经达到100%，10项已达80%以上、可望提前完成，剩余8项虽低于80%，但经过努力完全可以圆满实现；我市事关人民生活水平方面的综合测评指标实现程度已达94.7%、高出全省5.1个百分点；事关资源环境方面的综合测评指标达83.7%，高出全省9.4个百分点。这充分表明，我们离率先全面建成小康社会的目标越来越近。

二、认清形势、坚定信心，切实增强做好今年经济工作的责任感和紧迫感

2017年是党的十九大召开之年，同时也是实施“十三五”规划的重要之年，是供给侧结构性改革的深化之年，是我们全面贯彻省、市党代会精神的开局之年，是努力走出经济困难局面的攻坚之年。做好今年经济工作意义重大，我们必须树立宽广的视野，紧紧围绕中心工作大局，顺应发展大势，对经济形势有一个理性的分析和判断，把握好国家和省出台的一系列发展战略和利好政策，引导好全市干部群众思进思变的激情和干劲，牢牢掌握经济工作的主动权，以改革创新的精神、求真务实的作风，不断开拓发展新境界，确保中央和省委的决策部署落到实处。

在实践中我们深深感到，党的十八大以来，党中央作出经济发展进入新常态的重大判断，形成以新发展理念为指导、以供给侧结构性改革为主线的政策框架，坚持和贯彻稳中求进工作总基调，这一系列重大经济理论创新和决策部署，体现了对经济大势的准确把握；省委、省政府去年下半年紧跟中央部署，提出了“一个指引、两手硬”的重大思路和要求，提出治晋理政总方略，开辟治晋理政新境界，为我们战胜各种困难挑战、推动经济稳步前进提供了科学指引和根本方法。我们一定要在大局中找准定位，在实践中凝聚共识，吃准上情、把握实情，坚定做好今年经济工作的信心和决心。

一要深刻认识到，经济发展中“稳”的基础更加坚实。从宏观经济的走势来看，尽管国际金融危机影响犹存，但全球经济正在缓慢复苏；尽管经济面临较大下行压力，但我国仍处于重要的战略机遇期；尽管世界经济仍处于深度调整期和变革期，但我国主动塑造外部环境，开拓了发展新空间新领域，为我们带来了新的发展机遇，也增强了我们做好经济社会发展工作的信心和底气。从中央政策导向来看，中央经济工作会议连续第六年将“稳中求进”作为经济工作总基调，连续第七年实施积极财政政策和稳健货币政策，突出强调了稳是主基调，稳是大局，在稳的前提下要在关键领域有所进取，在把握好“度”的前提下奋发有为，为我们提供了做好经济工作的重要原则和方法论。从省委要求来看，骆书记在省委全会暨经济工作会议上强调，要着眼于稳，确保经济基本面稳定、确保社会大局稳定、确保安全生产形势总体稳定、确保社会舆情稳定，为我们兜住底线、把握大局指明了方向。

二要深刻认识到，经济发展中“进”的态势更加有利。着眼于进，省委提出了“要在提高质量和效益前提下实现经济增长、要坚定不移推进转型发展、要加快推进改革创新、要促进干部队伍能力建设”四项具体要求。落实这些要求，我们既有较好的基础，又有有利条件。从政策导向来看，中央、省委经济工作会议都释放了一些重大的利好信号。比如：围绕促进实体经济发展，国家将进一步减税降费，着力降低企业成本，减轻企业负担。比如，围绕促进转型升级，省委、省政府为落实积极有效的财政政策，引入竞争性使用省财力机制，设立“促转型增动能基金”和“技术改造专项资金”，撬动金融资本和社会资本，用真金白银支持实体经济转型发展。从市场趋势来看，去年，经过煤炭行业去产能和对进口煤炭加大控制力度，作为我市主要工业产品的煤炭价格明显回升，这是在供需新平衡的基础上实现的。今年，全国引导煤炭供需动态平衡的机制正在进一步形成，加之不排除国际能源价格可能上扬，煤炭价格有望在合理水平上保持相对稳定，这就为我市经济稳步向好提供了有力支撑。从发展环境来看，中央经济工作会议再次强调，坚持基本经济制度，并提出加强产权保护，维护法治环境；省委、省政府也将进一步支持民营经济发展，进一步激发民营企业和民营企业家的创造活力，这将为企业发展营造更加宽松的环境。占我市“半壁江山”的民营企业，也将进入一个新的活跃期、发展期。从我市的实际看，经济进入新常态后，煤炭黄金十年期风光不再，我市与全省一样，从“因煤而兴”转入“因煤而困”的局面，晋城的发展到了一个新的历史拐点。市委统筹谋划、集思广益，通过组织大调研、开展大讨论，在2013年初召开的市委六届三次全会暨经济工作会议上提出了实施“一争三快两率先”发展战略，在2016年9月召开的市第七次党代会上，结合学习贯彻党的十八届三中、四中、五中全会精神，特别是践行五大发展理念，进一步明确作出继续深入推进“一争三快两率先”战略部署，并赋予新的内涵、新的要求，与创新、协调、绿色、开放、共享的发展理念紧密相连、高度契合，体现了新形势下的晋城表达、晋城路径和晋城担当。“一争”是基于我市处于山西转型综改试验区和中原经济区“两区”叠加之地，重在发挥区位优势，抢抓政策机遇，对标一流、争先进位。“三快”是基于我市的突出短板和比较优势的考虑，“加快结构调整步伐”，主要是针对“一煤独大”的突出短板，致力于推动经济协调可持续发展；“加快美丽晋城建设”，主要是立足我市的生态优势，致力于把生态优势转化为发展优势；“加快城乡统筹进程”，主要是立足我市城乡发展基础较好的实际，致力于在更高水平上实现城乡一体化协调发展。“两率先”是基于我市的工作基础和产业特色，提出“率先全面建成小康社会”，客观上看我们既有基础、也有可能，主观上讲体现了市委的使命担当，以我市的“率先”服从服务于全省如期与全国同步全面建成小康社会。因为我市的小康起步早、基础好，在1992年就提出了农村小康建设的总体思路，相对于其他地市，晋城贫困面小、贫困人口少，没有国家级贫困县，在两个省级贫困县中，陵川贫困发生率排全省倒数第八位，沁水贫困发生率则排全省倒数第一位；提出“率先走出资源型地区创新驱动、转型升级的新路”，我们既有条件，也有需要。因为我市经济体量不大、产业单一，作为典型的资源型城市，必须坚决跳出以往“市场好时无暇调整、市场差时无力调整”的怪圈，彻底摆脱对煤炭的过度依赖，牢固树立“科技是第一生产力”的理念，坚定不移走出一条创新驱动、转型升级的新路。

三要深刻认识到，经济发展中“改”的动力更加强劲。解决我市经济运行面临的突出矛盾和问题，根本途径是深化改革。中央经济工作会议指出，要按照统筹推进、重点突破的要求加快改革步伐，更好发挥改革牵引作用，并对加快国企国资、财税和金融体制、养老保险制度等关键性改革作出了重大部署，强调要充分调动地方和基层推动改革的积极性和主动性。省委提出，要抓好事关全局的关键性改革，坚持用改革的办法解决发展中的问题，特别强调要把加快开发区改革创新作为我省转型综改战略的突破口，把国企改革作为决定转型综改前途的关键一招来抓，并将出台一系列重大改革举措。今年随着供给侧结构性改革的进一步深化，改革红利和政策效应将陆续释放出来，靠改革冲破瓶颈制约的导向将更加明确，我市从煤以外寻找战略突破点的发展新特征将更加鲜明，发展的新动能新态势将会加速形成。

从我们面临的形势和任务出发，今年全市经济工作总的要求是：深入贯彻习近平总书记系列重要讲话精神，统筹推进“五位一体”总体布局，协调推进“四个全面”战略布局，认真落实中央、省委决策部署和市第七次党代会目标任务，坚持稳中求进工作总基调，自觉践行新发展理念，深入推进“一争三快两率先”战略部署，着力深化“供改”和“综改”，着力提高发展质量和效益，着力加快创新驱动、转型升级，着力推动开发区改革创新和发展壮大实体经济，着力保障和改善民生，确保经济稳步向好和社会和谐稳定，为率先全面建成小康社会奠定坚实基础，以优异成绩迎接党的十九大胜利召开。

今年经济社会发展的主要预期目标是：在提高质量、改善环境的基础上，生产总值增长5.5%左右；一般公共预算收入增长1%；城镇、农村居民人均可支配收入分别增长6%和6.5%；城镇新增就业3.4万人，城镇登记失业率控制在4.2%以内。

确定这样一系列目标，是市委在权衡各种因素、综合考虑后作出的决策。从总量指标看，生产总值增长安排在5.5%左右，基本符合我市潜在经济发展趋势和增长预期。其中：一产预计增长6.5%，可拉动全市经济增长0.3个百分点；二产预计增长3%，可拉动经济增长2.9个百分点；三产预计增长8.5%，可拉动经济增长2.3个百分点；三次产业比例预计将由2016年的4.8:54.4:40.7调整为2017年的4.9:53.2:41.9。从收入指标看，一般公共预算收入完成90.2亿元，预计增长1%。其中，税收预计完成58亿元，占收入比重65%，非税占比为35%，这将进一步优化收入结构，使税收和非税比重由2016年的61.9:38.1优化为2017年65:35。从民生指标来看，发展的最直接目的就是增加就业，让老百姓富起来。因此，今年提出城镇新增就业3.4万人，城镇登记失业率控制在4.2%以内，城镇、农村居民人均可支配收入增速分别安排在6%和6.5%，高于GDP预期增长目标。这样的安排，有利于保就业、保民生、保稳定，有利于促转型、调结构、增动能，让群众更有获得感、得到更多实惠，这既充分体现了我们以人民为中心的发展思想，也同率先全面建成小康社会的要求相衔接。在经济下行势头没有彻底扭转的情况下，实现这一系列目标要求，仍需付出艰苦努力，必须爬坡过坎，一步一个脚印向着战略目标迈进。只要全市上下咬定目标、攻坚克难，确保实现今年增长目标，2018年我市经济就有望进入合理增长区间。

三、突出重点、抓住关键，全力推动经济社会发展实现新突破、取得新成效

做好今年的经济工作，关键是要把中央和省委决策部署与我市实际紧密结合起来，牢固树立和贯彻落实新发展理念，深入推进“一争三快两率先”战略部署，突出改革开放解决发展瓶颈问题，突出创新驱动解决发展后劲问题，突出绿色发展解决发展方向问题，突出民生优先解决发展目的问题，发挥优势、精准发力，推动全市经济社会持续健康发展。

（一）积极争先综改、加快竞逐中原，在深化“供改”和“综改”上实现新突破。习总书记强调，解决我国经济重大结构性失衡，要从供给侧结构性改革上想办法、定政策。省委明确指出，供给侧结构性改革是山西转型发展的必由之路、重大机遇和治本良方，给转型综改试验区建设赋予新内涵新动力。我们一定要自觉把思想、行动和工作重点统一到中央、省委部署要求上来，把深化"供改"与"综改"作为经济工作的主线，以争先的精神、竞逐的本领，全面抓好深化改革、扩大开放各项任务的落实，促进新发展理念在晋城落地生根。

一要深入推进供给侧结构性改革。去产能方面，重点是去煤炭、钢铁产能，而我市煤炭多数是优质无烟煤，产能利用率达到93.9%；钢铁方面，按照省下达任务，在2020年前需化解钢铁产能49万吨，我市将于2018年底前化解85万吨，超省定目标73.5个百分点。因此，我市去产能关键是要与优化产业结构结合起来，提高先进产能占比，提高综合效益和竞争力。同时，利用有关配套政策，抓好处置僵尸企业工作。去库存方面，我市房地产去化周期为3个月，全省为9.7个月，全国为6个月。相对而言，我市房地产去库存的压力不大。今年，要用足用好国家相关政策，加大保障性安居工程建设力度，推动我市房地产市场平稳健康发展。同时，要做好其他方面的去库存工作。去杠杆方面，我市政府债务率仅为24.1%，而全省为51.6%，全国地方政府平均债务率为86%，政府债务率偏低。因此，去杠杆的重点要放在降低企业杠杆率上，通过有序开展市场化债转股，降低企业负债率，稳妥化解企业债务风险，使其在经济转型中轻装上阵。降成本方面，一方面，要通过深化税费改革，降低企业税费负担、融资成本、用地用电用能成本、用工成本和物流成本等；另一方面，要引导企业大力开展精细化生产和对标管理，积极从内部挖潜增效，压缩管理费用，提高全员劳动生产率。补短板方面，我市实体经济薄弱、产业结构比较单一、科技创新能力不强，这些都是严重制约我市经济社会发展的短板。特别是我市千人拥有企业数量仅为10.2户，低于全省的10.7户；规上工业企业数量居全省第9位，2016年比2015年减少19户；作为实体经济核心的制造业，我市只有规上企业35家，占规上工业企业总数的15%，主营业收入仅占规上工业的13.5%。综合以上分析，我市落实"三去一降一补"任务，重中之重就是补短板，补短板的关键是全力振兴实体经济。

二要把深化"供改"与"综改"有机结合起来。深化"供改"与"综改"既是今年经济工作的主线，又是我们全面深化改革的总抓手。我们要抢抓国家出台支持山西深化转型综改试验区政策举措的有利时机，在国资国企改革和开发区二次创新创业上狠下功夫，扎实抓好转型综改试验区建设。我在后面还要专门讲开发区建设，这里重点强调一下国资国企改革。近年来，我市在国资国企改革中做了一些工作，但仍存在不少突出问题，改革的零碎性、浅表性、短期性特征明显。比如，煤矿企业制度不健全，运行机制与发展不相适应，企业缺乏活力，行政色彩突出，企业组织架构及管理层级过多，资产负债率高。有的煤矿在兼并重组改制中，形式上挂牌组建了集团企业，实质上换汤不换药，至今没有理顺体制机制。对此，我们一定要高度重视，下定决心搭上省委、省政府深化国资国企改革这班车，决不能错过"窗口期"，做到与全省同步同向，用好决定转型前途的关键一招。要按照全国国有企业党的建设工作会议精神和省委的安排，坚持党对国有企业的领导不动摇，把党的领导与公司治理统一起来，以提高国有资本效率、增强国有企业活力为中心，完善产权清晰、权责明确、政企分开、管理科学的现代企业制度，完善以管资本为主的国有资产监管体制，防止国有资本流失。要坚持问题导向，落实改革举措，根据我省即将出台的国资国企改革实施方案，研究出台我市国资国企改革的可行性方案，通过真改实改激发企业活力，打造后发优势，真正成为转型升级的主力军。同时，要全力抓好高平、阳城的转型综改和扩权强县试点，支持泽州的农地入市试点，努力在先行先试上闯出一条路来。我市不动产登记整体工作处于全省前列，要进一步完善制度、规范管理，确保顺利运行。要深化推进财税和投融资体制改革，推进财政预算全过程绩效管理，加大财政支出优化整合力度，坚持以市场为导向，发挥财政资金的杠杆作用，引进各类机构投资者和社会资本，放大财政投资融资的乘数效应。

要结合实际，经过科学论证，按照市场规律，探索建立适度规模、适用高效的产业转型基金，全力扶持实体经济发展。要协调推进煤炭管理、国土资源、科技体制机制、农村集体产权制度等重点领域改革，全面推进文化体制、教育医疗、生态环保、就业创业、社会保障等民生领域改革，加快政府职能转变，进一步简政放权、放管结合，不断提升政务服务便捷化、便民化水平，增强经济持续健康发展的动力源泉。

三要全面提升对内对外开放水平。我市地处山西转型综改试验区和中原经济区、中原城市群的战略交汇点。2012年的国务院《中原经济区规划》把我市列入中原经济区30个城市之中。前不久，国务院正式批复《中原城市群发展规划》，中原城市群共有30个城市，分为核心发展区和辐射区，14个城市为核心发展区，其他16市为辐射区。规划明确把我市确定为山西省唯一的也是河南省之外两个城市之一的核心发展区，明确提出中原城市群要打造中国经济发展新增长极，与长江中游城市群形成南北呼应、共同支撑中部崛起的核心增长地带。以2015年的生产总值、一般公共预算收入、人均GDP、人均一般公共预算收入、城镇居民人均可支配收入、农村居民人均可支配收入等主要发展指标对比来看，我市在全省11市中分别排第7位、第4位、第3位、第2位、第4位和第4位；在中原5省30市中分别排第25位、第20位、第7位、第5位、第3位和第13位；在中原核心发展区14市中分别排第10位、第10位、第6位、第4位、第3位和第8位。总的看是总量居中、人均靠前。我们要扬长补短、抓住机遇，依托山西转型综改试验区政策优势，全方位融入中原经济区和中原城市群，以此为开放支点，突出合作共赢，加强合作交流，实现互补错位发展，打造山西面向中原的煤炭化工生产地、清洁能源供应地和太行山生态休闲度假首选地。要积极接轨“一带一路”，对接京津冀、环渤海及东南沿海发达地区，把高效精准招商引资作为开放合作、结构调整的重要抓手，以开发区为重要平台，以引资引技引智为重点，绘制产业招商地图，围绕转型选大商、引好商，引导晋商晋才回乡创业创新。要重点瞄准富士康、中船重工等企业集团，开展定向招商，精心谋划和储备一批带动力强、关联度大的转型龙头项目。要坚持“引外”与“扶内”并重，进一步完善政策机制，营造发展环境，支持晋煤、晋能、山煤、兰花等骨干企业和民间资本投资新兴产业。今后，考核招商引资工作，要重点关注合同履约率、资金到位率、项目开工率，确保把工作抓实抓出成效。

四要大力推动基础设施内连外通。要加快推动太焦高铁建设，迎接高铁时代，促进发展高铁经济。要打通“断头路”和“瓶颈路”，贯通境内高速公路网，推动普通国道、省道、干线公路改造升级，全面构建“连接东西、沟通南北”的立体式开放交通体系。要加强政府与社会资本合作，用好政府债务和PPP等市场化手段和模式，有效快速推进一批公共服务和基础设施建设，为未来发展拓展更大空间。要用好晋城海关、商检机构等开放平台，推动兰花保税物流园区提高管理水平，进一步完善互联网、物联网等信息网络设施，完善大型商业综合体、商业综合服务中心、商业特色街等基础设施，为构建开放型经济发展格局提供有力支撑。

（二）推进创新驱动、用好清洁能源，在振兴实体经济上实现新突破。振兴实体经济是供给侧结构性改革的主要任务，也是我们补短板的关键所在。我们要以开发区改革创新为平台、以科技创新为动力、以用好清洁能源为重点，向实体经济发力、聚力，加快经济结构调整步伐，积极探索资源型地区创新驱动、转型升级的发展新路，为经济持续健康发展注入新动能。

一要着力推动开发区改革创新。这既是我市转型综改的战略主战场，也是改革发展的重头戏，事关实体经济的振兴崛起。我们要认真贯彻落实全省开发区改革创新会议精神，积极学习借鉴上海、天津和苏州等地的先进经验，按照“市一级集中建设国家级开发区、一县(市、区)一家省级开发区”的要求，对全市现有各类产业园区进行整合、改制、扩区、调规，并将开发区建设与园区建设相衔接，与《山西省主体功能区规划》对接，准确把握功能定位，合理进行产业布局，科学编制“五规合一”规划，推动产业跟着功能走、人口跟着产业走、建设用地等要素跟着产业和人口走、公共服务跟着功能和人口走，加快实现开发区二次创新创业，形成完整产业链，提高市场竞争力。要全面落实开发区“三化、三制”改革的基本要求，深入推进“放管服”改革，调整理顺开发区职能，优化内部机构设置，创新管理体制，以清单管理推动减权放权，做到清单之内依法规范履职，清单之外让市场主体法无禁止即可为，吸引更多大企业、大集团在开发区落户，真正把开发区打造成为管理创新的急先锋、区域经济的顶梁柱和转型综改的主战场。

二要着力振兴实体经济。发展壮大实体经济，关键是瞄准高端、突出特色，咬定实业不放松，切实提高质量和效益。要围绕省第十一次党代会提出的“六大工程”，按照“六个一批”的要求，积极对接“互联网+”和“中国制造2025”，重点培育光机电、高端智能化装备制造、新能源新材料、新能源汽车、生物医药、现代服务业等战略性新兴产业，构筑多点支撑、协同发展的新格局。要以智能化、绿色化、服务化为方向，依托金鼎煤机、中船重工等骨干企业，加快“晋城制造”向“晋城智造”转变。要瞄准发展前沿，强化政策激励，积极争取省财政贴息支持，加快传统产业技术改造，使技术改造成为撬动传统产业优化升级、带动投资增长的有力杠杆。要深入开展消费品工业“增品种、提品质、创品牌”专项行动，围绕化工、陶瓷、纺织等产业，推动消费品工业提档升级。对市场来讲，企业要强调标准、创建品牌，树立诚信形象；对内部来讲，要强化管理、降低成本，提高劳动生产率，建立完善现代企业制度。要大力弘扬“工匠精神”，增强产品竞争力，扩大品牌影响力，努力打造更多的“百年老店”和驰名企业。全市各级政府及相关部门要建立服务企业常态化机制，加强针对性的政策扶持，提供精准服务，引导好企业发展预期。在全市倡导一种“产业第一、企业第一、企业家第一”的理念，尊商重商亲商，和企业家交朋友，建立“亲”“清”的政商关系，实现交往有道。

三要着力推进科技创新。加快形成以科技创新为主要引领和支撑的发展模式，是实现发展动力转换的治本之策。要深入贯彻全国科技创新大会精神和省委、省政府的落实举措，抓住科技创新发力点，打通科技成果转化渠道，激发科技创新活力。要依托富士康晋城科技工业园、晋煤集团国家煤与煤层气共采重点实验室等骨干企业研发中心，加快建设市级综合性科技创新创业服务平台，在煤炭清洁高效利用、煤层气勘探开发、智能制造、生物医药、新能源汽车、节能环保等方面实施一批重大科技创新项目、突破一批核心关键技术，催生产业变革。要强化企业创新主体地位，鼓励企业建立研发准备金制度，支持企业深化产学研合作，通过科技创新提升企业核心竞争力。要深化科技体制改革，落实鼓励创新的优惠政策，对创业者购买创新服务、开展技术合作等给予支持，加快科技创新成果的转化利用。要围绕产业布局，抓好各类专家工作站建设，吸引一大批顶尖人才为我市新兴产业发展提供智力支持，加快补齐人才短板。要积极推动大众创业、万众创新，既扶持一批高成长性创新型“小巨人”企业，又孵化培育一批具有高成长性的创新型中小微企业，推动“个转小、小升规、规改股、股上市”，形成创新型企业梯次发展的良好态势。

四要着力用好清洁能源。振兴实体经济，离不开传统产业的转型升级。我市煤层气储量占全省的三分之二、全国的四分之一；优质无烟煤储量占全省的二分之一、全国的四分之一以上。我市的煤层气和无烟煤，都是绿色能源、清洁能源。我们要坚持绿色清洁高效利用，进一步优化清洁能源供给结构，切实提高综合效益和竞争力。要把煤层气产业作为战略性新兴支柱产业，抢抓省委、省政府深度开发煤层气的机遇，以沁水煤层气总部基地建设为统领，加快煤层气集输总站、国家煤层气质检中心、煤层气交易中心等重点项目建设，抓好瓦斯发电、煤层气综合利用等重点工程，打造能源产业转型的升级版。要抓住国家加大环境保护、节能减排整治力度的契机，以国家低碳城市试点和创建国家级循环经济示范市为抓手，发挥我市无烟煤高热能、低排放的优势，推动绿色低碳循环发展，加快煤炭产业与新技术、新工艺、新模式相互嫁接，在煤炭深加工、精加工上做文章，突出提质量、拓市场、增效益，进一步保持并放大无烟煤优势。要积极推进煤电联盟，建设大型煤电基地，大力发展有竞争优势的精细煤化工产业,加快推动晋煤集团高硫煤洁净利用等重点项目建设,走出一条差异化、高端化的煤基化工发展路子。

(三)放大生态优势、坚持绿色发展,在推进农业供给侧结构性改革上实现新突破。中央经济工作会议指出,深入推进农业供给侧结构性改革是供给侧结构性改革的重要一环,是农业农村工作的主线。我们要适应农业由总量不足转变为结构性矛盾的阶段性变化,发挥我市农业产业特色优势和生态优势,创新体制机制,推进科技进步,加快实现农业向提质增效、可持续发展转变。

一要大力发展生态农业。"吃得安全、吃得放心",是群众对农产品供给最大的关切。推进农业供给侧结构性改革必须紧紧围绕这个问题做文章。要把增加绿色优质农产品供给放在突出位置,狠抓农产品标准化生产、品牌创建和质量安全监管,保障从田间到"舌尖"的安全,以绿色、安全、高品质的农产品满足群众需求。要抓住新一轮消费升级战略机遇,在发展功能农业、开发功能食品上用力,重点扶持畜牧、蚕桑、干鲜果、小杂粮、中药材、食用菌等特色农业优势产业,把产品调特、品质调高、产业调强、结构调优。要推行绿色生产方式,深入实施化肥农药使用量"零"增长行动,大力推广化肥减量增效技术,鼓励农民增施有机肥、种植绿肥,加快绿色防控技术推广应用。要围绕促进农民增收,优化各类农业要素有效供给,创新财政支农投入使用机制,加快农村土地"三权"分置改革,推广泽州农村集体经营性建设用地入市试点经验,吸引知名农业产业化龙头企业落户晋城,支持家庭农场、专业大户、农民合作社等新型农业经营主体发展,走出一条新型可持续的现代农业发展新路。

二要大力发展全域旅游。推进农业供给侧结构性改革,必须开发农业多种功能,发挥三次产业融合发展的乘数效应。要依托我市农耕文明历史悠久、乡土文化丰厚独特的优势,瞄准休闲度假、养生养老、农耕体验等新业态,大力发展观光果园、观光菜园、观光花园及大地景观,规划建设一批特色景观廊道、田园小镇和田园经济带,变农区为景区、变田园为游园、变农产品为旅游商品。要把文化旅游产业作为我市的战略性支柱产业来培育,让百姓从乡村资源特色和生态环境优势中受益,让百姓通过开设"农家乐",为旅游提供服务中吃上"旅游饭",挣好旅游钱。要加强对全市旅游资源的统一规划与整合,以沁河古堡、太行山水等为依托,尽快拿出激励发展全域旅游的"一揽子"政策,提高全域旅游基础设施通达水平,推动全域旅游服务标准化建设,打造点、线、面相结合的全域旅游产品体系。要按照"农旅结合、以农促旅、以旅强农"的思路,把城市与村庄、山水与田园、文物与文化、民居与民俗纳入全市旅游产业发展大盘子。今年要完成3个特色旅游乡镇、30个特色旅游村建设。要通过举办具有浓郁地方特色的系列游园活动,大造声势,吸引客流,推动发展乡村旅游,既让游客看得见山水、记得住乡愁,又让旅游留得住乡情、富得了百姓。要强化全域旅游目的地品牌营销,积极举办旅游推介活动,加大对"太行山上·太行人家"旅游品牌的宣传力度,重点瞄准中原经济区和京津冀地区,加强区域旅游合作,缔结旅游友好城市,促进与周边城市的信息互通、游客互送、资源共享,积极营造全域旅游的浓厚氛围。

三要大力建设美丽晋城。安全食品依赖良好生态,全域旅游离不开优美环境。要牢固树立"绿水青山就是金山银山"的理念,把绿色发展贯穿经济社会发展各领域、全过程,用绿色系数衡量发展成绩。要加紧编制《美丽晋城战略规划》,调整优化空间结构,建立更加科学的空间治理体系。要重点实施环境攻坚、造林绿化、节能减排三大工程,严格落实大气、水、土壤污染防治行动计划,着力加强丹、沁两河生态保护修复,持续推进八大生态片区396平方千米的环城生态圈建设,加快"三山、四片、五环、二十条线、七十个乡镇、三百个村"的绿化提升,让绿色成为美丽晋城的"底色"。

(四)坚持民生优先、推进城乡统筹,在提升群众幸福感获得感上实现新突破。在经济下行压力较大、财政相对困难的情况下,必须更好统筹民生改善与经济发展,优先保障民生投入,切实保住基本、兜住底线。

一要坚决打赢脱贫攻坚战。要在去年脱贫攻

坚首战告捷的基础上，严格落实“六个精准”“五个一批”，抓牢“四个关键”，持续精准发力，重点实施八大工程、二十项专项行动，确保今年沁水、陵川贫困县脱贫摘帽；泽州、阳城、高平所有贫困村脱贫，全市完成87个贫困村、2.6万贫困人口脱贫。要突出产业扶贫，抓好特色农业、光伏、旅游等产业扶贫项目，确保贫困村产业扶贫全覆盖，从根本上帮助贫困群众拔穷根、破穷障、摘穷帽。要抓好易地扶贫搬迁，今年完成易地扶贫搬迁6511人，同步搬迁916人，确保搬得出、稳得住、能致富。要坚持兜底保障脱贫，继续提高农村低保标准，加大医疗救助、临时救助、社会救助力度，帮助完全或部分丧失劳动能力的贫困人口兜底脱贫。要做实干部驻村帮扶，更好发挥包村干部、驻村工作队、第一书记“三支队伍”作用，真正以党员干部的辛苦指数，换取全面小康路上贫困群众的幸福指数。今年，国家和省里将对脱贫攻坚工作进行专项检查评估，我们要未雨绸缪，扎实做好工作，确保经得起上级检查，经得起第三方评估，经得起群众评判，经得起历史检验。

二要全力保障和改善民生。坚决落实以人民为中心的发展思想，在财政资金优先保证民生刚性支出的同时，要全面推进城乡社会保障体系建设，继续完善覆盖城乡的居民基本养老保险、大病医保、最低生活保障等社会保障体系，稳步推进机关事业单位养老保险和城镇住房公积金制度全覆盖，大力开展养老保险创建国家标准化试点和社会保险服务标准化试点建设，进一步提升全市社会保障水平。要从解决好群众普遍关心的突出问题入手，统筹抓好事关群众切身利益的教育、就业、医疗、健康等民生事业，特别要继续抓好“充分就业”工程。以开展“双创”为切入点，进一步引深国家级创业型城市创建工作，切实稳住就业基本盘。要继续抓好“教育优先”工程。坚持把“立德树人”作为中心环节，认真贯彻全国高校思想政治工作会议精神和省委的部署，把对高校思想政治工作的要求，落实到学校教育教学的全过程，全面推进学前教育、义务教育、职业教育等协调发展，让群众共享优质教育资源。要继续抓好“医疗提质”工程。认真贯彻全国卫生与健康大会精神，按照省委的部署要求，把群众健康放在更加突出的战略地位，以“大健康”理念加快“健康晋城”建设，做好科学统筹，加快市人民医院和中医院改造建设，加快医疗卫生县乡一体化管理体制改革，推进医疗、医保、医药“三医”联动，引导优质医疗资源下沉，全力提升基层医疗服务能力和水平，全方位、全周期保障群众健康。

三要持续推进文化惠民。要以创建全国文明城市为龙头，以“晋城好人”“文明家庭”评选为载体，深入开展各种精神文明创建，广泛开展群众性精神文化活动，着力提升文明程度，打造良好文化生态，不断增强我市文化软实力。要继续完善公共文化基础设施，加大市级“五馆一院”、县级“三馆一院”建设力度，进一步完善市县乡村四级基础公共文化活动场所，扎实推进基本公共文化服务标准化均等化。要深度挖掘地域文化特色，围绕“文化+”等新模式新业态，推动文化与科技、金融、旅游、体育、现代服务业等深度融合，着力构建现代文化产业体系。要坚持以人民为中心的创作导向，聚焦我市丰厚的历史文化和人文底蕴，创作出一批有筋骨、有道德、有温度的优秀文艺作品，使之能够叫得响、传得开、留得住。要深入开展文化低保、文化惠民，继续落实周末大剧场、百姓大舞台、艺术名家小分队走进贫困村等惠民举措，引导文化资源向基层倾斜，让群众共享文化发展成果。

四要加快城乡统筹进程。城市群是工业化、城镇化发展的高级形态，也是经济快速发展、现代化水平不断提高的标志之一。加快城乡统筹的目标是缩小城乡差距，实现公共基础设施和基本公共服务均等化，重点是推进以人为核心的新型城镇化，统筹中心城市、大县城、小城镇、新农村一体发展。要突出中心城市建设。按照主体功能区定位，加快“拓展、改造、提质”步伐，着手实施大水源、大热源、大气源工程，加快建设“气化山西”示范区，立足太焦高铁等重大基础设施建设，进一步拉大城市框架，拓展城市空间，提升城市品质。特别要注重人文城市建设，依托我市程颢书院、“水陆院庙会”等文化传承，进一步发掘城市文化资源，留住城市文化脉络，丰富城市文化涵养，塑造城市灵魂和城市形象，打造兼容并蓄、功能完善、宜居宜业的现代化中心城市。要加快推进城乡一体化。加强高平、阳城、陵川和沁水“大县城”建设,结合资源禀赋和区位优势,明确主导产业和特色产业,打造设施完善、功能配套、业态新颖的县域经济综合体,逐步形成横向错位发展、纵向分工协作的发展格局;加快小城镇建设,重点抓好巴公、马村、端氏、嘉峰等“特色小镇”培育,规划建设一批工业强镇、商贸重镇、历史文化名镇和生态旅游大镇,不断增强小城镇对农业转移人口的吸引力和带动力;加快美丽乡村建设,扎实推进农村人居环境改善工程,抓好100个美丽宜居示范村建设,继续开展“最美乡村”评选,推动形成环境优美、富有特色的新型农村发展格局。

四、强化担当、提升本领,切实加强和改善党对经济工作的领导

干事创业关键在人,特别是领导干部这个“关键少数”。去年,我们完成了市县乡三级换届,年前市直各单位主要负责人也调整到位,换届换出了新面貌,调整提振了精气神。我们要把干部的良好精神状态转化为推动工作的担当之为、务实之举,把全面从严治党要求体现在党领导经济工作中,把党的建设与经济工作紧密结合起来,突出党建统领、激励干部奉献,围绕发展抓党建、抓好党建促发展,真正把党建融入各项工作,用发展的实际成果检验党建工作的成效。

一要筑牢立身之本,始终同以习近平同志为核心的党中央保持高度一致。中央经济工作会议突出强调,落实党中央经济决策部署,是政治责任。全市广大党员干部要有鹏程万里、不改初心的觉悟,遵照习总书记强调的讲觉悟、有觉悟,不断坚定和提高政治觉悟,找到自己行为的准星,切实增强“四个意识”特别是核心意识和看齐意识,以党的旗帜为旗帜,以党的方向为方向,以党的意志为意志,爱党、信党、护党、忧党,任何时候任何情况下都要心静如水、坚毅如铁、定力如山,坚定地向党的领导核心看齐,坚定地向党的创新理论看齐。全市各级各部门在思考、谋划、推进工作时,必须始终做到党中央提倡的坚决响应、党中央决定的坚决执行、党中央禁止的坚决不做,决不允许搞“上有政策、下有对策”,决不允许有令不行、有禁不止;要结合实际,创造性开展工作,坚决把中央的决策部署落到实处,坚决把省委、市委各项工作安排落到实处。

二要恪守担当之责,切实加强和改善党对经济工作的领导。谋定而后动,百折而不回。市委将继续坚持常委会定期研究经济工作制度,专题听取重点工作汇报,深入分析研判形势,研究解决经济社会运行中遇到的重大问题。全市各级党委(党组)要履行领导经济工作的职能,议大事,抓大事。要切实增强做好经济工作的忧患意识,把经济发展面临的困难估计得更充分一些,把事情考虑得更周全一些。要树立科学的思想方法和工作方法,善于把握本质、主流和趋势,善于把握社会心理,立足于把握时、度、效,增强工作的科学性、有效性。要牢固树立“一盘棋”思想,紧紧围绕市七次党代会确定的目标任务和这次会议的安排部署,结合各地各部门实际,把总体安排要求变成实际行动,一项一项推进、一件一件落实,以实际成效,助推全市经济社会持续健康发展。

三要夯实干事之基,不断增强驾驭经济社会发展的能力。新常态、新理念、新任务,对干部能力素质提出新要求。我市干部队伍总体上是好的,积极作为、扎实肯干,应当给予肯定。但与我们担负的艰巨繁重任务和职责相比,充分调动干部干事创业的积极性尤为重要。要抓住干部想干事、敢干事这两个关键点,健全落实正向激励机制,改变多干多出事、少干少出事、不干不出事的逆向激励,着力解决干部想干事的问题;全面落实好市委出台的容错纠错等三个机制,严格执行“三个区分开来”,着力解决干部敢干事的问题。要健全和落实常态化、多样化干部学习培训制度,加强市场经济、现代管理、科技、金融等知识的学习,有效克服能力不足、本领恐慌,特别要注重扭转在长期粗放产业结构和生产方式下形成的思维方式和工作模式。全市各级党员领导干部要带头加强理论学习,苦练基本功,加深对新常态的认识、对新理念的理解和对经济新方位的把握,以专业的素养、过硬的本领,拼搏在第一线,决胜在第一线。

四要凝聚落实之力,确保全年目标任务圆满完成。光荣的使命靠担当走远,美好的蓝图凭奋斗实

晋城市人民代表大会常务委员会工作报告

——2017年2月23日在晋城市第七届人民代表大会第二次会议上

市人大常委会主任　范丽霞

市七届人大一次会议以来的主要工作

市七届人大一次会议以来，在中共晋城市委的坚强领导下，市人大常委会全面落实党的十八大和十八届三中、四中、五中、六中全会精神，深入学习贯彻习近平总书记系列重要讲话精神，按照省委“一个指引、两手硬”的重大思路和要求，紧紧围绕市委“一争三快两率先”战略部署，依靠全体人大代表，依法履行职责，注重工作实效，顺利完成了各项目标任务，为推进我市经济社会全面进步做出了应有的贡献。

一、在传承中发展，主动把握人大工作规律

换届以来，市人大常委会践行新理念，落实新要求，认真学习历届市人大常委会的好经验，虚心借鉴各地人大的好做法，研究工作，把握规律，在思想上确立了“五同”理念，作为人大工作的基本遵循。

一是把握正确政治方向，做到与市委同向。党的领导是中国特色社会主义最本质的特征，也是做好人大工作的根本保证。常委会必须毫不动摇地坚

现。在新的长征路上，每一个人都是主角、都有一份责任。全市各级各部门要迅速行动起来，明确任务、传导压力、落实责任，把工作细化分解到具体事项、具体人，建立健全任务台账，对认准的事情、决定的工作一抓到底，确保市委各项决策部署落实到位，实现首季开门红。要完善督察督办机制，坚持集中督察和跟踪督察相结合，加强对重要工作、重点工程、重大项目的督促检查，定期通报进展，对落实不力、工作滞后的，严格进行问责，确保工作部署事事有着落、推进举措招招见实效。要加大监督执纪问责力度，切实从严管理干部，严厉整治不作为、慢作为、乱作为，强化干部的责任担当，特别是领导干部要做到什么事情最需要办，就亲自去抓什么事情，什么问题最难办，就带头去解决什么问题，一级抓一级、一级带一级，对市委研究决定的事项，亲自研究部署、亲自调度指挥、亲自督促检查，打通落实的“最后一公里”，把各项目标任务落到实处。

当前我市正处于爬坡过坎、调速换挡、转型升级的关键时期，推动经济增长进入合理区间，必须要有向上的动力、向前的推力，这个动力和推力主要来自我们各级领导干部，来自我们在座的各位领导干部。大家一定要倍加珍惜组织的厚爱和重托，把组织的信任转变成推动工作的拼劲干劲，从我做起，从自身做起，紧起来、干起来、担当起来，敢于贼“跟我来”“跟我上”，带头干、带着干，层层示范、以上率下，传递正能量，带出好队伍，树立好形象。要倍加珍惜群众的信赖和期待，我们工作生活在这块热土上，能为晋城干部群众服务，既是我们每个人的缘分，也是我们每个人的福分，我们要牢记群众重托，以群众的福祉为福祉，以群众的期望为期望，以群众的冷暖为牵挂，全心全意为群众办实事，真心实意为群众办好事，一心一意为群众谋福利。要倍加珍惜时代赋予的机会和舞台，把肩负的职责作为一种使命来担当，作为一次机遇来把握，作为一项事业来追求，以更加饱满的热情、更加必胜的信心、更加务实的作风、更加忘我的工作，提振精气神，撸起袖子干，全力以赴、奋发有为，为晋城的改革发展奉献智慧和力量。

激情成就梦想，实干才能兴邦！让我们更加紧密地团结在以习近平同志为核心的党中央周围，在省委、省政府的坚强领导下，团结带领全市广大干部群众，坚定信心、攻坚克难，锐意进取、创新实干，不断塑造美好形象、逐步实现振兴崛起，以优异成绩迎接党的十九大胜利召开！

持党的领导,保持正确政治方向,维护市委总揽全局、协调各方的领导地位。坚决执行市委的决议决定,坚持重点工作向市委汇报、重大事项向市委请示,全面落实市第七次党代会各项决策部署,围绕市委中心谋划工作,推动"一争三快两率先"战略部署向纵深发展。

二是紧扣全市发展大局,做到与政府同力。政府工作的重点、难点,就是人大监督的切入点、着力点。常委会必须紧扣"十三五"时期"三大"发展思路、"十大战略工程"安排工作、履行职责。更加注重推进经济转型升级,更加注重推进深化"供改""综改",更加注重推进重大项目建设。力求人大工作对准靶心、精准发力,在参与中监督,在监督中支持,使市委所指、群众所盼、人大所愿、政府所为有机结合起来,促进晋城各项事业协调向前。

三是关注群众切身利益,做到与人民同心。一切权力属于人民,为民服务是权力的本质属性。常委会必须坚守以人民为中心的发展理念,把人民群众对美好生活的向往作为履职的重点,注重发挥代表密切联系群众的桥梁纽带作用,更加密切与代表和群众的联系,充分听取代表和群众的意见建议,不断拓宽人民群众有序政治参与,自觉接受人民监督,让人大的工作更加贴合民情、符合民心、顺应民意。

四是推动全面依法治市,做到与法治同轨。地方人大常委会承担着制定地方性法规和保证宪法法律实施的神圣职责。常委会必须严格按照宪法和法律要求开展工作,依据宪法和法律规定履行程序。围绕全面依法治市,加强法治宣传教育,综合运用法定职权,促进"一府两院"及其工作人员依法行政、公正司法,着力维护社会公平正义,保障人民合法权益。

五是适应形势发展要求,做到与时代同行。坚持与时俱进、注重工作创新,是做好人大工作的内在动力。常委会必须坚持用党的最新理论成果武装头脑,用时代的要求指导实践,用发展的眼光审视问题,用改革的精神推动工作,不断提高人大工作的科学化水平。

二、在履职中尽责,积极服务全市工作大局

常委会坚持围绕中心、服务大局,突出重点、讲求实效,积极回应代表和群众呼声,全面履行法定职责,推动全市改革发展稳定目标如期实现。

出台地方立法条例。根据市七届人大一次会议审议情况,对《晋城市地方立法条例》作了进一步修改,及时报省人大常委会审查并获批准,我市历史上首部地方性法规正式颁布,明确了立法权限和立法程序,为今后开展地方立法提供了法律依据,为全面推进依法治市提供了制度保障。与此同时,常委会高度重视加强立法能力建设,研究确定了立法顾问组、立法咨询库、基层立法联系点、立法咨询基地和市直单位立法咨询专家库人员,为实现科学立法、民主立法,提高立法质量奠定了坚实基础。

扎实开展监督工作。把发展和民生作为人大监督的重中之重,综合施策,力求实效。认真进行审议监督。对事关人民群众切身利益的食品安全、脱贫攻坚进行重点监督,开展了深入调研,进行了认真审议,向有关方面转达了"提高思想认识、深化体制改革、激发内生动力、凝聚社会共识"等9项30条审议意见。持续加强跟踪监督。对城市建设与管理、职业教育改革发展、公检法三机关开展刑事诉讼工作配合制约、文物保护法执法检查等情况进行了跟踪监督,通过再调研、再审议、再表决,促进了审议意见的落实。不断完善法律监督。按照规范性文件备案审查程序,对市政府报送的3件规范性文件,对照"五个是否"标准进行了重点审查,认真履行了法律监督职责,有效维护了法制统一。着力开展计划预算审查监督。对计划、预算草案进行了初审,提出了8条审查意见;坚持提前介入预算编制,对5个部门预算进行了实质性审查,提出了"细化预算编制、加快支出进度"等4条意见;着眼审计查出问题,听取了整改情况的报告,保障了预算执行的严肃性。认真组织晋城环保行活动。以"防治大气污染,守护晋城蓝天"为主题,组织媒体进行了重点采访,召开了整改反馈座谈会,责成相关县(区)就环城大气污染源防治整改情况提交了报告,为"美丽晋城"建设发挥了积极作用。

及时作出重大事项决定。紧紧围绕全市工作大局,找准结合点,把握着力点,依法行使重大事项决定权,作出重大事项决议决定5项,全力推动市委决策部署的贯彻落实。其中,着眼全面建成小康社会宏伟目标,作出了全力推进脱贫攻坚工作的决议,为打胜脱贫攻坚战凝聚了广泛力量。着眼规范开展任免工作,作出了关于晋城市监察委员会副主任、委员任命和宪法宣誓程序的决定,保障监察体制改革试点工作顺利推进。

依法进行人事任免。严格遵循宪法和法律的规定,按照市委人事安排意图,任免、批准任免、决定任免国家机关工作人员61人(次),及时完成了新一届政府组成人员任命工作,为晋城各项事业的发展提供了坚强的组织保证。严格任免程序,坚持由提请部门对拟任免人员情况进行提前通报,形成共识,完善了任前法律知识考试、供职发言、颁发任命书、向宪法宣誓等程序,增强了被任命干部的法律意识、责任意识和公仆意识。

三、在服务中完善,充分发挥代表主体作用

常委会充分尊重代表主体地位,创新培训方式,规范工作机制,完善履职平台,更好地支持和保障代表依法履行职责。

创新代表培训。对新当选的318名市七届人大代表和各县(市、区)人大常委会组成人员,分两期进行了履职培训。创新性开展了全市人大系统的法律知识竞赛,全市5556名省、市、县、乡四级代表踊跃参加了书面答题。组织各县(市、区)人大6支代表队进行了电视竞赛,通过现场直播,拓宽了普法宣传的受众面,达到了"以赛代训"的目的。积极参加全省人大系统电视答题竞赛,取得书面答题、电视复赛、电视决赛"三个第一"的好成绩,受到了省人大的表彰和奖励,展示了全市各级人大代表风采,为塑造晋城美好形象增添了正能量。

规范建议督办。市七届人大一次会议共收到代表建议460件,为历来数量最多,体现了广大代表履行国家职务的责任感和使命感。常委会高度重视代表建议办理工作,坚持重点建议督办机制,认真研究确定了10件重点建议并转交市政府,听取审议了市"一府两院"关于代表建议办理情况的报告。各承办单位高度重视,积极落实,代表关注的"推进产业转型、维护劳动者权益、加强出租车管理、延长公交车运行时间、解决高速路东出口拥堵、方便律师阅卷"等一批热点问题取得实质性进展,代表所提建议全部办理完毕,办结率达100%,满意和基本满意率达98%,有效保护和激发了代表的履职积极性。

完善代表服务。为代表订阅了《人民代表报》《中国人大》等报刊,为无固定工资收入的省、市人大代表落实了履职补贴。坚持邀请代表列席常委会会议、参加常委会组织的执法检查、调研视察等活动,保障了代表依法参与管理国家事务和社会事务的民主权利。完善履职服务管理网络平台,严格执行代表履职量化登记办法,对代表履职行为"打工分",使代表履职更加规范。

四、在实践中提升,着力推进常委会及其机关自身建设

常委会把加强自身建设作为依法履职的重要基础,深入开展"两学一做"学习教育,着力提升常委会依法履职效能和机关服务保障水平。

党的建设进一步加强。常委会党组认真履行党要管党、从严治党主体责任,向市委汇报工作,按市委要求落实,出台了《常委会党组工作规则》。切实加强机关党建工作,坚持政治理论学习制度不动摇,自上而下开展专题研讨,认真执行"三会一课"制度,严肃开展党内政治生活,党员干部得到了有效的党性锻炼。严格落实中央"八项规定"精神,加强党风廉政教育,把纪律和规矩挺在前面,以上率下,努力建设一支忠诚、干净、担当的人大干部队伍。

工作作风进一步改进。坚持把调查研究作为依法履职的重要基础,制定了《关于常委会组成人员调查研究的规定》,要求常委会组成人员加强调查研究,力戒形式主义,真正深入下去查实情、摸实底,每人每年都要写出1—2篇高质量的调研报告,使人大提出的意见建议更有代表性、更具针对性。坚持把信访工作作为密切联系群众的重要渠道,热情接访,重点督办,换届后接待群众上访38件(次)120余人(次),做到了事事有回音、件件有着落。

沟通联系进一步密切。加强与"一府两院"的沟通联系,促进相互之间职责上的理解、工作上的协调、行动上的配合,提高了整体工作效能。密切与上下级人大常委会沟通联系,积极配合省人大开展调研检查,认真参加省人大组织的各项培训。加强与县级人大联动，指导各县（市、区）开展新任代表培训，建立全市人大系统的财经研究微信群，进一步增强了市县两级人大之间的交流合作。

人大常委会取得的工作成效，得益于市委的正确领导，得益于“一府两院”的协同工作，得益于市政协和社会各界的大力支持，得益于历届人大和各位老领导的积累传承，得益于全体代表和人大工作者的辛勤劳动。在此，我代表市人大常委会，向大家表示崇高的敬意和衷心的感谢！

同时，我们也清醒地认识到，常委会的工作还存在一些差距和不足：组成人员的履职能力有待进一步提高，调研和执法检查还不够深入，一些工作机制和制度还不够完善，与代表的联系还需要进一步密切，等等。我们将虚心听取代表意见，自觉接受人民监督，认真研究并切实加以改进。

今年工作的主要任务

2017年是党的十九大召开之年，是全面贯彻落实省、市党代会精神的开局之年，是实施“十三五”规划的关键之年，也是新一届人大常委会全面履行职责的重要一年。今年工作的总体要求是：全面贯彻落实党的十八大和十八届三中、四中、五中、六中全会精神，深入学习贯彻习近平总书记系列重要讲话精神和治国理政新理念新思想新战略，认真贯彻落实省、市党代会精神，贯穿迎接党的十九大、学习宣传贯彻党的十九大精神这条主线，坚持党的领导、人民当家做主、依法治国有机统一这个原则，依法行使立法、监督、决定、任免四项职权，夯实代表能力建设、基层人大建设和常委会自身建设三大基础，扎实工作，开拓进取，为深入推进“一争三快两率先”战略部署，不断塑造美好形象、逐步实现振兴崛起提供坚强保障。

按照“贯穿一条主线、坚持一个原则、行使四项职权、夯实三大基础”的“1143”工作思路和重点，今年常委会主要抓好以下工作。

一、贯穿一条主线，实现人大工作的与时俱进

把迎接党的十九大、学习宣传贯彻党的十九大精神作为人大工作的一条主线，作为当前和今后一个时期的首要政治任务抓紧抓好。紧紧围绕这条主线，用马克思主义中国化最新理论成果指导人大工作，确保人大常委会始终在思想上政治上行动上同以习近平同志为核心的党中央保持高度一致，始终保持坚定的政治立场、忠诚的政治品格、高尚的政治操守。牢牢把握这条主线，用习近平总书记系列重要讲话精神和党的十九大提出的新部署、新论断武装头脑、指导实践。更加自觉地向党中央看齐，向党的理论和路线方针政策看齐，深入基层调研，研究把握规律，深化“五同”理念，进一步强化辩证思维、系统思维、法治思维，使人大工作更加体现时代性、把握规律性、富于创造性。深入贯彻这条主线，把十九大精神贯穿于代表培训、干部教育、理论研究、履行职责全过程，让党的十九大精神通过人大代表和人大工作更好地深入基层、深入群众、深入人心，进一步把人民代表大会制度坚持好、完善好、发展好。

二、坚持一个原则，把准人大工作的正确方向

坚持党的领导、人民当家做主、依法治国有机统一，是做好人大工作的根本政治原则。要旗帜鲜明地坚持党的领导。牢固树立政治意识、大局意识、核心意识、看齐意识，自觉增强道路自信、理论自信、制度自信、文化自信。坚持在市委领导下开展工作，坚持重大事项向市委请示报告，坚持常委会党组向市委汇报工作。主动扛起党的建设和党风廉政建设主体责任，充分发挥党组把方向、管大局、保落实的领导核心作用，确保人大工作正确的政治方向。要坚持不懈地发扬民主。贯彻民主集中制原则，坚持集体议事、集体决策、集体行使职权，不断提高人大议事的民主化、规范化、科学化水平。广泛听取代表和群众意见，自觉接受代表和群众监督，畅通人民群众建言献策和批评监督渠道，扩大人民群众有序政治参与，推动权力运行公开透明，保障人民当家做主的民主权利真正落到实处。要持之以恒地推进法治。树立法治思维、强化法治理念、运用法治手段，始终按照法定权限、法定程序和法定方式履行职责、开展工作，深入推进各层面、各领域的普法和依法治理工作。引导各级人大代表和人大工作者努力做社会主义法治的忠诚崇尚者、自觉遵守者、坚定捍卫者，在全社会营造学法、信法、尊法、守法、用法、护法的良好氛围。

三、行使四项职权，充分发挥地方人大的职能作用

紧紧围绕市委决策部署和全市经济社会发展大局，全面、依法、科学开展立法、监督、决定和任免工作，在全市改革发展稳定大局中找准位置，主动作为。

*发挥地方立法的引领推动作用。*坚持党对立法工作的领导，恪守以人为本、立法为民理念，科学立法、民主立法，提高立法质量，体现地方特色。编制立法五年规划。针对我市发展的实际情况，聚焦城乡建设与管理、环境保护、历史文化保护三大方面，完成五年立法规划编制工作。强化立法能力建设。进一步强化人大内部立法能力培养，通过组织和参加立法专题学习培训、指派专人赴省人大跟班学习、考察调研等方式，努力提高常委会自主立法能力。组织实施立法项目。出台《晋城市公共交通发展条例》，做好法规草案起草、调研、论证、审议、报批、公告等各个环节的具体工作，努力制定好新一届人大常委会首部法规，充分发挥地方立法对全市经济社会的引领和推动作用。对《晋城市城市机动车停放管理条例》进行立法调研和立法前评估，破解停车难题，规范城市管理，方便群众生活。

*发挥监督的督促落实作用。*认真贯彻落实监督法，不断创新监督方式，完善监督机制，提升监督实效，努力做到在监督中体现支持、在支持中实施监督，形成在市委领导下，各司其职、相互支持、共谋发展的工作机制。加强对专项工作的审议监督。以推进生态文明、建设美丽晋城为重点，听取审议市政府关于环境状况和环境保护目标完成情况的报告、关于中心城市环城生态圈建设情况的报告；以推动产业转型升级、培育新的经济增长点为重点，听取审议市政府关于全市文化旅游产业发展情况的报告；以推动破解执行难题、维护群众切身利益为重点，听取审议市中级法院关于执行工作情况的报告。加强对计划、预算执行情况的监督。主动把握经济发展新常态，重点围绕稳增长、促改革、调结构、惠民生、防风险各项任务，对经济运行态势进行分析研判。逐步开展预算支出联网在线监督、预算绩效审查监督等工作，听取审议市政府关于计划执行、决算和预算执行、审计工作及审计查出问题整改情况的报告，不断提高计划、预算执行监督的针对性和实效性。加强对法律法规实施情况的执法检查监督。着眼维护全市人民生命财产安全，监督检查《中华人民共和国安全生产法》贯彻实施情况，并对市政府及相关部门落实安全生产法情况开展专题询问。通过执法检查、审议报告、专题询问三种监督方式合并用力，督促落实企业主体、部门监管、属地管理三项责任，加大安全防范、安全监管、责任追究三个力度，切实维护全市人民的根本利益。同时，积极配合省人大做好相关法律法规的执法检查，上下联动，形成合力，保障法律法规在全市范围内正确有效实施，在法治山西建设中体现晋城担当、展示晋城形象。加强对规范性文件的备案审查监督。按照规范性文件备案审查工作规程的要求，认真履行备案审查职能，强化对市政府、各县(市、区)人大常委会作出的规范性文件的备案审查工作，着力维护法制统一。

*发挥决定重大事项的凝聚共识作用。*围绕全市经济社会发展大局，适时依法行使重大事项决定权，通过法治方式和法治渠道，把市委的决策转化为全市人民的共同意志和自觉行动。加强对人大常委会作出的决议决定执行情况的跟踪监督，听取审议市政府关于落实《市人大常委会关于全力推进脱贫攻坚工作的决议》情况的报告，促进农业供给侧改革、产业扶贫工程、易地搬迁项目、贫困地区基础设施建设等举措落到实处，推动我市率先实现全面建成小康社会的宏伟目标。

*发挥人事任免的组织保证作用。*坚持党管干部原则和人大依法任免的有机统一，充分发扬民主，严格任免程序，使市委的人事安排意图通过法定程序得到贯彻落实。根据省里统一安排，扎实做好我市省十三届人大代表的选举工作。完善《晋城市人大常委会人事任免和监督办法》，规范人大常委会任前法律知识考试、供职发言、会议审议、投票表决、颁发任命书、向宪法宣誓“六项程序”，增强人大任命的仪式感、庄严感和神圣感，进一步激发被任命人员的使命感和责任感。强化任期监督，积极探索市人大及其常委会选举、任命的国家机关工作人员任期监督的新路径，改进年度述职方法，提高任期监督实效。

四、夯实三大基础,增强人大工作的生机活力

加强代表能力建设、县乡人大建设、常委会自身建设,是人大工作的重要支撑,是常委会依法履职的基础工作,是坚持和完善人民代表大会制度的永恒主题。只有在这三方面持续着力、久久为功,人大工作才能更加扎实、更富活力、更有后劲。

进一步加强代表能力建设。尊重代表主体地位,紧紧围绕提高代表履职能力,加强和改进对代表的服务工作,努力实现代表工作"三规范三提高"。规范服务,提高履职水平。进一步加强代表培训,组织好代表会前的集中视察和专题调研,让代表更好知市情、察政情,为经济社会发展建好言、献好策。探索代表向原选举单位报告履职情况的办法,提高代表依法履职、接受监督的意识。规范载体,提高活动水平。完善代表小组活动阵地,建设代表小组活动室和专业代表小组活动室,保障代表小组活动和代表活动经费,开展代表小组长履职培训,指导和支持代表小组活动。建立手机APP服务平台,完善代表履职档案,使代表履职活动全程留痕,有据可查。规范督办,提高办理水平。坚持承办单位专题研究、重点建议专人督办领办、人大代表视察督办三项机制,办好《代表之声》电视专题栏目,发挥宣传导向和舆论监督作用,加强代表建议信息公开,提高建议办理整体水平和落实力度。

为进一步激励代表履职和承办单位做好办理工作,常委会将开展"两优一先"评选活动。评选表彰履职优秀人大代表、优秀代表议案和建议、先进代表建议承办单位,树立榜样,推动工作。

进一步加强基层人大建设。县级人大及其常委会、乡镇人大是国家政权体制的重要基础。常委会要认真贯彻落实中发〔2015〕18号(中央转发的《中共全国人大常委会党组关于加强县乡人大工作和建设的若干意见》)文件精神和山西省实施意见,加强对县乡人大业务上的指导、工作上的联系,支持县级人大设立法制、财经等专门委员会,指导县级人大闭会期间开展代表活动,举办全市乡镇人大主席培训班,帮助解决县乡人大在行使职权中遇到的困难和问题,加强与县乡人大之间的信息沟通、成果共享,更好地发挥县乡人大和广大代表的重要作用,提升全市人大工作的整体水平。

进一步加强常委会及其机关自身建设。主动适应时代要求,全面加强自身建设,着力做到"五抓五提升"。抓学习,提升思想认识。根据常委会工作需要,围绕会议审议议题,坚持开展思想政治学习、法治专题学习和业务知识学习。坚持机关集中学习制度,创新学习方式,丰富学习内容,讲求学习实效,努力建设学习型机关。抓制度,提升工作效能。进一步强化纪律规矩意识,完善常委会工作运行机制,出台《晋城市人大常委会主任会议工作规程》,保证会议高效、有序举行。进一步加强人大信访工作,探索建立人大代表参与接访、聘用律师和相关法律人员接访制度,化解信访难题,推动息诉罢访。抓调研,提升履职能力。坚持问题导向,进一步加强调查研究,就深化改革、推进法治、脱贫攻坚、生态环保、文化旅游、民生保障、安全生产、道路交通、人大工作9方面课题,开展专题调研,形成调研报告,不断提高常委会组成人员发现问题、研究问题、回答问题的能力。抓研讨,提升理论水平。进一步加强人大理论研究,办好《晋城人大》杂志和"晋城人大"网站,组织好全国二十四城市人大工作研讨会,运用研讨成果,指导工作实践。抓文化,提升机关形象。积极倡导"和谐、尚法、务实"的价值理念,打造特色鲜明的人大机关文化,进一步增强向心力、凝聚力和战斗力,更好发挥参谋助手作用,提高服务保障能力,树立人大机关风清气正、团结和谐、干事创业的良好形象。

美丽晋城前景辉煌,人大工作任重道远,各位代表使命光荣。让我们紧密团结在以习近平同志为核心的党中央周围,在中共晋城市委的坚强领导下,闻鸡起舞撸起袖子,不忘初心开拓进取,为深入推进"一争三快两率先"战略部署,不断塑造美好形象、逐步实现振兴崛起做出新的贡献,以优异成绩迎接党的十九大胜利召开!

政府工作报告

——2017年2月22日在晋城市第七届人民代表大会第二次会议上

市人民政府市长　武宏文

一、2016年工作回顾

2016年，新一届政府组成以来，在省委、省政府和市委的坚强领导下，在市人大、市政协的监督支持下，市政府紧紧依靠全市人民，深入贯彻落实党的十八大和十八届三中、四中、五中、六中全会精神和习近平总书记系列重要讲话精神，按照省委"一个指引、两手硬"的重大思路要求和市委"一争三快两率先"战略部署，坚持"大开放、大转型、大创新"三大发展思路，以谋划推进"十大战略工程"为重点，践行发展新理念、适应发展新常态，统筹推进稳增长、促改革、调结构、惠民生、防风险各项工作，在极为艰难的形势下，实现了"下半年好于上半年，2016年好于上年"的努力目标。全年生产总值完成1049.3亿元，同比增长3.9%；规模以上工业增加值增长2.5%；固定资产投资完成1150.4亿元，增长4.1%；社会消费品零售总额完成386.2亿元，增长7.6%；一般公共预算收入完成89.3亿元，下降4.9%；外贸进出口总额完成6.0亿美元，下降32.8%；城镇居民人均可支配收入完成28223元，增长5.9%；农村居民人均可支配收入完成11635元，增长6.6%。

我们主要做了以下工作：

——发展思路更加清晰。明确提出了"十三五"时期确立的"三大"发展思路和大干快干的"十大战略工程"。紧紧围绕"十三五"时期建设"双百"规模大市区目标，明确提出了把环城高速作为外环，207国道、陵沁路改线作为市区二环，以现行的西环、北环、东207改线、南白水街作为内环的"三环"城市道路骨架新格局，确定了今年全力推进的"双十"城市建设工程。紧紧围绕转型综改、创新驱动经济工作的主线，制定了《2017·"1533"工业转型升级攻坚年行动方案》。启动了《美丽晋城战略规划》和《全域旅游发展五年规划》编制工作。

——精准施策收效明显。面对经济下行压力，持续实施年初制定的《2016·"1533"工业行动方案》，按照方案的九条政策措施，实行"三个一"运行监测服务。建立政银企常态化对接机制，开展干部入企服务活动，有力促进了企业稳定生产，实现了工业经济稳步回升。规模以上工业增加值累计增速从10月份开始由负转正。

——潜力活力显著增强。与省农发行签署200亿元的战略投资合作协议，与中船重工集团签署110亿元的项目投资协议。与省晋能集团、省能交投集团、省民航局、省金控集团进行项目对接。三次赴深圳与郭台铭总裁会谈，就富士康高技术玻璃项目落户晋城达成意向。组织企业家和市直有关部门赴上海自贸区、苏州工业园学习考察，引进上海临仕激光科技公司、上海迪威尼生物制造两家企业落户晋城。派6名同志赴上海商务部国家产业转移中心、上海漕河泾开发区、张江高科技开发区、松江开发区进行挂职招商。聘请郭台铭总裁、范守善院士和霍国庆教授担任市"双创"促进会顾问，聘请上海漕河泾开发区元老陈青洲博士担任晋城市政府产业发展总顾问，聘请南开大学旅游与服务学院院长白长虹为晋城市政府旅游顾问。

——新的动能正在蓄积。兰花20万吨己内酰胺、纳米碳酸钙项目正式投产，清慧5000万件轨道交通新型材料项目、山西迪威尼生物高科技制造项目、中船重工风电总装维护基地项目开工建设，富士康摩拜单车项目产品正式下线。晋城海关、晋城商检、兰花保税物流中心正式运营。积极与国家发改委、交通部、民航总局等对接民用机场前期建设事宜。陵沁路西北环改线工程正式通过省交通厅评审。

——民生改善持续提高。全年民生领域财政支出完成143亿元，占总支出的82.6%。旅游职业教育集团挂牌成立，省定12所新建改建农村幼儿园全部完工，沁水县通过了国家义务教育发展基本均衡督导评估认定。晋城大医院新门诊楼正式投入使用。在全省率先启用居民健康卡“一卡通”，最早启动失业保险“四项补贴”的申领发放。市区提前半个月实施集中供暖。新农合人均筹资标准由470元提高到540元，参合率达99.31%。新增3种医保门诊慢性病病种，病种数、待遇水平均在全省领先。城乡低保标准每人每月提高30元。农村危房改造达到2370户，新开工城市棚户区改造6045套。安全生产保持平稳态势。平安晋城建设深入推进，在全省公安机关人民群众安全感和满意度调查中位居第一，连获“五连冠”。国防动员和双拥工作扎实开展，第三次荣膺“全国双拥模范城市”称号。率先在全省提前三年完成“市志”“年鉴”两全目标。同时，妇女儿童、民族宗教、外事侨务、档案、统计、气象、人防、地震、红十字、慈善、残疾人、老龄等各项事业都取得了新的成绩。

——干事创业劲头更大。换届以来，广大干部在“两学一做”学习教育中得到锤炼，干部的精气神有了新的提振。城区广大干部在春节大年三十连夜奋战，一举拆除影响景西北路全线通车一年半的原太印厂区。市工商局提高办事效率，一个半小时将营业执照送到招商引资的企业手中。市发改、经信、财政、规划、住建、交通、旅游等多个部门，春节期间加班加点定任务、赶进度，促进了今年各项工作的早部署、早安排。大家倍加勤奋工作的劲头和释放出的力度大、节奏快、效率高的能量，正在成为全市广大干部自觉的行动，大家争先竞位、勇争第一的工作标准，已经初步形成了广大干部自觉信守的思想共识。我们要十分珍惜这种正能量，要把这种正能量凝聚成一股强大的“文化磁场”，辐射人人，激增倍长，让每一个干部、每一份事业都连点成线，以线带面，朝向大业，快步而行，着眼正道，全力拼搏，决不辜负全市人民群众的信任和期望！

各位代表，换届以来，新一届政府同心同德、齐心协力，解放思想、开拓创新，以上率下、迎难而上，积极应对各种挑战，取得了一定的成绩。这些成绩的取得，是省委、省政府和市委正确领导的结果，是市人大、市政协有效监督、大力支持的结果，是全市人民信任、支持和齐心协力、共同奋斗的结果。在此，我代表市人民政府，向全市人民，向驻市解放军指战员、武警官兵和公安干警，向各民主党派、各人民团体和各界人士，向各位老领导、老同志，向所有关心、支持晋城发展的同志们、朋友们，致以崇高的敬意和衷心的感谢！

同时，我们也清醒地认识到，我市仍处于爬坡过坎、转型攻坚的关键时期，发展中还存在不少困难和问题：思想解放不够，创新意识不强；产业结构单一，新兴产业和高科技项目严重缺乏；财政收入结构不优，收支矛盾日益凸显；基础设施建设和民生事业仍是短板；环境保护、安全生产、金融风险等隐患仍然存在；发展环境不优、体制机制不活等问题还不同程度存在；一些部门的服务意识、落实能力、主动担当的劲头与发展要求和人民期盼还不适应。对此，我们一定要高度重视、认真加以解决。

二、2017年工作安排

2017年，是实施“十三五”规划的关键之年，是推进供给侧结构性改革的深化之年，也是落实市第七次党代会战略部署的开局之年。认真做好今年的政府工作，任务艰巨，责任重大，使命光荣。

今年政府工作的总体要求是：深入贯彻习近平总书记系列重要讲话精神和党中央治国理政新理念新思想新战略，按照省委“一个指引、两手硬”的重大思路和要求，以及市委“一争三快两率先”战略部署，坚持稳中求进总基调，坚持“大开放、大转型、大创新”发展思路，以“转型升级攻坚年”为主题，着力深化“供改”和“综改”，提高发展质量和效益，加快创新驱动、转型升级，促进经济稳步向好和社会和谐稳定，在决胜全面小康的新征程中迈出坚实步伐，以优异成绩迎接党的十九大胜利召开。

主要预期目标：地区生产总值同比增长5.5%左右，规模以上工业增加值增长3%，固定资产投资增长目标根据新的统计口径确定，公共财政预算收入增长1%，社会消费品零售总额增长7.5%，城镇居民人均可支配收入增长6%、农村居民人均可支配收入增长6.5%，居民消费价格涨幅控制在3%左右，城镇新增就业3.4万人，城镇登记失业率控制在4.2%以内。资源节约、环境质量、民生改善等约束性指标控制在省下达指标以内。

做好今年的政府工作,要重点围绕“转型升级攻坚年”主题,全力实施好“十大行动”。即产业转型升级、开发区改革创新、招商选资引智、城建质量提升、通道快捷建设、全域旅游打造、精准脱贫攻坚、高端人才引进、生态环境治理、民生福祉改善十大行动。实施“十大行动”是推进落实“十三五”时期“十大战略工程”在今年的具体化。完成好“十大行动”,必须坚持深化“供改”和“综改”的总要求,把“供改”和“综改”工作的主线全方位、全过程贯穿到“十大行动”中。完成好“十大行动”,必须要有落实的高标准、完成的硬指标,我们把检验“十大行动”执行的标准和目标定位为“五化三型三量齐升”。即:产业升级必须具体到项目化,开发区改革必须达到市场化,招商引资必须聚焦精准化,全域旅游必须实现标准化,城市提质必须推进规模化;“三型”的标准,就是产业体系要初显“创新型”、城市规模要初显“双百”型、生态环境要初显“园林型”,最终使全市的经济总量、人均均量、运行质量“三量”齐升。“五化三型三量齐升”是检验“十大行动”落实的硬杠杆、硬标准,也是完成“十大行动”任务的最高要求,更是向全市人民的庄严承诺。广大干部必须要在落实“十大行动”中出实招、见功夫、见智慧、见担当;必须全力扛起落实“十大行动”的重任,以不服输、敢胜利的“精气神”忠诚担当、攻坚克难,不折不扣把“十大行动”落实到底,向全市人民交出一份优秀的答卷!

(一)产业转型升级行动。

产业转型升级是资源型地区走出转型升级跨越发展新路的根本标志。今年,要以十大转型项目建设为主要抓手,把深化供给侧结构性改革作为加快产业转型升级的根本途径,以项目调结构、以项目促转型,以改革促升级、以创新增规模,扎实推进产业转型升级行动。全力推动十大转型项目开工建成投产。一是富士康光学相机模组设计线项目要加快完成设计生产线工程设备件的转移规划,年内完工投入运行;二是富士康纳米光机电研发中心要于9月份建成,研发中心工作组5月份进驻中心;三是富士康高技术玻璃项目要加快完成从意向到实地勘查的进程;四是中船重工风电总装基地要实现首台套设备下线;五是清慧5000万件轨道新型材料要于9月份建成投产;六是上海临仕激光再制造项目年底前建成激光焊接、切割、熔覆三条生产线;七是山西迪威尼生物高科技制造项目10月份要投产;八是国家量子协会大数据项目要完成一期工程;九是晋钢铸造产业园铸钢件工业升级10月份要试产;十是晋煤华昱煤电化循环工业园于11月份要试产。这十大项目是今年产业转型升级行动的标杆项目,是全市“转型升级攻坚年”的风向标。十大项目的选择,突出了战略性新兴产业的方向和高科技项目的要求。富士康相机模组设计线是相机模组领域世界级的设计工艺标准;富士康光机电研发中心是符合国家工信部“中国2025”制造中心准入的研发中心;富士康高技术玻璃项目是目前国际最高等级的玻璃材料制造;中船重工、清慧制造、临仕激光再制造项目均为新能源、高端装备制造、生物高科技制造和新材料类别高新产业;山西迪威尼生物高科技的四个项目均为国内空白,世界领先,为国家环保部重点实验室项目;大数据项目是适应5G时代发展的集云计算、互联网、物联网等一体的数字经济产业;晋钢铸造园是提升现有传统产品,为高附加值产品的转型升级项目;晋煤煤电化项目为利用晋城“三高”煤的废旧利用推进循环经济发展的产业项目。这十大项目是市政府全力狠抓的重大转型升级项目。十大项目的建设,必将对全市工业企业走出资源型地区转型升级跨越发展的新路起到巨大的引领作用。富士康、中船重工、晋煤、晋钢等十大企业要挂图作战、倒排工期,列出投资进度,抓工期、抓进度、抓质量,确保按期开工、按期建成、按期投产。市直各部门和各县(市、区)、开发区要树立服务是永恒的主题、创新是永恒的灵魂、发展是第一要务的理念,切实做好项目服务工作,确保项目有序快速推进。各县(市、区)也要结合各自实际确定转型项目,形成狠抓转型项目谋划、转型项目引进、转型项目建设的强大效应,形成你追我赶、时不我待的转型劲头,争当转型升级的排头兵。全市的企业和企业家要积极围绕市场研究项目,围绕产业谋划项目,围绕发展推进项目,不断增强企业的核心竞争力。要以十大转型项目开工建成投产,搭起晋城转型升级的骨架,迅速把项目变为晋城经济版图新的增长点和增长极。全力推动深化国企国资改革任务全面完成。紧紧围绕省委骆惠宁书记提出的六大国企国资改革的要求,严格按照“分级实施,归口负责,组建平台,一企一策”的基本思路,5月份要出台《晋城市深化国企国资改革的指导意见》,9月底前要出台晋城市国企国资改革的配套政策和实施办法,下半年全面完成国企国资改革任务。年内完成国有资本投资运营公司组建并投入运营,构建“国资监管机构—国有资本投资运营公司—国有企业”三个层面的国资监管新体系,大力推动兰花集团等优势骨干企业在全市国企国资改革中领先一步。全力推动传统产业提升改造。要引导传统产业提高技术水平、提高制造能力、优化产品结构、拉长产业链条。煤炭产业,要提高煤炭先进产能占比,抓好科兴赵庄、煤销盛泰、阳泰武甲、晋煤胡底、晋圣三沟鑫都、晋圣松峪、晋圣固隆、天安盈盛、天安壁盈、天安苇町、天安宏祥11座矿井联合试运转和竣工转产工作,新增产能1000万吨/年以上,新增先进产能30%以上。紧紧盯住清洁高效利用目标,重点把中煤集团国投里必400万吨煤矿建成清洁高效利用的先进产能综合示范矿井。冶铸产业,要按照《2017·“1533”工业转型升级攻坚行动方案》要求,抓好10家中小型铸造企业的技改工作,全力推动冶铸企业由粗放生产向循环经济发展,由铸造向制造发展,重点抓好晋钢铸造产业园项目建设。要立足现有铸造集聚区,引导铸造企业向园区集中,提高产业集聚水平。南村各铸造企业今年要全部实施煤改气和环保设施改造。要促进铸造产品提档升级,抓好泫氏实业年产40万吨大口径球墨铸管项目建设。电力产业,要积极调整电力结构,对容量小、煤耗高、排放不达标、单机20万千瓦以下的火电装机,要分类分年代逐步淘汰。对单机30万千瓦以上的火电装机,要实施超低排放节能改造。要进一步扩大电力直接交易规模,适当发展有比较优势的高载能产业。重点抓好中船重工30万千瓦风力发电,阳城大连尚能、恒瑞两个15万千瓦风力发电项目,泽州华电、沁水远景汇合、中电投陵川三个10万千瓦风力发电项目和金驹煤电化胡底瓦斯发电项目建设。煤化工产业,要以煤基新材料和煤基新能源为发展方向,全力攻关煤基领域科技创新链,加快谋划一批现代化高端新型煤化工产业项目,把进入产业的各种资源“吃干榨尽”。

各级各部门要认真落实市政府出台的《2017·“1533”工业转型升级攻坚年行动方案》。《方案》明确了培育、支持、奖励的方向,明确了从科技高度、建设进度、投资强度、园区建设、总产值增幅、技术中心、企业上市、技术改造等八方面服务举措。在经信委设立了服务企业办公室,实行“五个一”服务工作机制,即每月用十天时间到企业服务,每月清零一批企业反映的问题,每季度召开一次调度会议,每半年进行一次评估,全年进行一次奖励兑现。各县(市、区)、市直各部门都要积极为企业提供优质服务,用“三大”发展思路营造一流的投资发展环境,真正把晋城建设成投资的洼地、转型的高地。同时,各级各部门还要不折不扣把国家和我省降低实体经济企业成本的各项政策落实到位。要积极化解企业融资难、融资贵难题,建立一季一次银企对接平台。市政府已设立了3个亿的转型发展基金,重点支持重大转型项目的发展。

转型升级靠项目,没有项目等于零。我们要牢固树立服务项目就是服务转型的理念,要千军万马跑项目,要千辛万苦攻项目,要千方百计上项目。要用项目检验作风,用项目检验能力,以项目论英雄。只要我们咬定青山不放松,晋城就一定能够坚定地扛起转型升级、跨越崛起的重担,就一定能够坚实地走出转型升级、跨越发展的新路!

(二)开发区改革创新行动。

开发区的改革创新,是关系到开发区能否成为经济发展主战场的关键举措。改革创新的力度,决定着开发区发展的速度。要全力抓好国家级晋城经济技术开发区改革创新。按照省委省政府明确的“整合、改制、扩区、调规”的四大任务,必须聚焦招商引资、园区建设、服务企业“三大主业”,强力实施专业化、市场化、国际化的管理运行机制和实行领导班子任期制、全员岗位聘任制、绩效工资制的“三化三制”改革要求。4月份开发区“三化三制”改革要全部到位。要通过“管委会+公司”的市场化运作模式,整合北留周村煤电化工业园和巴公装备制造工业园区，年内要完成整合园区、“五规合一”和新区土地报批工作，形成新的“一区两园”的运行管理机制。各县（市）要积极申报省级开发区建设。结合全市产业发展规划，创新各县（市）园区管理体制和内部机制改革。坚持规划引领，3月底前完成制定细化落实措施，上半年完成县（市）开发区改革创新发展规划。推行“五规合一”，完善组织机构，创新突破“三化三制”要求，实行“开发区+开发公司”的模式，整合现有工业园区，形成错位发展、差异竞争的产业发展格局。高平、阳城今年完成申报省级开发区的报批任务。通过开发区的改革创新，我们努力把开发区全力打造成为转型升级的重要载体、区域经济的强力引擎和转型综改的主战场。

（三）招商选资引智行动。

招商选资引智是产业转型升级攻坚的关键之举，是我们解决经济结构性产业短板的重要举措。今年招商选资引智行动，要突出招新兴工业项目、高科技工业项目两大重点，这是今年招商选资的重中之重。要按照产业发展基础、产业发展特色和优势、需要什么项目、项目来时有什么支持政策和帮助举措四大目的去招商。要紧紧盯住高科技工业项目这个目标，围绕光机电、电子信息、高端装备制造、生物科技、节能环保、新能源、新材料等七大产业，进行系统化、定点式、有序性、精准对接的模式招商。要营造大招商招大商的浓厚氛围。坚持领导带头抓招商，抽调干部挂职招商、蹲点招商，在全社会营造重视招商、关心招商、人人招商的社会氛围。特别是要采取挂职招商方式，珍惜上海挂职招商的机遇，承接好“长三角”地区的好项目、大项目。各县（市、区）要发挥主观能动性，主动走出去、请进来，主动发挥各自积聚的人缘、地缘和乡缘，坚决盯住项目、盯住人才、盯住成果，真正实现招商选资引智结合起来；盯住长三角、珠三角、京津冀地区、中原城市群等重点区域，进行系统化、精准化招商，把招商选资引智作为增动能、补短板的重点工程，变成解决结构性矛盾和产业单一的突破口。要优化政策政务环境抓招商。加大对龙头企业、外来企业，特别是高科技企业的贴息、奖励和扶持。积极由一站式审批向代办式服务转化，由线下服务向线上服务转变。严格执行首问责任制、限时办结制、超时默认制等制度。凡是有利于项目建设的事，马上就办，涉及多个部门解决的事，要实行定时会商办，真正让项目投资者放心干事、安心创业。要扩大对外开放抓招商。采取以企招商方式，通过发挥广大在晋企业特别是世界500强、全国500强企业的人脉、信息、品牌等方面的独特优势，引进上下游配套企业，延伸产业链条，形成以企招商的“葡萄串”效应。积极主动召开晋城籍人士回家、创业、投资座谈会，热情邀请、广泛邀请吸纳国内外晋城籍的优秀企业家回乡创业。要创新制度抓招商。积极探索购买服务式的招商，对能够带动一个产业，特别是高科技产业的龙头企业，要实施一企一策，拿出更多的精力，投入更多的时间，用一切办法为项目落地扫清障碍、铺平道路。对中小企业，要在金融创新上下功夫，重点解决融资难、融资贵的问题。对成长型的小微企业，要以“双创”园区的建设和科技孵化基地的创新为依托，采取“创业苗圃—孵化器—加速器”阶梯式孵化体系，在新型创业高科技企业的孵化培育工作上下功夫。市“双创”协会，要发挥好郭台铭总裁、范守善院士和霍国庆教授担任顾问的契机，促进全市“双创”工作健康发展。确保让真正的创意企业能够迅速成长起来，从而加快促使创意变成产品、产品变为商品。

（四）城建质量提升行动。

城建质量提升是市域综合竞争力和城市综合承载力的发展要求，也是进入中原城市群发展规划核心发展区的重要门坎。要以人为中心，突出拓展、改造、提质，补齐补实城市发展短板。按照“十三五”时期建设“双百”规模大市区的目标，今年重点实施“双十”城市建设工程。加快城市道路建设，重点建设十大城市基础设施工程。新开工建设4街8路10互通，总长140.17千米。今年完成7街8路8互通，总长57.52千米。其中，富士康新区“四纵一横”道路连接工程，总长15.1千米，年内完成4项，重点完成黄华街南延、景西路南延、金鼎路南跨、金匠街西延；晋煤新区连接工程1项，道路总长5千米，为畅安路北延；主城区与东北部“三纵一横”连接工程，共4项，道路总长9.4千米，重点完成文博路北延、太岳街东延、畅安路南延、文化路全线贯通;主城区东南部街路微循环工程,道路总长4千米,重点完成山门街、塔东街、祥云街、太行南路建设。今年道路工程完工后,主城区将在现有“一纵一横”的基础上,新增文博路、景西路、太岳街“两纵一横”道路骨架工程,将形成新的“三纵两横”的主城区路网骨架格局。完善城市服务功能,重点实施十大公共基础设施建设。开工建设晋城大剧院、市民广场、市民公园,建成丹河水城音乐喷泉。实施晋城火车站、高速东口改造工程,完成高速南口提升改造。启动“大水源”工程,从高平引张峰水库优质水源进入市区,力争明年国庆前让市区群众喝上优质地表水。启动“大热源”工程,加快阳电向市区供热工程建设。启动“大气源”工程,开工建设阳城北留崇上至泽州南村门站高压长输管线,尽快实现双气源供气。十大城市公共基础设施工程,是关系市民生活质量、方便市民快进快出、改善市民候车条件,解决市民吃水、供热、用气的重大工程,我们一定要高标准、高质量完成,给市民提供一个舒心、便捷、干净、整洁、健康的生活家园。加强城市规划建设。要积极推行城市建设的“五规合一”总纲,6月底编制完成《美丽晋城战略规划》。要加快推进市区城中村改造步伐。新开工建设棚户区改造801套,年内建成1500套。提升城市管理水平。深入推进城市执法体制改革和文明城市创建工作,集中开展市容环境大整治。加大城市交通管理执法力度,优化重点区域、重点时段交通秩序。落实公交优先战略和公交畅通工程,增加公交夜班延长营运时间线路,年内新增新能源公交车100台。积极推进城市地下综合管廊和海绵城市建设,积极创建国家节水型城市。努力打造特色城镇。要持续加快大县城和重点城镇建设。各县(市)要突出功能分区,重点完善市政配套和服务功能,加大边街小巷、环境卫生、交通秩序等整治力度,进一步改善人居环境。扎实推进重点城镇建设,围绕全域旅游,打造一批商贸物流、休闲旅游、山水田园、历史文化等特色小镇,继续抓好巴公国家新型城镇化综合试点工作。通过城建质量提升行动,努力把中心城区和县城,建成交通快捷、功能完善、环境舒适、品位提升、生态优美的宜居宜业宜游城市,实现城市面貌一年一个样、五年大变样!

(五)通道快捷建设行动。

通道快捷建设是连接城市内外的重要纽带,也是人流、物流的重要载体,也是加快解决“进不来、出不去”的交通瓶颈的主要举措。提高城市交通承载能力,让城市更加“舒经活络”,是通道快捷建设的主要内容。畅通外联交通“大动脉”。按照“十三五”提出的建设“双百”大市区的目标,加快打造“铁、公、机”立体综合交通体系,实现交通提质提效。认真做好民用机场建设前期工作,年底前争取列入《2016—2025年全国民用机场布局规划》。加快推进太焦高铁建设,认真做好郑银高铁在我市境内的前期准备工作。继续推进阳蟒高速项目建设,积极协调高陵高速河南段建设,高沁高速年底前正式通车。晋阳一级路东沟至周村段年内建成通车。构建内通“三环”大格局。确保3年完成“三环”连通工程。开工建设晋阳晋济连接线,与环城高速相连接,确保今年建成便捷通畅的高速大外环(三环)。开工建设36公里的陵沁路西北环改线项目,加快推进207国道改线及8个互通工程,确保2018年建成城市新外环(二环)。启动现状陵沁路西北环城市道路化改造,实施白水街和金凤路延伸与改造,确保2019年建成城市新内环(一环)。优化互联互通“毛细管”。加快推进国道207线新房洼至省界瓶颈路段改造工程。启动长晋二级路、省道坪曲线改造工程,认真做好丹河快线工程项目前期工作。围绕全域旅游大通道建设,加快完善通达县城、中心镇及重要旅游景区的公路连接线。推进市域县乡公路和农村公路建设。今年,要通过推进通道大建设,实施交通大会战,全面优化路网结构,加快打造外部配套成环、内部纵横成网的大进大出、快进快出的大格局,扎实奠定“双百”规模大市区建设的框架。

(六)全域旅游打造行动。

全域旅游打造行动是带动旅游业发展成为支柱产业的重大龙头。今年,我们要围绕“十三五”时期创建国家全域旅游示范区的目标,以建设太行屋脊全域旅游大通道、天下公园生态观光大走廊、举办首届全域旅游嘉年华为主要抓手,实施2017年全域旅游打造行动。一是启动建设总长约500千米,途经陵川、泽州、阳城、沁水、高平5县(市),覆盖30个乡镇、262个行政村、26万人口,串联7个旅游片区23个旅游景点的太行屋脊全域旅游大通道,10月份完成项目前期、开工建设。通道将辐射太行古八陉中的3条古陉、10条古道、17个关隘和14个全国重点文物保护单位、6个省级保护单位,3个中国历史文化名镇、7个中国历史文化名村、2个省级历史文化名镇、10个省级历史文化名村,18个古八景,46个自然名胜和风景点。这条500千米的大通道将连通晋城的山山水水,连通晋城的历史文化、人文荟萃。这条大通道将是承载晋城五千年灿烂文明的时光隧道,也是建成小康社会、实现"中国梦"的振兴大道、康庄大道。我们要高标准把大通道建成晋城一条亮丽的风光大道,让大通道展现"风光绣进城市,通道传承历史,城市留住记忆,太行再现辉煌"的全域旅游文化灵魂的支柱引领作用。二是开工建设总长37千米,途经吴王山、玉屏山、白马寺、司徒小镇、龙门、丹河湿地的天下公园生态观光大走廊,将主城区周边分散的景区、景点、公园通过观光走廊的形式串联起来,搭建起一条连续不间断"景观廊道观光带"。三是举办晋城首届全域旅游嘉年华,把全域旅游嘉年华打造成一场彰显晋城魅力的全域旅游盛会。

同时,通过实施"大通道、大走廊、嘉年华",带动全市旅游体制机制、顶层设计、基础设施、景点景区、宣传营销各个方面全面提升。今年,要成立市旅游发展委员会,2月底前各县(市、区)旅游发展委员会列入政府组成部门,并完成机构、人员、职能整合。列入《全省旅游景区(景点)体制机制改革创新工作推进方案》的16家旅游景区,在6月底前完成景区体制机制改革任务。2月底要编制完成《沁河干流古村落文物密集区保护利用总体方案》,争取国家立项。5月底编制完成《晋城市全域旅游发展五年规划》。新建、改建高标准旅游厕所60座,每个县(市、区)完成10座2A级以上旅游厕所。开通4A级以上景区的直通车或常态化的客运公交专线,完成县道以上公路旅游标识标牌全覆盖,构建省内一流的全域旅游导示系统。完成北留、大阳、神农3个特色旅游乡镇,司徒、东四义、冶底村等30个特色旅游村,以及皇城相府、大阳古镇、司徒小镇等300个特色乡村旅游客栈建设。依托中原经济区和京津冀地区,多管齐下,构建立体式、辐射型宣传促销模式。全力打造"全域布局、全景覆盖、全局联动、全业融合、全民参与"的大旅游格局,把全域旅游培育壮大为我市的优势主导产业。

(七)精准脱贫攻坚行动。

以脱贫攻坚为重点,以深入推进农业供给侧改革为主线,将脱贫攻坚与"三农"工作紧密结合起来,促进农业增效、农民增收。深入推进农业供给侧改革。依托我市特色现代农业发展的良好基础,明确县区功能定位,优化产业发展布局,推进优势产业集聚。深入推进农产品加工"513"工程,培育亿元以上龙头企业14家。实施"品牌"战略,新增1—3个著名商标或名牌产品。推进美丽乡村建设,以城郊城镇化带动型、工矿企业支撑型、现代农业产业发展型、农旅一体乡村旅游型等模式,创建市级美丽宜居示范村20个。加快培育家庭农场、规模养殖场、专业大户、农民专业合作社、农业园区等新型农业经营主体,完成新型职业农民培训3000人。建立和完善市、县两级农产品质量安全监管与市场信息、农业执法、安全认证、检验检测"四位一体"的农产品质量安全监管体系,农产品抽检合格率稳定在96%以上。实施八大产业扶贫工程。实施畜牧产业扶贫工程,在贫困村新发展养羊存栏2万只、养牛存栏500头、出栏生猪5万头、养蜂5000箱;实施蔬菜产业扶贫工程,新发展设施蔬菜(食用菌)2000亩;实施干鲜果产业扶贫工程,提质增效干水果5万亩;实施蚕桑产业扶贫工程,新发展桑园3000亩;实施小杂粮产业扶贫工程,涉及贫困户人均1亩种植面积;实施中药材产业扶贫工程,新发展中药材3万亩;实施休闲农业和乡村旅游工程,在贫困县创建200个省级休闲农业与乡村旅游示范点、200个高标准"农家乐";实施农产品电商扶贫工程,在每县建设1个电子商务服务中心,乡村站点超过1000个。扎实推进易地搬迁扶贫。坚持易地搬迁扶贫与新型城镇化建设、产业发展、旧村开发和村庄撤并、社会保障相结合,妥善解决搬迁群众的居住、看病、上学等问题,统筹谋划安置区产业发展与群众就业创业,完成建档立卡贫困人口易地扶贫搬迁6511人,同步搬迁916人,确保搬迁对象搬得出、稳得住、能致富。推进贫困地区基础设施建设。扎实推进生态补偿扶贫,通过支持贫困人口转化为护林员等措施,带动全市684人稳定脱贫。完成农村公路建设72千米,完成沁水、陵川13个乡镇、26个贫困村的26处饮水安全配套改造工程,巩固提升1.03万人的饮水安全保障水平。确保今年完成84个村、2.54万人的脱贫任务,沁水、陵川两个贫困县脱贫摘帽,其他非贫困县全部完成贫困村、贫困人口脱贫。

(八)高端人才引进行动。

高端人才引进行动是解决我们人才资源稀缺最重要的举措。在高端人才引进方面,要重点实施三大工程,真正实现人才与发展比翼齐飞。实施引智政策配套工程。以"服务于一流人才"为目的,3月份开工建设"梧桐苑"人才房项目,其中建设60套高端人才引进房工程,进一步让一流人才留得住。研究制定一流人才引进政策,为来晋城工作和创业的一流人才队伍解决后顾之忧。对于特别优秀的急需人才,实行"一人一事,一事一策",用真心真情服务人才、留住人才。实施项目科技孵化工程。支持引导社会资本建设"众创空间""星创天地"等创新创业平台,丰富一流人才创新创业载体。晋城市科技研发基地(科技企业孵化器)项目9月份竣工,积极为入驻企业提供物理空间和完备的科研基础设施,降低创业者的创业风险和创业成本。按照"专业服务+天使基金+投资导师"模式,为科技企业提供资金支持、引导支持,让有潜力的企业在孵化器内成功"孵化",发展壮大。今年,将重点引进清华碳纳米研发项目。实施成果转化工程。加快百名院士博士工作站的建设,引导高校及其科研人员参与到晋城创新创业,不断解放和激发科技潜能,推动提高科技成果转化率。今年争取富士康纳米光机电高科技研发中心、国际煤层气产业联盟、国家级环境保护环境感官应激与健康重点实验室三大院士工作站落户晋城。要通过人才引进行动,吸引高端人才来晋城创业,把晋城打造成山西乃至全国最具硅谷气质的"人才之城""爱才之城",让"近者悦、远者来",让更多的专家和人才向往晋城、爱上晋城、扎根晋城。

(九)生态环境治理行动。

生态环境是一个地方的核心竞争力。生态环境是晋城的最大优势、最大财富、最大品牌。要牢固树立绿水青山就是金山银山的理念,坚持保护和治理并重,推动生态环境建设再上新台阶。强力推进大气污染防治。扎实开展"铁腕治污"专项治理,深化"减煤、降尘、控油、治烟"重要举措,持续削减污染物排放量,对市区内未实施集中供气的25531户居民、未实施集中供热的4295户居民实施集中改造。全面取缔市区20蒸吨及以下燃煤锅炉8台、县城建成区10蒸吨及以下燃煤锅炉和茶浴炉80台,完成老旧车淘汰任务。强力推进水污染防治。实施市区、高平、阳城生活污水处理厂扩容工程,加快丹河高平河西段污染治理步伐,完成城区西河、书院河等10条黑臭水体治理。加大环境执法监管力度,坚决打击各类环境违法行为。强力推进生态文明建设。继续实施林业"六大工程",完成营造林工程1.17万亩,村庄绿化工程40个,环城生态圈新增绿化面积1.3万亩。积极推进沁(丹)河流域生态修复与保护工程建设,完成水土流失治理12万亩。强力推进低碳循环发展。加快推进国家低碳城市试点工作,扎实开展国家循环经济示范城市创建。大力支持清洁能源普及,积极推广新能源汽车,年底要实现全市电动汽车充电桩全覆盖。

珍视生态,就是珍视我们的生命;建设生态,就是建设我们的家园。我们要通过生态环境治理行动,把晋城的生态优势转化为竞争优势,着力打造山清水秀、天蓝地绿的美丽家园!

(十)民生福祉改善行动。

改善民生是我们工作的宗旨,也是最大的政绩。今年在民生福祉改善行动中要抓好五个方面的工作,让老百姓享受真真切切的实惠,得到实实在在的好处。教育方面,在市区新建现代化双语幼儿园1所,全市新建改建幼儿园12所。陵川县要通过国家义务教育发展基本均衡督导认定。启动高中办学条件标准化行动。成立制造业教育集团。开工建设太原科大晋城校区图书馆、实训中心、科研实验室建设,扩展学科专业,更好服务于地方经济。医疗卫生方面,以高平县乡医疗卫生机构一体化改革为抓手,推动全市医改一体化工作全面完成，提升基层医疗服务能力。开工市人民医院扩建工程和市中医院建设工程。文化方面，加大史志资源开发利用力度，挖掘文化宝藏，启动优秀传统文化传承工程和乡村文化记忆工程，重点做好“太行屋脊大通道”沿线景区、村镇的文化资源挖掘整理和保护传承。持续实施文化惠民工程，继续完善市、县、乡、村四级基础公共文化活动场所建设，大力扶持文化精品创作，广泛开展群众性文体活动，进一步满足群众日益增长的精神文化需求。社会保障方面，继续提高城乡低保标准，特困人员供养标准每人每年提高500元。整合新农合和城镇居民医疗保险两项制度，建立全市统一的城乡居民基本医疗保险制度，实现覆盖范围、筹资政策、保障待遇、医保目录、定点管理、基金管理“六统一”和城乡居民一体化管理服务，使城乡居民得到更多实惠。继续推进城乡社区老年日间照料中心建设，探索推动公建民营、股份制、PPP模式等养老服务新模式，引导和鼓励社会力量积极兴办养老福利事业。举办全市创业产品展和创业大赛，利用晋城人才网的服务功能，同步举办线上线下各类招聘会，全市城镇新增就业达到3.4万人，转移农村劳动力2.3万人，城镇登记失业率控制在4.2%以内。社会管理方面，深化“平安晋城”创建活动，强化源头治理，严格落实社会稳定风险评估制度，坚决防止大规模群体性事件的发生。严厉依法打击各类犯罪活动，深入开展打黑除恶专项斗争，集中打击电信网络诈骗犯罪，进一步加强社会治理防控体系建设，持续推进视频监控“天网工程”建设，完善并推广“雪亮工程”经验做法。扎实开展安全生产月、安全生产咨询日活动，提升全民安全意识和安全素质。以煤矿、非煤矿山、危险化学品、烟花爆竹、道路交通、冶金工贸行业、职业健康防护为重点，进行全方位的安全隐患排查治理，坚决做到减少一般事故，遏制较大事故，杜绝重特大事故，为全市经济社会发展创造安全、稳定的社会环境。

此外，还要发展妇女儿童、老龄、慈善和红十字会等事业。加强气象、地震、人防、档案、民族宗教、外事、侨务等工作。加强国防动员和双拥工作，积极支持驻市部队改革，促进军民融合深度发展。

在做好以上各项工作的同时，市政府还要为民办好九件实事：一是实施残疾预防重点干预和残疾儿童抢救性康复项目；二是为全市城乡怀孕妇女提供免费产前筛查和诊断服务；三是新建农村老年人日间照料中心；四是免费送戏下乡；五是农村义务教育寄宿制学生营养改善全覆盖；六是贫困地区农村饮水安全提升全覆盖；七是实施遗传性耳聋基因免费筛查项目；八是实施农村贫困户危房改造保障工程；九是全市建档立卡贫困人口和农村低保人口参加大病医疗商业补充保险。

这九件实事，件件都连着广大人民群众的切实利益。我们一定要本着以人民为中心的理念，急群众之所急，想群众之所想，把实事办好、好事办实，切实提升人民群众的幸福感，让更多的改革成果惠及到广大人民群众，切实增强人民群众的获得感。

三、加强政府自身建设

2017年是抓落实、抓攻坚之年，是全面提高工作标准、全面提高工作成效之年。面对新的形势和任务，各级政府必须加强自身建设，切实提高谋划力、担当力、落实力、约束力，为全市转型升级攻坚提供有力保障。

提高谋划力。干在实处永无止境，走在前列敢谋新篇。要按照“大开放、大转型、大创新”发展思路，善于站在全局和战略的高度谋划发展，把工作标准与中央要求“对表”、与发达地区对标、与国际通行惯例对接，立足当前、着眼长远，切实提高工作标准，做到立意高、落点实、操作性强。要切实克服思想懈怠、自我满足、自我放松的倾向，把工作标准定在干就干到最好上，定在积极作为、奋力赶超上。先行而不浮躁，争胜而不死板，一定要实现政府各项工作样样争一流，勇当排头兵。

提高担当力。今年是全市转型升级发展的攻坚之年。要大力倡导“闯”的精神，聚焦聚力聚神抓好事关全市发展大局的改革事项，在产业转型、国企改革、招商引资等方面要解放思想，提高认识，既要摆出不服输、扛得住的身段，更要有多吃螃蟹、能啃硬骨头的手段。要有强烈的“我要干”的意识，不等不靠，拿出夜以继日、夙夜在公的精气神，以时不我待、只争朝夕的劲头，担当作为。有困难，上；有责任，扛;有软肋,强。撸起袖子、挽起裤腿、咬紧牙关加油干。在赛场上跑,在跑场上见,确保跑到位,当冠军。要真诚做事、诚信服务,严格履行向社会作出的承诺。凡确定和承诺的事、安排部署的工作,必须将落实进行到底,以转型升级发展的实际成效推动全年经济社会发展。

提高落实力。一分部署,九分落实。一打纲领不如一个行动。说得再好,没有落实等于零。要坚决按照习总书记要求,亲力亲为抓改革,扑下身子抓落实。各项工作都要按照"建立台账,跑表计时,到点验收"的机制抓好落实。要严格落实省政府"13710"工作制度,今年6月底前市县乡三级政府全面建成电子督办平台,将重点工程项目、企业技改项目和招商引资项目纳入平台管理,推动政府各项工作见人见事、见根见果,抓细抓小、抓紧抓实。发挥政府督察作用,明确督察的工作重点,盯住关键环节,查安排、查进度、查成效,确保各项工作任务全面及时高效落实。同时,要进一步加大追责问责力度,做到政府工作有清单、有督察、有考核、有问责,确保中央、省、市各项决策部署落实到位。

提高约束力。坚决落实全面从严治党的各项要求,全面履行管党治党的主体责任,在市政府组成部门设立党组(党委)办,切实抓好"三基"工作,全面加强政府系统党的建设。要按照干部清正、政府清廉、政治清明的要求,落实"两个责任",坚持"一岗双责",深入推进政府系统党风廉政建设和反腐败斗争。全面推进政务公开,实现决策、执行、结果公开透明。强化财政支出、工程建设、公共资源交易等重点领域和重要环节的监管,切实扎牢制度笼子。牢固树立"过紧日子"思想,完善厉行节约长效机制,严控"三公"经费支出,以清正廉洁的良好形象促进发展、取信于民。各位代表,光荣的使命鼓舞我们砥砺奋进,人民的期盼鞭策我们勇往直前。让我们更加紧密地团结在以习近平同志为核心的党中央周围,在省委、省政府和市委的坚强领导下,坚定信心、主动作为,只争朝夕、狠抓落实,全面完成各项目标任务,以实际行动和出色业绩迎接党的十九大胜利召开!

中国人民政治协商会议第七届晋城市委员会常务委员会工作报告

——2017年2月21日在政协第七届晋城市委员会第二次会议上

市政协主席　常国荣

市政协七届一次会议以来的主要工作

市政协七届一次会议以来,在中共晋城市委的坚强领导下,市政协常委会全面贯彻中共十八大和十八届三中、四中、五中、六中全会精神,深入学习贯彻习近平总书记系列重要讲话精神和治国理政新理念新思想新战略,按照省委"一个指引、两手硬"的重大思路和要求,围绕市委、市政府中心工作,牢牢把握团结和民主两大主题,认真履行政治协商、民主监督、参政议政职能,充分发挥协调关系、汇聚力量、建言献策、服务大局的重要作用,为深入推进"一争三快两率先"战略部署做出了积极贡献。

一、加强理论武装,坚定理想信念,广泛凝聚团结奋斗正能量

常委会坚持把加强学习作为履行职责的一项重要任务抓紧抓好,统一思想、坚定信念,不断夯实团结奋斗的共同思想政治基础。

加强学习,把思想和行动统一到中央、省委、市委各项决策部署上来。组织召开常委会议、主席会议、专门委员会会议等多种形式,专题学习中共十八届六中全会和省、市党代会精神,牢固树立"四个意识",特别是核心意识、看齐意识,在思想上拥戴核心,在政治上维护核心,在行动上紧跟核心,主动向以习近平同志为核心的党中央看齐,向党的路线方

针政策看齐，向党的各项决策部署看齐，深化对省委“一个指引、两手硬”重大思路和要求、市委“一争三快两率先”战略部署的理解认知，动员全市各级政协组织和广大政协委员为践行“五大发展理念”、实现“五个明显提升”、落实“十大行动”献计出力。

把握要义，增强做好政协工作的思想自觉和行动自觉。坚持用习近平总书记治国理政新理念新思想新战略指导政协工作，通过界别活动、专题研讨、交流体会等多种形式，推动各级政协组织和政协委员将学习习近平总书记系列重要讲话精神引向深入，引导参加政协的各党派团体、各族各界人士进一步增进政治共识，始终与党委在思想上同心同德、目标上同心同向、行动上同心同行，坚定不移地走中国特色社会主义政治发展道路。

知情明政，提高服务全市改革发展大局的本领和能力。认真学习贯彻中央经济工作会议和省委十一届二次全会、市委七届二次全会暨经济工作会议精神，深刻领会中央对当前国际国内形势的分析判断，深刻认识贯彻稳中求进总基调的重要意义，重点把握市委率先全面建成小康社会的目标任务，推动中央、省委、市委的决策部署在政协工作中贯彻落实、落地生根。

二、围绕中心工作，发挥政协优势，积极发出议政建言好声音

常委会坚持把服务发展作为履职的第一要务，围绕全市中心工作，深入调查研究，主动献计出力。

助推脱贫攻坚工作。换届以来，市政协紧跟市委、市政府决策部署，动员全市各级政协组织、政协各参加单位、广大政协委员把助推脱贫攻坚作为履职的头等大事，围绕贫困地区产业扶贫、移民搬迁工程、电网改造升级、基本医疗服务等课题广泛开展调研视察，督促各级各部门把脱贫攻坚各项政策措施落到实处。充分发挥政协委员联系广泛的优势，积极开展结对帮扶活动，为困难群众办实事、做好事。七届市政协委员共开展扶贫济困活动117次，帮助困难地区解决问题185个，捐款捐物330万元，协调项目资金2600万元，在推进脱贫攻坚中做出了新贡献、展示了新作为。

聚焦实体经济发展。积极配合省政协开展“民营经济发展重大部署贯彻落实情况”专项视察监督活动，组织委员深入城区、泽州、高平相关企业进行调研，与企业家座谈协商，认真听取企业发展中面临的困难问题以及工作建议，向省政协提出了“强化政策支持，切实把各项优惠政策落到实处；加快产业转型，着力打造发展新引擎、新动力；内培外引并举，为本土企业发展提供公平竞争平台”等七个方面的意见建议。市县政协委员和政协机关干部积极参与入企服务活动，帮助反映和解决问题194个，有力支持了企业发展，促进了经济、社会效益双增长。

建言全面深化改革。充分发挥专委会作用，紧扣全面深化改革等重大任务深入推进协商民主。围绕推动水利改革发展、畅通市区交通等议题开展对口协商，围绕民营医疗机构发展、民族宗教工作等议题开展界别协商，推动全市重大改革举措顺利实施。

三、强化民主监督，促进民生改善，努力突出履职为民主旋律

常委会始终坚持履职为民，把人民群众关切作为开展民主监督的重点，积极探索民主监督形式，强化民主监督实效，为促进民生改善和社会和谐稳定做出了新贡献。

加大提案办理力度。坚持把提案工作作为政协的一项全局性工作，切实抓好提案征集、审查立案、转交办理、督办检查、跟踪反馈、协调推动等关键环节，探索创新办理机制，不断提高办理实效。市政协七届一次会议以来，共收到提案414件，经审查立案376件，研究确定重点提案10件，并加强了重点提案的跟踪督办。提案反映的生态建设、脱贫攻坚、社会养老等民生问题得到了重视和逐步解决，产生了良好的社会影响。

畅通社情民意反映渠道。不断提升社情民意工作质量，加强社情民意信息的汇总、分析、报送和跟踪反馈，努力为党委政府全面掌握基层情况、了解群众呼声提供助益，促进重点民生问题解决。截至年底，编印《晋城社情民意》90期，采用稿件211篇，被全国政协和省政协采用稿件40余条。不少建议受到市委、市政府领导的亲自批示，已经转化为市委、市政府的工作部署。

做好民主评议工作。选派20多名委员担任政风行风监督员，积极配合全市政风行风评议活动；组织部分委员参加全市县委书记述党建、信访事项听证会、检察院开放日等活动，为促进市委、市政府工作部署落实，优化政务环境和法治环境发挥了重要的监督作用。

四、坚持与时俱进，推动工作创新，注重树立政协履职新形象

常委会主动适应新形势，不断加强自身建设，推动工作创新，改进履职方式，政协工作取得了新进展。

健全工作机制，搭建履职平台。出台《党组工作规则》，为充分发挥党组在市政协工作中的领导核心作用提供制度保障。制定《委员履职工作规则》，规范委员履职重点内容、原则遵循、方式方法，激励委员更好地发挥在政协工作中的主体作用。抓好委员的日常性学习，为委员了解情况、熟悉全市工作大局创造条件。组织有专长的委员参加专题调研，提高委员建言献策的质量和水平。

推进协同合作，增强互动实效。加强与上级政协的合作，协助省政协开展《回族百年实录》征稿工作。加强对县（市、区）政协的指导，通过召开座谈会、秘书长联席会交流工作经验，加深理解沟通，增强了全市政协工作整体合力。积极支持各民主党派、工商联、无党派人士参加政协各类协商议政活动，做到提案重点督办、发言重点安排、社情民意重点报送，充分发挥他们在政协履职中的重要作用。

强化自身建设，健全服务保障。扎实开展“两学一做”学习教育，认真落实全面从严治党各项要求，自觉践行“四讲四有”，机关思想、组织、作风、纪律和反腐倡廉建设得到新的加强。举办市县政协机关干部综合素质提升培训班，邀请省市知名专家学者就人民政协基本理论、《准则》《条例》基本精神等进行专题辅导，注重理论教学与实地视察、文化修养与作风建设相结合，全面提升政协系统机关干部的综合素质和履职能力。加快信息化建设步伐，改版《晋城政协网》，基本实现机关办公无纸化、委员履职信息化、信息沟通智能化，为推进网络议政夯实基础。加大干部队伍建设力度，切实强化干部教育、管理、选任、监督、考核等工作，优化了干部结构，增强了工作活力，形成了风清气正、纪律严明、团结向上、积极工作的良好氛围，市政协机关蝉联“晋城市文明和谐单位标兵”。

市政协取得的成绩，是习近平总书记系列重要讲话科学指引的结果，是中共晋城市委正确领导的结果，是市人大、市政府和各职能部门大力支持的结果，是全市广大政协委员、政协各参加单位和各级政协组织团结进取、通力合作的结果，是社会各界和人民群众关心协助的结果。在此，我代表市政协常委会，向所有关心支持政协工作的各级组织和同志们、朋友们，表示衷心的感谢！

在肯定成绩、总结经验的同时，我们也清醒地认识到，与新形势新任务和人民群众新期待相比，我们的工作还有不少差距和不足。主要是：协商民主建设还缺乏有效的探索和研究；调查研究、参政议政的水平有待进一步提高；民主监督的方式和范围有待进一步创新和拓宽；委员履职主动性和积极性有待进一步提升等。真诚希望广大委员对常委会工作提出批评和建议，使我们的工作做得更好。

今后一年工作部署

2017年是全面贯彻省、市党代会精神的开局之年，是我市努力走出经济困难局面的攻坚之年，也是市政协工作全面推进之年。2017年市政协工作的总体要求是：认真贯彻中共十八大和十八届三中、四中、五中、六中全会精神，深入学习习近平总书记系列重要讲话精神和治国理政新理念新思想新战略，按照省委“一个指引、两手硬”的重大思路和要求，全面落实市第七次党代会、市委七届二次全会暨经济工作会议精神和各项决策部署，充分发挥政协作为协商民主重要渠道和专门协商机构的作用，凝聚思想政治共识，增强协商建言实效，强化民主监督职能，提升自身建设水平，不断推动我市政协事业创新发展，为深入推进“一争三快两率先”战略部署，不断塑造美好形象、逐步实现振兴崛起贡献智慧和力量，以优异成绩迎接中共十九大胜利召开。

一、坚持党的领导，确保人民政协事业的正确方向

认真学习领会、坚决贯彻落实中共十八届六中全会精神和习近平总书记系列重要讲话精神，是人民政协的重要政治任务。我们要认真贯彻落实市委“把学习贯彻习近平总书记系列重要讲话精神引向深入”的重大部署，深刻领会和准确把握系列重要讲话的科学体系、新理念新思想新战略、立场观点方法，深刻领会和准确把握系列重要讲话对人民政协新的部署要求，始终坚持正确的政治方向、履职导向、工作取向，不断开创我市政协事业新境界。

强化核心意识，始终坚持党的领导。习近平总书记强调，人民政协事业要沿着正确方向发展，就必须毫不动摇坚持中国共产党的领导。对此，我们要牢牢把握、始终坚持。中共十八届六中全会正式确立习近平同志为党中央的核心、全党的核心，顺应党心民心，赢得衷心拥护；坚决维护核心，是党和国家前途命运所系、人民根本利益所在。我们要进一步树牢“四个意识”，特别是核心意识、看齐意识，更加自觉地同以习近平同志为核心的中共中央保持高度一致，更加紧密地团结在以习近平同志为核心的中共中央周围，坚决把党的路线方针政策和市委决策部署贯彻落实到政协工作的各方面和全过程。

把握性质定位，推进协商民主建设。人民政协作为中国人民爱国统一战线的组织、中国共产党领导的多党合作和政治协商的重要机构、我国政治生活中发扬社会主义民主的重要形式，不是权力机关，也不是决策机构，而是各党派团体和各族各界人士发扬民主、参与国事、团结合作的重要平台，具有话语权、影响力，是不可替代的。习近平总书记关于人民政协性质定位、重要作用和原则要求的重要论述，为推进协商民主建设指明了方向。我们要通过委员培训、学习研讨、专题讲座，引导委员准确把握人民政协的性质定位，把协商民主贯穿政协履职全过程，利用政协这个平台，就全市经济社会发展的重大问题、关系人民群众切身利益的实际问题等充分发表意见、坦诚深入交流，积极营造既畅所欲言、各抒己见，又理性有度、合法依章的良好协商氛围，不断扩大协商的包容性和参与度。

践行团结民主，广泛凝聚智慧力量。要坚持团结和民主两大主题，深入学习领会新发展理念的内在要求，更加坚定地把“五位一体”总体布局、“四个全面”战略布局的晋城实践，贯穿政协履职全过程，进一步明确政协工作的责任使命和工作重点，带动政协委员和社会各界踊跃投身于“一争三快两率先”的生动实践，着力把市委、市政府的决策部署转化为社会各界的广泛认同和自觉行动，为实现“五个明显提升”、落实“十大行动”凝聚智慧、贡献力量。

二、坚持围绕中心，紧扣全市改革发展重大部署履行职能

市第七次党代会明确了未来五年全市经济社会发展的总体思路、奋斗目标和战略任务。市委七届二次全会暨经济工作会议，就做好2017年我市经济社会发展的重点工作作出全面安排。我们要认真贯彻落实市委决策部署，按照“大开放、大转型、大创新”三大发展思路，强化职责使命，努力担当作为，积极献计出力。

加强调查研究，增强建言实效。调查研究是政协履行职能的基础，也是提升建言质量、服务改革发展的关键。要聚焦2017年经济社会发展重点任务，以深化供给侧结构性改革与深化转型综改试验区建设为主线，围绕“三去一降一补”和煤炭市场改革、国企国资改革等各项改革工作确定调研重点，深入基层一线，掌握实际情况，加强分析论证、找准问题症结，增强对策建议的针对性和实效性，为我市落实新发展理念，全方位融入中原经济区和中原城市群积极建言、精准献策。

深入协商议政，服务中心工作。协商议政是政协服务党委政府决策的重要方式。今年，要组织召开3次常委会议，集中就“深化国企国资改革，不断激发国有企业发展活力，大力提升我市传统产业转型升级”“深化农业供给侧结构性改革，加快现代农业园区建设，促进农业提质增效”“全面深化司法体制改革，着力完善司法责任制”等开展专题协商，为党委政府科学民主决策提供参考借鉴。同时，要抓住全域旅游发展、开发区改革创新、“美丽晋城”建设、推进城乡统筹等全市改革发展的重点工作和人民群众的普遍关切，更加活跃地开展对口协商、界别协商和提案办理协商。

强化民主监督，促进工作落实。政协民主监督是协助党委政府推进工作落实的重要手段。要认真贯彻落实中共十八届六中全会精神，落实省委《关于加强人民政协民主监督的意见》，通过组织视察、召开协商座谈会等方式，重点就市委、市政府重大改革项目和民生建设工程的推进落实情况开展监督。要办好《委员建言》和《政协之声》两个栏目，把政协的民主监督与媒体的舆论监督有机结合起来，扩大监督影响力，提升监督实效。

三、坚持为民宗旨，确保民之所望为政协履职所向

坚持以人民为中心，是习近平总书记治国理政的出发点和落脚点，也是人民政协履行职能的根本遵循。政协委员来自人民、代表各界群众，必须牢固树立群众观念和宗旨意识，始终把群众利益放在首要位置、把群众满意作为第一追求，做到政为民所议、言为民所建、力为民所出。

*真诚倾听群众呼声。*按照市委、市政府关于增进民生福祉的决策部署，围绕事关民生的环境、教育、医疗、交通、社会保障、食品药品安全等问题，及时了解各界群众的所思所想，组织委员、党派团体撰写高质量提案和社情民意，提高议政建言水平，架起党委政府和人民群众之间的"连心桥"。

*真情关心群众疾苦。*聚焦脱贫攻坚，协助省政协做好脱贫攻坚专项视察监督工作，广泛发动政协委员和政协各参加单位，把市委、市政府关于脱贫攻坚决策部署的贯彻落实作为视察监督的重点，深入基层了解民情民意，积极寻求对策和办法，通过调查报告、专题建议等形式，为我市脱贫攻坚建言献策。

*真实反映群众愿望。*继续开展"察情建言惠民行"活动，做好结对帮扶工作，组织各党派团体、各族各界人士深入基层开展"送科技、送文化、送医药、送法律、送物资"活动；发挥政协委员联系面广的优势，积极为贫困地区项目建设牵线搭桥、贡献力量。认真做好协调关系、理顺情绪、释疑解惑、化解矛盾的工作，引导人民群众依法有序表达利益诉求，推动全市形成民心齐、民气顺、民风淳的良好社会环境。

四、坚持崇严尚实，不断提高政协履职能力

我们要认真贯彻落实市委对做好2017年工作提出的新要求，对标一流，争创一流，强化履职保障，提升工作标准，推动政协各项工作实现新突破。

*加强常委会自身建设，提高履职能力和水平。*着力加强政协常委会建设，以创新理念和务实举措，在推进履职能力建设中充分发挥作用，不断提高政治把握、调查研究、联系群众、合作共事能力。要把思想建设放在首位，充分发挥政协党组在政协工作中的领导核心作用，保持政治定力不动摇，始终把对党忠诚、对人民高度负责放在最高位置，善于从政治和全局的高度观察和处理问题；要改进工作作风，深入一线进行调查研究，把着力点放在对经济社会发展趋势的研判上，放在对改革发展稳定深层次矛盾的分析上，放在党委政府关心、人民群众关注的热点难点问题的解决上；要发挥联系广泛的优势，多做汇聚正能量的工作，多做寻求最大公约数的工作，多做调动一切积极因素的工作，凝聚起做好各项工作的整体合力；要把建管用之言、献务实之策作为发挥政协作用的不懈追求，努力打造"懂政协、会协商、善议政、守纪律、讲规矩、重品行"的高素质委员队伍，为我市政协事业创新发展注入活力。

*强化委员服务管理，充分发挥委员主体作用。*委员是政协工作的主体，委员强则政协强。要加大委员管理考核力度，认真落实《委员履职工作规则》等相关制度，激励委员更好地履职尽责。要加强学习培训，重点抓好换届后委员的集中培训，提升委员的政治素质和履职能力。要畅通渠道，加强专委会与界别、委员的联系，进一步发挥专委会在市级部门和委员之间的桥梁作用，通过专题学习、小组活动等形式搭建合作平台、促进沟通交流，为委员更好履职创造条件、提供服务。要建立"委员之家"，定期组织开展"委员阅读日""委员建言日"等主题活动，让委员走近政协、了解政协、建言政协，拉近政协机关与委员之间的距离，促进机关干部与委员的沟通交流，激发委员的履职热情与活力。

*强化责任意识和担当意识，加强机关干部队伍建设。*政协机关作为服务委员履职的综合机构，在政协工作全局中居于重要位置。要推进"两学一做"学习教育常态化、制度化，以思想政治建设为核心抓好机关队伍建设，正风气、强素质、严管理，着力提升机关工作水平。要强化机关干部专业知识的学习培训，创新方式，丰富内容，注重实效，进一步提高做好

晋城市中级人民法院工作报告
——2017年2月23日在晋城市第七届人民代表大会第二次会议上

市中级人民法院院长 于昌明

市七届人大一次会议以来的主要工作

市七届人大一次会议以来，在市委的坚强领导下，在市人大及其常委会的监督指导和政府、政协及社会各界的关心支持下，全市法院深入贯彻党的十八大，十八届三中、四中、五中、六中全会精神和习近平总书记系列重要讲话精神，认真执行市七届人大一次会议决议，大力加强审判执行工作，全面推进司法体制改革，着力打造过硬法院队伍，各项工作取得新进展。2016年，全市法院共受理各类案件31189件，同比上升24.95%，办结27034件，同比上升36.68%，结案率86.68%，同比提升7.43个百分点，案件存量4155件，同比下降39.9%。其中，市中级法院全年受理各类案件5687件，同比上升32%，办结5527件，同比上升35.27%，结案率97.18%，同比提升2.84个百分点，案件存量160件，同比下降67.9%。

一、坚持服务大局，切合经济社会发展新需求

全面落实中共晋城市第七次党代会精神。市中级法院紧紧把握市委中心工作的基本要求，围绕“五大发展理念”和市委提出的“五个明显提升”的奋斗目标，提前预判，认真研究，制定出台《关于为我市深入推进“一争三快两率先”战略部署提供司法服务保障的若干意见》，提出了服务和保障我市经济社会发展的37项司法举措，努力为我市经济持续健康发展、各项事业全面进步提供更加有力的司法保障。

依法保障创新驱动发展和供给侧结构改革。充分发挥人民法院审判职能作用，积极回应经济社会发展对司法的新需求。全年共审结融资租赁、商业保险等金融案件98件，审结著作权、商标权等知识产权案件及破产案件22件，审结涉房地产案件150件，审结劳动争议案件632件，审结股东权纠纷及不正当竞争纠纷案件33件，审结商事合同类案件6580件，有效促进了公平竞争，维护了市场秩序和交易安全。

积极稳妥化解涉企纠纷。受宏观经济下行压力的影响，涉企案件数量增加。全市法院积极应对，对因资金短缺但仍处于正常经营状态、有发展前景的负债企业，慎用强制措施，确需采取诉讼保全、强制执行措施的，预留必要的流动资金和往来账户，尽可能减少对企业正常生产经营活动的影响，防止“案件办了、企业垮了”的现象发生。妥善审理涉及产业转型、升级、改制、重组的案件，市中级法院着眼经济发展大局，派出院领导与政府、企业座谈协商，审慎处理相关煤矿资源整合案件，努

政协工作的专业素养。要强化机关干部专业能力的锻炼提升，按照俞正声主席“三能”干部的要求，在推进协商民主建设、有效开展民主监督、加强委员服务管理、提升提案工作质量等方面多思考、多研究、多总结，进一步增强科学履职、有效履职的能力水平。要强化机关干部专业精神的塑造培养，大力提倡爱岗敬业、认真负责、精益求精的工作作风，增强“想干事”的思想自觉、提升“能干事”的能力水平、掌握“会干事”的方式方法，不断提升政协工作科学化水平。

民主激荡智慧，团结汇聚力量。让我们更加紧密地团结在以习近平同志为核心的中共中央周围，在中共晋城市委的坚强领导下，同心同德、锐意进取，开拓创新、扎实工作，不断谱写我市政协事业新篇章，为深入推进“一争三快两率先”战略部署，不断塑造美好形象、逐步实现振兴崛起贡献智慧和力量，以优异成绩迎接中共十九大胜利召开！

力实现最佳审判效果。

二、依法惩罚犯罪，保障社会安全稳定

全市法院共受理各类刑事案件4571件，审结4396件，结案率96.17%。

积极参与平安晋城建设。圆满完成大要案审判工作，完成晋济高速特大事故11案23名被告人的审理工作，完成最高检、公安部及省委督办的4件食品安全类犯罪300多名被告人的审理工作。依法严惩严重危害社会治安的重大刑事犯罪，审结故意杀人、抢劫、强奸、盗窃等案件358件，审结贩卖、运输毒品等案件57件。坚持反腐高压态势，审结贪污贿赂等职务犯罪111件174人。维护金融秩序安全，审结非法吸收公众存款、集资诈骗案件48件，涉案金额近7亿元，其中大和能源两名被告人被判处无期徒刑。依法维护网络安全，审结李某等利用系统漏洞实施网络盗窃新类型犯罪案件。

推进庭审实质化。市中级法院承担全省刑事辩护制度改革试点工作，首次通知鉴定人出庭，就潘某滥用职权案的关键证据进行说明，实现从卷宗中心主义向庭审中心主义转变。贯彻法检公三机关相互制约配合原则，市中级法院全年就11件案件向公诉机关提出补充侦查建议，其中公诉机关撤回起诉6件，变更指控罪名2件。规范刑事财产刑和附带民事部分的执行，由原来的刑事审判庭执行改为执行局统一执行，有效保障刑事法官集中精力审理案件，执行法官执行刑事涉财产部分，提高了执行率，打击了个别犯罪分子"服刑一阵子、享受一辈子""一人服刑、全家享受"的侥幸心理，有效发挥了财产刑在惩罚和预防犯罪中的作用。

规范减刑假释案件办理。针对2861件减刑假释案件进行全面自查，就六类重点人员的206件减刑案件，逐人逐案建立统计台账；针对案件审理程序和办案流程的关键节点，推出4项整改措施；针对法院与检察机关、监狱部门的监督制约，制订了实施细则，规范了我市减刑假释案件办案流程。市中级法院全年受理减刑假释案件2037件，全部审结，其中变更监狱报减建议1263件，占62%，发挥了法院审判职能对减刑假释的监督把关作用。

加强人权司法保障。坚持审慎、谦抑、善意理念，严格落实罪刑法定、疑罪从无原则，依法对1名被告人宣告无罪，对52名被告人免予刑事处罚，做到宽严相济，罚当其罪。审慎处理民营企业家行贿案件38件，努力取得法律效果、社会效果包括经济发展效果的统一。充分保障被告人的辩护权，对可能被判处无期徒刑以上刑罚和经济困难的被告人全部指定辩护律师。加强未成年人权益保护，对14名未成年被告人依法判处缓刑5人、罚金刑2人、免予刑事处罚2人，从心理疏导、法庭教育、庭审语言等九个方面体现未成年审判特色。

三、强化民生司法保障，增进人民群众获得感

全市法院共受理各类民商事案件16814件，审结14061件，结案率83.63%。

推进家事审判改革。泽州法院被最高法院确定为全国家事审判试点法院，设立了家事审判合议庭，确立了从单纯案件审判向情感修复、亲情弥合转变的家事审判理念，通过弱化诉讼对抗、发放《离婚证明书》、加强与人民调解组织对接等举措，效果初显。试点工作开展以来，该家事合议庭共受理家事案件35件，经当事人同意委派人民调解14件，占到40%。

推进纠纷多元化解决。加强与人民调解组织的对接，强化对人民调解工作的业务指导，规范完善司法确认程序，更好地发挥人民调解组织在化解基层矛盾中的作用。加强与行政机关、行业组织、仲裁机构、公证机构的对接，城区法院通过保险行业协会快速调解纠纷39件。积极探索立案预登记、委派调解，陵川法院设立诉前调解室，在征得当事人同意后，对小额诉讼、相邻关系、家事纠纷等案件进行立案预登记，移送诉前调解室先行调解。调解室成立两个月来开展调解83件，调解结案13件，敦促自动履行24件。

推进案件繁简分流。针对案件大幅增长、法官压力急剧增大的现实状况，提出"繁案细审出精品、简案快审出效率"的应对策略。对较为简单的民商事案件，适用确认程序、督促程序、小额诉讼程序、简易程序进行快速审理，缩短诉讼周期，减轻当事人诉累，提高审判效率。复杂疑难案件适用普通程序细审精审，努力在更高层次上实现公正与效率相统一。全市法院一审民商事案件简易程序适用率达26.4%,当庭宣判率达59.7%,调撤率达43.7%。

*推进完善司法便民。*畅通群众诉讼渠道,推进网上材料审核,推行网上预约立案,推动构建人民法院面向社会多渠道、一站式、综合性诉讼服务机制。以便民、实用为目标,重建市中级法院官方网站,创建微信公众号,增加网站服务便民功能,启动手机短信推送案件节点信息、诉讼费退费和执行案款领取电子支付便民举措,努力为群众打造"指尖上的法院"。推进"四大公开平台"建设,启动庭审网上直播,公布案件流程信息、执行信息,扩大裁判文书上网范围,全市法院上网公布裁判文书12907篇,上网总数全省第三,上网率全省第一。

四、依法审理行政案件,助力法治政府建设

全市法院共受理行政案件590件,同比上升55.26%,审结527件,结案率89.32%。

*落实行政案件集中管辖、异地审理制度。*2016年5月1日,市中级法院与长治中院实行一审行政诉讼案件交叉管辖;从今年1月1日起,高平法院管辖原由泽州、阳城、陵川法院管辖的一审行政案件,阳城法院管辖原由城区、高平、沁水法院管辖的一审行政案件,减少了行政相对方对法院公正审判的合理怀疑,避免了可能发生的行政干预。

*实现行政争议的实质性化解。*通过在行政审判中加强释明、和解、调解,行政机关主动改变原具体行政行为而由原告撤诉的案件42件,占一审行政结案的21.8%。监督和促进行政机关依法行政,对违法的行政行为依法判决行政机关败诉的案件22件,占一审行政结案的11.4%。

*加大对行政非诉案件的执行力度。*对当事人既不履行行政决定,也不提起行政诉讼,行政机关向法院申请强制执行的非诉执行案件,依法裁定准予执行,维护政府公信力。全年共审结非诉执行案件269件。对征收、违章等强拆案件,按照"裁执分离"原则,由法院下裁定、政府强制拆迁,拆迁过程中发生纠纷再通过法院解决,避免法院"既当裁判员,又当运动员",现代法治精神在我市的社会管理中得以充分体现。

五、着力破解执行难题,保障胜诉当事人合法权益

全市法院共受理执行案件8197件,同比增长47.88%,执结7073件,同比增长74%,执结率86.27%。

*立足实际推举措。*针对我市执行案件的被执行人80%以上是公民个人、而且42%以上是农村居民,信用惩戒作用受限的实际情况,确立了"打好组合拳、解决执行难"的工作思路。通过强化统一领导,完善审、执衔接,用足强制、惩戒措施,执行和解与司法救助相结合、相补充的办法,推动执行效率提升。2016年全市法院执结案件同比增长率超出受理案件同比增长率26.12个百分点。

*集合力量解难题。*解决执行难,仅靠法院单打独斗不行,必须坚持在党委和上级法院执行局的领导下开展工作,形成强劲合力。我们紧紧依靠党委领导,成立了由中级法院执行局统一领导、城区法院执行局参加的执行专案工作组,集中攻克长达三年未解决、涉及四级法院的湖滨集团73案229名当事人3.9亿元的系列执行案,取得了较好的法律效果和社会效果。

*多措并举求实效。*加强专项执行活动,全市法院通过四个月的"雷霆行动",共执结涉民生案件168件,涉金融案件45件,执行标的达3208.64万元。强化网上查控力度,通过查控系统对3414件执行案件实施财产查询,共查询并冻结存款1227.54万元。推进信用惩戒,市中级法院与市工商局等38个部门联合下发《失信企业协同监管和联合惩戒合作备忘录》,发布失信被执行人名单3877人,打压"老赖"的生存空间,使其一处失信、处处受限。严厉打击拒执行为,共司法拘留67人、罚款6人,对拒不执行生效判决涉嫌犯罪的,向公安机关移送追究刑事责任27人。依法实施司法救助,对被执行人确无履行能力、申请执行人确有生活困难的,予以救助95案,发放救助金58万余元,切实解决当事人生活困难。

六、加强涉诉信访工作,努力化解社会矛盾

按照十八届三中、四中全会"把信访纳入法治化轨道"的要求,创新工作方法,采取六项举措推进涉诉信访工作。根据省法院2016年信访通报，市中级法院在11个地市中院中，涉诉群众赴省进京人数最少。

制定“诉”“访”管辖清单。该清单突出“诉访分离”原则，阐述了“诉”与“访”的甄别标准及处理方式，对属于人民法院管辖的“诉”类案件进行了列举明确，解决了涉诉信访管辖不明、责任不清、相互推诿等问题。

推行院领导接访纪要制度。院领导接访形成书面纪要，解决了领导接访答复不一、推诿应付、程序空转等问题。现已印发纪要3期，涉及52人76案，其中息诉罢访10人，落实办理责任人的38人，正在协调解决的4人，效果明显。

规范涉诉信访办案流程。编写了16万余字的《涉法涉诉信访工作法律法规政策汇编》，起草了《关于规范民事行政涉诉信访工作办案流程的意见》，上报市委政法委，对涉诉信访办理程序进行全面规范。

推行法官三次释疑制度。当事人来访，首先由原承办法官就自己作出的判决解惑释疑。如再次来访，由信访法官二次释疑。如当事人仍不服判，则由案件分管领导第三次释疑。三次释疑工作机制，有效化解了初信初访，减少了再审审查案件的数量，市中级法院受理的再审审查案件仅占全市法院受理案件总数的0.2%。

推行再审审查公开听证制度。对受理的再审审查案件全部组织公开听证。对影响重大的案件，邀请检察机关到庭进行法律监督，邀请人大代表、政协委员等到场旁听，增加审查程序公信力，提升审查效果。2016年，当事人撤回再审申请的案件占到14%。对确有错误的案件依法提起再审7件，占全市法院受理案件总数的0.02%。

涉诉信访案件依法终结。对于诉讼程序已经穷尽、当事人仍在无理上访的案件，依法启动终结程序，打消上访人的侥幸心理。截至2016年底，全市法院共终结案件40件，终结案件数量处于全省前列。终结的案件，多数当事人已息诉罢访，极个别案件当事人仍在上访的，法院不再接待，由一审法院向同级联席办移交，按普通信访机制处理。

七、推进司法体制改革，破解制约司法公正的体制机制性障碍

圆满完成法官入额遴选。经过考核考试、严格遴选，全市158名法官进入员额。高平法院作为第一批试点前期入额法官23名，目前全市法院共有入额法官181名，形成了以中青年法官为主、结构更加合理的专业法官队伍。精心做好124名未入额法官转岗安置工作，保持了队伍稳定，取得了“人心不散、队伍不乱、工作不断”的良好效果。

推进人员分类管理。设计组建了符合我市实际的“法官+法官助理+书记员+事务助理+人民陪审员”的审判团队模式。以入额法官平均办案量为基准，确定每个审判团队的职责和人数，在突出专业性的基础上，每个团队的办案数量基本均衡，改变了以往忙闲不均的状况。市中级法院以双向选择和党组决定相结合的方式，进行了建院以来范围最大的一次人员调整，12个审判团队的法官、法官助理、书记员、事务助理及其他综合部门的人员已全部调整到位，该项工作走在了全省法院的前列。理顺法警管理，6名兼职法警返回警队，13名兼职法警归入行政团队，彻底解决了干警混岗问题。通过以上措施，市中级法院审判团队干警达到122名，除法警外，57%的人力资源配置到办案一线，实现了资源优化。

设立专业法官会议。由于历史原因，市中级法院审委会委员人数众多，影响作用发挥。为深化审判权运行机制改革，设立了刑事审判专业法官会议和民事行政审判专业法官会议，负责对合议庭提请讨论的案件提供咨询意见，为提请审委会的案件起到过滤功能。目前，两个专业法官会议运行良好。

司法责任制启动运行。司法责任制改革是司法改革的“牛鼻子”，必须和司法改革同步推进。经多次征求意见，出台了《关于落实司法责任制的实施意见》，明确了各类司法人员权责清单，严格了审判责任的认定和追究程序，改进了审判管理监督机制，院、庭长对裁判文书不再签发，实现了“谁审理、谁裁判，谁裁判、谁负责”。

试水内设机构改革。按照司改要求，推进层级化管理模式向扁平化管理模式的转变，机构设置、司法资源重点向审判一线倾斜。在市委领导、支持下，市中级法院不增加人员编制、机构和领导职数，以员额法官和审判团队建设为基础，突破原有内部机构设置，把两个行政管理部门更设为两个专业审判庭，以审判权为核心的审判权力运行机制进一步确立。

八、坚持全面从严治党，打造过硬法院队伍

加强法院党建工作。坚持党对法院工作的绝对领导。市中级法院成立意识形态工作领导组，制定工作实施细则，加强意识形态领域工作。推进党建工作的调查研究。着眼地方党委和法院党组、市直工委和法院机关党委，上下级法院党组、本院党组与本院机关党委之间的领导、指导关系，研究司法改革背景下推进法院党建工作的新思路。认真落实党内组织生活制度，特别是党员领导干部的双重组织生活制度，促进党内政治生活全面加强。开展了“两学一做”“主动交纳党费、唤醒党员意识”“争做优秀党员法官”等专题党建活动。

持之以恒抓好党风廉政建设。落实全面从严治党主体责任，中院院长与中院党组成员、基层法院院长签订党风廉政建设责任书，推动管党治党责任层层落实。针对司法权运行可能发生的廉政风险，制定了《关于落实司法责任制的实施意见》《专业法官会议工作规则》等一系列制度，筑牢制度笼子，做到放权不放任。坚持挺纪在前，加强廉政风险防控，强化执纪问责，以零容忍态度查处违纪违法案件。

推进高素质法院队伍建设。制订并实施3年培训计划，全年培训干警1181人次。提出“精学”要求，为干警购置专业类书籍，创设专业素养提升的良好条件与氛围。组织青年干警、基层干警、专业部门干警座谈30余次，倾听干警职业需求，推动拓展职业化能力提升空间。建立素养能力评估机制，举办裁判文书评比、个人公开述职、案件质效评估、法警技能大比武等活动，激发干警争先创优的积极性。开展大调研活动，制定4项调研制度，设立13项重点调研任务，提高审判层次，培养高素质人才。

自觉接受各界监督。自觉接受人大及其常委会的监督，主动向市人大及其常委会报告法院工作，认真落实人大决议和常委会审议意见，及时整改存在问题和不足。自觉接受政协民主监督，及时向各民主党派和无党派人士通报法院工作。认真办理代表建议案、政协委员提案，把代表、委员的意见和建议转化为工作改进措施。加强日常联络沟通，邀请代表和委员参加旁听、见证执行。主动接受检察机关的法律监督，依法办理抗诉案件。自觉接受社会和媒体监督，依法保障律师执业权利，认真听取社会各界的意见建议，提升法院工作水平。

法院工作取得发展进步，是全体法院干警辛劳付出的结果，也是党委坚强领导、人大有力监督，政府、政协、社会各界及全市人民关心支持的结果。在此，我代表全市法院表示衷心的感谢！并向各位代表、委员，各位同志致以崇高的敬意！

在总结成绩的同时，我们也清醒地看到工作中还存在一些不足和问题：一是案件数量持续增长，法官工作压力进一步加大，预计2017年入额法官年平均办案将达到180件；二是司法体制改革进入关键阶段，司法责任制落实、内部审判权运行监督，以及司法辅助人员的职、权、责设定急需研究完善；三是信息化建设和法庭基础设施建设落后，打造“智慧法院”和现代化法庭任务艰巨；四是法官职业化保障有待提升，法院事业编制人员缺乏职业发展空间，自收自支事业编制人员和聘用制人员的经费保障需要加强。对这些问题和困难，我们将在今后工作中努力加以解决。

2017年工作安排

2017年，是全市法院深化司法体制改革的开局之年。全市法院的总体工作思路是：以习近平总书记对政法工作和法院工作重要指示精神为统领，按照“一个指引、两手硬”重大思路，紧紧围绕市第七次党代会、市委七届二次全会的部署要求，坚持“精学实做创优”的工作作风，推动“司法行为规范化、司法服务优质化、司法管理精准化、司法队伍专业化，不断提升司法公信力”目标的实现，为我市“一争三快两率先”战略实施提供有力司法保障，以优异成绩迎接党的十九大胜利召开。重点抓好以下工作。

一、坚持党的绝对领导，确保法院工作正确的政治方向

进一步加强思想政治建设。坚定“四个自信”，牢树“四个意识”，全面强化社会主义法治信仰，把对党忠诚作为根本政治要求和最重要的政治纪律，始终在思想上行动上同习近平同志为核心的党中央保持高度一致。切实做好人民法院意识形态工作。深刻认识新形势下加强意识形态工作的极端重要性，坚决抵制西方“宪政民主”“三权分立”等错误思潮影响，坚定不移地走中国特色社会主义道路。大力弘扬社会主义核心价值观。把社会主义道德要求贯彻到司法审判中，以司法手段促进道德领域突出问题的解决。强化正面培树、正面宣传，在中级法院设立机关党校，强化党员干警政治教育，增进党建宣传的吸引力和感染力，为党的十九大胜利召开营造积极向上的舆论环境。

二、坚持执法办案核心要务，服务保障社会稳定和经济发展

执法办案是人民法院的中心工作。要坚持总体国家安全观，依法严惩严重刑事犯罪，维护社会大局稳定，增强人民群众安全感；要加大对职务犯罪的惩处力度，依法严惩重大贪污、贿赂及发生在群众身边的腐败犯罪，警示广大公职人员依法行使职权，促进浓厚反腐败社会氛围的形成；要加强人权司法保障，严格罪刑法定，确保无罪的人不受法律追究。要积极应对经济发展新需求，围绕“三大发展思路”，妥善审理涉及煤炭、冶金等产业转型、升级和优胜劣汰过程中发生的破产、改制、重组和公司诉讼等案件，用法治手段服务和保障我市供给侧结构改革；要妥善化解房地产库存清理中的矛盾纠纷，引导当事人理性面对市场交易风险，维护合同效力和诚信交易；要依法审理知识产权案件，保护创新成果；要加强司法研判，就经济发展过程中所涉法律问题，提出有效应对措施和建议，为党委政府决策提供参考依据。

三、坚持司法为民根本宗旨，切实回应群众要求与关切

加强涉民生案件审判，依法审理涉及教育、就业、医疗、食品药品安全和涉农案件，妥善化解婚姻、家庭等家事纠纷，切实保障老人、妇女、未成年人、残疾人的合法权益。全面落实行政案件集中管辖、异地审理，破解行政案件“立案难”问题。要强化“互联网+”思维，创新便民利民机制，推行网上立案、网上信访、网上咨询，用信息化手段拓展便民利民新渠道。加快诉调对接平台建设，完善与综治组织的对接，加强与行政机关、人民调解组织、商事调解组织、仲裁机构、公证机构的对接，支持妇联、工会等组织参与纠纷解决，为群众提供更便捷、更多元、更畅通的纠纷解决渠道。发挥传统便民措施作用，坚持巡回审判、流动审理，打通司法服务群众“最后一公里”。依法实施诉讼费缓减免，规范司法救助，确保弱势群体合法权益受到保护。全力加大执行工作力度，推动构建“党委领导、政法委协调、人大监督、政府支持、法院主办、部门配合、社会各界参与”的综合治理大格局，形成解决执行难的合力，切实兑现胜诉当事人的合法权益。

四、坚持公正司法基本要求，以“钉钉子”精神推进司法体制改革

认真贯彻落实人民法院司法责任制有关规定，明确各类司法人员权责清单，建立符合司法规律的审判绩效考评标准，实现业绩评价与员额退出机制、惩戒机制、激励机制的有效衔接。强化审判权运行的管理监督，明确院、庭长加强宏观管理的程序、范围和方式，确保放权不放任、监督不缺位。大力推进案件繁简分流机制改革，强化立案、分案、送达、庭审、宣判、执行各环节的筛选甄别，优化司法资源配置。积极推进以审判为中心的刑事诉讼制度改革，发挥庭审在查明事实、认定证据、保护诉权、公正裁判中的决定性作用，推进庭审实质化。完善人民陪审员工作机制，充分发挥人民陪审员社会阅历丰富、熟悉社情民意的优势，“逐步实行人民陪审员不再审理法律适用问题，只参与审理事实认定问题”，解决“陪而不审”、“审而不议”的问题。

五、坚持信息化建设，促进审判体系和审判能力现代化

要结合目前我市法院信息化建设工作现状和特点，以需求和问题为导向，夯实并拓展网络基础

晋城市人民检察院工作报告

——2017年2月23日在晋城市第七届人民代表大会第二次会议上

市人民检察院检察长　张世荣

市七届人大一次会议以来的主要工作

市七届人大一次会议以来，在市委的正确领导下，全市检察机关认真贯彻党的十八大和十八届三中、四中、五中、六中全会精神，深入学习贯彻习近平总书记系列重要讲话精神，按照省委“一个指引、两手硬”的重大思路和要求，围绕市委各项决策部署，忠实履行法律监督职责，扎实开展各项检察工作，为我市改革发展稳定做出了新的贡献。

（一）提高政治站位，凝聚改革共识，全力做好监察体制改革试点相关工作。面对监察体制改革这一事关全局的重大政治改革，全市检察机关按照中央、省委和市委的决策部署，迅速行动，积极作为。主动与反贪污贿赂、反渎职侵权、职务犯罪预防等涉及改革部门检察人员进行谈心谈话，深入开展思想政治工作，引导检察人员提高政治站位，真心拥护改革，积极投身改革。依法认真办理处于侦查阶段的职务犯罪案件，侦查终结贪污贿赂、渎职侵权犯罪案件20件32人，现已全部移送审查起诉或者提起公诉。积极派员参与市县两级监察体制改革试点工作领导小组及其办事机构的相关工作。及时坚决将涉及改革3个部门的人事冻结，组织开展摸底调查，完成了涉及改革部门技术装备、执法车辆、固定资产的清查、登记和移交等工作。监察体制改革试点工作启动以来，我市两级检察机关按照省委、市委和省检察院要求，真正做到了人心不散、队伍不乱、工作不断。

设施建设，于2017年底建成人民法院信息化3.0版，在更大程度上提升业务应用支撑能力。要借助信息化，推进“智慧法院”建设。探索审判权、执行权运行监督新机制，推进无纸化网上办案、电子卷宗随案同步生成、庭审笔录与庭审录音录像同步存储，实现全程留痕、实时监督，铸牢制约司法权的“数据铁笼”；借助信息网络系统，完善和推进“四大公开平台”建设，综合运用网站、微博、微信、短信，向当事人及时推送案件流程节点信息、案件执行信息，公布裁判文书，推进庭审网上直播，打造全方位、立体式阳光法院新模式，使法官办案更高效，当事人诉讼更便利。

六、坚持全面从严治党，提升法官队伍素质

强化“抓好党建是本职、抓不好党建是失职、不抓党建是渎职”的理念，把党建工作作为“一把手”工程，积极构建主体明晰、责任明确、有机衔接的党建工作责任体系。要大力推动党支部主体作用的发挥，坚持“三会一课”、组织生活会、民主评议党员等制度，激发党支部、党小组和广大党员干部的创新活力，坚定干警对公平正义的价值追求。要提升党务干部履职能力，抓好党支部书记任职培训和定期培训，解决一些支部书记对党建工作不够重视的“不想为”，以及对岗位职责、工作制度知之较少、不知道党建工作该怎么抓的“不会为”问题。实行支部书记和部门负责人“一肩挑”，落实“一岗双责”，把党建工作有机融入队伍建设中，确保党建工作与法院中心工作同步开展。大力推进司法调研，全面开展“九个一比武”，充分发挥正向激励作用，为法院工作全面科学发展注入强劲动力。

坚持公正司法，维护公平正义，永远是人民法院的神圣职责和光荣使命。我们要紧密团结在以习近平总书记为核心的党中央周围，在市委的正确领导、市人大及其常委会的有力监督下，认真落实本次大会提出的各项任务，忠诚履职，勇于担当，积极作为，奋力开拓全市法院工作新局面，以优异成绩迎接党的十九大胜利召开！

（二）全面推开司法体制改革试点工作，不折不扣落实员额制检察官首批遴选等改革任务。市检察院先后2次举办全市检察机关司法体制改革政策讲座，3次召开司法体制改革工作推进会。认真总结和有效借鉴高平市检察院先期试点工作经验，经过资格审查、民主推荐、业务考核、遴选考试、上报审查等程序，全市共有141名检察人员被确定为员额制检察官。研究制订我市检察机关落实司法责任制和内设机构改革实施方案，加快推进司法责任制的落实和内设机构整合工作。高平市检察院继续先行先试，组建了检察官办案组、独任检察官等新型办案组织，24名入额检察官全部在一线办案，落实了司法责任制，并且率先在全省完成了员额制检察官、司法辅助人员、司法行政人员工资改革任务，受到了省委政法委的通报表扬。

（三）充分发挥检察职能作用，为全市社会大局稳定和扶贫攻坚工作提供有力司法保障。深入贯彻市委、市人大平安晋城、法治晋城建设的重大部署，依法履行批捕、起诉等职能，批准逮捕156件210人，提起公诉377件612人。选派业务骨干组成精干团队，制订完备的出庭预案，对“5·23聚众扰乱社会秩序”案出庭支持公诉，既依法指控犯罪，又注重保障被告人的正当权益和辩护律师的执业权利，收到了良好的政治效果、法律效果和社会效果。坚持宽严相济刑事司法政策，该严则严、当宽则宽，不批准逮捕和决定不予逮捕50人，决定不起诉15件23人。建成了市、县、乡三级“阳光百姓工程”公示平台和“阳光百姓工程”数据报备与分析平台，目前已有355个涉农项目、28.95亿元资金在公示平台进行公示并接受监督，使惠农扶贫政策和资金真正惠及农民群众。

（四）着力加强对诉讼活动的法律监督，依法维护司法公平正义。切实加强刑事诉讼监督，对公安机关应当立案而不立案的，监督立案5件，对公安机关不应当立案而立案的，监督撤案2件。对应当逮捕而未提请逮捕的，纠正漏捕3人，应当起诉而未移送审查起诉的，纠正漏诉13人。依法按照二审程序或者审判监督程序提起抗诉15件，法院已经作出裁判14件，法院对抗诉案件改判或者发回重审8件；纠正侦查活动违法31件，纠正审判活动违法10件。进一步加强刑事执行检察工作，针对监管场所违法提出书面纠正意见56件，开展羁押必要性审查14人。全面加强民事行政检察工作，共受理各类民事行政案件78件，对民事审判活动违法提出检察建议10件，支持起诉29件，通过释法说理，9件民事申诉案件当事人息诉罢访。加强人权司法保障，注重发挥律师在人权保障中的重要作用，积极构建新型检律关系；接待辩护律师和其他辩护人查阅、摘抄、复制案卷116次；对辩护人、诉讼代理人就阻碍其行使诉讼权利提出的申诉和控告，通知有关单位纠正2件，已得到纠正。

（五）大力加强检察信息化建设，“智慧检务”初现端倪。截至2016年年底，检察信息化建设规划第一期建设项目已经建成。机房扩建、光纤到桌面等基础性工程顺利完工，涵盖检察门户网站、检察微信、检察微博、手机客户端“四位一体”的网上为民服务平台顺畅运行；检察指挥视频调度中心、手机APP、远程出庭指挥系统、涉案财物管理系统、电子证据检验鉴定室等投入使用，电子计算机和网络信息技术与检察工作深度融合、有机融合迈出了坚实步伐，取得了可喜的进展。

（六）主动接受监督，保障检察权依法正确行使。始终把检察权的运行置于人大及其常委会监督之下，置于政协民主监督之下。市七届人大一次会议、市政协七届一次会议闭幕后，市检察院专门召开全市检察机关传达学习贯彻市“两会”精神电视电话会议。市检察院还对“两会”期间市人大代表、市政协委员提出的意见和建议进行认真梳理，明确了意见、建议的承办部门和办理要求，办理情况已经向代表和委员进行了反馈。对市人大常委会交办的代表建议，召开专门会议研究并认真办理，办理情况已向市七届人大常委会第四次会议作了报告。12月20日，全市检察机关集中开展了以“加强侦查监督、维护公平正义”为主题的“检察开放日”活动，邀请人大代表、政协委员等视察检察机关近3年来的侦查监督工作，主动接受社会监督。

（七）持续加强检察队伍建设，努力营造干事创业、创先争优的浓厚氛围。始终把检察人员思想政治建设摆在首要位置，扎实开展“两学一做”学习教育，认真学习贯彻党的十八届六中全会、省第十一次党代会、市第七次党代会精神，严格落实《关于新形势下党内政治生活的若干准则》和《中国共产党党内监督条例》各项规定。出台了《晋城市检察机关促进司法公信力明显提高的意见》，明确了促进司法公信力明显提高的目标任务，提出了实现目标任务的具体措施。在全市检察机关开展了优秀党员、模范人物评选活动，组建优秀党员、模范人物先进事迹宣讲团，深入全市检察机关开展巡回宣讲，收到了良好效果。

市七届人大一次会议以来，市检察院未成年人检察、泽州县检察院检察委员会建设等工作，受到了最高人民检察院的表彰；全市检察机关驻公安机关侦查监督检察室、“阳光百姓工程”、文明接待室创建等工作，得到了省检察院的充分肯定。这些成绩的取得，是市委正确领导的结果，是市人大及其常委会有力监督的结果，是市政府、市政协、社会各界和广大人民群众大力支持的结果。这里，我代表全市检察机关对各有关方面和广大人民群众对检察工作的关心、重视、支持和帮助，表示崇高的敬意和衷心的感谢！

在看到成绩的同时，我们也清醒地认识到，当前我市检察工作还存在一些问题和不足：一是有的检察人员在司法办案过程中还存在机械司法、就案办案倾向，检察人员司法办案的能力和水平还有待进一步提高；二是检察机关监督职能作用发挥得还不够充分，仍然存在不敢监督、不善监督和监督不到位、不规范等问题；三是部分检察人员对深入推进司法体制改革还存在畏难、观望等心理。对于这些问题，我们将高度重视，采取有效措施认真加以解决。

2017年工作安排

2017年是党的十九大召开之年，也是我市实施“十三五”规划的关键之年。全市检察工作的总体要求是：认真学习贯彻党的十八大和十八届三中、四中、五中、六中全会精神，以习近平总书记系列重要讲话精神和治国理政新理念新思想新战略为指引，认真贯彻省委“一个指引、两手硬”重大思路和要求，全面贯彻落实中央、省委、市委政法工作会议和全国、全省检察长会议精神，深入落实晋城检察工作“一二三”总体思路，充分发挥检察机关职能作用，全力维护社会大局稳定、促进社会公平正义、保障人民安居乐业，加快推进司法体制改革，协助做好监察体制改革相关工作，求真务实、锐意进取、奋发有为，为深入推进我市“一争三快两率先”战略部署提供坚强有力的司法保障。按照这一总体要求，我们将重点抓好以下6个方面的工作。

一是在保安全、护稳定上精准发力，为党的十九大胜利召开营造安全稳定的社会环境。把维护国家政治安全特别是政权安全、制度安全放在首要位置，充分履行批捕、起诉职能，全力做好保安全、护稳定工作。一要坚持总体国家安全观，坚决维护国家安全。认真贯彻落实中央《关于加强国家安全工作的意见》，深入开展反渗透、反间谍、反分裂、反恐怖、反邪教斗争，依法严厉打击各类严重危害国家安全的犯罪活动。坚决打击“法轮功”等邪教组织捣乱破坏活动，协同有关部门共同做好打击预防、分化瓦解、教育转化等工作。积极参与打击网络政治谣言专项行动，依法打击故意传播虚假信息等犯罪，坚决维护意识形态安全。二要依法严厉打击严重影响群众安全感的犯罪，着力营造安全稳定的社会环境。坚决打击影响社会大局稳定、影响人民群众安全感的黑恶势力、涉爆涉枪、盗抢骗、制贩毒品、拐卖妇女儿童等犯罪活动，突出打击跨区域流窜作案、公司集团式作案等犯罪活动，依法惩治公共领域的刑事犯罪。深入推进打击电信网络诈骗犯罪专项行动，对侵害困难群体等社会反响强烈的重大案件依法从重从快办理，严厉打击窃取、买卖、泄漏公民个人信息的犯罪活动。依法打击煤矿、建筑、交通运输等领域重大责任事故犯罪以及背后的职务犯罪。三要做实、做好检察环节社会治安综合治理工作。配合相关部门加大对欺压百姓、胡作非为的“村霸”和宗族恶势力的整治力度，严惩农村基层组织人员犯罪活动，坚决维护农民群众合法权益。积极参与社会矛盾排查化解专项行动，切实将检察环节可能演化成群体性事件的社会矛盾化解在基层、化解在萌芽状态、化解在成势之前。认真开展释法说理工作，紧密结合办案提出检察建议，推动相关单位完善重点地区、重点部位、重点场所的安全防范机制。

二是在服务经济社会发展上精准发力，为市委“一争三快两率先”战略部署的深入推进提供有力司法保障。牢固树立新发展理念，统筹打击犯罪与化解风险、维护稳定各项工作。一要完善服务机制，切实增强服务和保障全市经济社会发展的针对性和实效性。围绕深入推进市委“一争三快两率先”战略部署和市政府“三大”发展思路、“十大战略工程”的实施，出台《晋城市检察机关服务全市“十三五”发展规划实施的意见》。严厉打击非法集资、网络传销、制售假币和银行卡等经济犯罪。深入开展专项打击整治行动，坚决维护金融管理秩序。进一步落实刑事司法与行政执法衔接机制，会同有关单位完善涉众型经济犯罪处置机制，综合运用刑事、非刑事手段处置化解相关风险。二要加强产权保护，依法保护企业、公民的产权和其他合法权益。深入贯彻中央《关于完善产权保护制度依法保护产权的意见》和最高人民检察院加强产权司法保护的“22条意见”。准确把握和严格区分经济纠纷与经济犯罪、企业正当融资与非法集资的界限。对涉嫌犯罪的企业和人员，慎重决定是否采取逮捕和查封、扣押、冻结等强制措施，最大限度地减少司法办案对企业正常生产经营的不利影响。三要切实保障民生，让人民群众共享发展成果。出台《晋城市检察机关充分发挥检察职能为推进健康晋城建设提供有力司法保障的意见》。深入开展危害食品药品安全犯罪专项立案监督，突出打击“黑作坊”“黑工厂”“黑市场”，加大对食品药品流通领域非法经营等犯罪的惩治力度；严厉惩治暴力伤医等犯罪，维护医疗机构正常工作秩序；依法从严惩治严重污染水源、大气、土壤等犯罪，对生态环境保护执法司法活动加强监督，有效助推美丽晋城、健康晋城建设。继续加强对精准扶贫工作特别是惠农扶贫资金的检察监督，将“互联网+阳光百姓工程”纳入民事行政检察工作范畴，确保惠农扶贫政策和资金真正惠及贫困农民群众。

三是在落实改革任务上精准发力，确保顺利完成检察机关担负的监察体制改革试点工作，圆满完成司法体制改革试点工作任务。坚决贯彻中央、省委、市委关于监察体制改革的部署要求，认真做好检察机关反贪污贿赂、反渎职侵权、职务犯罪预防等涉及改革部门转隶前的准备工作；加强与监察委员会筹备组建机构的工作协作，建立健全检察机关与新组建的监察委员会之间的工作衔接机制，确保市、县两级监察体制改革试点工作顺利进行。加快推进司法体制改革试点工作，着力推动司法责任制改革尽快落地落实。认真贯彻《山西省人民检察院关于落实司法责任制的实施意见（试行）》，建立检察官办案质量专业评价办法、检察官业绩评价标准等与司法责任制改革相配套的制度体系，确保员额制检察官按照新的检察权运行机制开展司法办案活动，真正担负起办案责任。以落实扁平化管理要求和加强一线司法办案力量为重点，扎实推进我市检察机关内设机构整合工作，建立分工合理、权责清晰、协作紧密、运行高效的内部管理机制。

四是在加强检察监督上精准发力，充分发挥检察机关在平安晋城、法治晋城建设中的重要作用。要聚焦监督主责主业，完善检察监督体系，突出检察监督重点，补齐检察监督短板。一要全面加强刑事检察监督。强化刑事立案监督，坚决纠正有案不立、以罚代刑、违法插手经济纠纷等问题。充分发挥驻公安机关侦查监督检察室的作用，强化刑事侦查活动监督。构建以抗诉为中心的刑事审判监督格局，把监督纠正个案与监督纠正普遍性问题结合起来，坚决纠正定罪不当、量刑严重失衡、审判程序违法等问题。强化刑事执行检察监督，深入推进集中清理判处实刑罪犯未执行刑罚专项活动，建立纠防久押不决案件长效机制，依法推进财产刑执行检察监督工作。二要大力加强民事检察监督。以加强对公权力的监督为核心，推动健全多元化民事检察监督格局，常态化开展虚假诉讼监督工作，加强对生效裁判、调解书以及审判人员违法、执行活动的监督。三要积极开展行政检察监督。认真做好行政生效裁判、审判程序和执行活动监督工作；完善行政检察与行政复议衔接机制，探索开展行政违法行为监督、行政强制措施监督工作。四要强化控告申诉检察监督。拓展信访受理渠道，实现“信、访、网、电、视频”接访融合。健全重大刑事申诉案件异地审查机制。更加重视办好刑事赔偿案件，积极稳妥开展国家赔

关于晋城市2016年国民经济和社会发展计划执行情况与2017年国民经济和社会发展计划草案的报告

——2017年2月22日在晋城市第七届人民代表大会第二次会议上

市发展和改革委员会主任　秦李芳

一、2016年全市国民经济和社会发展计划执行情况

2016年，面对错综复杂的经济形势和艰巨繁重的工作任务，全市上下在市委、市政府的坚强领导下，在市人大的有效监督和市政协的大力支持下，认真贯彻落实党的十八大，十八届三中、四中、五中、六中全会和习近平总书记系列重要讲话精神，按照省委“一个指引、两手硬”的重大思路和要

偿监督工作。五要继续加强未成年人检察监督。深入开展“法治进校园”活动，积极参与校园欺凌专项治理，对犯罪性质和情节恶劣、手段残忍、后果严重的，坚决依法惩处。严格落实未成年人刑事诉讼特殊程序，加强未成年人权益保护。

五是在检察信息化建设上精准发力，大力推进“智慧检务”体系建设。在全面加强信息化建设已有成果应用工作的同时，紧扣侦查监督、公诉等检察业务工作以及队伍管理、办公等，科学谋划、合理确定今年的信息化建设项目。坚持高起点定位，将大数据、云计算、物联网、人工智能等最前沿、最尖端的信息技术运用到信息化建设工作中，努力建设一个网络顺畅安全、应用全面覆盖、数据即时生成、信息高度融合、资源共享互通的“智慧检务”体系，充分发挥“智慧检务”体系在服务司法办案、强化检务管理、深化检务公开等方面的重要作用。

六是在抓好队伍建设上精准发力，不断夯实检察工作发展根基。认真贯彻落实中央《关于新形势下加强政法队伍建设的意见》，把检察队伍建设摆在更加突出的位置，努力打造一支信念坚定、司法为民、敢于担当、清正廉洁的检察队伍。一要加强思想政治建设。持续抓好习近平总书记系列重要讲话精神的学习，教育引导检察人员牢固树立并不断强化“四个意识”，自觉在思想上政治上行动上同以习近平同志为核心的党中央保持高度一致。针对新形势下思想政治工作遇到的新情况、新问题，积极创新思路，努力改进方法，开展富有特色的主题教育和实践活动，增强思想政治工作成效。二要加强领导班子建设。坚持党管干部原则，进一步加强和改进干部协管工作，落实和强化上级检察院党组对下级检察院领导班子及其成员协管职责。认真落实《关于新形势下党内政治生活的若干准则》和《中国共产党党内监督条例》，加强和规范党内政治生活，健全党内监督体系。三要加强检察人才队伍建设。进一步加强队伍正规化、专业化、职业化建设，按照岗位素能基本标准的要求，加强对检察人员的分层分类分岗培训。深入开展“树立品牌、打造亮点”活动，推动检察工作创新发展，努力争创一流检察工作业绩。四要加强基层检察院建设。认真落实最高人民检察院加强基层检察院“八化”建设的指导意见，修订完善基层检察院建设规划，健全任务分解、责任清单、督促检查、动态管理、年度报告和情况通报等制度，促进基层检察院建设各项任务的落实。五要加强纪律作风建设。坚持把全面从严治党、从严治检融入各项检察工作，加强纪律和规矩经常性教育，着力将严和实的要求贯穿检察队伍建设始终。

新的一年孕育新的希望，新的任务呼唤新的担当。2017年，全市检察机关将在市委和省检察院的坚强领导下，在市人大及其常委会的有力监督下，认真贯彻落实本次会议精神，牢记使命、忠诚履职，锐意进取、真抓实干，努力实现全市检察工作新的发展，以优异成绩迎接党的十九大胜利召开！

求,攻坚克难、锐意进取,千方百计稳增长、调结构、惠民生、防风险,全市经济“低位企稳、稳中向好”的态势日趋明显,“稳中有进”的步伐更加坚实,实现了全市“下半年好于上半年,2016年好于上年,为今年进一步好转奠定坚实基础”的目标。2016年全市生产总值完成1049.3亿元,同比增长3.9%;规模以上工业增加值增长2.5%;固定资产投资完成1150.4亿元,增长4.1%;社会消费品零售总额完成386.2亿元,增长7.6%;一般公共预算收入完成89.3亿元,下降4.9%;外贸进出口总额6.0亿美元,下降32.8%;城镇居民人均可支配收入完成28223元,增长5.9%;农村居民人均可支配收入完成11635元,增长6.6%;城镇新增就业4.03万人;城镇登记失业率1.85%,控制在年度目标以内。居民消费价格同比上涨0.7%,低于3%左右的年度控制目标。

2015–2016年全市生产总值和规上工业增加值增速(%)

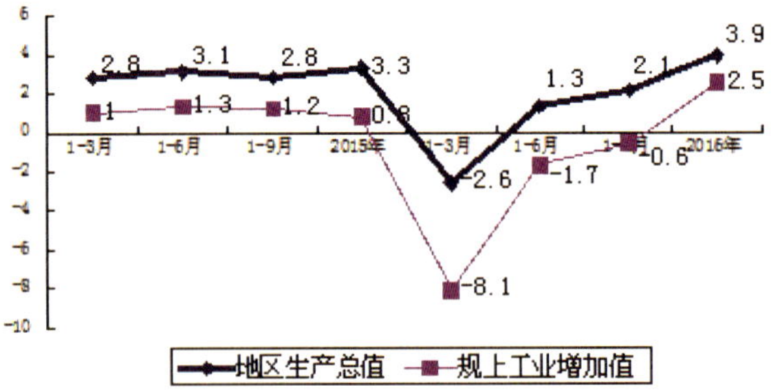

(一)全面发力供给侧结构性改革,“三去一降一补”成效明显

始终把推进供给侧结构性改革作为经济发展和经济工作的主线,有力有度有效落实“三去一降一补”五大重点任务。去产能方面,有序引导煤炭过剩产能退出,省属晋煤集团泽州天安高都煤业60万吨/年矿井已关闭,并通过省验收。全市地方煤矿61座生产矿井按276个工作日重新确定生产能力。去库存方面,2016年底全市商品房待售面积52.9万平方米,理论去化周期4.2个月,处于可控范围。注重需求侧疏导,建立购租并举的住房制度,逐步把公租房扩大到城镇常住人口家庭,促进房地产市场持续健康发展。出台了《晋城市政府购买棚户区改造服务的实施意见》和《晋城市棚户区改造货币化安置实施办法(试行)》。去杠杆方面,发挥政府资金的杠杆作用,引进各类机构投资者和社会资本,用市场化手段支持实体经济发展。非信贷融资规模稳中有升,企业采用债券、票据、委贷等非信贷方式融资不断增多。不良贷款呈“双降”态势,不良贷款余额和不良贷款率连续下降,两项指标均位于全省最低水平。降成本方面,一是积极推进国投热电、阳城晋煤能源两户发电企业参与大用户直购电交易,19户用电企业直购电量43亿度,为企业减负3亿元。落实企业养老保险费率降低1个百分点、失业保险降低0.5个百分点的惠企政策,全年可减轻企业负担1.1亿元。二是帮助企业落实收费、税收减免和增值税退税政策,为5家企业办理增值税退税3.6亿元。继续停止提取煤矿“两金”,为煤矿企业减负3.2亿元。三是晋城海关、晋城商检、兰花保税物流中心等重要物流园区建成并正式投入运营,降低了企业贸易物流成本。四是积极推进社会诚信体系建设,开展了行政许可和行政处罚等信用信息“双公示”的收集、公示、报送和市级信用信息共享平台建设方案编制等工作,不断为实体经济企业降低维权成本。补短板方面,通过产业扶贫、移民搬迁、金融扶贫等多种方式,完成脱贫村79个、脱贫人数2.67万人。

(二)转型综改向纵深推进,全面深化改革扩大开放

扎实推进转型综改试验区建设。2016年,我市抓住综改试验区建设的政策机遇,大胆探索,在多个重点领域和关键环节的体制机制改革创新方面取得了进展和突破,成效逐步显现。一是制定了《实施方案(2016—2020年)》和《2016年行动计划》,分别提出了“十三五”时期和2016年全市转型综改重点任务。二是积极开展了《晋城市转型综改“1+9”试点改革创新发展》《晋城市创新基本公共服务供给机制研究》《晋城市激活民间资本对策措施研究》《晋城市创新型城市发展研究》《产业转型升级路径选择研究》等改革课题,为市委、市政府制定政策提供参考。三是不断规范试点建设,充分发挥我市国家低碳城市、泽州县新型城镇化、泽州县农村

经营性建设用地等试点对全市改革的示范带动作用。

重点领域改革不断推进。行政审批制度改革方面，制定出台了《晋城市政府部门权责清单动态管理办法》，进一步优化了办事流程和时限。金融体制改革方面，修订了《晋城市金融机构支持地方经济发展业绩考核评价办法》，不断完善担保体系。国资国企改革方面，起草了《晋城市党政机关与所办企业脱钩改革工作实施方案》，出台了《晋城市市属国有企业重大信息公开实施细则（试行）》。财税体制改革方面，优化财政支出结构，完善预算绩效评价制度，制定出台了《晋城市绩效评价问责办法》。科技创新体制改革方面，拟定了《晋城市新能源汽车推广应用财政补助资金管理办法（试行）》和《晋城市中心城市新能源汽车基础设施建设规划（2015—2020年）》。

公车改革取得阶段性成果。出台了《晋城市公务用车制度改革实施方案》，对各县（市、区）上报的《实施方案》进行批复。市直单位纳入参改范围公车共1573辆，改革后，保留车辆814辆。经测算，全市公车改革后公务交通年均总支出2.59亿元，较改革前年均总支出减少3207万元，节支率为11%。其中市本级节支率10.1%，县级、开发区节支率11.5%。

区域合作不断强化。持续加强与长三角、珠三角等经济发达区域、环渤海经济圈和中原经济区的交流，开展合作项目推荐会，积极推进项目合作。与省农发行签署200亿元银政合作协议，与中船重工集团签署110亿元的投资开发合作协议。多次开展招商引资活动，与上海漕河泾新兴技术开发区签订了挂职招商、飞地园区的合作协议。组织筹办了“寻根炎帝·梦回高平”海峡两岸神农炎帝经贸洽谈招商推介会，共签约项目15个，投资总额达80.66亿元，深化了海峡两岸的商贸合作交流。

（三）积极扩大有效投资，充分发挥稳增长关键作用

重大项目建设推进力度加大。太焦高铁项目，于2016年6月16日在我市先期开工建设，10月全线开工，目前项目进展顺利，正式进入建设实施阶段。柳泉通用机场项目，已完成选址工作。晋城民用机场项目，正式列入《山西省“十三五”综合交通运输体系规划》，目前正在规划选址方案。公路建设方面，国道207线晋城市过境段公路改线新增交叉工程和晋阳高速公路牛匠互通综合改造工程可研报告省发改委已批复，国道陵沁线晋城市区过境段改线工程（西北环）可研报告通过省交通厅评审。江淮重工一期、兰花20万吨已内酰胺、天泽“4060”等一批重点工程项目已投产运行。

固定资产投资成效明显。一是抢抓政策机遇，积极争取上级资金，2016年争取上级资金12.62亿元，为“十二五”以来最多的一年。二是积极推进投资项目在线审批监管平台建设，不断完善“两份清单一张网”。1月25日全部完成我市投资项目审批事项梳理、办事指南完善、审批流程优化、网络对接连通和系统软件测试等工作，市、县两级项目在线审批监管平台正式上线运行，实现了国家、省、市、县四级纵向贯通和各级政府部门横向联通。三是重点工程顺利推进。全市省市重点工程完成投资952.2亿元，项目储备、签约、落地、开工、建设、投产均超额完成年度目标任务。四是狠抓项目检查监督。对2015年度中央预算内安排我市农林水、医疗卫生、社会事业、政法设施和保障性住房等五大类51个项目进行监督检查，提出整改建议186条，协调解决和督促整改问题78个，挽回直接经济损失1750.2万元，有力促进了中央投资项目建设安全健康发展。

促进居民消费扩大升级。重新修编《晋城市商业网点规划》（2014—2020年），引导商业网点建设和发展。积极组织参加山西品牌中华行、丝路行、商贸企业促销等专题消费活动。2016年我市实现旅游总收入356.6亿元，同比增长20.9%。加快发展电子商务推广，推进农村、社区电商网点建设，促进跨境电商发展，目前已有万国优品、优品生活、关圣报关、辉腾国际等10余家企业入驻。全年全市社会消费品零售总额完成386.2亿元，同比增长7.6%。

大力扶持实体经济。以全市经济运行分析联席会议制度为平台，组织召开全市经济部门联席会，加强对重点、难点问题的分析研究，准确把握经济运行脉搏。深入开展“干部入企服务”和“各类项

目受理大起底”，实施精准帮扶。扎实开展“1533”工业行动运行监测，认真执行“三个一”工作机制，有力提振了经济持续下行压力下企业家的信心，规模工业增速逐月好转。全年规模以上工业增加值同比增长2.5%，高出全省平均水平1.4个百分点。

（四）坚持创新驱动发展，新产业新业态加快形成

农业现代化扎实推进。粮食生产再获丰收，粮食总产达到90.1万吨。农业产业化快步推进，特色现代农业稳步发展。全市农产品加工企业销售收入达到73.7亿元，农业产业化龙头企业新上项目43个，总投资8.2亿元。

规划引领工业转型升级。加快构建现代工业体系，印发了《晋城市2016“1533”工业行动方案》，提出了“销售收入增幅、龙头企业带动、项目投资到位、争取上级资金、项目投资强度、企业上市融资”等九条政策，努力提升工业经济发展的规模与质量。制定了《晋城市“十三五”工业转型升级及新兴产业发展规划》《晋城互联网+煤层气产业发展总体规划和实施方案》；组织编制了《中国制造2025晋城行动计划》《关于加快中高端智能化装备制造发展实施意见》。

大力推进新兴产业项目建设。围绕信息技术、装备制造、医药、食品、轻工、纺织、材料七大新兴产业，共收集入编项目79项，总投资601亿元，全年累计完成投资77.18亿元，超省下达任务目标24.8%，全省排名第四。积极推进全市重点工业转型项目，9项建成投产或部分投产，23项开工建设。组织顺世达铸业、中道能源、清慧汽配、宏圣可建、隆兴泰农业机械制造、路宝铝轮毂、大通铸业等企业参加了中国西部装备制造业博览会，为区域融合发展、产业转型升级寻求合作机会。

新能源项目加速布局。编制完成了新能源“十三五”规划。协调泽州晶耀地面光伏发电项目和泽州万鑫顺达北义城镇光伏发电项目取得省发改委备案。中电投陵川10万千瓦风电项目已开工建设，中电投陵川风岭山5万千瓦风电场二期和沁水尖山5万千瓦风电项目列入规划，目前正进行开工前期工作。我市已完成测风、探明的风力资源185万千瓦。备案分布式光伏发电项目82项，总投资6.66亿元。

激活经济增长新生动力。一是加速推进“三网融合”。出台了《关于实施宽带晋城行动计划促进提速降费三网融合及创建“宽带中国”示范城市的意见》，积极创建“宽带中国”示范城市。二是推动技术创新，新增省级技术中心3户，新认定市级技术中心3户。三是优化园区规划布局，制定了《调整变更全市重点工业园区方案》，将“一区六园”变为“一区九园”，基本形成了一个县有一个工业园区的格局。

服务业发展更趋协调。加强服务业发展的政策引导，出台了《晋城市加快服务业发展的若干措施》《晋城市服务业“十三五”发展规划》和支持社会力量发展养老服务业的实施意见。合理分解服务业发展考核目标，将8大具体任务合理分解到相关部门。全市服务业增加值同比增长6.3%，占全市生产总值比重达42.4%。旅游业发展成效明显，编制完成《晋城市旅游业“十三五”发展规划》。继阳城县后泽州县成功入选第二批“国家全域旅游示范区”，被评为“全国生态特色旅游县”。连续两年荣获国家旅游局“全国厕所革命”先进市称号。

大众创业万众创新蓬勃发展。以创建国家级创业型城市为抓手，出台了《晋城市创建国家级创业型城市2016年工作目标任务分解意见》《关于发展众创空间推进大众创新创业的实施意见》等，努力构建一批低成本、便利化、全要素、开放式的众创空间。加强创业公共服务平台建设，组建了市创业指导服务中心、市创业融资服务中心等，为各类创业者提供指导、培训、专家服务以及提供免息贷款等。开展形式多样的就业服务活动，为求职者提供供需对接服务。

（五）强化新型城镇化试点带动，稳步推进城乡统筹进程

城市功能不断提升。突出规划引领，坚持以中心城区为龙头，对《美丽晋城战略规划》和重点公共设施建设进行重新设计编制。扎实改善城市人居环境，苑北路至兰花路段、太行路北段、太行路至七叉口、道西路、白水街到山门限价房段已建成通车。新建和改造城市道路44公里，供水管网100公里，供气管网102公里，供热管网213公里，新增集

中供热面积398万平方米。以“井字型大水网”为纽带，重点推进了张峰水库、郭壁供水改扩建、任庄水库大坝改建等工程建设。政务服务中心大楼已建成完工。

稳步推进新型城镇化试点建设。加大对新理念、新政策、新举措的学习与借鉴，研究探索新型城镇化发展的相关政策，推动我市农民就地城镇化，吸引外来人口落户我市。一是组织召开了推进新型城镇化工作会议，印发了《2016年晋城市推进新型城镇化重点任务》，拟定了《关于深入推进新型城镇化建设的实施意见》。二是积极协调推进泽州、巴公镇政府开展第二批综合试点进展情况第三方评估工作，得到了国家发改委委托专家的一致认可。三是完成了国家第三批新型城镇化综合试点申报工作，基础条件好、带动性强的城区北石店镇被确定为第三批国家新型城镇化镇级综合试点。

扎实推进城乡一体化建设。结合资源禀赋和区位优势，大力实施高平、阳城、陵川、沁水“大县城”建设。加快小城镇建设，重点抓好巴公、马村、端氏、嘉峰等“特色小镇”培育，不断增强小城镇对农业转移人口的吸引力和带动力，沁水县嘉峰镇、高平市马村镇、三甲镇创建省级园林城镇工作已通过初审。我市共有北留镇、润城镇、巴公镇、河西镇、町店镇、南村镇等6镇被命名为省级园林城镇，其中北留镇、润城镇为国家级园林城镇。马村镇、横河镇入选全省第五批历史文化名镇名村，目前共18个村入选历史文化名村，入选村数量高居全省各市首位。协调推进改善农村人居环境“四大工程”。推进美丽乡村建设，创建省级美丽宜居示范村6个、市级美丽宜居示范村20个、县级美丽宜居示范村45个。省下达我市2370户农村危房改造任务全部竣工。

（六）生态文明建设力度加大，绿色发展能力明显提升

国家低碳城市试点成效显著。一是全面参与评估国家低碳城市试点工作，完成了《晋城市国家低碳城市试点工作自评估报告》。在国家发改委组织的低碳试点经验总结评估交流会上，我市获得北方城市第一名的好成绩。二是出台了《晋城市绿色低碳产业项目（技术）推广指导目录》，提出了全市低碳技术发展的相关领域及发展方向、发展重点等，推荐亟待发展的绿色低碳产业重点项目（技术），推动全市绿色产业、低碳产品的发展。三是编制完成《晋城市“十三五”应对气候变化规划》，提出2025年左右达到峰值的目标。四是完成了重点排放单位碳盘查工作，对接全国碳交易体系开展相关工作，完成了首批参与全国碳交易企业信息备案。五是积极开展低碳城市对外合作交流，应邀出席了第二届中美气候智慧型/低碳城市峰会、第二届中欧低碳城市会议和2016年太原能源低碳发展论坛暨中国（太原）国际能源产业博览会，分享经验和成效，进一步扩大了我市影响力。

国家级循环经济示范市创建向纵深推进。积极创建国家循环经济示范城市，大力推进循环经济在生产、流通、消费各环节和企业、园区、社会各层面的发展，构建覆盖全社会的资源循环利用体系，逐步形成具有晋城特色的循环经济发展模式。

探索建立全省绿色化产业发展先行区。结合我市低碳、循环、绿色发展的实践，研究制定了《晋城市建设山西绿色化产业发展先行区规划》，全力打造具有晋城特色的绿色化产业发展先行区。

生态环境持续改善。一是狠抓大气污染防治。制定了《晋城市“治污降霾、守护蓝天”攻坚行动方案》，提出了大气污染防治32字方针，建立了网络化环境监管体系，主要污染物排放总量持续削减。二是节能减排稳步推进。大力推进阳城电厂（一期、二期）、国投热电等电力企业组织实施节能改造项目，目前2个项目已完成节能改造。积极推进资源综合利用工作，组织实施工业资源综合利用和清洁生产项目12个，5个已完工。加大水泥、新型墙体材料等对工业固废的利用，缓解减排压力。三是实施生态治理修复。加快大气、水、土壤污染治理，扎实推进书院河、小西河、五门河、核桃洼河等10条河道的黑臭水体治理工作。完成白马寺山至吴王山绿道和市区街头绿地任务，推动环城生态圈建设，完成国省营造林2.66万亩任务。陵川县被省政府授予“全省林业生态县”。沁水太行洪谷国家森林公园获国家林业局行政批复。

（七）更加注重和保障民生，民生福祉持续改善

基本公共服务均等化水平持续提升。持续加大社会事业项目支持力度，协调推进科技教育、文化卫生、就业保障等社会事业项目申报工作，2016年在养老、公共文化设施等方面共争取中央资金1000多万元。努力扩大普惠性学前教育资源，省定12所新建改建农村幼儿园已全部完工。沁水县通过国家义务教育发展基本均衡督导评估认定。旅游职业教育集团挂牌成立。加快公立医院改革，晋城大医院新门诊楼正式投入使用。在全省率先启用居民健康卡"一卡通"，获得国家卫计委表彰。

就业形势总体稳定。统筹推进就业创业，积极开展城镇失业人员再就业培训。做好高校毕业生、农村转移劳动力、城镇困难人员、退役军人等群体就业工作。全市城镇新增就业4.03万人，创业带动就业9380人。全市城镇登记失业率1.85%，控制在年度目标以内。泽州县获批为结合新型城镇化开展支持农民工等人员返乡创业试点。

社会保障水平明显提升。新农合人均筹资标准由470元提高到540元，个人缴费标准为每人每年120元，参合率达99.31%。在全省最早启动失业保险"四项补贴"的申领发放，新增3种医保门诊慢性病病种，病种数、待遇水平均在全省领先。城乡低保标准每人每月提高30元。新开工城镇棚户区改造6045套。

稳步推进"气化晋城"。编制完成了"十三五"《"气化晋城"实施方案》，明确了目标任务、政策保障和推进办法，"气化晋城"步入快车道。截至2016年底，居民用户达到35.2万户，用气量达1.5亿方；工业用户27户，用气量0.59亿方；商业用户1996户，用气量2.19亿方。城镇气化率达96%以上，农村乡镇气化通达率达到60%以上。

加大采煤沉陷区治理。2016年共启动了2215户采煤沉陷区治理搬迁安置任务，超额完成省下达目标91户，年度完成投资1.78亿元，综合排名全省第一。

价格监管服务水平不断提升。2016年CPI总水平较上年上涨0.7%，各月同比涨幅平稳运行，完成了3%左右的调控目标。全面落实清费减负，降低了燃煤发电上网电价和一般工商业用电价格政策；落实了居民用电试行峰谷分时电价政策。不断加强价格监督检查，规范价格行为，及时准确反映市场价格动态。价格监测水平不断提高，荣获2016年全国价格监测先进集体荣誉称号，农产品成本调查在全省考核中名列第一。

认真抓好煤层气管道安全保护工作。全年督察累计达60次，出动300多人次，排查管道安全问题和隐患28处，整改率达100%，有效确保了油气管道和新能源行业安全运行。

2016年，在各种不确定因素不断增多的情况下，全市经济社会发展能够取得上述成绩，实属不易。与此同时，我们也清醒地看到，当前全市经济运行中仍然存在不少困难和问题。主要表现在：经济尚未进入合理增长区间，稳中向好的基础还不牢固；产业结构单一，非煤产业、新兴产业远未形成有效支撑，经济增长的内生动力不足；企业特别是小微企业融资难融资贵问题依然存在；节能降耗与环境保护形势不容乐观；等等。针对以上发展改革中存在矛盾和问题，我们等不得，拖不起，必须用"改革创新的精神"和"只争朝夕的气魄"加以解决，努力实现全市经济社会发展形势明显好转。

二、2017年全市经济社会发展总体安排和主要任务

2017年是党的十九大召开之年，实施"十三五"规划的关键之年，推进供给侧结构性改革和转型综改的深化之年，全市上下要贯彻落实好市委七届二次全体会议暨经济工作会议精神和政府工作报告的总体要求：深入贯彻习近平总书记系列重要讲话精神和党中央治国理政新理念新思想新战略，按照省委"一个指引、两手硬"的重大思路和要求，以及市委"一争三快两率先"战略部署，坚持稳中求进总基调，坚持"大开放、大转型、大创新"发展思路，以"转型升级攻坚年"为主题，着力深化"供改"和"综改"，提高发展质量和效益，加快创新驱动、转型升级，促进经济稳步向好和社会和谐稳定，在决胜全面小康的新征程中迈出坚实步伐，以优异成绩迎接党的十九大胜利召开。

按照上述总体要求，统筹考虑我市经济社会发

展面临的外部环境和阶段性特征，综合考虑需要与可能，当前与长远，速度与转型，按照科学合理、实事求是的原则，2017年经济社会发展的主要指标计划安排建议是：

预期性指标：地区生产总值增长5.5%左右，规模以上工业增加值增长3%，固定资产投资增长目标根据新的统计口径确定，社会消费品零售总额增长7.5%，一般公共预算收入增长1%，城镇居民人均可支配收入增长6%，农村居民人均可支配收入增长6.5%，城镇新增就业3.4万人，城镇登记失业率控制在4.2%以内，居民消费价格指数涨幅控制在3%左右。

约束性指标：万元地区生产总值能耗、万元地区生产总值二氧化碳排放量、万元地区生产总值用水量、设区市细颗粒物（$PM_{2.5}$）浓度下降比例、空气质量优良天数比例、达到或好于三类水体比例、劣V类水体比例、二氧化硫、化学需氧量、氮氧化物、氨氮排放量降幅、农村贫困人口脱贫人数、城镇棚户区住房改造数量等约束性指标均控制在省下达目标以内。

为顺利实现上述目标，全市上下要按照市委、市政府的统一部署，全力实施“十大行动”，认清形势、坚定信心，勇于担当、主动作为，重点抓好九方面工作。

（一）深入推进供给侧结构性改革，确保“三去一降一补”取得实质性进展

坚持把供给侧结构性改革作为实施转型发展的必由之路，在推进中做到“加减乘除”并用，坚决落实“三去一降一补”重点任务，下大力气促转型、调结构、增动能，加快新旧动能转换，努力提高发展质量和效益。

坚定有力去产能。坚持把去产能与提高先进产能占比、促进结构转型升级结合起来，全面落实国家、省煤炭去产能任务，按照“企业主体、政府引导、市场倒逼、依法处置”的办法，严格限制开采高硫、高灰、低发热量煤炭，完成陵川崇安北关45万吨/年的去产能任务。

科学合理去库存。坚持把去库存与加快人口城镇化和促进房地产平稳健康发展结合起来，继续贯彻国家、省出台的一系列促进房地产市场发展的政策措施，用足用好棚改货币化安置政策，加大保障性安居工程建设力度。完善住房保障和供应体系，推动房地产开发企业兼并重组，积极发展住房租赁市场，鼓励发展以住房租赁为主营业务的专业化企业。强化市场监管，加强监测分析，促进房地产市场健康发展。

金融创新去杠杆。坚持把去杠杆与防范和化解金融风险结合起来，提高金融服务实体经济水平。推进企业与证券中介机构开展“新三板”业务合作，鼓励企业参与山西股权交易中心挂牌交易。大力发展天使投资基金和产业投资基金等私募基金，为企业提供充足的私募股权融资。支持我市互联网金融发展，引导和鼓励众筹融资平台规范发展，开展小额众筹融资试点。建立企业债务重组和不良资产处置协调机制。

千方百计降成本。坚持把降成本与振兴实体经济结合起来。全面落实国家降低实体经济企业成本行动和省里将出台的《降低实体经济企业成本实施方案》。全面实施涉企收费目录清单管理，切实从制度、财税、金融、社保、流通、能源等6个领域帮助企业降低用工成本、五险一金、融资成本、税费负担、制度性成本、物流成本等费用，有效缓解实体经济企业困难，把政策的含金量转化为企业的新优势新动能。

全力以赴补短板。紧紧围绕科技创新，不断培育优势产业，持续推进转型升级，率先走出资源型地区创新驱动、转型升级的新路，尽快补上实体经济这个短板。重点培育光机电、高端智能化装备制造、新能源新材料、新能源汽车、生物医药等战略性新兴产业。不断加大脱贫攻坚、城乡人居改善、科技创新、环境保护、基础设施等薄弱环节的支持力度，重点补好精准脱贫这个短板。加强农业企业家队伍建设和新型职业农民培训。充分利用易地扶贫搬迁、交通扶贫、产业扶贫、驻村帮扶等多种手段，帮助农民脱贫致富。

（二）深化转型综改试验区建设，推动重点领域各项改革取得新突破

深入贯彻落实市第七次党代会、全市经济工作

会关于深化转型综改试验区建设牵引经济转型升级的部署，围绕转型综改五年实施方案，制订实施《2017年行动计划》，谋划落实好年度重点任务，积极争取国家、省支持，力争重点领域改革取得突破性进展。

深化国企国资改革。要牢牢把握中央提出的改革方向，把国企改革与国资管理改革、投融资体制改革、干部人事和人才制度改革统筹起来，突出产融结合、资本运作、创新驱动，着力在根上改、制上破、治上立。坚持市场化、法治化取向，稳步推进国有企业股权结构改革，积极发展混合所有制，完善现代法人治理结构，深化内部劳动、人事、分配三项制度改革，加快剥离国企办社会职能。坚持问题导向，落实改革举措，研究出台我市国资国企改革的可行性方案，充分激发企业干部职工、各类人才的改革积极性和创造力，通过真改实改激发企业活力。

全面推进"放管服效"改革。充分运用信息化手段提高行政效率和行政审批透明度，降低制度性交易成本。严格落实《山西省投资项目在线审批监管平台管理暂行办法》要求，加快实现在线平台与国土、住建、环保等行业管理部门审批系统互联互通，推动投资项目审批、核准、备案及其他审批事项网上受理、并联审批。加强社会信用体系建设，推进信用信息互联互通，构建以信用为核心的事中事后新型监管机制。探索推进市场准入负面清单管理。进一步深化商事制度改革，大力削减工商登记前置审批事项，积极推进"多证合一"登记模式。

积极推动开发区改革创新。全面贯彻落实全省开发区创新会议"三化""三制"改革精神，充分发挥市级开发区引领带动作用，研究和探索建设县级开发区。通过整合、共建等模式拓展发展空间，理顺开发区与政府的关系，切实向开发区简政放权，深化开发区内部改革，推进开发区在拓展空间布局、调整理顺职能、创新管理体制和改革运行机制上加大改革力度。加快实现开发区二次创新创业，形成完整产业链，提高市场竞争力。高平、阳城完成申报省级开发区报批工作。按照"市一级集中建设国家级开发区、一县（市、区）一家省级开发区"的要求，准确把握功能定位，合理进行产业布局，对全市现有各类产业园区进行整合、改制、扩区、调规。

稳妥推进财税和投融资体制改革。改进预算管理，完善市级税收征收协调机制，清理零星分散的专项资金。推进财政预算全过程绩效管理，加大财政支出优化整合力度，坚持以市场为导向，发挥财政资金的杠杆作用，引进各类机构投资者和社会资本，放大财政投资融资的乘数效应。按照市场规律，建立适度规模、适用高效的产业转型基金，全力扶持实体经济发展。

推动价格改革向纵深发展。深入推进价格机制改革，贯彻落实好国家、省出台的各项价格改革政策。推进资源型产品价格改革，完善居民阶梯电价政策，推进居民用电峰谷分时电价政策，加大环保电价政策支持力度，积极探索居民用气阶梯价格制度，全面推行"两部制热价"。强化前期物业、保障性住房小区物业服务收费管理工作。

持续推进公车改革。一是积极推进国企、事业单位公车改革，按照企事业单位车改任务的分工，完成调研摸底、方案制定和组织实施工作。二是完成党政机关车改后续完善工作。加快推进公务用车服务平台建设，完善和出台配套政策，完成保留车辆标识化工作，推进保留车辆信息化管理。

大力推进"双创"发展。贯彻落实省、市政府关于大众创业万众创新各项部署，创造性地开展"双创"工作。多层次培育双创主体，孵化培育一批创新型中小微企业，扶持一批高成长性创新型企业，引导企业创造新需求、新市场、新业态。支持创建双创示范基地，培育认定一批众创空间，积极组织创业项目洽谈对接，提高创业成功率。加强创业创新政策支持，不断完善支持创业创新的各项优惠政策，放宽新产业新业态市场准入。发展各类创业投资引导基金，鼓励发展众创、众包、众扶、众筹服务，积极推广"助保贷"等融资模式，不断拓宽"双创"融资渠道。

（三）精准有效扩大需求，促进经济稳步向好

今年，国家将在我省开展固定资产投资统计制度改革试点，我们要抓住试点契机，积极配合，认真探索，转变投资工作理念，更加注重投资的质量和

效益，着力扩大有效投资，实现从重数量增长向重质量效益提升的转变。

注重提升投资质量和效益。2017年市级投资项目共108项，项目总投资420.5亿元。要切实增强投资形势分析的前瞻性、针对性和精准性，对投资项目的质量效益要有更深入、更全面、更系统的研究和把握。更加注重优化投资结构，要在提高项目投资的精准性和有效性、增强拉动作用上出新招、出实招。

抓好重大项目建设。充分发挥重大项目引领带动作用，推动经济转型发展。太焦高铁（晋城段）项目，完成征地拆迁，路基土石方431万方，桥梁8320延米，隧道完成14145延米。机场项目，晋城柳泉通用机场力争开工建设，晋城民用机场加快推进选址工作。晋城环城高速公路连接线一级公路、国道207线晋城市过境段公路改线新增交叉工程力争开工建设。加强与中船重工在高端装备制造和新能源开发运营的战略合作，创新促进军民融合深度发展。加强与富士康在煤层气、高技术玻璃、高级铝合金精加工项目建设等方面战略合作。

推进实施重点工程。创新重点工程新机制，推进管理新举措，继续坚持市领导联系重点项目制度，抓好对接，搞好协调，确保重点工程顺利推进。初步拟定2017年全市重点工程共70项，总投资811.9亿元，年度计划完成投资149.8亿元。其中：省级重点工程10项，总投资402.5亿元，年度计划完成投资61.3亿元，占年度投资计划的40.9%；市级重点工程60项，总投资409.4亿元，年度计划完成投资88.5亿元，占年度投资计划的59.1%。70项重点项目中，产业转型项目39项，总投资518.6亿元，年度计划完成投资72.5亿元，基础设施等领域项目31项，总投资293.3亿元，年度计划完成投资77.3亿元。

着力拓宽项目投融资渠道。更好发挥财政建设资金撬动作用，调整优化市级政府投资结构和方向，集中用于支持“三农”、社会事业、科技创新、基础设施、新兴产业发展、中央预算内资金配套等关键领域项目建设。加强投融资平台建设和资金运筹，推进企业发行债券和“新三板”上市，多元化拓展企业融资渠道。紧密对接国家和省鼓励支持的重点领域，加大项目申报，积极争取中央预算内投资、专项建设基金。

大力发展民间投资。继续推进“双创”平台建设，促进创新创业民间投资，鼓励和引导民间投资向新产业、新技术、新模式、新业态发展。提振投资信心，落实扶持政策，优化投资环境，全面清理和规范与民间投资有关收费项目，进一步落实鼓励和支持民间投资的财政、税收等优惠政策。放宽准入门槛，实行“非禁即入”原则，拓宽民间投资的领域和范围。大力推广运用政府和社会资本合作（PPP）模式。

积极扩大有效消费。全力筑牢消费基础，继续加大民生支出力度，大力推动“双创”带动就业，全力保障城乡居民增收，筑牢消费稳定基础。开展消费品工业增品种、提品质、创品牌“三品”专项行动，加快企业提档升级步伐。围绕化工、陶瓷、纺织等产业，积极开展个性化定制、柔性化生产，丰富和细化消费品种类。大力培育和弘扬精益求精的工匠精神，走以质取胜、质量兴企的发展道路，不断增强产品竞争力，扩大品牌影响力，努力打造更多的“百年老店”和驰名企业。完善市场服务体系，规范市场秩序，营造良好的消费环境。

（四）推动现代产业体系向中高端迈进，全面发力振兴实体经济

按照构建多元化中高端现代产业体系新要求，坚持创新驱动，推动传统产业提档升级，全力培育壮大新兴产业，努力实现工业经济在新常态下向“中高速”发展，产业结构向“中高端”迈进，谋求形成实体经济的后发优势。

积极推进农业供给侧结构性改革。坚持把推进农业供给侧结构性改革与农业提质增效、农民持续增收结合起来。落实新的惠农政策，明确功能定位，优化产业发展布局，重点扶持畜牧、食用菌、蚕桑、设施蔬菜、干鲜果、中药材、小杂粮等特色农业优势产业，把产品调特、品质调高、产业调强、结构调优。积极发展功能农业、开发功能食品，深入推进农产品加工“513”工程，培育壮大龙头企业。实施“品牌”战略，新增1—3个著名商标或名牌产品。

大力发展休闲农业、观光农业、农家乐旅游以及互联网+农业等新业态。推行绿色生产方式,深入实施化肥农药使用量“零”增长行动。加快农村土地“三权”分置改革,推广泽州农村集体经营性建设用地入市试点经验,吸引知名农业产业化龙头企业落户我市。

全面推动传统产业改造升级。提升产业素质,增加有效产能供给,用好清洁能源,用好新技术、新工艺、新模式,切实提高综合效益和竞争力。煤炭产业,要顺应能源革命要求,深化煤电联营,坚持稳定规模、优化结构、绿色清洁高效利用、提高综合效益和竞争力的发展方向,加快推进煤炭由燃料向原料、由低品位向高附加值、高端化转型。重点抓好科兴赵庄、煤销盛泰、阳泰武甲、晋煤胡底、晋圣三沟鑫都、晋圣松峪、晋圣固隆、天安盈盛、天安壁盈、天安苇町、天安宏祥11座矿井联合试运转和竣工转产工作,新增产能1000万吨/年以上,新增先进产能30%以上。煤化工产业,围绕建设国内一流现代煤化工高科技产业城的目标,促进传统煤化工存量产能向适应市场需求方向发展,形成高端产品的生产能力。重点加快推进晋煤集团高硫煤洁净利用化电热一体化示范项目和100万吨/年甲醇制清洁燃料技术改造项目建设。电力产业,要把电力去产能与深化电力体制改革结合起来,调整优化电力结构。重点抓好金驹煤电化胡底瓦斯发电和阳城电厂、国投热电燃煤机组节能改造等项目建设。冶铸产业,以延伸构建“冶炼—铸造—机加工—高端装备制造”循环产业链为方向,推动各类资源整合,努力打造国内一流的铸造装备高科技工业城。重点抓好泫氏实业年产40万吨大口径球墨铸管、鑫环球年产20万吨球墨铸管技改等项目建设。

加快发展战略性新兴产业。全面推进创新驱动,着力构建支撑多元、布局合理、链条高端的现代产业体系。光机电产业,重点推进纳米光机电高技术研发中心和高技术玻璃项目建设。新能源产业,积极发展风力、光伏、生物质能等新能源,重点推进中船重工30万千瓦风电项目、中电投陵川风岭山三期100MW风电项目和山西华电泽州县山河镇二期100MW风电项目。加快高平鑫万通光伏发电项目、泽州晶耀地面光伏发电项目和泽州万鑫顺达北义城镇光伏发电项目三个地面电站建设。围绕建设电动汽车基地,加快动力电池产业发展,推进中道能源年产4亿安时锂离子动力电池项目建设,实现全市电动汽车充电桩全覆盖。煤层气产业,紧紧抓住国家将煤层气探矿权、采矿权下放我省审批的机遇,加快马必、潘庄、郑庄、柿庄南区块煤层气产能建设,全面推进煤层气产业总部基地建设。鼓励和督促煤层气地面开采企业积极主动与富士康、康宁公司等跨国公司沟通合作,延伸中下游产业,实现“气”资源和“气”商品的双赢。新材料产业,做大做强新型金属、新型化工、新型无机非金属和前沿新材料,重点推进省投资集团蓝天科技年产700万升工业尾气净化装置和阳城德宇年产1万吨超细玻璃纤维棉项目建设。高端智能化装备制造业,围绕高端化、规模化、成套化方向,加快科技创新和两化融合,深入对接“中国制造2025”战略,以富士康精密工业(晋城)有限公司、山西江淮重工等企业为龙头,重点推进一批智能装备制造、电动汽车、煤机、煤层气装备制造项目建设,加快形成装备制造产业集聚和产业链条,实现由“晋城制造”向“晋城智造”转变。医药食品产业,依托我市中药材和特色农产品资源优势,加快推进山西迪威尼生物制造、兰花中药材种植及精制中药饮片生产项目、生物科技年产5万吨老陈醋加工项目和阳城征弘食品年产1万吨小米和5000吨红薯休闲食品开发加工项目建设。

大力发展服务业。大力发展以金融保险、租赁中介、技术信息咨询、商务会展等为重点的现代服务,统筹推进各类服务业提质增效。一是出台我市服务业发展引导资金使用和管理办法并制定我市服务业发展引导资金项目申报指南。二是推进现代服务业重点项目建设,打造特色服务业产业创业基地。三是突出晋城特色、家园情怀、乡愁记忆,以晋城美食为载体,开展晋城市“首届名菜名馆”评选活动,提升生活性服务水平。四是着力培育服务业“新技术、新业态、新模式、新产业”,大力推进服务业产业集聚发展,推动人才、土地、技术、资金、信息等各种要素向重点区域集聚。五是探索市区和四县(市)特色服务业集聚区建设。2017年率先在市区规划建设集"特色餐饮"和"文化休闲"为一体的服务业集聚区,形成东、南、西、北、中各具特色的服务业新型业态,为城市注入新的活力。六是推进现代物流业智慧发展,积极推进文化、教育、体育、健康休闲、养老等幸福产业,规划建设融旅游、度假、养老、医疗于一体的健康养老产业集群。

全面推进全域旅游。加强旅游资源的统一规划与整合,以"旅游业+"为思路,以沁河古堡、太行山水等为依托,把握"安、顺、诚、特、需、愉"六字要诀,以旅游通道大建设、景区体制大创新、景区设施大改善、旅游景点大营销、全域旅游嘉年华五大项目为重点,全面助推全域旅游标准化建设。一是着力推进全域旅游体制机制创新,成立市、县旅游发展委员会。二是高标准完成全域旅游顶层设计,编制《晋城市全域旅游发展五年规划》《沁河干流古村落文物密集区保护利用总体方案》。三是加快实施全域旅游标准化建设,新建改建60座高标准旅游厕所,启动太行屋脊全域旅游大通道建设工程,完成县道以上公路旅游标识标牌全覆盖,完成3个特色旅游乡镇、30个特色旅游村、300个特色乡村旅游客栈建设。四是大力开展全域旅游目的地营销,依托中原经济区和京津冀地区,多管齐下,构建立体式、辐射型宣传促销模式,创新举办全域旅游嘉年华活动。

(五)大力推进新型城镇化建设,促进城乡统筹协调发展

紧紧围绕"双百"规模大市区建设目标,积极研究探索新型城镇化发展相关政策,推进以人为核心的新型城镇化建设,统筹中心城市、大县城、小城镇、新农村融合发展。

提升城市管理水平。加强城市规划管理,积极推行经济社会发展规划、城镇规划、土地利用规划、产业发展规划、生态环境保护规划"五规合一",编制完成《美丽晋城战略规划》。深入开展文明城市创建,集中开展市容市貌专项整治,提高城市综合治理能力和水平。落实公交优先战略和公交畅通工程,优化公交网络,加大公交车辆更新力度。加快智能停车场建设,强化城市交通智能化管理,提高城市道路整体通行效率。大力推进智慧城市建设,打造综合运用、智能交通、治安防控等数字化平台,构筑面向广大市民的数字化公共服务体系。

推进中心城区综合提质改造。按照主体功能区定位,加快"拓展、改造、提质"步伐,进一步拉大城市框架,拓展城市空间,提升城市品质。在推进"双百"大市区上,共初步安排重点项目41个,总投资153.37亿元。实施"十大城市基础设施"和十大城市道路基础设施工程建设。加快推进大剧院、市民广场、市民公园、丹河水城音乐喷泉等公共文化服务设施建设。启动"大水源"工程,加快金匠污水处理厂、垃圾焚烧发电项目建设,提升城市污水和垃圾处理能力。启动"大热源"工程,加快阳电供市区供热工程建设,使中心城市实现国投、阳电双热源。启动"大气源"工程,开工建设阳城北留崇上至泽州南村门站高压长输管线,尽快实现双气源供气。

推进以人为核心的新型城镇化建设。积极研究探索新型城镇化发展相关政策,切实抓好全市新型城镇化建设规划编制工作,制定出台我市《关于深入推进新型城镇化建设的实施意见》。持续实施"大县城战略",高平、阳城、陵川和沁水发展要突出功能分区,加大基础设施、公共服务设施建设力度,促进产城融合。加快推进泽州县、巴公镇、北石店镇"一县两镇"新型城镇化试点建设,对试点经验进行总结和提炼,形成可复制经验,推动全市的新型城镇化建设。重点抓好市级第一批10个新型城镇化和10个特色小镇试点建设。

加快推进美丽宜居乡村建设。按照全国、全省改善农村人居环境总体部署,协调推进改善农村人居环境"四大工程"。完成采煤沉陷区治理4个县(区)、18个乡(镇、办)、38个村、7859户、19895人的工作任务。抓好100个美丽宜居示范村建设,力争今年建设20个市级美丽宜居示范村,推动形成环境优美、富有特色的新型农村发展格局。

(六)加强区域合作和对外开放,提升对内对外开放经济发展质量和水平

树立开放发展理念,积极参与"一带一路"建设,依托中原城市群核心发展区政策优势,深度融入中原经济区,对接京津冀协同发展,推进区域产

能合作，全面提升我市对内对外开放型经济发展水平。

积极参加“一带一路”系列活动。完善参与“一带一路”建设规划实施体系，出台我市参与“一带一路”建设2017年行动计划。加大“山西品牌丝路行”活动宣传，以品牌产品促进产业合作。培育重点市场主体，支持我市骨干企业参与“一带一路”沿线国家的基础设施建设。

深化区域经济合作。紧紧抓住我市纳入中原城市群核心发展区的战略机遇，寻找切入点和着力点，积极融入中原经济区开展区域合作，加强优势互补产业项目合作交流，加快产业集聚发展，推动我市“东向融入”，参与京津冀和环渤海经济圈的深度合作。

培育外贸竞争新优势。全面落实国家、省政策措施，培育壮大新的进出口增长点，不断夯实建设外贸转型升级示范基地的基础。用足用好国家进口贴息政策，落实好我省鼓励进口产品目录，稳定铁矿砂等原材料和有需求的消费品进口，积极推动我市机电、铸件、汽车配件、化肥、丝麻纺织等优势产业上档升级。加快推进跨境电子商务公共服务平台建设。完善兰花综合保税区跨境电子商务园区服务功能，支持进出口商品线下体验展示中心建设。

高效精准招商选资。围绕转型方向选大商、引好商，实施专业化、精准化招商，变招商引资为招商选资，切实把引资引技引智工作作为战略任务抓紧抓好。实施精准招商和跟踪服务，突出主攻重点，要更加注重产业的互补性和契合度，更加注重招商项目的落地生根，形成集聚效应。强化产业招商，引导外来资金投向高端制造业、新能源、新材料等新兴产业领域。营造宽松的亲商、安商、富商优良环境，提升服务质量和水平，以优良的承载能力吸引投资，确保项目招得来、落得下、留得住。

（七）聚焦低碳循环绿色发展，持续推进美丽晋城建设

牢固树立“绿水青山就是金山银山”的理念，坚持把低碳循环绿色发展贯穿经济社会发展各领域、全过程，突出抓好生态环境保护，持续推进美丽晋城建设，使我市天更蓝、地更绿、水更清，不断提高人民群众生态福祉。

引深国家低碳城市试点工作。积极参与全国首批碳排放权交易，开展低碳产品认证。申请提交《晋城市低碳城市促进条例》立法计划，倡导低碳绿色生活方式和消费模式，建立低碳发展的政策保障体系。编制《晋城市温室气体排放清单》，制定切实可行的达峰路线图和实现路径。突出在社区、企业、机关等试点延伸，增加试点覆盖面。强化应对气候变化能力建设，积极开展低碳相关的国际合作。

推进国家循环经济示范市创建工作。大力推进循环经济在生产、流通、消费各环节和企业、园区、社会各层面的发展，构建覆盖全社会的节约资源、减少污染、资源循环利用体系，逐步形成具有晋城特色的循环经济发展模式，力争达到国家循环经济示范城市标准。充分利用循环经济示范城市创建以及陵川国家级生态保护与建设示范县优势，积极争取上级政策和资金支持。

探索全省绿色化产业发展先行区建设。围绕建设“全省绿色化产业发展先行区”，大力实施创新驱动战略，加快绿色能源体系构建，基本形成低碳、高效、包容的绿色产业体系，推动我市绿色发展先行区建设。推进“气化晋城”，加快出台相关政策，推动和引深“气化晋城”方案有效落实。

加大环境污染治理力度。严格落实大气、水、土壤污染防治行动计划，努力改善提升环境质量。扎实开展环保“铁腕治污”行动，全力打好抗霾攻坚战，深化“控煤、治污、管车、降尘”重要举措，持续削减污染物排放量。严格机动车尾气排放管理，完成黄标车老旧车淘汰任务。坚持精准治污、科学治霾，落实重污染天气应急联动机制，加强污染源在线监控能力建设。扎实推进水污染防治，启动城区西河、书院河等10条黑臭水体的治理改造，实现雨污全分流、管网全封闭、清水活流全贯通。

持续开展生态修复工程。继续抓好八大生态片区396平方千米的环城生态圈建设，加快“三山、四片、五环、二十条线、七十个乡镇、三百个村”的绿色提升。科学规划利用全域水系资源，推进沁、丹

两河流域生态修复与保护工程建设，加快沁水、陵川国家水土保持重点工程和泽州县国家农发水保项目，完成水土流失治理面积12万亩。加快城镇污水处理厂和管网建设。

（八）突出抓好社会保障和民生改善，努力提升人民群众幸福感获得感

坚持以人民为中心的发展思想，积极做好科技教育、文化卫生和社会保障等民生工作，健全基本公共服务体系，提高基本公共服务均等化水平，切实增加公共产品有效供给。

坚决打赢脱贫攻坚战。认真落实“五个一批”“六个精准”基本方略，完成84个村、2.54万人脱贫任务，确保年底前陵川县、沁水县两个贫困县脱贫摘帽，其他非贫困县全部完成贫困村、贫困人口脱贫。完成易地扶贫搬迁6511人，同步搬迁916人，确保搬得出、稳得住、能致富。

扎实推动科技创新。落实国家创新驱动战略纲要实施方案，加快形成以科技创新为主要引领和支撑的发展模式。围绕大数据、高端装备制造、新能源、新材料、信息技术、生物医药、节能环保、新能源汽车、智能制造等新兴产业布局创新链，用科技创新带动市场、平台和企业创新。深化科技体制改革，落实鼓励创新的优惠政策。坚持科技创新和制度创新协同发力，完善以增加知识价值为导向的分配政策，充分激发人才创新的积极性。全面实施一流的人才政策，对标发达地区人才政策，改革人才评价制度，用好本土人才，高端科技创新人才、高级经营管理人才和工匠型高技能人才。

推进各项社会事业协调发展。继续加大对各项社会事业的投入力度。深化教育领域综合改革，继续抓好“教育优先”工程。不断扩大普惠性学前教育资源，完成12所农村幼儿园改建任务。促进义务教育均衡发展，实施好义务教育“全面改薄”工作，重点推进10所中小学标准化操场的改造建设。加快高中办学条件标准化建设。努力提升职业教育办学水平。启动太原科大晋城校区图书馆、实训中心、科研实验室建设，并扩展学科专业。推进健康晋城建设。高标准完成公立医院改革，抓好“医疗提质”工程。加快医疗卫生县乡一体化管理体制改革，推进医疗、医保、医药“三医”联动，全面提升基层医疗服务能力和水平。全面启动市人民医院和中医院建设。持续推进文化惠民，完善公共文化基础设施建设，加大市级“五馆一院”、县级“三馆一院”建设力度。推动文化与科技、金融、旅游、体育、现代服务业等深度融合，构建现代文化产业体系。

积极扩大就业。积极研究落实促进就业创业新政策，加强公共就业服务，充分扩大就业空间。继续抓好“充分就业”工程，以开展“双创”为切入点，进一步引深国家级创业型城市工作，重点加大对困难群众、重点人员再就业的扶持援助力度，确保全市城镇登记失业率控制在省控目标以内。

大力提升社会保障水平。健全完善城乡居民最低生活保障和医疗救助制度，稳步提高特困人员供养水平。稳步推进城乡居民养老保险，不断扩大工伤、生育、失业保险覆盖面，积极发展残疾人社会福利事业。协调推进机关事业单位养老保险和城镇住房公积金制度全覆盖，积极开展养老保险创建国家标准化试点和社会保险服务标准化试点建设。

保持价格总水平基本稳定。深化重点领域价格改革，加强市场价格的动态监测。稳定市场价格总水平，居民消费价格涨幅控制在3%左右。积极推进并稳妥实施“双随机”执法方式，巩固“12358”价格举报信息系统建设成果。进一步加强农产品成本调查和定调价成本监审工作。

切实抓好安全生产工作。严格落实习近平总书记关于总体国家安全观的要求，严守不发生重大生产安全事故等“三条底线”，深入开展安全生产隐患大排查大整治，以铁的担当尽责、铁的手腕治患、铁的心肠问责、铁的办法治本，不折不扣抓好油气长输管道保护和新能源行业安全生产工作，坚决杜绝重特大事故发生。

（九）抓好重大政策落实和经济形势研究，牢牢把握经济工作主动权

一要牢固树立五大发展理念，适应、把握和引领经济发展新常态，坚持以供给侧改革作为经济发展和经济工作的主线，围绕提高发展质量和效率，把更多的时间和精力放到落实重大战略、研究重大政策、编制重大规划、筹划重大改革、解决重大问题、推进

关于2016年全市和市本级预算执行情况与2017年全市和市本级预算草案的报告

——2017年2月22日在晋城市第七届人民代表大会第二次会议上

市财政局局长　崔国炜

一、2016年预算执行情况

2016年，全市财政部门在市委的正确领导下，在市人大的监督支持下，紧紧围绕“一争三快两率先”战略部署，认真落实市七届人大一次会议有关决议，创新发展思路，深化财税改革，强化收入征管，优化支出结构，在经济持续下行的压力下，在减税降费政策的背景下，多策并举、攻坚克难，实现了财政收支下半年好于上半年、预算执行情况好于预期的目标。

（一）落实市人代会预算决议情况

1.围绕建立现代财政制度，大力推进财税改革。一是以新《预算法》为基本遵循，全面改进预算管理制度。建立跨年度预算平衡机制，启动编制三年滚动财政规划和部门三年支出规划，积极推进中期财政规划与部门、行业规划相衔接；清理重点支出与财政收支增幅或生产总值挂钩事项，预算安排不再实行支出同财政收支增幅或生产总值挂钩；清理规范整合项目支出，厘清基本支出和项目支出的内涵界限，对目标接近、资金投入方式类同和资金管理方式相近的项目整合归并；加强和规范政府债务管理，制定《晋城市市本级2015年度权责发生制政府综合财务报告试编工作方案》，提前置换偿还全市校安工程等8个高息和到期债务项目贷款4.3亿元，加大逾期债务清理力度，确保政府债务余额控制在核定限额内；实施预算公开制度，细化预决算信息公开内容，扩大报送人大代表审议的预算范围；强化对评审结果实质性嵌入部门预算编制的运用，对确定拟纳入年度预算安排的项目提前开展评审，以评审结论作为预算安排依据；精准推进绩效管理，出台《绩效目标质量考核标准》《绩效评价报告质量考核标准》等文件，完善事前、事中、事后预算绩效管理机制；深化国库集中收付制度改革，财政代管资金、专户资金的直接支付电子化业务上线运行。二是以构建地方税

重大项目上来，牢记岗位职责，理清工作思路，拿出务实举措，全力推动全市经济创新转型发展。

二要密切关注国家、省宏观政策动向，认真研究国家、省出台的各项重大政策，对惠及我市的相关政策措施要及早介入、提出诉求，在调查研究上下功夫，切实找准我市产业转型升级多年来效果不明显的症结，切实找准深化国企国资改革和开发区创新中面临的难题，切实找准推进市、县监察体制试点工作中遇到的具体问题，按照骆惠宁书记“不要等，要去闯”的要求，不等不靠，大胆改，大胆闯，推动我市改革发展工作走在全省前列。

三要加强全市经济分析联动，密切跟踪宏观经济走势，牢牢把握“稳”的态势、“进”的趋势、“好”的形势，强化底线思维，提前做好预案，增强经济分析工作的前瞻性、指导性和针对性。

四要认真落实“13710”工作制度，对重大决策部署、重要改革事项、重大项目工程、重点工作任务，施行清单化管理，及时纳入市政府“13710”电子督办平台，确保各项重点工作任务和重大政策真正落地、执行到位、取得实效。

过去的一年，全市经济社会发展取得了新成绩。新的一年，面对转型综改、创新驱动、全面小康、振兴崛起等繁重艰巨的发展改革任务，让我们在市委、市政府的正确领导下，在市人大、市政协的监督支持下，不忘初心继续前行，深入推进“一争三快两率先”战略部署，践行大开放、大转型、大创新思路，提振精气神，撸起袖子干，以优异的成绩喜迎党的十九大胜利召开！

收体系为目标，不断完善税收制度。自2016年5月1日起“营改增”试点全面实施；资源税由过去的从量计征改为从价计征，将煤层气纳入了征收范围；下一步将推进环境保护税、房地产税、个人所得税的改革，配套推进清费立税等，有助于地方税收体系的重新构建。三是以建立财政事权和支出责任相匹配为要求，积极推进财政体制改革。国务院于2016年8月16日印发了《关于推进中央与地方财政事权和支出责任划分改革的指导意见》，明确了中央与地方财政事权和支出责任划分改革的指导思想、总体要求、划分原则和主要内容，对地方财政事权和支出责任提出了具体要求。立足晋城实际，我们一方面积极跟进中央、省的改革进度，同时对我市各级财政管理体制中存在的财政事权和支出责任不清晰、不合理、不规范的问题进行了深入细致的调研，并积极有效推进市县财政事权和支出责任划分改革。

2.围绕增进全市人民福祉，大力支持民生事业。在教育方面，全市全年拨付资金34.2亿元，保障教育惠民政策落实。为4846名原民办代课教师发放教龄补贴；积极开展学生资助工作，全年资助家庭经济困难学前幼儿、孤儿和残疾儿童8081名，资助家庭经济困难大学生506名；支持全市职业教育重点专业和实习实训基地建设，保障科大晋城校区、市中等专业学校新校区、市凤城中学等教育重点工程建设。在医疗卫生方面，全市全年拨付资金18.3亿元，支持城乡居民医疗和基本公共卫生服务建设；推动城乡居民大病医疗保险制度实施；支持农村妇女两癌筛查及村医养老缴费。在社会保障和就业方面，全市全年拨付资金23.4亿元，保障城乡低保、五保对象、贫困残疾人、精神病患者等重点优抚对象的基本生活；支持残疾人康复、阳光家园计划、残疾人公益性岗位和退役士兵安置培训等事业发展。在文化体育与传媒方面，全市全年拨付资金4.5亿元，支持深化文化体制改革、农村公共文化建设、非物质文化遗产保护传承、“三馆”免费开放及文化精品创作等工作。在住房保障方面，拨付保障性安居工程专项资金1.7亿元，支持城镇低收入住房保障家庭租赁补贴、城市棚户区改造、公租房建设项目实施。在“三农”方面，加大强农惠农富农力度，统筹整合资金2.1亿元支持农业发展；整合粮食直补、农资综合补贴、良种补贴“三项补贴”为农业支持保护补贴；支持粮食生产适度规模经营；开展县域金融机构涉农贷款增量奖励，投入政策性保险保费0.3亿元，促进金融支持农业发展；投入0.9亿元支持“一事一议”财政奖补工作；继续对低收入农户发放冬季取暖用煤货币化补贴1.3亿元，补贴农户57.9万户。

3.围绕提高发展质量和效益，大力实施积极财政政策。一是积极落实市政府“1533”工业行动方案。为符合政策的8家企业办理增值税退税12笔，免征行政事业性收费18项，扩大3项基金免征范围，继续停止提取煤矿“两金”，共为企业减负8.66亿元。二是“降、补、缓”企业保险。企业职工养老保险企业部分的缴费率由20%调整为19%，失业保险单位缴费率由现行的1.5%调整为1%。同时继续对困难企业缴纳社会保险实施“五缓”“三补贴”优惠政策，返还困难企业社会保险补贴、岗位补贴1.59亿元。三是积极争取地方政府债券资金。申请地方政府债券21.8亿元，其中新增债券15亿元，置换债券6.8亿元，比上年增加8.8亿元，为支持重点工程建设发挥了政府投资拉动增长关键作用。四是推进财政资金统筹使用。出台《关于盘活财政存量资金及加强财政资金统筹使用的通知》，切实压缩存量资金规模，盘活各领域“沉睡”的财政资金。全市全年清理盘活存量资金达11亿元，全部按规定收回总预算集中投入到民生及重点工程建设领域。五是大力推广PPP模式。全年纳入财政部PPP综合信息平台的项目16个，总金额192.1亿元。六是扩大有效投资。累计下达19.4亿元支持中心城市、水利等重点基础设施建设。七是推动双创和中小微企业同步发展。筹集促进就业创业项目资金1.2亿元，对大众创业万众创新全环节补贴。重点扶持了市级4个创业孵化基地，惠及434户小微创业实体，补贴创业场地面积25547平方米，带动社会就业1302人。全年为中小微企业提供各类担保融资5.26亿元，其中为69户中小企业提供贷款担保88笔，金额4.88亿元；为自主创业人员、妇女创业人员、大学生村官、青年创业人员、集中安置就业企业办理贷款担保238笔，涉及人员429人，金额0.4亿元。八是加强财政与金融等部门的协调配合。对利用资本市场在新三板挂牌的皇城相府药业等3家公司给予奖励。有效实施政策性融资担保、贷款贴息等创新政策措施,促进经济平稳运行。

4.围绕增强发展的协调性,大力做好补齐短板工作。一是深入推进精准扶贫。出台《关于支持县级统筹整合使用财政涉农资金加快推进脱贫攻坚的通知》,全面推进"因素法"分配涉农专项资金,明确将中央、省、市116项财政涉农资金纳入整合使用范围,由贫困县打破部门条块分割统筹用于精准扶贫,破除制度障碍,全面构建"多个渠道饮水、一个渠道放水"脱贫攻坚财政投入新格局。出台《晋城市财政专项扶贫资金管理办法》,进一步加强和完善扶贫资金管理。建立扶贫投入稳定增长机制,市级扶贫专项投入0.3亿元,比上年增长16.6%,围绕全市建档立卡的200个贫困村和8.45万贫困人口实施精准扶贫,市、县两级扶贫专项投入均实现总量和增幅"双增长"。创新易地扶贫搬迁资金筹措机制,设立晋城扶贫开发投资有限公司,及时承接中央和省政策性融资,有效保障全市23887名建档立卡贫困人员和25250名同步搬迁人员顺利搬迁。积极探索资产收益扶贫,以县级政府为主导,因地制宜,精准到户,有效建立贫困村、贫困户与经营主体利益联结分享产业发展红利机制和贫困户与财政扶贫投入利益联结机制。二是加快"美丽晋城"建设。持续推进蓝天碧水工程,投入2.2亿元开展大气、水、土地等污染防治工作。实施乡村清洁工程,拨付资金0.7亿元支持全市78个乡镇2186个村清洁工程的运行,保障乡村垃圾统一收集、清运和处置,改善乡村人居环境。

当然,财政经济运行中还存在一些亟待解决的问题,主要表现在:一是财政收支矛盾呈加剧之势。我市经济持续平稳增长的基础还不稳固,随着政策性减税效应及"两权"价款大幅下滑,全市财政收入的压力依然较大,财政收入潜在增长率下降与财政支出刚性增长的趋势没有大的改观,收支平衡难度越来越大。二是预算执行进度缓慢问题较为突出,财政全年支出基本不达进度考核要求,尤其政府的一些重点工程项目因前期准备不充分,影响了全市财政支出执行到位率。三是财政管理的基础工作仍很薄弱,资金使用绩效还有待进一步提高。面对以上压力和矛盾,我们将继续发扬积极进取、改革创新的精神,大力运用市场思维,增强财政服务经济社会发展能力;大力运用法治思维,加快推进现代财政制度建设;大力运用效率思维,调整规范政府间财政关系。

(二)2016年预算收支情况

1.2016年全市预算收支情况

(1)全市一般公共预算

全市一般公共预算收入完成89.3亿元,为预算的102.2%,比上年下降4.9%。其中市本级27.1亿元,下降21.6%;各县(市、区)完成情况为:高平市12.7亿元、泽州县12.4亿元、阳城县12.4亿元、沁水县11.7亿元、城区8.9亿元、开发区2.8亿元、陵川县1.4亿元;增长速度分别为:陵川县25.2%、阳城县16.6%、泽州县7.8%、沁水县6.1%、高平市0.8%、开发区-3.2%、城区-6.8%。

支出预算在年度执行过程中根据省财政厅追加专项指标及《中华人民共和国预算法》有关规定作了相应变动:一是将省追加专项指标按规定顺加到了有关科目;二是报经各级人大常委会批准,增加了政府债券支出;三是将办理省、市、县(市、区)财政结算事项财力变动按规定作了相应账务处理;四是市、县两级根据预算管理有关规定和预算调整方案核减当年不需执行的预算指标和增加调入资金等,对年度预算做出了相应变动。全市一般公共预算支出预算由人代会通过的146亿元变动为173.5亿元,全年执行172.8亿元,为变动预算的99.6%,比上年下降4.1%,其中市本级41.5亿元,下降3.7%;各县(市、区)一般公共预算支出情况为:泽州县27.9亿元、高平市26.5亿元、阳城县24亿元、沁水县18.2亿元、城区16.7亿元、陵川县15.9亿元、开发区2.1亿元;增长速度分别为:城区14.6%、高平市0.8%、阳城县0.6%、陵川县-1.5%、泽州县-10.8%、沁水县-12.7%、开发区-48.4%。

全市一般公共预算收入89.3亿元,加上级补助收入67.5亿元、债务转贷收入12.8亿元、调入预算稳定调节基金2.8亿元、调入资金9.5亿元、上年结余收入2.3亿元,收入总计184.2亿元。全市一般公共预算支出172.8亿元,加上解上级支出0.6亿元、安排预算稳定调节基金2.5亿元、债务还本支出7.6亿元，支出总计183.5亿元。收支相抵，滚存结余0.7亿元，均为有专项用途资金结转下年使用。

省对晋城市转移支付67.5亿元，比上年增长4.4%。其中：返还性收入3.7亿元，与上年持平；一般性转移支付32.7亿元，增长6.8%；专项转移支付31.1亿元，增长2.5%。市对县（市、区）转移支付62.8亿元，比上年增长1.3%。其中：返还性支出0.7亿元，与上年持平；一般性转移支付32.9亿元，增长8.2%；专项转移支付29.1亿元，下降5.5%。

（2）全市政府性基金预算

全市政府性基金收入13亿元，为预算的55%，比上年下降6.5%；加上级补助收入1.4亿元、债务转贷收入9亿元、上年结余收入2.8亿元，收入总计26.2亿元。全市政府性基金支出19.3亿元，为变动预算的93.7%，比上年下降15.1%；加债务还本支出2亿元、调出资金3.6亿元，支出总计24.9亿元。收支相抵，滚存结余1.3亿元。

（3）全市国有资本经营预算

全市国有资本经营收入3.9亿元，为预算的90.1%。全市国有资本经营支出1亿元，为变动预算的100%，加调出资金2.9亿元，支出总计3.9亿元。收支平衡，无结余。

（4）全市社会保险基金预算

全市社会保险基金收入74亿元，为预算的109.1%；加上级补助收入1亿元、下级上解收入0.3亿元、上年结余收入161.7亿元，收入总计237亿元。全市社会保险基金支出56.9亿元，为预算的98.7%；加补助下级支出1亿元、上解上级支出1.2亿元，支出总计59.1亿元。收支相抵，滚存结余177.9亿元。

（5）全市财政专户资金预算

全市财政专户资金收入0.8亿元，加上年结余收入0.3亿元，收入总计1.1亿元。全市财政专户资金支出0.6亿元。收支相抵，滚存结余0.5亿元。

（6）全市政府性债务

省转贷我市地方政府债券收入21.8亿元，其中：新增债券15亿元，转贷各县（市、区）6亿元，市本级留用9亿元，全部用于公益性基础设施项目建设；置换债券6.8亿元，转贷各县（市、区）5.7亿元，市本级留用1.1亿元，用于置换基础设施建设项目中的国家开发银行贷款。政府债券对我市应对经济下行压力、加快基础设施和民生项目建设、防范财政金融风险、降低融资成本发挥了积极作用。

截至2016年底，省核定我市政府债务限额为60.2亿元，其中：市本级为18.1亿元，各县（市、区）为42.1亿元，我市各类政府债务余额均控制在省核定的限额之内。

2.2016年市本级预算收支情况

（1）市本级一般公共预算

市本级一般公共预算收入完成27.1亿元，为预算的100.3%，比上年下降21.6%，下降原因主要是2015年矿产资源专项收入等非即期收入集中入库；加上级补助收入67.5亿元、下级上解收入1亿元、债务转贷收入12.8亿元、调入预算稳定调节基金1亿元、调入资金1亿元、上年结余收入1.2亿元，收入总计111.6亿元。市本级一般公共预算支出41.5亿元，为变动预算的99.6%，比上年下降3.7%；加上解上级支出0.5亿元、补助下级支出62.8亿元、债务还本支出1.7亿元、债务转贷支出4亿元、安排预算稳定调节基金0.9亿元，支出总计111.4亿元。收支相抵，滚存结余0.2亿元，均为有专项用途资金结转下年使用。

主要收入项目执行情况：市本级税收收入19.3亿元，为预算的96.6%，比上年下降9.9%，其中：增值税6亿元，为预算的151.2%；营业税3.9亿元，为预算的68.8%；企业所得税3.4亿元，为预算的77.8%；个人所得税0.8亿元，为预算的96.5%；资源税3.2亿元，为预算的97.6%；其他税收2亿元，为预算的105.6%。市本级非税收入7.8亿元，为预算的110.9%，下降40.7%。

主要支出项目执行情况：教育支出7.5亿元，为变动预算（下同）的100%；科学技术支出0.3亿元，为预算的100%；文化体育与传媒支出1.3亿元，为预算的100%；社会保障和就业支出2.4亿元，为预算的100%；医疗卫生与计划生育支出2.5亿元，为预算的100%；节能环保支出4.6亿元，为预算的100%；城乡社区支出7.5亿元，为预算的100%；农林水支出1.7亿元，为预算的100%；交通运输支出1亿元，为预算的99.6%；国土海洋气象等支出0.4亿元，为预算的

100%;住房保障支出1.8亿元,为预算的100%;公共安全支出4.3亿元,为预算的100%。

(2)市本级政府性基金预算

市本级政府性基金收入2.3亿元,为预算的102.2%,比上年下降24.4%;加上级补助收入1.4亿元、债务转贷收入9亿元、上年结余收入0.6亿元,收入总计13.3亿元。市本级政府性基金支出3.2亿元,为变动预算的86.7%,比上年下降47%;加补助下级支出1.4亿元、债务转贷支出7.6亿元、调出资金0.2亿元、债务还本支出0.4亿元,支出总计12.8亿元。收支相抵,滚存结余0.5亿元。

(3)市本级国有资本经营预算

市本级国有资本经营收入0.3亿元,为预算的101.1%。市本级国有资本经营支出0.3亿元,为变动预算的100%。

(4)市本级社会保险基金预算

市本级社会保险基金收入39.4亿元,为预算的109.8%;加下级上解收入0.3亿元、上年结余收入110亿元,收入总计149.7亿元。市本级社会保险基金支出26.2亿元,为预算的93.2%;加补助下级支出1.1亿元、上解上级支出1亿元,支出总计28.3亿元。收支相抵,滚存结余121.4亿元。

(5)市本级财政专户资金预算

市本级财政专户资金收入0.5亿元,加上年结余收入0.3亿元,收入总计0.8亿元。市本级财政专户资金支出0.6亿元。收支相抵,滚存结余0.2亿元。

3.2016年晋城经济技术开发区预算收支情况

晋城经济技术开发区一般公共预算收入完成2.8亿元,为预算的101.9%,比上年下降3.2%;一般公共预算支出2.1亿元,为变动预算的99.6%,比上年下降48.4%,降幅较大主要是债务还本付息通过上下级财政结算办理及收入下降所致。政府性基金收入1亿元,为预算的25.6%,比上年增长3.9%;政府性基金支出2.7亿元,比上年下降2.8%。社会保险基金收入0.2亿元,为预算的199.4%;社会保险基金支出0.1亿元,为预算的149.3%。

(三)2016年主要支出政策落实情况

优先保障城乡义务教育均衡发展。统一城乡义务教育学校生均公用经费基准定额,并对寄宿制学校按照寄宿生年生均200元标准增加公用经费补助。市直幼儿园、小学生均公用经费由2015年的每生每年(下同)522元分别提高到2200元和1000元;初中由633元提高到1400元;高中、电大、游泳学校由1100元提高到2000元;中专、体校由1300元提高到2200元;大专由1700元提高到2700元;特殊教育学校由5000元提高到8000元,2016年市直各类学校较2015年增加生均公用经费3561万元。继续落实农村地区不足100人的规模较小学校按100人核定公用经费和北方地区取暖费等政策。

落实创新驱动发展战略。支持构建具有晋城特色的科技创新体系建设,提升我市创新能力。支持科技企业孵化器等科技服务平台建设,对2015年度被新认定或通过复审的15家国家级高新技术企业和1家被认定为省级科技企业孵化器项目进行补助,支持开展专利申请资助及推广工作,引导企业不断加大科技投入,提高产品的科技含量,增强企业的市场竞争力。投入0.6亿元对2016年上半年已建成的光伏发电示范户进行补助,助力农民增收。

支持做好社会保障和就业工作。企业退休人员基础养老金再提高6%,人均月增资188元。城乡低保保障标准每人每月提高30元,提标后人均月补助水平达到城市495元、农村257元。农村五保分散和集中供养标准每人每年统一提高500元。保障荣军医院、市社会福利院集中供养人员生活,支持农村敬老院、社区日间照料中心和农村互助养老服务中心建设。完善社会救助和保障标准与物价挂钩的联动机制,将重度残疾人护理补贴和贫困残疾人生活补贴标准由每人每月40元提高到50元。建立经济困难的高龄、失能等老年人补贴制度,为经济困难的高龄、失能老人分别给予每人每月30元和60元的生活补贴。支持实施更加积极的就业政策,扶持4个市级创业孵化基地、434个入驻基地的创业实体,带动1302人就业。建立健全城乡统筹的公共就业服务体系,促进高校毕业生、农村转移劳动力、城镇困难人员及退役军人等就业。

深化医疗卫生体制改革。新型农村合作医疗和城镇居民基本医疗保险的财政补助标准,由每人每年380元增加到420元,缓解了166.73万城乡居民看病难问题。加强乡村医生队伍建设,对在编在岗乡村医生给予每人每月800元的生活补助。人均基本公共卫生服务经费标准由40元提高到45元。继续支持重大公共卫生项目建设,支持基层医疗卫生机构和村卫生室实施基本药物制度。

推进农村可持续发展。加快农村土地承包经营权确权登记,实施粮食丰收工程,推进"一村一品",积极扶持农业龙头企业、农民合作社等新型农业经营主体,加快我市设施蔬菜、蚕桑产业等地方特色农业产业发展。加快推进"大水网"建设。实施干果经济林提质增效,强化森林防火减灾,加强林业生态建设。积极推进规模养殖场粪污综合处理和病死畜禽无害化处理。继续推进农机社会化服务体系建设。

加强环境保护和节能减排。支持开展大气污染防治、黄标车及老旧车淘汰、医疗废物等危险性固体废物的处置、集中引用水源地保护、市区扬尘污染防治。改善农村人居环境,支持农村生活污水处理设施、污水收集管网建设。支持了丹河人工湿地和巴公河人工湿地工程建设和管护。

改善城乡人居环境。支持中心城市建设,推进祥云街、太行路南段、山门街、塔东街、后书院街、街心游园、文博路游园、文化路等重点工程建设。推进百镇工程建设,支持了泽州县巴公镇、高平市河西镇镇区基础设施建设。支持城市道路补坑、综合管沟和桥涵维护、公用人行道和路沿石维修、排水清淤等,保证市区主干道、人行道畅通,市政设施正常使用。对泽州公园、玉龙潭公园等综合性游园进行高标准管护,对物茂广场、七星广场等进行日常维护,对1.2万余亩城市绿地和环城林带、1.2万亩生态林地及3.9万余棵行道树进行高标准日常管护。支持东南带状公园、城东水系、东河源头、时家岭公园、凤凰岭公园及周边生态区工程等园林绿化项目建设,努力为市民营造舒适的生活环境。支持保障房建设,改造农村危房2370户。

促进文化繁荣发展。支持开展"周末大剧场"及百姓大舞台等公共文化惠民活动,丰富群众精神文化生活。支持开展文物古建抢救性保护及维护看护、非物质文化遗产保护及传承等工作。支持全市农村文化信息资源共享工程、农家书屋工程、农村文艺演出活动、农村体育活动、农村电影放映工程五项文化建设。支持公益性文化场(馆)免费开放。支持乡镇(公社)老放映员历史遗留问题解决。

二、2017年预算草案

(一)2017年财政工作指导思想、基本原则和财政政策

根据市委七届二次全会暨全市经济工作会议确定的2017年我市经济社会发展总体要求,结合当前经济财政形势,2017年我市财政工作及预算安排总的指导思想是:深入贯彻习近平总书记系列重要讲话精神,统筹推进"五位一体"总体布局,协调推进"四个全面"战略布局,坚持稳中求进工作总基调,自觉践行新发展理念,按照"一争三快两率先"战略部署和"大开放、大转型、大创新"发展思路要求,围绕"十大战略工程",着力深化"供改"和"综改",着力提高发展质量和效益,着力加快创新驱动、转型升级,着力推动开发区改革创新和发展壮大实体经济,着力保障和改善民生,实施积极有效的财政政策,预算安排体现"紧日子、保基本、调结构、保战略"的要求,大力加强财政收支管理,深入推进财税体制改革,全力促进经济稳步向好和社会和谐稳定,为率先全面建成小康社会奠定坚实基础,以优异成绩迎接党的十九大胜利召开。

贯彻上述指导思想,在收支预算编制中坚持以下原则:一是实事求是、积极稳妥。编制收入预算,既考虑我市经济形势稳中向好、工业经济回升的积极因素,也考虑"营改增"后收入划分调整、落实减税降费等政策的影响。二是统筹兼顾、突出重点。安排支出预算,充分体现"紧日子、保基本、调结构、保战略"要求,优化支出结构,改变支出项目只增不减的固化格局,将有限的资金用于重点领域和关键环节,更好地适应推进供给侧改革和保障民生兜底的需要。三是统筹使用、勤俭节约。加大财政资金整合统筹使用力度,统筹扶贫、科技、债券等各类财政资金,集中财力用于市委、市政府确定的重大战略和重点领域。加强政府性基金、国有资本经营预算与一般公共预算相衔接,全面清理盘活财政存量资金。四是讲求绩效、公开透明。强化预算绩效管理,逐步将绩效管理范围覆盖到所有预算资金,加大绩

效评价结果应用力度，提高财政支出的有效性；加强政府债务管理，完善政府举债融资和应急处置机制，防范和化解债务风险；推进预算公开，扩大公开范围，细化公开内容，规范公开方式，强化社会监督，促进依法理财。

2017年主要支出政策情况：

教育方面。落实城乡义务教育学校生均公用经费基准定额标准，保持特殊教育学校生均公用经费8000元的标准。落实高等职业教育生均拨款制度，确保我市高等职业院校生均拨款达到1.2万元。进一步完善家庭经济困难学生资助政策体系，支持及时发放中高职助学金、普通高中助学金、贫困家庭幼儿资助金，支持贫困大学生资助等工作，促进教育公平。支持太原科大晋城校区、凤城中学等教育重点项目建设。

科技方面。积极支持科技创新，加强科技研发资金项目管理，完善资金分配流程。继续对全市农村地区分布式光伏发电示范应用项目进行扶持，拓宽农民增收渠道。对被新认定的国家级高新技术企业和省级众创空间进行补助，继续开展专利申请资助工作，鼓励企业加大研发经费投入，推进科技成果转化。继续加大对科技研发基地的支持力度，促进全市科技创新。

社会保障和就业方面。统筹城乡居民基本养老保险，市级财政对参保人员缴费每人每年补贴10元。继续支持城乡社会救助、农村五保户供养和农村敬老院、社区日间照料中心和农村互助养老服务中心建设。提高农村五保户供养标准，全市农村五保户集中供养标准统一提高到每人每年6400元，分散供养标准统一提高到每人每年4030元。继续对重度残疾人、贫困残疾人和高龄失能老人进行护理补贴和生活补贴，对三无重度残疾人进行托养补助。支持残疾人康复、残疾人公益性岗位、残疾人职业培训等残疾人事业发展。将失业保险基金支持稳岗实施范围由兼并重组企业、化解产能过剩企业、淘汰落后产能企业等三类企业扩大到所有符合省定标准企业。完善创业融资服务，加大创业扶持力度，推动创业带动就业。

医疗卫生方面。积极支持城乡居民医疗保险制度整合，认真落实各级财政对城乡居民基本医疗保险的补助，标准由420元提高到450元。完善大病保险和生育保险政策。将基本公共卫生服务项目财政补助标准由每人每年45元提高到50元。完善重特大疾病医疗保险和救助制度，继续实施城乡居民大病医疗保险试点。帮助解决重点优抚对象、离休干部和困难企业军转干部医疗保障问题。支持艾滋病防治、农村妇女两癌检查等重大公共卫生项目实施。

三农方面。全面落实国家和省各项强农惠农富农政策，实施粮食丰收工程，继续对农业产业化龙头企业等新型农业经营主体予以贷款贴息扶持，积极推进现代农业产业发展。积极支持国有林场改革，加强林业生态建设。加强农村安全饮水保障，继续推进“大水网”建设。推进建立病死畜禽无害化处理体系，鼓励引导规模养殖场建设粪污处理和污染减排设施，强化动物疫病防治，推进畜牧产业生态健康发展。确保财政扶贫专项资金投入只增不减，加大对贫困县转移支付倾斜力度，大力支持陵川县、沁水县统筹整合财政涉农资金实施精准脱贫，如期完成贫困县脱贫摘帽目标。充分发挥市扶贫开发公司平台作用，及时承接中央和省政策性贷款，加快推进易地扶贫搬迁。加强财政扶贫资金监管，切实提高扶贫资金绩效。

生态环保方面。支持开展国（省）控重点污染源在线监测、监督性监测和地表水出省断面水质监测，医疗废物等危险性固体废物的处置，市区扬尘污染防治、噪声监测，集中饮用水源地保护以及对丹河、巴公河人工湿地管护等。

城乡社区方面。支持中心城市建设，加强城市管理。保障城市道路、人行道、雨水管道、污水管道、综合管沟维护。保障市污水处理厂正常运转。保障城市供水及水质设备安全。支持园林事业发展，对泽州公园、玉龙潭公园等多个综合性游园进行高标准管护，对物茂广场、七星广场等进行日常维护。推进乡村清洁工程建设，开展农村危房改造。

文化体育方面。支持市图书馆、美术馆、群艺馆、体育场（馆）等公益性文化设施免费开放，进一步提高基层公共文化服务水平。继续对文物古迹、非物质文化遗产的保护，鼓励创造精品文化食粮，提升全市人民的精神文化生活，支持第四届太行山旅游文化节及第六届全民运动会等活动开展，保障各项文化惠民政策的落实。

（二）2017年收入预计和支出安排

1.全市收入预计和支出安排

（1）全市一般公共预算

全市一般公共预算收入安排90.2亿元，比上年增长1%；加上级补助收入44.9亿元、上年结余收入0.7亿元、调入资金2.8亿元，减上解上级支出0.6亿元，安排一般公共预算支出138亿元，比上年向市人大常委会备案预算下降7.8%。下降幅度较大主要是2016年编报预算时，包括了转贷地方政府一般债券资金8亿元，截至目前省财政尚未下达2017年地方政府债券资金，待债券资金下达后，专题向市人大常委会上报预算调整报告。

省对我市转移支付预算44.9亿元，比上年下降3.4%。其中：返还性收入3.7亿元，比上年下降1.6%；一般性转移支付28.2亿元，与上年持平；专项转移支付13亿元，比上年下降10%。

（2）全市政府性基金预算

全市政府性基金预算收入安排18亿元，加上年结余收入1.3亿元、上级补助收入0.6亿元，减调出资金2亿元，可安排政府性基金财力为17.9亿元。按照以收定支的要求，相应安排政府性基金预算支出17.9亿元。

（3）全市国有资本经营预算

全市国有资本经营预算收入安排5.4亿元，按照收支平衡原则，安排国有资本经营预算支出5.4亿元。

（4）全市社会保险基金预算

全市社会保险基金预算收入安排100.6亿元，比上年增长35.9%。安排社会保险基金预算支出86.8亿元，比上年增长50.5%，增幅较大主要是财政对城乡居民养老和新农合补助提高，以及按照省财政要求将机关事业养老保险制度改革后三年收支在当年统一编列预算。社会保险基金滚存结余预计182.3亿元。

（5）全市财政专户资金预算

全市财政专户资金收入安排0.6亿元，比上年增长1%，加上年结余收入0.5亿元，安排财政专户资金支出1.1亿元，比上年增长7.2%。

上述全市预算草案为市本级代编，待县（市、区）人代会召开后，市财政局将汇总市和县（市、区）人代会批准的预算，报市人大常委会备案。

2.市本级收入预计和支出安排

（1）市本级一般公共预算

市本级一般公共预算收入安排27.4亿元，比上年增长1%，加上级补助收入44.9亿元、下级上解收入0.9亿元、上年结余收入0.2亿元，减上解上级支出0.6亿元、补助下级支出41亿元，安排一般公共预算支出31.8亿元，比上年预算下降20.5%。

市对县（市、区）转移支付预算41亿元，比上年下降5.4%。其中：返还性支出0.7亿元，与上年持平；一般性转移支付29.4亿元，比上年增长5.6%；专项转移支付10.9亿元，比上年下降26.2%。

主要收入项目安排情况：税收收入20.3亿元，比上年增长5%，其中：增值税10.2亿元，增长68.7%，增幅较大主要是“营改增”政策实施影响；企业所得税3.6亿元，增长5.1%；个人所得税0.9亿元，增长16.6%；资源税3.4亿元，增长5.6%；其他税收2.2亿元，增长13.3%。非税收入7.1亿元，下降9%。

主要支出项目安排情况：教育支出6.1亿元，比上年增长0.1%；科学技术支出0.9亿元，增长307%，增幅较大主要是2017年预算安排光伏发电示范户补助资金0.7亿元，上年同类项目使用其他资金安排；文化体育与传媒支出1亿元，增长0.3%；社会保障和就业支出4亿元，增长0.9%；医疗卫生与计划生育支出1.8亿元，增长1.3%；节能环保支出2.1亿元，增长28.4%；城乡社区支出2.1亿元，下降69.8%，降幅较大主要是2016年支出中包括地方政府债务转贷收入安排城市建设项目，今年债券资金尚未下达；农林水支出1.8亿元，增长12.1%；交通运输支出0.5亿元，下降85.7%，降幅较大主要是2016年支出中包括地方政府债务转贷收入安排相应道路交通建设支出，今年债券资金尚未下达；国土海洋气象等支出0.3亿元，下降4.9%；住房保障支出1.1亿元，下降28.8%，降幅较大主要是2016年有中央财政城镇保障性安居工程专项资金结转使用所致。

(2)市本级政府性基金预算

市本级政府性基金预算收入安排2.4亿元,加上年结余收入0.5亿元、上级补助收入0.6亿元,减补助下级支出0.3亿元,安排政府性基金预算支出3.2亿元。

(3)市本级国有资本经营预算

市本级国有资本经营预算收入安排3亿元,安排国有资本经营预算支出3亿元。主要用于建立"促转型增动能基金",重点扶持新技术、人才、金融等要素服务平台建设,以及以大数据、智能技术为基础的新产品、新业态、新项目。

(4)市本级社会保险基金预算

市本级社会保险基金预算收入安排40.9亿元,增长3.9%。安排社会保险基金预算支出33亿元,增长17.7%。社会保险基金滚存结余预计124.8亿元。

(5)市本级财政专户资金预算

市本级财政专户资金收入安排0.5亿元,增长2%,加上年结余0.2亿元,安排财政专户资金支出0.7亿元,增长10.2%。

(6)盘活存量资金情况

按照国务院办公厅《关于进一步做好盘活财政存量资金工作的通知》和财政部《关于加强地方预算执行管理激活财政存量资金的通知》精神,市本级2017年清理盘活以前年度安排市直部门(单位)结余资金4.2亿元,收回财政总预算统筹安排使用。

经汇总,2017年市本级行政事业单位使用财政拨款安排的"三公"经费预算4666万元,比上年预算减少960万元,下降17.1%。其中:因公出国(境)经费133万元,减少70万元,下降34.5%;公务接待费778万元,减少151万元,下降16.3%;公务用车购置及运行维护费3755万元,减少739万元,下降16.4%。

在市人代会召开之前,市财政对本级基本支出和参照上年同期支出数额必须支付的项目支出、上年结转支出等必要支出进行了支付。

3.晋城经济技术开发区收入预计和支出安排

晋城经济技术开发区一般公共预算收入安排2.9亿元,比上年增长2.2%,安排一般公共预算支出5亿元,比上年增长142.5%。政府性基金预算收入安排4.2亿元,安排政府性基金预算支出3.1亿元。社会保险基金预算收入安排0.3亿元,安排社会保险基金预算支出0.1亿元,社会保险基金滚存结余预计0.3亿元。

三、切实做好2017年财政改革与管理工作

(一)强化财政收支管理,着力提高财政运行质量。积极组织财政收入。实行收入目标考核制度,健全"一财两税"工作协调机制,加大收入征管力度,规范收入征管秩序,按月考核通报各县(市、区)和各部门组织收入情况;争取加大中央和省级对我市转移支付力度;完善税收信息共享平台,实现对税源、财源全方位监控;加大非税收入征缴力度,做到应收尽收,足额缴库。严格财政支出管理。推动预算单位落实主体责任,进一步优化工作流程,实行全过程记录制度,以问责倒逼支出责任落实;按月通报各县(市、区)和各部门支出进度,对支出进度慢的县(市、区)和部门,减少下年度支出安排和转移支付,并启动问责机制,严格考核奖惩;严控预算追加,年初编制预算时压减的项目支出,执行中不再追加,对执行中新增的项目,通过调整部门单位现有预算解决。积极盘活存量资金。对各县(市、区)和各部门两年内未使用完的资金按规定一律全部收回统筹安排。

(二)落实积极财政政策,大力推进"供改"和"综改"。全面落实减税降费政策。强化放水养鱼意识,继续落实并完善"营改增"试点和其他已出台的减负政策;按照中央、省统一部署,进一步清理规范基金和收费,再取消、调整和规范一批行政事业性收费项目,切实把企业负担再降低。充分发挥财政宏观调控作用。大力推进PPP模式,建立健全激励机制,对推进PPP力度大、行动快、落地项目多的县(市、区)和部门给予奖励;在公共基础设施、交通、水利、中高等职业教育、扶贫等领域,拓宽融资渠道;围绕"三去一降一补"改革重点,充分利用中央省级资金,解决总量性、结构性、周期性问题。深化财税体制改革。以改进预算管理、完善税收征收协调机制和明确支出主体责任为重点,全面深化财税体制改革;扎实有效推进财政预决算公开,扩大范围、细化内容;进一步清理碎片化、零星分散的专项资金,确保集中财力办大事。

(三)加大"三农"投入力度,全力打好脱贫攻坚战。全力支持脱贫攻坚。加大涉农资金统筹整合力度，建好扶贫项目库，提高资金使用效率，确保分配给贫困县的资金增幅不低于该项资金平均增幅，资金“切块下达”，不指定具体项目，不提与脱贫攻坚无关的任务要求。加大城乡人居环境、科技创新、环境保护、基础设施等薄弱环节的支持力度。充分发挥市扶贫开发公司平台作用，及时承接中央和省政策性贷款，完成易地扶贫搬迁6511人，同步搬迁916人；完成70.66公里扶贫道路建设。扶持村集体经济发展。开展财政资产收益扶贫试点和扶持农村集体经济试点，探索农村基础性公益资产（资源）量化入股模式，增强村集体经济实力。促进农业稳定发展。全面落实国家和省各项强农惠农富农政策，加强农业生产支持保护，实施粮食丰收工程，积极推进现代农业产业发展；积极支持国有林场改革，加强林业生态建设；加强农村安全饮水保障，继续推进“大水网”建设；推进一事一议财政奖补工作，继续扩大我市开展美丽乡村建设的试点范围。

（四）优先保障基本民生，继续增进人民福祉。统筹民生改善和经济发展，围绕人的全面发展，守住底线、突出重点、完善制度、引导预期，下大力气做好兜底性、基础性和发展性民生工作。实施教育提质计划。重点支持12所农村幼儿园改建、10所中小学标准化操场改造建设等，促进我市义务教育均衡发展。加快我市高中标准化建设。支持改善贫困地区义务教育薄弱学校办学基本条件。实施健康晋城计划。高标准完成公立医院改革，加快医疗卫生体制改革步伐。实施保障提标计划。继续提高退休人员基本养老金水平、城乡居民基本医疗保险财政补助、基本公共卫生服务经费和大病医疗保险筹资标准，做好市政府确定的为民办实事项目资金保障工作。

（五）坚持管理服务并重，健全财政内控机制。完善预算管理。进一步细化预算编制，提高年初预算到位率。继续清理整合专项转移支付。落实取消关于排污费、水资源费等以收定支、专款专用的规定。扩大预算绩效目标管理范围，注重评价结果运用，逐步将绩效管理覆盖所有预算资金。强化债务管理。最大限度争取债券数额，用好置换债券，将公共基础设施债务和银行贷款一一对应到具体项目，确保即发即用，缓解市、县两级政府偿债压力。新增债重点支持保障性住房、交通、水利、城市管网等公益性基础设施建设项目，置换债用于降低贷款利息。严格落实偿债责任，将政府债务余额管控在限额之内。加强对中长期政府支出责任的事前审核和监控，做到风险事件早发现、早报告、早处置。加大财政监督。加强重大财税政策实施情况和专项资金使用监督检查；推进行政事业单位内控机制建设，加强对会计事务所、资产评估机构、代理记账机构的监管。

（六）加强财政“三基”建设，锻造一流干部队伍。省委、市委高度重视“三基”建设并提出明确要求。我们财政部门肩负着保障和推动“三基”建设的重任，在加强“三基”建设方面力争有更大的作为，通过抓基层、打基础、提能力，推动财政可持续发展。持续加强机关党建工作，推进学习型、创新型、服务型党组织建设，提升基层党组织凝聚力、向心力和战斗力，打造充满生机、坚强过硬的战斗堡垒，为应对困难挑战提供组织保障。坚持问题导向，大力夯实财政基础管理，对基础工作薄弱环节抓紧“补课”，以机关效能建设和信息化管理为重点，加强基本数据信息、支出标准体系、项目库、会计管理等方面的基础工作，强化财政部门履行职能的基本支撑，提高工作推进落实的质量成效。适应新形势要求全面提升财政干部基本能力，加强基本能力精准培训，注重基本能力实践锻炼，建立基本能力准入机制和评价体系，提升财政干部公文写作与处理、调查研究、沟通协调等基本素养，进一步增强财政干部的谋划力、执行力和落实力，增强运用金融知识和市场机制分析解决问题的能力。

2017年财政改革发展的任务繁重而艰巨，我们在市委的坚强领导下，自觉接受市人大的监督，虚心听取各方面的意见和建议，坚定信念、敢于担当、锐意进取、攻坚克难，为全市经济社会发展提供强有力支撑，向全市人民交一份满意的答卷。

1月

12日

住房和城乡建设部公布第三批"美丽宜居村庄"示范名单，高平市石末乡侯庄村是山西省唯一入选的村庄。

17日

2015"感动山西"十大人物评选结果揭晓，高平籍士官郭峰入选，"沁河突围"团队获特别奖。

18日

中共晋城市委六届六次全体会议暨全市经济工作会议召开。

19日

晋城市召开金融工作座谈会，专题分析当前全市金融工作形势，共商实体经济与金融创新良性互动发展大计。

晋城市脱贫攻坚大会召开。

20日

晋城市召开全市企业代表座谈会。

22日

晋城市政府出台《关于健全重大行政决策机制的实施意见》。

23—24日

山西高平神农炎帝文化学术研讨会在北京召开。

27日

晋城、长治、焦作、安阳、洛阳五市共同签署旅游战略合作协议，五市旅游战略合作进入全新发展阶段。

29日

住房和城乡建设部公布2015年国家园林城市（县城、城镇）名单。晋城市阳城县、巴公镇分别获得"国家园林县城""国家园林城镇"称号。

是月

2015年下半年"山西好人"评选活动结束，晋城市赵国玲入选"山西孝老爱亲好人"。

晋城技师学院获"2015年全国职工教育职业培训先进集体"称号。

2月

14日

中国共产党晋城市第六届纪律检查委员会第六次全体会议召开。

27日

山西省召开2016年全省旅游工作会议，晋城市获"2015年全国旅游厕所先进市"，皇城相府景区、柳氏民居、珏山、孙文龙纪念馆获"全国旅游价格信得过景区"等九项国家级荣誉。

是月

国家旅游局公布首批创建"国家全域旅游示范区"名单，晋城市阳城县成为全国首批262家"国家全域旅游示范区"之一。

山西省科学技术厅、财政厅、国税局、地税局联合公布山西省2015年新认定并通过国家备案的高新技术企业。晋城宏圣科威矿用材料有限公司、山西和瑞新能源开发有限公司、高平市泫氏铸业集团公司等10家企业入围。至此，晋城国家级高新技术企业达到34家。

由市委宣传部、市文明办、市民政局、市妇联组织开展的"弘扬德孝文化，评选百名晋城德孝模范"活动结束，共评出108名晋城德孝模范。

3月

3—13日

“断崖”晋城市首届太行崖柏文化展、山西省首届山水画四条屏学术邀请展(晋城)分别在荆浩美术馆1号、2号展厅展出。

8日

晋城市纪念“三八”国际妇女节暨2015年度“最美家庭”揭晓大会召开,樊志刚等100户家庭被授予“最美家庭”称号。

8—9日

晋城市首部小剧场话剧《纪念碑》在市歌舞剧院琚颐睦剧场上演。

10日

晋城——中原经济合作项目推进会在郑州举行,11家推介企业和20多家中原地区企业进行洽谈对接,寻求合作。

17日

中共晋城市委举行“三学六守换届九严禁”警示教育月专题辅导,中国纪检监察报社原社长李本刚作《坚持从严治党,严格执行准则和条例》专题讲座。

18—24日

2016年全国青年跳水冠军赛暨全国跳水冠军赛资格赛在重庆举行。晋城籍运动员宋安馨获女子一米跳板银牌,并取得全国跳水冠军赛的比赛资格。

22—24日

副省长张复明带领省直有关部门到城区、泽州县、高平县、陵川县等地,就教育、科技创新、文物保护等工作进行调研。

24日

2016年晋城市环境保护工作会议召开。

26日

国内首个1700米崖顶风铃节在王莽岭风景区举行。

27日

“小城大爱”3·28慈善日颁奖典礼在市文体宫举行,57个单位和个人获表彰。

31日

陈廷敬纪念馆正式开馆,同时被确立为阳城县廉政教育基地。

是月

山西省综治委对2015年度各市落实省、市党政主要领导签订的目标责任履行情况的考评结果公布,晋城市被评为全省综治(平安建设)先进市。

《晋城市乡村教师支持计划实施办法》正式实施。

山西绿洲纺织有限公司产品“银光闪闪”入围2017年春夏中国流行面料。至此,绿洲公司已有51种面料连续35次入围“中国流行面料”。

4月

6日

晋城市市直单位下派农村第一书记专题培训班开班,市委书记张九萍出席开班仪式并讲话。

8日

晋城市农村工作会议召开。

12—13日

副省长、省公安厅厅长刘杰到晋城市就公安工作进行调研。

15日

从长治北始发,途经晋城前往苏州方向的快速列车正式开通。

20—21日

省人大常委会副主任、省总工会主席田喜荣带队省人大常委会执法检查组到晋城市,就贯彻落实种子“一法一条例”情况进行调研。

22日

2015年度中国旅游总评榜获奖名单在云南省丽江市揭晓。皇城相府获“年度最受游客欢迎景区奖”。

晋城市“两学一做”学习教育工作会议召开。

25—26日

山西省委常委、省委组织部部长盛茂林到晋城市城区和高平市进行调研。

26—28日

“万里茶道”申遗工作推进会在武汉召开,晋城作为山西省唯一代表城市参加,共有“太行陉古道”等2条古道、2个古村、1座古庙共5处遗产点进入初选推进名录。

29日

第五届泽州乡村摄影展暨丹河龙门湿地公园油菜花文化旅游节活动在丹河龙门湿地公园举行。5月9日结束。

是月

2016中国百佳呼吸小城榜单发布,陵川县以“云山幻影、红叶岚霞”连续3年上榜。

5月

5日

“第十三届(2016)中外避暑旅游口碑金榜”在香港发布,晋城市入围2016中国避暑名城65佳，阳城县入围2016中国避暑休闲百佳县，珏山景区入围2016中国避暑名山百佳，阳城县北留镇皇城相府入围2016中国避暑小镇百佳。

12—16日

第十二届深圳文博会召开，晋城市娲皇文化发展有限公司创作的娲皇玉雕“双凤朝阳花开富贵牡丹图”和晋韵堂的“一塔湖图”分别获得“中国工艺美术文化创意”银奖和铜奖。

13日

“寻根炎帝·梦回高平”海峡两岸神农炎帝文化旅游招商系列活动启动仪式暨旅游精品线路推介会在高平市举行。

14日

山西省委书记王儒林在晋城市会见前来寻根祭祖、交流研讨的新党主席郁慕明及中国台湾地区各界代表人士。

“问祖炎帝·寻根高平”海峡两岸神农炎帝农耕文化研讨会在金辇大酒店召开。

14—16日

山西省委书记王儒林到晋城市城区、泽州县、高平市、陵川县就加快脱贫攻坚、高平试点工作推进情况进行调研和座谈。

15日

全国妇联在北京举行2016年全国“最美家庭”揭晓暨全国五好文明家庭表彰大会。晋城市毕腊英家庭获全国“最美家庭”称号，刘平贵家庭获“全国五好文明家庭标兵”称号，马丑平家庭获“全国五好文明家庭”称号。

17—20日

第十四届中国国际铸造博览会在北京举行，泽州县4家企业的铸造产品获金奖。

27日

山西省第十届中等职业学校戏曲表演专业技能大赛在省戏剧职业学院华夏剧场落下帷幕，高平市中等专业学校张爱珍戏曲班5个学生参演，4人分别获得一、二等奖。

27—28日

第二届中国古村落保护发展大会在高平市良户村召开。

28日

由市美术馆、市少年儿童美术学会主办的“放飞梦想·快乐成长”晋城市首届少年儿童科创展在美术馆展出。6月5日结束。

30日

中央文明办、教育部、共青团中央等部门联合开展“学习和争做美德少年”活动，宣传展示各地推荐的美德少年事迹，晋城市泽州县周村中学学生王姝涵入选全国百佳美德少年。

是月

国家旅游局发布《2016全国优选旅游项目名录》，747个旅游项目入选，其中晋城司徒小镇、大阳古镇旅游景区、高平市炎帝陵景区开发项目、沁水历山景区综合开发项目4个旅游项目入选。

第二十届“中国青年五四奖章”评选揭晓，晋煤集团古书院矿工李鹏飞成为此届评选中山西省唯一获奖者。

6月

7—8日

市长刘润民率晋城代表团参加在京召开的第二届中美气候智慧型、低碳城市峰会。

15—16日

山西省省长李小鹏到晋城市泽州县、高平市、阳城县、沁水县等地进行调研。

16日

太原至焦作高速铁路工程开工仪式在高平市神农镇团西村举行。

21日

中国城市竞争力研究会在香港发布“2016中国城市分类优势排行榜”榜单，晋城入围中国最干净城市。

28日

晋城市七届人大换届选举工作会议召开。

晋城市纪念建党95周年暨红军长征胜利80周年大型交响合唱音乐会《长征组歌——红军不怕远征难》在晋城广播电视台举行。

30日

晋城市纪念建党95周年暨红军长征胜利80周年《红色记忆——长征组歌》大型合唱音乐会在市文体宫举行。

是月

由中国生态文化协会组织的2016年“全国生态文化村”专家评审会在北京召开，122个行政村进入公示阶段。高平市良户村、沁水县土沃乡西文兴村名列其中。

山西省政府公布第五批省级

文物保护单位名单，178处古遗址、古建筑等被列入其中。晋城市有9处古建筑和2处近现代文物单位入选。至此，晋城市共有省级文物保护单位34处。

山西省文明办开展“学习和争做美德少年”活动，宣传展示全省美德少年的先进事迹。晋城市泽州县铺头中学学生李清桦、晋师附小学生李诗婕、高平一中李一龙三人上榜。

7月

2日

22时53分，山西沁和能源集团中村煤业有限公司2405回风顺槽掘进工作面发生透水事故。事故发生后，省委书记骆惠宁、省长李小鹏分别作出重要批示，要求加快排水进度，全力搜救被困矿工，防止次生灾害发生。

8日

凌晨，沁和能源中村煤业“7·2”透水事故中被困的8名矿工从170多米的地下平安升井。山西省委常委、副省长付建华到晋煤集团总医院，看望慰问获救的8名矿工。

在太原举行的山西省第十五届运动会2016年举重比赛暨省举重冠军赛上，晋城市运动员贾宇宏以130千克的总成绩，夺得女子乙组53千克级冠军。

10日

以“追梦时代、放歌山西”为主题的山西省第十一届精神文明建设“五个一工程”颁奖仪式在山西大剧院举行。晋城市委宣传部推荐的电影《战将周希汉》和歌曲《你的背影》获“五个一工程”优秀作品奖。

13日

“2016晋善晋美——第二届著名作家看山西”采风活动在晋城启动。

15日

晋城海诺科技股份有限公司收到全国股转系统同意“新三板”挂牌函，成为继皇城相府药业股份有限公司之后第二家“新三板”挂牌企业。

19日

李培斌先进事迹报告会在市委、市政府多功能厅举行，近300名党员干部群众聆听报告。

28日

高平市侯庄民丰农业科技发展有限公司举行“苹果种植省级标准化示范区”挂牌仪式，标志着晋城市又添一个省级农业标准化示范区。

29日

全国双拥模范城（县）命名暨双拥模范单位和个人表彰大会在北京举行，晋城市连续3年获“全国双拥模范城”称号。

30—31日

山西省第十五届运动会2016年跳水比赛暨山西省跳水冠军赛在晋城市跳水馆举行。晋城市获7枚金牌，团体总分163分。

是月

由中国关工委、教育部关工委，全国“中华魂”组委会举办的全国“中华魂”（践行核心价值观，凝聚中国正能量）主题教育活动表彰会在北京举行，晋城市关工委、泽州县关工委获全国先进集体，晋城市28名个人获此次读书活动一、二、三等奖以及先进个人和优秀辅导员奖。

8月

3日

2016年山西省学生跆拳道锦标赛暨晋城市首届“悦目杯”跆拳道冠军赛在市体育场健身中心举行。

5日

全市新闻战线第三届“好记者讲好故事”演讲比赛在晋城市广播电视台演播大厅举行。

8—10日

山西省人大常委会副主任张茂才率队在晋城市就落实省人代会“一府两院”工作报告情况、县乡人大换届选举工作进展情况、推进文化旅游产业发展、道路交通安全法及实施办法贯彻落实情况等方面的工作进行专题调研。

10日

山西省政协副主席张友君率领部分政协委员到晋城市就“大众创业、万众创新”工作进展情况进行专题调研。

10—21日

荆浩美术馆1号、2号展厅举行“岁月如歌”山西名家书画展。

12日

民建中央专职副主席、全国人大常委、中华全国总工会副主席张少琴到晋城市，就民建工作进行调研。

17—22日

山西省第十五届运动会2016年游泳比赛在运城市闻喜县举行。晋城市游泳学校运动员夺得

9金14银8铜。

18日

山西兰花华明纳米材料股份有限公司获得全国中小企业股份转让系统同意“新三板”挂牌函，成为晋城第三家“新三板”挂牌企业，也是泽州县首家“新三板”挂牌企业。

22—24日

山西省第五届老年人体育健身大会健身秧歌交流比赛活动在临汾市举行，晋城市老年人体育协会健身秧歌队在设立的两个项目中均取得第一名。

25日

第四届“最炫太行风”健身广场舞电视大赛总决赛在晋城市广播电视台演播大厅举行，泽州县川底乡和村舞蹈队获金奖。

25—9月4日

“童梦·创想”晋城市第二届少儿美术作品展在荆浩美术馆展出。

26—28日

2016西安丝绸之路国际旅游博览会在陕西省西安市曲江国际会展中心举行，市外事侨务和旅游文物局组织全市重点旅游景区参会。

30日

晋城市总工会2016年金秋助学仪式举行，向268名困难职工子女发放1421259元的助学金以及学习用品。

9月

1日

中国图书馆学会命名全民阅读示范基地，表彰2015年全民阅读优秀组织奖和先进单位奖获奖单位，晋城市图书馆获国家“2015年全民阅读先进单位奖”。

5日

“永远的赵树理”图文展在市图书馆开展。

6日

山西省副省长罗清宇到高平市就推进医联体建设进行调研。

由中央文明办主办、中国文明网承办的“我推荐、我评议身边好人”活动正式开始。晋城市有30人入围候选人。

8日

2016年上半年“山西好人”名单揭晓，晋城市有6人上榜，分别是周加加、闫明明、孙凯霞、冯飞、秦海宝、上官素梅。

9日

以“创新农业、创意生活”为主题的阳城县首届农业嘉年华在皇城相府庄园开幕，此次农业嘉年华在全省尚属首次。

13日

泽州县2016“秋风古韵·畅游泽州”首届文化旅游节暨珏山第十六届中秋赏月文化节开幕。

22日

纪念赵树理诞辰110周年座谈会召开。

26日

中国共产党晋城市第七次代表大会在泽州会堂隆重开幕。市委书记张九萍代表中共晋城市第六届委员会向大会作了题为《践行新理念 落实新要求 为率先全面建成小康社会而努力奋斗》的报告。

29日

中共晋城市委七届一次全体会议在市会议厅举行。全会选举产生了中共晋城市第七届委员会常务委员会委员和书记、副书记，批准了市纪律检查委员会第一次全体会议的选举结果。张九萍当选为市委书记，刘润民、曾庆勇当选为市委副书记，赵沂旸、武宏文、焦光善、张少波、马学林、卫明喜、王晋峰、石云峰当选为市委常委。

是月

住房城乡建设部、国家发展改革委、财政部、国土资源部、农业部、民政部、科技部联合下发通知，公布3675个全国重点镇名单，晋城市有14个镇上榜。

10月

5日

在第二十届中国少儿戏曲小梅花荟萃终审展演中，晋城市13岁小演员杨述婷以97.90分获得专业组金花称号。

9日

晋城海关开关、山西出入境检验检疫局晋城办事处开检仪式在兰花物流中心举行，标志着晋城市正式打通陆路出口港。

同日

全省造林绿化现场推进会在运城市召开。会议授予陵川县“山西省林业生态县”称号。

14—16日

第七届北京山地国际徒步大会阳城站2016秋季徒步大会在阳城县北留镇、润城镇举行。

15日

第三届山西(晋城)太行山文化旅游节开幕式在市文体宫举行。

21—24日

政协晋城市七届一次会议召开。

22—26日

晋城市七届人大一次会议召开。

30日

市长武宏文带队赴深圳富士康科技集团总部参观考察,拜访集团总裁郭台铭,就推进富士康晋城项目投资建设事宜进行对接洽谈。

是月

“我推荐我评议身边好人”活动揭晓9月“中国好人榜”名单,晋城市2人上榜,马振业入选“助人为乐”好人,李四海入选“见义勇为”好人。

11月

4日

2016年中国(国际)食品产业发展论坛在上海举行,古陵山食品有限公司的六泉坊薯粉品牌获全国“2016年消费者喜爱的食品品牌”。

8日

住建部公示拟列入第四批中国传统村落名录,共有1602个村落。其中,山西省150个村落入选,晋城市38个村上榜,位列全省第一。

晋城大医院新门诊楼开诊暨与中国创伤救治联盟、郑州大学第一附属医院技术合作揭牌仪式在晋城大医院举行。

9日

晋城市新闻战线庆祝第十七个记者节暨第四届“晋城最美新闻人”表彰活动在晋城广播电视台举行。

18日

由中国旅游协会、中国旅游饭店业协会共同举办的“中国金牌旅游小吃”颁奖典礼在北京举行。“高平翠岭天和蛋”获“中国金牌旅游小吃”称号。

21日

以晋港青年国际交流促进会主席、香港金城营造集团副总裁王绍恒为团长的“香港青年才俊访问团”一行32人到晋城市进行友好交流访问。市长武宏文在金辇大酒店与访问团进行座谈。

22日

市长武宏文率队赴深圳会见富士康科技集团总裁郭台铭,就推动富士康晋城项目建设事宜进行洽谈。双方就推进煤层气、高技术玻璃、高级铝合金精加工等项目形成合作意向,并达成许多新的合作共识。

29日

晋城市人民政府与中国船舶重工集团公司在北京正式签署战略合作协议。

是月

国家旅游局公布第二批创建“国家全域旅游示范区”名单,泽州县名列其中。至此,晋城市共有2县入选“国家全域旅游示范区”创建名单。

“2016最美中国榜”正式发布,阳城县上榜“2016最美中国榜——目的地县(区)”。

应马其顿克拉托沃市政府、俄罗斯莫斯科市政府和莫斯科工商联合会的邀请,市委书记张九萍率晋城煤层气及友城交流团对马其顿、俄罗斯部分城市进行友好访问。

高平市被省政府表彰为2016年度农田水利基础建设“禹王杯”红旗县。

12月

1日

“人民代表大会制度及相关法律山西省知识竞赛”决赛在山西广播电视台大演播厅举行,晋城市代表队获一等奖。

3日

在宁波国际会展中心举行的第三届中国青年志愿服务项目大赛暨志愿服务交流会上,晋城市青年志愿者协会获银奖。

10日

2016中国名村影响力排行榜(300佳)发布,阳城县北留镇皇城村位列第九。

12日

中央文明委对第一届全国文明家庭进行表彰,高平市毕腊英家庭和城区刘平贵家庭上榜。

16日

山西汽运集团晋城汽车运输公司在市客运东站举行百台新能源纯电动城际巴士启动仪式,101台新能源纯电动城际巴士正式投入使用,标志着晋城市城际班线进入纯电动时代。

18日

在北京召开的“2016全面小

康暨美丽乡村建设发展论坛”上，沁水县获“中国美丽乡村建设示范县”称号。

28日

由国家林业局组织的“2016年度国家级森林公园设立专家评审会”在北京召开，沁水县申报的山西太行洪谷国家森林公园通过评审。

是月

在2016中国生态年会暨城乡魅力生态成果发布会上，泽州县被评为“全国生态特色旅游县”。

（市地方志办）

自然地理

【位置　境域】 晋城市古称泽州，位于山西省东南隅、太行山南麓。地理坐标为：北纬35°11′12″~36°13′56″，东经111°56′05″～113°37′15″。总面积9424.9平方千米。最东端在陵川县古郊乡锡崖沟村当中洼东，最南点在泽州县山河镇龙门村南槽自然村南，最西端在沁水县中村镇后河庄村西，最北点在沁水县十里乡范庄村果角岭庄北。因四周多山，与周边县、市多以山为界，四至分界变迁不大，基本上与古泽州相同，分别为：东与河南省的辉县市、修武县接壤，距离辉县市168千米，距修武县122千米；南与河南省的博爱县、沁阳市、济源市交界，距离博爱县78千米，距沁阳市74千米，距济源市80千米；西与省内临汾市的安泽县、浮山县、翼城县及省内运城市的垣曲为邻，距离浮山县183千米，距翼城县137千米；北与省内长治市的长子县、长治县、壶关县相连接，距离长子县93千米，距长治县73千米，距壶关县115千米。晋城市区位于境域南部偏东，与所属各县、市的距离为：北距高平市40千米，西距阳城县36千米，西北距沁水县86千米，东北距陵川县56千米。

晋城市区与首都北京的距离，经太洛、太旧公路到达为789千米，经太焦铁路转京广线到达为732千米；与省城太原的距离，公路为288千米，铁路为300千米。

晋城市是山西省的东南门户。由晋城市通往邻省部分城市的距离分别为：河南省焦作市65千米，新乡市132千米，开封市224千米，洛阳市140千米，郑州市150千米，林州市200千米，安阳市211千米；距河北省邯郸市292千米，邢台市320千米，石家庄市444千米；距陕西省西安市522千米。

【气候　气温】 晋城市属暖温带大陆性季风气候，基本特征是四季分明，冬长夏短，雨热同季。境内大部分地区年日照时数在2393～2630小时之间，平均为2565小时，属于“长照地区”。太阳辐射数值在每平方厘米130.8～136.3千卡之间，属光线资源比较丰富的地区；年平均气温为7℃～12℃，其中东西山区为7.9℃，其余地区均在10℃左右。35℃以上的极端最高气温和-20℃以下的极端最低气温很少出现。全境年平均气温≥0℃的持续天数达264～274天，大部分地区在255天左右。冬夏温差不太悬殊，夏季即使在高温酷暑的年份，高温天数也只有半月左右，尤其是陵川县，由于地形条件，温差很小，即使到严冬也不太冷，盛夏则是清凉避暑的胜地。境内平均无霜期为165～198天，少数地区农作物为一年一熟，多数地区为两年三熟。

（市地方志办）

建置区划

【历史沿革】 晋城是华夏文明的发祥地之一。境内有女娲补天、精卫填海、愚公移山、尧舜禅让、神农播谷、舜耕历山、渔于濩泽、禹凿石门等众多传说。中华人民共和国成立后，在考古中发现的多处古人类遗址，证明晋城地区开化较早。1972年在沁水县下川发现的下川遗址，是旧石器时代晚期的文化遗存，证明早在2万多年以前就有人类在这里繁衍生息；1986年在陵川县夺火乡发现的塔水河遗址则属于旧石器时代古人类洞穴生活遗址，经考古专家鉴定，距今约10万～7万年。

春秋战国时期。春秋时，周襄王十三年(前639)，晋文公围原，以信服原，迁原伯姬里于冀，以赵衰为原大夫，境域属晋。周安王二十六年(前376)，赵、韩、魏三分晋地，境域大部属韩，部分属魏。周赧王五十三年(前262)，秦伐韩，拔野王(今河南沁阳)，断新郑(韩国都)与上党联系。上党守冯亭举上党17城入赵，境域遂归赵，并因此引发“长平之战”。越二年(前260)，秦将白起在长平大败赵军，坑杀赵降卒40余万，悉拔上党诸城。

秦汉魏晋南北朝时期。秦统一天下后，推行郡县制，本境属上党郡。汉代，于境内置5县，分属2郡，其中：濩泽(今阳城县)、端氏(今属沁水县)属河东郡(治所在今夏县北)；泫氏(今属高平市)、高都(今属泽州县)、阳阿(今属泽州县)属上党郡(治所在今长子县西)。东汉时于阳阿、濩泽置侯国，其余县建制不变，同属并州。三国时期，境域属魏，县之建置同西汉。西晋时，废阳阿，端氏、濩泽属平阳郡(治所今临汾市)，泫氏、高都属上党郡(治所在今长治市)。十六国时，境域先后为刘渊、石勒占据，属前、后赵国。西燕慕容永据长子称帝后，年号建兴，复阳阿县并在阳阿置建兴郡，境内始设县以上建置。后燕因之。南北朝时，境域属北魏。北魏于境内置建州，治所在今泽州县高都镇。建州领4郡、10县：高都、阳阿二县属高都郡(治所亦在今高都镇)；高平(称高平始于此，治即今高平市)、泫氏二县属长平郡(治所在泫氏城，今高平王报村)；端氏、濩泽二县属安平郡(治所在端氏)；东永安(治所在今沁水县西15千米固镇村)、西河(治所在今沁水县东20千米西河村)、西濩泽(治所在今阳城县泽城村)、高延(治所不考，约在今沁水县境内)四县属泰宁郡(治所在沁水县固镇村)。北齐袭北魏，仍置建州，领长平、高都二郡，省安平、泰宁等郡，并东永安、西河、高延等改为永宁县。后周改高都为丹川县，泫氏并入高平县，并长平、高都二郡为高平郡，治所在丹川县。

隋唐五代时期。隋开皇三年(583)，改建州为泽州，盖因濩泽为名。泽州古称始于此。开皇十六年(596)，析高平置陵川县，陵川置县始于此。开皇十八年(598)，改高平郡为丹川县，改永宁为沁水县。大业三年(607)，复改州为郡，置长平郡，领丹川、沁水、端氏、濩泽、高平、陵川6县。义宁二年(618)，复改长平郡为泽州。

唐代，境域属河东道泽州或高平郡。唐武德元年(618)，于丹川置建州，濩泽置泽州。武德三年(620)，分丹川置晋城县，隶于建州，晋城之名始于此；又于长平置盖州(治所在今高平米山镇)，分置盖城县(治所在今陵川县盖城村)以隶之。武德六年(623)，废建州徙盖州来治。武德八年(625)，复泽州，移治端氏。武德九年(626)，并丹川、盖城二县入晋城。唐贞观元年(627)，废盖州，徙泽州州治于晋城，领晋城、高平、陵川、濩泽、沁水、端氏6县。唐天宝元年(742)，复改泽州为高平郡，仍领晋城、高平、陵川、阳城(原濩泽改，阳城之名始于此，治所在今阳城县城)、沁水、端氏6县。唐乾元元年(758)，仍改高平郡为泽州，属河阳节度。唐末属昭义军，亦称泽潞军。

五代十国时期，境内为梁、唐、晋、汉、周五代反复争夺之地，战争频繁，或称泽州，或称高平，或称昭义军，或称匡义军，朝名夕改，相继归属后梁、后唐、后晋、后汉、后周。

宋金元时期。宋代，境域仍设泽州，辖晋城、高平、阳城、端氏、沁水、陵川6县，属河东路。金天会六年(1128)，改泽州为南泽州，以别于北京泽州。天德三年(1151)，复称泽州，属平阳府。贞祐四年(1216)，置泽州昭义军，属上党，贞祐六年(1218)改隶孟州。元光二年(1223)，升阳城县为勣州，于泽州置忠昌军，统晋城、端氏、高平、陵川、沁水5县。

元代，境域属晋宁路(治所在今临汾市)。蒙古世祖中统元年(1260)，置司侯司，领晋城、高平、阳城、沁水、陵川、端氏6县。元至元三年(1266)，裁司侯司，并裁陵川入晋城，裁端氏入沁水，以泽州领晋城、高平、阳城、沁水4县。至元三十一年(1294)，复由晋城析置陵川县，泽州领晋城、高平、阳城、沁水、陵川5县，第一次确立泽州领5县建制，辖区约相当于今晋城市范围。

明清时期。明洪武元年(1368)，裁晋城县入泽州，领高平、阳城、沁水、陵川4县，隶平阳府。洪武九年(1377)，泽州改为直隶州，属冀南道，隶山西布政使司，领县不变。

清沿明制。雍正六年(1728)，升为泽州府，附廓置凤台县。泽州府辖5县：凤台、高平、阳城、陵川、沁水。治所在凤台县。

民国初至中华人民共和国成立前。辛亥革命后，全国废府、州，存县设道。民国3年(1914)废泽州府，所辖各县归冀宁道，同年改凤台县为晋城县。民国19年(1930)全省统一废道，5县俱属山西省。抗日战争初期，阎锡山成立7个专署，于长治设第五专署，晋、高、阳、陵、沁5县归属山西省第五专署。日军侵占上党后，曾设上党道，企图统治晋东南。为抗击日军侵略，八路军于民国26年(1937年)底至民国27年(1938年)初挺进敌后，以晋东南为中心逐步建立太行、太岳抗日根据地，属晋冀豫区。民国29年至民国32年(1940—1943)，晋、高、阳、沁、陵5县县城，先后被日军占领。为便于发动和组织军民抗日，晋冀鲁豫边区所属的太行行署和太岳行署，除建立高平、陵川、沁水等县抗日县政府外，并在边缘地区设置新县，先后计有：士敏县(以端氏为中心，为纪念爱国将领武士敏而名)、沁(水)南县、晋(城)沁(阳)县、晋(城)北县、晋(城)东县、陵(川)高(平)县、建宁县、阳(城)南县与阳(城)北县。

民国34年(1945)，晋城、高平、阳城、陵川、沁水5县相继解放，原置边缘县撤销，恢复原5县建制，其中晋城、高平、阳城属太岳四专属，沁水属太岳二专属，陵川属太行四专署。民国37年(1948)2月，析晋城县城关区设晋城市，1949年8月撤销，辖区仍归属晋城县。

中华人民共和国时期。1949年9月，山西省设立7个专区，长治专区成立。晋城、高平、阳城、陵川4县属长治专区，沁水县归属翼城临时专区。1950年1月，翼城临时专区撤销，沁水县归属长治专区。1958年，陵川、高平两县并入晋城县，沁水县并入阳城县，境内只设2个县，同年，长治专区改为晋东南专区，晋城、阳城归属晋东南专区。1959年7月，陵川县从晋城县分出，恢复原陵川县建制；1959年10月，沁水县从阳城县分出，恢复原沁水县建制；1961年5月，高平县从晋城县分出，恢复原高平县建制，隶属关系不变。1971年，晋东南专区改为晋东南地区，辖县归属不变。1983年7月，晋城县撤县设市，为省辖县级市，由晋东南地区代管。

1985年5月，经国务院批准，晋城市升为地级市，原晋城市(县级)分为城区和郊区。原属晋东南地区所辖高平、阳城、陵川、沁水4县划归晋城市管辖。晋城市属山西省管辖。

【行政区划】 山西省东南部古时统称上党。上党有两个中心，北边以长治为中心，称北上党，南边以晋城为中心，称南上党，故当时有"两上党"之说。

夏商时期，晋城属"帝都畿内"。周朝重心西移关中，封周文王第十六子姬绞于原(今高平原村一带)。春秋时，晋文公围卫得原，境内始属晋。

战国时期，上党共有17城(具体情况，至今无考)。见于史籍记载的晋城境内的城有：原、长平、泫氏、濩泽、高都、端氏、光狼(高平康营)、阳阿(泽州大阳)等。

秦统一天下，推行郡县制，于境内置5县，分属2郡，其中：濩泽(今阳城县)、端氏(今沁水县)属河东郡(治所至今夏县北)；泫氏(今高平市)、高都、阳阿(今泽州县)属上党郡(治所至今长治市)。县分若干乡，乡下设亭、里。

汉承秦制，后汉时于阳阿、濩泽置侯国，其余不变，魏因之。

西晋废阳阿县，境内置4县，濩泽、端氏属平阳郡(治所在今临汾市)，泫氏、高都属上党郡。

东晋十六国时，境域先后为刘渊、石勒占据。西燕慕容永称帝后，复置阳阿县，并于阳阿置建兴郡，领阳阿、高都、泫氏、端氏、濩泽5县，境内始有县以上建置。

北魏实行州、郡、县制，于高都置建州(治所在今泽州县高都镇)，领4郡、10县：高都郡，领高都、阳阿2县，治高都；长平郡，领高平(称高平始于此，治所即今高平市)、泫氏2县，治泫氏(在高平王板村)；安平郡，领端氏、濩泽2县，治端氏；泰宁郡，领东永安(治所在今沁水县西）、西河（治所在今阳城县西）、西濩泽（治所在今阳城县泽城村）、高延（治所已不可考，约在今沁水县境内）4县。县下设党、里、邻，五家为一邻，五邻为一里，五里为一党。

北齐仍置建州，裁安平、泰宁2郡，其属县西濩泽并入濩泽，东永安、西河、高延并为永宁县。建州领长平、高都2郡，辖高都、阳阿、泫氏、高平、濩泽、端氏、永宁7县。北周并长平、高都郡为高平郡，改高都为丹川县，为高平郡治。

隋朝实行州、县或郡、县制。隋开皇三年（583），改建州为泽州，泽州之称始于此，废高平郡，泫氏并入高平，析高平置陵川县，改永宁为沁水县。泽州领丹川、高平、濩泽、陵川、沁水、端氏6县，治丹川。此后，或改称长平郡或为泽州，辖县不变，县下设党、里、保，五家为保，五保为里，五里为党。

唐初，实行州管县制，于丹川置建州、濩泽置泽州、高平置盖州。唐武德三年（620），分丹川置晋城县，移治今市区，晋城之名始于此，增置盖城县（治所今陵川县盖城村）。这时，境内设3州8县：泽州辖濩泽、端氏、沁水3县，治濩泽；建州辖丹川，晋城2县，治丹川；盖州辖高平、陵川、盖城3县。武德六年（623）废建州并入盖州，丹川、盖城2县并入晋城县，为盖州治所。这时境内设2州6县，分别是：泽州，辖濩泽、沁水、端氏3县，治所移至端氏；盖州，辖晋城、高平、陵川3县。贞观元年（627），废盖州，泽州州治由端氏迁至晋城，领晋城、高平、陵川、濩泽（天宝年间改名阳城）、端氏、沁水6县，县下设乡，乡下设里，每里辖一百户。从此时起奠定今市行政区划雏形，直至清末，其间虽有过名称变化或县的短时裁置，但千余年一州（府）五县格局基本无大的变化。

辛亥革命推翻清政府后，全国废府、州，存县，实行道辖县，民国3年（1914），废泽州府，改凤台县为晋城县，与高平、阳城、陵川、沁水同属冀宁道。民国19年（1930），全省统一废道，由省直管县。

抗日战争初期，阎锡山为便于统治，在全省设7个专员行政公署，代省府管辖各县，于长治设山西省第五专署，晋、高、阳、陵、沁5县属第五专署。后又设4个行署，其中第三行署驻阳城岩山，晋、高、阳、陵、沁5县属第三行署。

民国27年（1938），日本侵略军侵占境内大部分城镇及交通沿线，阎锡山委任的行政长官不得不依附于部队四处游散，原有的行政区划失去应有作用，名存实亡。在此情形下，中国共产党为便于发动和组织军民抗日，统一战争秩序，先后成立太行、太岳行署，并于境内设太岳二、四专署、太行八专署，于广大山区先后设置沁（水）南、士敏（端氏）、高平、阳（城）南、阳（城）北、晋（城）沁（阳）、晋（城）北、晋（城）东、陵川、陵（川）高（平）、建宁等县。民国34年（1945），晋城全境解放，太岳行署先后移驻沁水郑庄、阳城县城，恢复原5县建制，于晋城县设太岳四专署，领导晋城、阳城、高平、士敏4县。沁水县[民国36年（1947）士敏并入]属太岳二专署，陵川县属太行四专署。

民国37年（1948）2月，析晋城县城关区设晋城市，属太岳四专署，1949年8月，撤销晋城市重新并归晋城县。

1949年9月，撤销太岳行署、太岳四专署，成立长治专署，晋城、高平、阳城、陵川属长治专署，沁水县归冀城临时专署。1950年1月，冀城临时专署撤销，沁水县归属长治专署，从此至1985年4月，境内无独立行政区划，5县属长治（1958年改为晋东南）专区管辖。其间，1958年11月，陵川、高平一度并入晋城县，沁水县并入阳城县，境内只设2县。1959年7月，陵川县从晋城县分设，同年10月，沁水县从阳城县分设，1961年5月，高平县从晋城县分设，恢复原5县建置。1971年，晋东南专区改为晋东南地区，5县仍属晋东南地区。1983年7月，晋城撤县设市，为省辖县级市，由晋东南地区代管。1985年5月，经国务院批准，晋城市升为地级市，原晋东南地区所辖的高平、阳城、陵川、沁水4县划为晋城市辖区。原县级晋城市分为城区和郊区。晋城市辖城、郊2区和高平、阳城、陵川、沁水4县，至此，境内重新成为独立的行政区划。1993年5月，高平撤县设市，为省辖县级市，由晋城市代管。1996年8月，晋城市郊区改为泽州县。这时，全市6个县(市、区)共设立办事处8个,建制镇35个、乡80个。2001年撤并乡镇后,晋城市辖1区1市4县,共设48个镇、26个乡、10个办事处。

【人口 民族】 据2016年人口抽样调查,年末全市常住人口为232.09万人,比上年末增加0.59万人。全年全市出生人口1.94万人,人口出生率为8.36‰;死亡人口1.35万人,死亡率为5.82‰;自然增长率为2.54‰。出生人口性别比为105.32(以女性人口为100)。

2016年年末晋城市人口数及其构成表

指标	年末数(万人)	比重(%)
全市常住人口	232.09	
其中:城 镇	135.41	58.34
乡 村	96.68	41.66
其中:男 性	117.20	50.50
女 性	114.89	49.50

(市地方志办)

生态环境

【土地资源】 晋城市古为上党地,地势高峻险要,向称“天下之脊”“与天为党”。境内除被称为“泽州盆地”的狭小平川地带外,到处是层峦叠嶂,群峰壁立。山地和丘陵占总面积的87.1%,其中山地占58.6%,丘陵占28.5%。东部、西部和南部,群山连绵;北部和中部丘陵起伏,盆地相间。盆地及山间宽谷占总面积的12.9%。最高处海拔2358米,最低处海拔不足300米,相对高差2000米,大部分地区海拔在800米以上。位于境内陵川县的佛子山,主峰海拔1884米,雄踞太行绝顶,被称为“太行第一峰”,周围山岭峥嵘突兀,峰峦连绵不绝,号称“天中天”。登峰远眺,河水东流,云海翻腾,太行风光尽收眼底。金代文学家元好问在《太行游记》中,有“俯视中州,九千四百八十仞”之叹。抗日战争时期,八路军总司令朱德留下“群峰壁立太行头,千里黄河一望收”赞句。

【环境资源】 晋城山河既雄伟险峻,又秀丽壮美。陵川王莽岭,“横看成岭侧成峰”,大小山峰有几十处,大的峰顶可走马,小的则状如笔尖。在这里可以听松涛、看云海、观日出、赏余晖,还可以做攀岩、跳伞等探险性运动,被视为“神奇太行”的象征。沁水历山的舜王坪,是国家级自然保护区,风景绮丽,山水迷人,不仅松柏苍翠,巨石峥嵘,瀑布飞泻,而且有漫山遍野的山桃、山杏、枫、栎、榆、红桦等树木及金针、木耳、猴头、蘑菇、灵芝、菖蒲、麝香、野生人参等名贵药材和山珍,被誉为“北方植物宝库”。群兽栖于幽谷,百鸟啼于林中,令人流连忘返。阳城蟒河自然保护区,是晋城市的又一奇景。这里松柏参天,山花盛开,百鸟争鸣,既有金钱豹、梅花鹿、太行猕猴等动物栖于山中,又有鱼、虾、龟、鳖游于河中,还有存世稀少的褐马鸡和两栖动物娃娃鱼(大鲵)。

境内除历山、蟒河2个国家级自然保护区外,还有泽州县猕猴、陵川红豆杉、阳城崦山等省级自然保护区多处。近年来辟为旅游景区的泽州珏山、山里泉、丹河龙门、李寨,阳城崦山、九女湖,陵川棋子山、锡崖沟、昆山、黄围山、凤凰欢乐谷、上云台山更是让人叹为观止。以保护爬行类动物为主的阳城崦山自然保护区,蛇的种类很多,奇特的双头蛇、双尾蛇,为这里增添了一层神秘的色彩。李寨风景区的孔雀开屏、黄河飞来石和沁河第一湾,丹河龙门景区的浴石缸和十三马蹄印,棋子山的弈棋洞,昆山的瀑布,黄围山的溶洞等也别具特色,各有千秋。陵川的红豆杉大峡谷还被列为国家级地质公园。

【水资源】 晋城市是华北地区相对富水区,境内有沁河、丹河、卫河3条水系,总流域面积为9422平方千米;全市年平均降雨量为650毫米左右,水量尚属充沛,只是年度间变化较大。水资源总量为21.49亿立方米,占全省水资源总量的15.1%,人均和亩均水资源占有量分别高出山西全省平均数的1~2倍。

【森林资源】 境内属温暖半湿润地区,林木生长条件较好。全市森林面积为336330公顷,森林覆盖率为35.7%,其中,天然林占全市森林面积的70.2%,以天然次生林为主,主要分布于西南部中条山区和东部的太行山南端。中条山是全市树种最多的地区,有“山西植物宝库”之称,已发现的高等植物有1000余种，其中，有国家重点保护的树种10余种。经过持续多年的植树造林活动，全市人工造林保有面积达到5.4万公顷，城市绿化覆盖率达到45.8%，人均公共绿地为15.5平方米。市区优质空气质量连续几年在350天以上。2006年4月、2007年11月，分别获“国家园林城市”“全国绿化模范城市”称号，2012年又获“国际花园城市”称号。

【矿产资源】 晋城市自然资源丰富，地下地上，宝藏遍布，尤以地下宝藏之多称冠全省。境内已发现的矿藏有20余种，不仅有大量的煤、铁、铝、硫黄、石膏、石英、石灰石、白云岩、耐火黏土、大理石、花岗岩等，而且还有稀有金属锰、铜、铅，以及异常珍贵的铀。在各种矿藏中，煤、铁储量最大。境内煤炭总储量预计为808.1亿吨，已探明储量273.3亿吨，其中，无烟煤储量占山西储量的1/2多和全国储量的1/4多。与煤伴生的清洁能源——煤层气已探明储量达6.85万亿立方米。铁矿储量为2.23亿吨。硫铁矿、铝矾土的储量也在5000万吨以上，石灰石储量高达6.5亿吨。大理石的储量约6.05亿立方米，品种有墨玉、汉白玉、紫檀玉、象牙玉、晚霞玉等达28种之多。

丰富的自然资源为晋城的经济发展提供了得天独厚的条件。农业和手工业发展较早。汉代上党的谷物就输往京师，冶铁的历史可上溯到战国时期，“阳阿古剑”曾独步天下，时人难求。唐代泽州因丝织业兴盛而被定为贡丝之州。宋代，出现“其输市中州者，唯煤与铁日不绝于途”的兴旺景象。明初，晋城是全国13冶之一。明清时有“平阳泽潞豪商大贾甲天下”之说。到了近代，被称为“九州针都”的大阳所产的钢针几乎供应着全国每一个家庭。晋城的“泰山义”剪刀和阳城的犁镜更是享誉全国。蛋品制造、玻璃生产等现代工业的兴起也早于省内其他地、市。阳城的乔氏琉璃曾在北京故宫建造时使用。

民国34年（1945）晋城全境解放，饱经战争破坏的工农业生产很快得到恢复和发展。20世纪70年代，晋城“五小工业”迅速崛起，曾被原晋东南地区和山西省树为“工业学大庆”的先进典型，全国曾在晋城召开现场会，推广其经验。阳城的白煤炼铁技术在20世纪50年代就受到冶金部的表彰。

【自然灾害】 晋城的自然灾害主要是旱灾，偶有风灾和洪涝、冰雹。境内有记载的有感地震有7次，均为3.5级。长期以来，境内无大地震之忧，无沙尘暴之害，无水淹之苦，无冰雪之灾，可谓宜居城市。

（市地方志办）

经济建设

【综述】 全年全市生产总值1049.3亿元，按可比价格计算，比上年增长3.9%。其中，第一产业增加值49.8亿元，增长0.6%，占生产总值的比重为4.7%；第二产业增加值554.9亿元，增长2.4%，占生产总值的比重为52.9%；第三产业增加值444.6亿元，增长6.3%，占生产总值的比重为42.4%。第三产业中，金融保险业增加值68.7亿元，增长7.5%；交通运输、仓储和邮政业增加值76.1亿元，增长11.4%；批发和零售业增加值62.3亿元，增长3.0%；住宿和餐饮业增加值30.7亿元，增长7.8%；营利性服务业增加值45.7亿元，增长11.7%。人均地区生产总值45271元，按2016年平均汇率计算为6815美元。

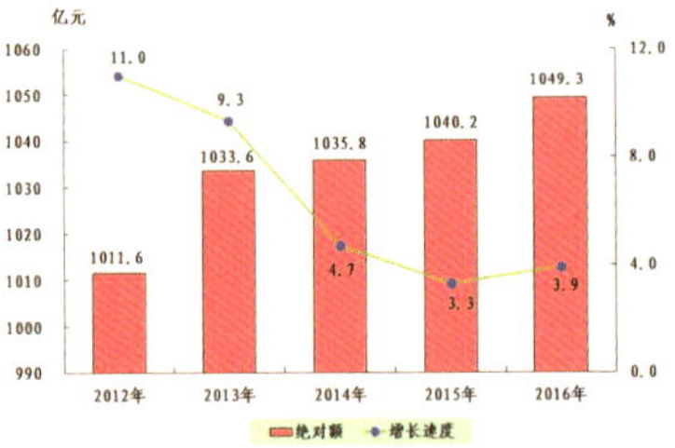

2012—2016年
晋城市生产总值及增长速度

全年全市财政总收入169.0亿元，下降12.2%。其中，增值税57.4亿元，下降3.5%；企业所得税25.6亿元，下降27.1%；个人所得税5.7亿元，下降15.8%；营业税10.9亿元，下降37.4%；资源税19.0亿元，下降9.8%。一般公共预算收入89.3亿元，下降4.9%。其中，税收收入55.3亿元，下降5.4%。一般公共预算支出173.2亿元，下降3.9%。其中，科学技术支出下降56.6%，教育支出下降8.0%，农林水事务支出下降0.7%，社会保障和就业支出增长2.4%，文化体育与传媒支出增长

4.3%，医疗卫生和计划生育支出增长6.1%，节能保护支出下降15.3%。

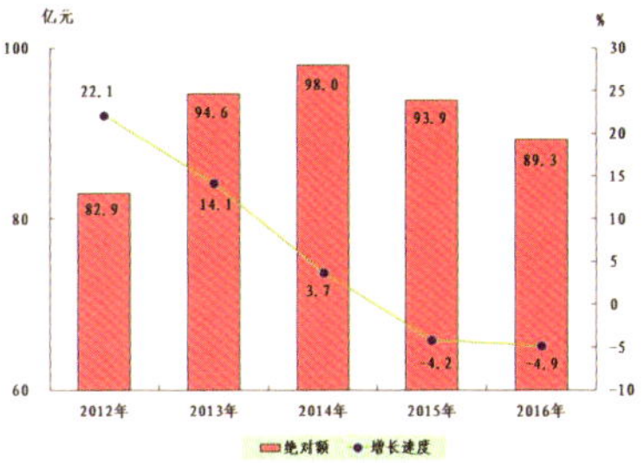

2012—2016年
晋城市一般公共预算收入及增长速度

居民消费价格比上年上涨0.7%。工业生产者出厂价格下降6.4%，工业生产者购进价格下降0.6%。

2016年居民消费价格比上年
涨跌幅度表

指　标	涨跌幅度（%）
居民消费价格	0.7
食品烟酒	1.9
衣　着	0.8
居　住	0.4
生活用品及服务	-0.6
交通和通信	-2.7
教育文化和娱乐	-0.3
医疗保健	4.3
其他用品和服务	0.9

全年全市城镇新增就业4.03万人。年末城镇登记失业率1.85%。

【农业】 全年全市农作物种植面积18.03万公顷，减少0.89万公顷。其中，粮食种植面积16.9万公顷，减少0.91万公顷；油料种植面积0.21万公顷，增加80公顷；棉花种植面积100公顷，减少10公顷。在粮食种植面积中，玉米种植面积8.83万公顷，减少10公顷；小麦种植面积4.32万公顷，减少0.36万公顷。

全年粮食产量90.1万吨，减少6.2万吨，下降6.4%。其中，夏粮18.5万吨，下降19.7%；秋粮71.6万吨，下降2.2%。

2016年主要农林产品
产量及增长速度表

产品名称	产量（万吨）	比上年增长%
粮食	90.1	-6.4
其中：玉米	62.4	-0.8
小麦	18.5	-19.7
谷子	2.9	-5.1
豆类	4.8	-16.2
薯类	1.3	-5.2
油料	0.4	-12.5
棉花	0.01	-20.3
蔬菜及食用菌	35.5	-19.1
水果	6.1	-20.6
其中：瓜果类	0.3	-32.7
园林水果	5.8	-19.9
食用坚果	1.4	22.2
其中：核桃	1.3	25.4

全年完成造林面积1.8千公顷，下降48.6%。其中，经济林面积0.6千公顷，下降61.9%。全年木材产量7255立方米，增长10.5%。

全年全市肉类总产量16.6万吨，下降3.5%。全年猪牛羊肉总产量14.7万吨，下降5.3%。其中，猪肉产量14.0万吨，下降5.4%；牛肉产量0.1万吨，下降10.9%；羊肉产量0.6万吨，下降1.0%。年末生猪存栏103.0万头，下降11.0%；生猪出栏188.1万头，下降5.6%。牛奶产量0.06万吨，增长1.6%；禽蛋产量8.3万吨，增长4.7%；水产品产量0.2万吨，增长4.6%。

全年全市设施蔬菜产量11.0万吨，下降24.2%；食用菌1.2万吨，下降41.8%；蚕茧0.2万吨，下降51.1%；蜂蜜0.2万吨，增长0.5%；药材0.8万吨，下降9.1%。

年末全市农业机械总动力109.7万千瓦，下降56.2%。机械耕地面积147.5千公顷，增长2.1%；机械播种面积129.3千公顷，增长7.5%；机械收获面积95.3千公顷，下降8.8%。全市农机化经营总收入4.9亿元，下降55.3%。

【工业和建筑业】 年末全市规模以上工业企业230家。全年规模以上工业增加值比上年增长2.5%。

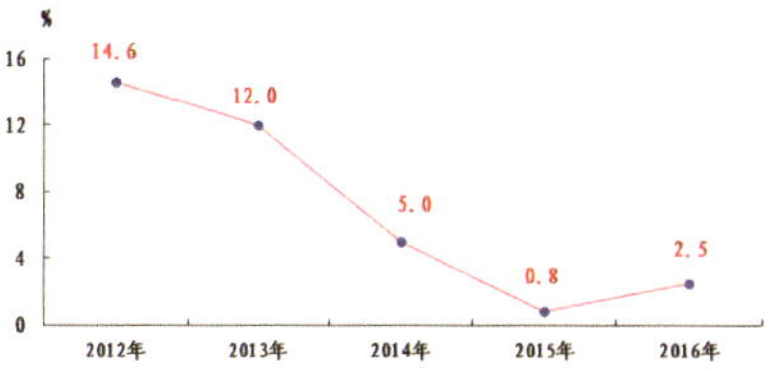

2012—2016年晋城市规模以上
工业增加值增长速度

2016年晋城市规模以上
工业增加值增长速度表

指　标	比上年增长%
规模以上工业	2.5
其中：轻工业	1.4
重工业	2.6
其中：国有控股企业	2.5
其中：集体企业	27.1
股份制企业	2.4
外商及港澳台投资企业	3.1
其中：煤炭开采和洗选业	2.4
黑色金属冶炼和压延加工业	14.4
电力、热力的生产和供应业	-1.9
石油与天然气开采业	0.7
化学原料及化学制品制造业	-1.9
石油加工、炼焦及核燃料加工业	-72.2
非金属矿物制品业	20.5
通用设备制造业	-37.7
专用设备制造业	-13.6
计算机、通信和其他电子设备制造业	9.5

全年全社会原煤产量9271万吨，下降1.7%；规模以上工业发电226亿千瓦时，下降0.3%；水泥193万吨，下降9.9%；农用化肥（折纯）259万吨，下降0.9%；焦炭33万吨，下降26.8%；钢材产量354万吨，增长17.6%；生铁417万吨，增长14.5%。

2016年规模以上工业
主要工业产品质量及增长速度表

产品名称	单位	产量	比上年增长%
原煤（全社会）	万吨	9271	-1.7
洗煤	万吨	2703	-12.1
煤层气	亿立方米	33	-0.9
金属切削工具	万件	426	-10.1
矿山专用设备	吨	39814	-21.7
光电子器件	万只（片、套）	123324	10.5
焦炭	万吨	33	-26.8
合成氨	万吨	333	1.3
精甲醇	万吨	98	23.2
水泥	万吨	193	-9.9
农用化肥（折纯）	万吨	259	-0.9
生铁	万吨	417	14.5
钢材	万吨	354	17.6
发电量	亿千瓦时	226	-0.3

全年规模以上工业企业实现主营业务收入936.1亿元，下降3.2%。其中，煤炭、冶铸和建材工业分别实现主营业务收入457.0亿元、105.9亿元和11.7亿元，分别增长0.1%、10.5%和1.8%；炼焦、电力、煤层气开采、化工、装备制造、医药和食品制造工业分别实现主营业务收入2.9亿元、71.5亿元、47.1亿元、82.0亿元、122.0亿元、4.9亿元和0.9亿元，分别下降19.2%、8.2%、10.0%、17.2%、7.6%、11.5%和12.2%。

规模以上工业实现利税133.2亿元，增长9.0%；实现利润53.4亿元，增长19.2%。

2016年规模以上工业企业
利润总额及增长速度表

指标	利润总额（亿元）	比上年增长（%）
规模以上工业	53.4	19.2
其中：国有控股企业	39.1	35.6
其中：集体企业	-0.01	—
股份制企业	29.0	180.0
外商及港澳台商投资企业	26.0	-29.2

年末全市具有资质等级的总承包和专业承包建筑业企业113家，完成总产值56.1亿元，下降5.9%；房屋施工面积376.3万平方米，增长6.3%；签订合同额为119.4亿元，增长3.1%。

【固定资产投资】 全年全市固定资产投资完成1150.4亿元，增长4.1%。其中，国有及国有控股投资293.3亿元，下降31.7%；港澳台及外商投资43.0亿元，下降24.9%；民间投资817.6亿元，增长32.2%。

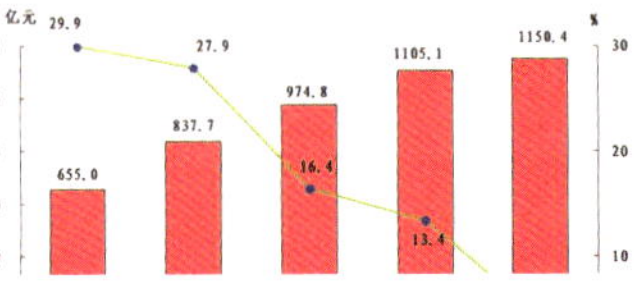

2012—2016年固定资产投资
及增长速度

在固定资产投资中，第一产业投资120.4亿元，增长87.4%；第二产业投资368.5亿元，下降17.8%；第三产业投资661.5亿元，增长11.6%。在第二产业中，工业投资368.3亿元，下降17.4%。其中，煤炭工业投资66.9亿元，下降55.1%；非煤产业投资301.5亿元，增长1.1%。传统产业（煤炭、炼焦、冶金、电力）投资合计88.5亿元，下降46.7%。

2016年分行业
固定资产投资及增长速度表

行业	投资额（亿元）	比上年增长（%）
总计	1150.4	4.1
农林牧渔业	124.0	83.3
采矿业	78.7	-56.0
制造业	203.0	-10.9
电力、热力、燃气及水的生产和供应业	86.6	114.2
建筑业	0.1	-86.4
批发和零售业	30.5	11.8
交通运输、仓储和邮政业	57.8	-10.5
住宿和餐饮业	13.6	45.4
信息传输、软件和信息技术服务业	3.9	57.7
金融业	0.3	—
房地产业	219.7	11.8
租赁和商务服务业	68.9	111.3
科学研究和技术服务业	7.7	9.0
水利、环境和公共设施管理业	155.9	-7.0
居民服务、修理和其他服务业	11.4	55.2
教育	16.6	-13.7
卫生、社会工作	14.3	11.3
文化、体育和娱乐业	51.3	48.3
公共管理、社会保障和社会组织	6.0	-22.9

全年全市在建固定资产施工项目2821个。其中，5亿元以上项目61个，计划总投资1390.0亿元，完成投资145.3亿元，占全市固定资产投资的比重为13%。

全年房地产开发投资80.4亿元，增长7.7%。其中，住宅投资58.9亿元，下降2.3%；商业营业用房投资11.0亿元，增长44.1%。

全年房屋新开工面积180.7万平方米，下降49.4%。其中，住宅新开工面积125.3万平方米，下降50.4%。商品房销售面积130.6

万平方米，下降14.3%。其中，住宅销售面积126.8万平方米，下降14.7%。商品房销售额60.3亿元，下降3.3%。其中，住宅销售额58.2亿元，下降4.8%。房地产开发企业土地购置面积22.7万平方米，增长0.7%。房地产开发企业本年实际到位资金合计106.2亿元，下降2.7%。其中，国内贷款增长8.9%，自筹资金下降15.5%，其他资金下降8.6%。

2016年房地产开发和销售情况表

指　标	单　位	绝对数	比上年增长%
投资完成额	亿元	80.4	7.7
其中：住宅	亿元	58.9	-2.3
房屋施工面积	万平方米	899.0	2.8
其中：住宅	万平方米	636.3	1.1
房屋新开工面积	万平方米	180.7	-49.4
其中：住宅	万平方米	125.3	-50.4
房屋竣工面积	万平方米	83.7	-30.9
其中：住宅	万平方米	66.5	-21.6
商品房销售面积	万平方米	130.6	-14.3
其中：住宅	万平方米	126.8	-14.7

【能源】　全年全市一次能源生产折标准煤7001.4万吨，增长1.0%；二次能源生产折标准煤2836.2万吨，下降5.9%。

全年全市向省外运输煤炭6315万吨，增长6.0%，外运煤炭占原煤产量68.1%。向省外输送电力161.8亿千瓦时，下降0.2%，外输电量占发电量的71.5%。

固定资产投资中，能源工业投资164.9亿元，下降23.9%。其中，煤炭工业投资66.9亿元，下降55.1%；石油和天然气开采业投资10.6亿元，下降59.8%；石油加工、炼焦及核燃料加工业投资0.8亿元，下降27.9%；电力、热力、燃气及水的生产和供应业投资86.6亿元，增长114.2%。

全年全市全社会用电总量180.0亿千瓦时。其中，第一产业用电1.6亿千瓦时，占全社会用电量的0.9%；第二产业用电160.4亿千瓦时，占全社会用电量的89.1%，其中，工业用电159.4亿千瓦时；第三产业用电9.7亿千瓦时，占全社会用电量的5.4%；城乡居民生活用电8.3亿千瓦时，占全社会用电量的4.6%。

【国内贸易】　全年全市社会消费品零售总额386.2亿元，增长7.6%。按经营地统计，城镇消费品零售额326.5亿元，增长7.5%；乡村消费品零售额59.7亿元，增长8.4%。

2012—2016年社会消费品零售额及增长速度

2016年社会消费品零售总额及增长速度表

指　标	绝对数（亿元）	比上年增长(%)
社会消费品零售总额	386.2	7.6
分地域：城镇	326.5	7.5
其中：城区	221.2	12.3
乡村	59.7	8.4
分行业：批发业	33.4	9.4
零售业	290.8	7.3
住宿业	8.5	7.0
餐饮业	53.6	8.7

2016年限额以上批发零售业零售额及增长速度表

指　标	绝对数（万元）	比上年增长(%)
粮油、食品类	103550	25.9
饮料类	19384	5.8
烟酒类	26886	4.6
服装、鞋帽、针纺织品类	108651	10.9
化妆品类	9813	-1.9
金银珠宝类	15965	-17.5
日用品类	17179	24.3
五金、电料类	14746	-10.4
体育、娱乐用品类	811	-45.0
书报杂志类	15409	-19.3
电子出版物及音像制品类	446	-36.3
家用电器和音像器材类	42189	-9.8
中西药品类	23019	-7.4
文化办公用品类	4976	-3.6
家具类	22936	-18.1
通信器材类	10433	-4.7
石油及制品类	199946	22.6
建筑及装潢材料类	7154	62.0
机电产品及设备类	16673	38.5
汽车类	334206	4.1
其他类	52264	-26.6

【对外经济】　全年全市海关进出口总额6.0亿美元，下降32.8%。其中，进口额4.34亿美元，下降28.1%；出口额1.65亿美元，下降42.8%。

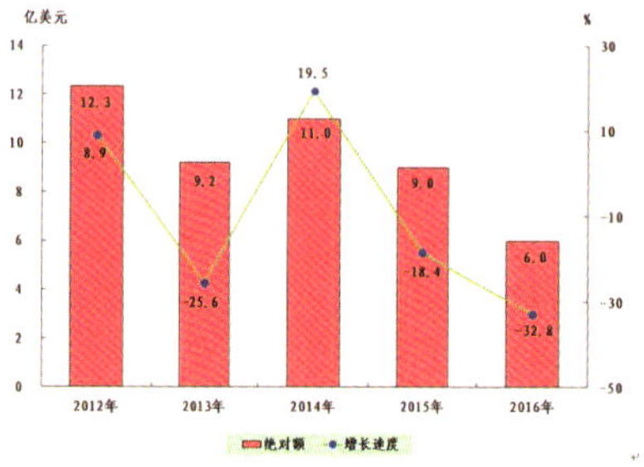

2012—2016年外贸进出口总额及增长速度

2016年海关进出口总额及增长速度表

指 标	绝对数（万美元）	比上年增长(%)
进出口总额	59907	-32.8
出口额	16490	-42.8
其中:一般贸易	7751	-35.0
加工贸易	8739	-48.3
其中:机电产品	13166	-43.2
高新技术产品	4700	-68.1
其中:国有企业	295	-68.4
外商投资企业	9957	-49.4
进口额	43417	-28.1
其中:一般贸易	32410	-29.3
加工贸易	10738	-24.9
其中:机电产品	16296	-50.4
高新技术产品	13235	-49.8
其中:国有企业	163	154.0
外商投资企业	20207	-44.1

全年出口煤炭14万美元，下降63.0%；出口钢材3304万美元，下降32.2%；出口机电产品13166万美元，下降43.2%；出口高新技术产品4700万美元，下降68.1%；出口电器及电子产品7703万美元，下降56.5%；出口计算机及通信技术产品2576万美元，下降80.2%。

全年进口铁矿砂22913万美元，下降4.6%；进口机电产品16296万美元，下降50.4%；进口集成电路6537万美元，下降57.1%；进口机械设备2316万美元，下降51.1%；进口电子技术产品8058万美元，下降56.3%；进口计算机集成制造技术产品1348万美元，下降58.9%。

2016年与晋城有贸易往来的主要国家和地区进出口情况表

国家和地区	进出口额（万美元）	比上年增长（%）	出口额（万美元）	比上年增长（%）	进口额（万美元）	比上年增长（%）
中国香港	5326	-59.9	5286	-60.2	40	—
中国台湾	11407	-28.5	957	4.9	10449	-30.6
印 度	3808	1878.8	65	-49.8	3743	5814.7
日 本	5045	-55.4	806	-25.3	4240	-58.6
韩 国	936	-50.8	528	-15.2	409	-68.1
德 国	656	-12.2	241	-26.4	415	-1.1
意大利	227	-63.3	189	-35.9	39	-88.1
巴 西	12260	-4.5	46	-96.6	12214	6.3
美 国	4534	-16.1	3680	-20.6	854	10.6
澳大利亚	3621	-63.4	77	139.2	3544	-64.0

全年全市按全口径统计实际使用外商直接投资金额18000万美元，下降30.1%。

【交通、邮电和旅游】 年末全市公路线路里程9134.5千米。其中，高速公路318.6千米。

年末全市民用汽车保有量36.4万辆（包括三轮汽车和低速货车0.3万辆），比上年末增长9.1%。其中，私人汽车32.9万辆，增长11.3%。本年新注册汽车4.4万辆，下降3.3%。年末轿车保有量24.4万辆，增长11.5%。其中，私人轿车23.2万辆，增长12.8%。

全年全市完成邮电业务总量41.5亿元。其中，邮政业务总量1.3亿元；电信业务总量40.2亿元。年末移动电话用户225.0万户。全市宽带接入用户54.3万户，增长24.6%。

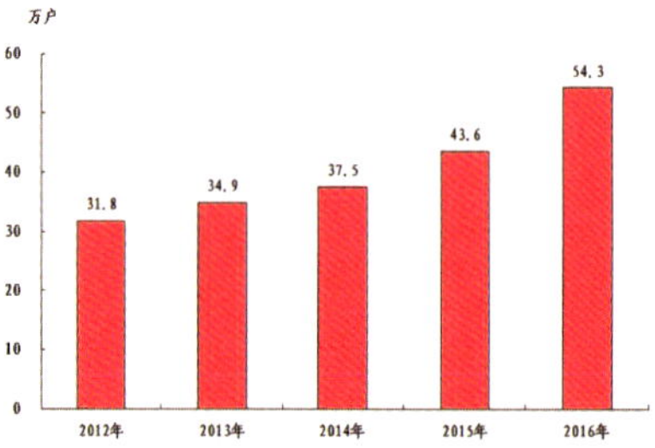

2012—2016年全市宽带接入用户

年末全市共有A级景区20个。其中，5A级景区1个，4A级景区7个，3A级景区11个，2A级景区1个。共有星级饭店18家。其中，五星级2家、四星级10家、三星级4家、二星级2家。全年全市接待海外旅游者12819人次，接待国内旅游者3885.28万人次，分别增长5.57%和19.76%；旅游外汇收入713.96万美元，国内旅游收入356.34亿元，旅游总收入356.62亿元，分别增长6.26%、20.95%和20.90%。

【金融、证券和保险】 年末全市金融机构本外币各项存款余额1961.2亿元，比年初增加161.1亿元，增长9.0%。各项贷款余额1091.8亿元，比年初增加84.3亿元，增长8.4%。

年末全市农村金融合作机构（农村信用社、农村合作银行、农村商业银行）人民币贷款余额176.3亿元，比年初减少21.7亿元，下降11%；人民币存款余额452.1亿元，比年初增加35.4亿元，比年初增长8.5%。

2016年年末金融机构本外币存贷款及增长速度表

指 标	年末数（亿元）	比上年增长(%)
各项存款余额	1961.2	9.0
其中:单位存款	489.5	12.1
城乡居民储蓄存款	1051.3	7.6
其中:人民币	1048.1	7.5
各项贷款余额	1091.8	8.4
其中:短期贷款	574.4	9.1
中长期贷款	439.3	1.6
其中:个人消费性贷款(人民币)	70.2	28.6

年末全市共有证券营业部6家，从业人员98人。累计资金开户数130377户，银证转入资金59.9亿元，下降51.9%，新增资产总额-3.5亿元。全年营业收入0.56亿元，下降66.5%；利润总额0.18亿元，下降83.1%。

全年全市保费收入39.0亿元，增长9.1%。其中，寿险业务保费收入27.2亿元，增长13.3%；财产险业务保费收入11.8亿元，增长0.4%。

社会建设

【教育和科学技术】 年末全市普通高等学校1所，独立设置的成人高等学校1所。高中阶段毛入学率95.5%。

2016年各类教育发展情况表

指　标	招　生（人）	在校生（人）	毕业生（人）
普通高等教育	2169	6325	2033
中等职业教育	4645	15930	5319
普通高中	17023	56483	23654
初　中	23331	69745	27888
小　学	18486	118011	23599
特殊教育	138	686	99
学前教育	16423	55977	19676

全年全市组织实施各类科技项目34项（省级18项、市级16项）。在省级项目中，列入重点研发一般项目4项，成果转化项目4项，农村技术承包项目6项，专利推广资助项目2项，科技重大专项持续支持项目2项。全年全市技术市场交易成交235项，交易额8.32亿元；有效发明专利拥有量340件；省级科技成果鉴定2项。全年全市新认定国家星创天地1个，省民营科技企业7个，省科普基地1个，省众创空间4个。截至2016年年末，全市共有国家星创天地1个，国家科技特派员创业链3个，省级民营科技企业38个，省级科普基地11个，省级创新型企业11个，省级创新型试点企业2个，省级工程技术研究中心4个，省级重点实验室3个，省级科技企业孵化器1个，省级众创空间4个，省级农业科技园区2个，省级星火示范基地3个。

【文化、卫生和体育】 年末全市共有艺术表演团体10个，新创作首演剧目3个；演出场次3010场，演出收入1692万元；全市共有艺术表演场馆5个，群众艺术馆1个，文化馆6个，美术馆1个，公共图书馆7个，总藏书111万册。

年末全市共有各级医疗卫生机构3201个，其中妇幼保健院（所、站）7个。医院和卫生院床位10.6千张，卫生专业技术人员1.29万人，每千人拥有病床4.9张，每千人拥有医生数2.4人。全市6县（市、区）全部开展了新型农村合作医疗试点工作，新型农村合作医疗参合率99.10%。村卫生室覆盖率100%、县乡村三级医疗机构达标率均为100%。全年各县（市、区）的儿童“五苗”全程接种率以乡镇为单位均达到了90%以上。碘盐覆盖率达到98%，合格碘盐食用率达到92.92%，各种地方病得到了有效控制。全市乡镇卫生监督站覆盖率达到100%。

年末全市拥有各级各类体育场馆5717个，体育锻炼标准达标人数达334320人。全年全市运动员在省级以上重大比赛中获金、银、铜牌分别为38枚、53枚和33枚（包括非奥运项目比赛）。全市销售中国体育彩票17600万元，增长16.1%。

【人民生活】 全年居民人均可支配收入20578元，增长6.3%。按常住地分，城镇居民人均可支配收入28223元，增长5.9%，城镇居民人均消费支出17355元，增长5.4%；农村居民人均可支配收入11625元，增长6.6%，农村居民人均消费支出9297元，增长13.5%。按全市居民五等份收入分组，城镇低收入组人均可支配收入11220元，增长6.6%；农村低收入组人均可支配收入4705元，增长8.9%。城镇居民家庭恩格尔系数（即居民家庭食品消费支出占家庭消费支出的比重）22.0%，农村居民家庭恩格尔系数24.2%。

【社会保障】 年末参加城镇职工基本养老保险42.2万人，比上年末增加2.4万人；参加新型农村社会养老保险110.6万人，减少1.7万人；参加城镇基本医疗保险61.6万人，增加0.7万人；参加失业保险30.3万人，增加0.2万人；参加工伤保险48.0万人，增加0.2万人，其中，农民工19.1万人，减少3.2万人；参加生育保险31.4万人，增加0.4万人。全市共有144.9万农民参加了合作医疗。

年末城镇低保人数13130人，

减少5843人;农村低保人数41538人,减少23351人;农村集中供养五保户1966人;民政部门资助参加合作医疗52912人。优抚对象15568人,享受定期抚恤557人,享受定期补助13400人。全年共发放最低保障资金2.5亿元。全市提供住宿的社会服务机构37个,床位数2627张,年收养救助人数1552人。全市社区养老机构和设施515个。全市福利企业15个,残疾职工250人。福利彩票发行单位1个。全年直接接收捐赠款231.9万元,受益25862人次。

【资源、环境和安全生产】 全市有自然保护区5个,自然保护区面积达到14.6万公顷。

全年市区环境空气质量二级以上天数达到236天。其中,一级天数68天,增加39天。空气综合污染指数为7.35,较上年增长13.4%。

城市污水处理率达到95.0%;城市生活垃圾无害化处理率达到100%;全市集中供热普及率达到87.5%。

全年全市共发生各类生产安全事故199起,事故死亡109人。亿元GDP生产安全事故死亡率0.1039,煤矿百万吨死亡率0.1114。 (市统计局)

精神文明建设

【概述】 2016年,全市精神文明建设工作以培育和践行社会主义核心价值观为根本,着力推进思想道德建设,持续深化群众性精神文明创建活动,重视提升全市公民素质和社会文明程度,为全市的经济社会发展提供了坚强的思想保证、强大的精神动力和丰润的道德支撑。

【社会主义核心价值观宣传】 加大"讲文明·树新风""图说我们的价值观"公益广告宣传力度,突出社会主义核心价值观24字内容。开展"小手拉大手"创建全国文明城市活动,通过中小学生带动家长对社会主义核心价值观应知应会,推动社会主义核心价值观落细落实落小。依托基层宣传文化阵地和爱国主义教育基地、道德讲堂等,开展中国梦教育和核心价值观教育活动。在晋城文明网、晋城新闻网、晋城广电网和晋城在线首页链接中国文明网社会主义核心价值观宣传内容。通过微信、微博、微视频、微电影、手机客户端等新媒体,强化核心价值观网上传播。在公共场所、建筑围挡、公共交通工具等,通过电子显示屏、橱窗展板、道旗灯箱、车载电视张贴刊播核心价值观实景图片。银行业、窗口服务单位、社区醒目地方等张贴核心价值观和行业规范、窗口服务规范、社区居民公约等。通过升国旗仪式、成人仪式、入党入团入队仪式等礼仪制度传播主流价值。推进整治陈规陋俗、移风易俗工作常态化,构建长效机制。

【全国文明城市创建】 按照《全国文明城市测评体系》,以社会文明风尚、诚信建设、文明旅游等为切入点,弘扬社会主义核心价值观,开展"做文明晋城人、建文明晋城市"系列主题活动。10月,录制"文明进社区"节目4期,组织市司法局、市人社局、市卫计委、市文化局等10多家单位进社区宣传法律、养老、医疗、医保、文化、消防等知识。市、区两级印发创建全国文明城市宣传资料30多万份。12月,申报创建全国文明城市实地考察点570处,网上申报资料600多件,完成中央文明办测评组检查验收工作。

【文明单位创建】 以《晋城市文明单位测评体系》为依据,突出"五个一"("一队一堂一牌一桌一传播",即志愿服务队、道德讲堂、道德提示牌、文明餐桌、利用网络传播文明风尚)要求,以国家级、省级文明单位先进典型为示范引领,规范窗口服务行业文明创建,文明单位创建延伸为文明行业创建,夯实文明创建基础。持续深化文明单位创建活动,把核心价值观融入服务守则、行为准则、规章制度、行业规范之中,坚持职业道德,提升服务水平,树立行业新风。开展文明单位结对扶贫共建工作,288个单位参加活动。2016年,申报2016—2017年度市级文明单位(标兵)单位392个。

【文明村镇创建】 以乡风民风、人居环境、文化生活"三个美起来"为目标,开展星级文明户、孝道诚信"红黑榜"、乡村(城市)学校少年宫创建活动,推动各地在"十三五"期间实现50%以上村镇达到县级以上文明村镇标准。围绕文明城市创建内容，提升城市居民幸福指数，开展邻里守望志愿服务、关爱空巢老人、社区文艺比赛等活动，健全社区医疗卫生工作。全年，申报2016—2017年度文明村镇达183个，其中有32个乡镇申报市级文明乡镇、151个村申报市级文明村。

【文明家庭创建活动】 以传承弘扬优良家风家训为重点，以注重家庭、注重家教、注重家风为内容，开展“星级文明户”“五好文明家庭”“最美家庭”创评活动。11月，印发《关于深化全市家庭文明建设的实施意见和任务分工》，下发《关于做好第一届晋城市文明家庭推荐评选表彰工作的通知》。12月，刘平贵家庭、毕腊英家庭被中央文明委表彰为全国文明家庭。

【典型宣传】 一是启动第六届“晋城好人”评选活动，12位“晋城好人”入选国家级、省级道德典型。5月，启动评选表彰活动，共评选表彰“助人为乐好人、见义勇为好人、诚实守信好人、敬业奉献好人、孝老爱亲好人”5个类型110人。参与全国、省级道德人物评选，2人荣登“中国好人榜”，2人入选第六届“山西道德模范”候选人，8人入选“山西好人”，“山西好人”入选人数居全省第一。二是加大宣传力度，培育见贤思齐、崇德向善良好风尚。两位“中国助人为乐好人”张瑞、马振业分别于1月12日和11月18日入选人民网、新华网、光明网、中国网络电视台、中国文明网等五网联盟专栏《好人365》封面人物。《太行日报》《太行日报晚报版》开设《德耀中华，讲述晋城好人故事》《做好人，兴晋城》专栏，晋城广播电视台不间断播放晋城好人公益广告宣传片，中国文明网·晋城站、晋城在线等网站开设《道德模范》《晋城好人》等专题网页，宣传报道道德典型、晋城好人学习宣传活动。开展“晋城好人”座谈会、“晋城好人进校园宣讲”活动，发放《好人故事》《德孝故事》，讲述美德善举，传递道德力量。三是实施关爱帮扶，倡树好人有好报道德导向。市领导慰问“晋城好人”代表，市慈善总会为身患重病的中国好人拨付救助资金，各类志愿服务队伍为“晋城好人”提供志愿服务活动，通过学习良德善举，善待好人群体，倡树“德者有所得，好人有好报”道德导向。

【志愿服务】 一是志愿服务队伍壮大。全年，在全国志愿服务信息系统注册的志愿者达500多支队伍42712人，青年志愿者服务队伍24支45684人，红十字志愿者3429人，义工联合会11466人，志愿者人数迅速增加。二是志愿服务活动多样。开展邻里守望、社区家政、心理疏导、医疗保健和法律援助、关爱贫困学生、空巢老人、留守儿童、农民工和残疾人等志愿服务。通过圆梦助学项目，资助贫困学生完成学业。通过“老友会”项目、“关爱老人·黄手环”行动关爱老人，提高老年人社区参与度，培养老年人兴趣爱好，倡导健康生活理念。开展“七彩小屋”“七彩课堂”志愿服务，受益少年儿童达3万多人。与残疾人交流互动，开展“阳光助残”志愿帮扶活动。开展第九届“爱心送考”志愿服务活动，1200辆出租车、400辆公交车及400辆私家车参与“爱心送考”。在白马寺—东四义步道，开展“传播绿色文明，青春志愿行动”。开展“交通安全”宣传倡议活动，引导广大市民树立文明行车观念。三是完善志愿者网上注册工作。通过中国志愿服务信息系统，逐步规范志愿者登记注册、志愿服务项目网上发布等工作。四是参加全国志愿服务“四个一百”先进典型评选推荐活动。青年志愿者协会陈凤青、红十字志愿服务总队“黄手环”项目、东街社区分别入围全国最美志愿者、最佳志愿服务项目和最美志愿服务社区评比。

【未成年人思想道德建设】 坚持立德树人，以培育和践行社会主义核心价值观为主线，以全国未成年人思想道德建设工作测评体系为抓手，突出爱国主义教育内容，利用重要时间节点，开展“我的中国梦”主题教育实践活动，推进未成年人思想道德建设。

一是重要节日期间集中开展活动。清明期间，祭扫人数网上网下共达87万人次；国庆节期间，参加网语活动达360123人次。

二是开展学习和争做美德少年活动。儿童节期间，在晋城文明网制作专题网页，宣传全市历届美德少年事迹,评选表彰60名美德少年。

三是举办童心向党歌咏活动。以庆祝中国共产党成立95周年为契机,组织开展《卢沟谣》《我的中国梦》《核心价值观歌》等28首爱国歌曲演唱活动。

四是评选推广优秀童谣。活动期间,共征集到童谣283首,评出优秀童谣27首,推荐3首参加全国优秀童谣评选。

五是开展暑期社会文化环境专项治理。清查校园周边黑网吧、"黄赌毒"等治安乱点,下发整改通知书,并跟踪落实整改。全市共出动警力1933人次、警车509台次,排查整改安全隐患50处,整治治安乱点20处,共排查化解涉校纠纷6起,排查高危人员126人,全部落实管控措施。联合工商、文化部门加强网吧管理,取缔城乡结合部"黑网吧",形成严管态势,未成年人在暑期进经营性网吧数量明显减少。全年,全市共出动警力2300余人次,检查网吧1289家次,下达《责令限期改正通知书》143份,停业整顿6家,处罚网吧43家,罚款24000元。

六是开展文明校园创建活动。制定《全市文明校园创建管理办法(征求意见稿)》,在全市中小学校开展文明校园创建,加强师德师风建设,推进社会主义核心价值观进教材进头脑,加强校园文化建设,弘扬良好校训校风,开展文明班级、文明宿舍创建活动。

七是加强乡村(城市)学校少年宫建设。中央彩票公益金支持乡村学校少年宫项目建设学校1所,开展中央彩票公益金支持乡村学校少年宫项目培训。

【精神文明网络建设】 组建网络文明传播志愿服务群,招募网络文明传播志愿者151名,在新华网文明博客、人民网博客、新浪博客、新浪微博和腾讯微博等,进行网络文明传播工作。建立评论员队伍,共20多人,其中特约评论员2名,共发表评论500多篇。建立"山药蛋"评论类的微信公众号,受到广大网友好评。开展"好人365""学雷锋·在行动""春日好读书"等网络传播活动20余项,共发布微博3万多条、博客500多篇,微信转发量达11万次,参与活动人数达2万人次。

(市文明办)

机构设置和领导人名录

中国共产党晋城市委员会

书　记　张九萍(女)
副书记　刘润民*　武宏文　曾庆勇
常　委　张志仁*　范丽霞(女)*　武宏文*
　　　　刘爱军*　常国荣*　张少波*
　　　　赵沂旸　焦光善　马学林　那志茂
　　　　卫明喜　王晋峰　石云峰
秘书长　常国荣*　王晋峰
常务副秘书长　郭林江*　闫通宇
副秘书长　闫培烈　白亚平　王贵平*
　　　　　王志强(兼)　李勤才(兼)
　　　　　高俊霞(女)*　郑　泽

晋城市人民代表大会常务委员会

主　任　孟福贵*　范丽霞(女)
副主任　任建宏*　李章宏*　李国继*
　　　　韩淑君(女)*　孔庆鹏　廖　军
　　　　张斌胜　郭治琛　冯裕民
　　　　李翠叶(女)
秘书长　张斌胜*
副秘书长　王学琦　李　斌　闫建升

晋城市人民政府

市　长　刘润民*　武宏文
副市长　赵沂旸*　王维平*　茹栋梅(女)*
　　　　王斌权　梁丽萍(女)　冯志亮
　　　　张利峰　王宏微
秘书长　王宏微*　尹红岩
副秘书长　韩守元*　牛泽民(兼)*　李俊杰*
　　　　　侯虎胜　李永和　杨元平　杨晓雷*
　　　　　焦　勇(兼)　司国奇
市长助理　田志军

政协晋城市委员会

主　席　师建平*　常国荣
副主席　金德祥*　马德和*　陈改玲(女)*
　　　　郭跃峰*　陈建国　郭一峰
　　　　崔守安　武四海(女)　阴建正
　　　　郭向阳
秘书长　莫文山*　武四海(女)
副秘书长　郝　锐　焦晓湖

中国共产党晋城市纪律检查委员会

书　记　武宏文*　那志茂
常务副书记　王瑞敏(女)*
副书记　王文全*　李庆平*　王贵平
　　　　卢　平　张　军
常　委　邵红旗*　聂永平*　朱慧杰*
　　　　李永斌*　李宏军　郭虎庆
　　　　杨　钟　程晋鹏　杨晓红

晋城市中级人民法院

党组书记、院长　杜培德*　于昌明
常务副院长　常爱玲(女)*
副院长　杨泽民*　赵建强　王世运
党组副书记　任纪朝　杨泽民*
纪检组组长　张金瑞
政治部主任　李秋红
审委会专职委员　刘沁长　张晓彬

晋城市人民检察院

党组书记、检察长　张世荣
常务副检察长　张晓奎*　苏文革
副检察长　王万虎　赵贵炉　王红玲(女)
党组副书记　李永亮

纪检组组长　姬金恒

政治部主任　郭世锋

检委会专职委员　冯文莉(女)*

市委工作部门和部门管理机构

市委办公厅

市委督查室主任　王贵平*

市委督查室副主任　郑　泽*

李向阳(主持工作)　李建兵

市委组织部

部　长　范丽霞(女)*　卫明喜

常务副部长　郭竹林

副部长　王亚平(女、兼)*　贾二庆(兼)*

张新光(兼)　李　炎(兼)　尹文德

部务委员　柏凌装*　张韶华*

正处级组织员　王联民*　王　涛

副处级组织员　杜　琳　张全胜

非公和社会组织工委专职副书记　杨鸿飞

市委人才办主任　部培法*

市委宣传部

部　长　张志仁*　赵沂旸

常务副部长　樊　烨

副部长　史小军　冯裕民(兼)*　焦　勇(兼)*

宋丽云(女)*　王联民

文明办主任　史小军

文明办副主任　殷理库*

市委统一战线工作部

部　长　焦光善

常务副部长　王志明

副部长　毋　勇*　梁红兵　李凌志

市委政法委员会

书　记　刘爱军*　石云峰

常务副书记　栗　强

副书记　田龙社*　李刘苏(女)　张四祥

政治部主任　赵　军

综治办主任　栗　强

综治办副主任　殷　辰　李建民

市委政策研究室

主　任　白亚平*　王志强

副主任　李兴文*　李可大　郭文忠

市机构编制委员会办公室

主　任　姬庞陵*　张高峰

副主任　王玉令*　任林书　张春林

市直属机关工作委员会

书　记　张　文

副书记　王全民*　王江海　车建利　刘泽宇

纪工委书记　李建亮

委　员　车建利*　刘泽宇*

市委对台办公室

主　任　王红斌

副主任　韩　萍(女)

市委老干部局

党委书记、局长　王亚平(女)*　李　炎

副局长　牛惠军

党委副书记　郭旭勤

市委、市政府信访局

局　长　李勤才

副局长　郭银富　邢军霞(女)

正处级信访督查专员　郝陵义

副处级信访督查专员　曹峰毅

市委保密局

局　长　刘先玲(女)*　高　欣

市人民代表大会常务委员会工作机构

人事代表工作委员会

主　任　李富德*　杨珠义

副主任　赵红生

法制委员会

主任委员　傅彦虎

副主任委员　刘晓丽(女)*

财政经济委员会

主任委员　司国奇*

副主任委员　蒋志红*

城建环保工作委员会

主　任　阎跃进*　李俊杰

副主任　尚爱民*

教科文委员会

主　任　刘晓丽(女)

农村工作委员会

主　任　酒国平*　王振堂

副主任　郭忠平*

民族宗教侨务外事工作委员会

主　任　傅彦虎*

副主任　闫国兰(女)　刘文华

研究室

主　任　王学琦*　蒋志红

副主任　贾政雷*　卢元芳(女)

市政府组成部门

市政府办公厅

纪检组组长　原明保

副主任　樊小润　马晋平*　陈高晋

市发展改革委员会

党组书记、主任　秦李芳

副主任　焦新文*　栗代政　席学武*
　　杨跃卿　梁仁锁　黄天明　任智慧

纪检组组长　冯永源

总工程师　朱晓波

总经济师　毋瑞军

市重大项目稽察特派员办公室主任　王国斌

市经济和信息化委员会

党委书记、主任　张新光*　王庆和

副主任　谢补庆　赵拴炉*　杨建平　徐跃山
　　司秀春　刘建光

纪委书记　于建斌

总经济师　梁金雄

总工程师　韩志堂

市教育局

党委书记、局长　尹红岩*　茹　刚

副局长　崔增龙　秦三广　胡铁拴　来庭会

党委副书记　原保升

纪委书记　毕前胜

市科学技术局

党组书记、局长　王仁庆*

党组书记　任志忠

局长　史晓莉(女)

副局长　上官东亮　靳刚辉　张建树

纪检组组长　宋海德

总工程师　申瑾瑜

市公安局

党委书记、局长　王斌权

常务副局长　赵寒霆

副局长　郭清洁　赵建云　杨建军　张家义*
　　李宝娥(女)

党委副书记　赵寒霆

纪委书记　赵星记*

督察长　杜志强

政治部主任　文海潮

市监察局

局　长　王文全(兼)*

副局长　李海山　赵德富

市民政局

党组书记、局长　王仁庆

副局长　王万荣*　李文明　靳慧萍(女)

纪检组组长　宋建霞(女)

市司法局

党组书记、局长　李翠叶(女)*　宋书平

副局长　范聪明(女)　高永才

纪检组组长　茹小强(女)

政治部主任　杨慧芳(女)

市财政局

党组书记、局长　郭治琛*　崔国炜

副局长　李建英(女)　董海顺*　田树明*
　　李英杰

纪检组组长　王鸿鹰(女)

总会计师　段志坚

市人力资源和社会保障局

党组书记、局长　贾二庆*　张新光

副局长　乔珠瑞*　李卫平　张建乐*　王高毅
纪检组组长　程跃金

市国土资源管理局

党组书记、局长　刘中平
副局长　王发生　商国富　毋建喜
纪检组组长　原志非
总工程师　刘世繁
总规划师　裴小霞

市环境保护局

党组书记、局长　李作富*　杨金中
副局长　杨金中*　乔荣生　焦金生
纪检组组长　王卫东

市住房保障和城乡建设管理局

党委书记、局长　徐双荣*　郭明太
副局长　申学勤　杨利民　原体进　王　旭
　　　　靳海峰
党委副书记　原保红
纪委书记　薛志景

市交通运输局

党组书记、局长　李玉山
副局长　李连根*　李明耀　王余良
　　　　和全忠(兼)
纪检组组长　李保金
总工程师　吕虎林

市水务局

党组书记、局长　杜　平
副局长　郭智雄　毕玉柱　焦林林　崔林成
纪检组组长　都火炬
总工程师　郭建军

市农业委员会

党组书记、主任　李天胜*　李喜红(女)
副主任　李治国　王振堂*　秦怀仁
　　　　赵启明　张祥林　王建荣
纪检组组长　袁晚发
总农艺师　王晋旭
总经济师　王天圣

市林业局

党组书记、局长　刘万堂*　史小军
副局长　原振先　陈建军　李培红
纪检组组长　邵锁昌
总工程师　杜建莲(女)

市商务粮食局

党组书记、局长　刘金锋*　李东升
副局长　赵先进　王加强　刘宇光　段玉太
　　　　陈明龙
纪检组组长　焦银雷
总经济师　张　沁*

市文化局

党组书记、局长　贾长生
副局长　杜喜霞(女)　王书平　李立新
　　　　侯俊玲(女)
纪检组组长　李留兵
总工程师　樊跃进

市卫生和计划生育委员会

党委书记、主任　武四海(女)*　樊林奎
副主任　闫双县　王丽娟(女)　尚晋河
　　　　孙建平
纪检组组长　刘华生*
爱卫会专职副主任　李铁花(女)

市审计局

党组书记、局长　郭彦明*　李天胜
副局长　王瑞祥　程晋鹏*　王建芳(女)
纪检组组长　尚海根
总审计师　曹和生

市煤炭煤层气工业局

党组书记、局长　田志军
副局长　陈永进　秦　强　许德旺(兼)
　　　　原前进
纪检组组长　李加文
总工程师　原前进(兼)

市外事侨务和旅游文物局

党组书记、局长　董小清
副局长　郭一峰　韩　楚　赵旭替　尚建中
　　　　曹广全　李晋楚
纪检组组长　李国强
总工程师　岳建明

市工商行政管理局

党组书记、局长　李广祥*　白亚平

副局长　王林松　杨成芳

纪检组组长　赵智慧

市质量技术监督局

党组书记、局长　陈家富

党组副书记　吴忠庆

副局长　李先锁　王瑞新

总工程师　李建平

纪检组组长　殷宏伟

市食品药品监督管理局

党组书记、局长　樊林奎*　李作富

副局长　刘　冰*　尚济民　郝少勤　程跃虎

纪检组组长　杨晓红*

药品总检验师　阎建鸿

食品总检验师　司丽芳(女)

市统计局

党组书记、局长　王庆和*　王振华

副局长　张志兴　程满胜　唐振芳

纪检组组长　田建明

总统计师　姜孝则

市安全生产监督管理局

党组书记　田　刚*

局长　田　刚*　鲍瑞卿

副局长　焦玉龙　王洪太　程保河

纪检组组长　秦书平

总工程师　程刚强

市民族宗教事务局

党组书记、局长　毋　勇

市人民防空办公室

党组书记、主任　郭　斌

副主任　牛泽辉　张宝明　肖海清

市规划局

党组书记、局长　焦新文

副局长　高青定　吴青革

纪检组组长　田培忠

总规划师　朱居生

市金融工作办公室

党组书记、主任　李志忠

副主任　杨利生

市政协工作机构

经济科技委员会

主　任　魏　昉

副主任　贾俊玲(女)

农村工作委员会

主　任　和贵喜

副主任　郭富太

文化教育委员会

主　任　刘治国*　郝　锐

社会法制委员会

主任委员　温保山*　贾晓娥(女)

副主任委员　赵晋阳

文史资料委员会

主　任　靳虎松

调研室

副主任　杨林荣(女)*

市直属事业机构

市委信息化中心

主　任　高　欣

副主任　谢　飞*

市委党校

校　长　曾庆勇(兼)

常务副校长　王晓光

副校长　卢　路　赵旭杰

市委、市政府接待办

主　任　孙加慧

副主任　张强胜

市双拥办

主　任　郭林江(兼)*

市委党史研究室

主　任　贺建国

副主任　李文福

市委外宣办、市政府新闻办

主　任　焦　勇*

副主任　秦宏平　王　林

太行日报社

党组书记、社长　王俊义

总　编　王为民

副社长　田振江　程旭荣

副总编　杨　斌

纪检组组长　李甫安

晚报总编　王春平

副处级编委　林仲民　王晓艳(女)

市委讲师团

团　长　李兴文

副团长　许国胜*　司芳琴(女)

山西上党戏剧院

副院长　郭孝明　张爱珍(女)

市广播电视台

党组书记、台长　冯裕民*

常务副台长　李朝霞(女)

副台长　赵春林

常务副总编　牛龙飞

纪检组组长　郎龙喜

市政务大厅管理中心

主　任　牛泽民*　焦　勇

副主任　马小林

纪检组组长　王继荣(女)

市政府发展研究中心

党组书记、主任　卢海建

副主任　成少宏　李　海

纪检组组长　马金炉

市机关事务管理局

党组书记、局长　李凤远*　牛泽民

副局长　窦爱国　李建路　司国振

纪检组组长　朱全红

总会计师　李爱苏(女)

市信息化管理办公室

党组书记、主任　郭宗泽*

副主任　李满红　郎荷宝

纪检组组长　闫　疆

总工程师　张亚丽(女)

市老龄委办公室

主　任　张爱梅(女)*　李志明

副主任　李玉平(女)

市档案局

党组书记、局长　李克平

副局长　申晓霞(女)　程　鹏

纪检组组长　焦　健(女)

市地方志办公室

主　任　邵俊生

副主任　邵俊生(主持工作)*　陈丙应

市地震局

党组书记、局长　毕明荣

纪检组组长　原学忠

市招商局

党组书记、局长　李绪龙*　李子荣

副局长　梁建刚　张建军　李奔峰

纪检组组长　宋丽莉(女)

市园林局

党组书记、局长　张高峰*　王秀峰

副局长　高连江　李安国　潘乐善

纪检组组长　陈功会

总园艺师　贾莹峰

市中小企业局

党组书记、局长　王建辉

副局长　王振华*　常俊龙　朱守顿　邢　捷

纪检组组长　崔亚宏

市城镇集体工业联合社

党组书记、主任　王　虎*　陈建军

副主任　赵永红*　焦晋莎

纪检组组长　崔　鹏

市供销合作社联合社

党组书记、主任　王张林*

副主任　李志明*

纪检组组长　朱海赋

监事会主任　李志文

市科学技术研究所

所　长　郭国民

党支部书记　原建堂

副所长　高兴国　张丽丽(女)

纪检组组长　郑忠社

总工程师　米晋斌*

市农业综合开发局

党组书记、局长　刘东平

副局长　李云海　王关武　原粉娥(女)

纪检组组长　魏　斌

总农经师　原粉娥(女)*

市农机局

党组书记、局长　苗富才

副局长　苗富才*　王宏生　牛保凤(女)

纪检组组长　王玉亭

总工程师　郭素军

市畜牧兽医局

党组书记、局长　袁世泰*　王万荣

副局长　王曙光　白崇进　牛靖宇

纪检组组长　张俊英(女)

总畜牧师　牛靖宇*

沁水示范牧场

场　长　王友战

副场长　田晓华

市治超办

主　任　李东升*

副主任　贺海燕(女)　程江平

市人才服务中心

主　任　田和平

副主任　赵良才*　张　鹏

市疾控中心

党组书记、主任　原太平

副主任　毋为育

纪检组组长　李红梅(女)

市公用事业建设局

局　长　马阳光

副局长　任香平(女、主持工作)*　卢元芳*
尚爱民　米晋斌

市公共资源交易中心

主　任　李智星*　郎诗华

副主任　崔新宏

驻市单位

市国税局

党组书记、局长　刘　强

副局长　杨全民　关保利　张忠义　王余屯
段胜平

纪检组组长　李跃伟

总经济师　张欣义

市地税局

党组书记、局长　赵耀中

副局长　岳卫星　延如庆

纪检组组长　杨宝善

总会计师　乔春铭

总经济师　卢坤军

市烟草专卖局(公司)

局　长(经理)　张家驰

副经理　常熙旺

副局长　王　军

总会计师　王浩卫

工会主席　毋晋民

山西省公路局晋城分局

局　长　郭长庆*　韩洪泽

党委书记　张根法

副局长　王振明　陈建国　徐　斌

党委副书记、纪委书记　郭立新*

工会主席　申济众

总工程师　陈建国(兼)

市交通运输执法局

局　长　张慧锋

副局长　王卫华　王黎平

党委副书记、纪检书记　谢小兵

市气象局

党组书记、局长　张　平

副局长　王存仁　常素萍(女)

纪检组组长　武　捷

市盐务分局

局　长　阎晓蓓*　陈学民

副局长　史丽军　柴建跃

人行晋城市中心支行

党委书记、行长　李保根

副行长　徐民生　原晋凉　宋光在

工会主席　袁浩波

晋城银监分局

党委书记、局长　王中秋

副局长　范文书　李冷观

纪检书记　李　峰

群众团体

市总工会

党组书记　任建宏（兼）*　任建芳（女）

主席　任建宏（兼）*　孔庆鹏（兼）

常务副主席　任建芳（女）

副主席　赵海水　殷杰云　任有福　韩敦锋

纪检组组长　李建亮*

经审会主任　李华文

共青团晋城市委员会

党组书记、书记　杨　洋

副书记　李俊强　黄　璟（女）

少工委主任　王敬峰*

市妇女联合会

党组书记、主席　崔玲玲（女）

副主席　许素平（女）　张连平（女）*
　　　　申李玲（女）

市科学技术协会

党组书记、主席　茹　刚*　毋　勇

副主席　刘鹏飞　祁冰宜（女）　申中民
　　　　冯文忠

纪检组组长　范胜利

市归国华侨联合会

党组书记　朱瑜国*　田永健

主　席　朱瑜国

副主席　田永健*　张步远（女）*

市文学艺术界联合会

党组书记、主席　贾大一

副主席　谢红俭（女）　韩有珍（女）

市残疾人联合会

党组书记、理事长　杨珠义*　郭忠平

副理事长　和建平　李向青

纪检组组长　马雪青（女）

驻外办事处

市政府驻北京办事处

主　任　姚宝鸿

副主任　姚宝鸿*

学校医院

晋城职业技术学院

党委书记　朱　莉（女）

党委副书记、院长　成广海*

副院长　卢文汇　毕文才　姬爱国
　　　　杨玉琴（女）

纪委书记　刘霄志

工会主席　牛　翠（女）

晋城一中

校　长　周双林

副校长　晋新丹*　李坤明　马星胜*
　　　　范春俊　张建国

党总支副书记　安　民*　卫俊婷（女）

工会主席　范春俊*　张晋斌

晋城广播电视大学

党总支书记　裴家留

副校长　车军社

市中等专业学校

校　长　李永富

副校长　任学文　张　敏　陈广瑞　董笑红

矿区中学

校　长　于红英（女）

党总支书记　于红英(女)*
副校长　王文惠　徐景红
高平中专
副校长　申青山　毕建明
晋城技师学院
校　长　姚允刚
副校长　刘世峰　马雷正　贺双俊
李　艳(女)
市人民医院
院　长　秦中胜
党委书记　李长青*　刘　冰
副院长　贾龙斌　赵红亮
纪委书记　秦建平
工会主席　沈小德

晋城经济技术开发区

开发区管委会
主　任　程　琳
副主任　田　烨(女)　崔国炜*　董海顺
赵永红
开发区党工委
书　记　田　烨(女)
副书记　程　琳　吴伟玲(女)
纪工委书记　邵红旗

晋城军分区

司令员　马学林
政治委员　张志勇
参谋长　刘同兴
政治部主任　王军喜
后勤部部长　赵瑞祥*

武警晋城市支队

党委副书记、支队长　赵建生
党委书记、政治委员　李　宇
副支队长　石荣兵
副政治委员　李云龙
参谋长　宫兆刚
政治处主任　李　明
后勤处处长　刘宝贞

民主党派和工商联

中国国民党革命委员会晋城市委员会
主任委员　张湘君(女)
副主任委员　廖　军　原　云　许永忠
牛芳凯　姚承辉
秘书长　王毓霞(女)
中国民主同盟晋城市委员会
主任委员　王维平*　梁丽萍(女)
副主任委员　刘完保(专职)*　段文良*
郭建英(女)　杨　敏
王小桃(女)　钱红林
贺新刚　王宇泽
秘书长　钱红林*　李军团
中国民主建国会晋城市委员会
主任委员　金德祥*　阴建政
副主任委员　罗跃光*　冯德强
韩连弟(专职、女)　柴慧青
郭荣林　王庆琰
秘书长　符纯美(女)
中国民主促进会晋城市委员会
主任委员　李章宏*　郭向阳
副主任委员　毋道斌*　赵晋阳*　窦长平(女)
王国亮(专职)　郭向阳*　李卫国
王军民　李　琳
秘书长　王国亮(兼)
中国农工民主党晋城市委员会
主任委员　陈改玲(女)*　王胜利
副主任委员　王胜利*　李全林　段韶军
郭金祥　赵红亮　孙夏芳(女)
秘书长　孙夏芳(女)

九三学社晋城市委员会

主任委员　郭一峰*　程春明

副主任委员　裴池善*　王新明(专职)*
王高峰*　王永革　程春明*
解小竹(女)　王小芳(女)
安建峰

秘书长　王永革(兼)*　王淑静

晋城市工商联合会

党组书记　梁红兵

主　席　史晓莉(女)*

副主席　田春玲(女)　王丽萍(女)　张国建

注:所记载机构为征集到资料的市级正处级以上机构,机构和领导人名录排序不作为其他依据;2016年1月1日至12月31日凡调离原岗位的都在姓名后右上角标注上*。

(市委组织部、晋城军分区、武警晋城支队、驻市单位、各民主党派)

晋城市发展和改革委员会

主任秦李芳带队到陵川县附城镇岭东村扶贫点调研

“两学一做”学习教育动员部署会

全市发展和改革工作会

机关党委成立大会

兰花集团

晋城海关、晋城国检入驻兰花物流园区开关开检运营

2016年是“十三五”规划的开局之年，兰花集团紧紧围绕市委、市政府“一争三快两率先”的战略部署，着力推进“五大板块”发展战略，实施“五个”创新，现有产业持续提质增效升级，重大转型项目落地开花结果，民生福祉工程健全改善提升，保持了稳定发展的良好局面。

主要经营指标基本完成。截至2016年年底，公司资产总额391.11亿元，同比增加28.55亿元；全年实现工业总产值53.58亿元，实现工业增加值28.03亿元，实现销售收入67.29亿元，上缴税金8.68亿元。

产业结构布局全面优化。围绕“五大板块”战略目标，协调推进，在保持煤炭、煤化工传统产业稳定发展的同时，新材料产业、新能源产业、医药健康产业、现代服务业等得到更加优化合理的发展布局。五大板块争先竞秀的格局基本形成。

重点项目建设富有成效。省、市重点工程兰花国际物流园区保税物流中心通过省级预验收，晋城海关、国检正式入驻并实现运营；纳米公司50万吨新材料项目一期工程建成投产并成功挂牌新三板；兰花城国庆开业取得开门红，成为跨界经营的典范；己内酰胺顺利开车，生产出优质产品；职工限价房如期竣工，无房职工即将乔迁新居。

生产经营成效稳步提升。继续强化细化生产经营管理，各生产矿井科学规划合理调度，各地面企业加强设备、现场管理和消耗控制，保证了系统长周期平稳运行。全年煤炭、尿素、二甲醚等主要产品产销平衡，成本消耗明显下降。

安全形势总体保持平稳。紧紧围绕年度安全工作目标，认真贯彻落实国务院和省、市政府有关安全生产工作的指示精神和决策部署，统筹推进各项工作，安全生产形势继续保持健康平稳发展态势。

纳米新三板上市

科技竞争能力不断提升。紧紧依靠科技进步提高企业现代化水平，以优化工艺装备、提高产品档次、节能降耗、循环经济、安全环保为重点，为公司新建项目和储备项目提供技术支持，行业竞争能力不断提升。全年申请专利 21 项。

党建工作服务经营大局。以全面从严治党要求为主线，深入开展“两学一做”学习教育，党风廉政建设工作取得明显成效。公司第二次党代会胜利召开，为在新的历史起点上转型发展指明了前进方向。

发展成果普惠广大员工。坚持以人为本，始终把民生工程作为重中之重。全年在岗员工人均收入 5.61 万元，为员工缴纳“五险一金”6.52 亿元，共发放各类扶助和慰问金 280 余万元。继续发挥大企业社会责任作用，进一步维护和塑造了兰花集团的良好形象。

现代化煤矿

兰花集团

化工企业全景

己内酰胺生产厂区

纳米碳酸钙生产车间

槽车加气

世界上单功率最大的德国道依茨煤层气发电机组

兰花药业厂区

王莽岭云海

兰花城夜景

晋城军分区

晋城军分区召开党委全体（扩大）会议，市委书记、军分区党委第一书记张九萍出席会议并讲话

司令员马学林在城区北街办事处中后河检查指导抗洪抢险工作

政委张志勇七一前夕到高平市慰问老党员

参谋长刘同兴在阳城县检查指导征兵体检工作

政治部主任王军喜在高平人武部检查指导工作

军地领导共同慰问过境部队

举行新兵入伍欢送大会

组织民兵武器装备仓库看管队伍集训

晋城市第七次党代会解放军代表团

举行晋城市党政军座谈会

纪念建党 95 周年暨“两学一做”知识竞赛活动

扶贫帮困梁泉村结对入户暨春节慰问活动

晋城市中级人民法院

中院党组召开民主生活会

院长于昌明在阳城县法院调研

2016 年，全市法院共受理各类案件 31189 件，同比上升 24.95%，办结 27034 件，同比上升 36.68%，结案率 86.68%，同比提升 7.43 个百分点，案件存量 4155 件，同比下降 39.9%。其中，市中级法院受理各类案件 5687 件，办结 5527 件，结案率 97.18%。全年，共有 4 名个人受到国家级表彰，3 个集体、6 名个人受到省级表彰，市中级法院被评为全国法院网络宣传先进集体，泽州法院被共青团中央、最高法院授予"青少年维权岗"荣誉称号。全市法院整体工作呈现以下亮点：一是突出服务大局谋划法院工作，研究出台了服务和保障全市经济社会发展的 37 项司法举措。二是圆满完成晋济高速公路特大事故 11 案 23 名被告人、食品安全 4 案 300 多名被告人等大要案的审理工作。三是突出法院、检察机关、监狱部门三机关的相互制约作用，制定实施细则，规范了减刑假释案件办理流程。四是打好执行"组合拳"，全市法院执结案件同比增长率超出受理案件同比增长率 26.12 个百分点，并集中攻克了湖滨集团 73 案 229 名当事人 3.9 亿元系列执行案。五是采取制定"诉""访"管辖清单、推行院领导接访纪要等六项举措规范涉诉信访工作，取得了涉诉群众赴省进京人数明显下降的良好效果。六是向基层法院收集意见建议，将其中 13 项基层反映较为集中的问题确定为重点调研课题，以调研推动问题解决。七是圆满完成法官入额遴选，并组建审判团队、设立专业法官会议、启动司法责任制运行、试水内设机构改革、推进人员分类管理，司法体制改革扎实推进。

全市法院司法改革动员大会

法官入额笔试现场

召开青年干警“精学实做创优”主题座谈会

副院长王世运作为员额法官开庭审理案件并当庭宣判

湖滨集团系列执行案件听证会

减刑假释工作座谈会

2016 年度述职大会

院长于昌明在沁水县土沃乡塘坪村开展扶贫工作

12 · 4 宪法宣传日法院干警走上街头宣传普法知识

晋城市中小企业局（民营经济管理局）

泽州装备制造产业服务平台揭牌仪式

推动企业“新三板”上市

2016 年，晋城市中小企业局认真贯彻落实党的十八大，十八届三中、四中、五中和六中全会精神，坚持“问题导向、服务为本”理念，突出改革创新，落实发展政策，加强协调服务，优化发展环境，促进了全市中小企业和民营经济的持续发展。全市中小企业营业收入完成 1059.62 亿元，同比上升 0.96%；工业总产值完成 747.20 亿元，同比上升 0.16%；实现利润 91.35 亿元，同比下降 3.85%；上交税金完成 50.10 亿元，同比下降 8.53%；提供劳动者报酬 67.79 亿元，同比上升 4.44%。全市中小企业和民营经济基本上摆脱了增速下行的被动局面，实现了企稳回升。主要工作措施有：

以落实政策为契机，发展环境更加优化。编印了《中小微企业政策要义及解读手册》，发布政策信息 342 条，组织了 2 次中小微企业政策落实情况督察，全市全年累计发送政策动态、科技项目、服务资讯等信息 2000 余条，覆盖企业近 5000 家（次），受益人群 20000 余人次。

以成长工程为动力，企业发展势头良好。通过入库培育、重点监测、“问诊把脉”、兑现资金等措施，全年培育“小升规”企业 19 家，占年度目标任务的 237.5%；全年固定资产投资累计完成 67.88 亿元，占全年目标的 111.28%。

以“双创”建设为载体，创业创新氛围浓厚。全年有 5 家创业基地被认定为市级创业基地，5 家创业基地被认定为省级中小企业创业基地，省级创业基地认定数占全省的 26.3%，争取省级资金 646 万元，创业基地建设经验在全省推广。此外，帮助高平市成功认定为山西省中小微企业创业创新基地示范县，争取扶持资金 900 万元。以科技创新为导向，晋城市兴达铸件有限公司技术中心等 4 家企业技术中心被认定为省级中小企业技术中心，山西金研激光再制造技术开发有限公司等 18 家企业被认定为市级科技型中小企业。“科技服务驿站”组织全市 30 家技术中心企业对接上海，共发布技术转移项目和授权专利信息 650 余条，解决全市中小企业技术难题 20 个。

以人才培育为手段，企业队伍素质显著提升。实施省局“3 个 1”经营者素质能力提升工程。全年共培训 1600 余人，全市重视和培育人才的氛围正在形成。

以拓宽融资渠道为目的，企业挂牌上市实现突破。全年新增“惠企贷”和“信保贷”两种模式，全市省、市两级奖补资金投入 15250 万元，贷款户数 200 余家，贷款余额 6.2 亿元；13 家企业列入上市（挂牌）后备企业资源库，皇城药业、海诺科技、兰花纳米、兰花药业 4 家企业成功在“新三板”挂牌上市，实现了新三板挂牌零的突破。

以提供全方位服务为原则，公共服务体系率先运行。晋城市中小企业公共服务体系在全省地级市中率先上线运行。服务体系涵盖 1 个市级综合服务平台，金融、人才、互联网 3 个专业应用平台，泽州装备制造、高平食品加工 2 个产业服务平台和覆盖全市县、乡 130 余家小微企业服务站，筛选 95 家中小企业服务机构组成服务联盟，形成全市中小微企业“找得见、用得起、有保证”的体系化平台服务网络。全年共提供服务项目 130 项，开展服务活动 800 余次，服务企业 10000 家次，服务各类创业人群 40000 人次，为中小微企业和创业者减免各类相关费用 3000 余万元。

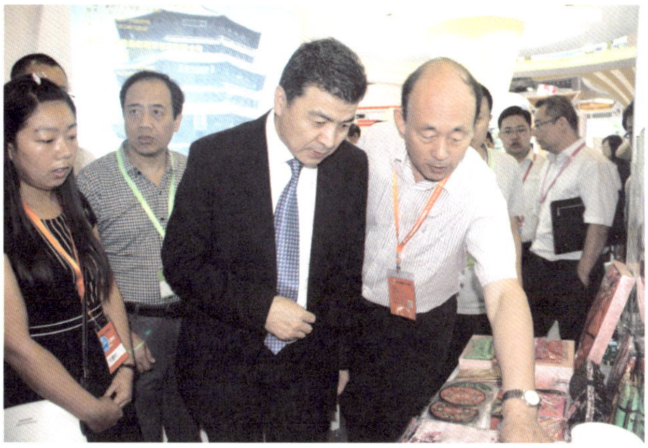

参加中小企业博览会

参观孙文龙纪念馆

以扩大经贸技术交流为着眼点，对外开放水平明显提高。参加了第九届 APEC 中小企业技术交流暨展览会和第十三届中国国际中小企业博览会，共有 80 多件“专精特新”产品参展、25 家企业参会。展会期间，累计接待客商 2000 余人次，发放宣传资料 7500 余份。在第 14 届中国国际铸造博览会上，清慧铸造、金工铸业等 4 家企业铸造产品荣获金奖，利普利拓、兴达铸件等公司取得了海外订单，为全市产品走向世界打下了坚实的基础。

以提供宏观决策依据为取向，经济监测水平稳步提高。全年重点监测 130 家企业，共召开 4 次经济运行分析会，组织专题调研 10 余次，以会代训 1 次。特别是在“冬季行动”中，加强调研，累计入企 10 余次，帮助企业解决实际问题 100 余个。

以全面从严治党为准则，机关党建工作扎实有力。严格落实“党要管党、从严治党”要求，学习贯彻习近平总书记系列重要讲话精神，做到了党建与业务“两手抓、两手硬”。一是加强学习教育。二是夯实组织建设。三是紧抓作风建设。四是扎实扶贫攻坚。与泽州县犁川镇八良掌村结对帮扶，创办养蜂和小米种植基地，上马光伏项目，帮助修复水毁街道等。

安全知识宣传

党日活动

精准扶贫攻坚

校企合作

中小企业素质提升工程

晋城市安全生产监督管理局

局长鲍瑞卿在天泽集团调研危化应急队伍建设

一、概况

晋城市安全生产监督管理局是晋城市人民政府的组成部门，位于晋城市黄华街1012号安泰大厦，2001年在市煤炭工业管理局的基础上组建，正处级行政单位，机关编制29人，设10个科室，10个直属单位，主要职责为综合监管全市安全生产工作。另加挂晋城市人民政府安全生产委员会办公室（简称市政府安委办）的牌子，承担市人民政府安全生产委员会（简称市政府安委会）的日常工作。

二、机构沿革

晋城市安全生产监督管理局前身为市煤炭工业管理局。市煤炭工业管理局是晋城市人民政府的职能组成部门，隶属于晋城市人民政府，1985年成立，定编66人。

2001年政府机构改革中，不再保留市煤炭工业管理局，以市煤炭工业管理局为基础，组建成立安全生产监督管理局，挂煤炭工业局牌子。

2005年政府机构改革中，市安全生产监督管理局为正处级建制，定编33人，不再挂市煤炭工业局牌子。

2010年市政府"三定方案"中，局机关定编29人。

三、工作职责

1. 负责全市安全生产综合监督管理工作，指导、协调和监督各县（市、区）人民政府和市直有关部门的安全生产工作。

2. 负责研究制定全市安全生产重大政策措施和中长期发展规划，指导和监督全市安全文化建设、安全科技和宣传教育培训工作。

3. 负责年度安全生产考核工作，拟定年度安全生产控制指标、工作目标及其考核细则和奖惩兑现方案，落实安全生产"一票否决制"。

4. 负责组织、指导和监督全市安全生产大检查、安全生产专项整治和打非治违等工作。负责受理、查处和督办群众举报的安全生产非法违法行为、隐患问题和事故等工作。

5. 负责全市安全生产应急救援体系建设，指导、协调和监督全市安全生产应急救援队伍建设、信息平台建设、装备物资储备和"一案三制"的备案管理及演练工作，做好重大危险源登记备案工作。

6. 负责危险化学品、非煤矿山、烟花爆竹生产经营单

局长鲍瑞卿在金隅水泥有限公司调研

煤层气综合应急演练

危化品运输车辆应急演练

危化企业应急演练

油库火灾应急演练

消防疏散应急演练

位的安全许可及其监督管理工作，综合监督管理全市生产经营单位建设项目安全设施和职业卫生“三同时”工作，负责用人单位职业卫生的监督管理工作，负责劳动防护用品的监督管理工作。

7. 组织指挥生产安全事故的应急救援，牵头组织各类生产安全事故和生产经营性道路交通事故的调查处理，参与煤矿生产安全事故调查处理工作。

8. 综合管理全市安全生产信息统计和生产安全事故统计分析工作，组织安全生产新闻和信息发布。

9. 承担市政府安全生产委员会办公室的日常工作。

晋城市国家税务局

省国税局胡军局长在城区办税服务厅调研

省国税局纪检组长张鹏飞参观党建文化走廊

2016 年，全市国税系统始终高举“二次创业、内涵发展”的旗帜，全力在服务晋城市经济社会发展大局上有所作为，实现了晋城国税在推进税收现代化建设中夯基固本、重点突破、站位提升的新发展，全年各项税收工作均圆满完成。

一是组织收入实现指导目标。2016 年，全市国税收入完成 82.86 亿元，其中中央级收入完成 49.86 亿元，地方级收入完成 33.01 亿元，圆满完成省国税局指导目标。不折不扣落实扶持实体经济和小微企业发展的税收优惠政策，全年共为 166955 户次小微企业免征增值税 5120.36 万元，为推动大众创业、万众创新营造了良好的税收环境。

二是党建工作呈现崭新格局。以扎实开展“两学一做”学习教育为契机，创造性成立党建中心，建立起“1234”党建工作机制，打造出线上线下思政教育新平台，创新开展税企党建共建，选派 2 名驻村“第一书记”带领村民打响精准扶贫攻坚战，广泛开展“与爱同行”助学活动，帮助贫困学生完成学业，荣获全省“优秀基层党组织”称号。

三是税收法治建设扎实推进。牢固树立税收法治思维，持续深化税务行政审批制度改革，“放、管、服”三管齐下，对落实“三证合一、一照一码”登记制度改革政策、税收优惠政策、征收“过头税”情况等 6 个方面内容开展执法督察，成立公职律师办公室，同时扎实开展法治税务示范基地建设，强力推动税收治理迈入法治化轨道。

四是纳税服务水平全面升级。深入开展“便民办税年”活动，申报征收、报税认证、发票发放等 6 类 31 项业务实行省内通办；开启 O2O 办税模式，实现网购发票统一配送；全力推行网上申报平台升级版，大力推广应用 e 税客；大力推行社会化办税，被省国税局、省地税局、省银监局联合授予“银税合作优秀团队”称号。

党建文化走廊落成

党组开会研究工作

五是税收征管质效显著提升。深入贯彻落实国税地税征管体制改革，38 项内容全部予以落实。以落实征管规范、加强风险管理、推行“互联网 + 政务”为抓手，推行实名制办税，实行一体化风险应对，提请市政府出台了《晋城市涉税信息交换管理办法》，将“国地税网上服务平台”融入“晋城市政务云平台”。

六是深化改革步伐铿锵稳健。实现了城区范围内的一级稽查和全市稽查一体化；建立起汽车行业专业化管理机制；实现出口退税业务专业化管理，为 35 户企业办理出口退（免）税 12.29 亿元；积极运用大数据开展大企业税收服务与监管试点工作，在大企业税收专业化管理中构建了国地税合作新机制，“三库”建设初见成效。

小微企业金融服务暨银税合作工作推进会议

营改增纳税辅导

庆“七一”党建知识竞赛

参观家训走廊宣传家风故事

2016 年业务大比武考试

国地税与泽州县浦发银行联合实现社会化办税

晋城银行成功开出全市首张营改增发票

党员干部参观毛主席像章纪念馆

举办税企羽毛球赛

阳城县章训村扶贫攻坚正当行

晋城市国土资源局

国土部副部长王广华到泽州调研建设用地入市试点工作

省人大常委会对晋城市“一法两条例”执行情况进行检查

市委书记张九萍调研国土资源管理工作

市长武宏文为群众颁发第一个不动产证书

省国土资源厅厅长许大纯调研基层国土所建设

全市永久基本农田划定工作推进会

副市长张利锋主持召开不动产统一登记工作推进会

晋城市不动产登记局成立

晋城市不动产登记管理中心成立

晋城市国土资源暨党风廉政建设工作会

副市长张利锋调研不动产统一登记工作

局长刘中平参加土地日宣传活动

晋城市档案局（馆）

晋城市档案馆在全省首家建成国家级数字档案馆，被省档案局考核评定为省一级档案馆，被省教育厅命名为山西省中小学档案教育社会实践基地。2016年，市档案局（馆）在全省率先编辑出版《晋城市档案馆指南》，在全省重点档案工作目标责任考核中综合排名第三。

山西省档案局党组书记、局长阎默彧（左三）深入陵川县档案馆调研指导工作

晋城市数字档案馆系统功能北京演示会

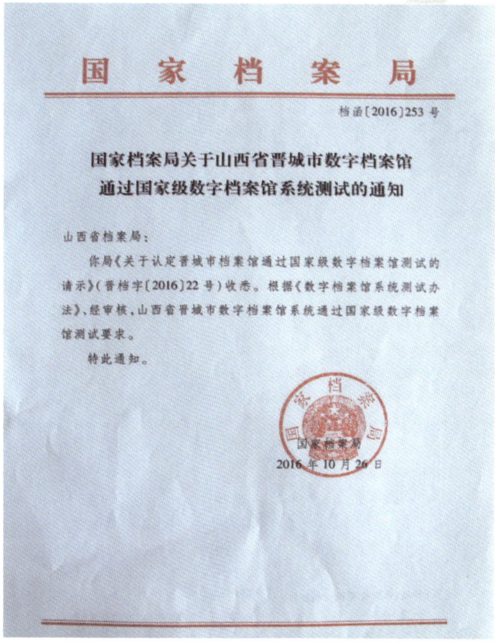

国家档案局

档函〔2016〕253号

国家档案局关于山西省晋城市数字档案馆通过国家级数字档案馆系统测试的通知

山西省档案局：

你局《关于认定晋城市档案馆通过国家级数字档案馆测试的请示》（晋档字〔2016〕22号）收悉。根据《数字档案馆系统测试办法》，经审核，山西省晋城市数字档案馆系统通过国家级数字档案馆测试要求。

特此通知。

国家档案局

2016年10月26日

市档案馆爱国主义教育基地展厅

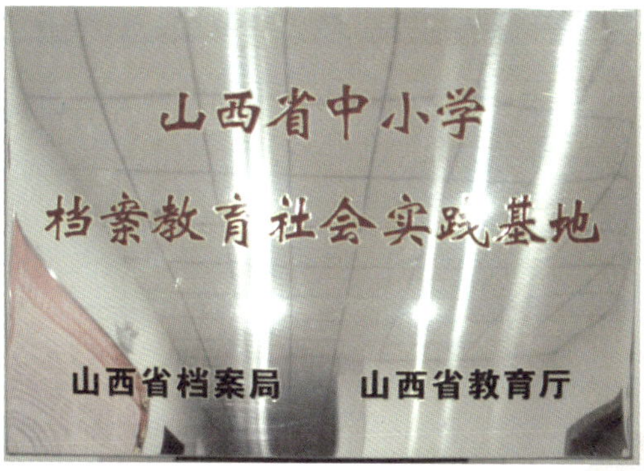

晋城市人大常委会副主任廖军（左六）一行四人到市档案局（馆）调研指导工作

晋城市教育局

副省长张复明在陵川一中观摩学生科技创新小发明

晋城市教育局为正处级建制，内设 9 个科室，分别为办公室、组织人事科（职称办公室）、计划财务科、基础教育科、成人教育科、职业教育科、党委办公室（思想政治教育科）、晋城市语言文字工作委员会办公室、离退休干部管理科。另按规定，由市纪检监察机构派驻监察室。

下设 7 个直属事业单位，分别是晋城市招生考试管理中心（参公）、晋城市人民政府教育督导室、晋城市教学研究室、晋城市教育装备管理中心、晋城市电化教育馆、晋城市教育信息中心、晋城市校园安全办公室。

时任省教育厅厅长张文栋在高平市调研学前教育

市委书记张九萍到陵川县后庄小学慰问少年儿童

时任市长刘润民到城区部分学校调研

副市长梁丽萍调研教育工作

市教育局局长茹刚调研民办教育

首届初中生物教师技能竞赛

举办第二届职业教育活动周

全市首届中小学生软式棒垒球比赛

沁水县顺利通过国家义务教育发展基本均衡督导评估认定

晋城市农业委员会

2016 年，全市农业战线干部职工围绕农民增收核心任务，不折不扣落实各项强农惠农富农政策，恪尽职守，奋力拼搏，促进全市现代农业发展再上新台阶，脱贫攻坚首战首胜。全年农村居民人均可支配收入达到 11635 元，同比增长 6.6%。全年粮食总产量达到 90.1 万吨，为历史第六个高产年。全市农产品加工企业销售收入达到 73.7 亿元，同比增长 7%，亿元以上龙头企业达到 13 家。全年共完成 26733 人的脱贫任务，完成易地扶贫搬迁 5912 人，完成贫困人口精准培训 1450 人。完成现代农业产业投资 46.1 亿元。农业产业化龙头企业新上项目 43 个，总投资 8.2 亿元；全市农产品抽检合格率达到 98.6%，连续多年未发生农产品质量安全事故。农村土地承包经营权确权登记颁证工作基本完成。完成新型职业农民培育 6335 人。加快改善农村人居环境“四大工程”建设，创建省级美丽宜居示范村 6 个、市级 20 个、县级 45 个，相继举办阳城县首届国际徒步大会、阳城农业嘉年华活动、美丽宜居示范村乡土文化展播活动、第二届“最美乡村”评选活动，展示全市新农村建设新成果、新模式。

农民培训

工厂化食用菌生产车间

省级美丽宜居示范村山耳东村

阳城县利用桑枝大棚栽培香菇

农业专家进行技术指导

设施大棚

乡土文化展播

晋城市水务局

“讲转抓”研讨会——党组民主生活会议

党旗飘扬——机关第一支部主题日活动

督察指导——陵川县磨河水库工程

2016年，在市委、市政府的正确领导下，在省水利厅的大力支持下，晋城市水务系统深入贯彻习近平总书记系列重要讲话精神，积极践行新时期治水方针，凝心聚力，奋力拼搏，全面从严管党治党取得新成效，水利改革发展取得新突破，防灾减灾取得新胜利，民生水利取得新进展，水利管理得到新提升，保持了治水兴水管水的良好态势，为全市“一争三快两率先”发展提供了强有力的水利支撑和保障。

诵读誓词——全体党员在孙文龙纪念馆前宣誓

2017年，是党的十九大召开的喜庆之年，也是实施“十三五”水利发展规划的关键之年，做好水利工作至关重要。全市水利系统将认真贯彻党中央、国务院新时期水利工作方针和“五水共治”决策部署，全面落实省十一次党代会和市七次党代会精神，紧紧围绕“一争三快两率先”发展战略，认真贯彻落实从严治党管党主题责任，深化水利改革，推进依法治水科教兴水；实施大水源建设、加快推进“十蓄三提四引”重点水源工程进度；立足普惠共享，大力发展民生水利；坚持绿色发展，加强水生态文明建设；严格水资源管理，扎实推进节水型社会建设。凝心聚力、真抓实干，努力开创水利工作新局面。

太极湖流连飞瀑

晋城市食品药品监督管理局

晋城市食品药品监督管理局前身为晋城市药品监督管理局，成立于2002年。2005年，更名为晋城市食品药品监督管理局。2009年由省以下垂直管理改为地方政府分级管理。2013年新一轮机构改革中，在该局原来全部职能的基础上，整合市卫生局承担的市食品安全综合协调办公室的职责、市质监局承担的食品生产环节监管职责、市工商局承担的食品流通环节监管职责，重新组建晋城市食品药品监督管理局，同时加挂“晋城市食品安全委员会办公室”的牌子。负责全市食品、药品、保健食品、化妆品和医疗器械安全的监督管理，同时承担市食品安全委员会日常工作。全局现有干部职工48名，班子成员8名，内设科室12个，派出单位1个，下属单位6个。

近年来，该局在全市“一争三快两率先”战略引领下，积极推动食品药品产业和医药经济的快速健康发展。目前，全市已发证的食品生产企业188家，食品流通企业11000余家，餐饮服务单位9000余家；保健食品化妆品生产企业4家。其中，以厦普赛尔、彤康、古陵山为代表的食品生产企业，以金辇、凤展为代表的食品流通企业，以湖滨集团、金和餐饮等为代表的餐饮企业呈现出蓬勃发展之势，正向规模化方向发展。全市有药品生产企业7家，医疗器械生产企业5家，药品经营企业655家，医疗机构2778家。以海斯药业、皇城药业等为代表的化学制药企业，以杏泽药品零售连锁公司、春天大药房、同仁堂药店等为代表的药品经营企业迅速发展，保证了广大群众购药用药需求；具有晋城特色的道地中药材产业正成为农业产业结构调整、农民增收的有效途径，陵川党参率先通过国家GAP认证验收，成为全省首家通过GAP认证的中药材品种。

局长李作富带队检查节日食品市场

局长李作富陪同省食药监局年度目标考核组检查基层食药站所工作

深入药品生产企业调研

召开全市食品药品监督管理工作会议

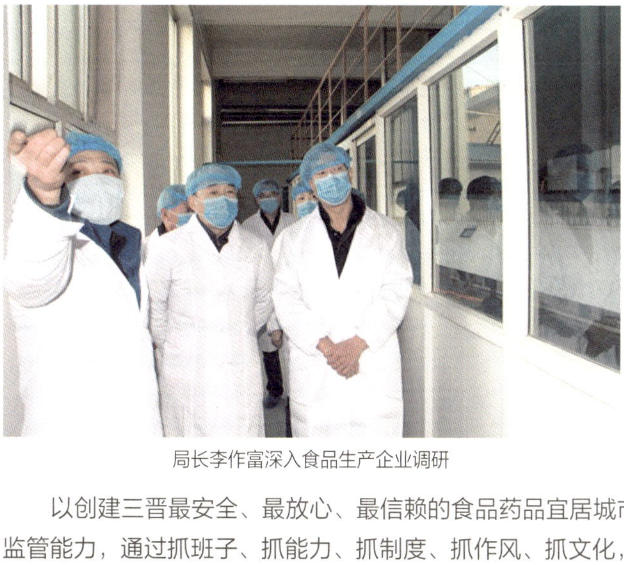

局长李作富深入食品生产企业调研

局长李作富深入食品生产企业调研

以创建三晋最安全、最放心、最信赖的食品药品宜居城市为抓手，不断夯实监管基础，切实转变工作作风，全面提升监管能力，通过抓班子、抓能力、抓制度、抓作风、抓文化，为维护公众健康权益，服务转型跨越发展做出了积极贡献。先后受到国家级表彰 1 次，省级以上表彰 24 次，市级表彰 36 次，连续 6 年被市委、市政府表彰为“打假治劣先进集体”，连续 8 年被省食品药品监督管理局和市政府表彰为“政风建设先进单位”。是省级精神文明单位、省级依法治理示范单位。餐饮服务食品安全“脸谱”公示制、药品安全双层监管责任制、和谐机关文化建设等经验，先后被《中国医药报》《山西日报》等媒体报道，在新华网、人民网等门户网站转载，在全省乃至全国食品药品监管系统均产生了一定影响。

晋城市质量技术监督局

省政府质量考核组首次对市政府开展质量工作考核

常务副市长杨勤荣、省质监局副局长王国强视察国家煤层气质检中心建设

陈家富局长在国家煤层气质检中心现场办公

市质监局领导班子参观廉政教育基地

晋城市质量技术监督局是市政府管理质量、标准、计量、认证认可和特种设备安全监察工作的直属单位，是贯彻实施《产品质量法》《计量法》《标准化法》《特种设备安全法》等法律和《工业产品生产许可证管理条例》《认证认可条例》等行政法规以及省、市与之配套的地方性法规的执法主体，履行全市质量、计量、标准化、特种设备和危险化学品安全监管以及打击假冒伪劣产（商）品等重要职责。同时，该局所属有产品质量检验计量检定、特种设备检测 2 家专业检验检测技术机构，为政府部门行政执法和经济社会发展提供技术支撑。另外，市质监局还承担着质量强市领导小组、名牌战略领导小组和标准化工作领导小组办公室职能。

2016 年，全市质监系统坚持以习近平总书记系列重要讲话精神为指引，坚决与以习近平同志为核心的党中央保持高度一致，紧紧围绕市委、市政府的决策部署，不断加强市局班子和党员队伍建设，牢固树立“四个意识”，坚定“四个自信”，扎实有序开展“两学一做”学习教育，全面提升党建带动工作水平。质量强市战略持续深入实施，牵头完成省政府对市政府的首次年度质量工作考核；第二届市长质量奖申报评选启动；《质量晋城》栏目开播，叫响“质量强市、质监为民”的口号。“两个安全”监管继续保持“零事故”，该局被市“冬季行动”办公室考核为优秀等级。国家煤层气质检中心项目稳步推进。全市标准化改革发展全面深化，市政府成立了标准化工作领导小组，制定发布 1 项行业标准和 4 项山西省地方标准。创新推出联组工作机制，有效解决工作人员不足、工作量不均衡、公务用车紧张等问题。市质监局机关党委被表彰为“先进基层党组织”，市质监局被市委、市政府表彰为“晋城市 2015 年度目标责任考核优秀单位”；被市委脱贫攻坚领导小组办公室表彰为“干部驻村帮扶工作模范单位”。

晋城市交通运输执法局

召开"两学一做"动员大会

2016 年，在省交通执法局及晋城市委、市政府的正确领导下，晋城交通运输执法局对辖区内各交通运输执法单位开展严格的执法监督工作。全年，全局共开展各类监督工作 2531 次，出动人数 8980 人次，出动车辆 2531 辆次，共办理案件 192 件，结案率达到 90% 以上。在专项监督工作中，开展以安全大检查、2015 年行政执法评议考核"回头看"为重点的行政执法监督检查、《山西省城市客运条例》贯彻落实情况专项监督检查等专项检查，并积极配合上级部门对祁临高速公路有限责任公司、山西省公路局晋城分局、晋城高速公路有限责任公司、阳翼高速公路建设管理处、高沁高速公路建管处开展各类审计监督工作。

在党建工作中，严格按照"两学一做"学习要求开展各类活动。局长张慧锋与班子成员带头走上讲台，为全体党员干部上"两学一做"专题党课。同时，晋城交通运输执法局积极开展各类文体和社会活动，展示了良好工作斗志和精神风貌。

2016 年是晋城交通执法工作全面发展的一年，晋城交通运输执法局被晋城市目标责任考核领导组授予"促进晋城经济社会发展贡献奖"，并在省交通运输执法局举办的"党章党规知识竞赛"及市直工委组织的职工趣味运动会上，分别荣获二等奖。

山西省交通运输执法局局长曹居月莅临晋城局调研工作

局机关全体党员参观晋城市党史馆

晋城市工商行政管理局

参加行风大家谈栏目，现场接受咨询、投诉

企业注册科获企业赠送锦旗

2016年，市工商局深化商事制度改革，推进企业名称登记改革，整合社会保险登记证和统计登记证，实现了“五证合一、一照一码”。全市新登记各类市场主体21280户，其中企业6089户（内资企业339户，私营企业5750户）；新登记农民专业合作社678户；新登记个体工商户14513户。构建信用监管体系，着力创新事中事后监管方式，在各县（市、区）共同努力下，全市企业年报公示率达91.52%，位居全省榜首。严格履行执法职责，全年全市工商系统共办理各类案件210件，其中，一般程序191件，简易程序19件，罚款55.68万元。市工商局查办案件19件，罚款27.35万元。推进品牌兴市战略，省工商局认定“科通”“东昕”“正易”等23件商标为山西省著名商标，全市中国驰名商标达到6件，山西省著名商标达到78件。提升消费维权效能，受理消费者申诉1408件，为消费者挽回经济损失181.82万元。全市工商部门积极查处消费侵权案件，查办案件27起，罚没款24.9万余元。

扶贫捐赠

检查酒类市场

文体活动

晋城市地方税务局

召开全系统“两学一做”学习教育视频动员会议

岗位大练兵、业务大比武 选拔考试

局班子带队下乡扶贫

晋城市地方税务局成立于 1994 年 8 月，局机关内设 13 个科室，下辖 6 个县（市、区）局、7 个直属分局、5 个直属事业单位。全系统有干部职工 788 人。承担着全市范围内 12 个税种和 5 种规费的征收管理工作。

2016 年，该局坚持“应收尽收抓收入、严管善待强队伍”的工作理念，务实担当、开拓进取，共组织各项收入 69.36 亿元，其中：税收收入 60.14 亿元、各项规费 9.22 亿元，税收提供市县级公共财政预算收入 32.79 亿元，圆满完成市委、市政府年度组织收入任务。同时，不折不扣落实税收优惠政策，特别是小微企业税收优惠政策，累计减免税 7.76 亿元，惠及全市 1.2 万户纳税人。在做好组织收入工作的同时，征管改革、纳税服务、税收法治、队伍建设、党建和党风廉政建设等方面也取得显著成效，荣获省部级以上集体荣誉 20 余项。

2017 年，该局将在市委、市政府的正确领导下，深入落实“践行发展理念，聚焦三大主题，服务晋城崛起”的工作思路，坚持以组织收入为中心，以服务地方为己任，苦干实干，创新发展，全面完成既定的各项目标任务，向市委、市政府交上一份满意的答卷。

深入开展税收宣传活动

定期举办道德讲堂

晋城市住房公积金管理中心

晋城市住房公积金管理中心是直属于市人民政府、不以盈利为目的的独立事业单位，下设7个分中心，内设8个职能科室，负责全市范围内住房公积金归集、提取、使用等管理工作。2016年，是“十三五”开局之年，也是市公积金中心适应新常态，弘扬新理念，“五型”化建设取得显著进展的一年。这一年，中心秉持为民理念，规范缴存政策，降低企业成本，保障职工权益，发展基础更加厚实；推进共享，优化使用流程，简化使用手续，群众获得感大大增强；坚持创新，“五位一体”抓服务，信息化建设大大提速，“互联网+公积金”落地生根；崇尚精细，把工作做精，把管理抓细，“八个零”化于心、成于行；实施共建，文明建设枝开花红，“四个意识”成为思想引擎。

2017年，是十九大召开之年，也是市公积金中心爬坡之年，更是全市公积金系统的学习之年、落实之年、提升之年。该中心认真学习领会习近平总书记系列重要讲话精神，深入贯彻落实市第七次党代会精神，紧紧围绕市委、市政府中心工作，以《住房公积金管理条例》为工作指南，用创新的思维、实干的精神念好缴、用、还、查、廉“五字诀”，全力推动全市住房公积金管理工作再上新台阶，为推进全市“一争三快两率先”发展战略做出新贡献。

中心机关党委成立大会

获“安康杯”竞赛活动二等奖

审查贷款资料

走进“百姓热线·纠风台”与群众交流

宣传住房公积金政策

深入企业开展缴存摸底调查

到孙文龙纪念馆接受廉政教育

坚持学习不断线，提升职工素质

开展“学雷锋”志愿服务活动

植树活动

晋城市公安局交通警察支队

市长武宏文深入一线检查督导公安交管工作

省厅交管局局长郭丙福到交警支队调研指导工作

近年来，在市委、市政府、省厅交管局、市公安局的正确领导下，支队长郭国庆、政委李文奇和支队班子成员以及全市公安交警面对严峻的道路交通安全形势和繁重的工作任务，上下一心，认真履职，主动作为，无私奉献，全力以赴保安全、保畅通、防事故。全力维护道路交通安全，形势稳定；预防减少重特大交通事故，取得新成绩；深化改革创新管理，推出新举措；基层基础建设迈上新台阶；源头治理社会共治开创新格局；队伍建设赢得新进展。各项工作进步明显，成效显著，逐步实现了队伍整体素质不断提高，路面行车秩序明显改观，道路交通事故预防能力增强，人民满意度提升的目标，为促进经济和社会发展做出了突出贡献。

2016 年，全市道路交通安全形势平稳，全市全年未发生一次死亡 3 人以上交通事故，自 2015 年 6 月至 2016 年年底已经连续近 600 天未发生一次死亡 3 人以上交通事故，是近十年来全市最好成绩。全年共排查事故多发点段 5 处，整治 5 处，整治率 100%；服务群众水平进一步提高，2016 年 7 月，支队车管所被公安部授予“全国二等车管所”称号，阳城车管所再获“全国优秀县级车管所”称号；精神文明再创佳绩，全年全市公安交警系统共有 46 个单位、347 名个人受到各级各类表彰。2016 年 10 月 9 日，支队被山西省精神文明建设指导委员会表彰为“2014-2015 年度山西省文明单位”。

副市长、市公安局局长王斌权到交警支队调研指导工作

省厅交管局副局长武小彪到交警支队调研指导工作

支队长郭国庆带队慰问困难群众

召开全市公安交通管理工作会议

严守岗位疏导交通，为考生打造良好的交通秩序

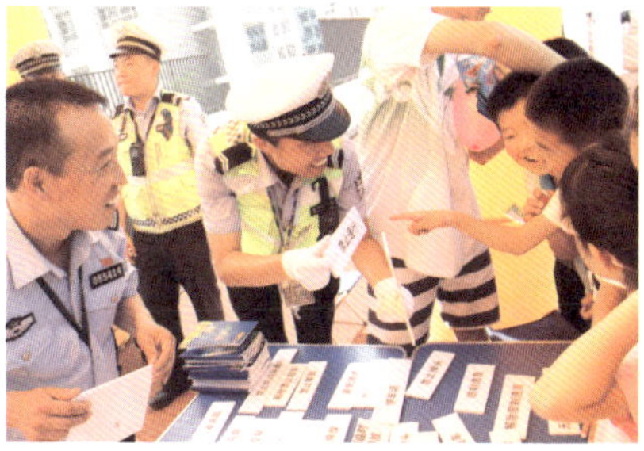
邀请中小学生举办警营实践活动

开展主题宣传活动，营造浓厚氛围

进幼儿园举办交通安全知识教育宣传活动

雨夜雪天坚持站岗执勤确保交通安全畅通

高平市人民检察院

省检察院检察长杨司视察该院司改工作

员额检察官宣誓

高平市人民检察院于2016年11月完成搬迁工作，新址位于高平市区东南部，办公面积3000余平方米，设有电子阅览室、图书室、活动室、篮球场等文体活动场所，并配套有干警宿舍和干警餐厅。

高平市人民检察院现有综合保障部、政治部、刑事检察部、民事行政检察部、检察业务管理监督部、检察技术中心、纪检组、后勤服务中心8个内设机构，共有编制人员50人。院领导班子中，检察长1人，副检察长2人。现任党组书记、检察长申中华。

高平市人民检察院主要履行法律监督职能，保证国家法律的统一正确实施，对高平市人民代表大会及其常务委员会负责并报告工作。主要职责有：

1. 依法对刑事犯罪案件进行审查批准逮捕、决定逮捕、提起公诉。
2. 依法对刑事案件的判决、裁定的执行和监狱、看守所、社区矫正机构等执行机关的活动是否合法进行监督。
3. 依法对已发生法律效力的民事判决、行政判决等进行监督，维护公民人身、财产合法权益，保护国家利益。

检察长申中华作工作报告

“两学一做”宣誓

向未成年人普法

第十八个举报宣传周宣传

申中华检察长下乡慰问贫困户

市委办公厅

【概述】 2016年，市委办公厅围绕学习贯彻党的十八大，十八届三中、四中、五中、六中全会精神和习近平总书记系列重要讲话精神，团结干事、务实敬业，切实增强"四个意识"，围绕中央和省委重大决策部署，把握全市经济社会发展大势，及时了解、掌握全市改革发展的基层实践；围绕市七次党代会精神的贯彻落实，推动市委工作部署的落地生根；围绕新形势加强和改进下党办工作的职能定位，全面打造市委的"坚强前哨"和"巩固后院"。

【文稿工作】 围绕全市改革发展和党的建设深入开展课题研究，及时总结经验，发现问题，提出对策，带动做好服务市委决策的各项工作。全年，累计撰写市七次党代会报告、全市经济工作会议的领导讲话和四大班子述职等各类文稿160余篇、60余万字。

【信息工作】 畅通社情民意渠道，做好网民留言的办理工作。全年，共编发《晋城信息》60余期，总字数160余万字。组织报送信息600余条，其中100余条被中办、省委选用。全年《山西信息》共选用晋城信息100余条，为上级党委指导晋城工作提供全方位的信息服务。

【信件办理】 全年，共接受省委社情民意转办件29件，除2件未到办结时限外，其余全部办结，办结率达100%，其中6件被省委社情民意办公室评选为"办得好"的件，办得好比率达21%，位居全省前列。

【精文简会】 严格会务管理，控制全市各类会议活动数量和规模，筹备召开市第七次党代会和全市党委办公室主任会议等大型会议。加强文件管理，全年共编发市委文件14件、市委请示报告47件；办公厅文件64件、各类电报信函60余份。接收中央级文件共90件2900余份，办理300余份次；接收省级来文共390件5700余份，办理520余份次。没有出现一起失泄密事件。完成党内规范性文件报备工作，全年共报备和受理规范性文件97件。其中以市委名义报送省委备案的10件；受理县(市、区)委报送市委备案的85件；受理市直部门和党组党委报送市委备案的9件。

【值班工作】 强化值班应急工作，坚持24小时值班制度。全年，共接报各类突发公共事件等信息200余条，以《值班快报》形式向省委值班室上报信息80余期。其中，省委、市委领导指示批示20余次。

【督察工作】 围绕省委督察活动开展督察，先后对各县(市、区)和部门单位贯彻落实中央"八项规定"精神暨党风廉政建设"两个责任"情况、群团工作情况、统战工作情况、两个《条例》情况、职务职级并行情况等7个方面内容进行督察。围绕阶段性工作重点开展督察，先后对全市学习宣传贯彻十八届六中全会和省市党代会精神情况、开展“冬季行动”情况、全市未成年人思想道德建设工作情况、环保问题整改落实情况等工作进行督察。市委督查室全年共督办省委批转件4件，市委领导批示25件，办结率100%。全年，共督办市七届人大一次会议建议8件、七届政协一次会议提案31件。围绕重点、难点、热点问题，采取领题调研、联合调研的方式，深入基层一线开展督察调研，形成调研报告3篇，为市委决策提供翔实的依据。

【队伍建设】 落实管党治党的主体责任，加大对党员监督管理力度。定期给机关党员上廉政教育党课和其他专题党课，与全体党员进行集体廉政谈话，出台《领导身边工作人员行为准则》，教育引导广大党员干部严格执行廉洁从政各项规定，增强服务意识、大局意识和责任意识。教育引导全厅干部职工坚守底线、瞄准标线、不碰红线，严格遵守中央和省、市委关于领导干部廉洁从政的各项纪律规定，严格执行中央“八项规定”，严格要求家属子女和身边工作人员，树立清正廉洁的良好形象。

（市委办公厅）

组 织

【概述】 2016年，全市组织系统认真学习贯彻党的十八届三中、四中、五中、六中全会精神和省、市党代会精神，以习近平总书记系列重要讲话精神为指引，深入贯彻省委“一个指引、两手硬”重大思路和要求，坚持围绕中心、服务大局，攻坚克难、强基固本，把“严、实”要求贯穿组织工作全过程，圆满完成各项任务，为“不断塑造美好形象、逐步实现振兴崛起”提供坚强保障。

【“两学一做”学习教育】 紧盯“学、做、改”，从严从实抓好“两学一做”学习教育。认真履行组织、参与双重职责，精心部署、精细组织、精准施策，确保学习教育健康有序开展。一是全面覆盖“学”。市委中心组集中学习20余次，各级党组织自上而下普遍开展5次专题研讨，党员领导干部带头深入联系点讲党课。市委举办党务骨干示范培训班，编印发放系列辅导读物“一本三册”5000余套。基层党组织广泛开展百题知识竞赛、“诵誓词”、结对帮学等活动，确保学习教育的覆盖面。二是突出特色“做”。开展以“我是党员我带头”为主题的“党员先锋行”活动，明确提出党员领导干部“八个一”、普通党员“六个一”规定动作。指导不同地域、不同行业的党员群体开展各具特色的实践活动。组建1600余支党员志愿服务队开展组团式服务。“七一”期间，集中表彰100名优秀个人和100个先进集体。三是抓住关键“改”。扎实开展“讲担当、转作风、抓落实”活动，集中解决不担当、不作为、不落实问题。围绕突出问题开展专项整治，共排查失联党员2100余名，未按期换届基层党组织820个，补交党费1397.56万元，一批党代表和党员违纪违法未处理问题得到有效整改。

【换届工作】 坚持“五个贯穿始终”，顺利完成市县乡领导班子换届工作。围绕实现“四好”目标，认真履行“操盘手”职能，从严从实抓好各环节工作。一是把强化领导、严密组织贯穿始终。坚持党委全面抓、抓全面。市委先后召开8次常委会、6次推进会专题研究换届工作，与各个责任主体进行4轮集中谈话。市、县组织部门与有关干部普遍谈心谈话2次以上，覆盖所有换届涉及的党员干部。二是把精准细致、按章办事贯穿始终。组织编印《换届工作手册》，制作工作流程图，明确时间表、任务书，标出风险防范点。选举过程中，认真履行法定程序，坚持标准不降、步骤不减，确保零差错、零失误。三是把公开公正、竞争择优贯穿始终。选配班子坚持先定原则后定人，深入贯彻8条要求，认真抓好综合分析研判。从严执行干部选任“1+9”制度规定，共甄别干部2317名，对2281名干部进行“四评十查一访”，终止选拔或提名28人，有效防止用人失察和“带病提名、带病当选”。四是把严明纪律、扬风正气贯穿始终。认真落实“一片一书”“四必看”要求。组建6个换届风气督察组开展“账单式督察”113次，确保各个责任主体、各个程序环节始终置于有效监督之下。把谈心谈话、思想政治工作贯穿始终。换届前重点了解干部的意见建议,班子调整前重点了解去向意愿,班子调整后重点强调纪律、鼓劲加油。对于没有达到个人意愿的干部,深入细致做好思想工作,确保各级班子思想不散、工作不断。

【基层组织建设】 深入贯彻"一带三创五化"工作思路,持续用力抓好基层党组织建设。把"组织建设星级化、乡村治理法治化、教育管理制度化、服务群众常态化、考核评价社会化"党建工作思路与脱贫攻坚深度融合,围绕党建抓扶贫、抓好扶贫促党建。一是抓责任落实。严格落实市、县两级常委"一包五联"制度,研究制定农村党建问题清单2类9条、任务清单2类11条、责任清单20条。开展"述评考"活动,引导各级书记自觉强化"第一责任人"的意识。二是抓专项整治。围绕提升基层组织"两个功能",对223个软弱涣散村级组织进行集中整顿。帮助326个村实现活动场所"达标升级"。67个村集体经济突破5万元。三是抓队伍建设。持续加强农村"带头人"队伍建设,全覆盖开展"领头雁"培训和"双强双带"党员冬训。狠抓第一书记、大学生村官使用管理。在全市范围内评选表彰100名优秀基层党组织书记。四是抓经费保障。市财政按照每村5000元、每个社区及非公党建联系点10000元的标准保障党建专项工作经费,为166个市级下派第一书记所在贫困村每村安排2.5万元工作经费。建立健全农村干部待遇报酬正常增长和离任村两委主干生活补贴机制,两委主干待遇达到人均收入的1.5倍。

【人才工作】 深入实施人才强市战略,为经济转型升级提供智力支撑。坚持党管人才原则,开展招才引智,邀请海外专家开展技术指导、智力交流30余人次,解决重大技术难题30余项;组织22家企事业单位和10个创新项目参加全省人才智力交流大会,与133名高层次人才达成推介使用意向,与100多家企业团体或个人达成合作意向;制定出台《加强和改进市委联系高级专家工作的意见》,进一步完善工作制度,创新工作方法;成功举办青年企业人才论坛;为引进的"985工程"高校硕士兑现待遇;组织130名市级专家进行健康体检。

【自身建设】 启动实施"家"文化建设,着力打造过硬队伍、建设模范部门。一是严家规,规范治部。修订出台《市委组织部部务会议制度》,全面规范部务会日常工作和议事决策流程。实施创新工作项目管理、重点工作倒排督办、日常工作月总结调度"三位一体"工作推进机制,全面提升组织工作规范化管理水平。二是重家教,学习兴部。创建"晋城组工之家"微信群,开展经常性的业务探讨和情感交流。启动实施"干部素质提升工程",全面提升组工干部"站起来能讲、坐下来能写、走出去能干、沉下去会帮"的综合素质。三是正家风,形象立部。采取"部长约谈"、上门约谈、集体座谈等形式,畅通与各级干部常态化沟通渠道。引导组工干部结对联系党员、干部、人才,结对帮扶困难群众,促进党群、干群关系和谐。四是浓家味,和谐活部。开展"家风墙""家训榜"建设。每逢干部生日,部领导带头送上亲情祝福。定期举办文体比赛、爬山郊游、户外拓展等活动,营造"热情开放、和谐包容"的浓厚氛围。

(市委组织部)

宣 传

【概述】 2016年,全市宣传思想文化战线深入学习宣传贯彻习近平总书记系列重要讲话精神,认真贯彻落实省委、市委重大决策部署,牢牢把握"两个巩固"(巩固马克思主义在意识形态领域的指导地位,巩固全党全国人民团结奋斗的共同思想基础)根本任务,围绕中心、服务大局,着力做好理论建设、意识形态管理、舆论引导、核心价值观培育、文化发展等各项工作,为"一争三快两率先"战略部署顺利实施营造良好氛围,做出积极贡献。

【理论武装】 坚持把学习贯彻习近平总书记系列重要讲话精神作为首要政治任务,在强化责任、健全机制、注重实效上狠下功夫。在理论学习方面,充分发挥市委中心组的示范带动作用,通过集中学习、专题研讨、专家辅导等形式，全年共学习21次，综合排名全省第二。在理论宣传方面，采取“宣讲+巡讲”的全新形式，集中开展党的十八届六中全会、省第十一次党代会和市第七次党代会精神宣讲，共宣讲199场。创办《理论在身边》全媒体宣传栏目，坚定广大干部群众的道路自信、理论自信、制度自信、文化自信。在理论研究方面，设立市委政研室、市委党校、市委讲师团、市发展研究中心、市党建研究会5个理论研究基地，以《太行日报》理论版为主阵地，围绕宣传阐释市委重大决策部署和现实问题开展专题研究，全年发表理论文章31篇，《习近平总书记治国理政理念在晋城的实践》等3个课题被列为省级课题。在意识形态方面，制定《意识形态工作责任制实施细则》，建立意识形态领域形势分析研判机制，牢牢把握全市意识形态工作的领导权和话语权。

【主题宣传】 坚持正确舆论导向，突出媒体联动，强化传播创新，为外塑形象、内聚力量摇旗呐喊、鼓劲造势，营造主题宣传氛围浓厚。围绕市委、市政府中心工作，集中力量对市第七次党代会、市“两会”、市县乡换届、“两学一做”学习教育、脱贫攻坚、纪念赵树理诞辰110周年等重点工作和重要活动开展系列主题宣传，营造积极向上的舆论氛围。

【对外宣传】 组织“著名作家看晋城”“中国民航带您看晋城”等活动，推出一系列反映全市调结构促转型、抓改革促开放、保民生促稳定的对外宣传精品力作。全年，在《人民日报》《光明日报》发表稿件11篇，中央电视台、中央人民广播电台播发新闻35条，省级报纸刊发文章1426篇，省电视台、电台播发新闻861条，广播新闻发稿数量连续13年排名全省第一。

【舆情处置】 针对热点敏感问题，及时有效开展舆论引导，特别是加强对网上舆情的跟踪研判，网评、网宣工作名列全省第一。对开发区鸣瑞园小区燃气爆炸事故、沁河能源中村煤矿7·2透水事故等舆情进行积极处置，有效回应社会关切。《陵川县代课教师月薪150元事件网评引导案例》入选中央网信办舆论引导案例。

【核心价值观宣传】 以培育和践行社会主义核心价值观为根本，深入实施中国特色社会主义、中国梦和社会主义核心价值观宣传教育，举办纪念建党95周年和红军长征胜利80周年系列活动，开展核心价值观微电影征集，《河山风清之廷敬尊亲敬乳母》被中宣部授予三等奖；开展童心向党歌咏活动主题教育，录制《卢沟谣》《我的中国梦》等28首爱国主义歌曲，命名第四批爱国主义教育基地。加大选树典型力度，组织开展第六届“晋城好人”评选活动，积极参与全国文明家庭、全国全省道德人物评选，刘平贵、毕腊英两个家庭荣获第一届全国文明家庭称号；4人荣登“中国好人榜”，全市已有65人上榜，总数位居全省第一；8人入选“山西好人”，当年入选人数全省第一。

【文艺创作】 加强重大现实题材、本土题材文艺创作，推出《晋城史话》《沁河风韵》《纪念赵树理诞辰110周年系列丛书》等一批精品力作。《文魂，赵树理在沁水》一书获赵树理文学奖，泥塑作品《降龙伏虎》获中国第三届传统宗教泥塑技艺大赛特别金奖，《遇见20年后的父母》《古朴晋城、水墨天成》《多少种精彩、好一座晋城》获全国第三届城市广播电视优秀作品金奖，电影《战将周希汉》、大型廉政剧目《大道无垠》主题曲《你的背影》获省“五个一工程”奖。

【文化惠民】 出台晋城市“十三五”文化发展规划、支持戏曲传承振兴发展工程的若干措施等一批政策性文件，大力培育文化市场主体，转变文化发展方式，构建多元投入机制，文化发展的质量和效益不断提高。强化公共文化服务资源配置，市图书馆纳入山西省公共图书馆业务总分馆系统，在市区建成41个24小时自助图书馆，市图书馆全年接待读者40万人次；市美术馆举办各类展览32场，吸引观众15万人次；完成广播电视直播卫星户户通工程目标任务552户。强化文化惠民导向，广泛开展送文化下基层活动，举办“书香城市、文化晋城”全民阅读月、健身广场舞大赛、首届豫剧电视大赛等群众性文化活动，丰富群众的文化生活。全年为农村放映公益电影27384场，为寄宿制学校放映爱教影片1512场，为低保对象村送戏581场、文艺演出231场，发放购书补助卡90398张，为15个村进行数字电视改造升级，最大限度地满足人民群众的精神文化需求。

（市委宣传部）

统战

【概述】 2016年，全市统战系统贯彻落实中央统战工作条例、省委和市委贯彻条例实施意见，推进政党协商，加强对口联系，提升多党合作制度化、规范化水平；创优环境，细化措施，助推民营经济破局发展；构建宗教管理网络，推进民主管理创建，引导宗教与社会主义社会相适应；大胆实践，不断探索，做好党外知识分子和新社会阶层人士统战工作；着力发现培养，大力推荐使用，推进党外代表人士队伍建设；搭建桥梁，深化交流，加强港澳台与海外统战工作，全面推进各领域统战工作。

【统战工作】 贯彻落实中央和省委统一战线工作重大决策部署，市委出台《关于加强新形势下统一战线工作的实施意见》，细化31个方面具体任务。至年底，28个方面任务基本完成，3个方面任务需在换届中或换届后逐项落实。全市各级党委、政府对统战工作的政治意识、大局意识和责任意识不断提升，“大统战”格局基本成型。一是党委重视，明确统战工作职责。市、县两级均成立统一战线工作领导小组，明确各成员单位的工作职责和工作制度。各级党委均把统战工作纳入重要议事日程，市委常委会先后12次研究统一战线相关工作。市、县均把统一战线工作纳入组织部门对各级党委领导班子和领导干部考核内容，纳入宣传部门全市宣传工作计划，把统一战线理论政策纳入党校党政干部教学培训内容。全市30多个统战成员集中、统战工作任务重的党政单位、大专院校、国家企业均明确工作机构、明确专人负责统一战线工作。各乡镇（街道）党委均配备专兼职干部负责统一战线工作。二是完善制度，强化统战工作。出台5个意见，制定3个制度，完善2个机制。健全制度，完善措施，提升统战工作的制度化、科学化水平。五个意见分别是：《中共晋城市委关于加强新形势下统一战线工作的实施意见》《晋城市人民政府关于在政府工作中加强与民主党派、工商联和无党派人士联系的意见》《中共晋城市委关于加强政党协商的实施意见》《关于加强党外干部挂职锻炼的实施意见》《关于加强统一战线宣传工作的意见》；三个制度分别是：《党政领导干部联系党外代表人士制度》《党政部门联系民营企业制度》《组织部与统战部联席会议制度》；两个机制分别是：形成组织部与统战部的协作配合机制，统战部、宣传部、网新办、团委及相关部门的协调机制。

【政党协商】 一是推进政党协商的组织和落实。制订《2016年度政党协商计划》，完善民主协商制度和程序，召开《政府工作报告》和“十三五”纲要征求意见座谈会、上半年经济运行情况通报会、换届人事协商座谈会、党风廉政建设和反腐败工作情况通报会等各类协商会、通报会、座谈会10余次，把政治协商纳入党委政府决策的必经程序。完善民主党派市委向中共市委直接提建议制度，编辑《建言专报》6期，市委书记张九萍对其中3期作出重要批示。二是协助民主党派市委做好换届工作。按照市委和省委统战部的部署，出台《关于协助各民主党派做好市级组织换届工作的意见》，形成《关于晋城市各民主党派换届工作有关问题座谈会纪要》，召开换届工作动员会。至年底，民盟、民建、民进、农工党、九三学社换届工作完成，协商推荐的候选人全部当选。三是推进党外人士“双学一跟”（在全市党外代表人士中开展“学习讲话、学习作风、跟党奋进”活动）活动。指导党外代表人士开展“双学一跟”活动，出台《关于在全市党外代表人士中开展“双学一跟”活动的实施方案》。各民主党派发挥特色，围绕全市中心工作，承担相应课题，开展调研活动，全年形成各类提案、调研报告100余篇，开展医疗、教育、文化、养殖等方面社会实践活动80余次。

【非公经济工作】 一是落实加快民营经济发展相关政策。贯彻落实全省民营经济发展推进大会精神，加大简政放权力度，深化商事制度改革，清理审批事项605项；优化政务环境，健全公共服务体系，全市基本建成以市综合服务平台为龙头，金融、人才、互联网3家专业应用平台和高平食品加工、泽州装备制造2个产业服务平台为两翼，95家服务联盟单位和86家小微企业服务站为支撑的中小企业公共服务体系；引导民企改制，破解体制机制难题，出台《关于发展和利用资本市场的实施意见》《晋城市中小企业规范化改制三年行动计划》等政策，安排专项资金扶持企业改制上市；开展民营经济待批项目大起底工作，市、县两级收集待批项目47项，并上报省民营办；贯彻落实省委推进高平“先行一步”试点工作的一系列讲话、批示和指示精神，指导和帮助高平梳理问题，研究解决具体问题。二是着力构建“亲”“清”新型政商关系。学习贯彻习近平总书记关于“亲”“清”政商关系讲话精神，下发《关于落实全市领导干部联系民营企业工作的通知》，市四大班子领导和市直相关单位负责人联系88家民营企业。市委统战部出台《市委统战系统领导干部联系民营企业制度》，统战系统15名领导干部联系22家民营企业，为企业排忧解难。深入10大商会及民营企业开展走访调研活动；召开推进实体经济民营经济发展座谈会；协助市金融办召开破解融资难题政银企对接会，14家银行和14家企业进行对接，营造“重商、安商、亲商、富商”的氛围。三是加强非公有制经济人士理想信念教育与综合评价。出台《关于贯彻落实〈重塑山西民营企业家队伍形象的意见〉的若干措施》《关于以“守法诚信、坚定信心”为重点深入开展理想信念教育实践活动的通知》，召开学习贯彻习近平总书记在政协民建、工商联界联组会议讲话精神专题座谈会，引导民营企业坚定发展信心，重塑良好形象，守法诚信经营。重视对非公经济人士的政治安排，在换届工作中，市、县两级均启用中央统战部非公经济代表人士综合评价系统，对拟推荐为市政协委员的59名代表人士进行综合评价，最终确定52人为市政协委员人选。加强对光彩会指导，召开晋城市光彩事业促进会二届一次理事会议，完成市光彩会换届工作。四是引导民营经济参与脱贫攻坚。召开全市统一战线脱贫攻坚推进大会，出台《关于引导组织全市统一战线成员参与脱贫攻坚的意见》和《民营企业参与脱贫攻坚“千企帮千村”精准扶贫行动方案》。至年底，各商会、多家民营企业共结对帮扶51个贫困村，实施光彩项目33项，开展各类型产业扶贫与帮扶行动，帮扶资金达到1.55亿元，帮扶贫困人口1.14万人。

【宗教工作】 构建宗教管理网络，推进民族团结创建工作，引导宗教与社会主义社会相适应。一是完善宗教工作机制，狠抓宗教团体建设。成立市民族宗教工作领导小组，出台《晋城市民族宗教工作协调领导小组联席会议制度》，明确领导小组的机构组成、联席会议主要内容、办事机构等事宜。完善县、乡、村三级宗教工作网络两级责任制，了解掌握基层乃至一些边远山区的宗教动态。举办民族宗教界代表人士培训班，开展民族宗教法制宣传“学习月”活动，组织民族宗教代表人士“双学一跟”学习教育活动，承办全省佛教讲经交流会，提高民族宗教代表人士的自身素养和能力水平。协助宗教团体开展换届工作，天主教、基督教、伊斯兰教完成换届工作。二是解决宗教领域重点难点问题。对民族宗教方面存在的各种矛盾纠纷隐患进行系统梳理、排查、分类和登记，系统解决复杂问题。加强对宗教工作的法治化管理水平，特别加强对宗教团体财务管理。做好民族宗教领域的安全隐患排查工作，建立严格的消防安全检查制度，落实消防安全责任制，建立消防安全检查队伍，定期对宗教活动场所进行消防检查。

【民族团结进步创建活动】 制定《关于开展民族团结进步创建活动的实施方案》，开展民族团结进机关、进场所、进社区、进农村、进学校、进家庭“六进”活动，分别在阳城县、高平市召开全市民族团结进步创建现场推进会。加强城市民族工作，推动民族地区经济社会发展。做好少数民族流动人口服务管理，在少数民族相对聚居村(社区)建立少数民族人口信息台账和流动人口服务窗口,为少数民族人口的务工、经商、办证等提供咨询服务。

【党外人士工作】 一是加强党外知识分子统战工作。市委统战部成立党外知识分子科,开展对党外知识分子情况的调查摸底,建立党外知识分子数据库,共纳入党外知识分子5441人。成立“晋城市党外知识分子和无党派人士学习实践小组”,召开学习实践小组成立暨“双学一跟”活动推进大会,共吸纳党外知识分子、无党派人士70余人参加,分成6个活动组。二是探索新社会阶层人士工作途径。在市“党外知识分子和无党派人士学习实践小组”中专门成立新媒体组,把新媒体从业人员和网络意见人士纳入工作视野。市委统战部下发《关于建立与新媒体从业人员和网络意见人士联系交友制度的通知》,并建立与宣传部、网信办、团委及相关单位之间的协调机制,强化对新媒体从业人员和网络意见人士的引导与管理。三是加强党外代表人士储备、培养与管理。开展对党外干部调查摸底,建立晋城市党外干部数据库,更新党外后备干部数据库。举办党外干部培训班、党外后备干部培训班,提升党外代表人士参政议政、服务发展的能力和水平。推进党外人士政治安排工作,与组织部门建立联席会议机制,制定《关于加强党外干部挂职锻炼的实施意见》,出台党外代表人士管理工作方案,召开党外代表人士履职交流汇报会,定期到党外代表人士所在单位进行走访与测评,强化对党外代表人士的日常管理与考核。四是加强党外代表人士的安排使用。出台《关于在部分乡镇政府班子中配备党外干部的工作方案》,下发《关于县(市、区)换届中做好选配党外干部工作的通知》,会同组织部门共同做好党外干部的安排使用。至年底,市、县党外干部均按规定基本配备到位。做好政协委员换届的推荐提名工作。按照《政协章程》的要求,坚持“统筹兼顾、全面安排”的方针和党管干部的原则,严格民主协商程序,完成322名市七届政协委员的提名推荐工作,其中党外代表人士193名,占到全体委员人数的60%,达到规定占比。

【海外统战工作】 一是拓展港澳台统战工作平台。以炎帝农耕文化为载体,加强对台工作交流,举办“山西高平海峡两岸炎帝农耕文化节”活动,邀请台湾各界同胞1100余人参加,挖掘炎帝根祖文化,增强华夏民族认同感与凝聚力,增强同台湾地区民众的文化交流和经贸往来。举办海峡两岸神农炎帝农耕文化研讨会,促进神农炎帝文化学术研讨,传承保护神农炎帝文化,扩大晋台各领域的交流。举办海峡两岸神农炎帝经贸洽谈招商推介会,共达成合作项目15个,投资总额达80.66亿元。二是推进出国和归国留学人员统战工作。市侨联制定下发《晋城市归国华侨联合会关于留学人才创新创业“双百计划”的实施意见》,强化对海外留学人员和归国留学生的服务引导水平,指导成立“晋城市海归创客空间”,为归国留学人员打造创造创业平台,服务当地经济社会发展。

(市委统战部)

政策研究

【概述】 2016年,市委政研室建立健全领导体制和工作机制,全面深化改革,围绕改革重点开展专题调研,努力服务市委决策部署,继续保持市级“文明单位”称号,获市直工委“先进基层党组织”称号,被省委政研室授予《学习与研究》“通联工作先进单位”。

【深化改革】 一是制定全面深化改革2016年工作要点。制定包括经济和生态文明、民主法制、文化、社会、纪律检查、党的建设6大领域共63项改革任务,找准改革的主攻方向和突破口,明确改革的“路线图”与“施工图”,为全市深化改革工作奠定基础。二是实行改革目标任务总台账管理制度。把6大类63项改革任务逐条逐项细化分解,明确目标任务、完成时限、责任单位、责任领导。对省、市重点改革目标进行跟踪督察,对标销号,完成一项、销号一项,年度改革目标按期完成。三是强化改革目标落实督察考核。建立改革任务督察推进常态化工作机制。4月5日,配合省委全面深化改革联合督察四组就泽州县巴公镇转型综改扩权强镇试点等3项重点改革事项落实情况进行实地督察。市委改革办联合市委督查室对全市14项重点改革事项和6个县（市、区）开展专项督察，推进全面深化改革工作。建立改革目标考核机制。将全面深化改革工作纳入年度目标责任考核体系，同部署、同督察、同落实。科学确定目标考核体系。对县（市、区）的深化改革目标考核赋予10分权重，对市直改革目标单位赋予5分权重，其中80%是对改革目标完成情况的考核，10%是对改革工作完成质量的考核，10%是对领导体制和工作机制、日常督察落实、改革信息报送的考核。四是准备市委深化改革领导小组会议和资料。全年共召开全面深化改革领导小组会议3次，编辑印发《会议纪要》3期。共起草和印发市委深化改革领导小组文件5个，市委改革办公室文件5个，编辑印发《晋城改革信息》50期。五是迎接省委考核组对晋城市深化改革目标任务完成情况的考核。收集整理相关实证材料，接受省委考核组为期3天的五项重点改革任务的实地考核。赴省城太原参加专家组对晋城市五项改革任务完成情况的汇报评审。

【课题调研】 立足"以点带面、寻求突破"的原则，聚焦土地流转、经济运行、交通建设、旅游业发展等发展热点和民生问题，向市委、市政府提交6个调研报告和4个工作建议，其中3件被市领导批转落实。继续开展"百日调研"工作，对2015年度200多篇调研报告进行初评、复评、终评，把优秀成果和市级领导调研报告汇编成年度调研文集《求索》。选报"每周一报"30期，市领导批示8件。加强决策要参和外情快报工作，编发《陵川县"六位一体"集中整顿软弱涣散村级党组织的实践与启示》《内蒙古宁城县探索全域旅游助推产业提档升级的做法》2件，编印外情快报19期。

【政研宣传】 围绕党建、扶贫、产业发展、城市建设、民生福祉等方面编辑政研信息15期，市主要领导批示1期。加强刊网建设，全年出版发行《晋城工作》12期，共修改编排稿件175篇60余万字。晋城政研网新刊发、更新各类信息500余条，向晋城在线报送信息23条，采纳23条。更新"百日调研"2015年度《求索》等栏目。

【文稿工作】 起草市委及市领导报告、讲话各类文件10余份；完成市委主要领导署名文章3篇；完成晋城市对省委第十一次党代会报告的意见征求并上报省委；参与市第七次党代会工作报告的起草等工作；完成市委"十三五规划建议"起草的组织协调、征求意见、调整完善工作；完成省委"十三五规划建议"在晋城征求意见的组织协调、文稿起草工作。完成省委全会暨经济工作会议准备阶段要求各地调研的10余项调研报告，其中新型化城镇化建设、民营经济发展等4篇上报省委办公厅。 （市委政研室）

机构编制

【概述】 2016年，市编办以服务全市"一争三快两率先"发展战略为大局，推进行政审批制度改革和权责清单工作，推进政府职能转变，推进事业单位分类改革，严格控制机构编制，巩固提升事业单位登记管理、电子政务建设和政务公益域名注册管理水平，加强队伍自身建设，改革、管理、自身建设取得良好成效，为全市争先转型跨越发展、保持社会和谐稳定提供体制机制保障。

【行政审批制度改革】 按照简政放权、放管结合、优化服务"三管齐下"的思路，深化行政审批制度改革。一是加大取消下放和调整行政审批事项力度。市政府下发6个相关文件，对应落实省政府取消行政审批事项199项、中介服务事项37项及职业资格许可和认定事项21项。公布政府部门行政审批中介服务事项清单，共保留实施市级行政审批中介服务事项42项，明确申请人可按要求自行编制的行政审批中介服务事项20项。二是加强行政审批事中事后监管。市政府办公厅印发《深化行政审批制度改革加强事中事后监管的意见》，各县（市、区）、市级政府部门出台本地、本部门的监管办法。推进"双随机一公开"（随机抽查事项清单，建立市场主体名录库，建立执法检查人员名录库,制定随机抽查工作细则)工作,按照时间节点完成各部门随机抽查事项清单的汇总审核工作,共涉及28个部门307项事项,提交市法制部门进行合法性审查。三是改进行政审批行为。市政府出台简化优化公共服务流程方便基层群众办事创业的工作方案,推动行政审批“两集中、四到位”[指各部门在不增加人员编制、不增设内设机构的前提下,各职能科室的审批(许可)职能向一个科室集中,行政审批(许可)科整建制进驻市政务中心集中办公;做到首席代表和审批(许可)科室人员到位,向首席代表的授权到位,审批(许可)事项办理到位,考评监督到位。]改革全面实施。至年底,有25个政府工作部门成立行政审批科,归并审批职责,集中在审批大厅或分大厅办理审批事项。

【行政执法体制改革】 一是试行商务粮食综合行政执法。整合行政职能和机构,组建市商务粮食局。整合执法职责和机构,组建商务粮食综合行政执法队。横向上实施审管分离,纵向上明确市直、城区及晋城经济技术开发区有关部门的职责分工,构建综合行政执法新机制。二是探索城乡建设和城市管理综合行政执法。完成行政机构的整合,拟定理顺城管执法体制推进执法力量下沉的实施意见,提出执法重心下移、执法力量下沉的具体措施。三是向省政府上报全市综合行政执法体制改革实施方案,构建全市行政执法体制改革的时间表、路线图。

【事业单位改革】 一是完成全市事业单位分类批复工作,下发批复文件。二是根据省财政厅《关于转发财政部关于深化地方事业单位改革做好财政相关工作的通知》精神,和市、县财政部门对接相关工作。三是推进第二批待分类事业单位的调研上报和改革工作。重点对市煤炭局所属事业单位进行调研摸底。对实习饭店、晋城宾馆两个市政府直属宾馆进行改革,分别更名为政府南区和西区办公服务中心,主要职责是为机关办公提供服务。四是推进事业单位管理体制创新。和省编办事业处对接,研究制定分类后事业单位管理办法。

【重点领域改革】 一是深化权责清单工作。督促各县(市、区)按时完成“两单两图”(行政权力清单和行政责任清单,行政职权运行流程图,廉政风险防控图)的制定和公布。市政府出台政府部门权责清单动态管理办法和行政职权运行监督管理办法。对矿井重大危险源评估报告备案、环境影响评价文件预审等权力事项的“两图”进行修改、完善和优化。二是围绕经济社会发展大局,调整完善相关体制机制。全年,共研究解决各类机构编制事项111项。贯彻国务院和省委、省政府的相关精神,六县(市、区)旅游发展委员会全部挂牌成立,为县域旅游事业发展提供体制机制保障。加强全市脱贫攻坚工作,设立市、县两级扶贫机构。深化司法体制改革,完成高平市试点的机构编制上划省级统一管理工作和第二批试点的机构编制统计上报工作。根据中央和省的统一部署,做好省以下环保监测执法垂直管理相关工作。指导县级完成党委巡察机构设置工作,规范县级纪检监察内设机构设置,完成所属事业单位调整工作。

【机构编制管理】 一是完成控编减编工作。至年底,市、县两级共核减编制2723名,按要求完成核减任务。二是加强事业单位登记管理。实施事业单位法人统一社会信用代码制度,市直事业单位全部换发新版《事业单位法人证书》,为50家机关和群团组织发放统一社会信用代码证书。为266家事业单位办理设立登记、变更登记等事项。推进事业单位实地核查和法人治理结构试点工作。三是加强政务和公益域名管理及电子政务建设。完成政务和公益域名续费3176个单位,整合政务域名38个,撤销公益域名198个。修改市直59家行政机构和622家事业单位的机构编制数据,完善机构编制数据库。

(市编办)

·事业单位登记管理·

【概述】 2016年,市事业单位登记管理局贯彻落实党的十八大及十八届三中、四中、五中、六中全会精神,紧密围绕中心、服务大局,以做好日常登记工作、扎实开展机关、群团统一社会信用代码赋码工作、加强实地核查、探索事业单位法人治理结构试点工作为重点,强化自身建设,适应改革新常态,开创事业单位登记管理工作新局面。

【日常登记】 根据《事业单位登记管理暂行条例》和《事业单位法人年度报告公示办法(试行)》有关规定,依托事业单位在线网站对所有报送年度报告的事业单位进行公示,加大信息公开力度,强化事业单位社会监管。公示内容涵盖《事业单位法人证书》登载事项、开展业务活动情况、相关资质认可或执业许可证明文件及有效期、资产损益情况、对《条例》及其实施细则有关变更登记规定的执行情况、绩效和受奖惩情况、涉及诉讼情况、社会投诉情况、接受捐赠资助及使用情况、其他需要报告的情况十个方面。与新实施的事业单位法人统一社会信用代码制度改革工作相结合,实现同步赋码并换发新版《事业单位法人证书》。全年,全市事业单位登记管理局共办理设立登记42家、变更登记888家、年度报告公示1747家、注销登记9家、补领证书4家、重新申领证书4家。

【实地核查】 按照《事业单位登记管理暂行条例》及《实施细则》,市事业单位登记管理局将所有进行设立、变更登记的事业单位都纳入实地核查的名录中。7月,深入事业单位进行实地核查,按照"事业单位现场核查统计表"中的项目,以及所提交登记材料的真实性进行逐条、逐项认真细致核查,进行现场评分。重点对五项内容进行实地核查:一是事业单位所开展业务是否与其宗旨和业务范围相一致;二是资产损益情况是否能够独立承担民事责任能力;三是事业单位印章及标牌是否与核定名称一致;四是事业单位章程以及登记事项相关内容;五是有关《事业单位法人年度报告书》的相关内容。全年,全市实地核查事业单位178家。其中市局50家,城区17家,泽州县35家,高平市30家,阳城10家,沁水20家,陵川16家。

【统一社会信用代码赋码工作】 4月,全市各县(市、区)事业单位登记管理局开展机关、群团组织统一社会信用代码赋码工作,在规定的时间内完成证书发放工作。全年,全市各县(市、区)应发放统一社会信用代码证334家(其中:市直63家,城区48家,泽州县43家,高平市48家,阳城县46家,陵川县41家,沁水县45家),实发298家(行政机关260家、群团组织38家),其中市直56家、城区29家、泽州县41家、高平市42家、阳城县40家、沁水县42家、陵川县48家。统一社会信用代码证书换发比例达89%。

【法人治理结构试点工作】 大力推进事业单位法人治理结构试点工作,至年底,泽州县、沁水县的试点单位成立第一届理事会、监事会、管委会,召开第一次理事会。城区、高平市、阳城县各试点单位组织建立了理事会。陵川县出台理事会的筹备方案。

【档案管理】 做好登记档案和数据库维护工作,网上网下同步进行。市事业单位登记管理局成立档案信息科负责全局的档案整理工作。对全年事业单位提交的登记事项材料进行电子档案的上传和备份工作,完成对纸质材料归档工作。严格执行"一户一档"登记档案制度,管理档案多册,做到查阅借阅档案有登记。

(市事业单位登记管理局)

老干部

【概述】 2016年,市委老干部局坚持为党和人民事业增添正能量的价值取向,以学习贯彻《关于进一步加强和改进离退休干部工作的意见》、全面开展"两学一做"学习教育为主线,开展正能量系列活动,创新离退休干部思想政治工作和离退休干部党组织建设,改进完善服务保障工作,加强老干部工作队伍建设,各项工作取得新进展新成效。

【《意见》贯彻】 1月,中共中央办公厅、国务院办公厅联合下发《关于进一步加强和改进离退休干部工作的意见》(以下称《意见》),是自1982年干部退休制度建立以来,第一个以中央名义印发的离退休干部工作综合性文件。按照中央、省委和市委要求，市委老干部局贯彻落实《意见》精神，组织举办全市老干部工作人员及离退休干部党支部书记培训班，在全市离退休干部党支部开展“学意见、谈体会”活动，引导离退休干部的思想和行动统一到《意见》上来。一是组织调研督察。4月，到全市六县（市、区）就学习、宣传、贯彻情况进行督察调研，了解贯彻落实《意见》的好做法、好经验及新思路、新措施。二是广泛开展座谈研讨。3月、5月，分批组织市直离退休干部党支部的100余名党员进行座谈讨论，统一思想，凝聚共识，深化理解。各县（市、区）利用老年大学和老干部活动中心等阵地，组织多种形式的座谈交流活动。

【思想建设】 召开全市老干部工作会议，部署开展“培树三型干部，打造过硬老干部工作队伍”活动，结合“两学一做”学习教育，组织学习习近平总书记系列重要讲话、党章党规、两个条例，通过干部轮流宣讲、岗位练兵等方式，坚定理想信念，提高专业水平及岗位素养。利用报纸专栏、门户网站等传播渠道，展现离退休干部风采，宣传老干部工作成绩，加强离退休干部思想政治引领。围绕“学意见、谈体会、增添正能量”主题，在直属离退休干部党支部中组织多次集中学习和交流讨论，引导离退休干部党员发扬纪律意识和规矩意识，牢固树立政治观念和大局观念；开展“思想政治教育进老年大学”活动，邀请市委党校教授专题授课5次。城区开展“我是党员我光荣，传承作风献余热”活动，建立老干部局微信平台，利用微信开展学党章活动40期；阳城县老干部局以优秀共产党员事迹报告会为契机，宣传离退休干部关心下一代，默默奉献的典型事例。

【政治待遇落实】 1月初，市委老干部局组织地市级老领导就《中共晋城市委关于制定国民经济和社会发展第十三个五年规划的建议》进行座谈，提出建议意见；2月底，市纪委召开专题会议，向离退休干部通报2015年党风廉政建设和反腐败工作及2016年任务部署情况；5月中旬，组织地市级退休干部参加“海峡两岸神农炎帝农耕文化节”开幕式；6月，组织离退休干部观摩高平市炎帝陵、泫氏铸造展馆等重点项目；9月，邀请部分地市级退休领导座谈，就市第七次党代会工作报告交流意见和建议。城区两次召开向老干部通报工作情况会议，通报党建工作、经济发展情况等；高平市两次组织离退休老干部举行座谈会，就市第六次党代会工作报告、市纪委工作报告及市政府工作报告征求意见和建议；沁水县组织老干部对“十三五”规划进行广泛讨论，积极建言献策；陵川县开展老干部网上征文活动，征集精神文明和社会建设方面真知灼见。

【组织建设】 4月，经市委组织部批准“中共晋城市老干部局党委”更名为“中共晋城市委离退休干部委员会”，理顺离退休干部党组织体制，加强离退休干部党组织建设。按照市委组织部要求，完成直属离退休干部党支部党员组织关系集中排查工作，确认无失联人员；重新核定党费收缴基数，为每位党员发放新《党费证》；协调落实5000元专项工作经费和50%党费留成，保障离退休干部党支部的学习活动。城区出台《关于加强全区离退休干部党组织建设的实施意见》，促进离退休干部党组织建设“制度化、规范化、科学化”；泽州县完成6个离退休支部换届工作，每季度采取以会代训方式对老干部党支部书记进行老干部政策业务培训；高平市落实离退休党支部工作经费，加强党支部班子建设，选好党支部书记和支部委员，举办党员培训班；阳城县、沁水县加强离退休干部党支部建设督察检查力度，清查党费收缴情况，落实离退休干部支部活动经费。

【阵地建设】 一是打造优秀老干部学习阵地。市委老干部局开展“思想政治教育进老年大学”活动，邀请市委党校教授专题授课，引导老干部提高思想认识，同党中央保持高度一致；城区多方位、多角度了解老干部兴趣爱好，开设6个兴趣班，新开设三个班次，每周约300人到老年大学上课；高平市加强老年大学硬件建设，健全教学设施，开展分班授课，增设新课程，扩展老年大学教学能力；陵川县老年大学开设多门课程，组织完成各项教学任务。二是加强老干部活动阵地建设。市委老干部局依托市老干部活动中心等活动阵地，组织离退休干部开展各项文体活动，推动“创建先进活动室”建设活动，带动全市离退休干部活动阵地建设。4月，组织离退休干部乒乓球邀请赛，“迎五一”联谊活动。5月，邀请市人民医院专家为老干部开办健康讲座，讲解预防和保健知识。纪念建党95周年及红军长征胜利80周年之际，组织120余名离退休干部党员到武乡八路军纪念馆参观学习，依托市老年大学举办专题书画作品展览。

【老干部服务】 市、县两级财政统筹安排资金，确保离休干部离休费、生活补贴、护理费及时足额发放，医药费按规定实报实销。春节期间，市委老干部局为市直158名离休干部、2263名退休干部发放慰问金80余万元，向生活困难老干部发放帮扶金15万元；5月，组织地市厅级退休干部和158名离休干部体检，对部分不能出门的高龄离退休干部，提供上门体检服务；对直管离休干部开展“一对一”上门服务；全体在职党员组成志愿服务队，两人一组，到老干部家了解情况、解决困难；冬季，为79名离休干部遗孀发放取暖补助23.6万元，为企业离休干部核准发放取暖补差；对异地安置外省市的3名离休干部进行走访慰问，协调县(市、区)完成四川、河北、河南等地来晋城市异地慰问的接待任务；完善老干部用车制度，保障市级老领导和离休干部用车，严格用车审批，做到流程清晰，记录完备。各县(市、区)利用春节、重阳等传统节日，对离退休干部开展走访慰问工作，发放慰问金，并对部分困难党员发放帮扶金；落实健康体检与医疗保障任务，完成离退休干部的年度体检，落实医疗护理费用。城区元旦、春节期间慰问离退休干部1439名；泽州县建立老干部健康档案，对51名特殊困难离退休干部进行帮扶，发放帮扶金10万元；陵川县举办老干部健康知识讲座，邀请专家医生讲授科学养生保健基础知识。

【特色品牌活动】 市、县两级老干部工作部门以特色品牌为活动载体，贴近老同志关注点和社会热点，推动正能量活动开展。市委老干部局利用“百名老干部百场报告会”、老干部合唱团进社区、全市老干部文艺汇演等形式，将正能量、好声音通过大家喜闻乐见的形式送到基层。城区成立离退休干部骨干网络宣传员队伍，利用主流媒体及网络平台发声，传播正能量；泽州县以老干部童心艺术团为典型案例，开展宣传报告；高平市开展老年大舞台活动，以形式多样的文体活动，发挥老年文体组织作用，为老干部发挥正能量提供平台；阳城县组织老干部参与我为“十三五”增添正能量有奖征文活动，老干部网络宣传员在省委老干部局、市委老干部局网站刊文数十篇；沁水县鼓励老干部担任社区的廉政监督员、宣传员等职，为建成小康社会贡献力量；陵川县老干部关爱留守儿童，长期坚持扶贫助学关爱下一代。市委老干部局的“百名老干部百场报告会”“支部沙龙”、高平市的“夕阳红健康加油站”、沁水的“局长宣讲堂”、陵川的“夕阳红调解室”等独具特色的品牌成为全市离退休干部发挥正能量的优质载体，吸引越来越多的老同志参与到正能量活动中。

【阳光行系列活动】 组织开展“传播好声音，增添正能量”离退休干部阳光行系列活动。一是开展“挺纪在前，先走一步”主题宣讲。按照市委《关于开展“三学六守换届九严禁”警示教育月活动的实施方案》要求，自3月下旬起，深入机关事业单位、乡镇、社区等宣讲17场；二是开展“我为‘十三五’增添正能量”有奖征文活动。市委老干部局与太行日报社联合开展“我为十三五增添正能量”有奖征文活动，通过专版刊登、设置奖项等方式，鼓励全市老干部为“十三五”建设传播好声音、唱响主旋律。全市广大离退休干部共投稿240余篇，82篇作品获得奖项；三是每月举办“支部沙龙”活动。在10月18日举办的第37期“支部沙龙”活动中，直属离退休干部党支部书记、老干部报告团骨干成员走进高平市野川镇沟南村，与村里的党员面对面交流座谈，详细解读中央、省市“十三五”规划，解读“五个一批”“六个精准”扶贫优惠政策，结合贫困村实际情况，探讨易地搬迁扶贫、光伏扶贫、科技教育扶贫、金融扶贫等扶贫办法和措施，鼓励党员发挥战斗堡垒作用和先锋模范作用，为扶贫攻坚贡献力量；四是按照老年大学发展规划，推动“思想政治教育进老年大学”活动；五是举办全市离退休干部庆重阳系列文体活动。9月28日，主办以“展示阳光心态、体验美好生活、畅谈发展变化、欢庆重阳佳节”为主题的全市离退休干部庆重阳文艺晚会，共演出节目15个，演职人员达320余人；六是组织老干部开展“讲述励志故事、传递耆年力量”活动。组织离退休干部以录制视频方式，以亲身经历讲述励志故事，其中6位老干部的故事经省委老干部局审核评选，获得首批网上宣讲活动资格。

（市委老干部局）

信访

【概述】 2016年，市信访局贯彻落实省、市党代会精神和中央、省、市委关于信访工作的一系列决策部署，围绕全市经济社会发展大局，提升信访工作规范化水平，各项工作取得新成效。信访形势呈现“三个大幅下降、三个明显减少态势”的良好态势：进京非访同比下降53.2%、来市集体访下降38.1%、赴省集体访批次下降60.4%；恶意进京非访登记明显减少、缠访闹访明显减少、围门堵路等过激行为明显减少。

【信访情况】 全年，市信访局共接待来访群众493批次9868人次，同比批次下降39.8%、人次下降36.2%，其中集体访311批9532人次，同比批次下降38.1%、人次下降33.7%；劝返赴省集体访17批282人次，同比批次下降60.4%、人次下降53.6%；劝返进京非访294人次，其中被省通报71人次，仅占全年省控考核指标265人次的26.7%。受理群众来信412件，同比下降19%，按期办结率为100%。受理网上信访事项279件，按期办结率100%。接受上级交办信访积案27件，全部办结，办结率100%；化解22件，化解率85%。市联席办交办信访积案59件，全部办结，办结率100%。受理复查复核案件9件，除2件未到办结期限外，其余7件全部办结。市、县两级领导干部共接待群众来访407批次2944人次。

【信访案件】 省联席办在全省统一开展以“信访积案大交办、重复信访事项和重点领域信访突出问题、信访秩序大治理”为主要内容的“一交办三治理”活动，市信访局把2009年以来群众没有息诉的非涉法涉诉类信访事项，列入交办和治理范围。所有案件经市委副书记、市委政法委书记签字后，直接交办给相关县（市、区）、市直部门主要领导，实行“五包一”（一名包案领导、一名具体承办人、一名公安干警、一名村干部、一名法律工作者包一名涉访人员）措施进行化解。办结省里交办的信访积案及重复信访事项27件，办结率100%，化解率85%。办结自查自立的信访积案59件。

【信访建设】 市信访局向国家信访局推荐的“最美信访干部”候选人——原陵川县信访局局长朗富淋，作为全省唯一人选入围全国40名提名人选。征集49个市直部门的信访诉求清单，编印《依法分类处理信访投诉请求清单》，为信访部门分类交办和处理信访事项提供重要依据和基本遵循。开通晋城市信访局门户网站、晋城信访微信公众号和手机信访平台，畅通群众表达利益诉求渠道。

（市信访局）

党校教育

【概述】 2016年，市委党校以习近平总书记系列重要讲话精神为指引，深入贯彻党的十八届六中全会精神，扎实开展“两学一做”学习教育，通过突出主业主课、创新制度流程、强化队伍建设、推进智库建设、全面从严治校等举措，践行新理念，落实新要求，夯实党校事业发展基础，开拓全市干部教育培训工作新局面。

【全市党校工作会议】 10月10日，市委召开全市党校工作会议，学习贯彻全国、全省党校工作会议精神，落实《中共中央关于加强和改进新形势下党校工作的意见》和省委出台的《实施意见》，研究部署全市当前和今后一个时期党校工作。市委书记张九萍出席会议并讲话，市委副书记、市委党校校长曾庆勇主持会议，市领导范丽霞、武宏文、焦光善、王晋峰等出席会议。

【干部培训】 全年共举办各类培训班56期，其中专题研讨班2期，培训类主体班4期，师资培训班1期，其他部门委托班49期，共培训学员6400余人次。

【宣讲活动】 组织外出宣讲团，分赴全市各条战线、各个行业开展十八届六中全会、省市党代会、党章党规党纪等专题宣讲活动，受众人数达数万人。

【教学改革】 根据省委《实施意见》"党的理论教育和党性教育课不低于总课时70%，其中党性教育课不低于总课时的20%的要求"，在2016年举办的县处级干部集中轮训班和中青年干部培训班等主体班次的教学安排中，设置专门的理论教育单元和党性教育单元。理论教育单元包括习近平总书记系列重要讲话精神、马克思主义经典著作导读系列、"四个全面"战略系列、"五大发展"理念系列等核心课程；党性教育单元包括《党章》《新形势下党内政治生活的若干准则》《廉洁自律准则》《纪律处分条例》《问责条例》《党内监督条例》等党章党规党纪和十八届六中全会精神、省市党代会精神学习辅导。在学习内容和教学方式上，除传统的讲授式教学之外，综合运用研讨式、案例式、体验式、情景模式和现场教学等多种教学方式方法，推行以"单元式教学为主，同时融入互动课程和实地调研考察"的培训新模式，创新性开展"高唱《国际歌》，弘扬主旋律，锤炼忠诚，坚定信仰"主题活动，在学员中开展课前唱红歌和周一升国旗等系列党性教育活动。充分发挥和利用全市红色资源、廉政教育资源和改革创新转型发展新实践开展现场教学。组织主体班学员到延安、井冈山、盐城等革命圣地开展党性教育主题延伸培训，组织主体班学员深入部分农村（社区）和企业开展实地考察调研，与人民群众同吃同住同劳动，撰写调研考察报告。在学员中开展党性分析、民主评议、读书品书荐书活动和"两带来"问题（本地区本部门干部群众关心的热点问题、个人希望解决的思想理论问题）讨论交流。

【科研咨政】 由理论研究为重点，逐步转向应用研究为重点，围绕市委、市政府的中心工作开展科学研究，以更多有价值的研究成果服务于党委、政府决策。市委党校完成国务院、中纪委、中央党校、省委组织部、市委多个部门的数十个课题项目。全年，共承担三项全市群团组织建设的重要课题研究，编写《晋城市市情手册（2016版）》，以咨政报告形式呈送《打造三大平台，充分发挥群团组织的桥梁和纽带作用》《烟花爆竹禁燃建议》供市委决策参考。

【制度建设】 开展"制度建设年"活动，成立"废改立"领导组，对原有100多项制度进行全面梳理、修订和完善，构建《主体班次教学管理规程》《主体班次学员管理规程》和《机关内部管理规程》三大制度框架，实现教学管理、学员管理和内部管控的规范化和流程化。（市委党校）

讲师团

【概述】 2016年，市委讲师团围绕市委中心工作，服务党委中心组理论学习，组织开展党的理论主题宣讲活动，加强理论研究，编写理论读物，探索干部教育新途径，履行岗位职责，创新工作思路，完成各项工作任务。市委讲师团荣获全市"先进党组织"、"两学一做"学习教育知识竞赛优秀组织奖、"三下乡"先进单位、"先进工会"等称号。

【服务党委中心组理论学习】 按照中宣部关于进一步加强理论武装工作的总体部署，配合市委宣传部做好对市委中心组学习的各项工作，制订学习计划、设计研讨专题、提供学习参考资料。服务全市各级党委中心组学习辅导，为全市18个党委中心组作理论学习专题辅导10次，并将学习专题细化为4个板块30多个专题，登载在市委讲师团网站，供各级党委中心组学习参考。以《学习》杂志为载体，以"新发展理念""学习贯彻十八届中纪委六次全会精神"等7个专题为内容，为各级党委中心组编印辅导资料7期40余万字。

【党的创新理论主题宣讲】 一是开展习近平总书记系列重要讲话精神，党的十八届五中、六中全会，省第十一次党代会，市第七次党代会精神等重大宣讲活动，组织骨干教师走进广播电台、走进机关单位、走进乡镇企业、走进学校军营进行专题宣讲43场，全方位解读"五位一体"总体布局、"四个全面"战略布局等重要理论创新成果，让党的理论深入基层干部，走进千家万户。二是与市纪委组织开展"挺纪在前，先走一步"巡回宣讲活动，选派优秀教师分赴机关、学校、企业等单位进行宣讲。三是与市广播电台联合开展"'十三五'规划建议""学习贯彻习近平总书记'七一'重要讲话"专题系列解读，共制作播出专题节目12期。与市委宣传部、市委党校、市广播电视台联合举办首档全媒体《理论在身边》节目，录制节目5期。四是开展"送理论下基层"宣讲活动，在晋煤集团王台煤矿、泽州县周村镇等地，就基层干部群众关心的理论热点、难点、疑点等问题进行解疑释惑，为基层干部发放理论宣传辅导资料2000余册。

【网络学习平台】 为全市各级领导干部、理论工作者及理论爱好者提供良好的交流学习平台，创建理论学习网站，专门增设"习近平总书记系列重要讲话"和"精彩话语集""历史上的今天"等栏目，使网站的理论特色更加鲜明，内容更加丰富充实，政策性、权威性和可读性明显增强。至2016年年底，网站已建立1000余万字节的学习资料库，总浏览量达29.6万余次，成为全市各级党委中心组成员和干部群众理论学习的重要平台。

【理论研究】 一是完成市委《晋城市率先全面建成小康社会的现实可能》调研课题，结合晋城市"一争三快两率先"发展战略，撰写调研报告5篇，为市委科学决策建言献策。

二是完成市委宣传部确定的《全面从严治党新常态下加强基层党员干部理想信念教育的思考》课题研究，并获得省委宣传部优秀调研报告三等奖。三是完成太行日报社关于学习《习近平总书记系列重要讲话读本》精神和学习"七一"重要讲话精神、"两学一做"学习教育、学习贯彻市第七次党代会精神的约稿任务，并发表《增强遵守政治纪律和政治规矩思想自觉和行动》和《党性"十要"》等理论文章12篇。四是组织编写《党的十八届五中全会精神、山西省委十届七次全会精神、晋城市委六届六次全会精神宣讲辅导资料》《"两学一做"学习教育系列辅导读物》《党的十八届六中全会精神宣讲辅导资料》《晋城市第七次党代会精神宣讲资料》。

【干部教育】 探索干部教育新途径，开展"学习贯彻党的十八届五中、六中全会精神""习近平总书记系列重要讲话""两学一做"学习教育等十大主题教育活动。全年共为全市各级党政机关和事业单位作辅导报告55场，直接受众人数达1.5万余人。与市直机关工委、市人社局、市工行，城区、泽州县和阳城县人社局等单位建立相对稳定的教学协作关系，完成市直机关工委、市统计局、市人社局、市卫计委、市农业开发局、陵川县平城镇以及泽州县、阳城县等系统和单位组织的多项教学培训任务。至年底，共为全市各级各类培训授课38场次，听众达1.2万余人。 （市委讲师团）

外宣工作

【概述】 2016年，市委外宣办围绕"一个指引，两手硬"，深入学习贯彻习近平总书记重要讲话和党的十八届三中、四中、五中、六中全会精神，积极开展对外宣传，加强新闻发布，正确引导舆论，为持续推进全市"一争三快两率先"战略，不断塑造美丽晋城形象，逐步实现晋城振兴崛起营造良好舆论环境。

【对外宣传】 发挥"晋城发布""两微一端"新媒体平台外宣优势，加强与驻市媒体和来访媒体的作用，组织10余家驻市新闻媒体多次深入基层采风，配合来访媒体记者400多人次深入全市6县（市、区），集中采写推出一批有影响稿件。在《人民日报》登载反映全市扶贫攻坚的稿件《要致富先得找对路》，在《光明日报》发表《山西晋城："绿色行动"筑起发展新坐标》《誓让晋城披绿装——王小宽事迹》《"家"文化激发新活力》，在《山西日报》发表《"双创"激发新动能》《晋城四着金融妙棋盘活实体经济》《创新激活晋城民营经济一池春水》等，驻市媒体发稿800多篇。市新闻外宣办采写和配合媒体记者在《人民日报》《经济日报》《光明日报》、中央电视台等省级以上媒体发稿30余篇，黄河新闻网晋城频道发表自采稿件3000余篇，转发稿件2万余篇；驻市媒体山西日报晋城分社发稿100多篇（其中头版头条6篇）；山西电视台发稿217篇（其中，山西新闻联播头条10条）；《山西经济日报》发稿107篇、《山西晚报》发稿290篇。

【专题报道】 组织驻市媒体参与市第七届党代会、人大、政协"两会"报道、绿色发展、"双创"工作、王小宽先进事迹等主题报道，"晋城发布"和黄河新闻网晋城频道分别开设"大美高平，炎帝故里"等专栏，全面报道全市重大外宣活动。5月，组织参加深圳第十二届文博会外宣推荐活动，在深圳文博会山西展馆现场进行两次重点推介，通过播放《晋善·晋美·晋城》宣传片，全面介绍全市历史文化资源和秀美山川自然风光，展示全市优秀历史文化。

【外宣活动】 与省外宣办、《香港商报》组织"著名作家看晋城"外宣活动，其中有中国作协原副主席、《蹉跎岁月》的作者叶辛，《历史转折中的邓小平》的作者黄亚洲，《神木》的作者刘庆邦，《山楂树之恋》的编剧肖克凡以及周晓枫、胡性能、郜筐、付秀莹等10余名知名作家。其中，刘庆邦在《人民日报》发表的《由黑转绿——晋城散记》反响强烈。组织开展"中国民航带你看晋城"外宣活动，《中国民航》杂志社编辑、记者、摄影摄像一行13人，深入皇城相府、柳氏民居、阳城蟒河、王莽岭等地采风、拍摄视频等，在《中国民航》杂志和航班视频等推出"晋城风光"，为晋城外宣拓展新空间。

【评比活动】 开展2016年度优秀外宣新闻作品评选。组织驻市新闻媒体、各县（市、区）新闻办、开发区、晋煤和兰花集团的新闻部门参与全市优秀外宣新闻作品评选，收集报送稿件100多篇，其中43篇优秀宣传新闻作品分获一、二、三等奖。

【新闻发布】 市外宣办与市检察院、市公安局、市环保局、市工商局、市邮政局举办新闻发布会（吹风会）共12场。与市委宣传部在市委党校联合举办"全市新闻发布与网络舆论引导培训班"，聘请省政府、省委宣传部、省党校的专家学者，对各县（市、区）委、政府、开发区新闻发言人和新闻发言人联络员，宣传部分管副部长、新闻办主任、网信办主任、相关科室负责人，以及各乡镇（街道办事处）宣传委员（分管领导），市直及驻市相关单位、重点企业新闻发言人、新闻发言人联络员、相关负责人等230余人进行业务培训。

【媒体平台】 加强"两微一端"新媒体平台建设。"晋城发布"政务新媒体平台作为全省第一个"两微一端"全平台政务新媒体，始终坚持以"加强新闻发布，回应社会关切，服务人民群众，建设美丽晋城"的宗旨，全年发布政务公开类、民生惠民类、便民服务类、突发应急类等各类信息6000多条。精选采集日常发布类信息3000多条，将全市重要信息、政治经济、社会文化生活的大事小情及时推送给网民用户，精选全国、全省的要闻要情整理编辑发送，让全市网民及时了解要闻要情。

客户端平台着重全市政治、经济、社会、文化、民生领域重要新闻，策划推出"晋城市第七次党代会""2016晋城两会""党代会晋城学习专栏""寻根炎帝·梦回高平"等重点话题，精准密集投放信息，及时有效开展传播，使广大网民了解新闻事件。

【摄影宣传】 组织30余名摄影会员深入革命老区李寨乡、潞城镇西八渠村和陵川县附城镇西下河村，开展"送摄影进农家"活动，为300余户农民家庭拍摄"全家福"。组织60多名摄影会员和摄影爱好者，深入全市各个自然景区和古村落开展为期两天的"诗意山水、人文大箕"摄影采风和创作，为各主流图片媒体供图，宣传全市文化旅游。举办中国民航带您看山西(晋城)摄影研讨班和“发现山西”摄影大赛开镜仪式，来自全国各地的摄影家深入沁河古堡进行采风创作。《中国民航报》在“民航境界”专栏对沁河古堡进行整版报道。组织多名摄影会员对全市省级、市级53名劳模进行采访拍摄，并设计创作“劳动者最美丽——2016晋城劳模风采图片展”。高平神农炎帝文化节期间，向全市摄影会员和摄影爱好者征集图稿，设计创作“寻根炎帝、梦回高平”图片展。

(市委外宣办)

党史研究

【概述】 2016年，市委党史研究室围绕市委中心工作和年度工作目标任务，认真学习贯彻党的十八大，十八届三中、四中、五中、六中全会精神和习近平总书记系列重要讲话精神，以深入开展“两学一做”学习教育为契机，以晋城市党史馆建设为抓手，坚持党史业务工作和党建工作同步推进，完成年初制定的各项工作目标任务，发挥了党史工作以史鉴今、资政育人的作用。

【党史编研】 编纂2013、2014年度晋城历史纪事，突出中国特色社会主义时间段晋城党史研究，即时跟进市委重大决定部署，即时记载正在进行的新的实践和积累的新鲜经验，提供基础资料。在省委党史办公室审阅年初报送的抗损调研课题书稿基础上，完成《山西省晋城市抗日战争时期人口伤亡和财产损失》修改。指导县(市、区)编撰党史基本著作和历史纪事。泽州县委党史研究室出版《中国共产党泽州县历史纪事》(1996.8—2015.12)，高平市委党史研究室完成《中共高平历史纪事》(1993—2013)送审稿，并修订《中国共产党高平历史》(1949—2013)编撰提纲；阳城县委党史研究室完成《中共阳城历史纪事》(1949.10—1978.12)定稿；完成《中国共产党泽州县历史》(1925—2015)定稿；沁水县委党史研究室完成《红色记忆》初稿。

【党史宣传】 6月，晋城市党史馆完成施工布展工作。七一前夕，市委书记张九萍带领市四大班子成员到市党史馆参观指导。8月2日，省委党史办公室主任于若洁专程到市党史馆参观指导。市直工委将地方党史作为入党积极分子培训内容，其间，160名入党积极分子到市党史馆参观学习。市委党校县处级干部培训班和中青年干部轮训班近百名学员到市党史馆参观学习。至年底，全市50多个单位、上千名党员干部到市党史馆参观学习。与晋城市长江支队研究会联合举行《长江支队队员的故事》发行会，为各县(市、区)、市直单位、晋城籍长江支队后代及市委党校县处级干部培训班、中青年干部轮训班学员赠送书籍。参加在福建厦门举行的长江支队入闽67周年纪念大会，并赠送书籍。 (市委党史研究室)

晋城市人民代表大会常务委员会

【概述】 2016年,市人大常委会围绕中心,服务大局,依法履职,先后召开1次人民代表大会会议、12次常委会会议、17次主任会议,听取和审议"一府两院"专项工作报告3个,任免地方国家机关工作人员81人次,发挥地方国家权力机关的作用,为保障和促进全市经济社会平稳发展做出积极贡献。先后获得先进党组织、文明单位标兵、平安机关建设、模范基层工会、老干部工作先进集体等称号,并获"两学一做"优秀组织奖。

【政治方向】 市人大常委会机关把学习贯彻习近平总书记系列重要讲话精神,党的十八届三中、四中、五中、六中全会精神,省十一次党代会、市七次党代会精神作为首要政治任务,始终与以习近平同志为核心的党中央保持高度一致,自觉在党组领导之下开展机关工作,坚决维护党组的领导权威和核心地位,深入推进"一争三快两率先"战略部署,坚持重点工作向党组汇报、重要活动向党组请示,把握工作的主动权,增强工作的主动性。与"两学一做"学习教育结合起来,深入开展专题讨论。以纪念建党95周年为契机,组织全体党员干部观看警示教育片,参观太行八路军纪念馆,开展重温入党誓词等系列纪念活动,营造积极向上、风清气正的氛围,增强"不忘初心,继续前行"的动力。

【换届选举】 报请市委转发《市人大常委会党组关于做好全市县乡两级人民代表大会换届选举工作的意见》,在市级人大换届中制定《中共晋城市人大常委会党组关于第七届人民代表大会换届工作安排意见》,依法对市人大换届选举各个阶段工作进行安排部署,举办县、乡人大换届选举培训班,保证市、县、乡三级人大换届选举工作依法有序进行。

【专题调研】 围绕全市改革发展大局,对煤层气运行、城市建设与管理、科技创新、环境保护、旅游开发等工作情况进行专题调研,为市委、市政府提供决策参考。

【立法工作】 市人大常委会围绕全市"一争三快两率先"发展战略依法履职,发挥立法的规范引领作用、监督的督促落实作用、决定的凝聚共识作用和任命的组织保证作用,促进市委重大决策部署的落实。经省人大常委会严格审查考评,晋城市成为立法权修订后全省首批获得立法权的市。首部立法——《晋城市地方立法条例》,经过多次征求意见,常委会会议两次审议,提请市七届人大一次会议表决通过等程序,12月15日经省人大常委会批准生效。

【监督工作】 把听取审议政府工作报告作为常规工作监督手段,围绕市委市政府工作重点、人民群众关注热点、经济社会发展难点选取监督议题,对全市大气污染防治情况、食品安全工作情况、脱贫攻坚情况进行重点审议监督。加强对计划、预算的审议监督,听取和审议市政府关于2016年前半年计划执行情况的报告、关于2015年市本级财政决算情况和2016年前半年市本级预算执行情况的报告，强化人大监督实效，推动计划依法执行，提高财政支出效率。完善规范性文件备案审查程序，对市政府上报的4件规范性文件进行重点审查，有效维护法制统一。

【人事任免】 按照宪法和法律的规定，坚持党管干部与人大依法任免相统一的原则，由提请部门对拟任免人员情况进行提前通报，形成共识，完善任前法律知识考试、供职发言、向宪法宣誓、颁发任命书等任命程序，增强被任命干部的法律意识、人大意识、责任意识和公仆意识。在市七届人大一次会议上，选举产生新一届人大常委会、政府班子和法检两长，在七届一次、二次常委会上，选举产生9名人大工作机构负责人、30名政府组成人员，完成新一届地方国家机关的换届任务。

【依法履职】 一是创新服务机制，增强代表履职能力。新一届人大代表选举产生后，常委会机关举办人大代表履职培训班，对新当选的318名市七届人大代表和各县（市、区）人大常委会组成人员，分两期进行履职培训，提高代表的履职能力。二是创新交办机制，提高建议办理水平。对市七届人大一次会议上代表提出的460件代表建议进行交办，经主任会议研讨讨论，确定10件重点督办建议，交由市政府副市长领办。指导制作《代表之声》46期，让舆论监督助力人大监督，促进代表关心、关注的热点问题得到落实解决。三是创新活动机制，夯实代表理论基础。按照省人大常委会统一部署，开展市、县、乡三级代表法律知识竞赛，全市5556名省、市、县、乡四级代表全部参加答题，经过书面答题、市县初赛、省电视台复赛和决赛四个环节，获得书面答题综合成绩、选手复赛和决赛3个第一名。四是创新管理机制，激发代表工作活力。严格执行代表履职量化登记办法，对代表参加调研视察、审议发言、参与小组活动、建言献策等履职行为打分，并反馈给代表所在选区，作为连任代表的依据。更新调整履职服务管理平台的主要内容，维护保障平台顺利运行，提高代表工作智能化、网络化、科学化水平。

【服务群众】 成立下乡帮扶工作队，落实“两包三到”精准帮扶机制，党员干部与阳城县辉泉村33户贫困户结成帮扶对子，为该村制定脱贫致富规划，给全村70岁以上老人购买补偿医疗保险和意外伤害保险，为贫困户购置33台山茱萸自动采摘机。坚持把信访工作作为落实人大常委会联系群众的重要工作，全年共接待群众上访501件次、1969余人次，做到事事有回音、件件有着落。

（市人大常委会办公厅）

晋城市人民政府

办公厅

【概述】 2016年，市政府办公厅围绕中心工作，认真履行“一岗双责”，严格执行领导干部廉洁从政有关规定，充分发挥办公厅参谋、协调、服务、落实职能，恪尽职守，勤奋工作，为全市转型跨越发展做出积极贡献，被市直机关工委授予“先进党组织”称号，获第四届“凝心聚力争先竞逐”杯技能大赛优秀组织奖、象棋比赛团体季军等奖项。

【文稿工作】 围绕市委、市政府中心工作和市政府领导工作日程安排，起草《政府工作报告》、经济工作会等重要会议文稿，以及在安全、环保、医改等有关部门召开的专题会议文稿。全年共提供各类文字材料180余篇60余万字。加强调查研究，提出许多有价值的意见建议。围绕时政要闻、部委政策、网络舆情、参阅信息等，关注搜集高层政策动向和外省市的典型经验做法。共编发市长《信息专报》61期，《调研与观点》17期，为市政府主要领导提供高水平的决策参谋服务。主动为领导超前谋划，协助市政府领导提出“十三五”规划建议，制定市政府全年工作盘子。

【公文办理】 本级发文稳中有降，全年共办理各类发文292个。共接收和处理各类上级来文814份。严格落实“一口进、一口出”的公文报送制度，全面接收和处理各类请示报告共497个，同比下降4.4%。

【会议活动】 严格控制会议次数和规模，认真搞好会务的统筹协调，确保决策事项及政务工作的贯彻落实。全年共召开全市性会议40多个，市政府常务会议13次，组织参与国务院、省、市召开的各类电视电话会议50余次，会议数量明显下降。

【督察工作】 完善“建立台账、跑表计时、到点验收”工作机制，确保各项决策部署落地生根。市“两会”召开后，对《政府工作报告》确立的“十大战略工程”进行责任细化分解。对于落实难度较大的重点、难点工作，进行现场督导，通过媒体报道和监察问责，促进重点难点工作的推进。建设“13710”电子平台督办系统，将省政府、市政府作出的各项部署纳入“13710”电子台账，所有事项都跟踪到底、销号清零，做到事事有人办，件件有结果。全年对项目建设、转型综改、企业减负、民生保障等重点工作共进行50余次督察，下发《政务督办通知》10余份，上报《政务督察专报》13期，印发《政务动态专报》32期；编发常务会议纪要13期，办公厅会议纪要33期；办理省长批示1件，承办市人大代表建议441件、市政协提案335件。

【应急管理】 树立“应急值守责任重于泰山”的观念，健全应急管理组织领导和运行机制，全市基本形成“统一领导、分级负责、上下联动、反应快速”的应急指挥体系。编制出台《晋城市突发事件应急体系建设“十三五”规划》，编制各级各类应急预案13403个。加强对全市各级、各部门应急演练工作的指导和监督，直接组织参加重污染天气应急、突发性地质灾害应急等10余次应急演练，提升各级、各部门的应急能力。在沁河能源中村煤业有限公司“7·2”透水事故和阳翼高速“7·23”危化品车辆泄露事故等突发事件处置过程中，做到行动迅速，救援及时，最大限度地降低事故影响及损失。利用天泽化工公司现有资源，组建晋城市危化品应急堵漏大队。完成第三届应急管理57名专家的遴选工作。

【政务值班】 实行每日双人24小时全天候值班和领导带班制度，加强节假日等特殊时期值班工作的检查力度，确保全市应急职守和信息报送的及时和规范。共编写《值班要情》26期，向省政府值班室报送《值班信息》50期。

（市政府办公厅）

外事、侨务和旅游、文物

【概述】 2016年，市外事侨务和旅游文物局转变作风，真抓实干，务实创新，使晋城外事侨务友城工作稳步开展，旅游品牌影响力得到进一步扩大，旅游经济取得较好成效，文物保护工作扎实推进。

【外事审批】 落实2016年全市因公出国（境）计划，推进因公出国（境）综合管理网上服务平台建设以及电子护照配套工程建设，E山西多语种网站和因公电子护照生物采集系统正常运行，实现因公电子护照市级管理，提高执行率、审批效率和工作质量。全年，审批因公出国（境）40人次，成行37人次。出访目的地主要为柬埔寨、新加坡以及南非、俄罗斯、马其顿等国家和地区，主要进行学习培训、执行外派华文教学、友城交往、煤层气国际合作等工作，护照收缴率达100%。

【外事活动】 8月底，选派15名高中生赴莎拉巴特曼市，开展文化交流活动。11月中旬，应马其顿克拉托沃市政府、俄罗斯莫斯科市政府和莫斯科工商联合会的邀请，市委书记张九萍率市煤层气及友城交流团对马其顿、俄罗斯部分城市进行友好访问，与马其顿签署建立友好城市意向书，在莫斯科就煤层气开发和利用、旅游业等多个领域的合作进行洽商。落实2015年晋城市与南非莎拉巴特曼达成的“青少年交流、实用人才培养、教学用具捐赠”的合作意向，组织友城代表团赴莎拉巴特曼进行访问，就青少年交流和文化交流等活动达成一致，并向莎拉巴特曼市政府捐赠教学用具。

【外事交流】 依托韩国阳城李氏宗亲在韩国社会的广泛联系和影响，加强同韩国的联络和交往。6月，皇城相府艺术团赴韩国进行旅游推介和文化交流。8月，韩国阳城李氏宗亲会24人民间交往团到阳城县交流访问。11月，赴韩国与韩国阳城李氏宗亲会主要负责人进行对接，就下一步双方开展人文交流、经贸合作和友城建设等事项达成共识。从煤炭及煤层气等优势产业入手，与俄罗斯、哈萨克斯坦等国进行交流交往，寻求合作项目。7月，海外华文教育杰出人士一行210人到晋城市进行文化交流。

【侨务工作】 夯实侨务基础工作，对归侨特别是困难归侨的总数、从业情况、企业、散居农村、生活水平等基本信息进行调查汇总。结合全市归侨侨眷工作实际情况，制定“十三五”时期全市侨务系统精准扶贫工作方案，建立健全侨务扶贫救助机制。配合省外侨办遴选一名音乐教师赴东南亚开展支教活动，一名美术老师参加“2016年中华文化大乐园——柬埔寨金边营”活动。协助解决86岁老归侨郑心康“关于为银屑病患者视频就诊”事宜。对陵川县六泉乡欣欣小校接受美国欣欣教育基金捐赠的情况进行调研，并将调研情况上报省外侨办。7月，接待由国侨办组织的辽宁省侨商投资企业15名负责人组成的考察团来晋城市考察，安排电商、旅游等考察项目。

【旅游接待】 全年，全市累计接待海外旅游者12819人次，累计接待国内旅游者3885.28万人次，分别增长5.57%和19.76%。旅游外汇收入713.96万美元，国内旅游收入356.34亿元，旅游总收入356.62亿元，分别增长6.26%、20.95%和20.90%。旅游行业共获得全国旅游价格信得过景区、全国百家十优旅游商品大赛铜奖、2015年全国旅游厕所先进市、2015中国好游客、2015中国好导游、国家级乡村旅游模范村、国家级"金牌农家乐"、国家级乡村旅游致富带头人、国家级乡村旅游模范户9项国家级荣誉。

【旅游产业】 大力发展乡村旅游产业，对南阳村、韩家庄、洞头村、凤凰村等乡村旅游项目进行资金扶持。编制《晋城市旅游业"十三五"发展规划》，发布《2016年旅行社突出贡献奖实施办法（试行）》，扶持旅游产业。开展旅游厕所建设工作，全年建设旅游厕所89座，晋城市被国家旅游局首批评为"厕所革命先进市"。

【旅游营销】 1.申办2016年山西省旅游发展大会。成立工作领导小组，组织召开协调会议，赴北京参加申办大会。

2.扩大晋城旅游影响力。组织皇城相府、天官王府等旅游企业参加首届晋城市（洛阳）春节民俗文化庙会，参与洛阳、驻马店、商丘等中原经济区城市旅游联盟组织的活动，组织参加2016北京国际旅游博览会及2016年中国北方旅游交易会，拓展国内外旅游市场。

3.组织参加推介会。3月22日至28日、4月20日至25日，晋城市分别参加省旅游局组织的沪、赣、皖及云、贵、琼推介会，皇城相府作为全省主推的六大景区之一进行特色推介。在唐山、徐州举办"晋善·晋美·晋城"专场旅游精品推介会。

4."晋城旅游资讯网"正式上线。本着"惠民、亲民、利民"的原则，市外事侨务和旅游文物局在全省率先推出集吃、住、行、游、购、娱为一体的官方旅游惠民电子商务平台——"晋城旅游资讯网"及游在晋城APP，于6月16日正式上线运行。至年底，在线浏览及预订量达1.6万余人，微信固定粉丝达1.2万人。

5.组织接待中国台湾及国际、国内旅行商采购大会踩线团活动。分别接待台湾40余位旅行商到皇城相府景区的踩线活动、省旅游局联合《香港商报》共同举办的"2016晋善晋美·第二届著名作家山西行"的采风活动、山西省第二届"一带一路"古城古镇国际文化旅游暨第三届国际旅行商采购大会考察团的踩线活动。

6.通过多种媒体宣传晋城旅游。与省旅游局合作，在《央视》和《凤凰卫视》投放城市旅游广告；与晋城广播电台合作，开辟《爱上旅游》和《城市之间》等节目，提升全市城市旅游品牌"晋善·晋美·晋城"知名度。

【旅游管理】 1.加强旅游市场检查。组织开展元旦、春节旅游市场专项检查、旅游市场秩序专项整治、出国（出境）文明旅游专项检查、五一市场检查，组织各县（市、区）交叉暗访、全市旅游市场综合整治等检查。下发《关于进一步加强旅游市场秩序监管的通知》和《关于认真开展重点旅游景区市场秩序治理工作的通知》，重点查处旅游市场秩序存在的突出问题和游客反映强烈的问题。联合市工商局重点针对旅行社进行专项检查，对未能按期续保的阳城太岳旅行社下达《责令改正通知书》，并通报批评。9月—10月，通过明查与随机抽查的方式进行一年一度的全市星级饭店复核及重新评定工作。

2.引导游客文明旅游。向游客发放《中国公民国内旅游文明公约》《中国公民出入境旅游文明行为指南》《春节旅游"六项提示"》等各类宣传品10万余份。各旅游企业利用电子屏、网站、横幅等多种形式，宣传文明旅游出行须知、服务承诺等。组织全行业开展维护环境卫生、遵守公共秩序、保护生态环境等文明劝导活动，提醒、引导广大旅游者文明出行、文明旅游，知礼守礼，合理维护自身合法权益。制定出台《晋城市游客不文明行为信息通报制度》，在全市范围内开展"2016年最美导游、最美游客"征集评选活动。

3.发挥志愿者作用。结合全市平安创建活动，组织全系统近千名"平安志愿者"，开展平安旅游知识宣传。动员支持旅游事业、热心公益事业人士组成旅游志愿服务队伍，开展旅游志愿服务活动。

4.认真受理投诉。全年共接听旅游咨询电话300余起，受理投诉案件共16起，结案16起，结案率100%。

5.提升导游服务水平。7月—8月，举办2016“皇城相府杯”晋城市金牌导游电视导游大赛暨晋城市旅游形象大使选拔赛，提升导游服务水平。

【**文物保护**】 1.文物修缮。开工维修屯城东岳庙、陟椒三教堂、怀覃会馆、西四义普觉寺、砥洎城、陵川南召文庙、白玉宫、史村东岳庙及高平北苏庄村玉皇庙、沁水东大汤帝庙等一批文保单位，至年底，部分工程完工。2.方案评审。组织文物、财政、住建等方面专家，对《阳城县西河乡王曲大庙保护修缮方案》《高平市铁佛寺保护修缮方案》《沁水县马家院修缮设计方案》《寺河煤矿3#煤层(扩区)内郭壁古建筑群等十二处文物保护方案》《泽州县大南社村土地庙修缮方案》等一批维修方案进行评审，共评审设计方案10余个。3.文物宣传。6月4日，与市文化局联合举办第十一个文化遗产日宣传活动，颁发“文物保护功德奖”“申遗先进工作者”等奖项。4.文物普查。完成茶路遗迹普查工作。4月26日至28日，晋城市作为全省唯一代表城市参加在武汉召开的“万里茶道”申遗工作推进会，晋城市“白陉古道”等5处遗产点纳入申遗初选推荐名录，编制完成《万里茶路与晋城古道》一书。完成晋城市“一普”数据录入和向平台上报数据工作。编辑《晋城文物精华》一书。5.专项检查。根据省文物局的要求，组织相关人员对泽州县、高平市、陵川县、沁水县境内10处长城进行专项检查，加强长城保护的管理工作。

【**博物馆工作**】 全年，市博物馆共接待观众近5万人次，接待参观团体60余个。举办《兰亭的故事》《丰子恺漫画展》两大主题展览和5个临时展览。开展文物征集和修复工作，征集各类瓷器29件、砖瓦类5件，修复馆藏铜器类文物首批58套124件。

【**文物勘探**】 完成全市并联审批现场踏勘工作。会同市规划局、国土局等部门，对晋城市赵树理公园内原石民纪念馆项目、龙潭路改造回迁安置楼等16处项目进行现场踏勘工作，全部按时出具“固定资产投资项目并联审批现场踏勘意见卡”，完成率为100%。完成国网山西省电力公司晋城供电公司阳阿110千伏输变电站项目文物勘探、抢救性清理工作，清理古墓葬6座。完成阳城新建周壁220千伏变电站工程建设站和路径项目调查，并出具选址意见书。

（市外事侨务和旅游文物局）

统计

【**概述**】 2016年，市统计局树立“依法统计、科学分析、服务决策、推动发展”工作理念，着力培养“敬业、缜密、公正、和谐”团队精神，增强“服务、质量、沟通”的责任意识，提升统计质量。

【**统计服务**】 深化统计服务内容，完善宏观经济数据库，编印《晋城经济运行监测》《晋城统计资料提要》《晋城统计年鉴2016》和《比较2016》等统计资料，发布《统计分析报告》31期、《统计监测要情》11期，为党政机关科学决策、社会公众知政问政、系统内部开展工作提供服务。完善考核指标体系，向市考核办提供有关数据，完成对县(市、区)年度工作满意度民意调查任务。

【**统计监测**】 积极适应经济发展新常态，出台《创新统计监测服务工作方案》，研究市场需求、外部环境对经济增长的影响，科学研判经济走势，及时发现统计数据背后的深层次原因，特别是制约经济社会发展的苗头性、倾向性问题。对各县(市、区)、开发区主要经济指标的增速和序时进度实行一月一通报，有效地监控经济社会运行动态。继续强化全面小康、县域经济、综改试验区、扩权强县试点、重点投资项目、民营经济、科技创新等重大经济社会活动监测工作。加强民营经济统计监测。为健全统计监测体系，全面反映全市民营经济发展状况，初步制定全市民营经济统计监测制度。

【**统计分析**】 围绕统计科研课题，分专业、分批次深入基层开展调研活动，形成一批有情况、有分析，有问题、有对策，有措施、有建议的统计调研报告。其中，《内需潜力不断释放，消费市场缓中趋稳》《工业经济运行持续偏冷，景气灯号维持浅蓝灯区》《固定资产投资稳中有升，第三产业占比首次过半》等多篇调研报告在国家统计局网站发表。

【统计质量】 加强基层基础工作，以创新推进全省统计系统“八个全覆盖”为核心，印发《保障统计数据客观权威工作方案》，以《中华人民共和国统计法》和国家统计报表制度为准绳，加强对基层统计报表单位的业务培训和指导，组织全系统专业人员参加统计报表“即报即审”技术培训，强化对源头统计数据的审核和查询，严把统计数据入口关。

【统计执法】 严格执行《中华人民共和国统计法》和国家统计制度方法，开展多次统计数据质量核查和执法检查活动，严肃查处各种统计违法行为。采取送法下乡等多种方式，宣传统计法律。注重数据质量管控，执行各项重要统计数据审核评估办法，按月按季对各县（市、区）主要数据进行统一审核评估，共同分析经济形势，共同把控数据质量。

【统计调查】 依托《统计分析报告》《统计监测要情》等平台，开展统计分析、监测和预警，每月20日前对工业、投资、能源、服务业等专业进行预报调查，对预报情况分析汇总，撰写预报信息，及时上报市委、市政府主要领导，为市委、市政府决策提供优质统计服务。

【统计普查】 1.开展全市第三次全国农业普查前期准备工作。年初，牵头组建三农普查领导小组办公室。7月中旬，先期开展三农普查综合试点工作，为正式普查探索路子、测试设备、发现问题、开拓视野、积累经验。9月22日，召开第三次全国农业普查领导小组（扩大）会议。10月中下旬，开展第三次全国农业普查方案和数据处理市级业务培训，为正式入户调查工作打下坚实基础。

2.开展月度劳动力调查工作。为直观反映就业状况、新常态下经济发展运行以及宏观调控政策制定，提供细致具体的数据支撑和有价值参考，与市人社局联合开展首次月度劳动力调查工作。

3.开展应对气候变化统计工作。按照《晋城市应对气候变化统计工作方案》，应用大数据、云计算、移动互联网等现代信息技术，设计开放式报表系统、数据存储系统和信息发布系统，构建完成应对气候变化与温室气体排放统计调查平台，率先在全省开展应对气候变化统计工作。

【专项统计】 晋城市作为全国四个试点城市之一，开展固定资产投资项目入统工作。按照固定资产投资统计新制度要求，计划总投资5000万元及以上的项目联网直报，计划总投资500万元至5000万元的项目通过中国投资信息管理及监测系统报送，增加以分析评估固定资产投资项目形象进度投资额与财务支出投资额之间关系的《非金融资产投资情况》报表。完成各项试点任务。

（市统计局）

机关事务管理

【概述】 2016年，市机关事务管理局贯彻落实《机关事务管理条例》，全面推进全市公共机构节能工作，深入推进办公用房集约节约管理，持续推进公务用车制度改革，深入推进办公西区服务中心体制机制改革，努力转职能、转方式、转作风，促进管理保障服务水平进一步提升，有效推进机关事务整体工作。

【节能工作】 根据国家《公共机构节能条例》《山西省公共机构节能办法》和《晋城市公共机构节能管理办法》，全面推进全市公共机构节能工作。参加全省公共机构能源资源消费统计数据会审工作，并就2015年度和“十二五”期间全市公共机构能源资源的消耗情况作分析报告。健全全市公共机构节电节水节油节气管理制度，建立节能工作目标考核办法。以“绿色发展，低碳创新”为主题，开展全市公共机构节能宣传周活动，宣传展示新型节能、节水产品，并在市电视台、晋城在线、《太行日报》等媒体进行报道，营造全社会参与节能工作的氛围。市财政局、市发改委、晋城广播电视台荣获全国节约型公共机构示范单位称号。至11月，全市公共机构人均综合能耗、水耗同比下降2%，单位建筑面积能耗同比下降1.6%,完成省、市下达的节能指标。

【办公用房管理】 深入推进办公用房集约节约管理。依照《机关事务管理条例》《关于党政机关停止新建楼堂馆所和清理办公用房的通知》和国家发展改革委、住房城乡建设部《关于印发党政机关办公用房建设标准的通知》,在办公用房腾退调剂工作基础上,对照中央"八项规定",重点对全市清理整改后腾退出的上锁闲置、整层封存、无人使用的办公用房进行摸底和统筹调剂,全市共清理腾退办公用房按使用面积76047平方米。至7月,已全部调剂到位。后因机构改革、调整等原因导致闲置办公用房面积19558.88平方米,按照调剂整合的原则,对不符合办公条件的用房进行修整,优先安排在外租借办公用房单位和涉及民生公益窗口单位使用。

【公车管理】 持续推进公务用车制度改革。依照《党政机关厉行节约反对浪费条例》,中共中央办公厅、国务院办公厅印发的《中央和国家机关公务用车制度改革方案》和全市车改具体方案安排,对封存公车进行处置。至年底,确定21台黄标车,对394台车作报废处置,为各单位调剂62台车,暂时保留运行40台车,分两批完成220台车的拍卖处置工作,拍卖金额总计1331.3万元,溢价率分别为76%和61.5%。向市车改办提交《晋城市公务用车服务平台运行方案(草案)》和《关于组建晋城市级机关公务用车服务中心的建议(讨论稿)》,制定全市事业单位公务用车改革方案,为市级公务用车服务平台搭建运行和事业单位车改工作奠定基础。

【服务中心机制改革】 推进办公西区服务中心体制机制改革。根据《关于晋城宾馆改为市级机关办公场所的实施方案》部署,完成办公西区主体改造和设备安装工程,对原晋城宾馆资产进行核定、债权债务清算和处置。成立改制工作组,制定《市政府办公西区服务中心改制工作方案》《全员公开竞聘上岗工作方案》,召开改制工作动员大会,对干部职工进行岗前培训,完成全员竞聘上岗工作,办公西区服务中心正常运行。

【财务管理】 严格审核用款计划,严把各类资金支出关,做到按时按进度按规定拨付,确保各项财政资金合理使用、收支平衡;严格预算编制工作,按照少花钱、多办事的原则,精简预算项目数量,增加论证环节,科学编制预算项目,财务管理实现收支平衡。

【安全管理】 安全工作实现无缝对接。一是以队伍建设为基础,协调武警、民警、安保人员增加巡逻时间和密度,加强机关安全保卫工作。二是以电子监控为支撑,加大技防工作力度。对电子监控设施定期检查,增加机关高清探头密度,基本做到监控全覆盖、无死角。三是以日常督察为抓手,加强对辖区范围安全保卫工作的监督检查,多次对三馆大厦、办公南区、办公西区、机关大院、玉屏小区进行隐患排查,对发现的问题下达整改通知书,逐步实现"技防全范围,人防无缝隙"的安保模式。四是以消灭隐患为目标,与有关单位签订"防火责任书",对机关大楼消防通道进行集中清理。完善相关设备的购买、使用、责任人、检查、维修等的管理档案和台账。五是以电讯设施为重点,对电力设施定期维护、保养、检查,坚持24小时值班制度,全年未发生任何电气设备损毁和人为责任事故。加强对通信设施设备和电话线路的排查维修和维护力度,确保市政府通信畅通。加强对市委、市政府信息发布平台的审核管理,全年共发布公告、通知、公益宣传片等信息80余条。

【保障服务】 保障服务实现全面到位。加强电梯维护保养,确保电梯安全运行。保障会议服务,坚持做到规范化运作、标准化建设、精细化管理、温馨化服务,确保全市各类重要会议顺利召开,全年未发生一例会议事故。会同热力公司、维保公司专门对空调系统进行试机检查,对机组进行清垢保养。加强文件交换站管理,确保机关各类文件、报刊收发及时便捷。开展环境卫生"大清扫、大整顿、大评比"活动,卫生保洁做到日产日清,保持机关和住宅区干净整洁、环境优美。加强机关食堂经营管理,为干部职工提供优质高效、安全卫生的用餐服务。

【基础建设】 完成市政府机关、三馆大厦及玉屏小区高清视频监控增设改造。完成市政府大院供热管道改造。完成市政府机关、泽州路综合办公大楼电梯更换。完成市政府机关办公楼东西裙楼、会议厅、原武警档案楼、单身楼顶防水建设。完成市政府机关中央空调旧机组升级改造。

（市机关事务管理局）

档案

【概述】 2016年，市档案局以市委、市政府印发的《关于加强和改进新形势下档案工作的实施意见》为总纲领，以市委、市政府确定的档案工作目标和《全省档案重点工作内容及考评标准》为总要求，提升档案部门依法行政能力和服务水平，建成全省首家区域档案保护技术中心，促进全市档案事业创新跨越发展。市档案馆被评为国家级数字档案馆和省一级档案馆，被省档案局、省教育厅确定为“山西省中小学档案社会教育实践基地”；市档案局（馆）连续4年在全省档案工作目标综合考核中被评为优秀等次。

【档案馆建设】 市档案馆成为全省第一家投入使用的市级国家综合档案馆。县级综合档案馆建设取得重大进展，城区、高平市、陵川县档案馆建成并投入使用，其中，城区档案馆建筑面积4371平方米，投资3312万元；高平市档案新馆建筑面积6438平方米，投资3145万元；陵川县档案新馆建筑面积3200平方米，投资2919.9万元。

【档案数字化】 晋城市档案馆完成基础设施、系统功能、档案资源、保障体系、服务绩效等建设任务，经省档案局专家组测评并报国家档案局审批，市数字档案馆系统通过国家级数字档案馆测试要求，成为中西部地区首家通过国家级测试的数字档案馆。县级档案馆馆藏档案数字化实现新突破，县级档案馆著录案卷级目录57579条，文件级目录1025211条，全文扫描3305600画幅，其中，泽州县著录案卷级目录42679条，文件级目录660605条，全文扫描1735491画幅；陵川县著录案卷级目录12280条，文件级目录360043条；沁水县著录案卷级目录2620条，文件级目录4563条，全文扫描1570109画幅。

【档案移交】 市档案局（馆）全面推动满5年档案移交进馆改革，实行“四集中”业务培训指导方式，加大进馆单位档案规范化整理力度，确保2010年前各单位形成的档案全部移交进馆，全年，市馆共接收各门类档案32.9万卷（件）。以2010年为基数，年均增长在110%以上，馆藏档案数量从2012年的64000卷增加到552857卷（件），其中民生档案数量达到80%以上。

【档案征集】 市档案局（馆）在《太行日报》、晋城电视台登载征集抗战档案史料公告，组织专业人员征集抗战档案资料；收集市委统战部、市编办、市文化局、市中小企业局、市水务局等10个单位近5年来的原生电子档案；对全国历史文化名村——沁水县窦庄村进行口述历史档案采集，录制视频达8小时以上，并刻制光盘3套；接收《太行日报》2008—2015年间电子版，容量达1.6TB；市档案馆购建一套音视频采集系统，定时采编《晋城新闻联播》、本地特色类节目《讲谈晋城》等344期，刻录光盘200张。

【档案安全】 市档案馆建成智能库房安全控制中心，制定库房安全管理、档案异地异质备份管理办法等制度，与浙江台州市档案馆签署异地异质备份协议，完成首批电子档案异地异质备份交接工作；开展档案数转模、模转数工作，实现纸质档案、电子档案、缩微胶片三套制管理，保障档案实体安全；推进档案开放鉴定工作，加强档案数字化外包安全管理，推进数字档案馆应用系统安全等级保护和分级保护，建立数字档案馆安全风险防范应急处置机制，从管理和技术两方面建立数字档案馆安全防护体系，确保档案信息长期可读安全管理。从国外购置专业设备，进行工作场所改造、设备安装调试，建成档案接收整理、除尘消毒、裱糊修复、仿真复制、缩微摄影、数字化加工等功能完善的晋东南区域档案保护技术中心，实现“数转模”“模转数”相互转换，提高档案实体保护能力，成为山西省唯一一家具备档案保护修复技术的市级综合档案馆。全年，市档案馆数字档案缩微品制作组完成革命历史档案255卷、24971画幅缩微品制作任务，修裱破损档案5113页。

【档案利用】 建成晋城市数字档案馆三网平台以及“晋城档案信息”门户网站，档案查阅利用更加快速、便捷、精准。全年，市档案馆共接待档案利用者4689人，查阅利用档案14067卷(件)，涉及编史修志、工作查考、经济建设、工龄计算、婚姻公证、招工调动、司法取证、学籍认定、扶贫开发等方面。县级档案馆查阅利用人数达5788人次，提供档案资料12656卷(件)。

【档案执法】 印发《2016年全市档案法制工作要点》，提出依法治档与档案法制宣传工作的总体要求和具体任务，完成行政权力清单、责任清单、职权运行流程图和廉政风险防控图的编制工作，经市委、市政府审定通过，正式公布运行。开展市直单位2006—2010年档案移交进馆专项执法检查，对个别移交进馆重视不够、工作滞后的单位，下发《限期整改通知书》，责令限期整改，完成移交进馆任务。开展政府投资项目档案执法检查，规范建设项目的档案管理。

【档案宣传】 依托市档案馆中小学生爱国主义教育基地、档案教育社会实践基地，对广大市民和学生进行爱国主义教育，发挥档案馆社会教育功能的作用。围绕“6·9”国际档案日主题，开展系列宣传活动。与晋城电视台联合举办“走进档案馆”访谈节目，制作成时长60分钟的特色电视节目，在晋城电视公共频道黄金时段播出；邀请60名各界人士走进档案馆，参观晋城市档案馆、数字档案馆现代化建设成果；在《太行日报》发表市档案局党组书记、局长撰写的《凝心聚力、真抓实干、持续推动晋城档案事业取得更大发展》署名文章；拍摄《晋城市档案事业跨越发展纪实》宣传片；举办“档案与民生”专题讲座。编辑出版《晋城市档案馆指南》，全书96万字；编印《晋城档案信息》12期；沁水县档案局出版发行《沁水县档案志》。

【档案培训】 5月4日至6日，举办全市档案业务新标准培训班。各县(市、区)档案局分管业务领导和业务骨干，市直各机关、企事业单位档案工作人员200余人参加培训。5月9日至10月30日，市档案局共举办6期“四集中”档案人员业务技能培训，分6批集中市直98个单位的档案人员到市档案局(馆)对本年度形成的档案和以前应整未整的文件材料进行集中整理、著录，确保市直单位形成档案“当年形成、次年归档”，共整理档案35557件。开展档案部门依法行政能力提升专题培训，邀请省档案局法规处处长给全市档案干部讲授依法行政、规范执法工作流程等内容，提高全市档案干部队伍依法行政能力。

（市档案局）

地方志编纂

【概述】 2016年，市地方志办公室贯彻落实《地方志工作条例》及《全国地方志事业发展规划纲要(2015—2020)》，勤勤恳恳，兢兢业业，依法修志，方志事业呈现良好发展势头。市地方志办被山西省地方志办授予“山西省第二轮修志全面完成特别奖”。

【年鉴编纂】 2016年，实现市、县两级综合年鉴编纂全覆盖。《晋城年鉴》共设置类目24个，涉及单位160余家，计97万字。7月，在太原召开的全国第一次年鉴工作会议上，《晋城年鉴》(2014)和《沁水年鉴》(2015)在中国地方志指导小组举办的优秀成果评审活动中，分别获得市、县两级综合年鉴三等奖。市地方志办被省地方志办授予“市县志鉴‘两全目标’全面完成标兵单位”称号，成为全省唯一一家获此殊荣的地市。

【方志馆建设】 晋城市方志馆于7月1日对外开放(试运行)。晋城市方志馆位于市三馆大厦(档案馆、图书馆、美术馆)7楼，建筑面积240平方米，是填补晋城市方志基础工程空白的重要项目，集资料收集、图书阅览、地情研究、市情展示、信息交流等诸多功能于一体。通过版面展示、文献资料、沙盘视频、电子查询等形式，用疆域形胜、丰饶物产、民俗文化、历史名人、方志经籍等版块，介绍晋城的发展历史和文化社会方面的知识。馆内藏书千余册,涵盖市和6县(市、区)的志、鉴以及其他的地情资料,同时,收藏全省第一轮志书和全国各地的志书800多套。开馆以来,参观人数达千余人次。

【旧志点校】 (康熙)《泽州志》是晋城市现存三种州府一级古方志之一。市地方志办从2014年开始筹划点校(康熙)《泽州志》,全书1400多页,分上、下两册。2016年,加大点校整理力度,完成点校初稿。

【志书交换】 2016年,市地方志办继续推进与全国34个省(市)交换志书工作。全年共收到全国各地志书40余册,为完善馆藏体系、丰富馆藏内容、吸引各类读者、推进方志馆建设奠定基础。

(市地方志办)

政务集中管理

【概述】 2016年,市政务大厅管理中心围绕转型、跨越发展工作大局,创新行政审批方式方法,简化审批手续,提高办事效率,圆满完成政务审批事项。

【依法行政】 落实《2016年法治晋城建设工作要点》,加强制度建设,推进依法行政,按照《晋城市政府部门权责清单动态管理办法的通知》要求,依法审查市直单位的权责清单。按照《政务服务中心运行规范》,明确全市所有行政机关和驻市各单位的行政许可、行政征收、行政确认、行政给付和其他职权5个类型的行政管理事项,依法修订入驻事项的公开内容。按照《行政许可法》的规定,起草《晋城市加强服务于投资建设项目审批的公共服务事项办理流程暂行规定》《晋城市加强服务于投资建设项目审批的社会中介机构规范管理实施细则》《首问负责制》《服务承诺制》《限时办结制》《缺席默认暂行规定》《统一受理行政许可申请和送达行政许可决定暂行办法》《行政不作为和过错责任追究办法》等管理制度。协助市编办完成“权责清单”清理和相关单位成立许可服务科、相对集中行政许可权的工作。协助有关单位落实首席代表责任制。参照全国先进城市的经验,协调有关单位完成行政许可的流程和时限的优化工作。筹备市民热线等工作。

【审批管理】 加强审批管理,规范审批行为。全年,市政务大厅33个办事窗口和国税、地税、工商、交通、交警5个分大厅共办理行政审批事项312248件,其中按办理类型分行政许可事项47946件,公共服务事项264302件;按办理时限分承诺件9132件,即办件303116件,即办率在97%以上,按时办结率达99.8%,全年各窗口财政非税收入432471.60元。按照省、市两级政府要求,推进联合审批工作,与市发改委共同对基建项目17个联审部门的142项审批事项进行梳理,列出清单;对6批20个项目进行市级联合审批现场踏勘。

【审批服务】 本着“依法行政、办事高效、服务优良、群众满意”的工作宗旨,综合政务大厅实际合并窗口4个,新设窗口2个,更换工作人员26人次,优化窗口结构,及时编制更新窗口单位办事指南、项目流程图、示范文本等政务信息,方便群众办事;严格落实窗口服务三项制度,完善审批项目管理、窗口工作人员AB角等制度,保障审批工作高效规范有序;严格规范审批流程、充分运用行政审批电子监察系统,保证行政审批的阳光运行。全年综合窗口预登记5018件,解答和回复群众咨询3000余人次。全年群众满意率达98.5%。

(市政务大厅管理中心)

信息中心

【概述】 2016年,市信息中心围绕信息化服务转型跨越发展,以打造“晋城在线”网站品牌、抓好政府和社会信息化以及保障网络与信息安全等重点工作为支点,优化信息化发展环境,保障网络安全畅通,提高网络信息化水平。

【电子政务】 一是电子政务网络实现全覆盖。建成独立的自主运行维护的党政信息光纤网络,向上联通省政务网,向下联通市、县、乡三级政务网,横向联通市委、人大、政府、政协及所属各工作部门，实现统一规划设计，统一安全体系，统一网络出口，统一维护运营的电子政务基础网络和技术先进、运行安全的电子政务云平台，保证市以下各级政府的电子政务工作需要。二是电子政务应用水平提高。自主开发维护更新50套政务办公和网站建设的应用系统，满足网站建设和业务需要。三是完善电子政务队伍建设。建立各单位信息员和技术主管的统一协调管理机制，确保和各应用单位的有效沟通。四是加强电子政务信息安全。加强网络信息安全体系建设，建设自主的电子政务RA系统，开展晋城政务云平台数据恢复应急演练，完成VOIP业务管理备份工作、内网oracle数据库服务器故障应急处理、远程安全测试工作，多措施全方位保证重要业务的使用安全，增强工作人员的安全意识。五是广泛对接新媒体应用。及时跟进应用微博、微信、手机APP等新媒体技术，创建维护3个微博账号、2个微信公众账号和1个手机APP，通过新媒体发布信息约1.5万条，被关注账号约12万个。六是全方位推进政务信息化。建设全市统一办公平台、晋城在线服务平台和应用支撑平台，制定晋城市电子政务应用系统技术指标通用规范（草案），奠定“智慧政务”发展基础；进行“智慧晋城”顶层设计，出台《关于进一步促进智慧城市建设运营的意见》，推动PPP政企合作模式，推进智慧城市建设；“栖凤云”政务云平台应用云计算、虚拟存储等新技术，推动全市电子政务集约化、安全化、高效流畅化发展。

【晋城在线】 以信息公开、便民服务、政民互动为重点，建设权威高效党政信息综合门户网站“晋城在线”。一是信息公开主动全面。全年发布各类政务信息1万余条，制作维护各类政务、经济、社会专题72个，举办网上活动14次，加大政策解读力度，增进公民、社会对政务工作、政府重大工作及其进展的了解。二是参与重大活动宣传。加强对信息采编的规范和统筹指导，发挥县（市、区）和市直部门信息采编人员作用。参与全市各项重大活动，发挥网络宣传优势，形成网上正面宣传合力。三是提升公民参与度。组织、承办、协办征集政务服务形象标识、烈士纪念日网上祭英烈、向国旗敬礼、市直媒体有奖纠错活动、计算机及互联网行业情况调查、征求机关技能大赛项目设置意见、晋城互联网+青少年科普知识竞赛、“两学一做”知识竞赛、七叉口立交枢纽工程设计方案征求意见、晋城形象用语有奖征集等互动活动14起。四是提升便民服务水平。网站提供各项办事指南、表单下载、网上咨询、网上投诉服务，通过在线办事栏目公示办事结果，开通成绩查询和违章查询等便民查询17项，发布制作《晋城经济》《晋城政务》《晋城工作》等电子期刊，“晋城生活日历”共发布天气、招聘等便民信息3000余条。五是注重网站绩效，至11月底，“晋城在线”发布信息139605条，其中自采信息26959条。至年底，“晋城在线”总点击量约17亿人次，日均点击量约500万余人次，数千条信息被新华网、人民网和山西省人民政府门户网站等转载，信息辐射34个省（市、自治区、直辖市）和近30个国家。在全国地市级政府网站绩效评估中名列前茅。2016年，晋城市再次被评选为“中国城市信息化50强”，排名第22名，在全省各地市中处于领先地位。

【市长热线】 以“便民、利民、为民”为宗旨，坚持贴近实际、贴近生活、贴近群众“三贴近”原则，答疑释惑解民忧。全年，市长热线共受理来电46417件，办结46402件，办结率达到99.96%。收到及处理来信1000件，精品办件177件；收到建议62件，采纳60件；发布便民信息313条，编辑市长热线运行情况报告12期。每月按时通报《12345市长热线运行情况》，承办省长电子邮箱转办事项。

【网络安全】 一是保障政务网络安全畅通。完成晋城电子政务网络核心交换平台和数据业务平台运维管理以及全市政务网络的技术支持，全年网络主干路断线率为零，无网络安全事故和重大网络故障。大力推广网络安全CA认证，各项安检常态规范，应急反应有效及时，软硬件相结合科学集约合理部署，制度建设持续跟进，政务网络安全畅通，为全市政务工作开展提供网络保障。二是强化技术支撑。以智慧城市规划建设为统领，以政务网络升级迁移和平台建设为抓手，优化全市信息化顶层设计，完善晋城市智慧城市推进方案和政务云建设一体化方案。三是构架和完善晋城市电子政务统一标准。围绕“分级分部门使用”打造晋城市电子政务办公平台，完善电子政务总体框架、应用业务标准、应用支撑标准和信息安全标准，新增包括信用标准及大数据相关标准在内的主要标准42个，标准库达到188条标准，文件库达到40个。完善晋城市电子政务技术参照模型、系统部署架构和系统架构图等初稿，完善晋城市电子政务应用系统技术指标通用规范草案。建设晋城市统一办公平台、晋城在线服务平台和应用支撑平台，提升晋城市政务服务平台，整理升级完善晋城在线服务18个核心应用系统，形成晋城市电子政务技术参照模型、晋城市电子政务应用系统技术指标通用规范和晋城市电子政务标准体系，实现办公云平台分级、分流程身份管理和密钥单点登录，强化政务系统运作的流畅性和安全性。

【项目建设】 完成市总工会信息化服务平台、市人民检察院信息化建设项目、晋城经济技术开发区公安办案区信息系统、市安监局安全生产隐患排查治理信息系统、公积金基础数据贯标和系统升级改造、市农委阳光农廉网升级改造、市煤炭煤层气工业局煤炭监管信息平台、市国土局不动产登记信息管理系统、市人社局信息系统安全等级保护测评及整改建设、市住建局商品房预售资金监管和存量房网上备案及资金监管系统等10余个信息化项目建设审核工作以及信息中心“UPS电源采购项目”和“电子政务外网项目”2个项目的验收工作。推动全市落实《晋城市人民政府关于促进大数据发展的实施意见》，依托互联网政务服务平台，开展“一号一窗一网”三项服务，促进“互联网＋政务服务”行动，推动“网络强市”建设。

【智慧城市建设】 一是创新使用PPP运维模式。在“智慧晋城”建设中引入PPP项目模式，突出市场对资源配置的决定作用。政府主要负责平台（项目）的引导、协调、监督、审核工作。政府提供优质服务和政策支持，政策支持包括市场、资金、补贴、服务配套、人才配套等支持政策。企业根据不同的合作内容，制订个性化的合作计划，保障合作项目所需的人才、技术和资源投入，推进合作项目的建设。加快搭建“智慧城市”基础平台和应用系统。市政府与中国联通山西省分公司、腾讯科技（深圳）有限公司签署“互联网+”战略合作框架协议，为全市产业优化升级及经济转型、信息化管理水平提升、走出资源型地区全面绿色发展新路子提供动力。二是打造多功能晋城市政务数据中心。按照功能分区的思路，集约高效的原则，统一管理分类整合的宗旨，推进晋城市政务数据中心建设，电子政务云平台二期建设（安全防护包、网络机柜更换及升级包）通过验收。

（市信息中心）

超限治理

【概述】 2016年，全市共出动各类执法人员24.3万余人次，检测货运车辆965.44万余辆次，车辆超限超载率控制在0.2%以下，国、省道干线公路和县、乡公路好路率保持在90%以上，全市没有因超载新增一座危桥，未发生因超限超载车辆造成的大规模堵车现象和重特大交通事故，治超总体形势平稳有序。

【科技治超】 一是加强科技治超信息监控平台建设。市、县平台联网项目正式投入运行，市平台可通过泽州、高平、陵川、沁水4个县级平台查看调阅35家源头企业、13个超限检测站点和1套无人值守治超检测部分检测数据和监控图像；阳城县平台建设基本完成，城区平台开始筹建。二是加强公路无人值守治超检测系统建设。全市建成3套，开工建设1套。其中泽州县在龙司线建设1套，晋城公路分局在碗周线建设2套，全部投入运行；阳城县在芹张线开工建设1套。

【源头治超】 一是加强日常监管。组织相关部门针对各类货运源头企业依法通过进驻或巡查履行监管之责。全市共投入源头治超执法人员1.2万余人次，其中巡查政府公示货运源头企业6582次，检查出厂车辆5400余辆次，纠正违规行为22起，行政处罚12万元，责令县级运管机构进行整改13起；巡查危险化学品生产企业200余次，下达执法文书30份，整改隐患52条；巡查涉煤源头企业500余次，清查手续不规范的洗、储场32处；取缔非法货源点4处，取缔非法改（拼）装点2处。二是构筑信用体系。落实“黑名单”制度，全市共有16名非法超限超载车辆的驾驶从业人员、10辆非法超限超载车辆、6家政府公示货运源头企业纳入非法超限超载“黑名单”管理。三是强化教育整治。举办货运源头企业治超岗位人员、货运驾驶人培训50批次，6000余人接受治超法律法规培训；整治货运驾驶人超限超载违法行为，全市对货运驾驶人超限超载违法行为累计记分496分，其中公安交管部门处罚24分，交通运管部门处罚472分。

【路面管控】 一是加强站点建设。全市辖区内公路超限检测站规范化建设及高速公路出入口检测点规范化改造基本完成。二是发挥堡垒作用。全市各类超限检测站（点）共检测货运车辆965.44万余辆次，其中国（省）干道、县（乡）道路检测307.36万余辆次，查处55吨以上超限超载车辆172台次，卸载货物382.23吨，收取罚款和道路损坏赔（补）偿费17.01万元；高速公路检测658.08万余辆次，查获超限超载车辆1208台次（劝返1154台次、移交54台次）。三是开展流动稽查。全市各级治超稽查队加大流动稽查频次和力度，共巡查路面400余次，行程1.3万余千米，查处各类超限超载案件22起。

【行政执法】 一是加强教育培训。开展治超执法人员比、学、评、考活动，提高执法人员的政策理论水平和业务素质，至10月底，全市共培训治超执法人员1000余人次。二是强化督导检查。市治超督导组加大明查暗访力度，严防各种损害群众利益、违反治超工作纪律等行为的发生，共开展治超督察86次，督察各级治超机构19家，货运源头企业156家，公路超限检测站（点）86次，汽车修理厂4家，监督指导规范治超执法行为4次，规范货运源头企业治超工作15次。三是严格责任追究。针对治超案件中的不作为、乱作为人员进行追责，共有2名乡（镇、办）分管治超工作领导和县级成员单位分管治超工作领导受到诫勉谈话，4家货运源头企业负责人被约谈，7名源头治超人员受到处分，40名执法人员分别受到作出书面检查、通报批评、扣减绩效工资等处理。

【专项整治】 2月1日至4月25日，开展非法改（拼）装车辆和源头企业违法装载专项整治行动，强化车辆维修厂（点）日常监督，管控源头企业超标准装载、配载行为。7月，开展治超领域安全隐患大排查，梳理全市治超领域存在的安全隐患，列出安全隐患排查及整改措施清单、应急预案修定（编制）演练及检查清单，堵塞治超领域安全漏洞，提升应急处置能力。9月21日，开展以公路货车非法改装、违法超限超载和车辆运输违法行为三个专项整治为主要内容的治超新规专项行动，贯彻宣传治超新规。

【治超宣传】 全年，全市各级各部门共编发治超工作动态103期、治超宣传稿件（信息）575条，其中上报省治超办66条，晋城在线刊登14条，市治超办门户网站编发438条，“晋城治超”微信公众平台编发262条。依托网络、报纸、电视台、电台等新闻媒体全面报道全市治超工作和重大违法案件，宣传治超相关法律法规，共播发各类治超相关新闻67条，滚动播出治超公益广告5000余条次。以冬季行动、安全隐患大排查和“9·21”治超新规专项行动为契机，开展治超宣传活动。全市共开展走访、座谈宣传100余次，出动宣传车150余辆次，制作摆放版面60余块，悬挂横幅80余条，粉刷标语120余条，发放各类宣传资料10万余份。

（市治超办）

住房公积金管理

【概述】 2016年，市住房公积金管理中心围绕“去房地产库存、降企业成本、补公积金短板”这个中心，牢固树立新发展理念，推进学习型、数字型、服务型、廉洁型、满意型“五型”公积金建设，为全市经济发展和民生改善做出积极贡献。市住房公积金管理中心党组织被市直工委评为“先进党组织”，省级青年文明号和市级文明单位创建工作通过复核。

【业务运行】 全年，全市共有2891个单位、248854名职工缴存住房公积金，缴存金额19.03亿元。至年底，缴存总额89.23亿元，缴存余额46.19亿元。全市19847名缴存职工提取住房公积金4.83亿元。至年底，提取总额43.04亿元。全市发放住房公积金个人住房贷款3865笔、10.74亿元。回收资金3.48亿元。至年底，全市累计发放住房公积金个人住房贷款36.91亿元，贷款余额26.62亿元，个贷率57.63%。全年，全市存量资金19.57亿元，比2015年年底增加6.92亿元。全市住房公积金增值收益1.05亿元。至年底，全市住房公积金逾期贷款8笔、22.63万元，逾期率0.09‰。

【公积金管理】 加大缴存力度，把奖金、带薪年休假工资、供热补贴等纳入机关事业单位公积金缴存基数，提高缴存额。推动高平市、陵川县机关事业单位公积金缴存比例提高至单位12%、个人8%，全市6个县(市、区)的机关事业单位公积金缴存比例达到同一水平。加大扩面力度，为全市80个非公企业新建完善住房公积金制度，957名非公企业职工享受住房公积金制度便利。市住房公积金管理中心与住建、发改、财政、人行4家单位联合下发《关于规范和阶段性适当降低住房公积金缴存比例的通知》，全市有15家困难企业申请缓缴住房公积金。按照有关精神，提高职工住房公积金账户存款利率，提升职工公积金收益。对提取政策进行调整和明确，继续实行阶段性提取和无房产手续提取。严格执行住建部推行的异地贷、商转公等政策，满足缴存职工的贷款意愿。大力推广房产抵押、按揭等担保方式，为职工贷款提供方便。全年，为全市7395名缴存职工办理购房、无房提取，发放公积金贷款3870笔，支持购房46.30万平方米。

【风险防控】 实行全市资金统一管理制度，严格大额资金调拨审批手续。坚持“六查”，严格手续审批，严禁打“擦边球”，放“人情贷”。采取电话通知、书面通知和上门催收等方式催收逾期贷款，针对故意不还、恶意拖欠的，通过强制扣划、诉诸法律等形式解决。全年，先后对205户装修贷款进行入户调查，确保贷款的真实性。扣划97名借款人及其担保人441.73万元公积金账户余额用于归还贷款，对4名“老赖”贷款人进行起诉，通过司法诉讼进行解决。住房公积金廉政风险防控工作受到住建部检查组的充分肯定。

【便民服务】 住房公积金信息管理系统升级到4.0版，实现基础数据贯标和结算系统贯标。改版中心网站和微信公众号，满足群众需求。落实一次性告知制、限时办结制、首问负责制，让群众少跑路、好办事。开展集中办理贷款和上门服务、延时服务。

(市住房公积金管理中心)

发展研究

【概述】 2016年，市政府发展研究中心围绕市委、市政府中心工作，开展调查研究，努力建设决策咨询平台，坚持问题和目标导向，注重研究与实际相结合，发挥了服务政府决策、促进科学发展的职能作用。

【调查研究】 一是探索政府绩效第三方评估。配合省政府发展研究中心探索开展第三方评估试点工作，撰写课题报告《晋城市探索开展政府绩效第三方评估工作研究》，提出晋城市探索开展政府绩效第三方评估工作的建议。二是跟踪研究全市经济运行情况，及时提出分析建议。密切关注国家及山西省出台的重大经济政策，及时对各个时期全市经济运行情况进行研究分析，提出意见建议。收集整理2013年以来全市经济运行主要指标变化情况，对全市2013年以来经济出现的断崖式下滑进行分析研究，形成《经济下行与产业转型》报告。对建市以来的经济发展轨迹进行分析和研究，划分晋城市经济周期波动阶段，总结全市经济周期主要特征，分析成因，提出应对经济增长强烈波动的对策建议，形成《晋城经济周期性波动研究》课题报告。

【决策服务】 围绕全市经济社会重大问题，开展调查研究，为市委、市政府决策提供参考。对全市制造业发展情况进行调查研究。了解行业现状及各项政策落实情况，结合山西省行动纲领，探索晋城制造业加快发展的重点目标、实现路径和办法措施，形成《晋城制造业发展研究》课题报告，为晋城制造业加快发展建言献策。对全市全域旅游发展进行调查研究。提出全市发展全域旅游基本思路、发展目标和发展的突破点，形成《晋城市全域旅游发展》课题报告。对全市户籍制度改革情况进行分析评估。在对全市2015年来户籍制度改革工作盘点分析的基础上，对改革推进情况做出基本评价，查找问题，提出针对性的建议，形成《关于户籍制度改革的调查与建议》报告。开展夏季“2.5天休假模式”调研。收集整理各地“2.5天休假模式”推进情况，形成《关于探索夏季“2.5天休假模式”的调查与建议》和《推行全市周末弹性作息实施办法》。

【咨询服务】 发挥智库作用，开展典型调研，为相关产业发展提供咨询服务。对南村铸造业发展情况开展调查研究。分析南村铸造业发展优势与劣势、机遇与挑战，提出全市推进铸造业上档升级的政策建议，完成《南村铸造业发展调研报告：基于SWOT分析框架》调研报告。对阳城乡村旅游发展进行典型调查。对阳城旅游典型乡镇进行调研剖析，总结阳城乡村旅游发展的主要做法，提出促进全市旅游业健康发展的政策建议，形成《阳城县乡村旅游发展调研报告》。

【晋城发展论坛】 “晋城发展论坛”以“晋城人说晋城事”的方式，组织社会各方力量，共同参与晋城经济社会发展重大问题的研究和讨论。2016年，分别以“晋城经济——创新与补短板”“政府职能转变与共享发展”“降成本与经济转型”“晋城制造业与转型发展”为主题举办论坛4期，成果整理成综述，在《晋城发展研究》《晋城经济》《太行日报》等媒体刊发。至年底，累计举办论坛28期。

【《晋城经济》】 《晋城经济》以双月刊形式，搭建经济工作探讨交流平台。2016年，新开辟“冬季行动”“聚焦”等专栏，专题登载理论文章、调研报告和热点话题，增强期刊的针对性和可读性。至年底，累计发刊139期。

【《晋城发展研究》】 《晋城发展研究》以内部资料形式，专门为市、县主要领导和市直综合经济部门主要负责人，提供重要经济动态解读及对晋城发展重大问题的意见建议。2010年创刊，2016年出刊24期。至年底，累计出刊167期。

（市政府发展研究中心）

无线电管理

【概述】 2016年，市无线电管理局按照“三管理、三服务、一突出”（管频率、管台站、管秩序；服务党政机关、服务经济建设、服务国防建设；突出无线电安全保障重点工作）的工作思路，解放思想、更新观念、深化管理，在频率台站管理、无线电管理宣传、无线电安全保障、打击非法设台等方面，开创无线电管理的新局面，促进全市无线电管理事业健康有序发展。

【台站管理】 2016年，市无线电管理局共有设台单位38家，共换发执照238个，检测发射设备262台，报停台站24台，征收频率占用费67800元，台站数据库完整率达99%，责令关闭并封存陵川县出租汽车公司通信电台，市联通公司被省无线电管理局命名为无线电台站规范化管理“示范单位”。一是开展频谱使用评估专项活动，制定《晋城市无线电管理局无线电频谱评估工作方案》，成立以局领导为组长的频谱使用评估专项活动工作小组，深入市规划局、市住建局等单位了解晋城市辖区内重点道路和人口聚集区的详细规划，完成前期技术准备工作和制定频谱评估数据采集方案。结合频率台站数据库，深入各大移动通信运营商，了解各公司的台站设置数量和频谱使用情况。在城区、泽州县、高平市、阳城县、沁水县、陵川县和晋煤集团等人口聚集区进行数据采集,沿各县城的快速路、主干道、次干道等城市道路进行实时公众移动通信基站和公众移动频段测试。利用B级站监测网连续一周对30-3000MHz频段进行频率评估测试。8月下旬开始,历时11天,行程1300余千米,测试GSM、CDMA、EVDO、WCDMA、TDSCDMA和LTE各类基站10794个,采集数据160GB。二是开展卫星地球站核查,对中国石油西气东输山西管理处在晋城市设置的7座卫星地球站进行核查,协助完善相关设台手续。

【用频调研】 开展1.4G、1.8G频段频谱资源占用调研,先后走访党政部门12个、企业16个,出动工作人员20人次、车辆10车次,行程300余千米,基本掌握辖区内1.4GHz、1.8GHz频段频谱资源使用状况。使用B级站监测网、移动监测车、9020A频谱仪和PR100便携式设备分别在市区、沁水端氏和重点工矿企业开展1.4G、1.8GHz频段无线电监测,累计监测48小时,监测结果和调研走访结果相吻合。

【电磁环境测试】 6月,开展山西科达自控无线传输专网电磁环境测试。测试小组工作人员赶赴沁水县端氏镇、胡底镇一带,对拟指配频段1785-1805MHz进行电磁环境测试。分别在李庄、胡底增压站和胡底工区三个通信基站站址,使用频谱仪和对数周期天线连接成测试系统,开展电磁环境测试,并出具测试报告。

【无线电监测】 坚持固定监测与移动监测相结合,强化“定点、定线、定片、定时和定内容”五定监测机制,扩大监测覆盖面,提高监测准确率,全面掌握全市无线电频谱资源的使用情况和电磁环境的变化态势。全年监测2922小时,其中常规监测392小时,专项监测1056小时,特殊监测1474小时。撰写《晋城市无线电频谱监测统计报告》12期。建成监测技术机房,维护保养监、检测设备24次,巡检B级站46次,维护监测车24次,消除遥控站隐患1处。

【安全保障】 开展各类考试无线电保障21次,发现作弊信号6起,查处5起,技术管制1起,抓获嫌疑人1名,没收作弊设备4套,保障各类考试的公平、公正。查获两起“黑广播”,维护正常电波秩序。其中,高平炎帝农耕文化节期间,启动《山西高平海峡两岸神农炎帝农耕文化节应急预案》,在高平市果则沟查处1起“黑广播”,净化了炎帝文化节活动场所的电测环境。

【行政执法】 2月、4月、6月及8月,在辖区开展两轮无线电监测巡查,出动人员80人次,车辆35车次,巡查监测260小时,行程3000余千米,共查处非法信号11个,查处沁水出租车公司中继台擅自使用民航频率案和陵川县水务局擅自设置台站案,登记非法对讲机54部。全年,受理各类干扰申诉8起,排查8起,干扰查处率为100%。

【宣传活动】 组织开展无线电宣传进社区、进校园活动各1次,利用电视、LED显示屏、网络新媒体等媒介开展宣传,共发放各类宣传资料及宣传品3000余份,市电视台播放宣传标语3天,三大电信运营商100多个营业厅参与宣传活动。全年向省无线电管理局报送信息86条,在中国无线电管理网站发表文章12篇,在市级以上报刊发表文章11篇。加强无线电科普教育基地建设,经常性开展测向辅导训练,派辅导员举办科普讲座5次,组织市实验中学参加全国无线电测向比赛,获得3个第一名。

【应急演练】 10月19日,市无线电管理局派出技术小组参加在陕西省渭南市华阴县举办的第二届“晋陕豫黄河金三角经济协作区无线电管理联席会议”暨无线电技术演练活动。在联席会议上,市无线电管理局提出通过建立和共享边界台站数据库和监测数据库,加强无线电管理资源和工作信息交流共享等举措。并参加以联合排查民航干扰为背景,代号为“协作猎狐2016”无线电技术演练。12月,市无线电管理局作为晋城市粮食应急指挥部成员单位参加全市粮食应急培训及演练活动。

(市无线电管理处)

【概述】 2016年，市政协高举爱国主义和社会主义两面旗帜，以邓小平理论、“三个代表”重要思想、科学发展观为指导，认真贯彻中共十八大及十八届三中、四中、五中、六中全会和习近平总书记系列重要讲话精神，按照省委“一个指引、两手硬”的重大思路和要求，牢牢把握团结和民主两大主题，紧紧围绕“五个明显提升”“三大”发展思路和“十大战略工程”，认真履行“三大职能”，大力推进协商民主实践，为深入推进“一争三快两率先”战略目标贡献力量。

【理论学习】 组织政协委员和机关干部深入学习邓小平理论、“三个代表”重要思想、科学发展观，认真学习中共十八届三中、四中、五中、六中全会精神，系统学习习近平总书记在庆祝中国共产党成立95周年大会上的讲话、中央经济工作会议、省第十一次党代会和市第七次党代会精神等，掌握理论的科学体系和精神实质。全年，市政协机关共组织学习活动40余次。通过不同形式、不同平台、内容丰富、主题突出的学习，把广大政协委员的思想和行动统一到中央全会精神上来，把参加市政协的各党派团体以及各族各界人士的智慧和力量凝聚到全面建成小康社会上来，把各方面的积极性调动起来，保证政协各项工作更加契合全市中心任务、更加符合市委决策需要、更加体现人民群众心声。

【宣传工作】 强化政协新闻宣传工作机制和队伍建设，坚持精简务实、注重效果、贴近基层、服务群众的原则，报道政协各项履职活动，宣传政协工作动态和经验。维护更新晋城政协网，及时更新维护政协网络内容，上传政协工作动态、社情民意信息稿件、外地经验介绍、会议资料等共400多条(期)。

【参政议政】 1.整体协商。市政协七届一次全委会议期间，市政协委员们协商讨论《政府工作报告》和其他报告，就创新驱动、供给侧结构性改革、优化中心城市功能、城乡一体化、现代特色农业、生态文明建设、环境保护、扶贫攻坚、社会保障、低碳循环试点工作等问题进行协商讨论，提出意见和建议。发言大会上，委员们踊跃发言，内容涉及全域旅游产业发展、互联网+社区养老服务体系建设、促进文化大提升大繁荣、加大中等职业教育投入力度、推进供给侧结构性改革、科技创新驱动等问题，市委、市政府领导现场听取委员们的发言，和政协委员们一道，共谋全市发展大计。

2.专题协商。市政协主席会议、常委会议，围绕全面建成小康社会和“十三五”规划等主题，选择事关全市改革发展全局的重大课题进行调研，提出一批有价值的意见和建议，并报送市委、市政府，引起市委、市政府领导及有关部门的高度重视。市政协六届二十四次常委会议把全市精准扶贫、精准脱贫作为议题，常委们经过认真讨论，通过《关于推进我市精准扶贫精准脱贫工作的若干建议》，并上报市委、市政府，推动相关工作的开展。

【专题调研】 引导委员围绕旅游文化产业、民营经济发展、水利改革发展、社会办医情况等课题，开展专题调研和视察活动，为破解全市转型难题、拓宽发展路径提供参考借鉴。配合省政协副主席张友君、文史和学习委员会主任闫润德以及经济委员会主任刘致远等，就"大众创业、万众创新"、文化与旅游产业发展、精准扶贫精准脱贫、推进民营经济发展重大部署情况、城镇化与文化遗迹保护利用工作等进行调研。结合"三联一住"，深入各自联系点开展调研，为所联系企业和乡村的发展稳定献计出力。

【提案工作】 开展市政协七届一次会议提案征集工作，编印《提案和社情民意撰写须知》，向委员发放《关于征集提案的通知》，引导委员把握提案方向，完成七届一次会议期间提案征集、分类、登记等工作。完成提案的审查立案和交办工作，共收到提案414件，经审查立案369件，并案处理4件，转为意见41件，提案质量得到提升。会议闭幕后，经过围绕中心议题综合分析、与督查室充分协商、主席会议深入讨论后，确定出十大重点提案。对立案的369件提案进行认真交办，对未立案的41件提案作为意见进行处理。结合2016年《晋城市政府工作报告》中的工作要点，将重要提案摘录成册，呈送市委、市政府领导阅研批办。7月26日，市政协领导带领部分农林界委员，深入阳城县就加快发展乡村旅游重点提案进行督办，推进提案办理落实。

【信息工作】 全年上报省政协信息300多篇。编印《晋城社情民意》90期，采用稿件211条(篇)，其中，被全国政协采用的综合稿件10余条，被省政协转送稿件20余条，被省政协报送全国政协的稿件20余条，市政府《晋城政务》采用8条。泽州县杨天举的《我市开发区辖区内社区土地确权宜暂缓开展》，沁水县尚亚鹏、王翠兰、闫芳芳的《关于我市集中供暖期提前和延后的建议》和民革阎政伟的《建议加快白马寺山片区的开发建设》分别得到市长刘润民批示。换届后，先后两次召开社情民意信息工作座谈会，邀请县(市、区)政协社情民意工作的专门负责人和各民主党派报送社情民意信息先进个人代表建言献策，提出很多建设性的意见和建议。

【文史工作】 学习宣传贯彻党的民族宗教政策，加强与少数民族和宗教界代表人士的沟通联系，巩固发展平等、团结、互助、和谐的社会主义民族关系，引导宗教与社会主义社会相适应。发挥政协文史资料在宗教工作中的作用，开展回族史料征编工作，开展《回族百年实录》征稿工作，经审稿后，上报省政协文史委。

【联谊交流】 组织委员赴安徽、贵州、广西等省、自治区，就精准扶贫精准脱贫、文化旅游产业发展等课题学习考察。全年，编印《晋城政协》杂志6期，与江苏、甘肃、安徽、湖南、湖北、河南、四川、海南、辽宁以及本省太原、阳泉、吕梁、朔州等17家省、市政协建立刊物交流渠道。接待内蒙古鄂尔多斯市政协阿拉腾乌拉副主席一行13人，就文化与旅游产业发展对晋城市进行考察交流；接待陕西省政协文史资料委员会考察团，就传统村落保护工作进行交流；接待江苏省徐州市政协考察团，就文史资料工作经验和历史文化遗产保护利用工作进行交流；接待江苏省常州市政协考察团，就政协委员考核管理和历史文化遗产保护利用情况进行交流。

【团结工作】 加强与各民主党派、工商联、人民团体和无党派人士的团结合作。市政协领导参加民建、民进、民盟、农工党和九三学社晋城市委会的换届大会，加强交流、共促发展。注重发挥各民主党派、工商联、人民团体和无党派人士的独特优势，为他们知情议政、履行职能搭建平台，创造条件，广纳群言、广集众智。注重安排他们在政协全体会议、常委会议、专题座谈会议上发表意见；适时邀请他们开展座谈，就市政协机关建设、确定年度工作要点、社情民意采编工作和开展相关活动，提前听取他们的意见和建议；在开展调研视察时，诚恳邀请相关委员参加；在编印社情民意信息和办理提案的过程中，对来自他们的团体或个人的提案和信息给予较多关注。与农工党共同对全市社会办医情况进行调研，通过召开座谈会、发放调查表、实地走访医院、查阅相关文件和资料等形式，初步了解全市社会办医的实情，对发现和存在的问题进行分析、研判，提出建议、措施，形成报告，上报市委。

（市政协办公厅）

中国共产党晋城市纪律检查委员会

【概述】 2016年，全市纪检监察机关深入贯彻党的十八大及十八届三中、四中、五中、六中全会精神，按照中央、省、市纪委全会的部署，把纪律和规矩挺在前面，聚焦主责主业，强化监督执纪问责，坚定不移推进全面从严治党，为全面构建晋城良好政治生态、顺利实施“一争三快两率先”战略提供坚强的政治和纪律保障。

【“两个责任”落实】 制定《晋城市2016年党风廉政建设和反腐败工作任务的分解意见》，下发《晋城市2016年党风政风监督工作计划》，将2016年全市党风廉政建设和反腐败工作65项任务分解到市委常委、副市长身上，落实到有关市直单位党委（党组）。督促市四大班子领导和各县（市、区）党委、纪委，市直单位党委（党组）、纪委（纪检组）修订落实党风廉政建设“两个责任”清单，按季度书面报告履行“两个责任”工作情况。坚持以点带面、全面推进的工作方法，强化对政治纪律、政治规矩执行情况的监督检查，强化对中央、省委、市委换届纪律执行情况的监督检查，强化对落实市委“十严禁”等纪律贯彻执行情况的监督检查。履行党风廉政建设监督责任，针对2015年落实党风廉政建设责任制工作考核中存在突出问题的部门单位，督促其落实“两清单一报告”（即制定问题清单、整改清单，报告整改落实情况），组织专门检查组对落实整改情况进行督察，确保“两个责任”层层落实到位。把问责作为落实“两个责任”的重要抓手，对典型问题坚持“一案双查”。全年，共追究“两个责任”问题74起，问责党员干部108人，其中，问责单位党组织3个，问责党政“一把手”65人、纪检组组长（纪委书记）13人、分管领导30人；厅级干部1人，处级干部30人，科级及以下人员77人。

【纪律教育】 一是深化纪律教育。开展“三学六守换届九严禁”警示教育月活动。3月，以学《党章》《准则》《条例》为基础，以严守“六大纪律”为核心，以严格执行换届纪律“九个严禁”为重点，组织全市7913个基层党组织、14.4万名党员、6.7万名干部集中开展警示教育月活动。全市各级党委（党组）以“六个一”为载体，共组织中心组专题学习1100余次，开展“四讲四有”专题研讨3000余场，组织观看警示教育片4800余次，组织230余名正处级以上领导干部阅读《典型案例剖析》《警示教育学习资料》，市、县、乡、村四级党组织书记讲党课6500余场。二是开展“挺纪在前、先走一步”专题宣传。以学习宣传习近平总书记系列重要讲话精神特别是全面从严治党重要论述为重点，牵头组建“挺纪在前、先走一步”宣讲团，开展巡回宣讲27场，受教育党员干部达7600余人次；各县（市、区）纪委组织巡回宣讲337场，受教育党员干部达3.1万余人次。组织《太行日报》等市级媒体开设专栏专题，运用市、县纪委官方微博、微信以及拍摄微视频、动漫、公益广告等多种新媒体，教育引导广大党员干部知纪守纪。三是开展严明换届纪律专项督察。贯彻中央“九严禁”换届纪律,印发《关于严明换届纪律坚持全面从严确保风清气正的通知》和《关于严明换届纪律加强监督检查的通知》,联合组织部门成立6个专项检查组,持续开展换届风气监督检查;在市七次党代会和市“两会”期间,组织17个会风会纪监督检查组实施驻会检查,确保换届期间风清气正。畅通举报渠道,及时受理违反换届纪律问题线索。严把“党风廉政意见回复”关,全年,市纪委开展廉政审核636人次,防止“带病提拔”现象发生。

【正风肃纪】 春节前夕,协助市委制定“十严禁”规定;在市、县、乡换届期间,研究出台换届期间迎来送往“四个严禁”;中秋、国庆期间,明确廉洁过节“八不准”,时刻提醒广大党员干部不越雷池、不触红线。制定《关于加强监督“四风”问题的工作方案》,发挥财政、审计、工商、税务、旅游、交警、发改、经信等职能部门作用,调动各方力量,形成共同查纠“四风”的良好氛围。牵头组织开展为期两个月的纪律作风大检查,共检查单位、部门340个,发现问题线索291个。发挥“12388”举报电话和“四风”问题“随手拍”的作用,全年,仅“四风”问题“随手拍”就收到群众各类举报108件,其中疑似“四风”问题线索52件,查实22件。全年,《百姓热线·纠风台》栏目共播出288期,接听热线2866次,答复率为100%,落实率为98%;《行风大家谈》栏目播出35期,接待群众350余人,接听群众热线1860余条,为群众解决问题139个。全年,全市共查处违反中央“八项规定”精神问题91起,处理118人,给予党政纪处分83人,分4次对24起“四风”典型问题进行公开通报曝光。

【案件查处】 全年,全市纪检机关处置党员干部涉嫌违纪问题线索1824件,其中,谈话函询450件次。全市纪检机关共立查案件736件,给予党政纪处分755人,其中轻处分441人,占受处总人数的58.4%。推广高平涉案干部处置办法,对全市567名涉案干部中的492人进行分类处置,其中批评教育344人,诫勉谈话85人,纪律处分16人,立案或另案处理14人,其他33人。全市纪检机关给予重处分314人,占处分总人数的41.6%;因严重违纪涉嫌违法移送司法机关15人,占处分总人数的2%。共有713名党员干部主动向纪检机关说明问题,上缴违纪款项566.31万元;市“35581”红包礼金专户收到上缴专款514笔,合计673.46万元。

【巡察工作】 按照省委、省纪委部署要求,协助市委制定《关于建立市县巡察制度的实施方案(试行)》,成立市委巡察工作领导小组,组建市委巡察办,建立巡察人员“一组三库”和巡察工作内控机制。组织市、县巡察干部学习《巡视工作条例》《廉洁自律准则》《纪律处分条例》和巡察工作基本知识,开展“组长带专员、骨干带队员”活动,开办“每周一讲堂”,构建交流平台,开展经验交流。探索建立“52332”晋城巡察模式。即:上下联动、市县一体“五统一”,双剑齐发、常专结合“1+1”,无缝对接、部门配合“三注重”,驱“蚊”灭“蝇”、乡村谈话“三不唯”,剑指问题、倒逼改革“两推进”。建立问题线索处置“五账挂号”、巡察督导、巡察与纪律审查机关无缝对接等22项巡察制度,提升巡察工作的规范化水平。共受理信访举报913件,发现党的领导弱化、党的建设缺失、全面从严治党不力“三大方面”共性问题302个,整改265个,占87.7%;发现党员干部违纪违规个性问题线索422个,办结345个,占81.8%。涉及县处级干部10人,乡科级干部65人,一般干部及农村干部362人。给予党政纪处分157人,组织处理66人,移送司法机关8人。2016年11月16日—2017年1月16日,开展为期两个月的巡察工作,市级巡察对象为3个县(区)、3个市直单位,县级巡察对象为18个乡(镇、街道)和18个县(市、区)直单位。巡察采取“一托一”、常专结合、异地交叉的方式,由3个市委常规巡察组分别巡察1个县(区)和1个市直单位,同时设立1个专项巡察组,负责对市、县两级扶贫办及全市扶贫项目涉及地区和单位进行专项巡察;各县(市、区)委各组织3个常规巡察组,由市委巡察工作领导小组统一调配指派到异地，对1个乡镇和1个县直单位进行巡察。

【换届工作】 贯彻省纪委和市委部署要求，开展市、县、乡纪委换届工作。至9月29日，市纪委和6县区纪委、74个乡镇纪委班子换届圆满结束。通过换届，分别选举产生9名市纪委班子成员、42名县区纪委班子成员、130名乡镇纪委班子成员，以及市纪委委员26名、县区纪委委员90名、乡镇纪委委员291名。

【体制改革】 加大县级纪委内设机构改革力度，探索推行“7+5”模式，即7个常规科室（办公室、组织部、宣传部、党风政风监督室、信访室、案件监督管理室、案件审理室）和5个纪检监察室。按照省纪委要求，深入调研派驻机构改革工作，起草制定市直派驻机构“全覆盖”工作方案。贯彻中央、省委关于深化监察体制改革的决策部署，成立晋城市深化监察体制改革试点工作小组，加强试点工作前期研究，为全面启动试点工作做好准备。

【自身建设】 加强日常教育，以“两学一做”学习教育为契机，以习近平总书记系列重要讲话精神和党章党规党纪、纪检监察实务知识为主要内容，以每周五机关党日活动为主要形式，开展学思践悟、岗位练兵活动，提高全体机关干部的政治思想素质和岗位业务技能。严格监督管理，为142名市管纪检干部建立《廉洁档案》，实行一人一档、动态监管。坚持抓早抓小，对纪检干部中存在的苗头性、倾向性问题及早处置。全年，处置纪检干部问题线索65件，其中，谈话函询33件，初核26件，立案3件，给予党政纪处分3人。

（市纪委）

晋城军分区

【概述】 2016年，晋城军分区学习贯彻习近平主席系列重要讲话精神和中央军委决策部署，以强军目标为引领，以“五个更加注重”“五个着力”为遵循，围绕深化国防和军队改革这条主线，坚持凝心聚气助改革，适应转变求作为，创新牵引出成果，严守规矩正风气，开拓进取，真抓实干，部队建设呈现快速上升、健康发展的良好态势。

【思想政治工作】 军分区党委采取领导导学、专题研学、讨论促学的方法，全年共组织中心组理论学习11次，特别是对习近平主席在纪念建党95周年大会、中共十八届六中全会上的重要讲话，第一时间组织传达学习，组织民兵小分队深入基层巡回宣讲13次，使广大官兵在进一步强化“四种意识”，坚定“四个自信”。开展“两学一做”学习教育，采取邀请专家讲课、组织参观学习、开展歌咏比赛、参加地方讲堂等办法，搞活教育形式，辅助教育开展，共开展党课辅导32次，形成抓教育的浓厚氛围。

坚持把肃清郭、徐流毒影响作为一项严肃的政治任务，按照“三个到位”“六个肃清”要求，狠抓学习教育、党内生活和整风整改，2次召开常委会，分析形势，研究贯彻落实的具体措施，制订下发关于肃清工作的实施方案和计划，明确任务分工、推进流程和落实要求。组织机关干部集中学习军委印发的专题教育材料，以及军委纪委关于10起违规违纪问题《通报》，人人谈体会、亮思想。

【战备训练】 贯彻习近平主席关于强军备战的指示要求，狠抓日常战备常态化落实，督导各人武部完善各类战备库室，引接“七情”信息，修订4大类27种战备方案。坚持每日对下抽查、每周通报讲评、每月组织演练，全年本级组织作战值班系统演练10次，战备值班分队拉动370人次，接受上级值班检查120余次，各要素均在值在位，应答规范，处置合理，没有出现任何问题。坚持按纲施训、依法治训，每季度突出一个课题开展群众性岗位练兵活动，先后组织法规理论学习、基本技能训练、战役战术训练和比武考核，强化了首长机关军事理论，基本技能和筹划指挥能力，年度战备训练考核及格率100%、良好率77%、优秀率64%，1人在全省比武竞赛中取得个人综合第二名。组织参加省军区“太行—2016”战役集训，完成省军区赋予的作业想定和演练任务。狠抓民兵应急分队训练，指导各级完善方案预案，检修装备器材，开展应急演练，全年出动民兵应急队伍2430余人次，参加森林防火、抗洪救灾、矿难救援等任务18起。7月，沁水县中村煤矿透水事故发生后，组织民兵应急分队100人赶赴现场协助救援，连续5昼夜全时坚守，担任维持秩序、物资运送、饮食保障任务。完成东部战区、南部战区、武警187师22个梯队、842台装备、11000余人途经晋城市的交通疏导、安全警戒、车辆抢修、双拥慰问任务，促进国防潜力向动员能力转化实践。

【基层建设】 坚持常委分片包干，结合检查督导民兵整组、安全稳定、两项教育、扶贫帮困等工作，常委带机关工作组先后4次下基层，与基层一道研究问题、破解难题、化解矛盾。安排2名干部到力量薄弱的2个人武部临时负责工作，确保每个单位都有2名以上团职干部。以开展“学典型、当典型”活动，推动人武部整体建设提档升级，泽州县、高平市人武部在省军区典型汇报会上作大会和书面交流，高平市人武部迎接6个师旅级单位115人观摩检查。组织人武部主官、机关科室负责人到万柏林区、武乡县人武部等6个典型单位观摩学习。把民兵整组作为基层建设的重中之重，利用一周时间开展整组规范化集训，通过授课辅导、集中训练、观摩见学、考核评比等方式，提高专武干部能力素质。新调整53名专武部长，解决年龄老化、活力不足的问题，充实基层人才力量。坚持实战化、实案化要求，逐乡逐村逐户调查，摸清全市普通民兵数量。在巩固市、县、乡、村四级应急力量模式的基础上，突出高技术特色分队建设，组建通信抢修、网络战、无人机分队，完善应急力量体系，在省军区和军分区整组检查验收中，6个人武部受检成绩全部达到优秀。

【国防动员】 履行军民融合协调职能，协助市委、市政府落实好党管武装各项工作。协调召开晋城市党政军座谈会，研究解决驻市62190、62152部队国防公路扩宽、饮用水源问题，晋城市连续第三次被评为全国双拥模范城。坚持依法征兵、廉洁征兵，严格按照《兵役法》《征兵工作条例》等政策规定，严把“政治、身体、年龄、文化”等关口，完成男兵征集任务，大学生新兵比例提高到44.5%。深入推进全民国防教育，开通“晋城国防教育”微信公众号，共发布消息近百条，关注人数突破2000人。安排9名干部深入市、县36所中学面向6000名学生开展国防宣讲，强化青少年学生的国防观念。制作纪念红军长征胜利80周年大型图片展板，在主要街道、大型企业、人员密集广场巡展，直接受教育者2万余人。

【正规化建设】 一是加强安全教育。开展“学法规、用法规、守法规”活动，突出抓好条令法规的学习贯彻，认真学习军委国防动员部6个管理规定，强化各级依法搞建设、规范抓管理的责任意识和高度自觉。二是突出重点管控。严格人员管理，坚持早操、晚点名、请销假等制度，加强官兵日常养成。严格车辆管理，坚持落实驾驶员警示教育日、车场日、集中派遣等制度，把私家车纳入管理范围，对持有地方驾驶证的85名官兵逐人、逐车审批，签订安全行车责任书，强化官兵自我管理意识。严格枪弹管理，分两批组织库管人员业务集训，解决法规意识不强、偏训漏训、登统计不规范等问题。严格保密制度，对机关办公电脑重新登记造册，购置96台干扰器、6台手机信号屏蔽器，杜绝失泄密问题发生。加强重要目标管控，吸取吕梁民兵装备仓库塌方的教训，及时对营区及库区周围防洪、防雷设施检修维护，补充招聘80名非现役警卫执勤人员，提高人防物防技防水平。三是开展隐患排查。对照安全大检查通报的6个方面25项具体问题，采取“四不两直”工作方法，开展隐患排查，纠治苗头隐患，固化安全措施，将问题隐患解决在萌芽状态，确保军分区安全稳定和高度集中统一，军分区连续17年保持“双无”。

【后勤保障】 围绕强军目标要求，指导各人武部组建后勤保障分队，提高实战化条件下后勤保障能力。科学确定经费投向，从严控制行政消耗性开支和非军事功能支出，两级党委财力用于战备训练和解决基层急难问题比例达到65%以上。加强后勤综合保障，投入58万元用于公寓楼外墙粉刷、楼顶加固和防水整修，组织干部、战士、职工110人进行年度体检，及时增补上报社会化医疗有关信息。

（晋城军分区）

人民防空

【概述】 2016年，市人防办坚决贯彻习近平总书记强军战略思想，坚持人民防空“战时应战、平时服务、应急支援”的使命任务，实现人民防空与经济社会融合式发展，圆满完成年度各项工作任务。

【联席会议制度】 根据省委、省政府、省军区《关于深入推进人民防空改革发展的意见》和省政府办公厅、省军区司令部《关于建立山西省深入推进人民防空改革发展军政联席会议制度的通知》要求，经市政府分管领导和晋城军分区参谋长批准，7月12日市政府办公厅与晋城军分区司令部联合发文，确定晋城市人民防空工作军政联席会议制度。

【防空宣传】 开展人防教育“五进”（进企业、进机关、进网络、进学校、进社区）工作，受教育人数达20万人次。一是面向领导开展宣传。给市委、市政府主要领导和分管领导订阅《中国人民防空杂志》。二是开展中学生防空知识教育。全市初中一年级学生配备人防宣传教育教材和教学用具。“9·18”防空警报试鸣日，与城区人防办联合在晋城十中开展人防疏散演练。三是利用多媒体警报器开展宣传。利用多媒体警报器，每天滚动播放人防知识、人防宣传片，让群众掌握科学的救援常识和技能，提高防护自救、互救的能力。四是结合警报试鸣日开展宣传。9月18日期间，在市区设立咨询点，开展人防法律法规宣传；利用人防执法检查等时机，向学校、企业、机关、社区、工地等发放《防空防灾知识手册》2000余份；在各类报纸、杂志、网站上刊稿60余篇，在《中国人民防空》《华北人防》《山西人民防空》《太行日报》等刊登理论调研文章、人防信息20余篇。五是打造精品宣传阵地。在兰花城统一制作人防标识牌，明确使用要求、注意事项和责任单位，发挥兰花城的区位优势，建成开放式、全方位体现人防特色的宣传阵地。

【人防训练】 组织人防机关干部每天进行2小时体能训练，全年累计训练时间超过320个小时，参训率达85%以上。人防指挥部参加1次人防指挥部跨区拉动演练及“9·18”防空袭应急疏散演练，参训率达到80%以上，累计训练时间达到300个小时，演习时间达到20个小时。9月中旬，组织为期7天的专业训练，参训率达到年度分队编组人数的70%以上。重新调整人防专业队伍的组建单位，组建了消防专业队、通信专业队、交通运输专业队、抢险抢修专业队、医疗救护专业队、防化防疫专业队、治安专业队6支专业队。

【人防装备】 对现有的18台警报控制终端器进行更换，对局部警报器位置进行调整，提高通信警报系统的快速反应能力、音响覆盖率，市区音响覆盖率达95%。以警报器升级改造、卫星地面站建设为重点，投资63万元，完成卫星地面站的建设任务。

【依法行政】 一是按照人防“结建”政策规定，“结建”审批项目纳入规划前端，确保人防建设与城市建设紧密结合。按照《人民防空法》和《山西省易地建设费收缴管理办法》规定，规范人防易地建设费收缴工作，严格审批人防工程建设项目。全年，全市共批建人防工程45项，共收取易地建设费486万，其中市直18项，易地建设费197万元；各县（市、区）27项，易地建设费289万元。二是完成各项编制工作。编制《晋城市人防“十三五”规划》，编制完善《晋城市防空袭应急行动预案》《晋城市人防工程突发事件应急预案》。

【人防工程监管】 一是加强人防质监站验收工作。制定《晋城市人民防空工程建设监理管理实施办法》，规范监理单位管理，提高人防质监服务，对全市所有开建项目的人防工程进行质量监督，监督率达到100%。对达到验收条件的11项人防工程进行竣工验收，完成竣工验收的11项，验收率达到100%。协助高平市人防办完成验收1项，协助沁水县人防办完成验收1项。二是开展人防乙级以下监理资质认定工作。承接省政府下放的乙级以下监理资质审批，制定《晋城市人民防空工程建设监理管理实施办法》。共收到晋城市明泰建设监理有限公司等5家公司资质和法人变更申请，按照程序规定，对5家公司完成资质认定和法人变更审批。

（市人防办）

双拥工作

【概述】 2016年，全市双拥工作按照“巩固、发展、提高”的原则，以实现全国双拥模范城“三连冠”为目标，围绕服务强军目标、支持国家建设主题，以落实各项优抚安置政策为抓手，在继承中求创新，在创新中求提升，在密切军政军民关系上注真情，在实现军地互助互利、军民融合式协调发展上见实效，进一步巩固和加强军爱民、民拥军的鱼水深情，全市双拥工作保持健康、持续发展势头。

【双拥活动】 市四大班子领导分两队走访慰问驻市部队和军队离退休干部休养所、部分重点优抚对象，发放慰问品、慰问金30余万元。清明节期间，市双拥办、市民政局组织部分成员单位瞻仰纪念革命烈士。同时，社会各界人士自发到市烈士陵园，参加清明祭英烈活动。据不完全统计，到市烈士陵园祭奠英烈的单位达到50个单位、人数达6000多人次。各县（市、区）也开展形式多样的祭奠活动。5月25日，市委副书记、市双拥工作组组长曾志勇，市委常委、军分区司令员马学林，军分区参谋长刘同兴，市委副秘书长、市双拥办主任郭林江率泽州、阳城两县领导分别到高速路晋城西服务区和阳城服务区看望慰问参加演练的武警官兵。高平市组织举办“亮剑铸军魂、放飞中国梦”大型文艺演出活动，现场采访坦克兵王、时代楷模郭峰爱人，宣传郭峰先进事迹和高平籍边防连长杜宏烈士英勇事迹。武警晋城支队组织举办强军故事会、歌咏比赛、优秀军嫂推荐表彰、军嫂进警营等丰富多彩的活动，欢庆建军节。

【党政军座谈会】 8月1日，在中国人民解放军成立89周年之际，晋城市举行庆“八一”党政军座谈会。市委副书记、市双拥工作领导组组长曾庆勇出席会议并讲话。市委常委、晋城军分区司令员马学林主持会议，晋城军分区政委张志勇出席会议。市双拥办、发改委、民政局、人社局、财政局、教育局、国土局、住建局、交通局、水务局等主要领导，军分区党委常委等50余人参加会议。

【领导调研】 8月10日，市委副书记、市双拥工作领导组组长曾庆勇带领市委常务副秘书长、市双拥办主任郭林江及相关部门领导，深入驻市62190部队、62152部队进行调研，了解部队建设及官兵的日常生活情况，并就8月1日党政军座谈会提出的国防公路扩宽、饮用水源等问题，进行实地勘察，深入调研。

【新兵入伍】 9月12日，组织欢送新兵入伍仪式。市委副书记、市双拥工作领导组组长曾庆勇，市委常委、军分区司令员马学林，军分区政委、市双拥工作领导组副组长张志勇、副市长赵沂旸等领导亲临现场，高平市“长平铸盾”民兵宣传分队为新战士演唱《当兵的历史》《当兵光荣》《东西南北兵》《强军战歌》等歌曲。

【民兵建设】 各驻市部队按照“平时服务、急时应急、战时应战”的要求，为常态化民兵应急分队配齐应急救援器材，开展“五小”（小培训、小比武、小考核、小观摩、小评比）练兵活动。按照“环绕市区、依托园区、以点带面、稳步实施”的思路，做到民兵阵地建设与经济园区建设同步、民兵骨干建设与新兴企业党组织建设同步、民兵队伍建设与企业员工建设同步，在山西兰花煤化工有限责任公司组建晋城市第一支民兵防化救援分队，在巴公、南村、金村、周村四个工业园区编组民兵组织，构建以晋城市为中心、环绕辐射“东西南北”的“一队六营”民兵力量布局。突出后勤指挥、后勤动员和战备体系建设，高标准组建卫生、饮食等7支后勤专业保障分队，提高多样化军事任务的后勤综合保障能力。

【服务社会】 一是发挥兵力优势，全力支持地方经济建设。各驻地部队视驻地发展为己任，累计义务投工3万余个劳动日，支援金村大道、驻地煤气管道铺挖、通信光缆架设等大型工程建设，开展“绿化荒山荒坡、美化第二家园”活动，为地方节约资金近百万元。多次组织民兵参加晋（城）长（治）、晋（城）焦（作）、晋（城）济（原）和陵（川）沁（水）路通道绿化，改善农村人居环境。二是发挥装备优势，参加城乡一体化建设。按照全市城乡一体化总体发展框架，利用装备优势，开展科技助民活动，通过电脑培训、发放资料、提供信息，帮助驻地村民发展种养业，促进农民增收。三是发挥政治优势，在构建和谐社会中勇挑重担。配合公安部门严密防范和严厉打击各种违法犯罪活动，多次担负重大节日、重大活动维稳执勤安保任务。主动承担全市重点中学的军训任务，挑选30余名军政素质过硬的官兵担任校外辅导员，开辟"第二课堂"，入校开展国防教育。全年，共军训学生2万余人，入校辅导5万余人。

（市双拥办）

武警晋城市支队

【概述】 2016年，武警晋城市支队坚持以思想紧跟为本，把贯彻习近平主席系列重要讲话精神作为部队建设发展的第一要务，牢牢把握"稳中求进"总基调，瞄准"三个一流"（建一流队伍、树一流标准、创一流业绩）目标，大力正思想、备实战、抓执行、树标准，持续扩大发展优势。支队被武警总队评为"基层建设先进支队"，支队第一大队第二中队团支部被共青团山西省委授予"五四青年奖"，七中队士官丁建勇救落水儿童的事迹，在社会上引发强烈反响。支队特战队获得总队集训第一名，1人被武警部队评为"优秀教练员"。

【思想建设】 按照绝对忠诚、绝对纯洁、绝对可靠的要求，着重在抓学习铸魂、抓教育正向、抓思想保稳、抓文化育人上下功夫。

1.抓理论武装。按照"突出重点、区分层次、学研结合"的模式，推行党委机关理论学习"八步法"（动员部署、专题讲座、理论宣讲、课题研究、体会交流、录像教学、集中辅导、个人自学）和基层理论学习"十小方法"（重点摘录、宣讲辅导、讨论交流、骨干领学、互帮互学、随机自学、参观见学、网络互动、评比竞赛、环境熏陶），学习贯彻习近平主席系列重要讲话精神。全年，在军内报纸杂志及总部、总队政工网刊发调研文章118篇，转发经验做法17篇，网络新闻上稿1339篇，刊稿量位居总队前列。

2.统抓两项教育。持续开展"改革强军"主题教育，推行"1+3+1"授课模式和"五课"方法（多级备课、网络授课、视频查课、推门听课、验收评课），教育效果层层深入。8月，2名指导员被总队评为十佳"四会"政治教员。推进"两学一做"学习教育，开展党员"戴党徽、亮身份、做表率"活动，挖掘出精业敬业的好参谋李明明、爱军精武的中队长薛其伟、一心为兵的好军医王晓刚、勤钻业务的好班长杜彬、见义勇为的好党员丁建等一批先进典型，激发警营正能量。

3.常抓思想引导。针对调整改革对官兵思想的影响，分层次开展"知恩、知足、知责"专题教育，引导官兵正确面对改革，精心在位履职；紧盯老兵选退、评功评奖等敏感时段，细化开展"三项教育"（"巩固战友感情、珍惜军旅生活"专题教育、"三个正确"对待教育、"严守法规法纪、安全顺利返乡"教育）、"两项活动"（"学老兵、赞老兵、送老兵"和"留纪念、树形象、做贡献"活动）。

4.实抓文化熏陶。开展先进军事文化达标活动，投资10万余元更新、完善营区政治文化环境，举办24期"官兵大讲堂"，为官兵提供展示自我、互动交流的平台；坚持运用"四个日志、一个日记"载体（领导包片日志、股室包队日志、干部工作日志、支委工作日志和士兵成长日记），每月组织"三优、四好"评比（机关优秀干部、优质公文、优质活动；基层好干部、好党员、好班长、好战友），广泛开展警营"五小活动"（军歌唱起来、图书看起来、队史讲起来、小报办起来、广播响起来），培养警营"七小员"（板报员、广播员、理发员、教歌员、裁判员、网络维护员、营产营具维修员），官兵内涵素养得到提升。7名战士考入武警院校，19名官兵取得大专以上学历。

【军事训练】 1.勤务抓防范。组织勤务鉴定，完成地埋式路障机及减速带安装、围墙加高和安防设施改造任务，全面开展"犬防建设"和"两看"单位新式哨位集成柜安装工作，支队8处"两看"目标监门哨全部上勤，应急小组前置率达100%，新购助勤犬配备完毕。开展执勤安全教育整顿和执勤隐患整治，先后组织首长机关联合实地检查175次，"三共"活动5次，排除纠治35处执勤隐患。全年，支队累计用兵3500余人次，出动车辆346台次，完成“2·23”危害公共安全事件、“两会”安保、“7·19”抗洪抢险任务等21起临时勤务。

2.训练抓短板。按照“科学规划、试点先行、整体推进、全面达标”的思路，投资100余万元、组织5次现场办公推进训练场地建设，新增训练用地90余亩，配发器材700余件(套)，建设达标率为100%。发挥教导队功能，组织晋城片区预提士官集训，穿插进行3期勤训轮换和4期教练员培训，训练科目实现全覆盖，二年兵以上轮训率达到100%，指挥岗位士官“四会教练员”达到100%。组织备勤中队驻训、应急班集训、处突力量红蓝对抗性训练和三期“魔鬼周”极限训练，树立鲜明的实战导向。强化首长机关作战指挥、分队警官指挥训练和基层官兵技战术训练，部队遂行任务能力大幅提高，在总队年度军事训练检验性考核中获得团体第二名。

3.战备抓合成。树立“战备就是备战”的理念，细化实化战备方案，建立警地信息共享和预警联动机制，接入公安“天网”工程。制定《参与处置突发事件一句话命令加补充指示紧急出动指挥流程》，落实机关8人前指常态备勤、机动中队特勤排全时戒备和装备物资“以车代库”制度，采取“基层周演练、机关月拉动、支队季抽组”的办法，组织8次演练拉动和3次综合抽组检验，整合磨合体系力量。

【基层建设】 按照两级党委全会决策部署，制定下发《对基层党委(支部)班子和部队建设的指导意见》和《年度大项工作任务推进表》，指导修订《党委机关按纲指导服务基层计划》《基层单位按纲建队计划》，落实“领导包片、股室包队”挂钩帮建责任和“月蹲周”制度，先后组织7批96人次深入基层蹲点帮建，推动基层发展。按照“强组织、勤帮带、激活力”的思路，科学调配3个大队党委、9个中队党支部，依规审批基层两大群众组织，分批组织《纲要》预训集训、支委成员培训和党(团)小组长培训，集中14名大学生干部到新训大队体验兵情，在强组织与强骨干中提升基层自建能力。

【后勤保障】 修订完善各类方案预案，在加大战备物资自我储备的基础上，与驻地军粮站等多家单位签订战备联保协议，与市国防动员委员会、市交通局联合下发《战备运输联防书》，初步形成“动中建、散中变、模块化”的应急保障模式。先后组织5期后勤专业兵培训复训，并结合“卫士—16”演习和“魔鬼周”极限训练，组织后勤应急分队开展力量抽组、战场野炊、自救互救、车辆抢修、野外宿营等科目训练，提升后勤应急保障效能。完成作战指挥中心建设工程立项报批、教导队攀登架新建和营房安防设施建设，更换二、三中队营产营具895件，调配基层单位营产营具317件，基层设施更加配套完善。开展“伙食精细管理年”活动，采取“机关集中配发给养器材、基层配合农副业生产”的方法，提升保障效益，基层官兵伙食满意率达到95%以上。与6家地方医院签订协议，开通绿色通道，每月开展“下基层巡诊”和“心理服务”活动，确保官兵身心健康。

(武警晋城市支队)

法 治

政法委及综治

【概述】 2016年，全市政法系统围绕维护社会大局稳定、促进社会公平正义、保障人民群众安居乐业三大基本任务，突出“关键少数”，强化维稳责任，确保重要节点、重点时期全市大局稳定；突出齐抓共管，深化平安建设，确保人民群众的公共安全感不断提升；突出机制建设，推进多元化解，努力从源头上减少影响稳定问题的发生；突出扩面提质，推进法治建设，增强社会厉行法治的积极性、主动性；突出制度建设，自觉服务大局，保障全市经济运行趋稳向好；突出政治建警，打造过硬队伍，提升政法系统司法公信力，为全市经济社会发展提供政法保障。

【主要数据】 2016年，全市法院共受理各类案件28952件，办结24803件，结案率85.7%，审限内结案率100%。其中，市中级人民法院受理各类案件4719件，办结4518件，结案率95.7%，审限内结案率100%。全市检察机关共批准逮捕和决定逮捕595件852人，提起公诉1391件1802人；立案侦查职务犯罪案件84件109人。全市公安机关共立各类刑事案件5430起，破2220起（其中，侦破现行命案16起），抓获各类犯罪嫌疑人1859人，打掉各类犯罪团伙38个180人；共接警319768起，发现受理治安案件14945起，查处9283起。全市司法行政机关累计接收社区矫正人员4478名，累计解除矫正3298人，在册1180人；累计衔接刑满释放人员共计3621人，落实率94.6%，帮教率达100%，安置率达到95%以上；法律援助机构共办理法律援助案件1392件，解答咨询20492次。社会风险隐患大排查大整治方面，全市共排查各类社会治安隐患10868起，整治率96.58%；基层社会服务管理方面，全市6322名网格长通过平台上报各类信息273806条，处置218440条，平台处置率为79.7%；矛盾多元化解体系建设方面，共建成人民调解委员会2436个，专业性、行业性人民调解组织136个，共排查化解各类矛盾纠纷6529件，调解成功率97%。

【维稳工作】 市委常委会议先后10余次研究政法综治工作，市委、市政府召开高规格会议部署推进全市安全稳定风险隐患大排查大整治工作，全市政法系统把维护安全稳定作为“一把手”工程层层分解落实“属地管理”和“谁主管谁负责”的维稳责任。各级党政领导担负“抓综治、抓稳定、保平安”第一责任人的主体责任，形成各级各部门维护稳定的工作合力。全年市综治委警示28家单位，诫勉谈话13家单位，挂牌督办22家单位，一票否决11家单位。同时规范信访秩序，加大依法治理非访力度，确保全国“两会”、G20国峰会、中共十八届六中全会、省市党代会和市“两会”等重点时期全市社会大局安全稳定。

【平安晋城建设】 深化平安晋城

创建活动,健全完善综治和平安建设党政领导、综治协调、部门参与、齐抓共管的工作机制,平安建设覆盖率达到95%以上,形成人人参与平安建设,人人共享平安成果的局面。严厉打击各类违法犯罪方面,开展"打黑除恶"、打击"盗抢骗"、打击电信网络诈骗、打击非法集资、食药打假"利剑行动""网络扫毒"等一系列专项行动,保持全市社会治安秩序的持续向好。提升治安防控水平方面,市委办公厅、市政府办公厅出台《关于加强社会治安防控体系建设的实施意见》,深化立体化防控体系建设,把立体化治安防控体系建设列为全市"十三五"规划的重要内容;严密社会巡逻防控,推动内部单位防控,突出治安科技防控,加快推进视频监控"天网"工程建设。至年底,全市共安装视频监控51810个,其中,公共视频监控7289个,社会资源44521个,实现对重点场所联网运行;开展社会风险隐患大排查大整治专项行动,以"城中村"为重点,开展"雪亮工程"试点建设;铁路护路联防坚持"六路"(网格管路、科技护路、矛排稳路、整治保路、宣传兴路、队建强路)并进,开展"五查五创"(查整维稳薄弱环节,创良好铁路稳定环境;查整涉路矛盾纠纷,创良好路地和谐环境;查整沿线安全隐患,创良好铁路安全环境;查整沿线环境问题,创良好铁路旅游形象;查整新线建设问题,创良好铁路施工环境)活动,确保全市铁路沿线治安持续稳定。重点人群管理方面,六县(市、区)全部建立社区矫正中心,加强对社区服刑人员的监管力度,杜绝脱管漏管问题发生;落实刑释解教人员帮教机构、制度和经费保障,确保本地情况互通、工作衔接;明确3级以上易肇事肇祸精神障碍患者的管护责任,全部纳入财政预算予以保障;推动城市社区戒毒人员康复工作,建立药物维持治疗门诊。

【矛盾化解】 狠抓矛盾纠纷多元化解体系建设,强化矛盾纠纷的源头治理,化解非法集资、征地拆迁、村矿村企等涉众型矛盾纠纷。一是加强风险评估,从源头上预防问题发生。全年,全市共对28个重大项目和重大决策实施风险评估、登记备案;制定出台《关于建立社会治安形势分析研判机制的意见》,围绕社会政治稳定、刑事犯罪、公共安全、社会稳定和信访等问题,10余次分析研判,提出26条对策建议;全面推行"单位法律顾问"制度,防范因政策导向和重点工程建设而出现较大矛盾纠纷。二是整合优质资源,发挥调解作用。盘活现有调解力量,在县、乡、村三级全部搭建起统一受理、集中梳理、归口管理、依法办理、限期处理、司法确认的"一站式"矛盾纠纷调处工作平台;推行"区域调解"工作模式,推进人民调解、行政调解、司法调解和信访工作对接联动,将大量矛盾纠纷化解在基层、解决在萌芽。三是加强研判协调,化解突出社会矛盾。制定《矛盾纠纷排查调处领导组月例会制度(试行)》,推动全市矛盾问题的解决,确保不发生影响稳定的事件。

【普法教育】 完成"六五"普法任务,制定"七五"普法规划,以领导干部、在校青少年学生、基层干部群众三个群体为重点,开展"法律六进"(进机关、进乡村、进社区、进学校、进企业、进单位)活动,完善领导干部、公务员学法用法制度,提升各级领导干部依法决策、依法行政水平;强化学校法制教育"计划、课时、教材、师资"四落实,法制副校长配备率达90%;开展法治进乡村宣传活动,人民群众办事依法、遇事找法的意识明显增强。

【规范化建设】 推进阳光司法和执法规范化建设,公安机关制定完善《受案立案工作实施办法》等改革制度33件,《主办侦查员工作制度》被公安部评选为全国公安机关第三批优秀执法制度;检察机关加强案件信息公开系统的应用,向全社会公开案件程序性信息4463条、生效法律文书1637份,发布重要案件信息236条。市、县两级人民法院加强流程监管,推进裁判文书、执行信息及时、准确、全面上网,方便群众监督。

【法律服务】 推进公共法律服务体系建设,在全省率先启动"一村(社区)一法律顾问"工作,实现全市2340个行政村(社区)法律顾问全覆盖,解决群众打官司难的突出问题。推进市、县两级法学会建设，以“新常态下的法治建设研究”为着力点，开展法学研究、法治宣传、法律服务等各项工作，承办全省法学会工作座谈会。

【经济服务】 市政法委制定出台《关于进一步加强政法机关服务经济发展新常态的意见（十六条）》，全市政法机关把防范风险、服务发展摆在突出位置，主动为重点企业、重点工程、民营经济保驾护航，为全市经济发展创造良好环境。市中级人民法院制定出台《为我市深入推进“一争三快两率先”战略部署提供司法服务保障的若干意见》，推动市、县两级法院树立服务发展理念，针对经济下行压力，审慎审理因资本流失引发的民间借贷、企业融资类等案件，化解区域性金融风险。市人民检察院出台《关于服务和保障市、县、乡环节选举工作顺利开展的意见》和《关于充分发挥检察职能依法保障和促进全市非公有制经济健康发展的实施意见》，为全市换届选举、非公经济发展等提供法律服务和司法保障。市公安局发出《关于扎实推进户籍制度改革进一步放宽户口迁移政策的通知》，放宽户口迁移条件，简化办理手续，为招商引资创造良好环境；侦办案件过程中，平等对待，本地企业与外地企业、国有企业与民营企业一视同仁，保护各类企业产权和合法权益。司法行政机关组织全市律师参与重大工程、重点项目、招商引资工作，共参与重点工程项目183项，提供法律咨询1065次，提出法律意见185条，参与工程项目的风险评估56次，进行合同审查213起，为全市结构调整、转型升级提供优质高效的法律服务。

【队伍建设】 强化市、县两级党委政法委员会建设，加强党对政法工作的领导，推动政法系统“双十佳”（十佳政法干警、十佳优秀基层政法单位）争创活动、“把纪律挺在前面”专项活动、“一村一警”联系走访活动，培树一批先进集体、先进典型，对12案16人政法干警违纪违法案件进行查处，打牢政法队伍高举旗帜、听党指挥、忠诚使命的思想基础。组织全市政法系统开展“大培训、大练兵、大比武”活动，加大对政法干警系统性、专业性的教育培训力度。推进执法监督工作，在全市政法机关开展涉法涉诉信访积案清理专项行动，核销率达100%；开展案件评查和执法巡查，对市直政法单位和6县（市、区）筛选的22起案件进行专门评查，共发现问题、瑕疵146个，对沁水县人民法院进行常规执法巡查，提升政法系统执法司法公信力。开展司法体制改革试点工作，在完善高平市司法体制改革试点基础上，在全市市、县两级法院、检察院开展以司法责任制为核心的四项改革试点工作，推进人员信息审核、案件统计、资产清查、资格审查、员额法官检察官遴选考试考核等司法改革工作。

（市委政法委）

法治政府建设

【依法行政】 围绕法治晋城建设目标，推动政府依法行政，使行政权力授予有据、行使有规、公开有度、监督有效。严格行政决策工作机制，建立重大行政决策程序制度，把公众参与、专家论证、风险评估、合法性审查、集体讨论决定作为法定程序。运用政府法律顾问参与审查把关重要项目合同、协议62件，推进科学民主依法决策。严格规范性文件审查备案，共计审查规范性文件18件，备案审查县（市、区）政府出台的规范性文件15件，向市人大常委会报送备案市政府出台的规范性文件8件，防止“红头文件”违法和不适应造成不良后果的现象。强化监督规范执法，开展行政职权梳理、行政处罚案卷评查、执法监督等工作，规范行政权力的运行。加快推进政府立法工作，落实《晋城市地方立法条例》，起草《晋城市政府规章制定程序规定》，建立健全立法体制，优化立法质量。做好行政复议工作，在全国首创开通行政复议网上办理系统，在法定期限内办结办理行政复议案件82件，保障群众的知情权，增加政府工作的透明度。

公 安

【概述】 2016年，全市公安机关落实公安部“四项建设”和省公安厅“民生警务、亲民公安”建设要求，以人民群众满意为根本标准，以维护社会稳定为首要任务，以公安改革为动力支撑，扎实开展“五大建设”，不断推动全市公安工作和队伍建设发展进步，有效维护社会治安大局持续和谐稳定。在全省公安机关人民群众安全感和满意度调查中，晋城市连续5年位居全省第一。在全省119个县（市、区）中，陵川县公安局、阳城县公安局分别排名第4和第7。共有2名个人受到公安部表彰，25个单位、56名个人受到省级表彰；4个集体荣立集体二等功、4个集体荣立集体三等功，5名个人荣立个人二等功、73名个人荣立个人三等功。

【维护社会稳定】 2016年，全市公安机关共接警319768起，有效报警243932起，其中违法犯罪案件类66398起，交通事故类42644起，火灾事故类891起，纠纷、群众求助类50147起，警务监督类643起，其他警情75879起。立各类刑事案件5430起，同比减少532起，下降8.9%；破2220起，同比增加229起，上升11.5%，破案率为40.9%，同比上升7.5个百分点。破案绝对数2682起，其中八类危害严重刑事案件立164起，同比增加10起，上升6.5%；破134起，同比增加17起，上升14.5%，破案率为81.7%，同比上升5.7个百分点。立各类经济犯罪案件360起，同比减少40起，下降10%；破获291起，同比减少20起，下降6%，破案率为80.8%，同比减少2个百分点，抓获犯罪嫌疑人152人。立毒品案件87起，同比增加10起，上升13%；破80起，同比增加9起，上升12.7%，破案率为92%，同比减少0.2个百分点；查处毒品行政案件798起，抓获违法嫌疑人836名，强制隔离戒毒76人，缴获毒品咖啡因100.13千克、冰毒1.893千克，海洛因113克。破获各类涉枪涉爆案件20起，抓获违法犯罪嫌疑人20名，收缴炸药63812.3千克、雷管90766枚、枪支205支、子弹61285发、索类爆炸物品1863米。破获食药犯罪案件97起，抓获犯罪嫌疑人33人，捣毁制假窝点8个。抓获各类犯罪嫌疑人1859人，同比减少425人，下降18.6%。批准逮捕868人，移送起诉1872人；打掉各类犯罪团伙38个180人；打掉涉嫌黑社会性质组织1个，恶势力团伙15个，抓获团伙成员161人涉案219起；抓获各类网上逃犯781名，其中本地逃犯648名，本省外地市逃犯42名，外省逃犯91名，命案逃犯15名，“猎狐2016”本地境外逃犯6名，通过重点人员动态管控平台抓获逃犯188名。监押场所获取各类违法犯罪线索553条，深挖破获刑事案件268起，抓获犯罪嫌疑人24人。受理行政案件348978起，同比增加81902起，上升30.7%；查处342617起，同比增加76240起，上升28.6%；查处违法人员342654人，同比增加76898起，上升28.9%；行政拘留1900人。其中，发现受理治安案件14945起，同比增加6073起，上升68.5%，查处9283起，同比增加1101起，上升13.5%；查处治安违法人员8638人，同比增加1150人，上升15.4%，治安拘留1852人。共登记流动人口136182人，登记出租房屋37695户，解决各类无户口人员493人。受理审批签发外国人签证、居留许可64人次、台湾居民往来大陆21人次，受理审批中国公民普通护照申请19295人次、内地居民赴港澳25826人次、大陆居民往来台湾7098人次；采集录入境外人员临时住宿登记信息7186条。

【科技强警】 加强公安机关刑事技术、技侦、网安等专业手段建设，市公安局公安司法鉴定中心成为全省首家通过省级资质认定和唯一一家通过国家实验室认可的科学鉴定机构。高平市公安局刑事科学技术室被公安部评为“全国示范刑事科学技术室”。全市县级公安机关刑事科学技术室全部达到公安部一级以上标准，市公安局网安互联网信息监控中心通过公安部组织的国家二级标准验收。技侦支队完成“信息技侦”建设任务，通过省公安厅验收，排名全省第一。全市97个基层派出所、5个县交警大队全部开通四级网视频会议系统。

【网络舆情导控】 加强网上公开巡查执法和重点网站、论坛、贴吧、QQ群、微信、微博等平台动态管控，加强公安新闻宣传和舆情处置引导，对各类网上负面舆情、有害信息做到及时发现、取证、删除。全年,共发现处置各类网上有害信息3013条。

【打击违法犯罪】 以"更快地破大案、更多地破小案、更准地办好案、更好地控发案"为目标,健全完善打击犯罪、合作作战机制,开展"三大战役""亮剑3号"、打击"盗抢骗"、打击电信网络诈骗犯罪、全警追逃、网络扫毒、食药打假"利剑"行动等系列专项行动,始终保持对各类犯罪活动的严打高压和主动进攻态势。

1.严打黑恶犯罪和严重暴力犯罪。开展"打黑除恶专项斗争深化年"活动,打掉涉嫌黑社会性质组织犯罪团伙1个、恶势力犯罪团伙15个;坚持"命案必破"理念,集中力量,整合资源,严厉打击各类严重暴力犯罪,16起现行命案实现全破,侦破命案积案2起,侦破"5·23""9·19"案件。

2.严打多发性侵财犯罪。以群众反映强烈的盗窃、抢夺、诈骗等犯罪活动为打击重点,以流窜性、地域性职业犯罪团伙和累犯惯犯为打击目标,破获一批重特大案件。在全省率先成立"市反欺诈中心",开展打击、治理、宣传、防范、阻截电信网络诈骗犯罪各项工作,破获部督代刷信誉度诈骗案、省督冒充军人购买帐篷电信诈骗案等电信诈骗案件122起,止付、冻结诈骗嫌疑账户490余个、资金110余万元,为群众挽回经济损失180余万元。

3.严打经济犯罪。紧盯非法集资、打假、传销和虚开增值税专用发票等社会热点问题,相继破获卓远天泽、泽益恒丰投资、金旭投资、永昌寄卖、诚帮投资等一批非法吸收公众存款案;破获涉案金额3亿余元的部督虚开增值税专用发票案。

4.严打"黄赌毒"犯罪。围绕涉黄、涉赌、涉毒的重点区域、重点场所、重点问题、重要线索和重点对象,强化侦查检查等手段运用,市公安局侦破"10·11"跨境网络赌博案,国务委员、公安部部长郭声琨予以批示肯定。

5.严打食品药品犯罪。坚持以破大案、打团伙、端窝点、捣网络、除源头为主攻方向,全面打击食药犯罪的组织者、经营者和获利者,破获"9·9""9·15"两起部督非法制造、销售乳制品包装案和一起部督生产销售伪劣种子案,端掉制假窝点8个。

【治安防控体系】 以强化基层基础为重点,推进社会治安防控体系建设,利用现代科技手段,动员社会各方力量,健全完善点线面结合、人防物防技防结合、专群结合、网上网下结合的治安防控体系。

1.加强社区警务建设。引深"1135"工程建设,向基层一线下沉警力21名,派出所警力达到县局总警力的51%,179个警务室在人员配备上实行"1+N"工作模式;依托"一村(社区)一警"联系走访活动,开展人口管理、安全防范、化解矛盾、信息录入、服务群众等基础工作,把打防管控落实到社区和农村警务工作中。

2.加强基础设施建设。市公安局信访接待场所、技侦支队新业务用房完成改造搬迁,在全市公安机关开展数字化智能枪库改造,实现公务用枪数字化、智能化、规范化管理;推进社区戒毒、社区康复工作,全市各乡镇(街道)全部建立社区戒毒社区康复工作机构,配备专门人员。

3.加强视频监控建设。推进"天网工程"二期建设,市区视频监控系统项目通过专家组验收,市公安局在全省首家与省公安厅视频专网平台完成对接。

4.加强社会面巡防网建设。制定《晋城市公安武警联勤武装巡逻工作实施方案(试行)》,落实社会面巡逻防控"四项机制",加强巡特警、巡警、武警现场对接和联合编组,开展重要节点和重大会议期间治安卡点查缉布控,提升社会面动态化控制能力。

5.加强单位内部安防建设。持续对全市党政首脑机关、"五管"要害部位、关系国计民生的水电油气暖等重要部位开展治安隐患排查整治,深化中小学校、幼儿园、医院等重点单位安全保卫和专职保安派驻工作,共设立"护校岗"468个,医院警务室、治安岗亭6个,派驻保安员580余名,派驻率达93%;推进平安社区(村)创建,全市评选出6个省级和50个市级平安社区(村)示范单位。

6.加强行业场所管理。督促落实实名验证登记制度,旅馆业信息系统覆盖率、信息上传率均达100%;加快物流寄递行业治安信息管理系统和执法办案平台建设,推进物流寄递业信息化管理;

开展新增出租车司机背景审查，严把出租车从业人员入口关；建立“双随机”抽查机制，深化武装守护押运和保安服务业检查整治；加强重要信息系统和政府网站安全管理，最大限度堵塞源头漏洞。

【公共安全管理】 1.加强危爆物品管理。推进缉枪治爆专项行动、危爆物品安全大检查和危险化学品安全专项整治，严格民爆物品审批管理、流向监控、清查收缴和从业人员培训考核，大力整治非法制贩、私藏爆炸物品问题，确保不流失、不炸响。

2.加强道路交通安全管理。坚持以城市保畅通、公路保平安、农村不失控为重点，推进农村地区“两站两员”建设，加强对全市所有道路路段、桥梁隧道的隐患排查，加大对危化品运输、工程运输、“营转非”大客车等重点车辆和驾驶人的路检路查力度，严查重处超速超员超载、疲劳驾驶、货车违法占道行驶等交通违法行为，持续开展酒驾醉驾常态化整治和集中夜查行动，坚决遏制重特大交通事故发生。

3.加强消防安全管理。继续推行以街道、乡镇为大网格，以行政村、社区为中网格，以楼院、村组为小网格的消防安全管理三级网络，完成23个乡镇政府专职消防队建设任务，3个街道、132个社区、574家消防安全重点单位建立微型消防站，排查整改重点单位、重点部位火灾隐患1.1万处，挂牌督办重大火灾隐患9处，整改销案5处，全市火灾形势持续稳定。

4.加强监所安全管理。围绕“两个安全”，持续深化“十化建设”，加强在押人员安全风险等级评估和分级管理，大力推进监所监控数字高清改造和联网建设，健全完善公安、武警两警协作机制和在押人员出所就医、入所检查、生产劳动等制度，全市6个看守所和1个强制隔离戒毒所相继完成医疗卫生专业化建设，6个拘留所共享看守所医疗资源，有效提升监所安全管理水平。

【便民服务】 推进户籍制度改革，下发《关于扎实推进户籍制度改革进一步放宽户口迁移政策的通知》，放宽城镇户口迁移条件，引导农村人口向城镇转移，推进新型城镇化建设；出台《社区集体户管理办法》《关于无户口人员户口登记问题指导意见》，解决群众落户难问题。市公安局户口清理整顿工作经验被公安部、省公安厅推广。开展跨省、省内跨县居民身份证异地受理工作，全市公安户籍派出所、户政（办证）大厅居民身份证挂失申报和丢失招领窗口规范化建设全部完成。加强便民利民举措，推进行政审批改革，制定简化优化公共服务流程方便群众办事创业28条措施，对照“两清单”“两张图”内容，优化审批流程，减少审批层级，推动简政放权，在治安户政、道路交通、消防、出入境、网安等方面推出一批便民利民举措，旅馆业、典当业等行政审批工作实现从事前审批向事中事后监管转变；改进和规范公安派出所出具证明工作，对证明式样、办理流程等进行具体规范；推进道路交通事故快处快赔工作，全市快处快赔中心全部建设完成。拓展网上便民服务，在便民服务在线网页新增“同名同姓信息查询”服务，全省首家推出微信查询同名同姓信息功能；推进网上审批，开通网上交管业务9大类120多项，完善修订网上办事大厅办事指南、表格157项，最大限度方便群众网上咨询、网上办事、网上监督。

（市公安局）

·交　警·

【概述】 2016年，全市公安交警以“降事故、保畅通、保安全”为主线，以“最高标准、最强措施、最大力度、最好效果”为目标，坚持问题导向、坚持法治思维、坚持改革创新、持续实施依法治理、综合治理，全面推进道路交通管理各项工作，保持道路交通安全形势总体稳定。7月，支队车管所被公安部授予“全国二等车管所”称号，阳城车管所再获“优秀县级车管所”称号。10月9日，支队被省精神文明建设指导委员会表彰为“2014—2015年度山西省文明单位”。全市未发生一次死亡3人以上交通事故，创10年来最好成绩。

【违法行为查处】 全年，全市共查处各类交通违法行为为386840起，其中超速11万余起，无证驾驶2177起、饮酒驾驶658起、醉酒驾驶355起、客运车超员23起、货运车超载48起,吊销驾驶证421起,扣留机动车1286辆,扣留驾驶证1691本。立交通肇事案104起,刑事拘留41人,吊销驾驶证89本,终生禁驾17人。

【车驾管理】 全年,全市机动车保有量为400455辆,其中汽车保有量363796辆,摩托车保有量31996辆,挂车保有量4663辆。分别占全市机动车总量的90.85%、7.99%、1.16%。全市机动车驾驶人保有量为657576人,新增驾驶人64824人,增长10.94%,其中汽车驾驶人630446人,占全市机动车驾驶人总量的95.87%。

【交通宣传】 全年,共出动警力2.4万余人次,宣传车370辆,设立咨询点393个,展出宣传展板3820块,悬挂宣传标语5100条、挂图4160余幅,发放宣传资料150万余份,发放提示牌3.5万个,在各级各类媒体发稿2962篇,宣讲交通安全课1960次,进农村510次,进学校470次,进社区260次,进企业720次,发布微博信息1400余条,微信118条,发送手机短信130万余条,播放警示教育光盘9000余次,受教育群众达210万余人。审验教育驾驶人6345人,满分培训驾驶人921人。

【农村道路安全管理】 推进“两站两员”建设,下发《关于进一步推进农村道路交通安全工作的通知》,加大农村道路交通安全工作投入,落实组织机构、人员经费。出台《农村道路交通安全劝导站建设和管理工作办法》,要求乡镇必须设立交通安全管理站和交通安全员,有条件的行政村必须设立交通安全劝导站和交通安全协管员。至年底,全市76个乡镇均设立交通安全管理站,设有专职交通安全管理员;2150个行政村中,有1636个行政村设有交通安全劝导站和交通安全劝导员,设置率达到76%。

【源头治理】 加强重点车辆和驾驶人管理,通过交通管理信息系统,对辖区五类重点车辆逾期未检验、未报废情况进行集中排查,先后4次下发重点车辆检验和报废情况的通报,全市“营转非”大客车检验率为78.94%,报废率为97.28%;危险货物运输车检验率为89.61%,报废率为97.58%。全市大型公路客运车、大型旅游客运车、校车的检验率、报废率均达到100%;严格规范机动车驾驶人违法记分满分教育和审验教育工作,加强对驾驶人的教育培训工作,全年共培训记满12分驾驶人931人,B1以上驾驶人审验教育6345人,B2以上驾驶人满分学习率为98.56%,从源头上预防和减少道路交通事故的发生。

【事故处理】 改革交通事故接处警模式,全面推进道路交通事故快处快赔工作,全市除泽州交警大队因“有县无城”的特殊情况,未建立快处快赔中心外,支队及其余县(市)交警大队均成立快处快赔中心。全年,全市共受理快处快赔交通事故3370起,直接通过保险协商理赔2431起,出具简易交通事故认定书939起;加大交通肇事逃逸案件侦破工作,全年全市共发生逃逸事故23起,侦破21起,侦破率为91.3%。

【专项整治】 1月至4月,在全市开展为期4个月的全市公安交警“亮剑3号·冬季行动”;4月15日至6月30日,在全市开展以“清除隐患、严查违法、强化共治”为主题的第二季度预防重特大道路交通事故专项整治行动,先后召开推进会7次,下发通报5次,清除一大批交通安全隐患;6月底开始,开展“道路运输平安年”活动,与交通运输、安全监管部门建立联合约谈机制,共向安监部门通报重点企业442次,向交通部门通报重点企业420次,约谈28家企业负责人;7月至8月,在全市开展暑期交通安全隐患集中整治活动。落实酒驾醉驾整治常态化管理制度,每周一至周五由各大队轮流开展酒驾集中夜查行动,先后开展9次全国整治酒驾醉驾违法犯罪行为统一行动。全年,共查处饮酒驾驶658起,醉驾355起,在全社会形成“开车不喝酒、喝酒不开车”的浓厚氛围。

【老旧、黄标车管理】 开展改善环境空气质量攻坚行动、治污降霾守护蓝天专项行动、改善环境质量“秋季攻坚行动”“铁腕治污”

专项行动、集中整治渣土运输车和已注销黄标车违法上路专项行动等，全年，全市查处黄标车闯禁行违法行为19起，查处工程运输车辆各类交通违法行为1966起。共注销黄标车及老旧车10926辆，其中淘汰黄标车7982辆，超额完成黄标车及老旧车淘汰任务2293辆。

【便民服务】 全面推行免费导办、预约办理、限时办结、延时办结、急事特办"五项服务承诺"。全年，共办理各类机动车业务342229笔，机动车驾驶人业务173214笔，完成驾驶人考试364445人次，无一起投诉。依托全国互联网"12123"交通安全综合服务管理平台，开通9大类120多项服务，解决群众办事不方便、成本高、负担大等问题；开通互联网自主报考约考服务，通过互联网自主预约考试230112人次；推进简政放权，所有驾考业务全部下放至5个县（市）交警大队，方便学员就近学车领证；推行汽车牌照网上自主选号，在机动车选号自编自选、"20选一"的基础上，将晋E0D000等共6万副号牌补充到互联网自主选号资源库，实现自主选号公开、公正、公平。

【智能管理】 1.交通智能化建设。通过增点、布线、控面等措施对全市交通状况进行实时监管，至年底，全市共布控假牌、套牌、逾期未检、违法未处理等车辆18640辆，有效预警61859次，及时签收34158次，出警拦截8824次，成功拦截车辆1170辆，查获嫌疑车辆1150辆，录入违法数23051起。

2.交通信息化建设。以信息化建设引领和推动公安交通管理工作，提高交通管理科技装备应用水平和交通民警执法装备科技含量，加强基层网络设施建设，提升数据传输能力、信息共享速度和信息化管理水平。

3.交通标准化建设。针对全市道路交通设施建设中存在的问题，制定出台《市区交通设施建设工作管理办法》，开展市区道路交通信号灯配时智能化和交通标志标线标准化工作，根据路口的实际交通情况，对交叉口信号周期、放行方式等进行适时调整。投资379.5万元，对市区22.7千米路段的隔离护栏全部进行更新，共新增不锈钢中央隔离栏12412米，改造旧中央隔离栏2609米，油漆隔离栏7726米。自主研发"红绿灯预告屏"，试运行效果良好，被省内外多家媒体报道。

（市交警支队）

·公安消防·

【概述】 2016年，市公安消防支队坚持政治建警、改革强警、从严治警，实施部队建设"五大工程"，筑牢火灾防控"三大体系"，推进灭火救援"三化同步"，构建后勤保障"四位一体"格局，全力推动晋城消防事业精准快速发展。支队被评为"全国文明单位""全国夏季消防检查先进支队""全国优秀消防法制部门"。

【政治建警】 支队以"铸魂、育人、暖心、预警、律警"五大工程为抓手，激发官兵投身强警实践活动。一是铸魂弘扬主旋律。坚持党委议教、按纲施教，采取分层次、定内容、勤考核等方法，通过举办优秀政治教员比武竞赛、"我是小教员"和"微党课"精品展示、"讲长征故事、做红色传人"演讲比赛、"我为党徽添光彩"主题征文等，强化思想政治教育效果。开展"两学一做"学习教育，采取书记上党课、专家讲理论、教育基地受熏陶等形式，在理论武装中增强党员意识；设立党员示范岗54个，成立党员突击队8个，开展党员"戴党徽、亮身份、当先锋、做表率"活动，从思想上行动上强化责任担当。二是育人提升战斗力。实施"文化育警"工程，投资120余万元，建立"红门影院""图书角"等文化阵地；开展"一队一特色"警营文化创建活动，举办庆祝建党95周年文艺会演，推出9个精品节目；按照好干部标准，落实营职干部"双考"和公推公选；出台《全员岗位练兵激励措施》，以改革强警主题教育实践活动为载体，开展"投身改革强警、交出合格答卷"大讨论，将广大官兵的奋斗意志统一到战斗力标准上来。三是暖心增强凝聚力。为困难官兵发放"暖警救助金"2.8万元，联合市慈善总会和红十字会为受灾干部家庭募集救助金130余万元，为5名官兵举办"情定红门，爱在凤城"首届集体婚礼，协助官兵办理子女入学问题，帮助15名士官函授深造。四是预警汇聚正能量。落实党委全面从严治党主体责任和纪委监督责任，制订反腐倡廉教育工作计划，坚持每月集中观看警示教育片、每季度观看廉政微电影，组织干部参观市党史馆、廉政警示教育基地，配发各类教育书籍1000余册，定期推送廉政提醒短信，举办《准则》《条例》知识竞赛；开展集中整治消防执法腐败、近亲属涉及消防事项申报、酒驾及"阳光行动"等专项教育整顿活动，受理初核信访举报4起，诫勉谈话3人，提醒谈话5人，纪律处分4人；出台《落实党风廉政建设"两个责任"清单》《党风廉政建设工作责任分解表》《预防职务犯罪工作计划》，规范干部个人事项申报制度，从源头扎紧预防执法腐败的"笼子"。在全省纪检监督调研文章评比中，支队获优秀组织奖，一篇文章获个人一等奖。五是律警树起好样子。开展条令条例学习月和专项教育整顿等活动。推行安全工作"一票否决制"。邀请专家进行安全专题授课，筑牢官兵安全思想防线；探索"互联网+管理"新路子，试点研发"绿色手机进警营"；纵深推进大队管理中队工作，细化责任清单、量化工作任务、捆绑岗位职责，部队管理教育水平和预防事故案件能力明显增强。深化"大督察"机制，采取例行督察、重要时段督察和随机交叉督察相结合的方式开展明察暗访，全年实地督察覆盖面达100%。

【防控体系】 坚持以依法治火、平稳可控为基本目标，全面筑牢社会火灾防控体系。一是筑牢"责任防控"体系。严格执行《晋城市消防工作考核办法》，建立"党政同责、一岗双责、失职追责"的消防安全责任体系。市委、市政府召开"专题议消"会12次，市、县、乡三级坚持每季度召开联席会议，定期研判火灾形势、部署推动消防工作。与市安监、商务、教育等12个行业部门签订消防安全责任书，定期联合开展消防检查。协调市民政局拨付900万元专项资金，为45所农村养老福利机构安装独立式感烟火灾探测器；联合市住建部门下发《加强全市住宅小区消防安全管理工作的通知》，明确住宅小区物业服务企业消防安全管理职责。全面落实社会单位消防安全主体责任，提升重点单位"四个能力"和一般单位"一懂三会"，落实单位消防责任。二是健全"基础防控"体系。针对"一高一低一化工一文物"和人员密集等重点场所，梯次开展夏季消防检查和冬春火灾防控专项行动，因地制宜开展煤化工企业、易燃易爆场所、文物古建筑等6个专项整治，5家重大火灾隐患单位整改销案。全市84个街道、乡镇全部将消防安全"网格化"管理纳入综治部门基础综合服务管理平台；992家重点单位开展了"6+1"建设，在吐月面粉厂试点首个老城区消防执勤点；建立消防安全联防协作组织6个，3个街道、132个社区、574家消防安全重点单位建立微型消防站，并纳入支队指挥中心调度网络。三是夯实"全民防控"体系。制定出台《消防宣传培训三年规划》，探索打造晋城模式的消防宣传特色品牌。在市主流媒体开辟消防专栏2个，开通18个微博和微信公众号。设置科普教育基地4个，建成消防主题公园1座。购置消防宣传车8辆，累计行驶3万余千米，开展宣传活动1000余次。自筹资金125万元，订购13.5万册《中小学消防安全教育读本》，向全市中小学生免费发放，完成50%的中小学生人手一册的目标。联合教育部门开展暑期消防安全宣传教育行动和消防教育"进军训"活动。全市30%以上的社区明确消防宣传大使，定期开展"四个一"活动；全市消防安全重点单位"三提示"建设全部达标，"一懂三会"知晓率达100%。在全省国民消防安全常识知晓率调查中，连续2年获得第一名。

【规范化建设】 1.战区网格化。坚持统筹区域优化、调度优化、资源优化的原则，将辖区划分为3大战区。依托8支公安现役队、18支政企专职队、693个微型消防站和3个消防安全联防协作组，构建"点、片、面"协同作战体系。修订专家联席联动章程，建立专家组全天候响应机制，与55家机关企事业单位建立应急联动机制，根据执勤实力确定高层建筑、石油化工等6大类190个增援力量编成，成立供水、通信、战勤保障分队，达到"一点调集、多点响应，快速、高效处置火灾"的目的。

2.指挥信息化。加强基础数据收集，对执勤战备各类基础数据进行统计，编撰《灭火救援基础数据手册》。坚持科技强警战略，投入300余万元购置指挥方舱车；投入100余万元，购置120部数字对讲机、50部车载台和8台数字基地台，完成模拟转数字工作；成立无人机大队，购置3架无人机，增强应对各种复杂火场的能力。与电信运营商合作，探索开展移动指挥系统建设，使手机终端具备处警导航、预案查看、视频图传、指挥互动等功能。

3.训练实战化。创新数字化预案制作模式，制作数字化预案365个。落实总队“四长包保”制度，到全市化工企业调研728次，实地演练356次。推进执勤岗位练兵活动，坚持“每周一会操”“每月一体能测试”，聘请专业教练全年不间断授课和组训。推进专职消防队伍建设，每月开展执勤训练专项检查，动态掌握车辆、器材装备、接处警情况，提升战斗力。完成“2·16”晋丰化工厂火灾和“8·15”步行街恒通大厦火灾扑救等任务。全年共接处警1379起，抢救被困人员308人，抢救财产价值742.45万元。基层指挥员考核全省第二、队列会操全省第三。

【后勤保障】 全年经费预算达8315万元，同比增长30%。落实《消防装备建设三年规划》，按照“一年配齐急需、两年配足常规、三年配强高端”的要求，累计投入装备建设经费2367万元，新购消防车辆10台、个人防护及抢险救援器材3300余件（套），基本实现“提档升质、结构优化”的目标。阳城县改扩建消防站，并投入使用；高平市2号站立项，基本形成“以现役队为主体、专职队为辅助、微型消防站为补充”的消防队站建设新格局。实施“明厨亮灶”工程，投资300余万元改造中队厨房，确定蔬菜副食供应商，实现市区中队集中统一配送生鲜食材。

（市消防支队）

检　察

【概述】 2016年，全市检察机关以习近平总书记系列重要讲话精神为指引，围绕市委“一争三快两率先”战略部署，按照晋城检察工作“始终坚持以司法办案为中心，突出加强检察信息化建设和司法规范化建设，着力抓好工作执行力的提高、检察创新力的提高和司法公信力的提高，努力争创一流检察工作业绩，全面推进晋城检察工作实现创新发展、跨越发展、科学发展”的总体思路，积极履行法律监督职能，各项检察工作取得新进展。

【创优环境】 服务经济发展新常态，出台《关于服务和保障市县乡换届选举工作顺利开展的意见》《关于充分发挥检察职能依法保障和促进全市非公有制经济健康发展的实施意见》《关于在扶贫攻坚中实施职务犯罪精准预防的意见》，为全市换届选举工作、非公经济发展和实现精准扶贫、精准脱贫提供法律服务和司法保障。在司法办案中严格执行“六个界限”“三个慎重”，对本地企业与外地企业、国有企业与民营企业一视同仁，平等保护各类企业产权和合法权益。

【维护社会稳定】 坚决贯彻市委、市人大平安晋城、法治晋城建设的重大决策部署，依法履行批捕、起诉等职能，共批准逮捕和决定逮捕541件782人，提起公诉1275件1663人。深入推进“打黑除恶”专项斗争，依法从快办理“5·23程幼泽等人聚众扰乱社会秩序”案件。起诉多发性侵财犯罪和严重暴力犯罪403件521人，增强人民群众的安全感。深入开展危害食品药品安全犯罪专项立案监督工作，监督行政机关向公安机关移送刑事犯罪案件3件3人。坚持宽严相济刑事司法政策，该严则严、当宽则宽。对涉嫌犯罪但社会危险性较小的，不批准逮捕和决定不予逮捕123人；对犯罪情节轻微、依法不需要判处刑罚或者应当免除刑罚的，决定不起诉33人。开展送法进校园活动，结合典型案例以案说法，依法保护未成年人合法权益。

【职务犯罪查处】 贯彻市委和省人民检察院关于反腐败斗争的重大决策部署，坚持“老虎”“苍蝇”一起打，惩治和预防两手抓。全市检察机关共立案侦查职务犯罪案件84件109人。一是突出查办大案要案。依据《刑法修正案(九)》,拓宽案件线索来源,加大查办案件力度。共立案侦查贪污贿赂案件60件74人,其中大案50件,县处级以上领导干部要案6人。回应人民群众反映强烈的“为官不为”“为官乱为”问题,立案侦查玩忽职守、滥用职权等渎职侵权犯罪案件24件35人。介入重大安全事故调查,立案侦查中村煤业“7·2水害事故”背后的渎职犯罪案件2件5人。二是坚决惩治发生在群众身边、损害群众利益的“蝇贪”。针对一些地方虚报冒领、克扣侵占惠农扶贫资金的严重问题,部署开展惩治和预防惠农扶贫领域职务犯罪专项工作,查办涉农领域相关职务犯罪21人。在事关群众切身利益的征地拆迁、社会保障、教育、医疗等民生领域查办职务犯罪7人。三是深入推进职务犯罪预防工作。制定出台《晋城市检察机关职务犯罪预防诫告工作办法(试行)》,实现预防工作关口前移。市、县两级检察院组建预防职务犯罪宣讲团,深入开展“五进”百场宣讲活动,举办预防职务犯罪宣讲189场,受教育人数达16918人。组织专人为市四大班子部分领导和市直各部门及单位领导干部进行专题宣讲。《检察日报》《山西法制报》《太行日报》、晋城电视台等媒体对宣讲活动进行了专题报道。

【法律监督】 切实转变监督理念,由被动监督向主动监督转变,由事后监督向事前、事中监督延伸,努力让人民群众在每一个司法案件中都感受到公平、正义。一是加强刑事诉讼监督。全面设立驻公安机关侦查监督检察室,依法开展同步监督。对公安机关应当立案而不立案的,监督立案64人;对公安机关不应当立案而立案的,监督撤案31件。对应当逮捕而未提请逮捕的,纠正漏捕21人,应当起诉而未移送起诉的,纠正漏诉32人,纠正漏罪114人。依法按照二审程序或者审判监督程序提起抗诉30件,法院已经作出裁判19件,法院对抗诉案件改判或者发回重审18件。纠正侦查活动违法171件,纠正审判活动违法61件。二是强化刑事执行检察工作。加强对社区矫正活动的监督,针对判决执行交接脱节、外出手续不完善等问题,提出书面纠正意见319件。监督纠正减刑、假释、暂予监外执行不当212件。开展羁押必要性审查61人,对50人变更刑事强制措施,有效维护当事人合法权益。三是推进民事行政检察工作。共受理不服法院生效裁判监督、民事行政审判活动违法监督、民事行政执行监督、支持起诉等各类民事行政案件177件,提请抗诉7件,提出再审检察建议4件,提出检察建议1件。依法开展息诉工作,通过释法说理,8件民事行政申诉案件当事人息诉。

【检察监督】 一是自觉接受人大监督、政协民主监督。落实人大及其常委会决议决定,坚持重大工作部署、重要工作情况向人大及其常委会报告制度,主动接受政协、各民主党派和无党派人士的监督。落实与人大代表联系制度,加强与政协委员的沟通和联系,及时通报检察工作情况,虚心听取代表、委员意见和建议。二是自觉接受社会和舆论监督。开展举报宣传月、检察开放日活动,邀请社会各界代表走进检察机关,了解、监督检察工作。建立检风检纪监督员队伍,主动接受社会监督,有针对性地改进检察工作。召开新闻媒体代表座谈会、新闻发布会,加强与新闻媒体沟通与合作。全面加强新媒体建设,全市7个检察院实现“两微一端”全覆盖。认真核查涉检舆情反映的问题,及时回应社会关切。三是加大检务公开力度。加强案件信息公开系统的应用,向全社会公开案件程序性信息4774条、生效法律文书1887份,发布重要案件信息324条。对存在较大争议或有较大社会影响的拟不起诉案件、刑事申诉案件,实行公开审查。　(市检察院)

法院

【概述】 2016年,全市各级人民法院忠实履行宪法和法律赋予的职责,依法独立公正行使审判权,全面深化司法体制改革,为“平安晋城”“法治晋城”建设提供良好的司法保障和服务。全市法院共有7个集体、13名个人受到市级以上表彰奖励,20人被授予功勋奖章,市中级人民法院被评为全国法院网络宣传先进集体,泽州县人民法院被共青团中央、最高人民法院授予"青少年维权岗"称号,并涌现出全国办案标兵、全省法院先进个人等一大批先进典型。全年,全市法院共受理案件31189件,审执结27034件,同比分别增长24.95%和36.68%,结案数增长率超过收案数增长率,案件存量实现下降。同时案件质量明显向好,在案件数量大幅增长的情况下,全市法院受理不服生效裁判申诉、申请再审的案件数量与2015年基本持平。

【刑事审判】 全年,全市法院共受理各类刑事案件4571件(减刑假释案件2037件),审结4396件,结案率96.17%。依法严惩严重危害社会治安的重大刑事犯罪,审结故意杀人、抢劫、强奸、盗窃等案件358件,审结贩卖、运输毒品等案件57件。配合反腐高压态势,加大对职务犯罪的打击力度,审结贪污贿赂等职务犯罪111件174人,涉案人数、级别和金额均系历年最高。审慎应对经济发展新态势,审结非法吸收公众存款、集资诈骗等经济类犯罪案件48件。完成程幼泽案件的开庭审理工作,完成晋济高速公路特大事故系列案件和公安部、最高人民检察院及省委督办的4件食品安全类案件的审判工作。全面规范减刑假释案件的审理工作,市中级人民法院到监狱进行座谈调研,并牵头与所辖地监狱、检察院共同细化减刑假释案件办理流程。加强人权司法保障。严格落实罪刑法定、疑罪从无等法律原则,依法对1名被告人宣告无罪,对52名被告人免予刑事处罚。加大对被告人法律援助力度,依法为被告人指定辩护律师。加强未成年人权益保护,推出9项措施,强化未成年罪犯教育改造。

【民商事审判】 全年,全市法院共受理各类民商事案件16814件,审结14061件,结案率83.63%。民事审判,审结婚姻家庭类案件2919件;审结医疗卫生、交通事故等人身损害赔偿案件1428件;审结民间借贷、房屋拆迁等案件1649件,同比上升23.4%;审结雇员受害赔偿等特殊侵权案件233件,同比上升302%。商事审判,审结合同类案件6580件,同比上升42.5%;审结自然资源使用权、采矿权等所有权纠纷及票据证券权利纠纷7件;审结股份转让、盈余分配等股东权纠纷及不正当竞争纠纷33件,同比上升175%。整合诉讼服务中心功能,建立诉调对接平台,探索建立与行政机关、人民调解组织、商事调解组织、仲裁机构、行业协会的对接机制,城区法院通过保险行业协会调解保险纠纷39件。对立案阶段调解不成的民商事案件,推进繁简分流,完善多层次诉讼体系,通过简易程序、督促程序、特别程序、小额诉讼程序以及速裁机制分流案件,实现简案快审、繁案精审。把调解贯穿于审判全过程,全年全市法院民商事案件调撤率达到43.7%。

【行政审判】 全年,全市法院共受理行政案件590件,同比上升55.26%,审结527件,结案率89.32%。全面落实行政案件集中管辖、异地审理,确保法院依法独立公正行使行政审判权。5月1日,市中级法院与长治市中级法院实行一审行政诉讼案件交叉管辖。监督和促进行政机关依法行政,依法判决行政机关撤销或重新作出具体行政行为19件,占一审行政结案的9.8%,判决行政机关履行法定职责的案件3件,占一审行政结案的1.6%。加大行政案件协调力度,推动行政纠纷实质性化解。行政机关主动改变原具体行政行为而由原告撤诉的案件42件,占一审行政结案总量的21.8%。严格非诉行政案件司法审查标准,审查非诉行政案件269件,对113件依法裁定不予执行,保护行政相对人合法权益。

【案件执行】 全年,全市法院共受理执行案件8197件,同比上升47.88%,执结7073件,执结案件数量与2015年相比上升74%。强化执行机构领导机制,形成全市法院执行合力。全市法院突出"涉民生、涉金融"两类重点案件,开展为期4个月的"雷霆行动",共执结涉民生案件168件、涉金融案件45件,执结标的达717.61万元。年底,全市法院集中开展执行大会战活动。完善审判与执行的衔接机制,通过立案风险提示,加大财产保全力度;通过审管办的监督指导,加强审判与执行的协调配合。市中级法院与市工商局等38个部门联合下发《失信企业协同监管和联合惩戒合作备忘录》,依法发布失信被执行人3877人,打压失信被执行人的生存空间,使其一处失信、处处受限;全市法院共依法拘留54人,对拒不执行涉嫌犯罪的,向公安机关移送追究刑事责任人18人。

【涉诉信访】 制定涉诉信访管辖清单,突出“诉访分离”原则,阐述“诉”与“访”的甄别标准及处理方式,对属于人民法院管辖的“诉”类案件列举明确。推行院领导接访纪要制度,对每个院领导接待群众来访的情况进行纪要留痕,避免多头接待、推诿应付、答复不一等情况。规范涉诉信访办案流程,制定《关于规范民事行政涉诉信访工作办案流程的意见》。组织专人编写16万余字的《涉法涉诉信访工作法律法规政策汇编》,使涉诉信访工作有法可依、有政策可查。推行承办法官判后释明制度,在受理再审审查案件之前,先由案件原承办法官进行判后释明。推行再审审查公开听证制度,对受理的民事再审审查案件全部组织公开听证,增强再审审查公信力,提升案件审查效果。全年,当事人撤回再审申请的案件占到14%。至年底,全市法院共终结涉诉信访案件40件,终结案件数量居于全省前列。

【司法为民】 开通市中级人民法院微信公众号,微信公众号由诉讼服务、司法公开和走进法院三大板块组成,通过该平台可以了解如何高效快速立案,可以即时查询审判执行信息,可以观看庭审直播,并了解法院各项信息动态。对经济确有困难的当事人,实行诉讼费用的减、免、缓,全市法院共对137件案件当事人批准减免缓交诉讼费111.8万元。对被执行人确无履行能力、申请执行人又面临生活困难的案件,依法实施司法救助。全年共救助案件95件,救助金额58.63万元。加强司法公开,推进“阳光司法”,全年全市法院共上网裁判文书12907篇,名列全省第三;及时在官方网站公开开庭公告,在立案大厅设立案件查询系统,加强审判流程公开;将执行案件信息全部录入全国法院执行案件信息系统,公开执行信息。

【司法体制改革】 推进司法体制改革,提升审判质量、效率和公信力。推进法官员额制、人员分类管理、司法责任制等一系列改革措施,完成全市首批法官入额遴选工作,遴选入额法官158名,高平市人民法院作为试点前期入额23名,全市法院共有入额法官181名。市中级人民法院组建12个审判团队,除司法警察外,57%的人力资源配置到办案一线。筹划建立法官专业委员会,解决司法实践中的疑难案件和统一裁判尺度;起草制订司法责任制实施意见,建立权责明晰、权责统一、监督有序、制约有效的审判权力运行机制。探索以审判为中心的刑事诉讼方式改革,参与家事审判方式改革。市中级人民法院承担全省推进刑事诉讼制度改革中刑事辩护制度完善的试点工作,泽州县人民法院被最高人民法院确定为家事审判方式和工作机制改革试点法院。

(市中级人民法院)

司法行政

【概述】 2016年,市司法局按照年初全省司法行政工作会议部署和各专项工作会议要求,主动担当,切实履行职责,推动各项工作取得新成绩、实现新进步,为维护全市社会稳定、服务经济发展、促进公平、正义做出积极贡献。

【法律服务】 加快推进公共法律服务体系建设,发挥法律服务工作者在服务大局、化解风险、帮助群众方面的重要作用。一是坚持问题导向,推动“一村(社区)一法律顾问”工作。整合司法行政系统法律服务资源,为全市2346个行政村(社区)全部配备法律顾问。全年,全市法律顾问共为村级组织和群众提供法律咨询28505次,开展普法宣传2546场,参与矛盾纠纷调解1880件,代理各类诉讼316件,为困难群众提供法律援助113件,为村集体审查修订合同150多份,提出合理化建议2000余条,出具各类法律意见书4956份。市司法局多次深入县区开展工作调研,协助县区完成法律顾问补贴经费发放工作,共发放补贴经费139万元。翻印《一村一法律顾问100个案例》,下发给各律师事务所。编印《农村常用法律知识问答》,选取全市律师在"一村(社区)一法律顾问"服务过程中经常遇到的法律问题,以知识问答的形式,提供相关案例。二是坚持法治思维,发挥律师在服务"六大发展"中的作用。市司法局与市政法委、市中级人民法院、市人民检察院、市公安局联合召开座谈会,根据《山西省律师参与化解和代理涉法涉诉信访案件工作办法》,制定下发《晋城市律师参与化解和代理涉法涉诉信访案件实施办法(试行)》。先后派出两批24名律师,参与法院的涉法涉诉信访案件的化解工作。市司法局、市信访局联合下发《关于市县两级信访部门普遍建立法律顾问制度的实施意见》,向市信访局推荐24名法律顾问。全年,全市律师共参与化解赴省进京越级访和进京非正常访5件,劝返2件,解答法律咨询205人次,出具法律意见书1份,引导信访人息访罢访3件。全市律师参与重点工程项目183项,提供法律咨询1065次,提出法律意见185条。

【法律援助】 一是拓展法律援助服务网络,为群众提供更加便捷的援助服务。2月,晋城市全面启动"《山西省法律援助条例》宣传月"活动,印发新《条例》2万份,发放到县(市、区)法律援助中心及各法律援助工作站点。下发《关于进一步做好农民工法律援助工作的通知》,开展农民工法律援助专项服务活动。对农民工案件实行专人负责、简化程序、优先办理,并按照调解优先、快调快赔的原则,及时帮助农民工解决问题,有效化解矛盾纠纷。全年,全市法律援助机构依托便民服务大厅、"12348"法律服务热线和法律援助远程视频服务系统"三大平台",共办理援助案件1392件,为受援人挽回经济损失5200多万元。二是严格考核程序,提升服务质量。开展"法律援助案件质量提升年"活动,通过"同行评估"的方式对案件质量进行评估、打分,借鉴欧盟标准,评出优秀、良好、合格案卷,提出整改意见,完善相关文书。实行法律援助案件回访登记制度,案件回访率达到50%以上,群众满意率达到95%以上。成立专门考核领导组,对全市律师事务所、公证处、司法鉴定机构进行考核。对23名不符合执业要求的律师,注销其执业证。在法律服务者队伍中开展技能培训、"两学一做"学习教育、学雷锋公益活动等,全面提升法律服务队伍的执业认知感和社会责任感。

【特殊人群管控】 根据省司法厅社区矫正"漏管脱管虚管"专项整治活动、安置帮教"除隐患强基础保稳定"专项行动和社会治安隐患大排查大整治活动要求,成立专项行动领导组,制定实施方案,细化分解专项行动目标任务,加大特殊人群管控力度。至12月底,全市共有社区服刑人员1171人,其中管制40人,缓刑1105人,假释7人,暂予监外执行19人。全市共有安置帮教对象4569人,其中监所释放人员2752人,解除社区矫正人员1817人。全市共建有7个过渡性安置帮教基地。

【矛盾调解】 将矛盾化解与保障群众利益相统一,构建人民调解、行政调解、司法调解三调合一的大调解工作体系,将大量矛盾纠纷化解在基层,解决在萌芽状态。市司法局与晋城广播电视台合作,每周五在晋城新闻频道播出《调解现场》栏目。成立晋城市矛盾纠纷调解中心人民调解委员会,下发《关于进一步加强人民调解队伍建设的通知》,要求各县(市、区)将本辖区内所有人民调解员和新招募的人民调解志愿者进行集中培训,为考试合格人员颁发人民调解员工作证书、聘书和徽章。全年,全市共调处各类矛盾纠纷6992件,调解成功率达97%,涉及金额4973万元。

【普法宣传】 一是全面总结"六五"普法工作经验,做好"七五"普法前期准备工作。组织开展"六五"普法总结验收工作,市人大常委会对全市"六五"普法规划落实情况进行专题调研。市六届人大常委会第五十次会议审议通过市政府关于第六个五年法治宣传教育情况的报告;审议通过市人大常委会关于进一步加强法治宣传教育的决议,召开全市法治宣传教育工作会议,全面启动"七五"普法工作。二是落实国家工作人员学法用法制度。市司法局与市委组织部、市委宣传部、市人社局联合转发《关于完善国家工作人员学法用法制度的意见》，完善领导干部、公务员学法用法制度，开展学法用法活动。三是以“法律六进”为载体，丰富普法方式。市司法局把企业、农村、社区作为普法宣传工作的主要阵地，举办各类普法讲座、培训班，开展送法下乡活动。5月14日至21日，全市开展以“创新引领，共享发展”为主题的科技活动宣传周活动，宣传科技法律法规。此外，开展“送法进校”“送法进企”“送法进村”等活动，全面强化各类普法重点对象的法治宣传教育。“12·4”国家宪法日暨全国法治宣传日期间，开展以电视、手机、户外广告屏、公共交通显示屏等为媒介的“全屏普法宣传”活动。

（市司法局）

仲 裁

【概述】 2016年，市仲裁委员会共接待来人来电咨询560余起，受理各类仲裁案件365件，同比增长51%，受案总标的额为5.78亿元。其中建设工程施工合同18件，买卖合同51件，保险合同22件，租赁合同8件，房屋买卖合同216件，借款合同25件，其他合同25件。受理案件数、涉案标的额均比2015年有较大提高，结案率达到73%，其中调解结案占38%。

【规则修订】 5月，多方征集仲裁员、仲裁秘书意见，重新修订晋城仲裁委员会《仲裁规则》，也是市仲裁委员会第五次修改仲裁规则。新修订的《仲裁规则》，增加“当事人应诚实信用地参加仲裁活动并在庭前签署保证书制度”和“案件撤销、允许当事人依据仲裁协议追加当事人、合并仲裁”等制度，修改“争议标的50万元以下的仲裁案件适用简易程序”制度。针对“送达难”顽症，明确在文书送达中拍照、录像等现代化手段的应用，引入电子送达，完善留置送达和公告送达等，在一定程度上解决送达难题，提高案件审理时效。

【仲裁服务】 以列为国务院法制办“两化”（仲裁案件受理多样化、纠纷处理多元化）试点单位为契机，改进和丰富仲裁工作。3月23—25日，全国仲裁案件受理多样化、纠纷处理多元化试点工作座谈会在吉林省吉林市召开，晋城市仲裁委员会被确定为新增“两化”试点单位，是山西省唯一试点单位。全面推进和深化“两化”工作，全年仲裁案件涉及借款合同、买卖合同、商品房买卖合同、建设工程施工合同、承揽合同、保险合同、租赁合同、保证合同、房屋拆迁合同等类型。探索运用调解和解、仲裁确认、友好仲裁、专家讨论、裁前告知、案件风险预评估、先监督履行后下法律文书、多解扣子少敲锤子等理性化、人性化的方法解决纠纷，争取使案件的可撤销性风险降至最低或者为零，确保调解案件案结事了。

【仲裁网络】 10月，晋城市仲裁委员会第一批报名申请加入中国互联网仲裁联盟云平台，并成功注册。实现仲裁程序全方位线上跟进，能够规范化、智能化管理内部系统，从立案、举证质证、组庭审理、结案归档全流程管理，满足对缴费、管辖异议、调解和解、文书生成、电子送达、短信提醒等多方面功能的需求。通过注册，提起仲裁申请、关联案件，当事人和代理人可以使用系统进入仲裁程序，仲裁员也可登录系统，对自己经办的案件进行管理与操作。

【仲裁宣传】 一是利用微信公众号和微信群平台增进与兄弟仲裁委、仲裁员及社会公众的交流。市仲裁委员会通过“晋城仲裁委员会”微信公众号，开辟仲裁工作信息、法律新规速递、经典案例评析等栏目，普及仲裁、法律知识，增进当事人对仲裁工作的了解，提高当事人对仲裁工作的满意度。利用微信传播力强、覆盖面广、即时互动的作用，及时了解北京仲裁委、广州仲裁委、环中商事仲裁、多元化纠纷解决机制等微信公众号中的仲裁动态，在仲裁宣传、领域拓展、人员管理等方面汲取更多的先进发展经验。利用“互联网+”的新渠道，实现全国仲裁资源共享，形成互相学习、互相促进、共同发展、共同进步的良好态势。依托“晋城仲裁”微信群平台，讨论仲裁实务中遇到的各类疑难问题。本着“人人都是案件仲裁员、人人都是专家学者”的原则，多层面、多角度地广泛征询意见，听取不同声音，使专家委员会讨论制“由线下变为线上”，使讨论过程与结果更趋于透明化、公开化，为案件裁决提供可参考性的意见和建议。二是增强和兄弟仲裁委之间的交流，互相学习，取长补短。6月，晋城市仲裁委员会受邀参加河南省三门峡仲裁委员会举办的2016年度仲裁业务培训班。

【案件审理】 规范案件审理程序，严把文书审核关，仲裁文书做到案件事实清楚，裁决意见表述具体明确，适用法律依据准确，保证文书的不可撤销性和可执行性，使案件能够依法进入执行程序，确保案件顺利执行。对于一些疑难案件，主动与相关法院庭室的法官进行分析研讨，将法官思维、律师思维、仲裁思维进行有效结合，从案件的事实、证据、法律适用等不同层面进行充分论证，探求解决问题和矛盾的最佳方式和方法，既考虑同类型案件结论的一致性，还考虑个案的特殊性，确保案件结论合法、合情、合理。

【队伍建设】 2016年，仲裁委的体制由原来的参公体制改革为企业化管理事业单位，人员也发生相应的调整。通过笔试、专业知识考试、打字测试、面试等方面严格的筛选，新增加4名仲裁办案秘书。以首席仲裁员为核心，注重培养第二梯队仲裁员。市仲裁委员会参与办理仲裁案件的仲裁员共38人，仲裁员的选定和指定率占仲裁员队伍的50%。参与案件办理的仲裁员达232人次，是历年参与人数最多的一年。

【业务培训】 5月，市仲裁委员会组织仲裁秘书参加“物权法司法解释（一）培训班”。利用网络平台，组织全体仲裁秘书和仲裁员学习广州仲裁委员会实时转播的“TPP协议对国际仲裁机制改革的影响”主题沙龙，沙龙由广东肇庆学院政法学院教授、澳大利亚墨尔本大学法学博士万飞主讲，内容主要包括仲裁员的选择、仲裁的进行、仲裁程序的透明度、准据法、对附件的解释、专家报告、裁决、争端解决、专家组的职能、私人权利、最终报告的执行和贸易救济等内容。8月，市仲裁委员会的仲裁秘书参加建设工程纠纷法律适用暨建设工程司法鉴定法律实务专业培训。

【仲裁沙龙】 5月起，开展“一月一书一感悟”读书沙龙活动，至12月，举行沙龙活动8期。沙龙活动主要由仲裁秘书进行读书分享，邀请仲裁员及社会各界喜欢读书的人士参加，所分享的书籍涉及社会、法律、历史、政治、科技等内容，形式轻松活泼，内容丰富多样。

（市仲裁委）

民革晋城市委员会

【概述】 2016年，民革晋城市委员会组织全市会员学习贯彻中共十八大，十八届三中、四中、五中、六中全会精神以及习近平总书记系列重要讲话精神，学习中央统战工作会议精神、《中国共产党统一战线工作条例（试行）》《中共中央关于加强社会主义协商民主建设的意见》和《中共中央关于加强政党协商的实施意见》，开展坚持和发展中国特色社会主义学习实践活动和"双学一跟"教育活动，履行参政党职能，为全市经济社会发展建言献策，在自身建设、参政议政、社会服务、祖统工作方面做出了应有的贡献。

【思想建设】 民革晋城市委围绕"双学一跟"主题教育活动，开展多种形式的思想教育活动，组织召开"双学一跟"主题教育活动会议2次。协助团结报社召开"团结报社2016年全国两会宣传报道总结表彰会暨团结报多媒体阅报屏进驻晋城揭幕仪式"。选派主委张湘君、副主委原云等6名党员分3批次参加民革省委组织的在上海、北京、苏州举办的培训班学习。8名党员参加中共市委组织部、统战部主办的党外干部学习班。组织参加市委统战部组织的《统一战线工作条例》电视知识竞赛，并获组织奖。组织"迎三八·孝老爱亲"演讲比赛活动，召开"民革e家"培训会议。组织参与全市统一战线开展的"同心圆梦"系列活动，制作具有民革特色的专题访谈片，并在晋城电视台播放。选派贾高峰、赵波参加民革省委"双学一跟"主题演讲比赛，贾高峰获二等奖。举办"民革晋城市委党员提升素质培训班"，对80多名党员进行培训。各支部组织会员参加中共晋城市委统战部主办的"同心同德"晋城市各民主党派、无党派人士"凝心聚力'十三五'，同心共筑中国梦"主题活动。主委张湘君被民革中央授予"全国机关先进工作个人"称号。

【组织建设】 沁水、高平、阳城支部完成换届任务。配合省委组织部完成在晋城组织建设调研任务。发展新党员12名。

【爱国主义教育】 各支部开展"纪念孙中山先生诞辰150周年活动"，缅怀孙中山先生的丰功伟绩。城区支部召开主题为"传承孙中山革命精神，坚持中国特色社会主义道路，为实现中华民族伟大复兴努力奋斗"的纪念孙中山诞辰150周年座谈会。泽州县支部召开纪念孙中山先生诞辰150周年座谈会。

【参政议政】 组织20余名党员赴宜昌、长治、济源等市调研诚信体系建设、农业信息化建设，形成多篇调研报告。主委、副主委等10多名党员参加晋城市"十三五"规划座谈会、前半年经济运行工作通报会、《政府工作报告》等征求意见座谈会。主委张湘君参加省政协精准扶贫吕梁等地调研活动，并带队到阳城县3个乡镇和景柏制衣、晋城大医院等地调研。市"两会"期间，民革晋城市委提交集体提案7篇、个人提案20余篇、大会发言3篇；各县（市、区）支部提交议案3个，集体提案6个，个人提案59件，社情民意58篇（其中，晋城市政协采用11篇，省政协采用1件），调研报告1篇。

【社会服务】 响应市委统战部倡议，开展精准扶贫调研。成立民革晋城市阳城县支部社会服务基地，对桑蚕专业户进行对点帮扶。各支部专委会开展"博爱·牵手"活动。12月1日"世界艾滋病日"，城区支部联合南街卫生服务中心在凤西广场开展主题为"携手抗艾，重在预防"宣传活动，现场发放宣传资料300余份，免费为群众测血压测血糖100余人次。各支部鼓励和协助党员立足本职岗位，开展"送教下乡""科技下乡""扶贫济困"、法制宣传等社会服务活动。泽州支部积极参与全县脱贫攻坚工作，支部主委定点帮扶晋庙铺镇石盆河村、拦车村。高平支部举办赠书活动，向米山南坡和河西永宁寨赠送百余册有关高平地方文化的书籍；开展炎帝文化挖掘研究，收集整理《炎帝故里，文脉高平》《高平明清进士文集》等资料；市直二支部邀请人民大学博士为晋城市主要职能部门和企业100余人举行信用建设专题培训；发起成立晋城第一个信用建设促进会，吸收会员50余名，发行《信用晋城》内刊2000余册。阳城支部与城区支部联合举办"农产品供给侧结构性改革与食品安全问题"座谈会。

【祖国统一工作】 民革晋城市委总结多年祖统工作经验和成绩，突出党派工作特色，加强祖国统一工作。高平支部开展祖统联谊活动，参与高平炎帝陵修复保护和丙申年海峡两岸祭祀炎帝等大型活动。

（民革晋城市委）

民盟晋城市委员会

【概述】 2016年，民盟晋城市委员会以"建设文明、和谐的学习型、研究型参政党地方组织"为目标，树立同心理念，推动同心实践，履行参政党职能，加强自身建设，提高"政治把握能力、参政议政能力、组织领导能力、合作共事能力和解决自身问题的能力"，团结带领全市盟员在参政议政、民主监督、社会服务等方面，取得新进展。民盟晋城市委员会被民盟中央授予"坚持和发展中国特色社会主义学习实践活动先进集体"称号，荣获民盟中央群言杂志社2016年度"优秀发行单位奖"。

【"双学一跟"活动】 3月29日，民盟晋城市委通过《关于在全市盟内代表人士中开展"双学一跟"活动的实施方案》，成立民盟晋城市委"双学一跟"活动领导小组，全面部署"双学一跟"（学习讲话、学习作风、跟党奋进）活动。6月19日—25日，盟员成向阳、张军翎在浙江大学参加由民盟山西省委举办的"开展'双学一跟'活动，提升盟内代表人士参政议政能力选学班"。7月17日，民盟晋城市委召开"双学一跟"推进会，层层推进"双学一跟"工作。8月，民盟山西省委艺术团在晋城市文体宫成功举行"纪念中国共产党成立95周年、中国民主同盟成立75周年"文艺演出。10月9日—13日，成向阳在北京参加民盟中央反映社情民意信息工作会议暨培训班。10月16日—22日，王艳芳、胡建伟、吴立东、苏龙在重庆大学参加民盟山西省委举办的"盟史学习和参政议政能力培训班"。

【课题研究】 民盟课题组独立承接完成《晋城市"十三五"战略性新兴产业发展空间研究》，该研究成果收入2016年编印的《晋城市"十三五"规划前期重大课题研究》一书。民盟晋城市委会和民盟山西大学委员会联合调研课题《明代晋城历史文化研究》进入结题阶段。4月19日，成向阳在广西南宁参加民盟中央主办的以"一带一路与区域合作"为主题的第二届民盟经济论坛，与主委王维平合作撰写的论文《主动融入"一带一路"战略，加速推进山西转型发展》被收入《"一带一路"与区域合作优秀论文汇编》。8月16日—17日，王艳芳参加民盟中央在云南昆明主办的第七届民盟民生论坛，撰写的《城市低保工作机制亟待健全》被评为优秀论文。12月13日，王艳芳参加华北五省市（区）文化旅游产业发展研讨会，她的《以全域旅游思维，努力打造优秀旅游目的地》的论文收录到论文集。

【调研活动】 9月26日—29日，民盟晋城市委协助民盟省委精准扶贫调研组在沁水县山泽村、陵川县横水村、泽州县城泽村开展精准扶贫调研，了解、掌握扶贫攻坚面临的新情况、新问题。10月9日—10日，民盟山西省委主委王维平、秘书长徐佩雄等一行5人在晋城市对新阶层进行走访调研，并为晋城市的“盟员之家”挂牌。

【表彰活动】 5月，民盟晋城市委会对2015年度参政议政以及信息、宣传、调研工作中做出突出成绩的先进个人予以表彰，授予王艳芳等7人“参政议政工作先进个人”称号，授予明彩红等11人“信息工作先进个人”称号，授予郭振华等5人“宣传工作先进个人”称号，授予张泽民等4人“调研工作先进个人”称号。

【参政议政】 10月21日—26日，晋城市召开七届政协、人大一次会议，盟员市人大代表4人、盟员市政协委员18人出席会议。会议期间，民盟市委提交团体提案14件，大会发言3篇，盟员人大代表、政协委员提交议案、提案60余件。各级盟员政协委员、人大代表、政风行风监督员多次应邀参加市党的群众路线教育实践领导组办公室、市纪委、监察局、纠风办、市广播电视台组织的行风评议督察活动，参加《百姓热线·纠风台》《行风大家谈》节目，就优化晋城发展环境，纠正一些部门、行业存在形式主义、官僚主义、享乐主义和奢靡之风，解决人民群众迫切关心的问题，面对面与有关方面进行对话和监督，履行参政党职责。

【服务社会】 民盟晋城市委采取助学支教、医疗帮扶、智力扶贫等形式，以“民盟志愿者服务队”和“鸣萌艺术团”为载体，开展“送健康、送文化、送教育、送法律、送技能”活动。民盟艺术团多次参加晋城电视台“快乐进社区”活动，深入农村、城市社区表演自编自演节目。11月4日，民盟志愿者支教服务队赴陵川西河底明德小学进行支教活动，捐助价值2000余元的图书。11月26日，市直二支部为沁水固镇一贫困户捐助8000元建成的光伏发电项目投入使用。12月16日，民盟晋城市委会联合市急救中心在泽州职中举行“普及急救知识，守护生命健康”急救知识宣传培训进校园活动，讲解心肺复苏、伤口止血包扎等急救技能，向学校赠送急救常识手册、急救宣传笔等急救宣传资料。

【组织建设】 一是抓换届，强班子。3月和5月，完成高平支部和五支部的换届；8月，成立民盟阳城县、沁水县、陵川县3个小组。12月1日，召开民盟晋城市第五次代表大会，选举产生民盟晋城市第五届委员会。民盟山西省委副主委、晋城市人民政府副市长梁丽萍当选为主任委员，郭建英、王小桃、钱红林、贺新刚、王宇泽当选为副主任委员，王小桃、王宇泽、王艳芳等17人当选为市委委员，李军团任秘书长。至12月底，除民盟泽州县支部外，基层组织换届工作全部完成。民盟晋城市委会所属基层组织增加到20个，盟员总人数达到388人。二是抓制度，建规范。坚持民主集中制原则，完善民主集中制议事规则和分工细则，坚持“集体领导、民主集中、个别酝酿、会议决定”的工作原则，提高组织领导能力。坚持联系盟员制度，实行主委、副主委联系基层支部制度，定期走访、看望老领导、老盟员，慰问生病住院的盟员。建立参政议政考核奖励机制，出台信息宣传调研工作奖励、考核办法，激发基层组织和盟员参政议政的积极性。坚持民主生活会制度，班子成员间形成坦诚相见、互相信任的风气。完善领导班子成员述职和评述制度，增强领导班子成员工作责任意识，和其领导能力。

【全委会议】 12月29日，民盟晋城市委召开五届二次全委（扩大）会议。对民盟晋城市委会第五届主委、副主委、秘书长工作进行分工，通过民盟市委职能部门、专委会和其他工作机构的设置及组成人员名单，通过民盟市委会关于加强盟内监督的决定，针对基层组织建设、工作制度健全、运行方式落实等有关问题展开讨论，通过民盟晋城市委各种规章制度及办事程序。

（民盟晋城市委）

民建晋城市委员会

【概述】 2016年，民建晋城市委

深入学习中央统战工作会议精神，紧密围绕市委、市政府“一争三快两率先”战略，为全面建成更高水平小康社会目标任务开拓进取、扎实工作，各项工作取得新进展。

【思想建设】 民建晋城市委及各支部开展坚持和发展中国特色社会主义学习实践活动和“双学一跟”活动。学习中共十八大，中共十八届三中、四中、五中、六中全会精神，学习习近平总书记系列重要讲话精神。学习各级统战工作会议精神，了解统一战线工作的新思想、新观点、新要求。多次召开作风建设会议、听取讲座报告，强化自身思想政治素质教育和工作作风建设。

【组织建设】 重视后备干部培养，组织会员到民建焦作市委、阳泉市委、重庆渝中区委进行交流学习，参加民建省委举办的基层支部主委、市政协组织的综合素质培训班。按照民建省委和六个党派联合出台换届方案，听取各方面意见，经过两次民主推荐，召开民建晋城市委第四次代表大会，选举产生新一届民建晋城市委员会。全年共发展新会员11名。出台《民建晋城市委关于基础组织考核量化办法》，加强支部建设，所属7个支部均正常规范开展支部活动。泽州支部和省直支部联合在泽州县金村镇水东村开展“爱心书屋”活动；市直二支部和焦作市解放支部进行互访，交流基层组织经验；三支部组织会员参加畅游泽州首届文化旅游节“奥美林杯”泽州绿道半程马拉松赛；市直四支部与阳城小组联合参观郭台铭家乡葛万村；城区支部会员成粉平创办的晋安大药房在区政府门前开展大型义诊活动，为老年人免费健康检查、疾病筛查；高平支部就农村环境问题进行调研；阳城小组参加县委统战部组织的下乡送知识、送服务活动。

【参政议政】 围绕市委、市政府工作重点，举办“2016年参政议政培训班”“激励之道培训班”。10月20日至24日，在晋城市政协七届一次会议上，《转观念，搭平台，力促优秀人才脱颖而出》和《城市车辆停放收费服务管理亟须跟上》2篇书面发言被采用。市“两会”期间，民建晋城市委共提交集体提案9件、委员提案23件。

【调研活动】 11月，围绕全市精准扶贫确定调研小组，班子成员带领会内的政协委员、人大代表、骨干会员，分两个小组到全市20个扶贫点进行现场调研，并撰写调研报告。主委阴建政利用星期天到会员柴慧青、王景潮、雷晋峰、孙海船、周新华的企业进行调研，详细了解他们在生产和经营中遇到的问题，并积极帮助协调解决。城区支部围绕城区经济发展，开展城市交通、社区发展、文化旅游、小微企业发展4个专项调研。高平支部组织会员开展调查研究，撰写《实现“两个率先”，建设美丽乡村，必须加大对农村环境保护和治理的力度》调研报告。阳城小组组织会员精选课题，到农村、企业等调查研究。

【服务社会】 一支部会员郜晓熔在“爱眼日”，免费为市民进行视力测试。二支部会员窦建华参加“博爱一日捐”的救灾物资发放活动，并向绿丝带漂流图书馆捐赠图书288本。民建会员通过微信平台帮助帮扶村卖小米8500余千克。三支部会员为泽州县水东村筹建“爱心书屋”捐书捐物。四支部为帮扶对象阳城县杨柏峡谷的白宏兵和白玉兰夫妇提供小额经济赔偿法律咨询。城区支部组织会员开展“美丽人生，与你同行”活动，慰问贫困儿童10名，捐款5000元。高平支部为国家精准扶贫建档立卡家庭的5名贫困学生提供经济帮扶和教育帮扶。妇委会主任李仙爱到敬老院慰问孤寡老人，到特殊教育学校慰问老师和学生。副主委柴慧青出资6万元资助贫困学生，并与京东商城结成战略联盟，把京东电商引入晋城。会员马斌自费邀请山西大学教授张苏串到晋城为会员作“激励之道”的讲座。在2016年民建中央表彰会上，会员李仙爱获得“社会服务先进个人”称号。

【宣传工作】 全年，共有20余件各类信息被《山西民建》、“晋城市政协网站”、《太行日报》等各级媒体采纳。编辑“双学一跟”信息3期。出版《这十年》画册，全面展示二届、三届市委会取得的工作成果。

【张少琴在晋城调研】 8月12日，民建中央副主席张少琴一行3人在民建山西省委主委王宁、副主委姚宪华等陪同下，到晋城调研考察，与40多名骨干会员进行座谈。市委常委、副书记曾庆勇和市委常委、统战部部长焦光善陪同前往太原科技大学晋城校区调研，主委阴建政介绍民建晋城市委发展历程和当前主要工作。

（民建晋城市委员会）

民进晋城市委员会

【概述】 2016年，民进晋城市委会组织学习中国共产党第十八届六中全会和省、市党代会精神，坚持和发展中国特色社会主义学习实践活动，落实民进中央、省委的部署，开展“双学一跟”活动，加强自身建设，积极参政议政，履行民主监督，开展社会服务，为晋城的可持续发展做出了贡献。

【理论学习】 选派部分会员到中央社会主义学院、中央统战部培训中心、天津市政协、山西省社会主义学院、晋城市委党校进行学习培训。在晋城电视台录制《同心圆梦》专题片，显示自身特色。组织开展全体会员集中培训，聘请晋城市委党校教授授课，近200名会员参加培训。

【自身建设】 7月，民进晋城市委完成换届选举，选举产生以郭向阳为主委的新一届领导班子。换届之后，及时成立组织部、宣传部、社会服务部、联谊交流部和参政议政工作委员会、课题调研工作委员会、经济社会工作委员会、教育卫生工作委员会等四部四委的内设机构，确定四部四委的职责，提交计划和任务。王军民、李卫国、谭军社等16人被推选为市政协委员，主委郭向阳当选为市政协副主席，王国亮、贾庆斌当选为市政协常委。李琳、赵云、陈芳等5人当选为市人大代表，陈芳被推选为主席团成员。民进晋城市委会副主委李琳当选为高平市石末乡乡长，首开晋城市民主党派成员担任乡镇正职先河。泽州支部、高平支部完成换届，李守泽当选为泽州支部新一届主委，李琳当选为高平支部新一届主委。

【参政议政】 市“两会”期间，民进市委会经过调查研究，撰写大量政协提案，其中《关于发挥富士康（晋城）工业园示范引领作用，推动全市科技创新水平提升，加速产业转型升级的建议》《关于将我市打造成户外运动基地的建议》《关于建设我市民用机场的建议》《关于坚决打好晋城扶贫攻坚战的思考与建议》《关于我市医药产业发展的几点建议》《建立新型城镇化，走出户籍改革的误区》《关于加快我市电动汽车推广和充电设施建设的建议》《关于加快晋城金村教育园区建设的建议》《关于加快推进我市国企改革的建议》等提案、建议，被市政协提案委员会审查立案，交由市委、市政府有关部门办理。《关于坚决打好晋城扶贫攻坚战的思考与建议》被评选为重点提案，成为全市十大重点提案之一，也是全市民主党派集体提案中仅有的两件重点提案之一。王国亮的《建立“无水港”，畅通对外物流》被选为大会发言稿，成为全市政协8篇大会发言稿之一。

【社会服务】 民进晋城市委会响应市委统战部统一战线扶贫攻坚的号召，开展“精准扶贫，暖冬行动”，组织三批捐赠，向泽州县柳树口镇、高平市石末乡、阳城县河北镇捐赠衣物。市政协委员、民进会员、义乌小商品批发城董事长石勇，筹措价值百万余元的近万件服装，捐赠给贫困山区。民进会员李红光创办的华洋工贸公司，销售收入持续增长，成为城区利税大户和创业大户。民进会员韩亚峰创办的新华电缆公司，异军突起，成为城区创新“小巨人”企业。民进会员李峰创办的“峰之墨”书画社，提升老年文化艺术素质。民进市委成立晋城民进开明画院，在阳城县横河镇创建民进晋城市委会会员活动基地、民进晋城开明画院艺术创作基地、如画横河艺术创作基地，并举办晋城市旅游论坛。组织文化、卫生、科技“三下乡”活动，为社会公益、文化教育、科技卫生等方面做出贡献。

【民主监督】 探索民主监督新途径，向市政协提交《关于开展脱贫攻坚工作“一党一县”专项监督的建议》提案，民进会员中的60余名人大代表、政协委员，分别被有关部门聘为特约监督员，认真履职，深入调研，向有关部门提出多条合理意见和建议。10余名民进会员应邀担任行风评议员，说真话办实事，为人民群众解决具体困难。

（民进晋城市委）

农工党晋城市委员会

【概述】 2016年，农工党晋城市委全面贯彻落实党的十八大，十八届三中、四中、五中、六中全会精神，围绕市委、市政府中心工作，加强自身建设，提高“五种能力”，认真履行参政议政、民主监督职能，为推动全市经济社会协调发展和实现“一争三快两率先”发展战略做出积极贡献。

【思想建设】 4月，召开两次主委会议，讨论制定农工党晋城市委会《关于开展“双学一跟”活动的实施方案》和《关于开展“践行‘三严三实’，加强作风建设”主题教育的实施方案》，成立活动领导组，召开主题教育活动动员会，对开展主题活动进行安排部署。4月26日，4名党员参加农工党山西省委“双学一跟”专题学习会；5月15日至19日，2名党员参加农工党山西省委在江西省社会主义学院举办的“双学一跟”暨参政议政培训班学习；5月30日、6月8日，组织学习习近平总书记在建党95周年纪念大会上的讲话精神、农工党山西省委六届五次全委会议精神等。全年，共有30余人次参加农工党山西省委、中共晋城市委组织部、统战部、市政协等组织开展的学习培训班。

【交流学习】 6月23日，农工党浙江省委专职副主委、省监督委员会主任田野带队到农工党晋城市委员会，双方就组织建设工作进行座谈交流，互相学习对方的先进经验。6月18日，城区支部组织全体党员赴新乡辉县市薄壁宝泉旅游度假区学习“裴春亮”先进事迹。此外，支部与支部之间开展联合学习、互相交流活动，在党派内部形成合力，党派的群体作用得到发挥。

【制度建设】 坚持民主集中制原则，坚持联系党员制度，建立参政议政考核奖励机制，制定信息宣传调研工作奖励、考核办法，激发基层组织和党员参政议政的积极性。坚持民主生活会制度，完善领导班子成员述职和评述制度。12月24日，市委会召开四届三次全委会议，讨论通过《农工党晋城市委会会议制度》《农工党晋城市委会理论学习制度》《农工党晋城市委会班子成员联系支部制度》《农工党晋城市委会基层支部考核制度》等规则制度。

【组织建设】 一是加强领导班子建设，建设“学习、团结、求实、进取”型领导班子。12月24日，召开四届二次主委会议，班子成员分别对换届以来的工作进展、思想状况交换看法，增进共识，营造民主、务实、团结、和谐的班子氛围，增强了班子成员凝聚力。二是加强后备干部队伍建设。按照农工党山西省委要求，完成191名党员信息入库工作，建立农工党市、县两级领导班子后备干部队伍人才库。推荐5名党员担任市政协七届委员。三是加强机关建设。落实《公务员法》，培养求真务实、严谨细致、讲究效率的优良作风，增强服务意识，提升工作水平。四是加强组织发展工作。按照组织发展程序，发展新党员16人，平均年龄36岁，其中：医卫届10人，占63%；其他届别6人，占37%。五是完成换届工作。按照农工党山西省委和中共晋城市统战部关于换届工作安排，5月27日召开三届十三次全委（扩大）会议，对三届市委班子成员进行民主测评、届末述职，就四届班子成员进行民主推荐。7月28日、29日，召开农工党晋城市第四次代表大会，选举产生新一届市委会。11月26日，高平支部完成支部换届工作。

【调查研究】 4月7日，组织部分党员深入民营企业——山西汉通鑫宇科技有限公司开展调研，并将调研情况向市委、市政府及有关部门进行反馈。4月19日至25日，市委会主委、副主委分别带领4个调研组深入全市6个县级医院、8个乡镇卫生院、17个村卫生所（室）、86户贫困家庭，开展健康扶贫调研，并撰写调研报告上交农工党省委。4月26日，主委王胜利参加农工党山西省委“双学一跟”专题学习暨2016年调研工作研讨会，就市委会2016年调研工作进行汇报交流。4月28日，向省委统战部申报2016年统战理论政策研究课题《新常态下民营经济突破发展面临的问题与对策研究》，10月上报市委统战部。

【社情民意】 建立健全信息工作机制，制定《社情民意信息工作奖励办法》，在党员中聘请10位特约信息员和信息联络员，参加农工党省委、市委统战部信息工作培训会议。全年，向农工党中央、省委、市政协、中共市委统战部报送社情民意信息20余条，其中有3条被有关部门采纳。

【参政议政】 省、市、县三级"两会"期间，各级人大代表、政协委员围绕全市经济社会可持续发展、农村卫生的现状及存在问题、构建和谐社会、完善新型农村合作医疗等重大问题，提出《充分发挥县医院龙头作用，进一步提升基层医疗机构服务能力和服务水平》《关于加快我市医养一体养老机构建设的建议》《关于深化我市县级公立医院人事制度改革的建议》《关于规范医保卡个人账户资金使用的建议》《关于进一步加强我市分级诊疗体系建设的建议》等提案50多件，许多意见和建议得到各级党委政府的重视和采纳。市委会主要领导参加中共晋城市委、市人大、市政府、市政协、市纪委等有关部门召开的各类协商会、通报会、座谈会、征求意见会，就会议协商的议题提出意见建议。各级人大代表、政协委员、政风行风监督员多次应邀参加《百姓热线·纠风台》《行风大家谈》等节目，就优化晋城发展环境，促进社会公平公正、构建和谐社会进行督察。

【服务社会】 一是以"双学一跟"活动为抓手，开展社会服务活动。6月8日，市委会在陵川县六泉乡石家坡村开展"双学一跟"主题实践活动暨"环境与健康宣传周"义诊活动。6月19日，高平支部在高平里沟村开展"双学一跟"义诊活动。8月6日，市直二、五支部在沁水县南阳村联合开展"帮扶革命老区，践行双学一跟"义诊活动。11月12日，市委会在党员活动基地——高平市回山村开展第28届"国际科学与和平周"义诊活动。全年共有来自全市各大医院的内科、外科、儿科、中医科等80多名医疗专家参与义诊活动，受益群众达数千人次，发放健康宣传资料1万余份、环保袋800多个，赠送药品价值8000多元。二是推进"一党一县智力帮扶"工作。4月，组织党员深入沁水县医院、乡镇卫生院和村卫生所进行调研，并就分级诊疗制度中存在的问题提出合理意见建议。6月28日，组织医务人员随同市委统战部到沁水县龙港镇固镇村开展义诊活动。三是开展送温暖，献爱心活动。春节前夕，市直五支部组织党员开展"送温暖、献爱心"慰问活动。

（农工党晋城市委）

九三学社晋城市委员会

【概述】 2016年，九三学社晋城市委开展坚持和发展中国特色社会主义学习实践活动和"双学一跟"活动，加强思想理论建设，履行参政议政、民主监督职能，开展社会服务工作，扩大在全市的社会影响力，完成社市委换届工作，开创各项工作新局面。九三学社晋城市委被九三学社中央组织部评为"组织建设先进集体"。裴池善、王新明被九三学社中央组织部评为"全国先进组工干部"。裴池善获"中国好品牌、品牌影响力书法家"称号。崔鹃在2016年山西科普讲解大赛决赛中，被山西省科技厅授予二等奖。

【理论学习】 在全市社组织中开展"学习讲话、学习作风、跟党奋进"（简称"双学一跟"）活动，出台《"双学一跟"活动实施方案》，成立以主委郭一峰为组长、各副主委为副组长的活动领导小组。4月17日，九三学社晋城市委召开"双学一跟"活动动员大会。各支社先后开展形式多样的学习活动，广大社员积极参加社市委和各支社组织开展的各项学习实践活动及各级人大、政协组织的学习活动和本单位的政治学习活动，将"双学一跟"活动向纵深推进。全年，共编发《九三简讯》31期，编辑出版《晋城九三》资料汇编1期。

【组织建设】 1月5日，九三学社

阳城支社召开换届大会，会议选举产生九三学社阳城支社第二届委员会，刘新善任支社主委，刘小军、王学英任支社副主委。3月12日，高平支社选举产生九三学社高平支社第二届委员会，王天佑任支社主委，李文才、袁丽芬任支社副主委。社市委批准崔靖等15人加入九三学社，并报经社省委批准备案。至年底，全市九三学社社员人数达到240人，其中女社员102人，占42.5%；高级职称73人，占30.4%；公务员13人，占5.4%；民营企业家9人，占3.8%。全体社员中，有厅级干部1人，正处级干部2人，副处级干部8人，科级干部46人，股级干部33人；科技、医卫、高校三大主体界别社员共有161人，占67%。

【参政议政】 坚持把促进地方经济和社会发展作为参政议政的第一要务，把围绕全市全面深化改革、实现转型跨越发展作为核心任务，发挥优势，提升参政议政质量。围绕党的十八大精神，在全市转型跨越发展中，从产业转型、旅游发展、农业发展、民生改善等方面，开展调查研究，撰写两会提案，服务全市经济建设。在10月下旬召开的市政协七届一次会议上，九三学社有20人被推选为市政协委员，共提交政协提案36件，其中社市委集体提案4件，委员提案32件，程春明作《司徒小镇的"火"带给晋城旅游的思考》发言。为全市经济建设和社会发展建言献策，围绕群众普遍关心的热点问题，通过社情民意向市委、市政府反映。至年底，全市九三学社社员担任县级人大代表4人、县级政协委员32人，其中县级政协常委9人。

【服务社会】 发挥学社成员在科技、教育、医卫、文物保护、农林等方面的优势，参与全市经济社会发展，积极为全市转型跨越发展献策出力。协调"亮睛工程"落户阳城县眼科医院，该项目是由九三学社中央、九三学社山西省委牵线，九三学社晋城市委协调，阳城县委、县政府支持，阳城县眼科医院对接、推进的一个多方共建的精准扶贫项目。由亮睛工程慈善基金会捐赠眼科医疗设备及物资，提供手术培训、技术支持、项目支持，与阳城眼科医院共同管理。由阳城县眼科医院提供配套经费及场地，是集眼科门诊、眼科手术室及眼科病房为一体的扶贫眼科中心。5月，教育妇女工作专门委员会联合市直一支社、教育支社、职业技术学院支社，到市社会福利院开展"爱心爸妈，欢庆六一"为孤儿献爱心志愿服务活动，为孤儿们带去价值3000多元的礼物。11月27日，九三学社晋城市委和泽州支社联合组织的"社会服务山区行活动"走进泽州县南村镇冶底村，为山区农村送科技、送教育、送文化、送法律，副主委裴池善、王新民、王永革、程春明、解小竹及各支社主委和部分医卫界、法律界、文艺界、农林界的学社社员50余人参加活动。开展文艺演出、医疗卫生服务、农林技术服务、教育帮扶服务、政策法律咨询服务等活动，并慰问了村里的特困户。其他各支社也组织多次规模较大的社会服务活动，为当地的民生贡献自己的力量。

（九三学社晋城市委）

晋城市总工会

【概述】 2016年，市总工会按照市委"一争三快两率先"战略部署，充分发挥工会的职能优势，激励广大职工积极投身晋城市经济社会发展，努力提升队伍自身素质，深化维权帮扶工作，大力构建和谐劳动关系，加强工会组织和干部队伍自身建设，取得较大成绩。

【组织建设】 推进"工会网格化"建设，以村、社区为基本单位，做到应建尽建，实现全覆盖。完善建会入会程序，提升建会质量。全年，全市新组建工会组织69个，涵盖法人单位434个，发展会员18505人，其中发展农民工会员14558人。

【"五小"竞赛】 参加全省企业"五小"(小发明、小创造、小革新、小设计、小建议)竞赛优秀成果展，排名全省前五名。新申报"五小"竞赛优秀项目325项，评选优胜单位4家、优秀项目70个。申报劳模(职工)创新工作室16个，验收命名10个。

【技能比赛】 举办全市第四届职工职业技能大赛，在电力、建筑、教育、家政、餐饮五个行业开展技能比赛。举办全市首届职工安全技能趣味大赛，60个代表队300余人参加选拔赛，34个代表队200余人参加总决赛。与市卫计委联合开展医护岗位技能竞赛活动，与市教委联合举办全市首届初中生物教师实验操作技能大赛。组队参加全省建筑建材行业职工职业技能大赛，取得优异成绩。

【劳模宣传】 开展全国、省五一先进集体与个人评选推荐工作，推荐全国五一劳动奖章1人，全国工人先锋号1个；省五一奖状3个，省五一奖章15人，省工人先锋号5个。表彰市级工人先锋号190个。开展"劳模宣传月"活动，举办劳模宣传关爱系列活动；组织开展8次劳模"送文化、送健康、送法律、送技术"活动，2000余名职工直接受益；制作《晋城工匠》28期，并在市总工会官方微信平台"紫薇工寓"进行宣传；在《工人日报》《山西工人报》宣传劳模先进事迹；举办"劳动者最美·2016年晋城劳模事迹图片展"，展出53位劳模事迹；举办"最美身影"网络摄影大赛，网上开展投票评选活动。

【职工教育】 开展职工安全卫生消防知识普及竞赛活动和"安康杯"竞赛安全文化宣传活动、"安全生产知识到企业一线"活动，发放《全国职工安全卫生与消防知识普及教材》2000本、试卷8万份，《职业病防治法职工普及读本》等资料6.6万册。举办全市职工公共安全健康知识竞赛，发放《全国职工公共安全健康知识应知应会普及教育》2万本、试卷10万份。举办特聘煤矿安全群众监督员培训班3期，共培训299人。举办"中国梦·劳动美"全市职工曲艺小品大赛，开展"三八"主题教育月、"培养好家风—女职工在行动”、“写家书·传亲情”活动。与市广播电视台联合举办5期适龄职工“幸福有你”婚恋真人秀活动、“浪漫七夕·让爱起航”联谊活动。举办全市金融系统纪念建党95周年暨“两学一做”职工书法比赛优秀作品展。与长治市总工会共同举办友好城市职工钓鱼邀请赛。参加山西省第二届职工摄影展、山西省首届“工人好歌曲”原创歌曲大赛、山西省职工羽毛球比赛，获团体第四名和女子单打第一名。晋煤集团凤凰山矿职工培训中心被评为全国职工教育培训示范点。陵川县关岭山煤矿、晋煤集团寺河煤矿被评为全国职工书屋示范点。

【工资集体协商】 2016年，全市共签订工资集体合同2898份，覆盖企业7145个，覆盖职工397046人。签订工资集体合同的企业占建会企业总数的94%。已签订工资集体合同合格以上的企业5345个，占总数的75%。工资集体协商工作连续两年排名全省第一。沁水县美容美发行业、阳城县旅游行业工资集体协商做法入选全国总工会《集体协商案例选编》。

【法律援助】 市总工会成立职工法律援助维权服务中心，沁水县、阳城县、高平市和晋煤集团先后获“全国工会职工法律扶助维护服务示范单位”称号。全年，市总工会共接待职工来信、来访110余次，批转县区处理2次，建议劳动监察大队处理24次，解答咨询82次。

【厂务公开】 将厂务公开、职代会建制专项行动与工会组建月、工资集体协商月活动相结合，集中时间、集中精力，以中小微散企业为重点，以区域性、行业性职代会为主要形式，加速推进私营企业建制工作。以全国厂务公开民主管理工作交叉检查为契机，深入推进厂务公开民主管理工作扩面提质。按照《企业民主管理规定》和“职代会八项工作制度”，落实职代会职权。

【劳动保护】 开展“安康杯”竞赛，全市参加“安康杯”竞赛活动企业达350多个，参与职工达25万余名。开展“隐患早知道、风险早报告”活动、职业病防治检查、职工健康档案建立、煤矿井口群众安全工作站建设。与各集团公司、各县（市、区）签订2016年工会劳保工作目标责任书，加大考核督察力度。维护女职工合法权益和特殊利益，全市签订女职工专项集体合同789份，覆盖818个企业，覆盖女职工98700人。组织开展《山西省女职工劳动保护条例》学习宣传贯彻活动，重点对女职工卫生费发放情况进行督促调研，行政事业单位女职工卫生费发放率达到50%，企业达到70%。推进“妈咪小屋”建设，新组建并向省总工会推荐“妈咪小屋”9家。

【帮扶救助】 一是做好冬送温暖、夏送清凉、金秋助学等工作。元旦、春节期间，全市各级工会共筹集慰问款物总额945.35万元，走访慰问困难企业128家，慰问困难职工家庭10811户。“送清凉”活动共筹集资金14万元，对省市重点工程、公安交警等行业的一线职工、农民工进行慰问。“金秋助学”活动共资助困难学生700余人、发放助学金318万余元，其中市总工会资助困难学生272人，发放助学金142万余元。二是继续推进职工大病互助。审核补偿患病职工2785人，累计给付补偿金761.5万元。三是协同推动就业再就业工作。市总工会与人社局、扶贫办、妇联四部门共同启动以“搭建供需平台促进转移就业”为主题的“春风行动”，百余家大中型用人单位进场招聘，提供就业岗位近3000个。9月，市总工会第一家职工就业创业技能培训基地在祥达职业培训学校挂牌成立。四是开辟服务职工新阵地。市总工会投资35万元，在市区主要街道、广场建立13家“职工爱心驿站”，为环卫工、园林绿化工、的哥、快递员等户外工作者，提供“渴了能喝水、热了能乘凉、冷了能取暖、累了能休息”的温暖之家。五是全面推进扶贫援疆工作。成立驻村扶贫工作队，组织机关全体党员到陵川县马圪当乡双庙村开展扶贫对接工作，研究确定药材种植、村容村貌整治、农机具购买、助学等帮扶措施，共计投资45万余元。向新疆农6师105团和阜康市上户沟哈萨克民族自治乡投入援助资金50万元，援建食用菌种植项目、刺绣工作室、职工书屋、赛马场等。

（市总工会）

共青团晋城市委员会

【概述】 2016年,全市各级团组织深入学习贯彻党的十八大,十八届三中、四中、五中、六中全会精神和习近平总书记系列重要讲话精神,围绕市委、市政府和团省委工作部署要求,结合晋城青年工作实际,坚持"凝聚青年、服务大局、当好桥梁、从严治团"四维工作格局,完成各项任务。

【德育教育】 全市各级团组织开展学习宣传贯彻党的十八大,十八届三中、四中、五中、六中全会精神和习近平总书记系列重要讲话精神,增强团员青年的政治意识、大局意识、核心意识、看齐意识。开展"清明祭英烈·共筑中华魂""红领巾相约中国梦""关注十三五·创造新生活""十八岁成人仪式"等中国梦主题教育活动,覆盖青少年17万余人次。开展"学习雷锋好榜样,践行核心价值观"、中华传统文化进校园等主题活动。试点推进文明礼仪体验教育活动,直接参加活动人数达600余人次,影响带动少先队员2.4万人次。开展"寻找小雷锋""美德少年"评选表彰活动,评选表彰"小雷锋"60名、"美德少年"60名。开展"争做向上向善好青年"活动,推选出各行各业和基层一线好青年20名。高平一中和晋城技师学院两名学生分获2016年度全国"最美中学生"和"最美中职生"称号。

【网络宣传】 "青年之声"互动社交平台入驻专家415人,建立服务联盟20家。晋城共青团官方新媒体平台全年发布网站信息338条、微信1250条、微博1856条,全年微信累计阅读量达53万余次。组建核心网宣传员队伍,积极参与网络宣传,弘扬正能量。在中央网信办、共青团中央主办的"网界青年共筑中国梦"网络图文征集活动中,选送的作品分获全国一等奖和三等奖。编创制作晋城青年形象宣传片《晋城新青年》。

【扶贫攻坚】 开展"青春助力扶贫攻坚"行动、"朝阳课堂"义务支教志愿服务、共青团联系服务农村青年月等活动,加强对贫困地区青少年观念引导。市青创中心与淘宝大学签订"淘宝大学人才服务商晋城基地"合作协议,第一书记、贫困地区青年300余人参加电商论坛和电商培训。开展青年文明号"与爱同行·助学活动""助力脱贫攻坚战·青年公益篮球赛"等活动,整合社会资金66.2万元,用于资助建档立卡贫困户青少年就学。

【青春成才工程】 打造"青创+"青年创业综合服务平台,完成技能培训6123人次,为138名青年提供见习岗位,为1230名青年提供青年创业小额贷款1.3亿元。与人社局等单位共同举办2016年创业大赛、"梦想成真"电视创业大赛,推送23名优秀创业青年参加全省青年创新创业大赛,获得3个二等奖、3个三等奖。利用"蚂蚁屋"众创空间,举办"青年创客结伴行""老板陪你吃晚餐"等创业主题活动89场。

【青春文明工程】 引导青年社会组织参与青少年事务社会工作,开展心理健康讲座、"轻松备考12355与你同行"阳光行动、"拼搏圆梦·爱心助考"活动130场次,直接参与青年社会组织26个,覆盖青少年2万余名。以常规志愿服务为基点,推动共青团关爱农民工子女志愿服务行动和助残"阳光行动",开展志愿服务活动189次。晋城市青年志愿者的"七彩假期·点亮留守童年""用心坚守、让爱延续,共筑七彩梦"项目在第三届中国青年志愿服务项目大赛中分获银奖、铜奖,晋城市青年志愿者协会被团中央、中国青年志愿者协会授予"第十一届中国青年志愿者优秀组织奖"。深化青年文明号、青年岗位能手、服务安全生产"五个一"、青年安全生产示范岗、技术创新小组等品牌工作,助力文明城市创建、安全生产等工作。深化"保护母亲河"行动,开展"增绿减霾·再造蓝天""青春健步行"等环保志愿活动,动员广大青少年积极参与美丽晋城建设。

【综合实践教育】 在中小学校开展"防震演练""水上平安交通、安全伴我成长"等实践教育活动,覆盖青少年12万余人次。开展"参观污水处理厂""地震科普园体验"等青少年校外社会实践活动34期,1500余名青少年参与实践活动。全市中小学校综合实践教育活动课程试点工作正式在“晋青世界”(晋城市青少年校外实践教育基地)启动,晋城市5所中小学校的1800余名青少年参加校外实践教育课程。组织晋城市优秀青少年分别赴南非莎拉巴特曼市和新加坡,开展友城交流和文化访问交流活动。

【青春护航工程】 开展“共青团与人大代表、政协委员面对面”活动23场,提交提案、议案11件,初步落实2件。开展青少年法制宣传、自护教育、交友联谊活动200余场,覆盖青少年20万余人次。推进重点青少年群体服务管理工作,组建由57人构成的服务管理队伍,成立3家未成年人关护教育基地,开展团体心理辅导4期。加大对特殊青少年群体的关爱力度,开展“七彩课堂”主题活动24次,组织开展“红领巾俱乐部进社区”活动8期。推动青少年民族团结对口支援工作,援建青少年教育专项经费2万元,开展“晋疆少年手拉手”主题活动。

【组织建设】 完成县、乡、村三级团组织换届工作,配齐配强基层团组织领导班子,充实基层团组织力量。在巩固提升传统领域团建的基础上,全年新建非公团组织44家,新建“青年之家”综合服务平台20个,互联网企业建团组织15家。泽州一中团委被团中央表彰为“全国五四红旗团委”。在全市各级团组织中开展“机关化行政化贵族化娱乐化”问题专项整治活动,推进突出问题的整改落实。通过举办培训班、“青年讲堂”等,提升团、队干部综合素质。落实团干部直接联系青年制度,全市122名团干部直接联系青年1.5万余名。

(共青团市委)

晋城市妇女联合会

【概述】 2016年,市妇联贯彻落实党的十八大和十八届三中、四中、五中、六中全会精神,按照省第十一次党代会和市第七次党代会的要求,以促进妇女创业就业、改善妇女民生、维护妇女合法权益、提升妇女素质为着力点,团结全市广大妇女为全面建成小康社会贡献巾帼之力。

【“三八”维权周活动】 “三八”期间,市妇联以“建设法治晋城·巾帼在行动——维权服务进社区、进家庭、到身边”为主题,以《中华人民共和国反家庭暴力法》为重点,发放各类宣传资料3000多份、法律法规读本1000多册。

【“最美家庭”评选活动】 在全市开展寻找“最美家庭”活动,表彰“最美家庭”100户,推荐省级“最美家庭”10户、全国“最美家庭”2户。选拔刘平贵、毕腊英、茹文婧、湛续冲、郑新娟、秦玉芳6户“最美家庭”代表组成“最美家庭最美家风”巡讲团,深入六县(市、区)开展“最美家庭最美家风”报告会。

【“平安家庭”创建活动】 市妇联与市综治办联合召开“平安家庭”创建推进会,推进“平安家庭”创建工作。表彰10户“平安家庭”标兵户、100户“平安家庭”示范户,省级“平安家庭”代表作交流发言。

【巾帼创业行动】 2016年,市妇联共为625名妇女发放贷款5080余万元,中央财政贴息673万余元,带动8000余名妇女就业致富。扶持创建巾帼现代农业科技示范基地、女大学生创业实践基地、妇女手工编织基地、巾帼家政培训示范基地、巾帼互联网+示范基地等36个。开展“春风送岗位”活动,与市人社局、市女企业家协会举办庆“三八”春风送岗女性人才招聘会,提供女性专职岗位1000多个,涉及20多个行业,散发宣传资料15000余份,优先安排670余名贫困妇女实现就业。市女企业家协会提供就业岗位1万多个,并建立女企业家微信群,开展每日“一企业”宣传推广活动。

【技能培训】 市妇联与城区妇联联手,委托山西布工坊文化传播有限公司举办5期手工技能培训班,通过探索“公司+协会+基地+妇女”的产业发展模式,分别在东街、西上庄办事处、北石店村(社区)培训妇女200余人。5月,在市委党校举办电商创业培训班,建立乡村妇女骨干电商微信群,为青年妇女学习创业提供平台。全年,共举办家政服务、手工刺绣、布艺、美容美发等各类培训11期,500余名妇女受益。

【脱贫攻坚】 市、县妇联发挥女企业家、妇女领办的专业合作社两个群体力量,大力实施项目脱贫。至年底,妇女领办的农业专业合作社达940多个,带动4800余名妇女种养加生产。市妇联帮助陵川县马圪当乡四义村发展种植优质核桃林、中药材、紫苏、葵花等经济作物,10户29人实现脱贫。

【家庭教育】 8月29日至9月2日,市妇联、市教育局、市文明办、市关工委联合举办晋城市家庭教育讲师团成员培训班,全市100多名热心家庭教育事业的有识之士参加培训,就家庭文化、家长教育开展专题培训和经验交流。9月26日,市妇联邀请晋城技师学院高级讲师、大成心理咨询公司首席讲师程广军,就"家庭教育讲师基本功的必备素养"进行强化训练。

【未成年人思想道德实践活动】 一是慰问阳城县阳光特殊儿童村的孩子们;二是开展"庆祝六一·共浴书香"捐赠图书慰问活动;三是组织开展"我爱我家·亲子阅读"活动;四是表彰美德少年;五是举办家庭教育讲座,开展家庭教育公益讲座19场,4000余名家长受益;六是开展"快乐连接你我他"——城乡儿童人际交往团体训练营公益活动,40名孩子参与训练营活动。

【自身建设】 5月23日至25日,市妇联在市委党校举行市、县、乡三级妇联干部素质提升培训班,110名妇女干部参加培训。与市委组织部、市民政局联合下发《关于在全市开展村(社区)妇代会改建妇联工作的实施方案》,在全市范围内推开村(社区)妇代会改建妇联工作。至年底,全市2305个村(社区)妇代会改建妇联,县级配备兼职副主席13人,乡镇配备兼职副主席521人。各县(市、区)妇联搭建微信公众平台,宣传妇联组织的各项活动。

(市妇联)

晋城市科学技术协会

【概述】 2016年,市科协按照"固基础、强职能、拓领域、上台阶"的工作思路,深入贯彻落实《科普法》,全面推进《全民科学素质纲要》实施。以提升服务能力为抓手,以服务经济社会发展为目标,以提高公众科学素质为己任,以学会创新能力建设为重点,贯彻落实省、市党代会精神,履行工作职责,团结带领广大科技工作者积极投身全市经济建设主战场,求真务实、勇于创新,推动科协工作改革发展,取得新的进展和成绩。

【科普宣传】 2016年,市科协组织开展"三下乡""科技之春"宣传月、科技活动周、全国科普日等主题科普宣传活动。发放实用技术、科普图书等宣传资料30000余份。组织农科专家到高平和沁水开展春耕、春播专家行活动,给广大农民送技术、送服务。联合市科技局举办科技创新专题讲座。举行"2016年全国科普日活动"启动仪式和系列活动。创新"互联网+科普LED屏"宣传普及运用,在城区25个社区和人民广场开通LED屏,播放科普知识宣传教育片,营造浓厚的科普活动氛围。

【基层科普行动】 2016年,全市有4个农村专业技术协会、2个农村科普示范基地、1个科普示范社区获得中国科协奖补资金共140万元;有2个科普示范基地、1个农村科普带头人获省科协、省财政厅奖补资金共23万元;有6个农村科普示范基地、6个农村科普带头人获市科协、市财政局奖补资金共20万元。市科协对全市34个农村科普示范基地进行表彰,推进基层科普组织的发展壮大。与邮储银行晋城市分行探索构建"银会合作"长效机制,努力解决基层农技协和会员"融资难、融资贵"等问题。

【科技强企】 在企业开展"讲、比"竞赛活动,全年提出合理化建议3735条,其中被采纳1682条;完成项目1900余项;开展科普讲座120余次,受益职工10958人;举办技术培训200余次,培训人数8483人。组织实施"金桥工程"项目5项,为企业节约资金788万元,增加利税1820万元。开展"科技创新进企业"宣讲报告会1场。新组建成立晋城路桥公司科学技术协会,全市企业科协达35家,覆盖企业职工198912名,科技工作者19620名。

【《纲要》实施】 年初,根据国家纲要办和省、市科学素质工作领导组的安排部署,组织起草《晋城市全民科学素质行动计划纲要实施方案(2016—2020年)》,并向成员单位、各县(市、区)纲要办征求意见和建议,指导各县(市、区)制订工作计划,提出《科学素质纲要》实施的重点任务目标。积极构建"政府主导、部门协作、社会参与"的良性健康工作格局。

【科普活动】 联合市教育局、市科技局开展学生科技月活动,面向全市在校学生,举办"晋城互联网+青少年科普知识竞赛"活动,收到答卷5000余份。组织开展"晋城科普大讲堂"走进校园和走进县(市、区)活动,邀请13名中科院老科学家科普演讲团成员,走进全市百余所中小学校和社区,举办科普宣讲报告会112场,受益听众达5万余人。组织青少年参加"山西省第31届青少年创新大赛"和"第15届中国青少年机器人竞赛(山西联赛)"活动,获得50多项省级奖励。举办晋城市第15届青少年科技创新大赛,评选出获奖作品427项。联合教育部门开展交通安全、消防安全、应急救护、应急演练等进校园活动,提高青少年科学处置突发事件的能力和水平。

【科技交流】 开展"学术沙龙"活动5期。组织科技工作者进行交流探讨,为科技工作者提供和谐宽松、自由平等的交流平台。参加第十七届、十八届山西省优秀学术论文评选活动,全市推荐论文99篇,8篇获二等奖,31篇获三等奖。

【表彰活动】 举荐优秀科技工作者参加全省评比活动,先后有3个先进集体、3名先进个人,在山西省第十四届"讲、比"活动中受到表彰。与市劳动竞赛委员会联合开展晋城市第四届优秀工程技术人员和"十佳工程师"评选活动,对10名"十佳工程师"、20名优秀工程技术人员进行表彰,对"十佳工程师"授予五一劳动奖章,优秀工程技术人员荣记一等功。

(市科协)

晋城市工商业联合会(总商会)

【概述】 2016年,市工商业联合会加强商会组织建设,拓展服务领域,履行工作职能,助力"两个健康"(非公经济健康发展、非公经济人士健康成长)工作主题,为促进全市非公有制经济的科学发展和可持续发展做出积极贡献。

【学习教育】 开展"两学一做"学习教育。根据市委的统一安排部署,在全体党员中开展"学党章党规、学系列讲话,做合格党员"学习教育活动,制定《晋城市工商联关于在全体党员中开展"两学一做"学习教育的实施方案》《晋城市工商联关于开展"讲担当、转作风、抓落实"活动的实施方案》,对学习教育活动提出明确要求。利用周一、周五的学习时间,学习习近平总书记系列讲话、《党章》《党规》《中国共产党纪律处分条例》等。

【党建工作】 开展"三严六守九严禁"警示教育月活动和迎"七一"党建系列活动,组织党员干部学习《党章》《中央纪委机关中央组织部九个严禁换届纪律要求》《晋城市重申换届期间严禁迎来送往有关纪律》和《警示教育学习资料》等文件精神,对典型案例进行剖析。开展迎"七一"党建系列活动,集中学习习近平总书记"七一"讲话精神,组织全体党员干部重温入党誓词,参加一次知识竞赛,手抄一遍《党章》。

【调查研究】 围绕经济发展新常态下民营企业转型升级所面临的问题、困难开展专题调研,建立一对一入企调研机制,每位领导干部负责1~2家企业,定期走访,实地探查,了解企业所需,为企业与政府搭建平台,畅通渠道,反映诉求。开展民营企业"走出去"调研,探索全市民营企业"走出去"发展和转移过剩产能的有效途径。组织全市民营企业参加中博会、经贸合作交流会等活动,为全市民营经济发展搭建对外交流平台,创造发展机遇。建立非公经济运行监测长效机制,把党和政府的温暖送到民营企业家手中,帮助他们反映问题，增强发展信心。

【为企服务】 搭建政企对接平台，召开政企座谈会，金融、企业对接会，商会会长、秘书长座谈会以及推动实体经济、民营经济座谈会，倾听民营企业家发展的诉求，制定相关意见，为民营经济发展排忧解难。加强与金融机构联系，完善民营企业诚信体系建设，缓解民营企业融资难、融资贵问题。发挥法律维权服务中心作用，深入民企开展"法律进民企""法律进商会"等活动，提供专业化法律维权服务。配合有关部门开展民营企业招聘周活动，为会员企业和求职者搭建供需平台，为大批毕业生和失业人士解决就业问题。

（市工商联）

晋城市文学艺术界联合会

【概述】 2016年，市文联认真学习贯彻党的十八届三中、四中、五中、六中全会和习近平总书记系列重要讲话精神，牢牢把握导向，围绕中心，服务大局，团结和带领广大文艺工作者务实创新、不断进取，各项工作都取得令人满意的成绩。市文联连续多年被省作协授予"文学创作成绩奖"。

【文艺活动】 围绕纪念赵树理诞辰110周年主题，组织承办纪念赵树理诞辰110周年研讨会，举办纪念赵树理诞辰110周年书法、美术（彩笔绘八景）作品展，组织全市文艺界代表到沁水赵树理故里开展祭扫陵园活动。围绕"两节"庆祝活动，举办"中国梦、太行魂"迎新春楹联邀请展。围绕纪念毛泽东同志《在延安文艺工作座谈会上的讲话》发表74周年，开展采风活动。与市文化局、群众艺术馆、戏剧家协会、音乐舞蹈家协会、曲艺家协会共同承办晋城市文艺界2016年"纪念建党95周年、红军长征胜利80周年"送欢乐进社区专场文化惠民晚会。音乐舞蹈家协会在市图书馆举办"走基层，送歌声"和"最美的歌献给党"演唱会。曲艺协会在陵川举办第五届太行书会。诗词学会在月星广场举行丙申端阳诗会。

【惠民活动】 春节期间，市文联在美术馆举办百名书法家"送春联、送温暖、送万福"活动。书协组织书法家赴陵川县马圪当乡巡家村、潞城镇西八渠村、阳城县横河镇中寺村、巴公镇甘润村、市财政局、城区公安分局和泽州县公安分局等地开展为基层群众送春联活动，共书写春联5000余幅。摄影家协会组织艺术家走进泽州县土岭村、陵川县西八渠村、陵川县西下河村开展"送摄影进农家"志愿服务活动，为村民拍摄全家福。音乐舞蹈家协会举办迎新春专场合唱音乐会。

【文艺创作】 作家协会多名作家在《中篇小说选刊》《山西文学》《山西日报》等国家及省级文学报刊发表作品几十篇（首），作家聂尔、张暄、张红兵分别出版散文集《漂泊的文学》、中短篇小说集《病症》、诗集《十年灯》。美协副主席成红军的作品《太行礼赞》入展第十一届中国艺术节全国优秀美术作品展，雕塑家刘惠斌泥塑作品《降龙罗汉》获中国第三届传统宗教泥塑技艺大赛"特别金奖"，画家闫全会的作品《残荷》在山西首届青年当代油画邀请展获二等奖，在山西省首届油画人物作品展获优秀奖。音舞协会推荐的歌曲《你的背影》获得山西省第十一届"五个一工程"优秀作品奖，《新时代的中国工人》等六首作品，参加全国"新时代个人好歌曲"评选，大型音乐舞蹈实景剧《印象铁花绚》和《又见乡愁》进入排练阶段。影视家协会组织创作的《遇见20年后的父母》《古朴晋城，水墨天成》和《多少种精彩，好一座晋城》三部作品获全国第三届城市广播电视优秀作品金奖。赵树理研究会编辑出版《纪念赵树理诞辰110周年系列丛书》。田澍中的《文魂，赵树理在沁水》一书获赵树理文学奖。

【协会发展】 贾大一、王林、司剑虹、陈素琴分别当选省美协、摄协、曲协和剧协副主席。作家聂尔入选全省宣传文化系统"四个一批"人才，市作协4名作家加入省作协。书协成立晋城大学生书法协会、晋城市硬笔书法协会，开通书法家协会微信平台，开设《协会活动》《晋城书家》栏目，李云波等22人加入省书协。曲艺协会建立表演创作基地及青少年口才培训基地，通过首届电视方言大赛推出一批方言达人。摄影家协会开展学术讲座4次，组织采风创作30余次。音舞协会筹备成立晋城市国标舞学会和合唱联盟，多人加入省音协。戏剧家协会3人加入全国剧协。市朗诵协会正式成立，并举办“声韵晋城、大美山西”朗诵会。

【《太行文学》】 市文联克服编辑部人手少、任务重的困难，编辑出版《太行文学》6期，刊发一大批优秀文学作品，为培养文学创作新人提供平台和条件。在阳城举办2016年太行文学笔会，邀请山西大学文学院副教授刘芳坤、北岳文艺出版社社长续小强专题授课、指导创作，并和与会作者开展广泛交流。

【赵树理文学馆】 举办赵树理文化沙龙，以《艺术创作：从看见到发现》为题，邀请浙江大学数学学院教授蔡天新做客沙龙，与百余名文学爱好者现场交流；邀请台湾籍陶艺大师吴远中举办公益讲座，拓展文化交流领域。发挥赵树理文学馆爱国主义教育基地作用，接待各类参观人员1万余人，举办各类主题教育活动20余场。收集有关赵树理的相关文物，日本的加藤三由纪女士受已故古屋修教授的委托，向文学馆捐赠40多本珍贵的外文资料；著名作家、艺术家董大中等9人为赵树理诞辰110周年创作的书法作品被文学馆收藏。

（市文联）

晋城市归国华侨联合会

【概述】 2016年，市侨联在市委、市政府的领导下，在省侨联和市委统战部的指导下，团结广大归侨侨眷和海外侨胞，以建好侨胞之家、凝聚侨界力量、发挥独特优势、服务经济建设为主题，按照年初确定的目标任务，创新工作、精心组织、狠抓落实，各项工作任务顺利实施。

【侨务工作】 在全市侨联系统实行“1242”工作思路，即围绕实现中华民族伟大复兴中国梦的一个总目标；发挥侨联组织海内海外联系广泛的两大优势；在侨界中开展培育和践行社会主义核心价值观、为经济建设服务联系海内外各100名留学生和海归人才的“双百计划”、大力弘扬宣传中华优秀传统文化、鼓励归侨侨眷积极参与创新社会治理四项工作；切实达到为侨服务、为经济建设服务的目的。

【海归服务】 5月，晋城市海归创客空间在凤博创客中心成立，并举行挂牌仪式。晋城市海归创业空间是一个聚合资源头脑风暴的平台，致力于为晋城海归打造一个绝佳的创业平台。至年底，海归创业空间共举办专题分享会10场、趣味讲堂10场、创客路演会2场，50名创客将自己的创业项目进行现场宣讲，10名创客成功入驻。城区侨联对接英国布拉德福德大学博士后研究员杨龙枝、美国加州大学博士陈林林。泽州县侨联对接门丽娜博士夫妇。高平市侨联对接海归创客领军人物杨国文、冀曼、王昊王，并举行“聚炎乡海归正能量，谋炎帝故里新发展”为主题的炎帝故里高平海归同心共圆中国梦座谈会。阳城县侨联统计全县海归12人、留学生13人。陵川县侨联成功引进康体制衣有限公司，对接澳大利亚的王陵平、张喜庆，美国的张毅。沁水县侨联为留学人员开欢送会，发放助学金2000元。

【宣传工作】 年初，制定下发《晋城市归国华侨联合会关于加强侨联文化宣传工作的指导意见》，要求全市各级侨联以文化阵地建设为切入口，把文化宣传工作与群众工作、海外联谊工作紧密结合起来。9月，在泽州县大阳镇召开文化宣传工作经验交流会。泽州县侨联将中国武术协会会员、市武术协会副主席、侨眷韩婉玲的太极拳引入市双语小学。高平市侨联与有关部门组织开展“问祖炎帝、寻根高平”海峡两岸同胞神农炎帝故里民间拜祖等系列活动。阳城县侨联组织侨界人员参加第七届北京国际山地徒步大会。陵川县侨联讲好陵川故事，宣传锡崖沟精神、杨村精神、一山精神、曲艺队精神等以“艰苦奋斗、自强不息、开拓进取、永续发展”为核心的陵川精神品牌。沁水县侨联整理《沁水县侨联简史》，编辑《弘扬侨联文化》资料，收集国民革命军98军抗日史料。

【归侨侨眷座谈会】 9月，市侨联组织召开晋城市归侨侨眷庆国庆暨庆祝中国侨联成立60周年座谈会，50余名归侨侨眷代表参加座谈。会上，市侨联党组书记传达中国侨联成立60周年纪念会议有关精神。会后，举办饺子宴，把全市各级侨联组织对广大归侨侨眷和海外侨胞的关心关爱和美好祝愿带到侨胞身边。

【慰问活动】 组织开展“走基层、访侨户”和“送温暖、献爱心”慰问活动，市侨联共走访归侨侨眷115户，重点走访老归侨、鳏寡孤独病侨户和新侨代表人士及其亲属，了解侨情民意，关心他们的生活情况，帮助他们解决实际困难，并在归侨侨眷中开展“向海外亲属发一封信、打一个电话、发一条短信”为主要内容的“三个一”活动。

（市归国华侨联合会）

晋城市残疾人联合会

【概述】 2016年，市残联在市委、市政府的正确领导下，在省残联的精心指导下，认真履行“代表、服务、管理”职能，按照“坚持一个中心，紧握两个抓手，突破三个瓶颈，做好七项重点工作”的总体思路，积极推进残疾人社会保障体系和服务体系建设，加快推进残疾人小康进程。

【技能培训】 2016年，市残联委托市残疾人职教中心先后开设盲人保健按摩、就业创业、岗位提升、电子商务网络办公、农村贫困残疾人实用技术、手工艺制作等各类培训班10期。全年，累计完成残疾人就业技能培训516人，创业培训173人，岗位提升89人，雇主培训128人，机构工作人员培训16人，电子商务培训35人，辅助性就业培训15人，农村实用技术培训926人，实名制管理员培训10人，青壮年扫盲培训38人，残疾人职业培训实名制录入716人。

【残疾人就业】 全年，共举办残疾人就业专场招聘会4场，20家爱心企业为残疾人提供就业岗位100余个，350余名残疾人求职者及其残疾人家属参加招聘会。开展有针对性的就业援助活动，共走访慰问残疾人家庭66户，登记失业残疾人152人，帮助26名就业困难人员就业。开展残疾人按比例就业年审工作，按比例安排残疾人就业211人，集中就业105人，个体和自主创业170人，灵活和居家就业105人，基地就业103人，社区基层就业和公益性岗位就业56人，残疾人就业实名制录入409人。

【康复救助工程】 1.国家、省康复救助工程。市残联共完成成人助听器验配项目17名，精神病患者服药项目130名，聋儿康复训练6名，脑瘫儿童康复训练17名，智残儿童康复训练100名，其中定点委托75名，政府购买服务25名，辅助器具发放1426名。

2.市财政、福彩公益金康复救助项目。成立晋城市2016年贫困残疾人康复救助项目领导组，申请财政预算康复经费115万元，为1300名精神病患者进行服药救助，为1190名贫困残疾人配发辅助器具。福彩公益金项目628万元，对100名贫困脑瘫、智残、孤独症儿童提供6个月的康复训练，对20名肢残人进行矫治手术，对3848名精神残疾人进行服药补贴，对76名精神残疾人进行住院补贴。

3.精神病患者医疗救助。市人社局出台文件，城镇职工医保、城镇居民医保将6类重性精神病病种全部纳入门诊慢性病报销范围，年封顶线5000元；新农合也将6类重性精神病病种全部纳入门诊慢性病报销范围，年封顶线3000元；市民政局、市残联出台相关政策，对医保报销后仍有困难的精神病患者进行临时救助和特殊救助。

4.“阳光伴我行”集善明门儿童轮椅项目和“集善工程·助行行动”成人轮椅配发项目。为全市22名脑瘫儿童发放专用儿童轮椅，对50名成年贫困肢体残疾人配发轮椅。

5.康复人才培养。完成社区康复协调员培训200名；国家康复人才进修1名、省康复人才进修2名；参加国家、省各类培训班31名。

【“一店三基地”建设】 经过市、县两级审核、验收、公示等环节，共认定市级盲人保健按摩示范店62家、市级残疾人就业创业基地

8家、市级农村残疾人扶贫基地26家和自主创业残疾户325户，共安置867名残疾人就业，其中安置114名盲人，并对其进行补贴奖励，共计200万元。

【残疾人补贴】 1.全面落实“两补贴”工作。市残联对具有晋城市户籍且持有第二代《中华人民共和国残疾人证》的一级、二级重度残疾人发放护理补贴，补贴标准为每人每月50元，省、市、县继续按照50%、20%、30%的标准进行补贴。2.实施“三无”重度残疾人托养补贴。2016年开始，“三无”重度残疾人享受托养补贴。全年共为298名机构托养残疾人发放补贴79.86万元，为1748名居家安养的残疾人发放补贴155.95万元。

【残疾人救助】 根据《晋城市2016年贫困残疾人救助实施方案》，市残联向市财政申请预算资金100万元，对全市3000多名贫困残疾人实施救助。完成省彩票公益金助学项目，为12名贫困残疾人家庭子女大学生申报省福彩公益金助学项目。实施农村基层党组织助残扶贫工程。市残联、市委组织部联合开展农村基层党组织助残扶贫工程，帮扶任务为234户，帮扶内容涉及养殖、种植、经营批零部等项目。

【宣传活动】 开展爱耳日、爱眼日、全国助残日等活动。组织参加全省残障儿童和平海报作品征集活动，获得1个二等奖、3个三等奖，教师李倩倩获得“优秀指导教师”称号。实施残疾人康复体育关爱家庭计划，开展残疾人运动员选拔工作。参加2014—2015年度山西省残疾人事业好新闻评选，获得1个一等奖、2个二等奖、1个三等奖。开展残疾人文化周活动，在市展览馆举办第三届残疾人书法、绘画、摄影、手工艺作品展。

（市残联）

晋城市关心下一代工作委员会

【概述】 2016年，全市各级关工委组织和广大“五老”（老干部、老战士、老专家、老教师、老模范）围绕全市的工作大局和中心任务，统一思想认识，突出工作重点，着力开拓创新，全市关心下一代工作取得新突破。市委第七次党代会首次将市关工委工作取得的新成就写入工作报告。在全省“中华魂”主题教育活动20周年表彰大会上，市关工委获得全省优秀组织奖。在全国“中华魂”主题教育活动表彰大会上，市关工委获“全国先进集体”称号。

【社会主义核心价值观宣传】 全市各级关工委把践行社会主义核心价值观融入关心下一代工作之中，做到“四个结合”：一是把社会主义核心价值观教育与贯彻党的十八届三中、四中、五中、六中全会精神相结合；二是与弘扬道德模范和争做美德少年活动相结合；三是与开展党史国史教育相结合；四是与开展万名“五老”联万户家教家风活动相结合。

【法治教育】 以第四届“关爱明天、普法先行”青少年普法教育活动为抓手，加强青少年法治教育。城区关工委组织具有一定法律知识的老同志和法制副校长对青少年进行法制教育；泽州县关工委健全学校、家庭、社会“三位一体”法制教育网络，结对帮扶失教、失管、失足青少年320余人，组织“五老”法制宣讲团到10余所中小学进行法制教育；高平市关工委、教育局、司法局联合开展“遵纪守法，从我做起”宣讲活动，“五老”宣讲员陈玉峰收集大量青少年案例，制作图文并茂的课件和6000余字的讲稿，到50所中小学进行宣讲；阳城县关工委举办“制止校园欺凌”专题讲座，对“问题”学生和“失足”青少年进行“一对一”爱心帮教；陵川县96名“五老”网吧义务监督员，对进入网吧的未成年人说服教育；沁水县组织公安民警为广大师生作《中华人民共和国未成年人保护法》《披露中学生的不良行为》等系列专题讲座。

【关爱行动】 阳城县关工委利用“助残日”到县特殊教育学校，为37位弱智儿童赠送文教和体育用品。阳城县法院退休干部石书霞捐赠书籍2500余册，在家乡凤城镇上芹村创建图书室，满足农村青年读书需求。“六一”期间，陵川县附城镇51名离退休干部筹资6000余元，对4所农村中小学留守儿童进行慰问奖励。端午节期间，全国关心下一代先进个人、退休教师秦同和组织16名“五老”与留守儿童结对，向留守儿童讲述端午节来历，介绍爱国诗人屈原的生平事迹。沁水县“五老”志愿者崔忠给郑庄镇盼盼幼儿园的孩子们捐赠108套童装。沁水县关工委与县民政局联合投资10万元，在中村镇建立一所留守儿童关爱基地，并建立信息台账、日间照料、课后辅导、心理疏导等关爱服务。

【“五老牵手青少年，长征精神代代传”活动】 9月，市关工委发出《关于开展“五老牵手青少年，长征精神代代传”主题教育活动的通知》，号召全市各地“五老”组织青少年开展“十个一”的纪念活动。泽州县关工委组织老干部童心艺术团举办纪念红军长征胜利80周年专场文艺晚会和老干部书画展，周村中学开展“弘扬长征精神，立志报国成才”红色歌曲演唱会，南村镇凤城小学、佛头小学开展“学长征精神，做红军传人”主题活动，诗歌诵读、写征文、办手抄报、重走长征路等系列活动。高平市举办“传承红色基因，赓读红色血脉”纪念长征胜利80周年书法展，神农镇关工委邀请91岁的抗战老兵李德义、建宁乡府底村年过九旬的老红军姬天来向青少年忆传统、讲长征，坚定革命理想，传承红色基因。陵川县退休教师秦同和举办纪念建党95周年和长征胜利80周年图片展，引导广大青少年学习和传承长征精神。

【“中华魂”主题教育活动】 开展“中华魂”（遵纪守法，从我做起）读书活动，做到“四个结合”，即同爱学习、爱劳动、爱祖国“三爱”教育结合，同党史、国市教育结合，同“中国梦我的梦”教育相结合，同纪念建党95周年和红军长征胜利80周年相结合，取得明显成效。全市有2个集体、28名个人受到全国“中华魂”组委会、中国关工委、教育部关工委表彰，有2个集体、30名个人受到省“中华魂”组委会表彰。8月2日，在全省“中华魂”主题教育活动20周年总结表彰大会暨演讲大赛上，郭丽娜获全省青年组二等奖，王育天获全省中学组三等奖，晁盖男获全省小学组优秀奖。此外，市关工委与市教育局关工委组织参加全省教育系统关工委“老师您好”演讲比赛，晋城二中学生庞辰源获全省中学组第一名。

（市关工委）

晋城市法学会

【概述】 2016年，市法学会认真贯彻落实中央、省委及市委政法工作会议以及省法学会常务理事扩大会议精神，以“新常态下的法治建设研究”为着力点，深入开展法学研究、法治宣传、法律服务等各项工作。

【法学研究】 广泛征集2016年度山西省法学会法学研究课题和选题建议，申报2016年度山西省法学会法学研究课题。选送优秀论文参加第十一届中国法学家论坛、第九届中部崛起法治论坛、第十一届环渤海区域法治论坛评选等活动。组织广大法学法律工作者认真研讨，对《晋城市地方立法条例（征求意见稿）》提出8条修改建议。参与市中级人民法院举办的“优秀裁判文书评选”活动，推动法学研究。

【法学交流】 市法学会和阳城县法学会部分会员参加中国法学会举办的第九届中部崛起法治论坛和部分省区市县级法学会建设现场推进会，学习交流法学经验，开阔法学研究视野，提高法学研究的能力和水平。

【法治宣传】 7月4日至8日，市法学会、市综治办在市委党校举办全市综治干部及法学法律工作者培训班，对部分市直及驻市单位和各县（市、区）综治干部、部分法学法律工作者300余人进行集中培训。10月，与市综治办联合开展法治文化进社区活动，在市区金华、凤翔等社区发放《中华人民共和国宪法》《中华人民共和国老年人权益保障法》等法律手册。12月，参与综治宣传活动，向市直各单位及各县（市、区）基层单位发放《中华人民共和国反家庭暴力法》等法律读本1万余本。各县（市、区）均开展青年普法志愿者法治文化基层行活动。泽州县利用“三下乡”活动、“3·8”妇女维权周、综治宣传月、“3·15”

消费者权益保护日等重点时段开展专题法治宣传活动；高平市在成立市级普法宣讲团的基础上，组建乡镇、部门基层法律宣讲队伍16支，在全市开展法律宣讲活动；陵川县在首个"中华慈善日"，组织法律志愿者在街心公园举办以"学习宣传慈善法、贯彻落实慈善法"为主题的宣传活动；沁水县以"法制进校园、进社区"为平台，组织全县法制副校长为全县中小学生举办法制教育课50余次。2016年，市法学会获得"2011—2015年全省法治宣传教育先进单位"称号。

【法治讲座】 城区邀请山西大学政治与公共管理学院教授董江爱作题为《综合治理与社会治理创新》综治和平安建设专题讲座，法学法律工作者300余人聆听讲座。阳城县开展"法治护航进企业，依法治企促发展"专题宣讲活动，邀请政法干警和法学法律工作者担任宣讲员，走进企业，给企业干部职工上安全生产法治专题课，解答企业干部职工法律、法规方面的问题。陵川县针对近年来经济快速发展与生态环境保护矛盾突出的问题，邀请山西农业大学环境与资源学院教授李宪光为县委县政府、各乡镇领导作"美丽陵川暨生态文明建设的法治保障"主题宣讲。沁水县邀请山西政法管理干部学院教授白丽云作《提高干部法治素养和解决突出问题的能力》专场讲座，提高政法综治干部和法学法律工作者运用法治思维和法治方式解决实际问题、化解基层矛盾的能力。

【组织建设】 市法学会合理优化会员结构，丰富会员活动，建立市法学会会员QQ群、微信交流平台，发放《会员手册》。对多重身份会员档案进行整理，重新统计和建立名册，实现会员档案电子化管理。至年底，全市法学会会员近300人。

【工作会议】 4月22日，市法学会召开常务理事（扩大）会议。会议传达省法学会常务理事扩大会议精神，回顾总结市法学会2015年工作，安排部署2016年工作任务，审议通过《晋城市法学会2016年度法学研究重点课题》。11月3日，召开县级法学会建设推进会，进一步贯彻落实全国社会治安综合治理创新工作会议精神和中国法学会温州会议精神。12月1日，山西省县级法学会建设和会员工作座谈会在晋城市召开，就山西省县级法学会建设和会员工作的开展情况进行座谈交流。

（市法学会）

晋城市红十字会

【概述】 2016年，市红十字会在认真贯彻落实党的十八大，十八届三中、四中、五中、六中全会精神和习近平总书记系列重要讲话精神，扎实开展"两学一做"学习教育活动，围绕中心，服务大局，踏实工作，积极进取，完成各项工作任务。

【应急救援】 举办赈济救援队培训班，开展实地演练6次，参与应急救援7次，通过救援演练和救援，提高应急救援队在应对突发事件、自然灾害时的应急救援能力。6月至7月，城区、陵川相继遭受洪涝和冰雹灾害，市、县红十字会第一时间启动应急预案，上报灾情，为受灾群众发放"博爱一日捐"救灾面粉1200袋，价值9.48万元。同时争取上级红十字会救灾物资，为受灾群众发放棉被、夹克衫、帐篷、家庭包等救灾物资，帮助群众度过灾情。

【应急救护】 推进"应急救护进校园"工作，依法对相关从业人员进行现场应急救护培训，全年培训初级救护员1306人次。与市应急办联合开展应急救护培训"进机关"活动，对127家市直单位进行救护培训。开展救护员培训进校园活动，对市、县学校204名教师进行救护培训。组织全市125644名学生参加全省中小学红十字应急救护知识专题教育活动。发挥红十字会具有救护培训师资的专职人员和红十字志愿者的优势，将应急救护培训工作纳入各类高危行业人群，采用集中培训、现场培训、培训班等形式，推进救护培训进机关、进社区、进学校、进农村、进企业、进军营"六进"活动，全年共举办培训70余场次，受训人数达1.1万余人。

【精准救助】 2016年，市红十字会推进人道救助精准化、项目化建设，面向基层、面向建档立卡贫困户，对贫困家庭先心病、白血病等患儿实施精准救助。开展“小天使救助行动”“天使阳光行动”“博爱幸福工程”，完成8名白血病、14名先心病、1名马蹄足内翻患儿筛查上报工作。开展救助贫困家庭活动，共救助185户困难家庭，发放救助金28万元。

【“博爱送万家”活动】 全年共发放救灾款物7.48万元，全部发放给全市20余个省定贫困村的特困家庭。组织近百名医护人员到省定贫困村、敬老院开展义诊活动10次，免费义诊人数达670余人。实施耐药结核病预防与救助项目，为高平市、阳城县50名耐药复治结核病人发放食物包、交通补贴，鼓励患者重拾生活信心，按照疗程服药治疗。至年底，共发放生活包、交通补贴等费用20余万元。

【志愿服务】 市红十字会登记志愿者人数达3200人，注册志愿者1300余人，新增志愿者1222人。共有志愿者服务队20支，其中市红十字会志愿服务队18支。全年参加志愿活动时间达6.8万多小时，参加人数达8500余人次，开展红十字健康安全教育项目、关爱老人·黄手环行动、关爱老兵项目、义诊、义演、志愿者培训等志愿服务活动100余次。

【“博爱一日捐”活动】 2016年，市红十字会接收130余家单位和爱心人士“博爱一日捐”捐款42.69万元，其他定向捐款18.18万元。六县(市、区)红十字会“博爱一日捐”募捐捐款64.1万元。全市红十字系统共接收“博爱一日捐”捐款124.97万元。

【关爱生命行动】 完成2016年山西省造血干细胞管理中心下达的造血干细胞志愿者采样和入库任务。大力推进无偿献血和人体器官捐献工作。一是做好造血干细胞捐献工作，采集造血干细胞血样106例，高分辨1例，动员1例，捐献1例。二是做好器官捐献志愿者网上登记和捐献工作，晋城市登记报名的器官捐献志愿者达43人。实现非血缘关系身后人体器官捐献4人，使11名脏器衰竭患者重获新生。三是大力宣传和推进无偿献血工作，全市临床用血100%来源于无偿献血。

(市红十字会)

晋城市老区建设促进会

【概述】 2016年，市老促会贯彻宣传党的十八届五中、六中全会精神，紧紧围绕全面建设小康社会方针和市委、市政府的中心工作，大力推进晋城革命老区“五类”重点老区村发展，促进晋城老区建设。

【老区调研】 2016年，市老促会要求按照省老区建设促进会要求，根据自身实际，对“五类”重点老区村在全面脱贫致富奔小康的情况进行调研。调研共选择185个“五类”重点老区村(城区14个、泽州27个、高平50个、阳城24个、陵川20个、沁水50个)，约占全市总村数的7.4%、“五类”重点老区村的73%。经调研，大多数村扶贫攻坚呈现健康发展的良好局面，仅有3099户、6929口特困人口(2800元以下)，与全市3万名贫困人口相比仅占少数，需搬迁的人数也不多。说明近年来，“五类”重点老区村建设取得明显成效。但地处偏远的山区村，仍然存在发展不平衡问题，村与村、户与户之间差距大，许多村存在基础设施不健全、产业调整不达标、增收渠道少等诸多问题。

【老区宣传】 市老促会发挥报道网络优势，加强报刊投稿力度，大力宣传老区工作。与《中国老区建设》杂志加强联系，增加订阅量的同时，积极上投稿件，很多反映晋城老区的文章在老区论坛上刊登。还在《山西老区开发报》《太行日报》《太行晚报》发表文章、图片报道30余篇，宣传晋城老区建设成果。

【经验交流】 召开“五类”重点老区村调研会议和全市各县(市、区)老促会会长座谈会，邀请各县(市、区)老促会的会长、秘书长、妇工委主任参加会议，汇报交流老区工作。会上，各县级老促会结合本地实际，深入交流探讨促进“五类”重点老区村在全面建设小康社会中的做法和经验。并对重点老区村全面建设小康社会进行深入分析，总结推广重点老区村建设的经验。

【技能培训】 2016年，市县老促会妇工委狠抓老区村联系点的老区农民培训工作。特别是在陵川县杨寨村，多次组织重点老区村主干和有关技术人员分批到村里的马兰花蔬菜专业合作社免费学习有关农技知识，帮助农民掌握一技之长，学习技能技巧，为老区村发展蔬菜、香菇等大棚产业提供智力支持。4月，市老促会妇工委派人出席在北京举办的“全国老促会系统‘老区脱贫、巾帼建功’妇女骨干培训班”，学习脱贫攻坚有关内容和精神，提升脱贫攻坚能力。

（市老促会）

晋城市第三人民医院

梁丽萍副市长到医院检查指导工作

晋城市第三人民医院位于晋城市川东路 9 号（中原街连川口往南 200 米），是全市公共卫生医疗救治体系的重要组成部分。医院环境优雅，专业设施完善，技术力量雄厚，医疗设备先进，是以诊治肝病、结核病等各类感染病为特色的具有综合医疗服务功能的二级甲等医院，为北京地坛医院协作医院。设有远程会诊中心医院占地面积 33 亩，建筑面积 10500 平方米，开放床位 100 余张，固定资产 5000 余万元，拥有美国 GE 螺旋 CT、飞利浦全数字化彩超、美国贝克曼全自动生化分析仪、飞利浦数字胃肠造影机、飞利浦 DR（数字式 X 线摄片机）、日本富士能电子内窥镜等现代化诊疗设备，有效保障各科开展临床诊疗活动。

医院现有在编人员 54 人，其中中级职称 17 人，副高级职称 7 人，高级职称 1 人。内设财务科、办公室、医务科、护理部、总务后勤科、防保科、门诊部、药剂科、内一科、内二科、检验科、医学影像科、中心供应室等科室。

市三医院始终坚持“以病人为中心，以质量为核心”的宗旨，不断提高医疗质量，创新医疗服务，倡导人文关怀，努力为病人提供全程、全方位的优质服务。成为市城镇职工、城镇居民，市新农合，城区、泽州城镇职工定点医疗机构。本着“看好病，不浪费”的原则，严格把好用药关、检查关、治疗关，赢得了广大患者的信任。

纪律作风建设工作动员会

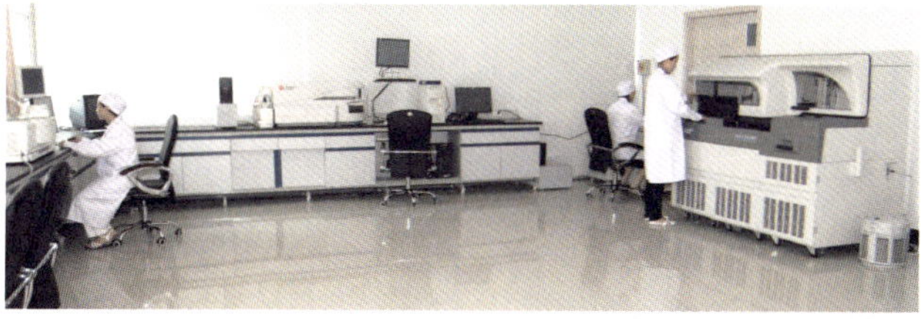
现代化检验设备

庆五一职工运动会

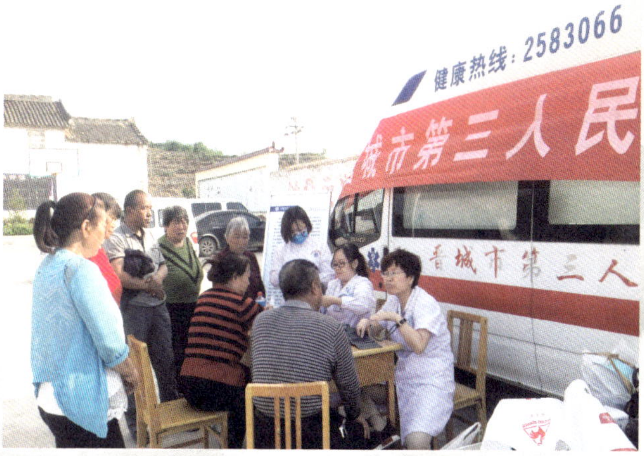

下乡义诊

晋城市人民医院

副市长梁丽萍到该院调研

市卫生计生委领导到该院调研

晋城市全科医师临床培训基地项目在该院奠基开工

国家“十二五”重大科技项目在该院启动

被授予国家十二五重大新药创制项目合作中心称号，成为全省九家合作中心之一

被授予“中国基层医师心血管疾病培训示范中心”荣誉称号

荣获 2015 年度晋城慈善突出贡献单位称号

院科研教学楼正式启用

全国早期胃癌筛查协作单位正式落户该院

胸痛中心正式启动运行，为危重胸痛患者救治开辟绿色通道

晋城市人民医院驻晋城市看守所医务室正式揭牌

建院 30 周年文艺晚会

晋城市康复医院

晋城市康复医院是市残联举办的公立医院，是集康复、医疗、推拿、养老于一体的特色性综合医院，为医保、农合、工伤和国家、省、市残疾人康复救助项目定点医疗机构。

医院现有人员 220 多名，其中研究生 3 名，各类高、中、初级专业技术人员 190 余名。编制医疗床位 90 张，养老床位 200 张。

医院临床科室设有成人康复科、骨科康复科、脑瘫康复科、智障康复科、老年康复科（康复养老院）、助听器验配科、假肢矫形装配科、低视力康复科、推拿科、内科、康复医学科、矫形外科、手术室、儿科、中医科、针灸科、疼痛科、综合门诊、第一门诊部、放射科、检验科、彩（B）超室、心电图科、药剂科等。

医院拥有配套的康复设备，如气动式康复装置（进口产品）、体感互动式康复训练系统、电脑智能反馈系统、语音评估系统、上肢运动训练器、下肢智能反馈系统、神经损伤治疗仪、减重步态训练器、步踏训练评估、吞咽障碍功能治疗仪等；配套的诊疗设备：如核磁、彩超、DR、CR、离子分析系统、动态心电图机、红外热像仪、全自动生化仪等；其他的一些医疗设备：如短波治疗系统、低频电刺激仪、电脑干扰电疼痛治疗仪、中频治疗仪、熏蒸治疗仪等。

医院围绕“一个中心，六个特色”（一个中心即康复，六个特色即成人康复、小儿康复、中医针灸、推拿、康复、养老）的发展方针，致力于残疾人康复事业及公益事业的发展。迄今为止，已减免各类贫困患者的治疗费 1000 多万元，免费为近 1000 名脑瘫、智障及孤独症儿童提供了康复救助治疗，为 100 多名肢体残疾儿童进行了矫治手术，并免费发放轮椅、拐杖、助视器、助行器等各类残疾人辅助器具近 10000 件。

康复医院党支部书记组织党员干部学习时事政治

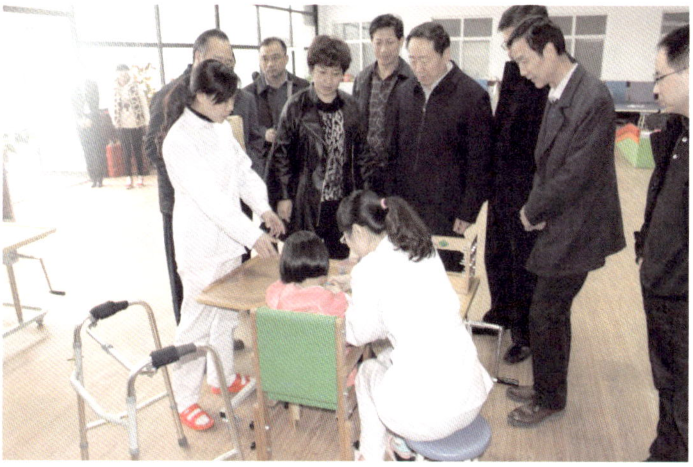

省残联理事长李亚明了解受助儿童康复情况

受市卫计委委托举办基层医生脑瘫知识培训班

医院康复骨干参加国际康复论坛

市残联郭忠平理事长视察残疾儿童康复救助治疗情况

举办残疾儿童康复家长培训班

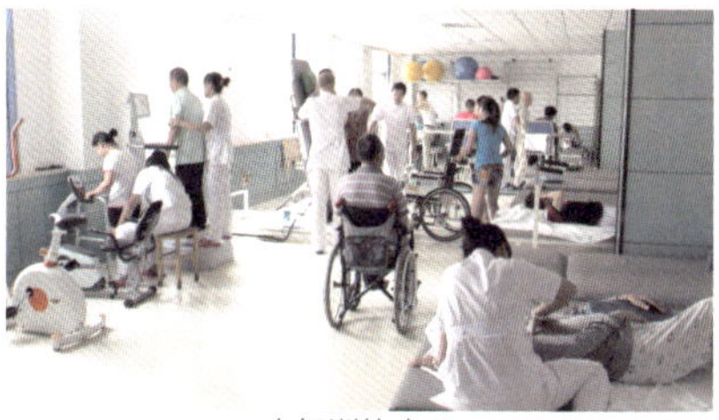

康复训练大厅

医院被定为工伤康复定点机构、长治卫校教学医院和残疾儿童家长学校

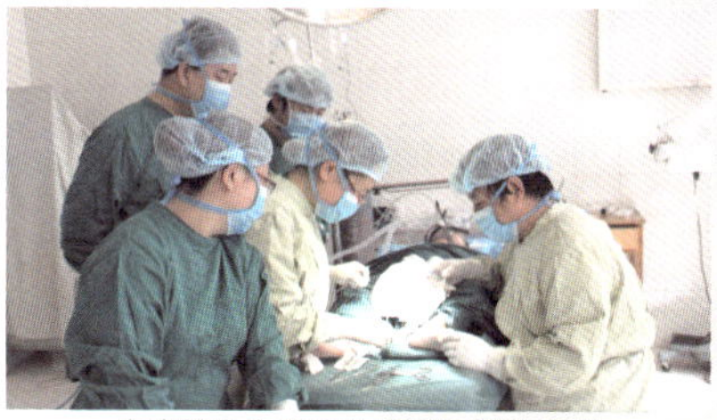

专家精心为残疾儿童进行矫治手术

康复养老院职工与义工一起为老人过生日

为残疾儿童发放免费轮椅

太原科技大学晋城校区

一、综合情况

（一）历史沿革

太原科技大学晋城校区是经山西省人民政府批准，太原科技大学与晋城市人民政府合作共建的新校区，晋城市人民政府负责基本建设和条件保障，太原科技大学作为办学主体负责办学与管理，山西省教育厅监督管理。2013 年 4 月筹备组进驻晋城校区，2013 年实现首批招生。办公地址：泽州县金村镇府城村陵沁线 666 号。

（二）机构设置

晋城校区现设综合办公室、教学科研部、学生工作部、人事财务部、图书信息中心、后勤保卫部 6 个工作机构和基础教学部、专业教学部 2 个教学组织机构。

（三）主要职能

1. 本单位职能

人才培养、科技创新、文化建设

2. 内部科室职能

综合办公室：党务、行政、综合协调

教学科研部：教学、考试

学生工作部：学生管理、思想政治引导

人事财务部：人事、资产、财务

图书信息中心：图书管理、网络管理

后勤保卫部：餐饮、住宿、保卫、绿化、综合管理

公共教学部：公共基础教学

专业教学部：专业教学

市长武宏文参观调研晋城校区

（四）人员结构

教职员工情况：现有教职工 141 人。其中：学校选派管理人员 23 名，招聘教师 83 名，正式教师（博士）5 名，晋城市政府筹备处人员 23 名，临时用工 7 名；社会服务人员 279 名，其中学生食堂人员 140 名，保洁人员 50 名，绿化人员 10 名，保安人员 35 名，公寓管理人员 44 名。

全国人大常委会副主席张少琴调研晋城校区

市领导在晋城校区调研

太原科技大学领导到晋城校区调研

2016 级新生开学典礼

第一届学生会成立

晋城校区“两学一做”学习教育工作会议

五四表彰大会

校园迎新晚会

举行纪念“一二九”运动八十一周年升旗仪式

二、党组织、党员情况

学校党委在校区设党委工作机构，校区党工委现有 13 个党支部，党员 153 名。

三、党风廉政建设情况

（一）党组织“两个责任”落实情况

校区党工委切实承担起了校区廉政建设主体责任，认真执行学校党委、纪委党风廉政建设方面的规定和制度，落实党员领导干部“一岗双责”，党员干部签订“廉政责任承诺书”，开展警示教育，构建起党风廉政建设的长效机制。

（二）反“四风”及中央八项规定精神落实情况

深入学习党章和中央关于严格党内生活的有关规定，在校区领导领学、支部集中学习、党员自学的基础上，各支部紧紧围绕活动主题开展讨论，通过科级以上干部培训、专题讨论、观看反腐倡廉电教片等方式引深学习。结合校区边建设边办学的特点，从校区领导班子建设问题、机构设置与建设问题、队伍建设问题、教学专业建设、运行经费问题等进行讨论分析，对进一步加强校区思想政治建设，推进校区廉政建设、制度建设提出详细举措，形成高质量的反思剖析材料。

晋城职业技术学院

市委书记张九萍到学院创园视察

晋城职业技术学院是山西省示范性高等职业院校，是晋城市唯一一所独立设置的国有公办全日制专科层次普通高等学校，成立于 2001 年。十余年来，学院在办学规模、人才培养、社会服务等方面有了长足发展。全面贯彻落实党的教育方针，社会主义核心价值观教育展现新气象，主题班会活动释放新动能，创新创业教育呈现新成效，内涵发展彰显新格局。先后荣获“全国第九届高校校园文化建设优秀成果奖”“山西省就业工作先进集体”“山西省毕业生就业工作先进单位”“山西省大学生心理健康教育与咨询示范单位”“山西省园林单位”“晋城市首批就业创业培训基地”“晋城市精神文明建设先进单位”等荣誉称号。

秉承“诚明乐业”的校训，坚持以立德树人为根本、以服务发展为宗旨、以促进就业为导向，形成了“将艺术教育渗透于职业教育”的办学特色。现有在校生 7000 余人，设有机械与电子工程系、矿业工程系、信息工程系、化工系、财经系、民用工程与商务管理系、艺术系等 10 个教学单位。专科层次有 35 个专业，其中，中央财政支持的提升专业服务产业发展能力建设专业 2 个、中央财政支持的职业教育实训基地 1 个、省级特色专业 4 个、省级品牌专业 2 个、省级重点建设专业 5 个、省级实训基地 5 个、省级精品资源共享课 5 门。近几年来，在全国职业技能大赛中荣获二等奖 4 项、三等奖 10 余项。培养了近 3 万名毕业生。

学院师资力量雄厚。382 名专任教师中，副教授以上职称的 120 人，硕士学位的 270 人（含在读），博士学位的 15 人（含在读），“双师”素质教师 255 人。有省“双师型”教学名师 1 名，“三晋技术能手”1 名，省“双师型”优秀教师 7 名，晋城名师 1 名。通过开展下企业锻炼、教科研活动、“项目课题责任制”，建立“技术研究所”和“工作室”等举措提高专业课教师的职业素养和实践能力，“双师型”教师已达到 87% 以上。

前程似锦，任重道远。目前，晋城职业技术学院正朝着建设“内涵丰富、特色鲜明、全省一流、全国知名”的高等职业院校的目标而努力奋斗。

图书馆

院党委书记朱莉在山西省高校思想政治工作能力提升研修班结业仪式上发言

自动化生产线安装调试实训

旅游系师生参加全国烹饪大赛宴席设计项目比赛

民商系师生获国赛三等奖

食品营养与检测：学生正在做化验分析

“五·四”表彰大会暨第四届“春天之约 唱响青春 ”健身操比赛

突出素养 强化技能 夯实基础

晋城市中等专业学校

美丽如画的晋城市中等专业学校 新校区

晋城市中等专业学校为国家级重点职业学校、国家中等职业教育改革发展示范校、国家国防教育特色学校、省级文明单位和省依法治校标兵单位。

学校设有5个系部，开设15个专业，其中汽车运用与维修专业、高星级饭店运营与管理专业为国家级示范专业，会计、工艺美术、旅游服务与管理、动漫设计、安保专业为省级示范专业，计算机专业为市级示范专业。在校生4000余名，专任教师224名，省级以上学科带头人、教学名师、骨干教师23名。学校现有两个校区（迎宾街178号和金村教育园区），金村校区规划占地412亩，建筑面积15万平方米，现已完成一期工程建设，现代服务系（会计、高星级饭店运营与管理、旅游服务与管理、市场营销、中餐烹饪）和对口升学班已于2015年先期入驻。

学校遵循“德厚、技精、自强、创新”的校训，以培养“素养＋技能”的专业人才为目标，教育教学质量不断提升。在技能大赛方面，学校连续七年在市中职学校技能大赛中获团体第一名，近三年在全省中职技能大赛中获一等奖18个、二等奖46个，先后有四个专业代表山西省参加全国技能大赛并获奖。在对口升学方面，自2010年起连续七年位列全市中职学校榜首，三年来有230余名学生考入天津大学、天津工业大学、齐齐哈尔大学、辽宁科技大学、山西大学等高等学府，实现了大学梦。在就业方面，学校与中兴通讯股份有限公司、麦特汽车服务股份有限公司、南京国际会议大酒店、国防大学招待所、山西皇城相府集团、东南汽车技术有限公司等60余家知名企业深度合作，形成了理论教学与实训实践相融合的理实一体化教学模式和工学结合、订单培养等集团化办学模式，为学生知识学习和实习就业提供了良好平台，保证了学生的就业质量。此外，学校将学生素养教育作为特色，每个专业开设公共艺术、音乐欣赏、书法等课程，开展经典诵读等活动，提升了学生的素养和审美能力；将泽州剪纸、高平刺绣、陵川布贴画等非物质文化遗产引入校园，成立了非遗大师工作室，将非遗与现代工美相结合，创新教学内容，拓展专业发展方向，发扬了传统文化精神。

立足新起点，放飞新希望。面对机遇和挑战，学校广大师生将以立德树人、服务社会为宗旨，求真务实、注重内涵、改革创新、提升质量，为把学校建成社会满意、家长满意、学生满意的三晋美丽中专而努力。

学生公寓

学生餐厅

新生军训突出素养教育

理实一体、工学结合的教学模式

酒店专业茶艺示范课

手工剪纸与现代美术相结合，传承非遗文化

多功能厅学生导游才艺展示

中餐烹饪才艺展示受到家长一致好评

工业机器人让人耳目一新

代表山西参加全国技能大赛，获会计沙盘项目团体三等奖

晋城市第一中学校

晋城市第一中学校创办于 1945 年，其前身是学贯中西、志存高远的爱国志士马骏先生于 1929 年创办的崇实中学。1937 年，中共中央北方局在此创办“八路军华北军政干部学校”，培养训练了一大批爱国青年。1947 年，李先念到该校视察，并送毛泽东的儿媳刘思齐到该校学习。1948 年，陈毅到该校视察。1945 年至今，学校虽几易其名（从太岳二中到晋豫中学，从山西省立晋城中学到晋城市第一中学校），但薪火传承，绵绵不息。

市委副书记曾庆勇到校指导工作

晋城一中是普通高级中学，在校学生 3600 名，在岗在编教职员工 326 人，享受国务院特殊津贴的专家 1 人，特级教师 16 人，高级教师 75 人，研究生班毕业的教师 3 人，具有硕士学位的教师 38 人，国家级模范教师 2 人，国家级优秀教师 6 人，全国先进工作者 1 人，省级劳动模范 3 人，省学科带头人 10 人，省骨干教师 11 人，省教学能手 36 人，省级模范班主任 12 人。

学校占地面积 10 万平方米，建筑面积 10 万平方米。校园基本实现了绿化、硬化、香化、美化，绿树环绕，葱茏苍翠，名花异草，争奇斗艳，环境优美，景色宜人。

多年来，晋城一中秉承“团结、严谨、勤奋、崇实”的校训，坚持“教师勤勤恳恳教，学生扎扎实实学”的校风，为党的教育事业做出了突出的贡献，培养学生数万人，毕业生遍布全球，其中不乏卓异超群的军政要员、社会名流和著名学者。特别是近年来，教育教学质量大幅提升，一本达线 85%，考入清华、北大的人数保持在两位数。学校曾被清华大学确定为“新百年领军计划优质生源基地”，获得北京大学“中学校长实名推荐制”资质。

学校曾被国务院表彰为全国文教战线先进单位、 国家现代教育技术实验学校、国家级语言文字规范化示范校、全国绿色学校创建先进校、奥林匹克示范校、全国红十字模范校、全国学校艺术教育先进单位；被山西省委、省政府表彰为“山西省模范单位”；被山西省军区表彰为“山西省学生军训工作先进单位”；是山西省首批重点中学、山西省首批示范高中、山西省素质教育示范校；并获晋城市第二届文化艺术节优秀奖和组织奖、山西省老干部活动中心先进活动室、晋城市教育系统先进集体、晋城市文明单位、科技创新优秀组织奖、先进党组织等荣誉，被誉为“太行山上的一面红旗”，名扬三晋，誉满上党。

今后一个时期，学校将按照“文化引领、制度推进、依法治校、服务育人”的工作思路，发扬学校光荣的历史传统，坚守坚定的政治方向，传承良好的师德校风，总结经验，大胆创新，勇于实践，努力把晋城一中建成全市乃至全省素质教育、崇尚创新的典范及人才辈出的摇篮。

军训

校庆表彰

高一广播操

福建考察团参访

沁水中学对口帮扶

高考百日誓师

晋城一中领导干部参观党风廉政教育基地

高一元旦合唱比赛

高二游泳比赛

晋城市第二中学校

副市长梁丽萍在市教育局局长茹刚陪同下到该校调研

团结奋进的领导班子

党总支书记、校长马星胜

晋城二中是一所十八轨制的省级示范高中学校。现有 54 个教学班，在校学生 2700 余名，教职员工 245 人。学校师资力量雄厚、结构合理，有特级教师 1 人，高级教师 68 人，一级教师 78 人，省市教学能手、骨干教师、学科带头人 40 余人。

学校位于晋城市城区西大街景德桥畔，占地面积 90 余亩，办学条件优越，教学设施完善。科技中心面积 7000 余平方米，内设高标准理化生实验室、生物标本室、通用技术实验室、语音教室、历史地理专用教室、多功能报告厅等设施；图书信息中心面积 11000 余平方米，藏书 20 多万册，近 500 台微机规模的电子阅览区，配备 30 余万册电子图书和 1200 G 的电子期刊，内设展览大厅，定期展览专题活动作品；心理健康教育指导中心面积近 2000 平方米，设有咨询接待室、沙盘游戏室、情绪宣泄室、个体访谈室、家庭访谈室、音乐放松室、团体活动室、心理测量及 HRV 生物反馈心理训练室，软硬件装配先进，为师生开展心理疏导服务；完善的校园网络系统，使每个教学办公场所实现了资源共享；天文台为学生提供了学习天文知识、探索宇宙奥秘的场所；艺术楼内有专业化的音乐教室、舞蹈排练厅和管乐排练厅；有 300 米跑道的塑胶田径运动场和封闭的塑胶灯光篮球场、体操馆、乒乓球馆、健身房等文体活动场所。校园藤架雕塑错落有致，绿树成荫，花香四溢，幽静雅致，环境怡人，被市委、市政府命名为“花园式学校”。

晋城市示范高中课堂教学团体赛

校长马星胜指导数学教研活动

高三学生毕业典礼

消防演练

高一新生军训

多年来，学校坚持全面贯彻党的教育方针，坚持“全面发展，成人为先”的办学理念，不断深化教育教学改革，强化学校管理，推进素质教育。抓人本，管理强校；抓根本，名师兴校；抓成本，质量立校；抓校本，特色立校。逐步形成了“勤恳、严谨、求实、创新”的教风，“勤学、善思、求真、探究”的学风和“文明、和谐、勤奋、进取”的校风。党的十八大以来，学校坚持党建工作与教育教学业务工作“两手抓，两手硬”，教育教学质量逐年稳步提高，赢得了各级政府的首肯和社会各界的广泛赞誉。学校连续多年高考二本 B 类以上达线人数保持在 800 人以上，王树明等同学被北京大学、中国人民大学、浙江大学、西安交通大学、南开大学、天津大学、中央财经大学等重点名牌大学录取，向全市人民交上了满意的答卷。学校先后被授予“全国未成年人思想道德建设先进单位”“山西省文明单位”“山西省文明学校”“山西省德育示范校”“山西省民主管理模范学校”“山西省育人杯先进集体”“山西省现代教育技术实验学校”“山西省依法治校示范校”“山西省创建平安校园先进单位”“山西省模范单位”“山西省首批廉洁文化示范联系点”等称号。

全体学生进行主题升旗仪式

中国人民银行晋城市中心支行

开展“送国债下乡”宣传周活动，助力精准扶贫

中国人民银行晋城市中心支行是中国人民银行在晋城市的派出机构，下设高平、阳城、陵川、沁水四个县（市）支行。依据《中华人民共和国中国人民银行法》规定，履行实施货币政策、维护金融稳定、提供金融服务等相关职能。

多年来，全市人民银行在上级行和晋城市委、市政府的正确领导下，围绕全市“一争三快两率先”发展战略，认真贯彻执行稳健货币政策，指导金融机构落实好《关于发挥金融助推作用支持全市经济转型升级的指导意见》等，支持地方经济发展。截至2016年年末，全市金融机构各项存款余额为1961.2亿元，各项贷款余额为1091.8亿元。积极落实“1533”工业行动方案，为工业骨干企业新增贷款利率低于全市平均贷款利率1.17个百分点。助推脱贫攻坚，制定全市金融扶贫十三五规划和年度计划，牵头建立工作机制并积极推进，得到市政府领导的肯定。坚持监管服务并重，着力防范金融风险，守住了不发生系统性、区域性金融风险的底线。不断深化外汇管理服务，规范外汇市场秩序；推动金融业务和产品创新，建成达标农村金融综合服务站1337个；开展人民币净化工程，组织在全市布设硬币自助兑换机，拓展了硬币流通渠道；在全省率先开展县域金融消费环境评估工作，受到人总行的肯定；积极开展征信知识“五进”活动，不断加强社会信用体系建设，为全市经济金融稳健运行提供了保障。中心支行连续16年保持省级文明单位称号；2012年以来，连续5年被晋城市委、市政府授予“服务地方经济发展突出贡献奖”“支持地方金融振兴贡献奖”等荣誉。

开展户外徒步比赛暨绿色出行承诺签名活动，倡导节能环保理念

组织全市人民银行系统第二届“和谐杯”体育比赛

举办《中国共产党党内监督条例》专题讲座

组织召开"五位一体"扶贫小额信贷工作推进会

开展联合整治非法买卖银行卡信息专项行动

组织召开全市金融系统"不忘初心跟党走"主题团日活动

开展学习孙文龙精神活动 引深廉政文化教育

金融消费者维权宣传教育活动

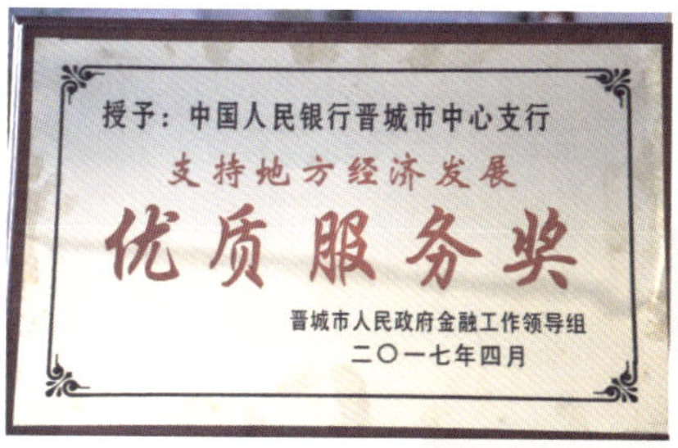
授予：中国人民银行晋城市中心支行

支持地方经济发展

优质服务奖

晋城市人民政府金融工作领导组

二〇一七年四月

反假货币宣传走进大学校园

中国银行晋城市分行

2016年，中国银行晋城市分行伴随着主要领导的交替，在全面从严治党、全面从严治行的深入推进下，全行上下整体经营管理持续向前迈进。

召开主要行领导调整宣布大会

一年来，晋城市分行坚持党建引领，构建了覆盖全辖经营机构的基层党组织体系，全面开展了“两学一做”学习教育活动，严格落实党委主体责任和纪委监督责任，深入贯彻落实“八项规定”“反对四风”“32条禁令”，持续加强党建文化，大力营造讲规矩、守纪律的良好氛围，党风行风进一步好转。

一年来，晋城市分行坚持以服务经济发展为己任，充分履行社会责任，加快推进服务渠道建设和网络金融业务发展，不断强化与行政事业单位、各类企业客户和个人客户的银政、银企、银客合作，努力通过贷款、票据贴现、保函等业务支持企业发展，全年累计投放个人住房贷款1.2亿元，成功为晋城市出租车更新首批近百户出租车个人投放营运车贷款1100余万元，在金融产品的大力推广下，为全市金融经济发展提供了多样化、多元化的中行服务。

一年来，晋城市分行坚持加强队伍建设，引导全员持续“增强五种意识、提升五个能力”，坚持把纪律和规矩挺在前，持续规范工作秩序，完善考核管理和正向激励机制，推进从严治行不断深入。结合实际整合并重新构建了机构网点专业队伍体系，整合并加强了个人贷款中心专业队伍人员，在各类培训辅导的促进下，队伍建设向专业化经营管理快速迈进。

一年来，晋城市分行始终坚持关爱员工，持续树立严管才是真爱的理念，深入推进全员内控防案、平安中行建设，先后实行了履职交通保障、公益假期、网点柜员午餐免费配送等一系列政策举措。全年先后有11家机构网点员工堵截20起电信诈骗案件，累计挽回客户资金29.59万元。先后有多名员工在上级行举办的各类竞赛、演讲比赛中获奖。

召开党建工作会议，对全年党建工作进行安排部署

全面推进“两学一做”学习教育

召开纪念建党 95 周年暨“两优一先”表彰大会

中国银行山西省分行第一巡视组进驻晋城市分行，巡视工作由此全面展开

深入开展扶贫工作，全力推进精准扶贫

提供专业化国际化金融服务

开展公益植树活动

组织员工参加阳城国际徒步活动，引领全员健康向上的企业文化生活

晋城银行

晋城银行正式启动睿睿微慈善“亲情帮扶”系列活动

晋城银行是一家草根银行，总行设在晋城市，下设晋城分行、太原分行、朔州分行、运城分行、吕梁分行、忻州分行、晋中分行、长治分行，从业人员2200余人。截至2016年年末，资产总额826亿元，各项存款354亿元，各项贷款253亿元。

近年来，晋城银行开启深化专业化转型的探索之路，是晋城银行主体攻坚克难和创新团队快速突破的重要时期。股权和治理结构进一步优化，优秀上市公司的身影开始出现在股东名册中，四度获得最佳公司治理城商行殊荣。全行存量资产经营稳健有力，各总部都在发展道路上进行了大量艰辛探索。各个分行合力向前，各村镇银行稳步快速发展。金诚车贷ABS成功发行，成为全国首家以车贷基础资产进行ABS注册制登记的城市商业银行。企业文化理念和自动自发模式持续推广，员工们迸发出微智慧、凝聚成微动力，点滴中彰显了时代的力量。在改变和创新中，全行资产规模迈上了一个新的台阶。

作为以“做社区型草根银行”为战略定位的小银行，晋城银行将继续在“左右为你”服务宣言和“改变的力量”品牌价值观引领下，秉持“爱出者爱返，福往者福来”的核心价值观，为实现晋城银行“品质企业、便捷银行”的企业愿景和“草根银行、尊贵服务”的企业使命而不懈努力，从规范化、特色化、精准化上进一步深化专业化转型，勇做屹立于金融大潮中的弄潮儿。

晋城银行连续多年被评为晋城慈善突出贡献单位

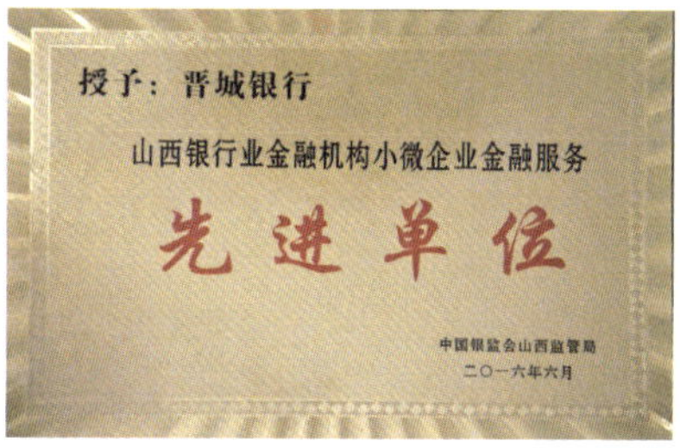

晋城银行在晋城市各乡镇组织了近百场广场舞比赛，真正做到了送文化下乡、送健康下乡。图为在晋城文体馆举行的终极展演

精耕细作谋发展 金融甘霖润泽州

交通银行晋城分行

交通银行副行长王江莅临晋城分行调研指导工作

领导班子成员

交通银行晋城分行成立于1993年，是交通银行在山西省地级城市中设立的首家省辖分行，是交通银行存量省辖行矩阵式改革试点行之一，现辖10个支行，在编人数212人。

在总行、省分行的正确领导下，在市金融办、市人民银行、晋城银监分局的科学监管下，该行加强党建工作政治引领作用，大力弘扬“拼搏进取，责任立业，创新超越”的交行精神，积极推进“两化一行”发展战略和“二次改革”重大部署，着力提升服务实体经济和服务民生的水平，成为一家可持续发展的优质好银行。三年来，晋城分行考核排名均位列山西省辖行首位，服务质量和口碑在当地始终位列第一，内控评级连续8年保持B+，不良率占比仅0.07%，员工幸福指数不断提升。2014—2016年，晋城分行营业部、高平支行分别荣获“中国银行业千佳示范单位”；晋城分行党委连续三年被总行评为“先进基层党组织”。

该行按照市委、市政府“一争三快两率先”经济转型要求，不断加大对区域经济的资金支持力度，不抽贷、不压贷，部分潜在风险得到有效控制。截至2016年年末，共支持地方经济资金189亿元；推进全市“1533”项目落地，对签署协议的三家企业投放资金共计1亿元；加大对小微企业的扶持力度，圆满完成“三个不低于”目标，符合监管要求。

到陵川县九章村扶贫慰问

到凤凰山廉政教育基地参观学习

党委中心组学习扩大会议

召开 2017 年工作会议

参加金融知识万里行活动

参加普助小微惠及民生宣传活动

组织开展无偿献血活动

开展绿色社区行活动

中国人民财产保险股份有限公司

PICC
中国人民保险
保障高品质生活

——晋城市分公司

中国人民财产保险股份有限公司（简称中国人保财险）是中国内地最大的非寿险公司，其前身是1949年10月20日成立的中国人民保险公司，已伴随中华人民共和国走过60余年的光辉历程。

作为其在晋城市场唯一的分支机构，中国人保财险晋城市分公司在全市铺设了49个营业网点，遍布城乡的2400余名从业人员努力为客户提供最方便快捷的保险服务。2016年，公司业务规模达5.41亿元，市场份额达46.89%，是晋城市业务规模最大、营业网点最多、偿付能力最强的财产保险公司，业务范围涵盖全市，服务领域遍及全国。

市分公司党委书记、总经理　王景辉

多年来，公司始终秉承“以人为本、诚信服务、价值至上、永续经营”的经营理念，大力弘扬“风雨同行，至爱至诚”的核心价值观，充分发挥保险的经济补偿、资金融通和社会管理功能，积极介入各类农业保险、责任保险等政策性业务，为地方经济发展撑起一把“保护伞”；本着高度的责任心和使命感，积极参加地方政府组织的各类扶贫、献爱心等活动，不断为全市和谐社会建设贡献自己的力量。

秉承历史，继往开来。中国人保财险晋城市分公司将以科学发展观为指引，践行“人民保险，服务人民”的宗旨，积极履行保障民生、改善民生的使命，为地方经济建设、人民安居乐业提供更加优质的保险保障服务。

人保财险晋城市分公司全景照

举办预防职务犯罪警示教育讲座

联合出租客运汽车服务中心开展“全市最美司机”表彰活动

举办五四青年节朗诵歌咏比赛

为客气提供标准化服务

注重安全生产，开展消防演练

参加百姓热线纠风台：关注百姓生活，为民排忧解难

聚焦精准扶贫，提供强大保障

中国人寿保险股份有限公司

总经理姚喜平

中国人寿保险股份有限公司是中国最大的人寿保险公司，总部位于北京。连续 14 年入选《财富》世界500强，2016 年排 82 位，位列中国保险企业第一。公司以悠久的历史、雄厚的实力、专业领先的竞争优势及世界知名的品牌赢得了社会最广泛客户的信赖，始终占据国内保险市场领导者的地位，被誉为中国保险业的“中流砥柱”。

中国人寿保险股份有限公司晋城分公司是中国人寿在晋城市下设的地市级机构，晋城分公司所属 10 个县级公司、10 个机关部室，在编员工 265 名，销售队伍突破 4000 人。2016 年总保费收入达 11.05 亿元，同比增长 18.08%，增速创 8 年来新高。市场份额达到 40%。多年来，公司秉持“专业、真诚、感动、超越”的服务理念，依托覆盖城乡的服务网络，致力于为社会最广泛的大众提供优质的保险产品和服务。

公司以稳健严谨、诚信厚重的作风赢得了社会各界的广泛赞誉，被国家人力资源和社会保障部、中国保险监督管理委员会授予“全国保险系统先进集体”称号；被省、市政府评为“政风行风评议先进单位”；被山西省劳动竞赛委员会授予“山西省五一劳动奖状”； 在山西省金融系统“当好主力军、建功十二五”优质服务竞赛中被评为“标兵单位”，授予“山西省金融系统五一劳动奖状”；被市委和谐办授予“和谐企业”称号；被晋城市总工会评为“优质服务先进集体”。

在吴王山举办员工健步行活动

省公司领导亲切慰问一线员工

赔付全市首例扶贫保险

公司与晋城市财政局、医保中心及医院代表召开联席会推进大病保险

柜面大厅

中国人寿晋城分公司办公楼

晋城市保安守押有限公司

公司党支部书记、董事长王福顺检查保安押运安全工作

省保安协会会长董秀华一行莅临公司检查指导工作

晋城市保安守押有限公司于 1992 年 9 月成立，隶属于晋城市经信（国资）委，公司注册资金 1366 万元，属国有独资企业。2011 年，公司被公安部、全国总工会和共青团中央评为全国先进保安服务公司；2016 年 3 月，公司被市总工会表彰为模范职工之家；2016 年 6 月，公司被市经信（国资）委评为先进基层党组织；2016 年 11 月，公司被山西省企业联合会、山西省企业家协会评为 2016 年度山西省服务业 100 强企业；2016 年 12 月，公司在山西省保安协会第二届理事会第一次会议上当选为副会长单位；2017 年 6 月，被山西省企业联合会、山西省企业家协会表彰为山西省 2016 年度优秀企业。

公司法人治理结构完善，党团工组织健全，实行董事会、监事会、经理层现代企业管理制度，现有保安从业人员 1900 余人。对外开展的经营项目有人力防范保安服务、武装押运服务、安全技术防范服务、保安培训服务和物业家政服务等。

“安全高效、优质服务”是公司的服务宗旨经营理念，专业化、职业化和规范化是公司秉承和坚持的发展方向。将始终坚持以社会责任为先，重教育、强素质，抓管理、促安全，树形象、求发展，开拓创新，精益求精，为客户单位提供高效安全的优质服务，积极维护区域治安秩序的稳定、和谐，力争为全市的经济社会发展做出新的更大的贡献。

支部党员在廉政教育基地参观学习

省公安厅治安总队李英俊支队长一行检查指导保安押运工作

市经信（国资）委党委委员、副主任谢补庆在公司检查指导工作

市公安局党委委员、副局长杨建军一行在公司检查指导工作

市政府安保执勤

公司工会组织开展职工健身活动

保安队员进行消防演练

保安押运队员开展防暴技能训练

女子保安押运队员

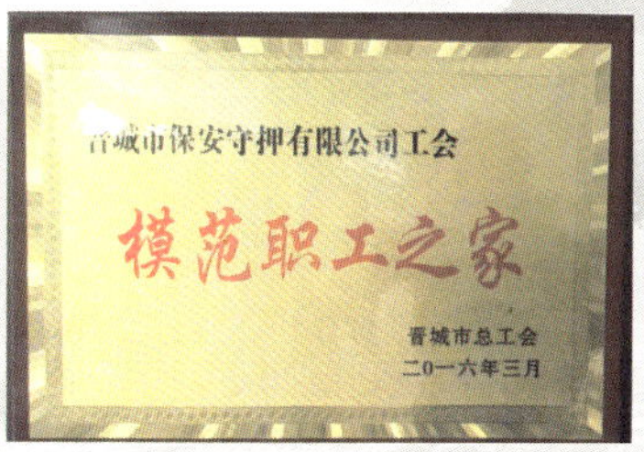

山西交投高新高速公路管理有限公司

2016 年，山西交投高新高速公路管理有限公司（简称高新公司）以收费为中心，以养护为重点，以管理为主线，深入开展“全面加强管理年”活动，围绕“练内功树形象，强素质促发展”理念，着力加强党建和党风廉政建设、班子建设、职工队伍建设、制度体系和考核奖惩体系建设，实现了经营管理、服务水平的不断提升，为地区经济社会发展做出了积极贡献。

高新公司将内控管理与精细化管理深入结合，通过健全完善制度，强化考核力度，严格奖惩标准来规范权责运行，提升管理效能。高新公司坚持“服务大众、奉献社会”的管理理念，建立以科技创新为主导的高速公路服务创新体系，不断推动服务升级，切实提高服务质量。在实现精细化、标准化管理的同时，高新公司加强新理念、新载体、新技术的运用，创新窗口服务，发挥自身特色，“文明服务”示范窗口形象得到提升，收费管理水平得到加强，道路通行环境得到优化，依法管路治路得以规范，竭力为广大司乘人员打造“畅、安、优、美”的出行环境。

2016 年，高新公司被山西省高速公路管理局评为“完成目标任务先进单位”，继续保持“市级文明单位标兵”和“安全生产先进单位”荣誉称号。

养护技能比武活动现场

桥梁检测现场

高新高速公路掠影

陵川服务区

收费员服务过往车辆

路政巡查人员交接班

开展应急演练

送法入校

举办演讲比赛

信息监控中心工作场景

开展安全咨询日宣传活动

山西天泽煤化工集团股份公司

山西天泽煤化工集团股份公司前身为晋城市第二化肥厂，始建于1978年，原建规模为年产3000吨合成氨、1.2万吨碳酸氢铵，资产300万元，员工300余人。经过逐年改革改制、并购重组、新建扩建，现已发展成为拥有总资产37.64亿元，净资产18.53亿元，在岗员工3300余人的股权多元化的煤化工企业集团。2016年5月18日，随着“40·60”新装置的投产（年产40万吨氨醇、60万吨大颗粒尿素），山西天泽集团主要产品达到年产180万吨合成氨、300万吨尿素、30万吨甲醇的生产能力，尿素产能占国内总需求量的5%，居国内20个具有核心竞争力的大型氮肥企业集团之列。是全国最大的大颗粒尿素生产企业。

作为一个自身无煤炭资源的煤炭加工转化企业，创造了自1987年以来连续29年无亏损的经营业绩。公司“泽州”牌商标被国家工商总局认定为“中国驰名商标”，以7.05亿元的产品品牌价值荣登2014年中国品牌价值榜单。公司连续4年荣获“全国合成氨行业能效领跑者标杆企业”称号，并获得“全国模范劳动关系和谐企业”“全国石油和化学工业先进集体”“节能中国十大贡献单位”等多项荣誉。

“十三五”期间，山西天泽集团全力实施“以肥为主、肥化并举、煤化联合、多元发展”的发展战略，沿着“坚持化肥、发展化肥、走出化肥”的转型发展理念，在巩固每年300万吨尿素产能的同时，加快创新发展，发挥本地优质气化煤的资源优势，以市场为导向，以新型产业为立足点，在每年5万吨乙二醇项目技术、人才积累的基础上，建设30万吨乙二醇并转化每年100万吨聚酯产品，向聚酯新材料方向发展的同时，开发以甲醇为基础的高端化工产品。力争在本轮供给侧结构性改革中充当“领跑者”角色，成为化肥市场的“王”者和行业结构调整的“强”者。为实现转型升级、打造百年天泽奠定坚实基础。

目标任务明确 职能责任

山西梅花丝麻集团有限公司

丝麻纺织业是晋城市的传统产业，有着悠久历史。中华人民共和国成立后，于20世纪50年代后期开始了工业化生产。到20世纪80年代，成立了山西梅花丝麻集团有限公司，是晋城市丝麻纺织业的龙头企业。原阳城缫丝厂生产的“梅花”牌SE桑蚕丝三次蝉联国家金质奖，为全国丝绸行业两块金奖之一。“阳城蚕茧”2006年被国家质检总局认定为“国家地理标志”保护产品。山西吉利尔潞绸集团的潞绸手工织造技艺入选国家级非物质文化遗产，获国家第一批“中国高档丝绸标志认证”。山西绿洲纺织公司成功转型大麻纤维开发生产，是全国唯一一家集大麻纺织品研究开发、生产销售于一体的全能性麻纺企业。丝麻纺织业基本形成了从育种、栽桑、养蚕、缫丝、绢纺、织绸、印染、服饰、家纺一条龙的生产经营格局。系列产品出口欧美、日本、东南亚等20多个国家和地区，在国内外享有盛誉。成为晋城市特色支柱产业。

山西梅花丝麻集团有限公司总部办公大楼

随着中国改革开放进一步深入，晋城市丝麻纺织国有企业成功进行了全面改革。先后涌现出一大批民营企业。目前，全市丝麻纺织企业已发展到80余家，主要代表性企业有山西梅花丝麻集团公司、山西绿洲纺织公司、山西吉利尔潞绸集团公司、山西森鹅服装公司、山西景柏服饰公司。注册资本4个多亿，职工人数8000余人。覆盖栽桑养蚕、缫丝织绸、种麻纺纱、印染服装、家纺鞋帽、装饰刺绣等大纺织领域。全市桑园面积达到10万亩、年产鲜茧400万千克，年生产白厂丝600余吨、坯绸及面料1000万米、各类服装500万件（套）、纯麻及混纺纱线5000吨、坯布1000万米。2016年销售收入达7亿元，实现利税4000万元。基本形成了具有晋城本地特色的丝麻纺织产业。

晋城优质蚕桑基地

山西绿洲纺织有限责任公司智能型纺纱自动化生产线

山西绿洲纺织有限责任公司现代化无梭织造车间

山西景柏服饰有限公司职业装自动化生产流水线

手工刺绣《新娘·潞绸被》产品

山西吉利尔潞绸集团文化园

《新娘·潞绸被》产品

山西吉利尔潞绸集团文化园一角

山西森鹅服装公司国内先进的针织内衣生产线

山西汽运集团晋城汽车运输有限公司

董事长李军社在公司加快推进创新驱动转型升级发展再动员再部署工作会议上讲话

2016年，山西汽运集团晋城汽车运输有限公司在道路运输市场变革继续加快加深的复杂形势下，坚持“稳中求进，巩固、创新、增效”的工作总基调，加快结构调整，推动改革创新，积极培育新产业、新动能，提升发展质量效益。加大节能环保新能源客车应用，一次性购置101台纯电动公交车；首开全省城际公交先例，晋城—陵川、晋城—阳城805路、806路66台城际公交车投入运营；走站运游一体化发展之路，五个旅游集散中心覆盖全市各县（市、区），延伸产业链，提升价值链；融入区域经济发展全局，晋城市城区电子商务产业园项目正在筹建中；引进智能仓储业务，线上线下融合发展不断扩大；注重轻资产运作，与国网供电公司合作建设纯电动车充电设施，在各汽车站安装56个充电桩，完成充电桩产业站场布局。全体干部职工秉持“精诚团结，用心做事”的企业精神，攻坚克难，锐意进取，完成利税近9000万元，在全省同行业名列前茅，实现了“十三五”良好开局。

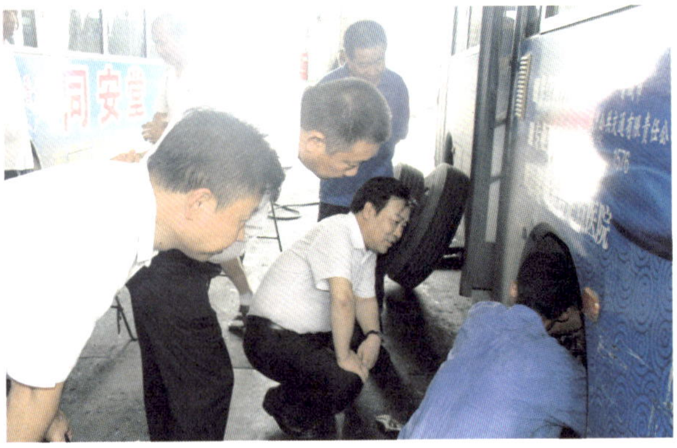

党委书记、董事长李军社在基层调研

一次性购置的101台新能源纯电动客车

晋城市城区电子商务产业园项目奠基

举办“五一”职工技能竞赛暨趣味运动会

公司办公楼

宏观调控

【概述】 2016年，全市发改系统按照省委“一个指引、两手硬”重大思路和要求，围绕市委“一争三快两率先”发展战略，充分发挥宏观调控职能，稳增长、调结构、惠民生、防风险，各项工作取得较好成绩。

【“十三五”规划编制】 通过前期重大课题研究，形成6类24个“十三五”规划研究成果。开展“十三五”规划建言献策活动，公开征集“十三五”规划意见400余条。争取国家、省“十三五”规划的重大项目、政策诉求专题上报省发改委，并进行跟踪落实。

【综改试验区建设】 一是制定实施方案和行动计划，分别提出“十三五”时期和2016年全市转型综改重点任务。二是开展综改转型课题研究，为市委、市政府制定政策提供参考。三是规范试点建设，发挥晋城市国家低碳城市、国家循环经济示范城市、泽州县新型城镇化、泽州县农村经营性建设用地等试点对全市改革的示范带动作用。

【产业转型】 全面落实“三去一降一补”五大任务。去产能方面，有序引导煤炭过剩产能退出，全市地方煤矿61座生产矿井按276个工作日重新确定生产能力，压减产能950万吨/年。去库存方面，注重需求侧疏导，建立购租并举的住房制度，逐步把公租房扩大到城镇常住人口家庭，促进房地产市场持续健康发展。年底，全市商品房竣工待售面积42.6万平方米，理论去化周期3.5个月。去杠杆方面，发挥政府资金的杠杆作用，引进各类机构投资者和社会资本，用市场化手段支持实体经济发展。降成本方面，一是推进大用户直购电交易，19户用电企业直购电量43亿度，为企业减负3亿元；二是帮助企业落实收费、税收减免和增值税退税政策，为5家企业办理增值税退税3.6亿元。停止提取煤矿“两金”，为煤矿企业减负3.2亿元；三是晋城海关、晋城商检、兰花保税物流中心等重要物流园区建成并正式投入运营，降低企业贸易物流成本。四是推进社会诚信体系建设，开展行政许可和行政处罚“双公示”信用信息收集报送、市级信用信息共享平台建设等工作，为实体经济企业降低维权成本。补短板方面，通过产业扶贫、移民搬迁、金融扶贫等多种方式，脱贫村达69个，脱贫人数达2.55万人。改善城市人居环境，苑北路至兰花路段、太行路北段、太行路至七叉口、道西路、白水街到山门限价房段建成通车，新建和改造城市道路42千米、供水管网55千米、供气管网60千米，新增集中供热面积100万平方米。6个省级美丽宜居示范村获复，20个市级美丽宜居示范村加紧创建。

【固定资产投资】 按照“项目创新年”总体部署，全市省市重点工程累计完成投资947.2亿元，项目储备、签约、落地、开工、建设、投产均超额完成年度目标任务。项目签约和投产全省排名第三。

【项目受理和督察】 按照“谁主管、谁负责”“谁受理、谁清理”的原则，制定《晋城市各类项目受理大起底工作方案》，对全市各级、各有关部门已受理但未办结项目的审批事项进行大起底。经整理汇总，2013—2016年全市共受理8986项审批事项，已办结8977项，未办结项目9项，对已申报未办结的事项研究分析原因，查找问题，严格整改。对2015年度中央预算内安排晋城市农林水、医疗卫生、社会事业、政法设施和保障性住房五大类43个项目进行监督检查，共发现各类问题26个，查出违规资金36.42万元，协调解决和督促整改问题13个。

【重点领域改革】 行政审批制度改革方面，出台《晋城市政府部门权责清单动态管理办法》，优化办事流程和时限。金融体制改革方面，修订《晋城市金融机构支持地方经济发展业绩考核评价办法》，完善担保体系。国资国企改革方面，起草《晋城市党政机关与所办企业脱钩改革工作实施方案（讨论稿）》，出台《晋城市市属国有企业重大信息公开实施细则（试行）》。财税体制改革方面，优化财政支出结构，完善预算绩效评价制度，出台《晋城市绩效评价问责办法》。科技创新体制改革方面，拟定《晋城市电动汽车充电服务价格》《晋城市新能源汽车推广应用财政补助资金管理办法（试行）》和《晋城市中心城市新能源汽车基础设施建设规划（2015—2020年）》。公车改革方面，出台《晋城市公务用车制度改革实施方案》，对各县（市、区）上报的《实施方案》进行批复。市直单位纳入参改范围公车共1573辆，改革后，保留车辆814辆。全市公车改革后公务交通年均总支出2.59亿元，较改革前年均总支出减少3207万元，节支率为11%。其中市本级节支率10.1%，县级、开发区节支率11.5%。

【重点项目建设】 太焦高铁项目于6月16日开工建设，进入建设实施阶段。柳泉通用机场项目完成选址工作，正在办理土地、环评等手续。晋城民用机场项目正式列入《山西省“十三五”综合交通运输体系规划》“十三五”期间运输机场研究启动项目，正在规划选址方案。国道207线晋城市过境段公路改线新增交叉工程、晋阳高速公路牛匠互通综合改造工程、省道陵沁线晋城市区过境段改线工程（西北环）三个重要公路项目，均开始办理前期手续。

【新能源建设】 编制完成新能源“十三五”规划。泽州晶耀地面光伏发电项目和泽州万鑫顺达北义城镇光伏发电项目经省发改委备案。中电投陵川10万千瓦风电项目开工建设，中电投陵川风岭山5万千瓦风电场二期和沁水尖山5万千瓦风电项目列入规划。全市测风、探明的风力资源185万千瓦。备案光伏项目70项，总投资6.08亿元。

【服务业发展】 加强服务业发展的政策引导，制定《晋城市加快服务业发展的若干措施（征求意见稿）》《晋城市服务业“十三五”发展规划（征求意见稿）》和《支持社会力量发展养老服务业的实施意见》。合理分解服务业发展考核目标，将8大具体任务合理分解到相关部门。全市服务业增加值同比增长6%，服务业产值占全市生产总值比重为41%。

【国家低碳城市试点工作】 一是全面参与评估国家低碳城市试点工作，完成《晋城市国家低碳城市试点工作自评估报告》。二是编制《晋城市绿色低碳产业项目（技术）推广指导目录》，提出全市低碳技术发展的相关领域及发展方向、发展重点等，推荐亟待发展的绿色低碳产业重点项目（技术）。三是编制《晋城市“十三五”应对气候变化规划》，提出2025年前后达到峰值的目标。四是完成重点排放单位碳盘查工作，对接全国碳交易体系开展相关工作，完成首批参与全国碳交易企业信息备案。五是开展低碳城市对外合作交流，应邀出席第二届中美气候智慧型/低碳城市峰会、第二届中欧低碳城市会议和2016年太原能源低碳发展论坛暨中国（太原）国际能源产业博览会，分享经验和成效，进一步扩大晋城市影响力。

【新型城镇化试点建设】 一是组

织召开推进新型城镇化工作会议，印发《2016年晋城市推进新型城镇化重点任务》，提出19项重点任务和分工方案，并落实到相关责任单位。拟定《关于深入推进新型城镇化建设的实施意见》。二是协调推进泽州县政府、巴公镇政府开展第二批综合试点进展情况第三方评估工作，得到国家发改委委托专家的认可。三是组织完成国家第三批新型城镇化综合试点申报工作，城区北石店镇被确定为第三批国家新型城镇化镇级综合试点。

【"气化晋城"建设】 编制完成"十三五"《"气化晋城"实施方案》，明确目标任务、政策保障和推进办法。居民用户达到34.16万户，用气量达1.22亿立方米；工业用户达到26户，商业用户达到1961户。城镇气化率达96%以上，农村乡镇气化通达率达到60%以上。

【采煤沉陷区治理】 根据工作目标和要求，分两批下达采煤沉陷治理计划，2016年共完成2215户农村采煤沉陷区治理搬迁安置，超额完成省下达任务91户，完成投资1.78亿元，排名全省第一。

【区域合作】 持续加强与长三角、珠三角等经济发达区域、环渤海经济圈和中原经济区的交流，举办合作项目推荐会，推进项目合作。组织筹办"寻根炎帝·梦回高平"海峡两岸神农炎帝经贸洽谈招商推介会，签约项目15个，投资总额达80.66亿元，深化海峡两岸的商贸合作交流。

【经济运行监测】 以全市经济运行分析联席会议制度为平台，组织召开全市经济部门联席会，加强对重点、难点问题的分析研究，准确把握经济运行脉搏，及时向省发改委和市政府报告计划执行情况及存在问题，提出针对性和操作性强的建议和意见。加强市场监测，研判市场动态。2016年CPI总水平较上年上涨0.7%，各月同比涨幅平稳运行，完成3%的调控目标。

【援疆工作】 一是加大资金支持力度。晋城市每年按财政收入的3‰左右拨付援疆资金，帮助新疆基础设施建设。二是加大人员支持力度。抽调干部、医疗、教师等专业技术人员赴边区对口援疆，援疆人员达到14人。

（市发改委）

国土资源管理

【概述】 2016年，全市国土资源系统认真贯彻市委、市政府和省国土资源厅决策部署，紧紧围绕"一争三快两率先"战略，统筹保障保护，狠抓工作落实，各项工作取得显著成效。市国土资源局继续保持"市级文明单位"称号；连续3年被省国土资源厅表彰为目标考核"优秀单位"。

【耕地保护】 完成全市287.26万亩耕地和247.95万亩基本农田的保护任务；高标准基本农田验收1.418万亩，2012年、2013年的5个省级耕地开发基金项目共完工10018亩；落实耕地占补平衡补充耕地1157亩；特别是泽州、阳城等县通过小块未利用地开发，新增耕地2168亩（其中水浇地1044亩）。矿产资源保护方面，晋城市矿业权设置调整方案获省国土资源厅批复，并按要求完成矿产资源开发利用年检、开发利用统计、三率考核、入坑互检等工作。

【保障服务】 全年，共报征土地6211亩，供应土地9669亩。对全市580项重点工程实行局领导包项目负责制，太焦客运专线（高铁）、民用机场、207国道改线等重点项目用地解决了制约性难题，高效有序推进报批工作。开展"冬季行动"和"高平行动"，共为36家企业办理土地证，为6个城中村改造项目批复土地利用方案，高平行动实施30项具体任务。

【国土资源改革】 一是泽州县农村集体经营性建设用地入市改革。于2015年4月正式启动，到2016年年底，成功入市14宗195.75亩，达到"土地公有制性质不改变、耕地红线不突破、农民利益不受损"的改革要求，取得五方面改革成效：闲置土地的"死资产"变成"活资产"，政府"土地财政"变成"税收财政"，"进地难"变成"合作快"，"审批环节多"变成"高效快捷办"，"单项试点"变成"综合改革"。二是不动产统一登记改革。

9月，市、县两级全部实现"停旧发新"，全面进入不动产统一登记时代，在全省第一批发证，同时颁出全国第一本集体建设用地入市不动产权证书、全省第一本农宅不动产权证书。全年，全市颁发不动产登记证书1506本、不动产产权证明3727份。

【法治国土】 制定下发《关于全面推进法治国土建设的实施意见》，把法治国土摆在突出位置，把依法行政贯穿于国土资源各项工作中。一是推进制度建设，实施《城区土地征收储备供应管理办法》，进一步规范土地征收、供应管理；市、县出台《行政审批事中事后监管办法》《健全重大行政决策机制实施细则》等制度，国土资源管理更加规范、高效。二是加强执法检查，2015年度全市违法占用耕地面积占新增建设用地占用耕地总面积的11.92%，卫片执法工作通过省级验收，自卫片工作开展以来连续7年未被约谈问责。三是加强土地督察，国家土地督察北京局对晋城市进行土地利用管理例行督察，全市30宗闲置土地处置和50个违法图斑整改均通过督察验收。

【矿政管理】 全年，开展3次打击非法违法采矿专项行动，采取日常巡查、群众监督、科技执法等综合手段，铲除非法违法采矿的生存土壤，维护采矿秩序。

【地灾防治】 召开地质灾害会商、防治、培训会议，编制方案，开展预警预报和排查核查工作，对全市332处地质灾害隐患点严格防范、24小时值班监测，全年没有发生险情事故。地灾治理搬迁工程列入市、县政府"一把手"工程，市政府专门发函督办，2014—2015年搬迁完成率100%，2016年搬迁工程竣工率89.89%，超出省下达目标39.89%。

【基层业务】 一是集体建设用地使用权地籍调查完成率达96.89%，农村宅基地使用权地籍调查完成率达96.39%。二是加快"互联网+国土"建设，内网实现所有业务网上申报、网上受理、网上批办、网上统计分析功能，更新完善国土资源"一张图"数据。三是晋城市基础测绘"十三五"专项规划通过评审，"数字高平"通过验收并正式运行，晋城市200平方千米规划区1∶2000和泽州县1∶1000等基础测绘项目顺利推进。开展地图市场检查、测绘资质巡查、测绘地理信息成果质量监督检查等。四是对全市煤层气探矿权、采矿权加强监管，对重点企业进行监督检查，推进煤层气矿业权市场健康发展。五是继续开展基层所争星创优、"一所一亮点"等活动，基层所建设水平不断提高。

（市国土资源局）

审　计

【概述】 2016年，全市审计系统，科学谋划，精心组织，对财政、投资、企业、经济责任、行业（专项）等类别684个项目（单位）进行审计或审计调查。按审计统计口径计算，共查出违规金额52.96亿元、损失浪费金额0.36亿元、管理不规范金额81.04亿元；督促上缴财政42.89亿元、减少财政拨款或补贴0.52亿元、归还原渠道资金1.84亿元、缴纳其他资金1.50亿元；向有关部门移送处理违规违纪线索7件；提出审计建议1011条，向上级提交审计专题、综合性报告和信息简报96篇。

【政策落实审计】 按照审计署统一部署，组织全市审计机关对国务院稳增长、促改革、调结构、惠民生、防风险政策措施的贯彻落实情况进行每季度一轮的跟踪审计，重点审计21项政策措施落实情况，跟踪市直30个部门和6个县（市、区）的55个项目，审计出土地供应滞后于发展需要、采煤沉陷区治理、易地扶贫搬迁、扶持新能源汽车等政策落实不到位，一些领域改革力度亟待加强等问题，向各级、各部门进行通报，提出整改要求和时限，推动资金落实、项目实施和政策落地，促进政令畅通。

【财政审计】 对市、县财政、发展改革、地税部门2015年组织预算和111个部门预算执行情况，以及3个县、31个乡镇2014、2015年度财政决算情况进行审计，提出进一步完善政府预算管理体系、健全政府债务管理制度、深化国库集中支付改革、盘活财政存量资金等审计建议，促进深化财税改革、优化支出结构和提高资金绩效。

【经济责任审计】 落实中办、国办《规定》及其实施细则，关注权力运行和责任履行情况，深化经济责任审计。全市共审计县处级领导干部25人、乡科级领导干部84人、国企领导12人。关注领导干部所在单位的资金资源资产、政策执行、经济决策、内部管理以及领导干部作风建设、廉洁自律等方面的情况，促进各级领导干部依法依纪更好地履行经济责任。

【民生审计】 按照国家审计署统一部署，对2015年全市城镇保障性安居工程进行跟踪审计，督促2785套空置保障房投入使用，棚改居民回迁216户，规范资金使用4500.58万元。根据省审计厅交叉审计安排，对长治市及其所属3个县2015年至2016年上半年医疗保险基金征管使用等情况进行全面审计。根据上级安排并结合财政审计、经济责任审计等工作，对全市“十二五”期间水污染防治资金项目进行审计。

【经济安全审计】 按照省政府要求和省审计厅统一安排，组织全市近150名审计人员赴朔州市开展市、县两级经济社会发展情况审计和审计调查。按照省审计厅交叉审计安排，抽调精干力量，对晋中银行股份有限公司2014年和2015年资产负债损益情况进行审计，查出财务收支问题资金5.34亿元、信贷业务问题资金51.15亿元，非金额计量问题6个，并提出相应审计建议。对市级教育系统和卫生系统公共资源配置、管理、使用等情况进行审计调查，涉及189个单位，基本实现摸清存量、摸清产权、摸清质量、摸清管理情况、分析效益、揭示问题、推动规范的目标，为政府科学合理配置公共资源、提高公共服务能力提供决策参考依据。

【项目审计】 全年，对188个市、县政府投资建设项目的竣工决算进行审计或跟踪审计，揭示工程建设领域存在的突出问题，核减投资额2.15亿元。

【依法审计】 一是加强审计现场实施过程管理，落实审计现场管理审计组组长负责制要求，紧抓制定方案、编制底稿、取得证据、出具报告、复核审理等重要环节实施过程控制，努力防控审计风险。二是重视审计规范化建设，加快推进投资等各类审计指南的编制工作，制定政府投资审计项目质量分级负责制度。三是强化审计整改，建立审计查出问题的整改台账，实行整改结果跟踪检查督办制度，针对审计发现的问题，提出整改要求，并由督察科负责跟踪整改落实情况，促进审计结果落实。四是坚持审计回访，及时了解审计纪律执行情况和被审计单位整改情况，完善审计机关与被审计单位之间双向沟通协调机制，把依法审计和咨询服务相结合，促进提高依法行政能力和服务水平。五是实行审计责任终身制，每一个审计项目，分管领导、科室主要负责人、审计组组长、主审、审计组成员、审理人员都要对审计质量终身负责，审计责任意识进一步增强。六是加强审计审理工作，探索开展对重大项目的审计实施过程进行跟踪审理，依法提出审理意见320多条，审计质量控制效果进一步增强。

（市审计局）

安全生产监督

【概述】 2016年，全市安监系统认真学习习近平总书记关于安全生产的系列重要指示批示精神，以深入开展“两学一做”学习教育争做合格党员为政治担当，团结拼搏，严格监管，深刻汲取近年来安全生产事故的沉痛教训，深入开展安全生产大检查等系列打非治违专项行动，进一步强化安全生产各项措施的落实。

【安全生产事故】 2016年，晋城市共发生各类生产安全事故199起，事故死亡109人。分行业看：①农林牧渔业：农业机械事故2起，同比增加2起；事故死亡0人，受伤2人。②采矿业：煤矿事故2起，同比减少5起，下降71.4%；事故死亡5人，同比减少2人，下降28.6%。③商贸制造业：共发生事故3起，同比减少1起，下降25%；事故死亡3人，同比减少8人，下降72.7%。其中：八大行业发生事故2起，事故死亡2人，同比起数和死亡人数与去年持平；化工行业发生事故1起，同比减少1起，下降50%，事故死亡1人，同比减少8人，下降88.9%。④建筑业：土木工程建筑业发生事故1起，同比增加1起；事故死亡1人，同比增加1人。⑤交通运输和仓储业：道路运输业发生事故190起，事故死亡98人。⑥其他行业：热力生产和供应业发生事故1起，同比增加1起；事故死亡2人，同比增加2人。较大及以上事故情况。1—12月，发生较大事故1起，同比减少3起，下降75%；事故死亡4人，同比减少15人，下降78.9%。事故为：山西沁和能源集团中村煤业7·2透水事故，死亡4人。

【安全监管】 贯彻落实省政府提出的各市每季度召开一次市安委会全体会议，每月召开一次安委会工作例会的要求，及时召开市安委会例会，研究部署全市安全生产工作，约谈"安全生产责任落实年"活动相关部门，对"3·1"重特大事故进行警示教育，总结季度全市安全生产工作，强化和推动各项工作的落实。印发《关于加强安全生产监管执法工作的通知》，严格执法级级履责不断档。按照省、市政府1号文件要求，把辖区内工商登记的所有企业逐户落实到具体监管部门，作为"冬季行动"的一项重要任务来抓，通过和工商部门协调沟通，排查摸底并多次召开专题会议，全年全市103408户工商登记企业全部落实到相关监管部门，其中，企业公司类28158户、个体工商户类71604户、农村合作社3646户。

【专项整治】 一是组织开展"冬季行动"。着力解决严格落实监管责任、明确全年工作重点、规范安全生产法治秩序、严格安全生产奖惩兑现、加大监督检查力度5项重点工作。二是开展多轮次督察检查。元旦、春节、元宵节、国庆和全国、全省、全市党代会及两会期间等重要敏感时段，市安监局及时下发文件，召开例会进行安排部署，在全市范围内组织开展隐患大排查活动，对重点行业、重点领域、重点区位和关键部位，特别是对容易发生群死群伤事故的领域、部位实行"拉网式"检查。印发《关于在全市范围内立即开展安全生产大检查的通知》，在全市各行业领域全面开展安全生产隐患大排查大整治。全年，全市共排查各类生产经营单位7006家，查出安全隐患18457条，已整改17494条，整改率为94.8%。专项整治不间断，持续组织开展危险化学品、烟花爆竹、非煤矿山、职业卫生和冶金等工贸行业专项整治，全市共排查整治各类隐患5743条，整改率为96.5%。三是加强海峡两岸神农炎帝文化旅游招商系列活动期间的安全生产工作。

【执法检查】 4月底至7月底，在全市所有工矿企业全面开展"反三违"专项行动。5月3日至9月30日，在全市开展为期5个月的安全生产大检查，大检查的范围是全市各行业领域，重点突出煤矿、道路交通、化工和危险化学品、油气输送管道、金属非金属矿山、建筑施工和市政运营、特种设备、冶金工贸、消防安全等行业领域。6月，市安委办组织督察检查组，对各级各部门和各类生产经营单位开展安全生产"反三违"专项行动和安全生产大检查情况进行督察检查，确保专项行动和安全生产大检查取得实效。活动期间，全市发现非法违法、治理纠正违规违章行为41095起。全年，共出动执法检查人员892人次，对259家危险化学品、非煤矿山和冶金工贸等企业进行检查和回查，检查发现各类问题和隐患412条，经复查，全部整改。同时，对存在问题较多的2家化工企业依法给予警告和罚款2.5万元的行政处罚。

【标准化创建】 冶金等工贸行业方面，将晋城市296家冶金等工贸行业标准化达标超过3年，且未申请复评的企业在《太行日报》上进行公告；各县（市、区）安监局在本地媒体公告未开展标准化企业名单，强化对这些企业的监督检查强度，全年全市共创建标准化达标企业46家。非煤矿山方面，全市新许可企业有4家经审核达到三级标准化，并报省安监局备案；另有5家新许可企业正在自评中。

【安全生产】 2016年，冶金等工贸行业下发《加强和规范冶金工贸行业建设项目安全设施“三同时”监管工作通知》和《加强金属冶炼、涉氨(制冷)和涉爆粉尘等建设项目安全设施设计整改工作通知》,对“三同时”办事流程、工作要求、违规查处等方面内容进行明确要求。同时,开展金属冶炼建设项目安全设施设计审查工作,向市政府行政审批大厅递交《将设计审查列入行政许可事项的申请》。全年,全市共完结项目数56家。职业卫生方面,市级完成建设项目职业卫生“三同时”审查审核验收14家,县级完成12家;对8家建设项目职业卫生“三同时”情况进行执法检查。

【安全许可】 全年,共完成危险化学品建设项目安全条件、安全设施设计审查8家,监督安全设施竣工验收6家,审查颁发危险化学品生产经营许可证116家。非煤矿山方面,共受理许可项目30个,办结26个,3个正在办理;其中新建许可16家,延期换证许可6个,设计审查5个。

【应急保障】 一是严格按照程序完善应急预案备案登记工作。下发《进一步规范生产安全事故应急预案备案登记有关事项的通知》,组织专家严格按照程序对各类企业上报申请备案登记的应急预案,进行形式审查。二是积极推动安全生产应急预案的演练工作。督促各县(市、区)安监局做好安全生产月期间应急演练工作,协调督促全市各行业部门组织各项综合应急演练16次,各县(市、区)、各行业企业组织各种应急演练280余次,演练涵盖煤矿、非煤矿山、危险化学品、民爆、建筑施工、道路交通、消防火灾、人员密集场所、学校、城市大面积停电等方面,参演观摩人数达8000余人次。三是组织对全市重大危险源进行统计。对各县(市、区)安监局辖区内的危险化学品重大危险源进行重新统一摸底,并对全市重大危险源的备案数据进行核对,全市共上报危险化学品重大危险源46家52个。四是参与事故抢险救援。4月21日,对阳翼高速润城北留收费站匝道处发生一辆天然气罐车侧翻事故进行抢险救援。4月23日、29日,先后参加泽州县巴公巴化厂门外甲醇车侧翻事故和晋阳高速牛王山隧道危险品车辆洞内熄火事故的应急抢险工作。7月2日,参加沁和能源有限公司中村煤矿“7·2”透水事故抢险救援工作。五是挂牌督办和调查处理生产安全事故。对福盛钢铁有限公司“1·4”机械伤害事故、陵川县昌城供热有限公司热力一分公司“3·15”车辆伤害事故、山西蓝焰煤层气“6·14”触电事故和山西天泽煤化工公司煤气化厂公司“6·22”中毒事故、福盛钢铁有限公司“9·19”机械伤害事故进行挂牌督办,向事故单位所在地县(市、区)政府下发挂牌督办通知书,并对上报事故调查报告进行审核。六是加大应急救援队伍建设力度。采用“企办政助”的模式,依托天泽公司组建晋城市危险化学品应急堵漏大队。

【安全宣传】 加大法律法规宣传力度,在《太行日报》刊载公益广告,开通《晋城安监》微信公众号,宣传安全生产法律法规。楼外LED大屏幕,每天播出100次安全生产公益广告。春节、元宵节期间,市电视台在32个卫视频道早上8时至晚上22时,每逢整点播出4次市安监局两节情况的安全提示。局网站每天报道安全生产信息。安全生产月活动期间,开展新闻媒体集中宣传报道、安全生产宣传咨询日、“守护生命”安全知识大赛、安全生产大检查督察、安全文化作品网络展播、“安全在我身边”安全演讲比赛、安全发展主题宣讲、安全警示教育、应急演练和“安全隐患随手拍”10项活动。

(市安监局)

工商行政管理

【概述】 2016年,市工商局全面深化商事制度改革,扎实推动放管结合、优化服务,努力营造宽松平等准入环境、公平竞争市场环境、安全放心消费环境、良好干事创业环境,圆满完成各项工作目标任务,推动工商行政管理工作呈现崭新局面。

【制度改革】 一是推进企业名称登记改革,启动全程电子化登记和电子营业执照。二是落实国务院“五证合一、一照一码”和个体工商户“两证合一”改革任务。9月1日起,全市在“三证合一、一照一码”改革的基础上,整合社会保险登记证和统计登记证，实现“五证合一、一照一码”。10月1日起，全面实行个体工商户“两证合一”制度。三是深化“先照后证”改革，严格履行“双告知”职责。四是优化服务资源，推动“企业通”平台服务。推动银政合作，市工商银行、建设银行和招商银行“一站式”向投资者提供工商注册服务和金融服务。至年底，全市各类市场主体总数达到115081户，其中企业29968户(内资企业4784户，私营企业25184户)；实有个体工商户79362户，实有农民专业合作社5751户。新登记各类市场主体21280户，其中企业6089户(内资企业339户，私营企业5750户)；新登记农民专业合作社678户；新登记个体工商户14513户。

【年报公示】 贯彻落实《企业信息公示暂行条例》，采取有力措施推动年报工作，召开全市企业年报工作推进会。至年底，全市企业年报公示率达91.52%，位居全省榜首。开展企业公示信息抽查工作，在高平、泽州局进行全省“双随机”试点，对659户被抽查企业公示的即时信息进行检查，列入经营异常名录41户。

【信用体系建设】 建立和完善部门间企业信用信息共享机制，召开市场主体信用信息公示(共享)系统互联互通业务培训会。通过建立信息公示和信用监管为核心的新型监管模式，促进“一处违法、处处受限”信用监管格局逐步形成。加快推进“双随机、一公开”监管，出台《“双随机、一公开”实施细则》和《“双随机”抽查实施方案》，达到工商部门市场监管执法事项的70%以上，通过实行“双随机、一公开”抽查机制，推动监管方式转变，规范市场执法行为。

【市场监管】 一是开展反垄断、反不正当竞争、打击传销、打击非法集资行动。共查处案件21起，罚没款21.72万元。其中，市工商局查处限制竞争案件1起，罚款11万元。严厉打击传销活动，广泛开展宣传活动，发放宣传材料3.2万余份，在全市36个社区40个LED显示屏滚动播放打击传销和打击非法集资警示宣传片。二是开展商标专用权保护行动。检查经营户944户，检查商品交易市场20个，查办商标侵权案件21件。三是开展网络市场监管专项行动。依托监管系统，网络检查620户次，实地检查34户次，规范网络市场秩序。组织开展网络监管服务系统及办案技能执法培训，进一步提升网络监管执法水平。四是开展打击虚假广告行动。开展互联网金融广告专项整治，积极防控风险。广告监测违法率继续保持在低位，排名全省前列。五是开展合同监管行动。监管全市供热(供暖)企业17户，对涉嫌不公平合同格式条款的企业均在规定时间内进行整改。同时，加强农资、成品油、汽车等重点商品与服务监管，确保市场秩序稳定有序。与相关部门整治市场经济秩序，加强金融领域、生产经营领域风险专项整治，确保市场稳定有序。全年，全市工商系统共办理各类案件210件，其中，一般程序191件，简易程序19件，罚款55.68万元。市工商局查办案件19件，罚款27.35万元。

【优化服务】 一是实施商标品牌战略。省工商局认定晋城市“科通”“东昕”“正易”等23件商标为山西省著名商标，至年底，全市有中国驰名商标6件、山西省著名商标78件。全年新申请商标983件，注册商标563件，有效注册商标达到4794件。二是推进广告园区建设。在1家企业开发的综合园区项目中建设独立的广告产业园区。三是推进“守合同重信用”企业认定。山西源源醋业有限公司等7家企业获“2014—2015”年度国家级“守合同重信用企业”称号，27家企业获2015年度市级“守合同重信用企业”称号。四是提供抵押登记服务。共办理动产抵押34件，为全市中小企业融资26.21亿元。五是推进非公经济组织党建工作。对不能单独组建党组织的1421户非公企业全部实行挂靠，至年底，全市非公经济组织建立党组织552个。

【消费维权】 “3·15”期间，市工商局、市消协召开“新消费我做主”主题新闻发布会、汽车经营者约谈会、消费热点评议等会议，加大消费维权力度。在市物茂广场举行宣传咨询服务活动，43家驰名商标和著名商标企业参加宣传和形象展示。高平市局举行假冒伪劣商品销毁活动,销毁货值280余万元。建立跨区域消费纠纷解决机制,安阳、长治、晋城、聊城、邢台、邯郸毗邻四省六市签署协议书。建立健全“反应敏捷、出动迅速、快速办结、及时反馈”的“12315”快速反应工作机制,至年底,受理消费者申诉1408件,为消费者挽回经济损失181.82万元。其中,“12315”申(投)诉中心受理消费者投诉1246件,办结1164件。全年,全市工商部门共查处消费侵权案件27起,罚没款24.9万元。

(市工商局)

质量技术监督

【概述】 2016年,全市质监系统围绕“强素质、上水平、保安全”的工作思路,充分适应当前经济发展新常态的要求,以推动提高经济发展质量和效益为中心,在改革中寻求突破,在创新中实现发展,大力推动质量发展,各项工作稳步推进并取得明显成效。

【质量工作】 召开首届市长质量奖表彰大会,对获奖的7家组织和5名个人进行奖励。帮扶指导企业开展品牌创建工作,已有1家企业上报品牌价值评价申报材料,1家企业申报全国知名品牌示范区。实施质量提升活动,在全市公共服务、旅游服务、物流服务、质量技术基础服务等领域推进服务业质量提升,同时继续推进中小学质量教育社会实践基地建设。强化宏观质量统计分析工作,编撰《2015年度晋城市产品质量状况分析报告》,科学分析行业质量水平状况及质量与经济增长的关系,为市委、市政府宏观经济决策提供重要依据。开展全市工业产品及食品相关产品生产许可证获证企业年度自查及证后监管工作,组织全市78家获证企业进行年度自查,对20家企业进行实地抽查。针对检查中发现的问题,现场给企业开出整改意见单,并督促相关企业限期进行整改。

【标准化工作】 一是积极推进标准化工作改革。草拟《晋城市人民政府关于进一步推进标准化工作改革发展的实施意见》,参与全省标准化改革性规范性文件的制定。二是加快建立标准化工作协同机制。与经信委联合起草《关于加强节能标准化工作的实施意见》,对能耗限额标准实施情况进行监督检查。与市民政局联合起草《关于进一步加快推进晋城民政标准化工作的实施意见》,推进养老服务、社会救助、社区服务等领域标准化工作。三是围绕地方特色,大力推进标准化战略。围绕晋城市非物质文化遗产保护和特色传统产业传承保护,实施“标准化+传统产业”提升行动计划。四是加快农业标准化示范区建设。3个第七批省级农业标准化示范项目通过验收。围绕特色农业优势产业,积极培育新的农业标准化示范项目。组织泽州、高平、陵川等县(市)申报第八批省级农业标准化示范区,并全部获批。五是扎实推进服务标准化工作。重点对全市企业养老保险管理服务中心承担的“社会保险服务标准化试点”国家级项目进行指导。

【计量管理】 一是严格依法管理。受理市自来水公司等4家企业10个计量标准复查考核项目。为晋城市自来水公司开展2016年度计量授权工作。组织全市重点用能单位及有关单位33人次参加中国计量院举办的“重点用能单位能源计量培训班”。二是开展打击计量欺骗“围剿战”。制定《全市质监系统对电子计价秤、加油机、医疗卫生计量器具计量欺骗行为“围剿战”实施方案》,共检查超市、集贸市场403家,电子计价秤619台件;检查中石油、中石化加油站157家,加油机428台;检查医疗机构47家,医疗计量器具1694台件,查获案件3起。三是组织开展“5·20世界计量日”宣传活动。向群众介绍出租车计价器、燃油加油机、眼镜制配、黄金首饰等计量知识,现场免费验光、调修清洗眼镜,免费检定血压计和人体秤等计量器具,发放宣传材料4700份。

【特种设备安全监管】 召开全市第二次特种设备安全例会,对第二季度特种设备安全监管进行安排部署,开展特种设备监督检查活动、以特种设备安全隐患大排查为主要内容的“冬季行动”,对

21家重点特种设备生产单位、247家重点特种设备使用单位进行日常监督检查。强化对各县(市、区)特种设备安全督察。

【消费品监管】 开展"3·15"国际消费者权益日系列活动、劣质假冒农资产品"围剿战",围绕热点难点问题开展执法打假和"'12365'局长接线日"活动。组织开展"双打"行动和"利剑行动",严查无证生产、不符合标准、以次充好等违法行为。全年,全市质监系统出动执法人员1362人次,检查企业578家,查办案件35起,查获涉案产品货值35.12万元,查办大案要案2起,没收假冒伪劣产品货值6.31万元,挽回经济损失4.25万元。

【质量监督】 配合省级监督抽查晋城市新型墙体材料、煤层气和车用汽、柴油等125个批次的抽查。接受国家质检总局移送监督检查不合格报告1份,省质监局移送监督检查不合格报告33份,涉及企业20家,包含服装、眼镜和车用柴油等产品,移送县级局不合格报告34份。下达《2016监督年度市、县级产(商)品质量定期监督检查实施计划的通知》,抽查产品质量百余批次。"12365"投诉热线受理、咨询特种设备检验、计量检定、产品检验及相关业务咨询600余起;受理有关汽车"三包投诉"、咨询62起,处理汽车投诉40起;转发各县局投诉、举报42起,涉及汽车三包、特种设备、计量器具和3C认证产品等。

【认证认可】 一是开展管理体系认证和强制性产品认证的监督检查。监督检查5家质量管理体系认证获证企业;"3·15"期间,对26家使用和销售的消防3C产品进行现场判定监督抽查;"6·1"儿童节期间,对凤展超市、实验小学校园周边儿童用品经营经销店进行检查。二是加大获证实验室证后监管工作。督促全市所有获证检验检测机构签订《检验检测机构主体责任承诺》,并对社会公开接受监督;对13家获证检验检测机构进行专项监督检(抽)查,督促全市60家检验检测机构开展新旧《检验检测机构资质认定评审准则》转换工作;联合市环保局对全市12家机动车环保检测机构进行监督检查。三是加强对认证机构的工作行为进行跟踪验证。对16家认证机构在21个企业开展管理体系认证的工作行为进行跟踪监督,并及时将检查结果上传国家认监委"信息系统"。四是组织"世界认可日"宣传活动。

【检测工作】 市检测所加快检测项目建设,申报6项计量标准项目和计量标准复查考核申请;购置20台煤层气采样设备,保证煤层气抽样工作开展;准备CNAS复评审,成功提交申请资料;参加山东出入境检验检疫局组织的汽油产品能力验证,各项目均取得满意结果。强化检测人员业务培训,参训率达到100%。先后派遣技术人员参加评审员、内审员、规程宣贯等内容培训,累计外出培训54人次。出具检定证书7599份,检定合格证32092个;质量检验工作共检测样品618个批次,共出具检验报告618份,完成化肥、水泥、电线电缆、煤层气等产品监督检验工作。共对41家企业的41批次样品进行定期监督抽检,完成省局下达监督抽查任务125批次,涉及汽(柴)油产品汽油60批次、柴油25批次、煤层气10批次。办理新注册条码48家,续展55家。

【检验工作】 市特检全面提升检验工作质量,共检验锅炉514台,制造、安装、修理监检37台;压力容器定检1737台,制造、安装、修理监检464台;压力管道在线检验36237.85米,全面检验19089.7米,安装检验154846.4米;电梯定检3020台,监检705台;起重机械定检938台,监检85台;场内专用车辆定检422台,监检77台;检验车用气瓶2876只;校验安全阀9194台,化验锅炉水样302个,油样8个。

【质监宣传】 与晋城电视台新闻综合频道《第一民生》、晋城广播电台FM107.2新闻广播共同推出《质量晋城》栏目。在《中国质量报》《太行日报》、市电视台等各类媒体发稿67篇(条),其中国家级14篇(条)、省级8篇(条)、市级45篇(条)。向市政府信息中心、《晋城政务信息》报送信息60多条,采用40余条。

(市质量技术监督局)

食品药品监管

【概述】 2016年，市食品药品监督管理局以保障食品药品安全为核心，大力加强队伍建设，着力提升监管水平，深入开展专项整治，扎实推进社会共治，开展食品药品"冬季行动"、安全隐患大排查大整治、疫苗流通专项检查、"清源"行动等10余项专项整治。全市系统共办结案299起，案值33.91万元，执行罚没款289.098万元。查办涉刑案件12起。食品抽检263个品种批次，药品抽检455个品种批次。办理"四品一械"(餐饮服务食品、保健食品、化妆品、药品和医疗器械)许可事项295项。

【食品监管】 组织开展食用植物油塑化剂、肉制品兽药残留、月饼生产经营单位飞行检查、学校校园及周边食品安全专项整治、农村市场销售环节食品安全专项整治、包装饮用水铜绿假单胞菌不合格集中整治、无中文标签"越南酸奶"等进口食品、酒类销售市场、猪肉等专项行动。学校校园及周边食品安全专项整治期间，全市系统共检查校园及其周边食品经营单位1216个次，抽检校园及其周边食品经营单位101个次，抽检食品1239批次，其中抽检儿童休闲食品18批次，查办案件5起，查处无证经营单位5户，责令整改295户，罚没金额2.9万元。猪肉市场专项整治期间，全市系统共检查批发市场12个次，检查商场、超市377户次，检查肉食店181户次，受理投诉22件，处理19件，未发现销售病死猪肉、注水肉等违法行为。

【餐饮监管】 联合市教育局、住建局、旅游文物局、卫计委部署开展学校食堂及周边餐饮单位、建筑工地食堂、景区周边餐饮、餐饮具集中消毒单位等重点区域专项整治行动。开展节假日餐饮市场检查、农村自办宴席、火锅底料、肉及肉制品专项、食用油、食品添加剂、现制现售生鲜乳饮品、制售"三无"食品、中高考期间食品安全专项整治行动。全市监督检查共出动执法人员26973人次、执法车辆7008车次，检查餐饮服务单位9435家次，提出整改意见3109家次。按照"试点先行、重点突破、因地制宜、逐步推进"的原则，推进"明厨亮灶"工程，进一步规范餐具饮具消毒服务单位生产经营活动，实现"明厨亮灶"271家(其中，大型餐饮10家，中型餐饮18家，小型餐饮95家，学校食堂82家，其他66家)。

【药械监管】 开展高风险类药品生产企业、基本药物生产企业、医用氧气生产企业检查以及GMP认证企业跟踪检查10家次。对未按期换证药品生产企业停产涉及的所有原辅料、包装材料等物料进行登记，组织人员对山西康立生药业苯磺酸氨氯地平片的原辅料购进、处方和生产工艺、质量检验及成品销售等环节进行质量风险安全隐患排查。加强特殊药品监管，对使用特殊药品原料药的药品生产企业进行现场检查5家(次)，重点检查特殊药品原料药的购进、验收、储存、使用等。加强医疗机构制剂监管，对晋城国康肝胆胃病医院、晋城市鹤翔疼痛专科医院2家应停产医疗机构制剂室确认停产状态。监督全市未在规定时限内通过新修订《药品经营质量管理规范》的2家药品批发企业和20家药品零售企业停止药品经营活动。集中开展打击购销"回收"药品专项整治行动，开展"山东济南非法经营案"疫苗核查处置工作，未发现问题疫苗相关线索。推进药品流通领域违法经营行为集中整治活动，对批发企业存在的药品库房温湿度偶有超标和向药品零售企业、诊所销售药品不能及时开具销售发票等行为提出整改措施。对39家药品零售企业开展飞行检查，收回10家药店"药品经营质量管理规范认证证书"，对6家药店发出告诫信集中约谈企业负责人，责令23家药店在规定时限内进行整改，并在市食品药品监督管理局网站公示。组织开展无菌和植入类医疗器械、体外诊断试剂、避孕套和隐形眼镜等专项整治，依法取缔3家无证经营避孕套经营企业、10家无证经营隐形眼镜经营企业。

【保健食品化妆品监管】 以批发企业和规模较大的经营企业为重点单位，开展保健食品"非法会销"、美白祛斑类化妆品等专项整治，对索证索票、购进验收台账执行情况进行检查规范。共办理案件19起,执行罚没款7.9万元,移送公安机关1起。抽检化妆品31个品种批次。

【食品安全城市创建】 健全领导机制,强化目标管理,开展专项治理。市食安办组织协调市农委、林业、环保等部门开展多项执法检查,进一步规范市场经营秩序。加强工作督察,对旅游景区食品安全和省级食品安全城市创建活动进展情况进行实地督察。完善应急体系,牵头建立食品安全事故应急指挥部办公室,成立市食品安全专家委员会;邀请专家进行专题培训,提升科学处置食品安全突发事件的能力。

【业务培训】 举办全市药械不良反应监测工作暨知识培训会、食品生产许可审查员培训等5个培训班,累计培训人员728人次。开展食品药品法律法规培训,采取案卷评查、重大案件讨论会等方式,提高运用法治思维和法治方式强化监管、依法履职的能力。组织餐饮服务从业人员培训159期,培训餐饮服务人员4500余人次。

【宣传活动】 开展科技活动周、食品安全宣传周、安全用药月暨食品药品科普等宣传活动。一是组织户外宣传,印发海报、折页、宣传手册15000套,展出版面、条幅17块(条),接受群众咨询436人次,现场受理消费者申诉举报6起。二是制作《中华人民共和国食品安全法》、安全用药知识科普小视频,在市区繁华街道和居民小区循环播放;在社区制作安装食品药品安全科普知识宣传栏,在大中型餐馆单位张贴宣传图片。三是以市食品药品监督管理局网站、微信平台为载体,宣传和报道食品药品安全法律和科普知识。四是深入农村地区进行食品药品安全宣传,组织执法药师进社区开展"安全用药,健康生活"主题活动,为社区居民讲解安全用药知识。2016年,市食药监局被省委宣传部、省司法局、省普法办表彰为"2011—2015年全省法治宣传教育先进单位"。

(市食品药品监督管理局)

经济和信息化

【概述】 2016年，全市经信（国资）系统实施“冬季行动”“1533”工业行动（重点是从全市规模以上工业企业中优选出66户骨干企业作为全市工业的支柱重点进行扶持培育。中长期目标是打造1个年销售收入500亿元的综合旗舰型企业，5个年收入100亿元的领军龙头型企业，30个年销售收入在20亿元—50亿元的中坚骨干型企业、区域带动型企业和潜能挖掘型企业，30个亿元级成长型企业，形成四大工业企业梯队方阵，支撑全市工业经济提质增效，实现工业主营业收入1500亿元）和干部入企服务活动，助推规模工业触底回稳、逐月回升。全年规模以上工业增加值同比增长2.5%，非煤产业增加值占比达43.3%，万元地区生产总值综合能耗下降1.45%，工业固体废弃物综合利用率67.17%，工业新兴产业投资比重为76%。

【专项行动】 一是开展“冬季行动”。坚决贯彻“马上就办，真抓实干”的工作作风，推动市经信委承担的16项重点任务事项全部按时完成。二是开展“1533”工业行动运行监测。贯彻执行《晋城市2016“1533”工业行动方案》明确的“三个一”工作机制，建立工业行动运行监测服务快报制度，对工业行动四大方阵企业进行全覆盖监测服务，并到企业进行政策宣贯。

【企业帮扶】 省、市、县三级选派725名干部深入230户规模企业进行帮扶，市、县两级共收集问题436个，解决或承诺解决问题421个，问题办结率96.6%，入企服务企业调查满意度94.4%，排全省第二位。会同市金融办召开全市金融服务“1533”暨重点工程项目银企对接会议，现场签约工业项目18个，签约金额（意向+授信）72.75亿元，有效缓解企业融资难、融资贵难题。

【企业减负】 全面落实“企业申请办理暂停业务不受次数和时间的限制”阶段性用电政策，为企业减负1995万元，累计缓缴新增用电户临时接电费28户，为企业减负646.8万元。推动国投热电、阳城晋煤能源两户发电企业参与大用户直供发电，19户用电企业享受大用户直供用电43亿度，为企业减负3亿元。会同市人社局，贯彻落实企业交养老保险费率降低1个百分点、失业保险降低0.5个百分点的惠企政策，年减轻企业负担1.1亿元。

【产业结构调整】 一是制定《晋城市“十三五”工业转型升级及新兴产业发展规划》《晋城互联网+煤层气产业发展总体规划和实施方案》；组织编制《中国制造2025晋城行动计划》《关于加快中高端智能化装备制造发展实施意见》，以规划引领工业转型升级。二是大力推进项目建设。围绕信息技术、装备制造、医药、食品、轻工、纺织、材料七大新兴产业，共收集入编项目79项，总投资601亿元，全年累计完成投资77.18亿元，超省下达任务目标24.8%，全省排名第四。推进34个重点工业转型项目，9项建成投产或部分投产，23项开工建设。三是着力开展精准招商。组织顺世达铸业、中道能源、清慧汽配、宏圣可建、隆兴泰农业机械制造、路宝铝轮毂、大通铸业等企业参加中国西部装备制造业博览会，赴焦作进行对接洽谈，促进企业与企业间对接、晋城市与其他区域间的对接，为区域融合发展、产业转型升级寻求合作机会。

【低碳绿色发展】 一是强化目标调度。抓任务分解，向各县区、重点企业下达年度能耗下降指标；抓重点调度，定期召开会议，发布能耗红黄绿等级预警，督促、倒逼目标任务完成。二是推进节能技术改造。继续推动全市主要耗能行业开展对标活动，推进阳城电厂（一期、二期）、国投热电等电力企业组织实施节能改造项目，至年底完成两个节能改造项目。三是促进工业固废循环综合利用。推进资源综合利用工作，组织实施工业资源综合利用和清洁生产项目12个，5个已完工。加大水泥、新型墙体材料等工业固废的利用，缓解减排压力，全年共利用工业固废986万吨，利用率达67.17%。

【技术创新】 加速推进“三网融合”。出台《关于实施宽带晋城行动计划促进提速降费三网融合及创建“宽带中国”示范城市的意见》，加快推进宽带网络基础设施建设，积极创建“宽带中国”示范城市；已建成的18个无线局域网点及3个高速公路服务区通过省级测试验收。“建筑雨水排水用球墨铸铁系列管件研发及相关标准制订”“大麻短流程除杂脱胶技术研发”等13个技术创新项目列入2016年山西省百项技术创新项目计划，新增省级技术中心3户，新认定市级技术中心3户。针对晋城市工业园区的功能定位不准情况，制定《调整变更全市重点工业园区方案》，并提请市政府将“一区六园”变为“一区九园”，基本形成一个县有一个工业园区的格局。

【国企改革】 一是有序推进国资国企改革。起草《晋城市党政机关与所办企业脱钩改革工作实施方案（讨论稿）》，完成全市党政机关与所办企业脱钩改革摸底工作；印发《晋城市经信（国资）委直接监管企业深化国资国企改革总体方案》，提出“做大做强一批、发展优化一批、稳步推进一批、退出市场一批、积极推进国有资本投资运营平台建设”的改革思路；引导发展混合所有制经济，支持绿洲公司引入战略投资者，实现增资扩股，为企业做优做强奠定基础。二是进一步规范国资国企管理。出台《晋城市市属国有企业负责人履职待遇、业务支出管理暂行办法》《晋城市市属国有企业重大信息公开实施细则（试行）》《2016年晋城市国有企业提质增效工作方案》。三是企业分离办社会工作加快推进。原阳城制丝资产移交属地管理，与泽州县签署兰花、天泽4所自办中小学（102名教师）移交属地协议。

【安全生产】 汲取“7·2”中村煤矿透水事故的惨痛教训，坚持“安全第一、生命至上”理念，深入开展安全生产调研和安全生产宣传工作，先后开展冬春火灾防控、夏季消防安全、安全生产大检查、反三违专项整治、安全生产隐患大排查大整治及重要节点安全检查，共深入30余户企业检查60余次。

【民生保障】 春节期间，向24户停产和半停产的市属国有企业的3970名下岗职工、患大病职工和受灾害职工发放救助资金691.5万元。开展本系统矛盾纠纷大排查，通过深入企业、企业报表、摸底等方式排查出8件重点信访问题，化解4件。

（市经信委）

煤炭煤层气

【概述】 2016年，市煤炭煤层气工业管理局坚持以安全发展为基础，以改革创新为动力，以转变经济发展方式为主线，大力推进安全治本攻坚、改革创新驱动、结构调整优化、经济运行增效、清洁低碳运行，努力为晋城经济社会发展做贡献。全年，地方煤矿发生安全生产死亡事故2起，死亡5人，事故起数同比减少5起，死亡人数同比减少2人，煤矿百万吨死亡率为0.1114。地面煤层气开采企业未发生安全生产事故。

【煤炭生产】 全年，地方煤矿生产原煤4488.23万吨，增长11.22%，实现现价工业产值143.14亿元，增长9.73%；销售煤炭4548.67万吨，增长16.78%，实现销售收入151.46亿元，增长12.56%；实现利润12.62亿元，增长228.62%。生产矿井采煤机械化率100%，掘进机械化率93.5%，矿井采区煤炭资源回采率78%。建成17座现代化矿井，全省排名第一。

【煤层气开采】 全年，抽采煤层气30.83亿立方米，增长3.1%，实现现价工业产值31.97亿元；销售煤层气21.87亿立方米，实现销售收入31.99亿元，实现利润7.3亿元。全年，抽采瓦斯10.67亿立方米，累计利用5.62亿立方米，利用率52.67%。

【项目建设】 煤矿建设项目完成固定资产投资12.43亿元，非煤项目完成投资10.50亿元。新转产验收3座，形成产能300万吨/年，新增联合试运转4座，规模420万吨/年。

【安全生产】 牢固树立“红线意识”和“底线思维”，以提升“三个能力”（责任落实能力、基础保障能力、整顿治理能力）为抓手，深入开展安全生产治本攻坚。一是提升责任落实能力。分别从“监管部门、主体企业、煤炭煤层气企业”三个层面，细化安全责任清单，层层签订安全工作目标，开展知责、履责、尽责活动和“六月安全月”等活动，将红线意识和底线思维入脑入心。二是提升基础保障能力。组织召开风险预控、班组建设现场会，选树推广兰花东峰、阳泰屯城等煤矿经验做法，深入推进典型示范引领煤矿安全工程。全面推行“一岗双述”和煤销裕兴煤业动态联保互保经验。三是提升整顿治理能力。坚持开展无差别、无过错、针对性的煤矿安全生产监管执法，对非法违法零容忍、零搁置，建立横向联组检查（市局业务科室联组）、纵向联合检查（市局、县局、五人小组共同检查）新机制，建立蹲点检查（驻矿安监员）、交流检查（县局交流、主体企业交流、煤矿交流）、解剖式检查（聘请专家第三方）、“四不两直”检查、随机抽查新模式，严厉打击非法违法生产建设。

【改革创新】 抓住全面深化改革的有利契机，坚持市场取向、问题导向，突出晋城地方煤炭工业实际，推进改革创新驱动。一是推进供给侧结构性改革。市政府办公厅出台《煤炭供给侧结构性改革实施意见》，详细落实6方面22项改革任务，市煤炭煤层气管理局认真履行职责，积极作为，真抓实干，确保改革事项有序推进。煤炭监管平台建设方面，落实项目资金1055.66万元，通过压实责任、倒排工期和进度督察，确保按期试运行，市煤炭煤层气管理局、高平市煤炭管理局、阳城县煤炭管理局及大宁煤矿统一通信及可视化调度系统实现与省煤炭厅对接，云平台系统初步建成，65矿完成产运销接口对接。煤炭销售管理方面，建立同煤种、同流向、同区域煤炭销售协同机制和煤炭价格协商机制，年内召开3次价格协商会。推动“互联网+清洁煤炭”平台建设，实现煤炭产品网上挂单销售。二是推进主体企业改革。市政府印发《关于规范主体企业运营管理》文件，突出“三真”（真投入、真控股、真管理），从12个方面开展主体企业改革，特别是将提升主体企业规范运营管理牢牢抓在手上，以管资本为主加强国有资产监管，完善企业法人治理结构，规范主体企业运营管理行为。三是狠抓干部职工队伍提升。进一步强化全员准入和变招工为招生制的落实，加强煤矿职业健康管理，保障职工权益。在此基础上，采取全员培训、学历提升、职业教育、技能鉴定、职称评审相结合办法，强力提升干部职工素质，采取停产放假、强制休息、化解纠纷、保障权益相结合办法，强力稳定干部职工队伍。

【优化结构】 一是积极推动矿井建设。按照“三个一批”（集中建设一批、缓建停建一批、淘汰退出一批）的思路，分类处置煤矿建设项目，全年竣工验收矿井3座，形成有效产能300万吨/年。对资源条件不好、项目投资无望的矿井及时进行停建缓建。二是积极申报先进产能。对标《先进产能评价依据（暂行）》，组织煤矿企业提高认识、积极行动、对标达标，上报14座煤矿(能力2380万吨/年)进行先进产能认定。10月后,抓住国家适度释放产能稳定煤炭供应的政策机遇,对安全高效矿井、一级标准化煤矿和部分二级标准化煤矿共53矿(能力4800万吨/年)进行产能适度释放,增加煤炭产量。三是积极推进瓦斯抽采利用。全年,地方煤矿井下新增瓦斯抽采管路79072米,施工抽采钻孔257.32万米,施工专用瓦斯抽采巷道8297.28米,累计投入资金33842.92万元。瓦斯抽采示范项目建设,投资12830.09万元,完成兰花科创玉溪煤矿抽采系统改造;投资1897万元,完成阳城竹林山煤矿抽采系统改造;投资258.18万元,完成沁和端氏煤矿瓦斯抽采泵改造。

【经济运行】 抓住“稳总量、降成本、促盈利”这个煤炭经济运行增效的核心,努力提升煤炭经济运行质量。一是组织开展调研,掌握市场动态。组织开展煤炭经济运行系统性调研,深入研判深层问题,细化保稳与促增的具体举措,保持煤炭销售的价稳量稳。二是发挥煤种优势,抢占挤占市场。学习推广晋煤集团赵庄煤矿“蓝天一号”经验,发挥3号优质无烟煤优势,向京津冀民用煤市场进军。推动同区域、同主体建设配煤中心,开展煤炭加工转化。高平科兴前和(15万吨/年)、捷煤(30万吨/年),泽州中能蓝天(30万吨/年)等一批民用清洁型煤生产线建成投产。三是转变经营模式,注重内部挖潜。组织召开全市地方煤矿降本提质增效、精细化管理现场会,引导煤矿企业从过去向产量要效益转向精益管理和技术创新要效益。

【“绿煤”战略】 把握“高效、清洁、低碳”产业发展方向,全面落实《关于促进煤炭安全绿色开发和清洁高效利用的意见》,坚定不移地实施“绿煤”战略。一是推广应用绿色开采。推进地方煤矿不同煤层配采,进一步规范煤矿配采及特殊条件下开采管理。对史山煤矿配采项目予以立项,批复龙顶山煤矿配采设计,批复同昌煤矿配采开工,批复大桥煤矿配采进入试运转。兰花东峰、崇安关岭山和煤销盖州等煤矿沿空留巷开采和切顶卸压自动成巷(“110”工法)取得阶段性成功。二是支持煤炭分级利用。推动瓦斯、煤矸石、粉煤灰、矿井水等资源的综合利用,矿井瓦斯做到以用促抽、以抽促用,煤泥水全部进入水处理中心,循环利用,将煤炭资源“吃干榨净”。开展“提升煤层气单井抽采量”工作,探索煤层气增产新技术、新工艺,破解低渗透性区域抽采难题,加大煤层气单井产量,最大限度抽采煤层气。2016年,全市单井最大增产量达2760立方米/日,全年煤层气增产9300万立方米。三是推动行业转型发展。坚持“内转+外转”并重,抓住晋城综改试验区和中原经济区两大政策叠加机遇,抓住晋城被列入国家低碳城市试点机遇,以做大煤、延伸煤、转化煤、拓展煤为突破口,组织实施一批好项目、大项目,其中皇城相府、王莽岭、珏山旅游等项目发展强劲。

(市煤炭煤层气工业局)

煤炭运销

【概述】 2016年,晋能集团晋城有限公司坚持“优化体制机制,提升煤矿效益,推进企业转型”的总思路,深化推进煤炭物流贸易,立足现有资源条件提升多元产业发展集中度,深化管理、挖潜增效,系统煤矿产能稳步释放,煤炭板块效益逐步显现,各项工作都取得长足进步。

【安全生产】 完善安全工作体系和安全管理机构,在高平和阳城区域分别设立安监一分局、二分局,协助市公司负责区域内煤矿的安全管理工作。突出预防预控和隐患排查治理,着重防控煤矿瓦斯、水患、顶板及机电运输等重点和非煤企业交通、防火等地面安全,排查隐患,及时整改,并加大对重大安全隐患和事故的处罚力度。严格落实各级安全责任,制定完善各岗位作业标准和工作要求,实行专业化垂直管理,严格操作规程和行为规范,并结合手指口述、岗位描述、员工实操培训、技术比武等工作,推进各级责任制落实和员工操作行为达标,提升全员自保能力。

【煤矿建设】 集中资金向煤矿倾斜,抽调其他矿井专业人员充实重点矿井，协调设备供应商暂缓支付、分批供货，为煤矿安全生产建设创造有利条件。加强与各行管部门的沟通协调，加快各环节的审批和推进，缩短业务办理周期。抓采掘核心队伍建设，将原有部分煤矿承包形式的队伍逐步清退，建立自身稳定的核心队伍，并强化生产组织管理，加大专项考核力度，生产矿井的单产单进水平明显提高。加大技术创新力度，采用新技术、新装备、新工艺，保障矿井生产的安全和速度。大力推进精细化管理，保障安全、降本增效。

【物流贸易】 各县公司和贸易实体进行全面改革和整合，积极开发用户，利用自产煤产能释放的良好基础和煤炭市场变化的有利契机，深入挖掘潜力，全面深化煤炭物流贸易。公路公司对原有部室进行整合撤并，把50%的工作人员向贸易一线倾斜，缩减管理岗位，充实采销队伍，并在高平和阳城分别成立东区营销部和西区营销部，实现销售外延。泽州公司结合实际，组织精兵强将建立相对专业化的销售团队，与终端用户对接。阳城公司加强对贸易小组人员的业务培训，增强窗口服务意识，建立用户回访制度，提升客户的满意度。沁水公司强化培训一批新的贸易营销队伍，实现全员营销。陵川公司以关岭山煤业自产煤销售为依托，理顺管理体制，加强与系统外煤矿以及煤场的合作，稳定贸易量。电力燃料公司在做好自采煤直销工作的同时，在屯城租赁30个货位，开展代装代发业务。铁路公司按照“双向选择、优化组合”的原则，精减、规范综合管理类岗位，突出业务运营、市场营销类岗位。

【多元产业】 晋城大酒店与网络平台合作，主打个性化婚宴主题酒店，推出花园式、露天式婚宴，抢占市场份额；泽州大酒店推出“泽州福寿宴”“亲情喜乐汇”等宴会项目，巩固酒店大众化消费市场份额；美韵花园大酒店举办“缘起丹青”画展、“浪漫七夕、梦回汉唐”主题婚礼秀等活动，提高酒店知名度；汽车销售公司举办各类展销、组织自驾活动，保持市场活跃度，推行中信贷、保险、附件、二手车等增值服务；兰煜房地产公司挖掘卖点促销售，“兰煜龙湾”销售房源达60%，销售额达1.5亿元；黄围山景区多平台、多形式加强品牌推介，游客人数创历史新高。

（晋能集团）

电　力

【概述】 2016年，国网晋城供电公司售电量达147.86亿千瓦时，同比增长2.56%，总量保持全省第三；平均电价、综合线损率、电费回收率、上缴率、资金归集率等主要生产经营指标均完成预定计划。累计实现安全生产4846天。公司通过全国文明单位复查，获省直文明单位标兵、国家电网公司对藏人才帮扶工作先进集体、国家电网公司经济法律工作先进集体、晋城市慈善突出贡献单位等称号，沁水县公司获全国“安康杯”竞赛优胜企业称号，泽州县公司获山西省五一劳动奖状，陵川县公司获国家电网公司配电网标准化建设改造创建活动百佳县级单位称号。全公司122名员工、75个集体和单位获省、市级以上表彰。

【电网建设】 全年，电网建设投资7.37亿元，开工建设110千伏及以上输变电工程4项，续建6项，建成投运4项，新增变电容量27.1万千伏安。220千伏云泉、110千伏阎庄等一批输变电工程顺利推进。统筹电网发展，1项500千伏、6项220千伏、5项110千伏工程开展前期工作。推进市区谷堆头等6项110千伏及以上在建工程建设，建成投运城南扩建等4项110千伏、8项35千伏工程，全省首家完成新增5项35千伏农网工程。开展城乡配网建设改造，配网公变重载率、过载率、低电压率、三相不平衡率全省最低，10千伏配电线路故障率同比下降16.1个百分点，全年无故障天数达52天。构建电网建设“一口对外”协调机制，制定出台基建工程投产考核、农网工程管理等制度，谷堆头110千伏工程夺得省公司变电安全质量管理流动红旗，14项工程被省公司评为优质工程。

【供电管理】 深化“五位一体”应用（职责、流程、制度、标准、考核

“五位一体”），全面完成岗位目录匹配和全员要素比对。修订全员绩效考核办法，出台部门量化考核、考勤管理、奖励管理等制度方案，开通绩效管理系统，实施一线员工工时积分同价计酬机制，完成市公司层面集体企业和众辉公司岗位绩效工资制度改革。加强财务现场稽核，全面实现“零现金”办公。应对“营改增”税制改革，争取到光伏发电涉税政策及巨能公司优惠税率。建立审计问题整改问责全过程管理机制，“营销收费在线审计”被评为国家电网公司优秀审计项目。规范物资管理，投资152.67万元开展仓库标准化建设，6座仓库全部实现视频网络数据实时传输，巨能公司新建仓库顺利启动。强化线损管理，全省首家完成首批重点公用台区专项整治，首家实现“零不平衡母线”目标；营业普查与定向稽查4万余户，追补电费及违约使用电费223.05万元；修订供电所管理考核办法，开展星级供电所创建，河西供电所被推荐参评国网公司五星级乡镇供电所。出台制度体系建设管理方案，定期开展“法律咨询日”“制度学习日”活动。规范众辉公司管理，完成承装（修、试）资质申办工作。完善同业对标体系，加大关联考核力度，推进县公司对标，创新开展供电所对标，公司同业对标获业绩标杆称号，财力、物力、配套保障3个专业获专业标杆称号，高平、阳城公司获县公司标杆称号。

【供电服务】 服务全市重点工程建设，提前完成天泽煤化工、兰花科创已内酰胺等重点项目接电。修订完善投诉举报管理考核细则，制定出台电费回收、业扩报装、客户停复电、高危及重要客户用电安全管理等制度，组织开展景区及沿线供用电设施集中治理，下放10千伏报装权限，基础管理更加规范。支持光伏产业发展，实现并网结算一站式服务，全年受理5651户、6.01万千瓦，并网4799户、4.6万千瓦，结算4322户、1222.44万元，均位居全省第一。组织开展春季营销服务竞赛、“互联网+营销服务”秋季推广应用竞赛，新增手机APP、微信绑定等用户19.09万户，两项竞赛分别获省公司第二名和第四名。开展“问需求、送服务、促发展”秋季大走访活动，逐项闭环整改127条意见建议，公司投诉量、投诉属实数、百万人口投诉量全省最低。全力支持扶贫攻坚，帮助定点扶贫村建成投运100千瓦光伏发电和107户贫困户光伏发电项目。

（国网晋城供电公司）

城镇集体工业

【概述】 2016年，市城市集体工业联合社完善经济运行监测监控，预研经济运行走势，及时进行经济运行分析，提出具体应对措施并落实到位。至年底，全市城联系统实现工业总产值24.4亿元，工业增加值17.5亿元，产品销售收入29.3亿元，利税总额1.75亿元，实现利润同比减亏2.1亿元，顺利完成年度目标任务。

【项目建设】 采取一系列防风险、保运行、促增长具体措施，层层签订工作目标责任书，召开季度运行分析会，及时研究分析经济运行态势，积极推进重点项目建设，加强主要增长点的跟踪协调服务力度。7个重点项目，5个实现序时进度，其中高达电缆二期扩建项目提前完工，年销售收入首次突破亿元大关。

【企业管理】 市城市集体工业联合社全年累计调研69次，深入企业90多家，提出100多项建议措施。完成市政府“深化集体企业改革”方案的草拟和上报工作。强化市直企业财务监管，出台《集体资金使用管理办法（试行）》，进行多次财务检查，下达整改通知并跟踪督察落实。参加市直工委举办的“争先竞逐杯”技能大赛，3人分获三等奖。

【安全生产】 坚持问题导向，加强宣传和学习，不断强化安全生产意识；在市直公司试行法定代表人安全生产承诺制，落实安全生产主体责任，充分调动企业负责人抓安全生产工作的积极性，增强责任心；组织开展专项检查活动，层层压实责任，严防事故发生，实现市直企业安全生产无事故；到县（市、区）联社及企业宣传讲解安全生产新理念、新政策，指导、帮助县级联社更好地开展安全生产和监管工作，得到省联社的充分肯定和推广。

【工美产业】 认真贯彻落实《传统工艺美术保护条例》，组织开展全市工艺美术系列初级专业技术职务任职资格评审，把扶持中小微企业政策落到实处，积极争取省级传统工美扶持资金，帮助沁水核缘创新工艺品有限公司等企业开发新品，做大做强工美产业。完成《中国工艺美术大全》晋城卷资料的收集、编纂组稿工作，为全市工美企业创新发展提供基础资料和准确数据。

【扶贫脱困】 帮助扶贫村制订扶贫计划及措施，明确脱贫攻坚的时间表、路线图、任务书；确立连翘种植产业发展思路，解决帮扶资金。加大基础设施建设力度，路基拓宽工程行路难、吃水难、环境差等问题得到改善。实施产业种植计划，结对帮扶行动落实到位。

（市城镇集体工业联合社）

民营经济

【概述】 2016年，全市中小企业（民营经济）管理系统坚持“问题导向、服务为本”的理念，进一步转变工作作风，突出改革创新，落实发展政策，加强协调服务，优化发展环境，促进了中小企业和民营经济的持续发展，各项工作稳步推进。

【主要指标】 2016年，全市中小企业营业收入完成1059.62亿元，同比上升0.96%；工业总产值完成747.20亿元，同比上升0.16%；实现利润91.35亿元，同比下降3.85%；上交税金完成50.10亿元，同比下降8.53%；提供劳动者报酬67.79亿元，同比上升4.44%。

【企业成长工程】 全年培育“小升规”企业19家，占年度目标任务的237.5%；市级以上创业基地认定5家，省级技术中心认定4家，科技型中小企业认定18家；固定资产投资完成67.88亿元，占全年目标的111.28%；省级“3个1”素质提升工程全部培训完成。

【创业基地建设】 市中小企业局下发《关于规范全市中小企业创业基地建设工作的通知》，开展中小企业创业基地申报及认定工作，5家创业基地被省中小企业局认定为省级中小企业创业基地，争取省级中小企业创业基地项目资金646万元；5家基地达到市级中小企业创业基地标准，并推荐申报省级创业基地。至年底，晋城市建成或在建创业基地达到35家，省级创业基地达到12家，入驻企业1679个，安排就业5500余人。高平市被认定为山西省中小微企业创业创新基地示范县，争取扶持资金900万元；泽州县冶铸产业集群被认定为省级重点产业集群。与上海研发服务平台共建“科技服务驿站”，组织全市30家技术中心企业对接上海优势技术资源，共发布技术转移项目和授权专利信息650余条，解决中小企业技术难题20个。实施中小企业素质提升工程，全年共培训1600余人，其中组织优秀企业家赴清华大学培训10人，企业精英培训200人，小微企业管理人才培训1100人，订单式培训320人。全年，全市新创办企业5664家，新增就业岗位9277个，新增个体工商户13976户，创造就业岗位32583个。

【服务体系建设】 一是启动服务体系运行。晋城市中小企业公共服务体系在全省地级市中率先上线运行，服务体系涵盖1个市级综合服务平台，金融、人才、互联网3个专业应用平台，泽州装备制造、高平食品加工2个产业服务平台和覆盖全市县、乡130余家小微企业服务站，筛选95家中小企业服务机构组成服务联盟，形成全市中小微企业“找得见、用得起、有保证”的体系化平台服务网络。全年共提供服务项目130项，开展服务活动800余次，服务企业1万家次，服务各类创业人群4万人次，为中小微企业和创业者减免各类相关费用3000余万元。二是加强融资服务。间接融资方面，在抓好“助保贷”“聚力贷”“助企贷”“信保贷”等现有融资模式的基础上，市迎春融资担保公司与邮政储蓄银行合作开展“惠企贷”业务。至年底，全市省、市两级奖补资金投入15250万元，贷款户数200余家，贷款余额6.2亿元。直接融资方面，根据《山西省中小企业局关于推荐拟挂牌“新三板”后备企业的通知》

精神和《晋城市上市(挂牌)后备企业资源库管理办法》,审核、筛选41家企业统一上报,其中与券商签署协议企业12家,全部入库管理。3家企业在"新三板"挂牌,实现"零"的突破;3家企业在E板成功挂牌;还有一批企业纳入企业挂牌上市后备资源库。此外,推荐7家金融机构申报2016年小微企业贷款风险补偿资金项目、8家担保机构申报信用担保资金项目,共获得464万元补偿奖励资金。

【创优发展环境】 编印《中小微企业政策要义及解读手册》,发布政策信息342条,组织2次中小微企业政策落实情况督察,全市全年累计发送政策动态、科技项目、服务资讯等信息2000余条,覆盖企业近5000家(次),受益人群达2万余人次。

【安全监管】 贯彻安全生产方针政策,构建安全生产长效机制,严格执行安全生产一票否决、督促检查、行政问责等10项工作制度和安全例会制度,建立完善各项制度的执行台账,提升安全监管水平,对112家企业实施重点监管,并对其中涉及使用和产生煤气的10家企业进行"专家会诊"。开办安全宣传专栏,印制安全宣传画报,开展"安全生产月"宣传咨询日活动、"安全在我身边"演讲征文等活动,强化安全生产意识。

【对外开放】 参加第9届APEC中小企业技术交流暨展览会和第13届中国国际中小企业博览会,共有80多件"专精特新"产品参展、25家企业参会。展会期间,累计接待客商2000余人次,发放宣传资料7500余份。在第14届中国国际铸造博览会上,晋城市清慧铸造、金工铸业等4家企业铸造产品荣获金奖,利普利拓、兴达铸件等公司取得海外订单。

(市中小企业局)

招商引资

【概述】 2016年,市招商局主动适应新常态,以稳增长、调结构为工作重心,围绕"项目创新年"各项工作要求,依托"冬季行动""民企入晋"系列活动,引深"三大突破",强力助推"六大发展",全市招商引资工作取得新成效、新进展。

【主要指标】 招商引资签约项目188个,总投资2266.93亿元,同比增长34.84%,完成省、市年度目标的144.94%;签约总额全省排名第四,完成率排名第三。招商引资外来资金到位531.67亿元,同比增长1.57%,完成省、市年度目标的104.46%;资金到位额全省排名第六,完成率排名第四。招商引资签约项目落地37个,总投资283.91亿元,完成市年度目标的96.90%;城区、阳城县各落地30亿元以上项目1个。

【项目建设】 一是注重项目储备。围绕中高端智能化装备制造、煤层气综合利用和泛旅游文化产业,以及现代农业、重大公共基础设施等重点领域,结合县区资源禀赋和发展优势,动态征集一批符合县区发展方向、可操性强的中长期特色优势项目,年储备项目超百个。二是突出重点招商。筛选出32个重点招商项目进行宣传推介。三是完善项目对接机制。对已经掌握和接触的项目,建立项目联系制,追踪掌握进度,全力促进签约落地。四是盯紧统计通报。实行"月统计、季通报",每季度以市政府办文件通报,并在晋城在线、晋城招商网进行专项通报。

【招商行动】 一是借助全省"民企入晋"活动,参加10场重大招商活动,并组织举办北京、南京、天津、深圳、重庆等多个晋城产业项目推介对接会。其中,深圳推介会签约12个项目,涉及工业、农业、新能源、旅游、基础设施等领域,拟引资126亿元;重庆项目推介会签约项目7个,拟引资额133亿元;民营企业助推山西转型创新发展大会签约项目8个,拟引资121亿元。二是组织参加省、市系列主题招商活动。9月7日至9日,参加2016年太原能源低碳发展论坛暨第六届中国(太原)国际能源产业博览会,围绕晋城市重点产业,切合能博会大会主题,布展低碳、新能源、清洁的企业产品和新能源上下游关联企业产品,展示晋城市低碳发展成果和对外开放形象。借助举办神农炎帝文化旅游活动的契机，共签约招商项目15个，投资总额达80.66亿元，进一步加深海峡两岸商贸交流合作。三是“走出去”与“请进来”相结合。组织参加14场招商推介活动；同时邀请各地商会和企业家到晋城市投资考察，寻找项目对接洽谈商机，接待来自北京、上海、重庆等地的客商参观考察，与京东商城、万达集团等企业进行对接洽谈。

【区域合作】 一是加强与中原经济区的产业项目合作。3月10日，晋城市在郑州召开晋城—中原经济区合作项目推介会，同河南晋商会就健全交流对接平台、组建专业招商团队、创新众筹模式等达成共识。二是主动融入环渤海经济圈。4月15日，晋城市在天津召开晋城—天津产业协同发展推介对接会，与来自京津冀地区的30余家企业代表进行交流对接。三是持续加强与长三角、珠三角等经济发达区域的交流与合作，组织举办南京、深圳等地的晋城产业项目推介对接会。

【“冬季行动”】 “冬季行动”中，市招商局圆满完成四项重点工作任务：一是对招商引资签约项目大起底，对“十二五”期间全市824个招商引资签约项目进行回头看、再摸底、再排查；二是积极组织招商推介活动，加强项目推介与对接，“冬季行动”期间举办6次招商推介活动；三是从68个备选项目中筛选出30个重点招商引资推介项目，印制2016年《晋城市重点招商推介项目册》；四是积极推进招商引资项目大调研，通过下乡调研和梳理汇总各县区汇报材料，整理形成全市调研报告和产业地图、招商地图。

（市招商局）

晋城经济技术开发区

【概述】 2016年，晋城经济技术开发区围绕全市“一争三快两率先”发展战略，加大招商引资力度，推进重点工程项目建设，促进创新创业，助力中小企业发展，优化体制机制，全区经济社会各项事业取得新的成绩。

【主要指标】 2016年，全区规模工业增加值增速6.7%，超年度目标2.7个百分点，其中，高新技术产业增加值占工业增加值比重达到91%；一般公共预算收入完成2.85亿元，超年度目标1.8个百分点；固定资产投资完成70.7亿元，增长5.9%；外贸进出口额完成3.11亿美元，其中出口1.1亿美元；实际利用外资2亿美元。

【招商引资】 2016年，全区累计签约项目11个，涉及投资总额253.5亿元，落地项目3个，到位资金81.4亿元。在承接大项目上，瞄准中船重工、富士康等500强企业，主动出击，精准对接，其中：中船重工项目正式签署战略合作协议；海装风电项目顺利落地；新能源装备产业园规划投资30亿元；富士康持续扩大规模，累计新增投资11.5亿元。

【重点项目】 探索重点项目建设新模式，加快建设重点工程。制订出台开发区2016年转型综改行动计划，全面推进全区转型综改工作。探索“政府主导，企业运作”的“管委会+开发公司”园区开发建设模式，工业园区基础设施、投融资、招商引资、开发建设等工作取得新突破。推进金匠新区基础设施PPP项目建设，PPP项目成功进入省项目库，获得省政府80万元的奖励资金，成为晋城市首家入选省级第二批示范项目。管委会与社会资本方中建七局、中信正业、新郑海创签约四方协议，PPP项目全面进入实施阶段。

【优势产业】 继续扶持优势产业作为工业稳增长的重点。一是推进富士康精密光电制造产业持续做大，重点瞄准光学镜头模组、光通信产品生产项目，实现产值88.08亿元。二是抓住省政府确定晋城市建设煤机装备制造、煤层气装备制造基地的机遇，以《山西省新兴制造业三年推进计划（2015—2017年）》确定的开发区重点项目为抓手，扶持做大装备制造产业，重点发展精密刀具、工业机器人、手机机构件、煤机煤层气装备、汽车零部件等产业，实现产值13.26亿元。三是扶持做大新能源产业，引进锂离子动力电池、煤层气等项目，实现产值11.66亿元。全年，三大优势主导产业实现产值113亿元。

【新兴产业】 一是推进与央企中船重工的项目合作,加快江淮新能源装备制造园区建设,推进以核级阀门为重点的第三代核电装备项目和以风电制动器为重点的风电机组关键配套装备项目建设,全年完成投资1.8亿元,风电制动器生产线和核级阀门生产线均正式投产;二是抓住晋城被列为国家新能源汽车应用推广城市的机遇,推进以中道能源为重点的新能源汽车动力电池项目建设,全年完成投资7200万元,实现销售收入3100万元;三是着力培育发展电子商务等新产业、新业态,出台《开发区关于扶持电子商务产业发展的实施意见》,在区内企业普及电子商务应用,培育电子商务主体,引导电子商务企业入区发展。

【中小企业发展】 利用市场化手段搭建双创平台,推进金匠"双创"基地项目和金匠科技孵化基地建设,强化创新创业理念,打造创新创业平台,引进外地企业落户发展,扶持本地企业做大做强,多家优秀创新创业企业和中介服务机构入驻。全年,新增省级创业基地1家,首期"双创"园区引进企业20户,投资4.5亿元。

【资本市场】 出台《开发区鼓励发展利用资本市场意见》和《开发区上市挂牌企业后备资源库管理办法》等,建立开发区上市挂牌企业后备资源库,皇城药业、汉通鑫宇、兰花汉斯、金鼎高宝钻探和富士康极致光机等企业入库。皇城相府药业公司在全国股转系统正式挂牌,成为晋城市首家新三板上市企业。园区开发建设公司与银行、担保公司等机构合作,为企业提供融资支持;联合其他社会资本和北京新三板学院等社会机构设立股权投资基金和风险投资基金,为入驻产业园技术含量高、成长性好的企业提供股权投资、风险投资和上市辅导等服务,引导外地一批具有发展潜力的企业落户园区,加速企业孵化,帮助企业登陆股权交易所、新三板、创业板和中小企业板等资本市场。

【行政审批】 以2015年度行政权力清单为主要参考依据,将权力清单中的77项行政许可事项、61项其他事项全部进行公开,并结合自身实际采取前厅后室或厅室结合的模式,推进"两集中、两到位"行政审批制度改革,全区具有行政审批职能的局(室)全部进驻行政服务大厅,向社会公开的行政审批事项也全部进厅到位。

(晋城经济技术开发区)

重点企业

·晋煤集团·

【概述】 2016年,山西晋城无烟煤矿业集团有限责任公司(简称晋煤集团)面对市场需求极度疲软、资金运行极度紧张、生产经营极度困难的严峻形势,不为经营困难所阻,认真履职尽责,主动担当作为,努力拼搏奉献,以卓有成效的工作业绩,推动企业生产经营保持总体平稳,重点领域实现历史性突破,各项工作取得新进展。

【主要指标】 全年,完成营业收入1509亿元,上缴税费69.53亿元,实现利润3.20亿元,非煤产业实现营业收入1323亿元,占集团总收入的比例达到87.7%,企业位列2016世界企业500强第384位、中国企业500强第93位。

【煤炭产业】 严格落实煤炭去产能政策部署,一方面坚决去产能,严格执行276个工作日制度,主动压减煤炭产量。高都煤业、清河二矿合计退出产能105万吨/年,提前完成山西省政府的任务要求;一方面狠抓先进产能建设,加强系统设计优化,寺河矿、成庄矿、长平矿、赵庄矿四大主力矿井各项指标全部高于国家先进产能标准要求,原煤产量占到集团煤炭总产量的66.57%。同时,全力加快新矿井建设,龙泉矿井、亿欣煤业陆续投产;胡底矿井进入联合试运转;三交一号矿井进入国家能源局核准的第一序列,是山西省唯一一座具备核准条件的矿井;东大矿井产能置换方案通过国家能源局核准,即将开工建设;车寨矿井取得核准需要的6个支持性文件,土地、环评手续正在加快办理;推进整合矿井建设,全年共有5座整合矿井竣工验收或联合试运转,6座整合矿井达到验收条件。

【煤化工产业】 加快推进高端煤

化工项目建设进程，“高硫煤洁净利用循环经济工业园”一期项目完成主要设备安装。创新“互联网+”商业模式，利用期货、电子交易平台优势，启动晋煤太阳石煤化工交易中心。大力发展精细化工产品，液态己内酰胺全部达到欧洲标准，高端液体化肥尿素硝铵溶液远销美国、澳大利亚等国。

【煤层气产业】 加快实施全省瓦斯抽采、利用两个全覆盖工程建设，创新实施L型井、采空区（废弃矿井）煤层气抽采技术，实现煤层气开采的最佳“路径”，为山西省乃至全国煤矿区煤层气开发和瓦斯治理树立典范。2016年，井上下煤层气抽采量比2015年增加0.84亿立方米。煤层气井下利用量比2015年增加0.56亿立方米。矿井瓦斯抽放率达75.72%，比2015年增加5.49个百分点。

【电力产业】 加快构建“煤—气—电”特色循环经济产业链，湖南攸县2×63万千瓦电厂正式投产，年新增煤炭用量150万吨。赵庄电厂完成主厂房及主要设备基础施工。阳城晋煤能源争取大用户直供电量指标1.78亿千瓦时。同时，分布式低浓度瓦斯发电项目进展顺利，芦家峪瓦斯发电站正式并网发电，成为全国首座分布式低浓度瓦斯电站。成庄瓦斯发电项目土建工程基本完工，胡底瓦斯发电项目土建工程完成50%，并网接入工程完成40%，寺河三水沟低浓度瓦斯发电项目开始场地平整，其余项目正在加紧前期准备。2016年发电量比2015年增加5017万千瓦时，占到总发电量的70.47%，创效2.17亿元。

【煤机产业】 金成矿建公司创新机制、创新工艺、创新装备，发挥煤岩巷快速掘进作业线效能，煤巷、岩巷掘进效率分别达到原来的2倍和2.5倍。金鼎公司获2016年山西省制造业100强企业称号，并连续6年入围中国煤炭机械工业50强。

【新兴产业】 提升现有多种经营产业专业化经营水平的同时，加快培育发展绿色可持续建筑、激光投影仪等新兴产业。绿色可建《装配式钢结构集成部品·主板》《装配式钢结构集成部品·撑柱》两个部品标准，通过省质监局认证，打通市场准入瓶颈，奠定工业化生产和推广基础。晋煤激光投影技术跻身全球第一方阵，市场反响良好。

【安全生产】 牢固树立“经营好安全就是最好的经营，最大的效益就是员工最大的福祉”理念，立足企业以煤为基、产业多元、点多面广的安全管理特点，在原有煤矿“五人小组”基础上，设立非煤板块“三人监管小组”，全面实施非煤板块单位安全生产监督管理办法，进一步健全完善企业“大安全”管理体系；按照“单位自查、专项检查、安监抽查、集中突查”的方式，深入开展每周三“安全生产日”活动的同时，全年不间断组织各板块、各单位、各专业，开展拉网式安全大检查，传递安全压力、压实安全责任；坚持“以时间换安全生产空间、以技术换安全生产空间、以工作量换安全生产空间”的瓦斯防治思路，加大矿井瓦斯抽采力度，瓦斯抽放进尺比2015年提升11%，千米钻机进尺量比2015年增长22.5%，连续多年杜绝瓦斯伤害事故。

【改革创新】 一是人力资源配置改革成效显著。开展建企以来力度最大、范围最广的人力资源配置重大改革，建立多渠道、多样化的冗员分流和退出机制，精减分流结构性冗员1.5万余人，3年累计精减结构性冗员3万余人。二是企业分离办社会工作有序推进。落实山西省关于推进企业分离办社会的工作要求，在内部摸底、外出调研、广泛论证的基础上，形成初步的工作方案，开始稳步有序推进。三是创新创业方兴未艾。全年共有14家二级公司获得国家高新企业认证。依托全国唯一的煤与煤层气共采国家重点实验室，加大煤层气抽采关键技术创新。响应国家“双创”号召，全面启动双创园区，设立“双创基金”，成立双创园管理委员会。全年共获得省部级科技奖励22项。其中，“采动区煤层气地面抽采井优化设计技术及应用”项目获得山西省科技进步奖一等奖，“中硬煤层1800米定向钻进技术与装备”项目获得中国煤炭工业科学技术奖一等奖。

（晋煤集团）

·阳城电厂·

【概述】 2016年，阳城电厂聚焦关键要素，开源节流，降本增效，面对电价下调、煤价上涨、超低排放及环保改造工程集中实施等经营形势，凝心聚力、攻坚克难，取得良好的经济效益和社会效益。全年发电175.69亿千瓦时，机组利用小时数5324小时，发电量与2015年持平。

【安全生产】 坚持安全生产关口前移，重心下沉，狠抓制度、责任“两落实”。各生产部门认真落实“降非停、降缺陷、创金牌”行动计划，以防止锅炉灭火、四管泄漏和误操作为工作重点，将安全生产目标责任逐级分解，层层落实。组织开展“反事故专项行动”“外包工程专项治理”和“安全生产百日攻坚”等专项活动，保障安全生产平稳有序。

【技术创新】 全年共获得国家专利授权15项，其中2项为国家发明专利，新技术创新与应用硕果累累。与国内各大科研单位合作，在开展大量技术试验的基础上，引进国外SNCR先进技术，实施超低排放改造，4台机组改造施工全部完成，烟尘、二氧化硫、氮氧化物排放指标完全达标。创新采用先进技术理念，攻克W型火焰锅炉超低排放技术难关，实现改造机组“一年四投”。优化配煤掺烧技术，推进燃料“三大项目”建设，全程优化系统设计，实现数字化、智能化燃料管理。总结提炼出“多煤种混合高效分级燃烧技术”，实施除氧器上水调阀改造、气泡雾化油枪改造等技改工程。完成发电机组供热改造，开始向阳城县供热，热源各项参数合格稳定。

（阳城电厂）

·兰花集团·

【概述】 2016年，兰花集团围绕“五大板块”（煤炭煤化工、新材料、新能源、医药健康、现代服务业五大板块）战略部署，着力实施观念创新、管理创新、技术创新、商业模式创新和体制机制创新，生产经营整体运行基本平稳。

【主要指标】 2016年，公司资产总额391.11亿元，同比增加28.55亿元，增长7.87%；实现销售收入67.29亿元，同比增加4.09亿元，增长6.48%。受煤炭、化肥化工产品价格低迷等诸多不利影响，全年实现利润-5.86亿元，同比增亏3.39亿元；上缴税金8.68亿元，同比减少2.35亿元，下降21.32%。

【多元产业】 在保持煤炭、煤化工传统产业稳定发展的同时，优化新材料产业、新能源产业、医药健康产业、现代服务业发展布局。煤炭产业通过优化生产布局等多项措施，实现销售收入31.91亿元，与上年基本持平。煤化工产业实现销售收入20亿元，同比下降14.86%。己内酰胺项目经过37个月的建设，于10月启动试生产。纳米新型材料项目正式投产，聚烯烃母粒产品经过反复实验获得成功，纳米碳酸钙产量4.35万吨，实现销售收入8403万元，实现利润478万元。大宁发电公司持续稳定生产，全年发电2.1亿千瓦时，实现销售收入8771万元，实现利润541万元。煤层气公司完成西河演礼片区111套排采设备安装，新建水平井6口，铺设管道180千米，与国新能源、阳城县及大宁发电管道接通，实现日产气量20万立方米，建成10万立方米的压缩站1座、集气站6座、加气站3座，全年销售收入5534万元。重庆太阳能公司对外紧盯市场、销售策略灵活，对内强化管理、小改小革、调工艺、降成本，同比减亏454万元。药业公司不断研发新品种，积极开拓新市场，经营业绩稳步提升，全年销售回款6000万元；陵川太行中药项目生产车间及原药材库主体完工，生产设备全部到位。物流园区、兰花城、王莽岭景区、房地产业、酿造业为公司转型跨越发展提供了强劲支撑。此外，大宁煤炭、大酒店、物业、丝麻、林业、招标、造价、监理等公司，均保持同期水平稳步发展，产业多元化格局基本形成。

【安全生产】 牢固树立安全红线意识和底线思维，出台《安全管理十条红线》《岗位操作十条红线》和《停产停工二十五条红线》3个红线规定。认真宣传贯彻新《安全生产法》和新《煤矿安全规程》等法律法规，不断完善安全生产规章制度，推进“打非治违”专项行动，增强依法治安、依法治企理念。落实主体企业安全管理责任，建立健全“党政同责、一岗双责、齐抓共管”安全生产责任体系，逐级层层签订安全目标责任书和安全承诺书，加大安全权重考核，实行安全“一票否决”。坚持纵向安全检查不断线，横向安全检查全覆盖，全年共检查出各类问题和隐患1189条，全部及时排除。加大安全投入，注重科技兴安和科技强安，全年共提取各类安全费用2.56亿元，安全设施和安全装备水平进一步加强。不断夯实安全基础管理，继续推进安全质量标准化建设和“三标一体”（质量、环境和职业健康安全）工作。

【企业管理】 强化细化生产经营管理，各生产矿井科学规划合理调度，各地面企业加强设备、现场管理和消耗控制，保证系统长周期平稳运行。全年累计生产煤炭824.61万吨，生产尿素119.87万吨，生产二甲醚25.52万吨。

加强销售管理，灵活调整价格和销售策略，狠抓质量管理，加强与大客户之间的广泛沟通，充分调配铁路、公路销售比例，努力保证产销平衡。全年销售煤炭792.41万吨，销售尿素121.38万吨，销售二甲醚24.84万吨。

继续在培基固本节能降耗上下功夫，成本消耗明显下降。煤炭生产成本206.12元/吨，同比下降6.88%；尿素生产成本1191.75元/吨，同比下降12.09%；二甲醚生产成本23.08.97元/吨，同比下降11.34%，均保持在同行业先进水平。年初，封存处置141辆公务用车，盘活资金229万元。贯彻实施《企业负责人履职待遇管理办法》，提倡电子化办公，严格控制差旅费、会议费、业务招待费等费用，降低管理成本。

【科技创新】 全年，申请省、市各类科技项目7项，承担省级各类科技项目4项，其中具有国际先进水平项目4项。获得省部级科技成果2项，申请获得授权专利21项。一批在煤矿瓦斯治理、顶板支护、提高煤炭资源回收率等领域关键技术及装备得到广泛应用。

【队伍建设】 全面贯彻落实山西省煤矿从业人员素质提升工程，各煤矿“六长”和副总工程师学历达标100%，职业资格达标90%；其他安全生产管理人员、特种作业人员、特有工种学历达标100%，基本达到素质提升工程的目标要求。公司培训中心全年共举办各类培训97期，培训总人数达3300余人次。

（兰花集团）

·山西兰花科技创业股份有限公司·

【概述】 2016年，山西兰花科技创业股份有限公司完成工业总产值44.27亿元，同比下降7.97%；完成工业增加值20.46亿元，同比下降25.86%。完成销售收入43.57亿元，同比减少4.53%；实现利税－2.94亿元，同比下降157.68%；全年亏损－8.05亿元，同比增亏7.79亿元；上缴税金6.43亿元，同比下降11.96%。

【公司治理】 按照上市公司相关法律法规要求，加强董事会自身建设，提升公司内控水平，提高规范化运作能力。公司进行重大人事变动，聘任新的董事长、总经理，更换会计师事务所，规范履行相关决策程序和信息披露义务，确保公司的平稳运行。全年，组织召开股东大会3次，董事会7次，审议通过定期报告、对外担保、内部借款、日常关联交易、修改公司章程、董事选聘等77项议案。

【企业经营】 面对复杂的外部环境和企业经营发展的艰巨任务，坚持向管理要效益，制定实施关于加强技术创新和改善生产经营的26项措施，层层分解落实，促进公司经营运行的质量逐步改善。全年公司煤炭平均完全成本236.08元/吨（剔除不可比因素19.93元/吨），同比下降11.53%，煤炭成本继续保持行业先进水平，四矿实现利润同比增长5.52%，大宁煤矿投资收益同比增长32%。两个化工厂经营状况有所好转，二甲醚平均完全成本2492.66元/吨，同比下降13.23%，四季度后实现扭亏转盈，全年同比减亏7522万元。尿素平均完全成本1348.44元/吨（剔除不可比因素23.79元/吨），同比下降9.83%，但因市场售价同比下跌幅度达到24.89%，导致化肥企业经营出现较大亏损。

【重点工程】 新建年产240万吨玉溪煤矿,全年完成投资6.63亿元,累计完成投资20.70亿元,占总投资33.79亿元的61%。年产10万吨己内酰胺项目,概算总投资25.63亿元,11月全面开始投料试车,年底基本达到满负荷试运行。望云15#煤延深项目,概算投资5.17亿元,累计完成投资2.28亿元,完成井巷一期工程。年产120万吨永胜煤矿,概算投资6.81亿元,累计完成6.75亿元,完成井巷三期工程。

【转型发展】 为解决化肥企业产品结构单一,企业经营困难的局面,积极推进化肥化工企业转型发展。一是加快普通尿素产品升级换代步伐,田悦增效尿素产品占到总产量的20%左右,煤化工复合肥市场开发在山西、河北、河南布局70多个销售站点。二是投资7242万元,开工建设田悦乌洛托品、煤化工尿基复合肥、丹峰二甲醚气瓶充装三个项目。三是按照优势互补、资源共享、互通互联、循环利用的思路,对巴公区域内的新材料分公司、煤化工公司、化工分公司、污水处理厂等企业实施循环发展和转型升级改造,启动前期调研和技术论证工作。

(山西兰花科技创业股份有限公司)

·山西梅花丝麻集团有限公司·

【概述】 2016年,山西梅花丝麻集团有限公司推进创新管理和技术改造,调整工作思路,努力消化不利因素,在逆境中求发展,不仅保持了生产经营的良性发展,而且加快了技改创新的步伐,企业呈现出和谐稳定的发展局面。

【主要指标】 2016年,完成现价工业总产值17977.78万元,比上年同期减少894.89万元,下降4.74%。完成工业增加值7395.79万元,比上年同期增加12.34万元,增长0.17%。完成销售收入19600万元,占年度考核指标的78.20%。完成进出口总额378.28万美元,比上年同期增加37.70万美元,增长11.07%。累计实现税利1400万元。

【经营管理】 由公司牵头主办的晋城市丝麻纺织服装行业“十三五”规划通过有关部门审核。对晋城市丝麻纺织服装行业各企业经营状况进行摸底调研。加强集团公司网站管理,补充完善网站布局、内容,实时发布行业动态,及时更新企业资讯,介绍集团工作情况,扩大集团影响,提升集团形象。重视《山西丝麻》编辑发行工作,提高编辑质量。加大绿洲公司增资扩股工作力度,解决盛唐公司职工生活区吃水用电难题。

【安全生产】 年初,与企业签订安全生产责任书,明确义务和责任,抓好源头管理工作。年中,定期深入企业进行安全检查,发现隐患现场排除。及时通报上级安全防范政策要求和重大安全事故,督促生产单位认真全面落实。注重集团公司大楼的安全防范工作,做到定期检查、适时维护、消灭隐患。全年,所属基层企业实现安全生产无死亡、火灾、爆炸、设备等事故。集团公司连续18年实现安全管理无事故。

(山西梅花丝麻集团)

·山西天泽煤化工集团股份公司·

【概述】 2016年,山西天泽煤化工集团实施“以肥为主、肥化并举、煤化联合、多元发展”的发展战略,坚持“坚持化肥、发展化肥、走出化肥”的转型发展理念,以市场为导向,加快创新发展,发挥本地优质气化煤的资源优势,生产经营保持平稳发展态势。

【主要指标】 全年,共生产合成氨134.83万吨,生产尿素229.79吨,生产精甲醇10.84万吨,生产甲醛2.5万吨,生产三聚氰胺981.68吨;余热发电8243万度;完成工业总产值(现价)280638万元,实现销售收入279056万元,实现利润205万元,实现利税总额1595万元。

【安全管理】 完善生产调度会、安全生产例会制度,强化公司领导带班值班制度,强化现场作业规范管理和安全监管,严格工艺指标,严密计划检修,严肃劳动纪律,组织开展安全宣誓、安全事故警示教育、应急救援演练、安全知识技能竞赛、安全宣讲、安全咨询等活动,开展隐患大排查大整治、安全生产大检查、“反三违”专项行动、“安全生产月”等活动,并以煤气化厂“6·22”安全事故为切入点，进行事故大反思、大讨论，进一步增强员工的安全环保意识和安全操作技能，夯实安全生产、环境保护管理基础，保证生产装置安全稳定满负荷长周期经济运行。

【节能降本】 一是确保系统高效低耗运行。积极转变理念、提高认识，全面系统合理开机、经济运行，发挥装置最佳效能，严控“两煤一电”消耗和其他原辅材料消耗。二是健全完善内部激励机制。发挥倒逼机制作用，对原辅材料消耗、维修费用等各项指标进行全面对标优化，切实推进降本增效措施落实。深化主要能耗指标与岗位浮动工资挂钩奖励办法，调动全体员工节能降本的积极性、主动性和创造性，形成向节能降耗要效益的整体合力。三是争取大用户直供电政策。大用户直供电电价较当前电价低0.155元/千瓦时，节约电费约4900万元。四是广泛深入开展增收节支活动。从严控制各种费用支出，努力降低单位产品期间费用，大力开展修旧利废，实现节支降耗，挖潜增效。

【重点项目】 1.“40·60”项目全面建成投产。该项目于5月18日进入全面试生产阶段，氨醇产量接近日产1700吨，基本达到设计值。

2.煤气化厂3万吨/年甲醛项目。2月18日开始项目设计，6月取得环评批复和职业病危害预评价批复，地基处理施工单位进场，8月完成土建主体施工，10月完成甲醛装置设备及管道安装。

3.煤气化厂铁路专用线建设项目。因原方案设计的天泽站台长度550米，不能整列装车，无法满足煤气化厂年产180万吨大、小颗粒两种产品的发运需要。于5月9日委托郑州铁路设计所对建设方案进行优化修改，年底完成优化修改方案的可行报告，报郑州铁路局评审批复。

4.合成氨尾气综合利用联产5万吨/年乙二醇项目。为节约项目投资、降低蒸汽消耗、减少污染物存量交易费用，对工艺进一步优化，取消新建一台50t/h锅炉，并随之补充修改环评报告。12月27日，市、县环保局对总量确认并批复。取消锅炉方案后，可节省项目投资约2500万元。

5.化工厂合成氨系统安全达新标准(GB 50160-2008)要求改造项目。项目备案已完成，6月16日取得环评批复，11月28日取得安全评价批复。化工厂5#、6#锅炉烟气脱硫项目建成并于11月投入生产系统。

【获得荣誉】 7月6日，在太原召开的2016年中国氮肥、甲醇技术大会上，天泽集团获得“十二五”期间“氮肥、甲醇行业节能减排先进单位”称号。7月18日，工信部、发改委、质检总局联合公告2016年度能效“领跑者”企业名单，天泽集团入围以优质无烟块煤为原料的合成氨能效“领跑者”企业。7月27日至28日，在北京举行的“十三五”石油和化工行业节能节水与低碳工作促进会暨2015年度能效“领跑者”发布会上，天泽集团获合成氨行业能效“领跑者”标杆企业称号，作为山西省唯一一家上榜企业，天泽集团已连续五年获此称号。

（山西天泽煤化工集团股份公司）

农　业

【概述】 2016年，全市农业部门认真贯彻落实中央1号文件精神，按照中央、全省农村工作会议，市委六届六次全会暨全市经济工作会议安排部署，扎实工作，狠抓落实，各项农业农村重点工作进展顺利，全年农村居民人均可支配收入达到11635元，增长6.6%，绝对值排名全省第四。

【农业生产】 全年，粮食总产量达到90.1万吨，成为历史第6个高产年。全市农产品加工企业销售收入达到73.66亿元，农业产业化龙头企业新上项目43个，总投资8.2亿元。全年，共完成现代农业产业投资46.1亿元，占目标任务44亿元的104.8%。全市农产品抽检合格率达到98.6%，连续多年未发生农产品质量安全事故。

【特色农业】 全年，新发展设施蔬菜121.33公顷、提质增效100公顷，蔬菜种植面积9400公顷，总产量53.1万吨；完成桑园标准化提质增效333.33公顷，全年发种量9.5万张，蚕茧产量达到500万千克；完成水果提质增效841.33公顷，水果种植面积1400公顷，产量9.2万吨。小杂粮产业方面，小杂粮播种面积42266.67公顷，产量达1亿千克。食用菌产业方面，全市食用菌产业年产能8万吨，产量4.05万吨。大棚种植食用菌达到近666.67公顷。

【美丽乡村建设】 制定出台《改善农村人居环境2016年行动计划》，加快改善农村人居环境“四大工程”建设。开展美丽宜居示范村省、市、县三级联创工作，创建省级美丽宜居示范村6个、市级美丽宜居示范村20个、县级美丽宜居示范村45个。举办阳城农业嘉年华活动、晋城市美丽宜居示范村乡土文化展播活动、晋城市第二届“最美乡村”评选活动，展示晋城市美丽乡村建设的新成果、新风貌。

【惠农政策】 认真落实中央、省各项粮食补贴政策，落实2016年省政府新出台的10项强农惠农富农政策，市财政安排支农项目资金7000余万元，各项资金全部落实到具体项目。

【农民培训】 新型职业农民培训工作顺利开展，在省下达任务的基础上，市财政加大投入力度，安排资金400万元，共完成新型职业农民培育6335人，占目标任务的127%。

【扶贫解困】 全年，共完成26733人的脱贫任务，超目标任务11%。一是产业扶贫方面，全市共安排186个项目，其中特色农业产业扶贫项目108个、光伏扶贫项目38个、旅游扶贫项目8个、企业产业扶贫项目32个，共覆盖贫困农户1.35万人，企业产业扶贫项目完成投资9.68亿元；二是易地扶贫搬迁方面，全市规划建设的20个集中安置点全部开工，竣工8个，可安置贫困人口4411人，可安置同步搬迁人口529人，分散安置搬迁人口972人，总计完成5912人的搬迁任务。三是干部驻村帮扶方面，173名市、县两级四大班子领导包村；向5个县（市）的200个建档立卡贫困村和218个贫困户比较集中的低收入村派驻513支帮扶工作队，市、县两级共选派“第一书记”188名，实现建档立卡贫困村和党组织软弱涣散村“两类村”的“全覆盖”，直接投入资金共825万元，实施帮扶项目179个，帮助引进各类资金5873.2万元，引进各类项目100个。四是精准培训方面，完成贫困人口精准培训1450人，其中千村万人培训850人，新型职业农民培育600人。五是教育扶贫方面，对建档立卡贫困户中考入二本以上院校的大学生给予一次性学费资助，共资助212人，资助资金106万元。六是金融扶贫方面，下达金融扶贫小额信贷资金共3172.3万元，涉及农户654户。七是阳光廉洁扶贫方面，成立扶贫攻坚精准预防“阳光百姓工程”领导小组，要求所有扶贫项目资金必须有一整套的制度，都要按照规定操作流程组织实施，都要进行公示，接受群众监督。与纪检、检察等相关部门加强沟通联系，精准预防和专项整治扶贫领域中的不正之风和腐败问题，确保阳光扶贫、廉洁扶贫。

【农村改革】 全市基本完成农村土地承包经营权确权登记颁证工作，六县（市、区）全部建成县级农村产权流转交易市场。市农委出台《关于发展壮大农村集体经济的实施意见》，农村集体经济得到发展壮大。

（市农委）

农业综合开发

【概述】 2016年，市农业综合开发局以提高农业综合生产能力，推动农业稳定和农民增收为核心，贯彻落实党的各项方针政策，围绕“开发为民，为民开发”主线，强化措施，真抓实干，全年土地治理项目入库21个，产业化发展项目入库34个，全市农发工作再上新台阶。

【农田建设】 按照田水路林山综合治理的原则，完成泽州县北义城镇1万亩高标准农田建设项目并通过省级抽查验收，完成沁水县端氏镇0.25万亩高标准农田建设及阳城县次营镇0.1万亩土地治理适度规模经营试点项目。全市新建排灌站7座，修复排灌站1座，架设输变电线路6.3千米，安装变压器3台（套），埋设管道61千米，发展喷灌400亩，新建小型蓄水池2座，扩建加固小型蓄水池1座，拓宽平整修建机耕路17.25千米，营造农田防护林113亩，新建拦河坝1座，新打机电井2眼，修复机电井3眼，衬砌防渗渠道1700米，埋设管道17.8千米，改良土壤0.314万亩，栽植桑树356亩。

【小流域治理】 完成阳城县西河乡586.67公顷、陵川县崇文镇273.33公顷、沁水县十里乡600公顷小流域治理项目，为阳城、陵川两县田园城市建设夯实基础，为沁水县发展现代农业营造良好的生态环境。造林860公顷，修建机耕路21.8千米，新打机电2眼，修建5000立方米蓄水池1个，技术培训1100人次，对20公顷采摘园进行修剪和施肥，安装防护栏1200米，栽植桧柏和红叶李防护林2600株。

【产业化经营】 完成高平天润公司1000万株蔬菜苗木集约化生产、沁水县福龙翔养猪专业合作社年出栏4000头商品猪养殖基地扩建、沁水县兴荷养鸡专业合作社年出栏42万只肉鸡养殖基地扩建项目、沁水县弘翔养鸡专业合作社年出栏42万只肉鸡养殖基地基础设施配套及产业链延伸项目，持续推进高平市蔬菜生产基地和沁水县肉猪、肉鸡生产基地稳步发展。

【新上项目】 全市新上国家和省级农业综合开发项目15个，总投资6138.03万元。其中：争取省以上财政资金5049.6万元，市、县两级财政配套资金239.28万元，自筹资金849.16万元。其中，土地治理项目6个，总投资4310.95万元，治理面积2206.67公顷，分别是泽州县川底乡400公顷、高平市米山镇266.67公顷高标准农田建设项目，沁水县龙港镇600公顷、阳城县河北镇1.1万亩、陵川县秦家庄乡206.67公顷小流域治理项目、陵川县夺火乡科技推广项目。产业化经营项目8个，总投资1607.08万元，分别是：高平市正易农牧科技发展有限公司年出栏万头商品猪扩建、高平市铁炉贡梨种植专业合作社50万千克黄梨储藏保鲜库建设、沁水县绿草地生态农业发展有限公司年出栏5000只商品羊养殖基地扩建、沁水县宇康养鸡专业合作社年出栏42万只肉鸡养殖基地扩建、沁水县舜晟养羊专业合作社年出栏1000只肉羊养殖基地基础设施建设、沁水县盈进养羊专业合作社年出栏1000只肉羊基地基础设施建设、泽州县山里泉养蜂专业合作社新增500箱优质种蜂培育基地扩建项目、沁水县丰田食品有限公司年新增1000吨绿色有机小米小麦粉加工扩建项目。部门项目1个，为泽州县水务局山河镇水土保持项目，总投资220万元，其中财政资金206.18万元，自筹13.82万元。

【中药材产业】 2016年，全市中药材种植总面积50000公顷（耕地种植9133.33公顷，野生抚育40866.67公顷），增长2.5%；其中新种3686.67公顷，总产量达2.5万吨，中药材全产业链销售收入6.2亿元，农民人均药材收入390元。建立中药材产业项目库，筛选进入全市中药材产业项目库的项目40个，项目总投资14亿元。其中在建项目34个，投资预算13亿元，拟建项目6个，投资预算1亿元。以省级中药材崛起工程项目建设为载体，集中财政资金510万元，扶持23个项目建设单位进行规范化、规模化、连片种植中药材853.33公顷。筹备山西省中药材产业发展研讨考察交流活动，筹办“太行黄花节暨第二届道地药材”信息研讨会，搭建晋城市中药材宣传交流平台，为全市100余名中药材从业者搭建信息互动交流平台。

【业务培训】 组织开展山西省新编预算编规、全市农业综合开发项目统计工作、中药材电子商务、道地药材种植、中药材市场信息等培训，培训人员总数达8100多人次，发放宣传资料7000余份。

（市农业综合开发局）

畜　牧

【概述】 2016年，全市畜牧兽医系统干部职工积极适应经济发展新常态，坚持以建设现代畜牧业为主线，大力实施“一转两创三强化”畜牧业发展战略，圆满完成各项目标任务，确保晋城市畜牧业的健康稳定发展，为晋城市农民增收、农村经济发展和全面建成小康社会做出了贡献。

【主要指标】 2016年，全市肉、蛋总产量分别达到25.47万吨、9.95万吨，同比分别增长1.1%、1.8%。全市猪存、出栏分别达到182.8万头、308.6万头，同比分别增长0.1%、0.3%。全市家禽存、出栏分别达到1084.2万只、1445.6万只，同比分别增长3.8%、16.8%。全市羊存、出栏分别达到88.3万只、56.3万只，存栏同比减少1.4%，出栏同比增长4.8%。

【政策扶持】 一是针对晋城市畜牧业发展面临的新情况、新问题，积极创新畜牧业扶持政策机制。制定《促进畜牧业进一步持续健康安全发展的资金补贴办法》，从建立生猪生产风险基金长效机制、对规模养殖场粪污处理设施建设和病死畜禽无害化处理设施建设给予补贴等方面对养殖场户进行扶持。二是切实落实新扶持政策。5月，市畜牧局抽调精兵强将，组成三个抽验小组分赴各县（市、区）进行验收。验收组全体成员严格按照扶持政策验收标准，对申报的359户养殖场户进行全面验收。全年共扶持养殖场户322户，兑现市级扶持资金833.4万元。晋城市病死畜禽无害化处理工作走在全省前列，全市共建成21个病死畜禽无害化处理收集点和3个病死畜禽无害化处理厂，在沁水县建成全省第一个病死畜禽无害化处理厂的基础上，在泽州县又建成全省规模最大的病死畜禽无害化处理厂以及与之衔接配套的病死畜禽收集网络。

【专项行动】 在“冬季行动”中，市畜牧局“冬季行动”四项工作均提前圆满完成任务。一是制定畜牧业扶持政策。2月3日，下发《关于促进畜牧业进一步持续健康安全发展的资金补贴办法的通知》，扶持畜牧业发展。二是编制“十三五”畜牧业发展规划。通过多方搜集资料，认真调查摸底，多次讨论研究，数易其稿，于4月13日提前完成规划编制。三是开展春节期间畜产品质量安全监管大检查。1月26日—29日，市畜牧局派出畜产品质量安全监管检查组，分两组对全市六县(市、区)及开发区的11个乡镇畜牧兽医站、16个规模养殖场、10个畜禽定点屠宰场展开大检查，对查出问题的要求其限期整改，确保晋城市春节期间未发生重大畜产品质量安全事故。四是开展春季重大动物疫病集中免疫。历时1个半月时间，于4月22日提前完成“春防”工作。

【疫病防控】 一是狠抓重大动物疫病防控。全年累计免疫猪口蹄疫501.84万头，牛口蹄疫13.73万头，羊口蹄疫247.49万只，高致病性猪蓝耳病479.58万头，猪瘟521.25万头，高致病性禽流感2537.02万羽，新城疫3096.85万羽，小反刍兽疫78.27万只，免疫数均占到应免数的100%。二是开展重大动物疫病监测。全年市级免疫抗体监测27280份，合格26594份，合格率97.5%；病原学监测2086份，全部为阴性；市、县合计免疫抗体监测90767，合格86275，合格率95.1%，平均合格率远远高出国家规定70%的标准。三是强化应急工作，提高应急能力。修订完善《晋城市突发动物疫情应急预案》，及时更新补充应急物资，并加强应急物资的管理。坚持24小时应急值班制度和领导带班制度，确保一旦发生突发情况，能及时、高效、果断进行处置。四是强化防疫体系建设，积极建设冷链体系，市级及其他六个县(市、区)均配备疫苗冷冻库和冷藏库，各乡镇均有疫苗冷柜，防疫员均配备疫苗冷藏包；泽州县配备冷藏车，市级和其他县配备冷藏运输车辆工作也在积极进行中。此外，还下发2000余册动物防疫户口簿，实现溯源档案的全覆盖。五是加强人畜共患病防控，确保人畜安全。全市共免疫羊布病79.1万只，监测羊布病4819份，并对检出的阳性羊只全部进行扑杀无害化处理；分别实施奶牛布病和结核病监测各134份，结果全部为阴性。同时下发400套防护服、4136套防护手套、3900个防护口罩等防护用品，做好防疫人员个人保护工作。

【畜产品监管】 一是开展“瘦肉精”抽检巡检。共对799个养殖场(户)抽检尿样4035份，全部合格。二是狠抓饲料、生鲜乳质量安全监管。完成各类饲料质量安全监测抽样共34批次，合格率达到100%；完成生鲜乳质量安全监测抽样量共9批次，合格率为100%；出动执法人员190余人次，检查饲料经营门店20余家，纠正违法违规行为6个。三是强化兽药质量安全监管。共抽检兽药30批次送省兽药监察所进行检测，按时保质保量完成兽药抽检任务；组织开展兽药市场质量安全大检查，共出动执法人员60人次，检查100多个兽药经营、养殖企业中抗生素类药物的经营使用等情况，没收销毁假劣兽药15千克。四是强化畜禽屠宰监管。全市共开展执法检查560次，出动执法人员1690人次，屠宰检疫检验率、出证率和无害化处理率均达到100%。五是开展农资打假专项治理活动。共出动执法人员80余人次，抽查兽药、饲料经营企业60余家，并通过书面检查、实地检查、专项检查、定期抽查等方式全面加强监管，从整体上推进农资打假工作向纵深发展。

【卫生监督】 一是开展动物卫生监督执法宣传百日行动。张贴宣传挂图1000余张，发放宣传资料2万余份；印发《动物卫生责任告知书》5000册，向3013个监管对象进行告知，并与2722个监管对象签订履行动物卫生职责和义务双向承诺书，增强监管对象的动物卫生责任意识。二是全面实施动物卫生风险管理。出台《晋城市动物卫生风险管理暂行办法》，共评估各类监管对象1888个，确定高风险监管对象933个、中等风险监管对象546个、低风险监管对象409个，并相应确定监管人、监管频次及主要监管内容。三是严格开展检疫工作。共实施产地检疫畜禽1302.56万头(只)，屠宰检疫畜禽959.89万头(只)。四是全面加强病死畜禽无害化处理工作。全市建成病死畜禽无害化处理中心3个、乡镇病死畜禽收集点21个、规模养殖场病死畜禽暂存点300余个、标准化化尸窖120余个；全年养殖环节共对87306头病死猪进行无害化处理。五是严格动物卫生监督证章标志管理。制定《晋城市动物卫生监督证章标志管理办法》和动物卫生监督证章标志领取和发放专用账簿，维护正常的动物卫生监督工作秩序。五是启动智慧动检试点。借助“山西智慧动监信息平台”，与市电信公司共同开展晋城市智慧动监移动智能信息采集终端建设，105名官方兽医第一批入网，标志着晋城市动物卫生监督工作在信息化、智能化方面迈上一个新的台阶。

【项目建设】 全年，累计完成现代畜牧业投资26.1亿元，签约招商引资项目4个，分别为沁水县加地力肥料厂畜禽粪便秸秆资源化利用项目、高平市平泉饲料年产18万吨饲料加工项目、高平市凯永生物科技有限公司年出栏20万头种猪基地建设项目和高平市温氏集团40万头生猪养殖一体化项目，项目签约总金额达到9.88亿元。

（市畜牧局）

农　机

【概述】 2016年，市农机局围绕市委、市政府工作部署，认真学习习近平总书记系列重要讲话精神，深入贯彻党的十八届六中全会及省、市党代会精神，扎实开展“两学一做”学习教育，全面落实从严治党要求，严格履行“两个责任”，着力强化领导班子建设和干部队伍建设，充分调动广大干部的积极性、主动性和创造性，有效激励广大党员干部履职担责、奋发有为，统筹推进农机化改革发展各项工作顺利开展。

【农机水平】 以建立农作物机械化生产基地为示范，全面实施“1(小麦)+4(玉米、谷子、马铃薯、中药材)”主要农作物生产全程机械化推进行动。高平建立一批5000~15000亩的机械化规模经营示范区，总面积10.15万亩，涉及8个乡镇50个行政村。建立玉米全程机械化生产示范点和马铃薯全程机械化生产基地，实现耕种收全程机械化。阳城、陵川、沁水等地建立谷子全程机械化生产示范基地，重点引进一批技术成熟的谷子精播机，基本实现少间苗或不间苗；研制、引进5台谷子收获机，在谷子机收环节实现突破。陵川、沁水等地建立中药材机械化生产试验示范基地。全市农机装备总量持续增加，农机总动力达到109.65万千瓦，大中型拖拉机、联合收获机分别达到4419台、1868台。全市主要农作物耕种收综合机械化水平达到71.1%，其中小麦综合机械化水平达到96.7%，玉米达到68.4%。

【农机服务】 结合农机化综合示范县乡村建设，强化农机新型经营主体培育，稳步推动农机服务主体“综合化、企业化、品牌化、职业化、基地化”发展。全市农机专业合作社达到214个，农机大户575个，农机维修网点235个。在农业生产重要时节，引导农机合作社、农机大户开展保姆式、托管式和承包流转式的耕播收“一条龙”农机作业服务。在夏收工作中，以合作社、维修网点等服务组织为主要力量，引导组建19支机收突击队、18支技术维修服务队、12个机车调配服务站，不到10天时间完成全市小麦收获任务。

【农机补贴】 一是着力强化政策宣传。通过晋城电视台、广播电台、《太行日报》、农机微信公众号等平台，大力宣传补贴政策和补贴程序。二是着力强化信息公开。在部门网站搭建购机补贴信息公开专栏，及时公开政策内容、程序、资金使用等全部信息。三是着力强化制度规范，制定《农机购置补贴资金使用管理制度》。四是着力强化督导检查。通过实地抽查和电话回访，抽查查验机具162台，针对发现问题及时下发整改通知。五是着力强化防范监控。定期分析补贴系统数据，重点监控异常数据，逐一核实发现问题，及时约谈相关企业。全年补贴机具1722台，1205户农民直接受益，完成购机补贴资金1153.1万元，拉动农民投资3282.5万元。统筹使用各个农机化项目补助资金，充分发挥集成效应，深松作业补贴5万亩，补贴资金125万元，带动实施18.1万亩；新增机械化保护性耕作面积7.83万亩，补贴资金230万元；玉米丰产方机收秸秆还田补贴4万亩，补贴资金120万元。完成农作物秸秆机械化还田面积134万亩。

【农机扶贫】 按照市委精准扶贫

要求，农机化项目重点向贫困地区倾斜，在全市丘陵山区扶持新建2个谷子机械化生产示范基地、1个中药材机械化试验示范区和1个物理农业试验示范区；在陵川杨村镇创建丘陵山区农业机械化试验示范基地；扶持贫困山区升级改造18个磨坊、油坊，新建7个特色农产品加工示范点。

【农机信息化】 一是在高平市、阳城县，以农业机械化综合示范县建设为抓手，积极推进农机化生产管理信息平台建设，为大型拖拉机、收割机安装卫星导航农机作业网络监控终端，实现对农机化生产的精细化组织、信息化管理、标准化监测。二是在全省率先开通“晋城农机”微信夏收小助手，实现市内所有农机专业合作社、维修网点和加油站点在手机上即时显示。三是引进推广电动农机，召开全省春季农业生产农机化新装备展演示现场会，举办全市电动农机新产品现场演示会。推动奖补试点县高平市和阳城县出台奖补实施方案。

【安全生产】 全年，排查隐患144起，整改144起。组织开展农机安全生产宣传教育，对全市200余名农机监理人员进行培训。开展“农机安全生产月”活动，制作播放农机事故案例警示教育宣传片，群发安全生产警示短信21065条，免费粘贴拖拉机、联合收割机安全反光贴1000余米，印制发放《拖拉机和联合收割机安全操作规程“操作手册”》2万余册。组织开展农机事故应急救援演练，建立农机事故应急机制。全市农机安全生产形势持续稳定趋好，杜绝了较大以上农机责任事故发生。

（市农机局）

林　业

【概述】 2016年，市林业局以建设现代林业为主线，以绿色发展为引领，以“六大”工程为重点，发挥优势、整体谋划，分类指导、扎实推进，现代林业建设走在全省前列。全市完成国、省营造林2.66万亩，完成改善农村人居环境村庄绿化40个，中幼林抚育2.15万亩，干果经济林综合管理2.9万亩，新育苗1.4万亩；森林火灾受害率0.029‰，林业有害生物成灾率0.65‰，低于省控指标0.45‰和3.9‰。市林业局再次被确定为市级文明单位标兵，局党组被市委表彰为“先进基层党组织”。

【造林绿化】 把加快造林绿化、补齐生态短板作为发展现代林业、打造美丽晋城的首要任务，突出治理重点、提升质量效益。继续实施林业六大工程建设，结合现代林业发展规划年度实施方案，在“精致、精细、精品”上下功夫，在“连线、连片、循环”上扩规模，在注重造林数量的同时，更加追求造林质量的全面提升，投资200万元，实施低效林提质示范工程1000亩，完成森林抚育2.15万亩，省林业厅多次在晋城市召开现场会和培训会；建成市级林业精品工程28个，提前4个月完成国、省营造林任务。特别是环城生态圈建设，重点进行森林化、公园化改造，增加树种品种，增添景观色彩，丰富生态文化，高标准建设“结构优、景观美、功能强、效益高”的环城森林景观。建成环城生态景观绿道36千米；城区投资500万元，对白马寺山周边进行生态修复，建景观、修步道；泽州县完成丹河湿地公园景观绿化63万平方米；阳城县贯通环县城6个森林公园景观绿道28千米；沁水县太行洪谷森林公园被命名为国家级森林公园；陵川县被省政府表彰为“林业生态县”，标志着晋城市六个县（市、区）整体达到省级林业生态县标准。

【林业产业】 以强化管理、优化结构、提高品质为重点，不断壮大干果经济林、苗木花卉、林下经济、林产品加工和森林旅游等富民产业。全市共发展油用牡丹、皂荚、双季槐等特色经济林2000亩，完成干果经济林提质增效工程2.9万亩；组建5支130余人的核桃科技服务队，进村入户，上门服务，托管核桃面积达1.1万亩，平均增产近20%；沁水县新发展苗木花卉2000亩，东大育苗基地被省林业厅授予“全省优质苗木繁育基地”称号；市林业局投资53万元，完成育苗基地基础设施建设，全市林木种苗结构不断优化。以森林公园、生态村、林家乐为主的森林旅游全面加强，较上年增长22%。林业总产值达到27.4亿元，同比增长12.14%。

【林业改革】 大力推进配套改革，实施森林生态效益补偿制，启动森林保险工作，初步建立林权抵押、林地流转等配套措施，全年共签订符合投保条件的生态公益林302.6万亩，总投保额544.7万元。积极对林业合作社进行扶持，全市林业合作社达377个。积极推进国有林场改革。强化组织领导，主动参谋作为，开展调查研究，广泛征求意见，凝聚社会合力。8月中旬，市委、市政府出台《晋城市国有林场改革实施方案》，各县（市）结合实际，进一步明确改革思路，12月底相继出台国有林场改革实施方案，晋城市国有林场主体改革基本完成。林业行政审批事项大幅减少，审批效率明显提高，审批行为更加规范，事中、事后监督逐步加强。

【林业管护】 坚持生态优先、造管并举，依法治林、安全发展的理念，狠抓林业“三防体系”建设，多措并举，保障森林资源安全。在林地保护方面，完善落实林地保护利用规划，“林地一张图”扎实推进，林地变更调查全面完成。在依法治林方面，依托森林公安和林业行政执法力量，开展“非法侵占林地”集中整治专项行动，严厉打击各类涉林违法犯罪行为，全市共排查非法侵占林地案件30件，收回林地4.76公顷。在森林防火方面，从抓宣传、明责任、重监控、严督察、搞联防、堵火源、强队伍入手，实施“五清”工程，严查火险隐患，全市未发生重大森林火灾和人员伤亡事故。在林业有害生物防治方面，坚持预防为主、积极防治，及时处置重点林区和公路沿线等多起病虫害疫情，防治面积14万亩。加强自然保护区管理，“双保”管护工程有序推进。全方位推进古树名木保护的普查、宣传等工作，50株濒危古树得到抢救性保护。全市林业多位一体的综合保护体系进一步健全，森林资源稳定增加。

【生态扶贫】 落实省委、市委脱贫攻坚大会精神，根据林业特点和优势，以植树造林生态治理、干果经济林提质增效、生态保护、培植绿色产业“四个一”脱贫工程为抓手，制订《晋城市林业局关于林业精准扶贫攻坚实施办法（试行）》，开辟生态扶贫“八条路径”，精准落实扶贫工程措施。利用国家生态公益林、天然林保护、未成林地管护等保护工程资金，推动建立公开透明的护林员选用机制，将当地部分贫困人口转为护林员并建档立卡。全市共聘用贫困管护员550名，占管护员总人数的33%；争取市级财政专项资金200万元，落实干果经济林生态扶贫项目26个，完成栽植管护任务4210亩。各级积极开展送科技下乡等林业科技扶贫行动，一批贫困人口依靠科技实现精准脱贫。

（市林业局）

水　务

【概述】 2016年，是实施水利发展“十三五”规划的开局之年，全市水利系统聚力市委“六大发展”，围绕全市“一争三快两率先”发展战略，以重点水利工程为抓手，以民生水利为重点，超前谋划，锐意进取，各项工作进展顺利。

【水库建设】 任庄水库大坝改建除险加固工程完工。高平张峰供水东延工程一期工程通过竣工验收；二期工程基本完工。杜河提水工程，完成管道铺设4.7千米，一级泵站工程取水部分基础和10万方水池开挖完成，累计完成投资6300万元。张峰—阳城供水工程，完成隧洞开挖支护6.2千米，箱涵浇筑1千米，渡槽钢筋混凝土基本浇筑2座。下河泉水源地北留供水续建工程正在招标。郭壁供水新建管道工程通水试运行，正在进行单位工程验收，改扩建工程正在融资。磨河水库枢纽工程完成主体工程建设，供水工程完成泵站土建工程；云首水库，正在进行右坝浇筑，完成投资2519万元；下泊水库，正在进行导流供水洞、坝基的开挖，完成投资1520万元。

【农村灌溉】 泽州县和高平市新增粮食产能重点县项目正在实施，完成后可新增灌溉面积4000亩；沁水县郑村镇幸福农庄提水工程（投资1540万元）准备进行招标，工程实施后可新增节水灌溉面积3000亩；11个膜下滴灌工程项目投资下达各县，待省级国补资金到位后即可实施；中央统筹土地出让收益中计提农田水利建设资金70万元，用于农田水利设施运行管护。全市共完成实灌面积72.43万亩。

【农村饮水安全】 编制完成《“十三五”期间农村饮水安全巩固提升及规划》，经市政府常务会议通过上报省水利厅。新建农村饮水安全巩固提升工程104处，完成投资4027万元，巩固提升了6.51万人的饮水安全水平。投资324万元，对101处农村集中供水工程进行维修养护。市、县两级农村饮水工程水质检测中心全部建成投入运行，饮水水质安全得到保证。

【中小河流治理】 釜山、沙坡、小沟、游仙、栗沟等9座新出险病险水库除险加固工程全部完成。丹河泽州县任庄水库—龙门段河道治理工程竣工验收；芦苇河阳城县段河道治理工程正在整理工程资料，准备单位工程验收。

【防汛工作】 做好防汛的各项基础工作，完成抗旱应急水源规划泽州、阳城、陵川3个县共20个项目的建设任务。落实防汛行政首长负责制，突出抓好防汛隐患排查和整治。坚持工程和非工程措施两手抓、两手硬，做到防汛责任、预案及应急演练、抢险队伍和防汛物资、防汛宣传与值班值守四到位；高平市西仓河山洪沟治理工程建设任务基本完成；投资1456万元，完成36个水库工程维修养护项目；投资219万元，对全市山洪灾害非工程措施进行补充完善；93座水库完成2015年度全市水库大坝安全检查资料整编和装订工作，并上报省水利厅备案；编制完成《水库调度规程》《水库大坝安全管理应急预案》。在市委、市政府的领导下，各防指挥成员单位通力协作，各级各部门团结抗洪，战胜“6·23”“7·19”特大暴雨灾害。

【水保工程】 沁水、陵川两县投资5843万元，完成2016年国家水土保持重点工程建设任务；泽州县2016年国家农发水保项目全部完成；小流域综合治理和水保生态工程扎实推进。至年底，共完成水保治理面积15.45万亩，占年度计划的128.75%。编制《沁河流域生态修复与保护规划》，以市政府文件上报省领导小组办公室。完成《晋城市水功能区划(初稿)》编制。水资源管理强化地表水监测和水环境影响评价，共监测断面和点位110余个，完成5个项目的水资源论证工作。严格控制区域用水总量，向各县(市、区)下达2016年全市用水总量任务指标。地下水压采量为869万立方米，为年度目标任务的102%。新水源开发取得实效，郭壁水源地水源井勘探全部完工，经群孔抽水试验，日抽采量稳定在2万立方米。节水型社会建设深入开展，完成13个市直机关及直属事业单位公共机构节水改造，创建省级中小学节水教育社会实践基地1处，全市53家市直单位建成节水型单位，同比节水率达到40%以上。

【水电建设】 努力打造“民生水电、平安水电、绿色水电、和谐水电”，三姑泉二级站基本完工，通过机组启动验收；第一批4座增效扩容项目电站全部完工，第二批4座电站正在进行招标；第二批农村水电站标准化建设的4座电站竣工验收。全年共完成发电1.5亿度，占年度计划的150%。

【水利改革与法治】 高平市、阳城县小型水利工程管理体制改革方案已批复，城区、沁水两县区的改革方案正在审批。认真落实“七五”普法规划，广泛开展内容丰富、形式多样的水利普法活动，切实增强全社会的水法治观念和水忧患意识。

【科技兴水】 加大水利成果应用推行力度，开展水利合作，《晋城市三姑泉域地下水生态修复研究》正在编制；组织完成《沁水煤田煤层气抽采与水资源保护研究》二期成果省级验收工作，进一步提升科技兴水能力。

【水利扶贫】 成立领导小组，做好各类统筹工作，建立帮扶台账，实行一户一策、一人一法，防止扶贫对象二度返贫，力争在计划时间内完成扶贫任务。制定下发《水利“十三五”扶贫规划》，陵川、沁水两县水利脱贫规划开始实施，取得明显成效；投资400万元，建成26处工程，巩固提升两县1.03万贫困人的饮水安全保障水平；投资2660万元，扎实推进两县水保生态建设，改善人居环境。

（市水务局）

·水利勘测设计·

【概述】 2016年是“十三五”水利规划建设的开局之年，市水利勘测设计院深入破解工作难题，扎实推进工作计划，凝心聚力、改革创新，水利勘测设计工作稳步推进。

【项目设计】 2016年，市水利勘测设计院共参与完成水利工程项目设计56项。主要包括：郭壁供水改扩建工程初步设计，沁水县云首水库技施设计，秦庄小流域水土保持综合治理实施方案，阳泉市盂县小河口水电站可研设计，沁水县湾则水电站设计变更，书院河河道治理工程可研设计，背荫河河道治理工程可研设计，丹河（高平段）河道治理工程，金村镇域供水工程可研设计，沁水县土沃乡南道河引水实施方案，沁水县郑村镇幸福农庄灌溉项目实施方案，张峰水库高平城乡供水可研设计，高平唐庄水池至晋城四水厂管道工程项目建议书。

【建章立制】 坚持从科学性、实用性、长效性出发，完善行政管理制度，通过夯实制度基础，整改作风问题。制度建设过程中坚持群众参与，坚持把握制度的可执行、可监督、可检查、可问责，坚持执行与监督并重。完善考勤制度、带薪休假制度、请假制度以及职工加班管理、生产经营办管理等制度。

【质量管理】 根据设计院人员工作职责不同，要求专业技术科室人员根据其完成的设计成果（报告和图纸）计算工作量系数，管理科室参照专业技术科室人员的工作量系数平均值按不同比例计算。后勤科室按照工作量计算系数。此外，新增技术交流大会、注册及专业技术职称人员管理、设计项目考核、生产经营运行管理等制度，强化技术质量管理方式，激发职工创业热情，最大限度提升设计业务品质。

【人才引进】 面对水利专业人才缺乏这一难题，市水利勘测设计院实施“走出去”方案，大范围招聘水利专业技术人员，为水利人才队伍注入新鲜血液。通过努力，先后招聘多名大学本科及研究生水利专业毕业学生，补充技术力量，壮大技术队伍，为更好地发展水利事业提供良好保证。

（市水利勘测设计院）

住房保障和城乡建设

【概述】 2016年，全市各级住建部门和全系统广大干部职工认真贯彻落实“一争三快两率先”(争先综改，竞逐中原；加快结构调整步伐，加快城乡统筹进程，加快美丽晋城建设；率先走出资源型地区创新驱动转型升级的新路，率先全面建成小康社会)战略部署，紧紧围绕年初确定的奋斗目标，齐心协力，攻坚克难，圆满完成各项目标任务，实现“十三五”的良好开局。

【城市拓展】 中心城市继续落实“拓展、改造、提质”要求，景西路北段拆除原太印厂区即将全线贯通，景西路南段主路形成部分路基；文博路北段红星街至新市街段建成通车，三个控制性桥梁工程完工；书院西街具备通车条件，书院东街形成路基，太岳街西段主路基本完工，太岳街东段开始采空区治理，主城区新增“两纵一横”道路框架基本成型。道西路红星街至新市街段、府城街建成通车，丹河西路基本完工。龙湾公园正在建设，政务服务中心基本完工，市民广场和城市街心公园建设快速推进，“大水源”“大热源”“大气源”工程筹备启动。全市新建、改造城市供水、供热、供气、污水等各类管网470余千米，新增煤层气居民用户4.1万户，新增集中供热面积267万平米，完成改善城市人居环境四大工程投资159亿元。

【县城建设】 高平、阳城、陵川、沁水住建部门围绕各县(市)城市规划布局，全面提升城市功能，加快城市基础设施建设，提高城市公共服务水平，城市面貌发生很大变化。高平市按照“打通干道、拓展空间、完善功能、提升品位”的思路，逐步扩大城市规模，增强城市竞争力，推进“多规合一”规划编制，精卫路、神农北路、康苑街建成通车，完成丹河景观绿化工程，启动炎帝文化苑建设。阳城县按照“复古城、改旧城、建新城”的指导思想，启动古城复兴、实施旧城改造、推进新城建设、完善城市功能等项目，推动实施“四馆一院”、八甲口快速通道、南部城中村改造等项目。陵川县遵循“老城做减法、新城搞优化、全城绿色化”的思路，大力实施市政基础提升工程，扩大集中供热、供气覆盖面，完成崇安休闲、棋山文化广场建设，巩固省级园林县城建设成果，提升县城居民生活品质。沁水县加大宜居县城建设，以完善功能为重点，实施新建路改造、沁园路续建工程，建成梅杏水上广场，完成梅河梅沟段河道治理及桃园小区、教育园区等保障房主体建设任务，全面提升县城人居环境。

【村镇建设】 阳城县润城镇入选第一批“中国特色小镇”名单。沁水县端氏镇端氏村等38个村入选第四批中国传统村落名录，总数达到69个，位列全省第一；陵川县崇文镇尧庄村等67个村庄入选第一批绿色村庄名单，位列全省第一；高平市马村镇、阳城县横河镇等2镇18村被命名为第五批山西省历史文化名镇名村,总数达到66个,位列全省第一。沁水县嘉峰镇、高平市马村镇、三甲镇创建省级园林城镇通过初审。全市完成农村危房改造任务2370户,市、县配套资金924.3万元全部落实到位。乡村清洁工程市、县两级落实配套资金5278.6万元,建成农村垃圾中转站15座,创建卫生达标村730个。

【住房保障】 贯彻落实国家、省关于化解房地产库存的总体安排部署,采取控制用地供应规模、暂缓新建销售型保障房、促进住房消费等一系列措施,促进房地产市场持续健康发展。全年,新开工棚改安置房6045套(含城中村改造4113套),基本建成棚改和公租房3008套,完成投资25.2亿元。推进政府购买棚改服务工作,出台《晋城市政府购买棚户区改造服务的实施意见》和《晋城市棚户区改造货币化安置实施办法(试行)》。2016年,全市商品房待售面积52.9万平方米,消化周期4.2个月,其中,商品住房待售面积38.9万平方米,消化周期3.1个月,处于合理区间。

【行业监管】 开展房地产和中介市场专项整治,查处违规销售项目6个,不正当经营中介机构3个。建成存量房网签系统和资金监管系统,加强房地产市场运行监测,避免交易风险。开展建筑市场监督执法大检查和严厉打击建筑施工转包违法分包行为专项检查和建筑企业双随机核查和清理规范工程建设领域保证金工作,排查全市在建工程项目260多个,基本完成建筑市场与诚信信息一体化平台在建项目的信息录入,全面完成工程质量治理两年行动,全市住建系统安全生产态势平稳。

【城市管理】 大力整治市容环境秩序,立案查处违法建设案件193件,收缴罚款386.4万元,拆除违法建筑物50余处、1.6万平方米;取缔乱摆摊点5000余个,疏导流动摊点1000余家,违规占道经营逐步好转;拆除违规电子屏、广告牌匾2500余平方米,清理乱摆乱设广告灯箱、牌匾1000余块,拖移处罚违停车辆2112辆,引导市民自觉按位停放车辆,改善市区主次干道停车秩序。加大查控大气环境污染力度,立案查处建筑施工(拆除)现场扬尘污染案件126起,违规处置建筑垃圾案件15起,受理移交并查处餐饮业油烟污染案件46起,取缔露天烧烤摊点180余个,督促整改烧烤经营户150余家,促进晋城市空气质量持续改善。

(市住建局)

城乡规划

【概述】 2016年,市规划局围绕中心城市"拓展、改造、提质"要求,加快推进城乡规划一体化,提高规划编制质量,提升规划管理水平,强化规划服务,完成年度各项工作目标任务。

【城市规划】 严格落实中央和省委、市委的决策部署,结合《晋城市国民经济和社会发展第十三个五年规划纲要》和《政府工作报告》,研究制定《晋城市"十三五"城市建设规划》。完成《主城区西北片区(景西路—书院街片区)控制性详细规划修编》《巴公片区控制性详细规划修改(重点地段)》《主城区"四类"场所布局规划》。贯彻"适用、经济、绿色、美观"的建筑方针,推进城市设计工作。开展市民广场、城市街心公园等惠民项目的前期研究。协助城区政府编制完成《晋城市西北片区开发策划与概念性城市设计》。配合开展全国城镇体系规划编制和省域城镇体系规划修编工作,为中规院和省规委会办公室提供全国城镇体系规划编制和省域城镇体系规划编制的相关基础资料。

【生态系统规划】 继续推进中心城市环城生态圈规划,完成白马寺山—丹河生态廊道25千米绿道工程前期规划设计。完成东四义至西刘庄段18千米、丹河至城东景观水系15千米绿道的前期规划设计工作。配合有关部门完成10余家企业投资建设森林公园的修建性详细规划审查,拟建森林公园规划面积达4.5万亩。

【道路交通规划】 完成市内交通两环(西北外环、东南环)、八路(文化路、祥云街、塔东街、太行路南段、山门街、中原街改造、金凤路、后书院街东段)、12座立交(背荫互通、金凤路互通、西岭街连接线及互通、红星东街连接线及互通、中原街连接线及互通、文峰路连接线及互通、金石路连接线及互通、金鼎路连接线及互通、高速路牛匠互通、文博路北段互通、七叉口立交枢纽工程）等道路工程前期规划选址工作。

【基础设施项目规划】 加强城市基础设施建设，构建布局合理、设施配套、功能完备、安全高效的现代城市基础设施体系。完成主城区与太焦高铁晋城站快速连接线选线工作。完成《高铁站与中心城市连接线及场站周边区域控制性详细规划》的编制工作。编制《晋城市中心城市新能源汽车基础设施建设规划》和《中心城市综合管廊规划》。协助铁塔公司编制《晋城市通信基础设施专项规划》《晋城市移动通信站址布局规划》。

【村镇规划】 立足于城乡统筹、市县联动，积极推动城乡一体化工作。组织规划、住建相关负责人以及各县（市、区）政府分管领导、住建部门负责人、14个重点镇的负责人参加全国乡村规划推进工作电视电话会议培训。遵循问题导向，督促各县（市）加大规划编制力度，推进县（市）域乡村建设规划编制工作。

【规划管理】 按照框定总量、限定容量、盘活存量、做优增量、提升质量的思路，强化规划管理。强化城乡规划公开公示制度，扩大公众参与度。全年完成52个项目的批前公示和53个项目的批后公布，共核发"一书两证"159个，出具规划条件36个，核发建设工程竣工规划认可证41个。

（市规划局）

公用事业建设

【概述】 2016年，市公用事业建设局围绕全市"大开放、大转型、大创新"发展思路，主动适应政治经济发展新常态，积极开展"制度建设、队伍建设、文明建设、项目建设"四大建设工程，勠力同心，扎实作为，各项工作均取得较好成效，重点工作和目标得到有力推进与落实。

【项目建设】 1.七叉口立交枢纽工程。市公建局于1月4日发布七叉口设计方案招标公告，面向全国进行公开招标。经投标报名、资格审查、评标委员会评审，3月26日确定天津市市政工程设计研究院的方案一为中标方案。设计单位按照市民意见多次优化和论证全互通设计方案，分别于7月8日、11月18日、12月7日向市规划局、市政府汇报。年底，方案优化工作基本完成。

2.祥云街、塔东街、太行路南段、后书院街、山门街5条道路于9月完成财政预算评审和施工图审查等前期审批程序，待用地手续办理后可进入招投标程序。

3.金匠东街东跨、景西南路南延、金鼎路南跨3条道路设计方案基本完成，12月完成方案论证。中介服务单位的招标工作正在进行。

4.黄华街南延工程完成项目建议书、选址意见书的办理。市公建局组织发布招标公告13次，通过公开招标选择21家中介服务单位参与工程建设服务。办理工程前期审批事项48项，涉及市发改委、市国土局、市财政局、市住建局、市规划局、市环保局等有关职能单位；组织可行性研究报告审查会议、初步设计审查会议12次；组织有关设计方案论证、向市领导汇报会议8次；联系市政府督察室、市发改委、市统计局完成各项报表工作任务；整理、装订工程前期审批档案200余册。

【项目管理】 鉴于市公用事业建设局专业技术人员少及工程建设时间紧、任务重的现状，经集体研究讨论，决定实行项目组负责制度、AB角替岗制度，绘制"公建项目一张图"，全面提升项目管理水平，全方位保障工程项目顺利推进。注重责任分工，实行项目组负责制度，项目组负责工程项目的全生命周期，每个科室作为一个项目组，一手抓科室基本工作，一手抓工程建设工作。各科长为项目组负责人，两位副局长各分管数个项目，局长为所有项目总负责人。注重协调配合，实行AB角替岗制度，A角对某项工作主要负责，B角应主动熟悉并协助做好该项工作，当A角出差或其他原因不能承担完成该项工作时，由B角接替完成该项工作，并切实负起责任，A、B两个责任人不得同时外出。注重明确目标，绘制“公建项目一张图”并成册上墙，将各项工程的具体任务进行分解、倒排工期、责任落实到人，让每个人对各自负责部分的路线图、时间表、任务书心中有数。

【队伍建设】 一是采取“引进来”授课培训。通过聘请行业专家到单位进行分类分科室培训，重点讲解手续审批、招标规范等内容；二是通过“走出去”考察学习。组织局里领导班子和业务骨干，到福建、广东的发达地市考察学习；三是制定领导班子成员带头学习制度。在每周五下午组织全体人员学习，重点学习《中华人民共和国建筑法》《中华人民共和国招标投标法》《中华人民共和国招标实施条例》等建筑、招标法律法规；四是安排各业务科室自学。各业务科室根据自身业务实际，制订学习计划组织学习，学习内容、时间安排以及学习笔记最后统一报备办公室，作为年终考核参考之一。

（市公用事业建设局）

园林绿化

【概述】 2016年，市园林局以建设“生态宜居美丽晋城”为重点，全面推进深化改革和依法治绿工作，加快实施园林绿化工程，不断提升园林管护水平和文化园林建设，全年新增城市（含县城）绿地面积89.34万平方米，改造绿地面积87.69万平方米，率先在全省实现园林县城创建全覆盖，被省住建厅表彰为“全省住房城乡建设工作先进单位”。

【重点工程】 2016年，市园林局承建的园林重点工程有5项：凤凰岭森林公园及周边生态区提升工程主体基本完工；山门公园建设工程进展顺利，主体工程完工；时家岭公园建设工程正在积极推进；苑北游园全面完工，建成主题鲜明、功能齐全的运动健身游园；东河源头游园开园迎客，为周边市民提供环境优美、功能齐全的活动场所。

【日常管护】 全面加强日常管护工作，重点对公园、广场、游园、城市街道、出入口等地进行景观提升，全年共补栽补种乔灌木40余个品种10万余株，摆花20万盆。此外，对主干道的行道树进行编号、登记、挂牌，实现行道树精确化、数字化管理。不断完善基础设施建设，加大对各公园、广场、游园提升景观、完善园路、更新垃圾箱、休闲坐凳等基础设施建设。泽州公园修缮了花坛、公厕、沿路台阶，对园区所有路灯灯杆进行除锈翻新；百丽园、西秀园新增了健身器材、便民衣架、直饮水机及供热水装置；玉龙潭公园对外开放了网球场、篮球场、乒乓球场、门球场；水杉园改造了入口处台阶，增建了无障碍通道；白马寺山植物园设立了园区主要景点、道路指示牌；城东水系增建了健康步道，安装了健康导示牌；玉屏山休闲运动公园新建了海棠园，增设了园路、石桌石凳、园林小品等。此外，各公共场所均设置了便民服务台，免费向市民开放与服务，在提升公园、广场、游园整体环境的同时，为广大市民游园提供便利。

【文化园林建设】 2016年，市园林局加大“文化园林”建设力度，在打造特色景观的同时，承接历史文化的积淀、延续、发展和创新，赋予园林景观丰富的文化内涵。其中：泽州公园建成以“城市记忆”为主题的照片文化墙，展示老晋城的风采与情怀；玉龙潭公园举办“秋韵”摄影展；儿童公园建成国学文化墙；凤西游园篮球场悬挂篮球明星版面，弘扬“顽强拼搏、永不放弃”的体育精神；百丽园增设以“两河记忆”为主题的园林文化橱窗、园林大事记文化地砖和诗词文化墙，举办“水之韵”消夏文化周活动；城东水系公园与市长跑协会多次联合举办“全民健身日”活动。同时，各窗口单位积极主动搭建平台，开展家庭花卉咨询、健身活动、爱国歌曲大家唱、琴棋书画展等一系列文化游园活动；多个公园、游园安装了“24小时自助图书馆”，进一步充实文化元素，形成浓厚的文化氛围。

【文明创建工作】 组织开展“庆七一”集体诗歌朗诵比赛和职工趣味运动会；全局广大干部职工参与“博爱一日捐”“送温暖献爱心”等捐助活动，营造良好的道德文化氛围；同时，突出窗口单位精神文明建设，在各公园、广场、游园等公共场所设立文化墙、文化挂图，安装社会主义核心价值观、中国梦、“讲文明、树新风”公益广告及文明城市创建等各类展板，营造文明城市创建氛围。

【依法行政】 按照依法建绿、依法护绿的规定，严格执行绿色图章、占用城市绿地、城市树木砍伐审批等城市园林绿化行政审批项目，全年共受理各类审批事项21件，办结率达100%。

（市园林局）

环境保护

【概述】 2016年，市环保局以省委、省政府环境保护督察为契机，以持续、深入开展改善环境质量攻坚行动为抓手，全面加大污染防治力度，始终保持环境执法高压态势，解决了一批环境热点、难点问题，为美丽晋城建设全面提速夯实基础。

【大气污染防治】 市环保局组织开展“治污降霾、守护蓝天”专项行动及改善环境空气质量五大专项整治、秋季攻坚、冬季严防等行动，上下联动，精准发力，突出抓好减煤、降尘、控油、治烟四个关键环节，全市淘汰燃煤小锅炉90台，市区建成区燃煤小锅炉实现“清零”；建立市区优质煤供应机制，为市区29826户居民供应优质煤。严格落实扬尘污染防治“五个百分之百”要求，对市区范围内的所有建筑工地进行全面排查整治，对市区及周边各类物料堆场及土小企业彻底取缔，一批沉积40多年的城市顽疾得到根治。淘汰11544辆黄标车及老旧车，黄标车实现“清零”，排名全省第一；加大对餐饮业和露天烧烤油烟污染的执法力度，取缔整治露天烧烤摊点245家。

【水污染防治】 制定下发《晋城市水污染防治工作方案》《晋城市水体达标方案》等一系列水污染防治纲领性文件。在丹河人工湿地充分发挥效益的同时，巴公河人工湿地投入运行。以全面摸清丹河、沁河污染“家底”为依托，完成六县（市、区）畜禽养殖禁养区划定工作；科学运用“黄、红”牌管理制度，对不能实现达标达量排放的36家企事业单位实施限产、停产和关闭措施；进一步压实地表水质改善倒逼机制，扣缴生态补偿金1790万元，奖励生态补偿金50万元。为了保障群众“水缸子”安全，持续开展城镇及农村饮用水环境状况评估，启动千吨万人饮用水源地划定工作。通过一系列措施，全市地表水环境质量持续好转，丹、沁“两河”9个省考监测断面水质达标率达77.8%，跨省界沁河拴驴泉断面稳定达到Ⅱ类水质标准；集中式饮用水源地水质达标率保持100%。

【污染减排】 持续强化结构、工程、管理三大减排措施。完成95个新、改、扩建项目的审批，环评和“三同时”执行率均达100%；严格执行规范、备案、关停“三个一批”政策措施，清理整顿全市250个违法违规建设项目。安排实施49个重点减排项目，对全市所有城镇污水处理厂实施提标改造工程，阳城电厂、国投热电完成4台机组超低排放改造任务。全市91家重点企业完成安装污染源自动在线监控设施393台（套），对15家企业实施了清洁生产审核。

【环保执法】 依托改善环境质量攻坚行动、环境保护大检查、环保大练兵、“铁腕治污行动”等载体，以推进省委、省政府环保督察整改为契机，持续强化环境执法，累计出动环境执法人员11200余人次，对全市所有企业进行“全方位、全覆盖、无缝隙”的排查整治，不断加大处罚力度，查处环境违法案件425起，实施行政处罚385起，累计处罚金额2470万元。特别是有效运用《中华人民共和国环境保护法》及四个配套办法查处环境违法案件，实施查封扣押29起、停产限产48起、按日连续计罚3起、向公安部门移送行政拘留5起，实施行政拘留2起，有力地打击环境违法行为。

【农村环保】 全面启动土壤污染防治工作，编制完成《晋城市土壤污染防治工作方案》，扎实开展土壤环境质量详查前期准备工作。完成全市土壤环境质量国控、省控、市控监测点位设置工作，为建立国家、省、市土壤环境质量监测网络奠定坚实基础。推进改善农村人居环境农村污水防治项目，启动陵川县农村生活污水治理试点县建设，完成26个行政村污水处理设施项目和12个行政村生活污水收集管网工程项目。

【环保监管】 市委、市政府相继制定下发《晋城市环境保护工作职责规定（试行）》《晋城市环境保护督察实施方案（试行）》《晋城市政府职能部门环境保护工作考核暂行办法》等一系列政策性、纲领性文件。市、县、乡三级联动，层层压实环境监管责任，深入推进"网格化"监管工作，全市划分环境监管网格407个，明确监管责任人，配套出台运行程序、巡查制度及考核办法，"横向到边、纵向到底"的网格化监管体系初步建成。全面建立环保督察联动机制，坚持督政和督企并重，市环保委、市委督察室、市政府办公厅、市监察局、市环保局连续派出和组成联合督察组深入重点区域、重点部位、重点企业开展10轮督察，发现并移交问题线索64个，并全部办结。

【环境监测】 全年，发布重污染天气预警15次（其中蓝色预警8次、黄色预警3次、橙色预警4次），全部进行有效应对。强化对危险废物的环境监管，全年累计处置、转移危险废物1万余吨，在年度全省危险废物规范化管理考核中名列前茅。市、县环境监控平台实现联网，国控企业污染源自动监测数据传输有效率达到97.32%，排名全省第一。核与辐射实现精细化监管，辐射安全进一步保障。排污权交易工作顺利推进，全年共完成32宗污染物排放总量指标的交易，排名全省第二。

【环保宣传】 紧扣环境质量改善主题，融合传统媒体与新兴媒体，正确应对环保舆情，加大环保专项整治跟踪报道力度，组织开展环保宣传"八进"（进社区、进机关、进银行、进工厂、进商场、进学校、进饭店、进宾馆）活动，举办"绿色晋城青年公益健步行"，召开全市环保执法情况新闻发布会等一系列活动，营造"人人关注环保、全民参与攻坚"的良好氛围。着眼于扩大群众环保知情权，进一步加强环境信息公开工作，连续四年排名全省第一。

（市环境保护局）

交通运输

【概述】 2016年，全市交通运输系统加强县、乡公路建设和维护，加快重点工程建设步伐，加强法治建设，提升交通运输综合执法能力，各项工作取得新成效。

【公路建设】 2016年，完成建设投资5.49亿元（省交通运输厅考核指标4.96亿元），新改建农村公路256千米（省交通运输厅考核指标249千米），完成安全生命防护工程408千米（省交通运输厅考核指标306千米）。完成全市“十三五”综合交通运输发展规划。8月5日，全省交通系统“四好农村路”建设大会，在全省推广阳城“四好农村路”经验，并奖励阳城县资金3000万元。

【重点项目】 西北环改造工程，于4月中旬完成工可编制，5月上旬通过省公路局评审，8月14日通过省交通运输厅评审。其间，市交通运输局通过公开招标，确定招标代理机构、规划选址、土地预审、环境评价等编制单位，出租车改革根据国务院、省政府对全国、全省出租车行业的改革要求，结合晋城市实际，制定出《关于晋城市深化改革推进出租汽车行业健康发展的实施意见》《晋城市网络预约出租汽车经营服务管理实施细则》，报送市政府。与此同时，出租车更换工作平稳有序，2016年到期的859辆出租车有序更换，并全部上线运营。

【安全生产】 总结“3·1”事故的惨痛教训，在全系统开展“转作风、树形象、求发展”活动，教育干部职工“一言一行勿忘交通形象，一举一动常谋交通发展”。全年，市交安办组织开展安全大检查20余次，督办案件9件，打击非法违法案件353件，并对524家生产经营单位进行排查治理事故隐患行动，查出一般隐患1401项，整改1361项，整改率达到97%，市辖区全年无重大道路隐患事故。

【法治建设】 围绕法治建设目标，把依法治国、依法治市、依法治交的要求，贯穿于交通运输的规划、建设、管理、运营服务全过程，探索出法治“四体系”工作法。一是法治宣传体系。将学法、用法、普法贯穿于全年学习之中，组织局党组（中心组）和全局干部职工学法课、听讲座4次。从2016年开始，全局年度述职述廉报告中增加述法内容。严格落实执法人员年度培训计划，组织13名执法骨干人员参加省交通运输厅组织的法律知识培训，提升交通干部队伍的执法水平。利用报刊、电台、网站、出租汽车顶灯、公交车显示屏等载体，宣传《中华人民共和国国防交通法》和交通运输部出台的《网络预约出租汽车经营服务管理暂行办法》，营造学法、遵法、守法、用法的良好氛围。二是法治责任体系。对187项行政执法权力进行修改，其中修改法律依据17项，下放4项，修改内容13项，增加权力1项。对行政执法检查清单进行细化、梳理，出台35项行政执法检查权力。三是法治实施体系。对工程质量监督站、城市客运管理处两个单位进行单位执法委托，对道路运输管理局的危险货物运输从业人员管理进行重新执法委托，保证交通运输行政执法主体的合法性。在局门户网站，对系统行政许可、行政处罚等信用信息进行公示，全年共公示行政许可事项988项，行政处罚事项412项。四是法治监督体系。制定出台《重大行政决策合法性审查办法》《行政职权运行监督管理办法》《行政应诉制度》《随机抽查工作细则》《规范性文件制定办法》《干部职工学法制度》，规范依法审批的权力和程序。制定“一单两库一细则”，全年行政执法检查清单35项、市场主体名录104个、执法检查人员175名。对全市6个县（市、区）交通运输局及局属执法单位进行行政执法评议考核。

（市交通运输管理局）

·交通运输执法·

【概述】 2016年，晋城交通运输执法局按照省交通运输执法局目标责任制考核要求开展各项监督工作，加大行政执法力度，完成全年各项目标任务。8月，被晋城市目标责任考核领导组授予“促进晋城经济社会发展贡献奖”。

【执法监督】 2016年，晋城交通运输执法局共开展全监督工作2531次，出动人员8980人次，出动车辆2531辆次，共办理案件192件，结案率达到90%以上，12件案件被评为省交通运输执法局优秀案件。

【优秀案件】 全年，共有12件案件被省交通运输执法局评为优秀案件。分别是：陵川县分局办理的《陵川县道路运输管理所对货运源头单位车辆超标准装载、配载行为监管不到位案》；泽州县分局办理的《晋城南公路管理段路政大队对207国道1295千米处未经许可擅自设立商业广告慢作为案》；城区分局办理的《晋城市交通运输局对城市公共客运监管不到位案》；高平分局办理的《晋城公路局高平路政管理大队对国道G207线KM1228+240米处擅自跨越公路设立地面构筑物监管不到位案》；高平分局办理的《山西省高平公路管理段对原村乡政府擅自在S331线高平市原村乡良桥上下游500米内进行疏浚作业监管不到位案》；泽州县分局办理的《晋城南公路管理段对207国道新房洼（街道）至河南济源省界公路存在行车安全隐患监管不到位案》；督察支队办理的《长晋路政大队对辖区长晋高G55K1048＋900、G55K1047私自修建地面构筑物慢作为案》；城区分局办理的《城区交通运输局对鑫之宝汽车服务有限公司未经许可从事经营监管不到位案》；沁水县分局办理的《端氏公路超限检测站不按规定对站场外观统一标志案》；泽州县分局办理的《泽州县交通运输局公路管理所对晋张线等多条县乡公路水毁路段坍塌未及时复修案》；督察支队办理的《长晋高速公路有限责任公司对辖区长晋高速公路标志被树枝长期遮挡监管不到位案》；城区分局办理的《晋城北公路管理段对晋高一级路（S227）小车渠大桥存在安全隐患监管不到位案》。

【法治建设】 根据“七五”普法规划，成立“七五”普法宣传教育领导小组，定期研究部署，听取情况汇报，及时解决工作中的实际问题。开展法制宣传教育，印发《法制宣传教育工作要点》，对全年的普法重点、工作任务和方式，提出具体要求，抓好全局干部职工法制宣传教育。建立健全党委中心组法律学习制度，定期开展全员法律知识教育培训，不断提高全体干部职工依法决策、依法监督、依法管理的能力和水平。参与“12·4”法制宣传日等宣传活动，发放宣传资料，向过往司乘人员宣传交通运输执法监督工作的重要意义，为各项监督工作营造良好的法治氛围。

（晋城交通运输执法局）

·省运晋城公司·

【概述】 2016年，省运晋城公司坚持“稳中求进，巩固、创新、增效”的工作总基调，加快结构调整、推动改革创新，团结带领广大干部职工克难攻坚、锐意进取，保持了总体平稳发展态势，完成营业收入96150万元，实现利润5508万元，职工年人均收入达到58293元。

【客运市场】 推动班线客运公交化改革，取得城际公交经营资质，两条双向对开城际公交线路于10月开通，66台纯电动城际巴士投入运营，首开全省先例。开辟镇村公交经营，首批10台车投入试运营，实现客运经营领域新拓展。开通三条通勤车业务。定购4台奔驰商务车，试水晋城至郑州定制客运，提高客运服务个性化水平。客运经营实行一线一模式、一车一方案，发挥经营活力，提高赢利能力。加快传统客运公交化改造，城际、城市、城乡、镇村四级联动的公交客运体系初具雏形，班线客运、公交客运、旅游客运发展趋于均衡。汽车客运站发挥功能优势，综合一体化逐步优化升级。

【货运市场】 抓住老旧车、黄标车淘汰带来商用车更新机遇，强化"一盘棋"思想，加大车辆发展力度。接管兰煜公司百台普货车辆管理，人力资源得到充分利用。对货运大厅进行改造，综合服务效率进一步提高。加大货源组织力度，严控资金风险，发挥资质优势，努力开拓新业务。

【县域市场】 以抓好县域经济综合体培育为重点，深化"一县一企"战略，多轮驱动发展。与沁水县委、县政府多次沟通洽谈，完成对沁水县公交客运市场的资源整合，县域产业经营范围进一步扩大。成立旅游集散中心，走站、运、游一体化发展之路，延伸产业链，提升价值链。

【站场经营】 以站场网络一体化综合利用为重点，延伸产业发展，着力提质增效。持续打击黑车，净化营运秩序，提高生产组织效率。提高信息化、便捷化水平，互联网+服务项目不断扩大。以汽车站为依托，成立旅游集散中心，与旅游景区合作共赢，信息互通，资源共享，继开通皇城相府一票通后，又开通王莽岭、蟒河等景区旅游直通车，"以游带运、以运促游、运游结合"初显成效，旅游集散成为公司客运站场转型升级、融合发展的新模式。强化服务意识，加强互联网应用，微信售票、公众服务号用户持续增加，有效满足差异化需求。

【汽配销售】 汽贸维修单位抢抓黄标车更新机遇，加大商用车销售，开展形式多样促销活动，满足用户需求。江淮瑞风乘用车销售继续保持稳定态势；开展乘用车装潢、贴膜、洗车、代办保险、紧急救援等项目，提升高附加值服务。提高新能源纯电动汽车维修技术，效益保持稳定。实施互联网+配件销售，网络汽车配件销售平台研发完成，正式上线，配件销售实现由线下向线上延伸，由内部供应向社会化销售延伸。

【驾培板块】 应对机动车驾驶培训自学直考改革带来的挑战，创新教练员绩效考核机制，以业绩为标准，提高招生、培训工作效率。丰富培训方式，增设培训场地，尝试网络预约定制化培训，开设普通班、夜训班、智能预约班、计时班等。拓宽增收渠道，开展行政事业单位和大中型企业驾驶员维修工职称培训、与当地民政部门合作为退伍军人提供驾驶技能培训等，挖潜增效、开源增收。驾驶员继续教育培训中心创新培训模式，突出安全教育，更新教学课件，规范服务流程，驾培板块呈现稳中有进发展态势。

【科技创新】 强管理优服务，以用户需求为导向，推出车辆卫星定位定制化产品，主营北斗/GPS车辆监控运维业务服务车辆在晋城市区域的占有率居于首位；拓展基于互联网的各类服务平台业务，自行开发的新能源汽车公共服务平台进入测试阶段，积极推动技师培训平台运维业务。

【多元发展】 发展智能仓储物流产业，成立云仓科技公司，于6月试运营，WMS智能仓储系统大幅提高综合效率；拓展业务市场，与多家客户签订线上销售及商品入驻合同；强化品牌意识，注册"紫薇云"商标，主打自有产品上线销售；开展各类促销活动，开设淘宝店铺等，提高经营实践能力；发挥自身优势，引进专业人才，承接软件开发业务，为提升主营业务夯实技术支撑。逐步形成集线上线下、微电商联盟、软件开发、系统运维等于一体的多元化发展模式。

（山西汽运集团晋城汽车运输有限公司）

邮 政

【概述】 2016年，中国邮政集团公司晋城市分公司转变发展方式，推进业务转型升级；深化金融转型，提升网点产能；整合优势资源，开拓寄递业务市场；邮政业务快速发展，全市邮政业务收入实现14260.18万元，进度列全省第5位，增幅列全省第7位。代理金融总收入实现8778.36万元，进度排名全省第4位。包裹快递收入实现611.16万元，进度排名全省第6位。五一期间，沁水县邮政分公司牛瑞梅被授予“山西省信息系统五一劳动奖章”，步行街支局被授予“山西省信息系统工人先锋号”，阳城县分公司凤凰西街被授予“晋城市工人先锋号”，高平市分公司张树林被授予“晋城市五一劳动奖章”。

【邮政网点】 2016年，全市邮政网点达111个（指纯邮政网点、纯金融网点、综合网点）。其中：自办网点76个，委代办网点35个；电子化网点74个，手工网点25个；纯金融网点12个；金融网点59个，邮路33条，邮路总里程（单程）2044千米，农村投递路线总长度（单程）9577千米，服务面积9490平方千米，服务人口231万余人。

【金融业务】 坚持转型发展理念不动摇，组建转型办，成立转型工作领导组，确保转型工作规范有序；多次调整完善内部分配办法，保证员工收益相比同期大幅度提高，调动员工发展激情；分层分类跟进客户维护，为客户提供个性化和差异化服务，增强客户管理能力；推进“五大专享”客户增值权益打造力度，通过设置“5万就是VIP”宣传海报、设立贵宾区、建立优惠购专区、“1元购”邀约、优惠购邮商联盟，开展积分回馈、节日主题活动、社区共建活动、老年健康特色专区、养生讲座等，提升网点产能。全年，各网点开展活动2900余场，点均50场，收集4万余户客户信息，促进存量客户提升1.8万余户，新增客户9000余户。

【寄递业务】 落实省公司坚定改革和坚决投入的总体要求，对标顺丰加大整体管控、人员和设施配备投入，为各县分安装可移动式伸缩皮带机，配备8辆面包车、12辆三轮摩托车、29辆电动三轮车和158部PDA手持终端，提升投递能力，解决农村道段“最后一公里”投递难题；组建市分司“邮狼突击队”、各县分公司“尖刀排”团队和“营揽投”团队，累计新增揽投人员177人，寄递业务实现跨越式发展。

【集邮业务】 成功举办《丁酉年》生肖邮票首发式和第三届“一框”邮展，进一步繁荣集邮文化；开展“客户回访、有奖订阅”、《意林》校园漂流公益讲座等活动，开拓报刊私费订阅市场；皇城相府主题邮局投入运营。开展明信片交换、高平商演等活动，拓展集邮业务。

【电商业务】 电商“车险+增值服务”的“自邮一族”俱乐部发展模式在全省得到推广。分销“村邮乐购”平台的拓展以及联动金融推行的“存款赠券，优惠购肥”惠民活动受到广大百姓和商户的认可。

【设施建设】 全年，改造代理金融网点2处，整修和重建邮政网点5处，改造县域投递场所4处，新建阳城皇城相府主题邮局和陵川县域公共电商仓储物流揽收中心各1处，布放存取款一体机38台，新增ATM取款机46台、补登折机30台、理财POS机17台、自动填单机9台、叫号机6台、移动展业终端14台、身份证核查仪30个，新增网运无线路由器6个、高拍仪130个、摄像头59个、网点UPS18台，进一步塑造邮政品牌，提升服务能力。

【通信服务】 先后开展“工序岗履职专项整治活动”和“管理岗监控岗履职专项整治活动”，通过日常监督、随机抽查、明察暗访等不同形式，强化作业规范和服务意识，促进各岗位履职，提高通信服务质量。圆满完成省公司考核的19项通信质量指标，客户满意度社会评价得分90分以上，并夺得全省邮政2016年度“优质服务杯”。机要通信质量继续保持全红，实现60连冠。

（市邮政局）

电 信

·移 动·

【概述】 2016年，移动晋城市分公司积极应对来自传统电信和移动互联网领域的激烈竞争，加强网络基础设施建设，加强基础管理，圆满完成各项工作任务。晋城移动公司获晋城市2016年度“共建共享先进集体”称号，网络部获山西省“工人先锋号”称号，陈捷获山西省五一劳动奖章，刘志平获山西省信息系统五一劳动奖章。

【网络建设】 围绕“更厚、更深、更广、更精”建设思路，全年新建基站1002个，累计达到6444个。通过“增覆盖、强优化、促分流”，MR综合覆盖率、4G客户驻留比、4G综合下载速率不断提升。加快提升VOLTE业务质量，实现全市VOLTE网络商用。开展传输网络大会战，全年新建传输光缆3030皮长千米，PTN网络成环率和PTN双上联率分别达到83.9%和82.6%，百千米阻断时长平均保持在0.13小时以下，全省排名第二。

【基础管理】 一是实行清单管理，固化采购流程模板，开展常态化自查整改，努力采购集中度、ES平台使用率和采购合法合规率均达到100%。二是制定直营厅财务基础标准化实施流程，有效提升营业一线财务基础管理水平。三是加强全面预算管理，优化资源配置，建立预算归口管理机制，提升成本使用效率。四是强化制度执行。加强公司各项制度的制定、优化和落地工作，尤其是狠抓“三重一大”决策制度、全面预算管理制度、绩效考核管理制度、物资采购管理制度、公务接待管理制度、会议费管理制度等关键制度的完善、优化和执行，扎紧制度的“篱笆”，形成以制度管人、按制度办事的长效管理机制。

【风险防范与应急】 建立健全以业务检查、内控管理、内部审计、效能监察、嵌入式廉洁风险防控体系为主体的“五位一体”运营风险防控体系，推进嵌入式廉洁风险防控机制建设，运营风险得到有效控制。做好网络安全和用户权益保护工作，严格落实实名制，完成“7·19防汛抢险”和“7·2中村煤矿透水事故”等19项应急通信保障任务。

【队伍建设】 优化调整组织机构设置，提升组织运行效率。优化薪酬绩效管理制度，坚持业绩导向，发挥绩效管理的正向作用，增强发展合力。参加全省组织的“百县争锋”“终端销售争霸赛”“风险释放”等劳动竞赛活动，取得丰硕成果，推动员工素质提升。加大创新工作力度，加强行业标杆项目建设，一项创新工作获省公司2015年管理类创新成果二等奖，一个行业标杆项目获“十佳行业标杆项目”二等奖，三个实践案例获省公司最佳实践案例奖。深入推进班组建设，在集团公司组织的“传输大会战”中，网络部传输维护班组获集团公司“先进班组”称号，陵川县分公司“满意之家”班组和凤城营业部金盾营业厅班组获山西公司2016年度“满意100服务班组”称号。

（中国移动晋城市分公司）

·联 通·

【概述】 2016年，联通晋城市分公司全面实施聚焦战略，凝心聚力，真抓实干，紧抓公司发展短板和问题解决，以专项工作为牵引，依托精品网络大力发展业务，创新变革管理体系，加强企业文化建设，开创各项工作新局面。全市主营收入预算完成率达96.52%，全省排名第二，同比增幅全省排名第五，利润预算完成率全省排名第四。

【重点业务】 移动业务以4G为牵引，聚焦流量经营，开展营销活动。宽带业务以“480”服务承诺为契机，全渠道开展宽带无条件受理，提升差异化竞争能力；同时落实宽带提速政策，20M和50M占比提升。大力推广IPTV业务，继续发挥融合引领作用，做好全业务维系。移网收入保有率全省排名第三，用户保有率全省排名第一；宽带收入保有率全省排名第六，用户保有率全省排名第四。

【网络建设】 实施3G基站接入IPRAN工作，3G基站带宽提升，为发展高速移动宽带奠定网络基础;全市出口带宽达到420G,完成OLT设备上行改造工作,上线集中监控系统,加强网络安全管理,通过日常网络隐患检查和防汛工作隐患排查整改、应急演练等工作,确保通信设备安全、稳定、高效运行。推进营维分离工作,各县市城区范围完成营维分离,并建立相应的积分考核办法;规范移动网、宽带网基础资料,为优化网络架构打下坚实的基础。2016年FTTH网络能力占宽带网络总容量的95.14%,全省排名第一。移动网建设在全省LTE基站建设竞赛中取得第四名,并获集体三等奖。全年保持LTE网络低效基站数量为零,全省排名第一。传输网络架构不断优化,全市综合业务节点机房分组覆盖率达到100%。

【市场营销】 开展"沃启航"商机储备、"双百"聚类市场、"智慧酒店"拓展等专项营销活动,商机项目储备签约率全省排名第二;发展聚类市场拉动4G和宽带用户发展,宽带渗透率全省排名第一;签约"智慧酒店"拉动固网收入,"智慧酒店"业务渗透率全省排名第一。聚焦重大项目,成功中标"阳城天网""陵川天网""泽州电子政务"等重大项目;以"高平政务云"为引领,首开全省政务云先河;以"互联网+双创"为核心,促成"晋城市盈创互联网+创业孵化园"成功申报。推动增值业务向移动互联网转型,发展114挪车业务。

【客户服务】 围绕客户感知,狠抓服务管理。一是组织开展"服务质量三提升""十万用户大调查""宽带用户大测速"三项活动;二是通过NPS口碑自测,锁定NPS短板单位和短板问题,有针对性进行整改;三是规范宽带装移修服务,严格执行"三统一、五个一"要求,选树标杆,评选出12名"最美线务员";四是在全省率先推行"6·25宽带服务公开承诺",对接全省"480"标准,提升宽带服务水平;五是加强横向工单监控,理顺管理流程,解决基层需求,强化后台支撑;六是严格服务考评制度,全年累计下发服务动态12期、服务通报24期、规范服务行为。上半年,在省通信管理局的服务评价中,位列山西联通第二名。

【企业管理】 一是实施双效提升工程。加强终端回收管理,持续推进铁塔维护对接工作,通过2/3/4G协同优化,节约部分能耗成本,并在省公司组织的运城现场会议上介绍经验;超额完成机房腾退整合工作,开展两金压降,加大欠费回收责任追究,欠费控制较好;车辆月单车成本低于全省平均水平,同比下降9.67%。二是加强人工成本精细化管理。加强干部队伍建设,对重要管理岗位进行调整。三是开展大带宽检查,组织各渠道对异网宽带用户进行日常拨测,对相应的隐患进行及时规范整改。实名制率达到100%。四是强化审计监督,开展工程项目和零星维修项目审计,开展冬季取暖费、IDC业务、社会渠道佣金专项审计。五是优化采购流程,规范招标采购,实施采购21项。六是"光进铜退"物资处置规范有序。七是加强安全生产长效检查和安全隐患排查整改,实现安全生产无事故。八是强化合同和诉讼管理工作,未发生重大诉讼案件和被集团问责案件。九是加强内控和风险管控,有效防范风险。

(中国联通晋城市分公司)

·电 信·

【概述】 2016年,中国电信晋城分公司业务收入1.31亿元,其中移动业务收入9100万元,固网收入4000万元。用户规模不断扩大,4G用户达到7.2万户,光宽用户达到5.6万户,天翼高清用户达到1.7万户。

【网络建设】 完成年度基站建设目标,实现市、县主城区及重点乡镇行政村连片覆盖,4A级以上旅游景区深度覆盖,覆盖率达99%以上。接入网建设端口同比提升380%。乡镇传输主干实现接入,解决农村驻地网需求,节约投资360万元,减轻驻地网代理商建设成本。

【客户服务】 严把入网质检关,强化日常维系。紧盯流程优化、问题根治,解决问题47项。督促触点执行首问负责制,规范自有厅服务。凤台东街营业厅通过集团公司旗舰厅验收考核。全年投诉处理及时率达100%,月均满意率达99%。

【网络维护】 修订和实施装维划小方案，有效提升装维服务能力，开展先装后付专项工作，提升市场竞争力。通过电源及线路隐患整治、网络扁平化和数据网端口10G扩容、LTE覆盖优化等措施，本地网络能力得到优化和扩展。推进政企支撑划小工作，实现标准化作业，延伸服务和技术优势，推进建维一体化体系建设，现场解决经营前端维护和建设过程中存在的问题，为业务发展提供支撑保障。

【市场营销】 推进渠道协同发展，加强与通信商城的战略合作。通过驻地网、光改平移建设，加快拉动网格专营店及农村开放渠道建设。校园营销前置收效良好，成功签约空圈项目；通过天翼对讲调度管理平台，成功营销泽州县农村环卫改革项目。商企“酒店完美联盟”项目签约酒店20家，拓展客房2000间。

【企业管理】 强化内控风险管理，重新制定晋城分公司内控权限列表，建立健全县分公司议事小组制度，规范各级领导、部门的权限。利用翼支付归集平台，加强在途营业款回收管理，降低企业资金风险。铁塔资产移交完成实物交割。完善“四小”运营机制，开展“五必访、五必贺”、金秋送学、困难员工帮扶救助、关爱女工相关工作。组织员工参加省、市工会组织的各项文体竞赛、劳动技能、岗位比武活动，提振团队士气，营造和谐向上的良好氛围。

（中国电信晋城市分公司）

商务粮食

【概述】 2016年，全市商务粮食系统贯彻中央、省、市决策部署，坚持稳中求进工作总基调，全面落实商务粮食工作稳增长、促改革、调结构、惠民生、防风险各项政策措施，攻坚克难，创新有为，完成全年各项目标任务，呈现出增长、进位、突破良好态势，为全市经济社会发展做出积极贡献。

【主要指标】 2016年，全市社会消费品零售总额386.2亿元，同比增长7.6%，排全省第四。全市海关进出口总额6亿美元，同比下降32.8%。其中：进口总额4.34亿美元，同比下降28.1%；出口总额1.65亿美元，同比下降42.8%。境外投资企业实现"零突破"，引进战略性新兴项目，建立富士康光机电项目、中船集团风电主机总装基地和中船集团新能源装备基地。全市收购粮食3.35亿千克，销售粮食4.05亿千克，从省外调入粮食0.75亿千克。

【电子商务】 市委、市政府出台政策、资金、土地使用等方面鼓励性政策，设立500万元专项扶持资金，促进全市电子商务发展。在全省率先完成电子商务示范园区、示范企业评比工作。陵川县作为第一批电子商务进农村示范县，高标准完成电子商务进农村综合示范工程建设，建成电子商务孵化园区1个、电商公共服务中心1个、物流配送中心2个、村级服务站点100个，电商销售额近2000万元。高平市作为国家第三批电子商务进农村示范县，有序推进各项工作。开展电子商务进社区建设，神利便利连锁有限公司在市区建成便利店90家。市政府与京东、阿里巴巴签署合作框架协议。举办电商对接传统企业大会，征集和储备166家电商企业（团体）申报的电商发展项目194个。建成电子商务园区9个，200余家企业入驻。全市全年电子商务交易额137.52亿元，同比增长5.12%。

【便民化流通体系建设】 出台《关于支持承接加工贸易产业转移若干政策措施》《承接加工贸易产业转移目标考评办法》《"东向融入"京津冀和环渤海经济圈的实施意见》，推动全市参与京津冀、环渤海经济圈和中原经济区交流合作，夯实承接加工贸易产业转移基础。重新修编并组织实施《晋城市商业网点规划（2014—2020年）》。兰花城、华都商业楼等一批大型商业基础设施项目建成投入使用，新建和改造绿盛农产品批发市场等"两大一小"鲜活农产品市场。全市商贸物流项目累计完成投资28亿元，超额完成省商务厅下达的目标任务。

【渠道建设】 组织企业参加"山西品牌中华行""山西品牌网上行"活动，网上销售1246万元，协议签约近1000万元。参加全省"消费促进月"活动，实现销售额6805万元。组织275家企业举办节日促销活动，实现销售额3.6亿元。组织54家电商企业开展线上线下同步进行的网络年货节活动，为期103天，实现销售额123

万元。建成市区放心早餐工程早餐亭100个，日均销售早餐6万元。完善家政服务网络中心功能，处理各类订单1.6万件，满意率达98%。

【对外贸易】 组织企业参加"山西品牌丝路行"活动，引导企业走出国门，开拓国际市场。先后组织5家企业参加广交会，6家企业参加亚欧博览会、高交会，共达成出口意向3500万美元。壮大外贸主体，夯实出口产品上档升级基础。全市有省级外贸升级示范基地3个（晋城市纺织服装、泽州县汽车配件、高平市铸件），省级企业型外贸示范基地1个（高平泫氏铸管有限公司），省级"231"外贸主体壮大工程（即重点培育20户国际化水平较高的骨干外贸企业、30户有稳定产品支撑的重点企业、100户具有较强发展优势的潜力企业）企业10家，其中，骨干出口企业1家，重点出口企业2家，潜力出口企业7家。新备案具有外贸经营权企业27家，全市外贸企业达252家。

【应急储备】 按照省、市要求，建立2500吨成品粮（面粉、大米）应急储备、450吨以上食用油应急储备、400吨猪肉活体储备、600吨食糖储备；3.2万件应急商品储备、225万千克冬春蔬菜储备。重新修订《晋城市粮食应急预案》，举办粮食应急培训，参加"山西2016粮食应急省市联合演练"，建立粮食应急网络，出台《晋城市商务粮食局粮食质量安全事故（事件）应急处置预案》，奠定应急保障基础。

【市场监测】 加强市场监测，推进"放心粮油工程"建设，重要节日组织开展粮油优惠供应，完成军粮供应任务，全年粮油供应市场未发生脱销断档、价格波动现象。

【粮食安全】 出台《晋城市粮食安全责任制考核办法》，成立晋城市粮食安全责任制考核工作领导小组，通过省级考核，完成对县级部门评审和抽查考核。贯彻落实国家粮食收购政策，引导多元市场主体入市开展粮食收购，全年未出现"卖粮难"。建立健全并督促落实储备粮管理制度，强化储备粮油库存和轮换管理。"一符六无"合格率达98%以上，"三专、四落实"达100%。完成新增省级储备小麦2500吨入库任务、市级成品粮油储备任务和省、市两级储备粮轮换任务。完成高平国家粮食储备库（杨村分库）、阳城芹池县级粮食储备库2个新建粮仓项目和8个"危仓老库"维修改造项目。印发《关于贯彻落实〈2016年山西省粮食质量安全重点工作实施方案〉任务分解的通知》，明确相关部门监管责任，加强质量安全监管监测。完善粮食出入库质量检验制度，明确粮食承储企业粮食质量安全主体责任。完成新收获粮食质量安全监测、质量会检样品扦样任务和省级储备粮油品质控制指标检测任务。

【依法行政】 完善行政权力运行监管体系，梳理行政权力和权力清单16项，规范权力运行。开展综合行政执法体制改革试点，完善执法工作制度，规范执法工作程序，推行"双随机一公开"制度，建立执法检查随机抽查事项清单、检查对象名录库和执法检查人员名录库，规范商务粮食行政执法行为，维护商贸流通市场秩序。

（市商务粮食局）

供 销

【概述】 2016年，市供销社贯彻落实《中共中央国务院关于深化供销合作社综合改革的决定》，坚持为农服务根本宗旨，积极进取，奋力开拓，在服务"三农"、综合改革及党风廉政建设等方面取得明显成效。

【主要指标】 2016年，全市供销社系统完成商品购进总额12.98亿元，同比增长11.97%，其中农副产品购进2.32亿元，同比增长38.35%；完成商品销售总额14.48亿元，同比增长12.02%，其中：农业生产资料供应总额2.15亿元，同比增长7.89%；汇总实现利润632万元，同比增长1.3%。

【综合改革】 确定高平市、陵川县为综合改革试点县，推动2个试点县改革取得初步进展；建成惠农服务中心10个；新建、改造基层社2个（阳城白桑、次营）。规范发展农民专业合作社示范社

2个(陵川六泉中药材专业合作社、陵川喜禾金小米专业合作社)。电子商务计划覆盖陵川、沁水2个贫困县,陵川县农村电商服务站选店定点工作全部完成,电商服务站实现全县中心村全覆盖;沁水县成立电子商务公司注册微信公众号,农产品上线数量达80多种。

【基层社建设】 城区供销社按照城区街道改造规划,投资1400万元对西上庄供销社进行改造,建设营业面积达1000平方米的农副土特产品超市;北石店供销社因城市化改造被整体拆除,对原有营业、办公场所进行改造,投资69万元建成占地270平方米,营业面积510平方米的二层商业综合大楼,并开张营业。泽州县供销社投资1100万元对东沟供销社进行改造,建设营业面积达1600多平方米的综合商住楼,成为当地规模最大的农村综合超市。高平市供销社完成陈区、神农、北诗、米山、原村、石末、永录7个中心供销社建设任务,投资1000余万元建设野川中心供销社,新建1个大型供销超市和1个惠农服务中心,占地面积约3200平方米。陵川县供销社对夺火、丈河两个基层社进行改造,夺火社自筹资金24万元,改造电商服务站150平方米,新建惠农服务中心80平方米,新建益农配送服务部140平方米,硬化经营场地420平方米;丈河社吸收社会资金30万元,新建电子商务服务站、中心超市200平方米,硬化经营场地500平方米。

【农业社会化服务体系】 市供销社以市场需求为导向,以扩大服务领域、降低服务成本为抓手,建立全程化农业社会服务体系。高平市供销社成立高平市丰田种植专业合作社和高平市晨耕农机服务专业合作社,为农民开展承包式、菜单式、农作物病虫害专业化统一防护、统一治理等服务,为农民提供统一的农业集成技术服务套餐。阳城县次营供销社注册成立新科种植农民专业合作社,实行统一购买种子、农资,统一经营管理,统一收购加工,并积极探索土地托管服务模式。陵川县运用创办、领办、吸收等多种合作模式,新创办专业合作社1个,领办专业合作社2个,吸收服务及经营专业合作社3个。6个专业合作社新流转土地300亩,开展特色种植400亩。同时建成县级惠农服务大厅1个、乡镇服务中心4个、村级服务站3个、新建庄稼医院3个,土地托管服务面积达到1万多亩。沁水县供销社投资510万元新建2个农业社会化服务惠农工程。在郑庄镇张峰村建成1个农业社会化服务体系惠农服务中心,在胡底乡领办1个基层综合服务社。

【电子商务】 市供销社福融通电子商务有限公司与6县(市、区)供销社开展电子商务培训1000余人。与省社"农芯乐"、总社社员网对接,8月,在司徒小镇组织举办"大爱晋城、福地司徒、世界兰花"晋城市新农人节暨晋城供销电商、晋城社员网上线大会,加强农商、农超、农社的交流与合作,展示网上供销社为"三农"服务、帮农民增收致富新成效。高平市供销社成立供销乐购电子商务公司,打造集B2B、B2C、O2O等模式于一体的电商购物平台,与农芯乐商城对接,重点经营农特产品、日用消费品、农资产品等,拓展计算机领域内的服务与咨询、图文设计制作、企业形象策划、票务代理、会务服务等业务,与30余家加盟店签订加盟协议,开通微信供销乐购微商城,注册用户达10000多人,实现在微信上购买产品,送货上门,满足广大市民的生活需求。阳城县供销社与乐村淘县级电子商务中心合作建立供销电子商务平台,有200家便民店成为乐村淘体验店。实现网上销售额5100万元,帮助农民销售农产品120余万元。沁水县供销社成立沁水县供销电子商务有限公司,建设150平方米"农芯乐"体验店,为农民提供网上代购代卖、金融、交易、物流等服务。陵川县供销社将便民店升级建设成电商村级服务站101个,每站投入资金约2万元,实现中心村全覆盖;组建电商团队承接县政府农产品展销中心运营;注册5个类型的农产品商标2个;组织开展农产品标准规范、质量溯源体系建设,孵化淘宝店铺8个;组建供销社企业参与的第三方物流,解决县、村最后一公里问题;成功举办首届电商年货节。

【安全生产】 市供销社与直属单

位签订年度安全生产经营目标责任书，贯彻落实《企业安全生产责任体系五落实五到位规定》，形成“党政同责、一岗双责、齐抓共管”责任体系。开展“百日安全生产经营管理隐患大排查大整治行动”，各县（市、区）供销社配合相关部门开展安全督察检查活动。城区供销社采取包片检查、突击检查、夜间突查等多种形式，对危房及烟花爆竹仓库等进行检查。泽州县供销社协同有关部门组织开展查处涉盐违法行为专项活动，出动盐政稽查人员360余人次，行程1.1万千米，查处违法案件9起，查获假冒海藻盐0.51吨，维护该县盐业市场稳定。高平市供销社与所属企业签订安全目标责任书，严格落实“知责履职”“一岗双责”等安全生产责任制，制定《高平市供销社安全生产大检查工作方案》，开展节日安全大检查，重点围绕烟花爆竹经营场所、仓库，人员密集的商场、超市，各乡村分销店等进行地毯式排查，并对检查出的问题，及时进行反馈，限期责令整改。沁水县供销社配合市盐务局、县社警务室对全县14个乡镇及部分村的餐饮、超市以及食盐零售网点进行全面检查，共巡查各类点面290个，净化盐业市场。

（市供销社）

石　油

【概述】 2016年，中国石化销售有限公司山西晋城石油分公司团结和带领广大干部职工，内抓管理强素质，外拓市场树形象，经营管理和服务水平大幅提高，取得经济效益和社会效益双丰收，全年累计销售油品25万吨，上缴各种税金2000多万元，为晋城市经济发展和重点工程建设做出积极贡献。

【资源保供】 加强与炼厂、铁路部门的协调沟通，加大公路运输力度，保障资源需求。克服公路运输运距远、费用大、运力不足等诸多困难，增派罐车南下洛炼、北上太原调运油品，保证“三夏”“三秋”及严寒等时节用油。开展农机加油优惠活动，履行国有企业的政治责任和社会责任。

【安全生产】 深刻吸取系统内外事故教训，围绕“识别大风险、消除大隐患、杜绝大事故”主线，以宣传贯彻《安全管理手册》为载体，以“强三基、反三违、严管理、抓落实”为手段，坚持“谁主管、谁负责”原则，层层落实安全生产责任制，注重安全检查效果，加大三违专项整治力度，加大安全隐患治理和环保投入，切实推进安全管理信息系统和综合管理模板应用，开创HSE工作新局面。因晋城油库处于城市核心区，库区周围建成大量居民区，给城市带来很大安全隐患，制约城市和企业发展，因此启动油库搬迁工作。

【市场整顿】 与商务、工商、质监等多个职能部门配合，开展区域内柴油市场整顿，为期两个月，净化市场环境。

【精细化管理】 贯彻《中华人民共和国产品质量法》《中华人民共和国计量法》，强化质量监测体系和制度建设，严把各环节的数质量关，严格执行国家规定的成品油价格政策，自觉接受物价部门的监督，接受省、市质监部门对成品油质检和计量器具鉴定检测。建立定期油品质量抽查制度和加油机自校制度，配合质监系统开展油品质量计量监督抽查工作。在数质量管理上，保证“两个100%”，即保证出库和出入加油站油品100%合格，保证政府职能部门及上级公司抽检油品质量100%合格。加强内控管理，实施效能监察，杜绝“跑冒滴漏”，确保质量合格、计量准确。

（中石化晋城石油分公司）

烟　草

【概述】 2016年，晋城烟草专卖局（公司）围绕烟草行业发展目标，落实全省烟草系统工作部署，加大营销、专卖、降本增效及各项基础工作力度，保证困难时期企业良性运转。

【主要指标】 全年，累计销售卷烟74642箱、实现单条均价95.26元、实现税利44710.30万元，同比分别下降14.49%、7.14%、17.50%。实现利润15458.93万元，上缴税金（不含企业所得税）29251.38万元；缴纳各类税费

34172.84万元，同比减少1411.89万元，下降3.97%。

【品牌培育】 营销中心、县级营销部加大品牌培育力度，与22家工业企业召开品牌座谈会、培训会、交流会30场，1330余名客户参与交流。依托区县平台，开展协同活动，举办烟盒贴标、驻店营销、购烟抽奖、明星店主评选等营销活动，推荐烟草品牌。将紫气东来（吉祥天下）品牌融入旅游概念，面向皇城相府景区重点投放并逐步延伸。与福建中烟联合开展七匹狼品规社会库存清理活动，帮助零售客户清理滞销品规1642条。全年，累计引入卷烟品规格40个，退出53个。

【技能比武】 8月，举办"全员参与、提升能力、服务实践"全市烟草系统专卖人员真假烟鉴别技能竞赛，城区局（营销部）等3个单位获先进团体奖，李倩等10人获优秀个人奖。10月，参加全省烟草系统专卖人员真假烟鉴别技能竞赛，获团体一等奖，沁水县局董新慧获个人一等奖，市局专卖科张渊泽和陵川县局李倩获个人二等奖。设立真假烟鉴别样品展示、技能提升学习交流室，配备放大镜、紫外灯等设备，利用早会、业余时间开展技能训练。

【案件查处】 全年，共查获各类违法卷烟案件680件，查获违法卷烟456.48万支，标值237.06万元。移送工商部门案件69件，收缴罚款14.69万元，其中工商部门罚款0.31万元；移送公安部门案件10件，拘留8人，逮捕4人，判刑2人。破获国标网络案1起，涉案金额125.9万元。

【专项行动】 开展清理整顿卷烟市场专项行动，查获违法案件251件，查获违法卷烟188万支，案值82万元。其中，查获2万元以上案件5件、5万元以上案件5件，向公安机关移送涉烟刑事案件3件，刑拘2人，逮捕2人。开展打击物流、寄递与货物运输环节专项行动，查获物流、寄递和货物运输领域涉烟违法案件8件，查获违法卷烟76件，案值38万元。晋豫两省六市协作集中打击重点区域违法经营，查获各类违法卷烟案件27件，其中，30万元以上案件1件、20万元以上2件、10万元以上3件、5万元以上6件、2万元以上15件。

【行政许可】 完善许可证办理相关制度和工作流程，规范行政许可行为。10月，阳城、沁水烟草专卖局入驻本县行政审批服务大厅，提高办证效率。明确无证户认定标准，建立无证户专项档案，按照网格化管理要求，明确责任人，加强日常监管。提高行政许可服务质量和效率，缩短办证入网时限，许可证办理时限缩短至3个工作日。全年，新办烟草专卖零售许可证864户，变更34户，延续993户，补办2户，责令暂停2户，停业108户，歇业482户，恢复营业22户，注销659户，未发生行政许可违规问题。

（市烟草专卖局）

财 政

【概述】 2016年，全市各级财政部门结合晋城市经济社会发展新形势和财政工作新情况，充分发挥财政职能作用，扎实推进财税体制改革，完成全年主要目标任务，促进全市经济社会持续健康发展。

【收入】 2016年，全市一般公共预算收入89.3亿元，同比下降4.9%，减收4.6亿元。全市财政总收入169亿元，同比下降12.2%，减收23.5亿元。全市一般公共预算支出173.2亿元，同比下降3.9%，减支7亿元。税收收入55.3亿元，同比下降5.4%，减收3.1亿元；非税收入34亿元，同比下降4.1%，减收1.5亿元。国税部门23.7亿元，同比增长30.8%，增收5.6亿元；地税部门32.8亿元，同比下降20%，减收8.2亿元；财政部门34亿元，同比下降4.1%，减收1.4亿元；政策性退税1.2亿元。市本级收入27亿元，同比下降21.8%，减收7.6亿元，其中税收收入19.3亿元，下降9.9%，减收2.1亿元；非税收入7.7亿元，下降41.2%，减收5.4亿元。

各县（市、区）完成情况：按收入规模排序，高平市12.7亿元，泽州县12.4亿元，阳城县12.4亿元，沁水县11.7亿元，城区8.9亿元，开发区2.8亿元，陵川县1.4亿元；按收入增速排序，陵川县25.2%，阳城县16.6%，泽州县7.8%，沁水县6.1%，高平市0.8%，开发区-3.2%，城区-6.8%。

【支出】 2016年，市本级支出41.6亿元，同比下降3.6%，减支1.6亿元。各县（市、区）支出情况：按支出规模排序，泽州县28亿元，高平市26.5亿元，阳城县24亿元，沁水县18.2亿元，城区16.7亿元，陵川县16.1亿元，开发区2.1亿元；按支出增速排序，城区14.6%，高平市0.8%，阳城县0.6%，陵川县-0.2%，泽州县-10.4%，沁水县-12.6%，开发区-48.4%。

【运行特点】 一是财政收入完成全年目标。全市一般公共预算收入较省财政厅89亿元收入任务超收0.3亿元，较三季度末7.8%降幅收窄2.9个百分点，较上半年6.6%降幅收窄1.7个百分点。市本级收入27亿元，同比下降21.8%，低于全市平均增幅16.9个百分点；县级收入62.3亿元，同比增长5%，高出全市平均增幅9.9个百分点，主要是非税收入非即期入库较多。

二是税收收入下降幅度减缓。全市税收收入影响一般公共预算收入下降3.3个百分点。三季度税收收入同比下降14.7%，较二季度下降20.7%收窄6个百分点，四季度税收收入同比增长70.7%，经济企稳向好，税收收入降幅收窄。

三是主导产业税收贡献提高。全年全市煤炭行业税收收入65.9亿元，同比下降12.5%，减收9.4亿元，环比1—11月份13.4%的降幅收窄0.9个百分点。主要原因是下半年煤炭价格逐渐回升，企业盈利能力增强，1—11月份全市煤炭均价336元/吨，较1—

10月份全市煤炭均价315元/吨提高21元/吨。此外,由于非煤经济持续低迷,非煤行业税收收入74.2亿元,同比下降13.3%,减收11.4亿元。

四是非税收入占比持续居高。1月份占比34.7%,3月份占比51.6%,年末占比38.1%,较全省平均占比33.4%高出4.7个百分点;全市全年非税收入影响一般公共预算收入下降1.5个百分点。

五是财政收支矛盾日益突出。2016年,全市盘活存量资金,压缩"三公"等一般性经费,保障民生和重点工程支出。全市全年一般公共预算支出173.2亿元,同比下降3.9%,减支7亿元,其中民生领域支出143亿元,占总支出的82.6%。

【预算管理】 启动编制3年滚动财政规划和部门3年支出规划,推进中期财政规划与部门、行业规划相衔接,建立跨年度预算平衡机制。清理重点支出与财政收支增幅或生产总值挂钩事项,对农业、林业、水利、计生、教育、科技等方面不再实行支出同财政收支增幅或生产总值挂钩。清理规范整合项目支出,全年批复部门预算专项业务费下降40.7%,一般性运转类支出下降23.2%。全年部门预算共安排评审项目67项,其中废止2项,安排资金65项,送审资金15.6亿元,审定14.9亿元,核减0.7亿元。

【预算公开】 细化预决算信息公开内容,预决算支出按功能分类全部细化到项级科目,按经济分类一般公共预算支出细化到款级科目。扩大送人大代表审议的预算范围。总预算草案增加财政专户收支情况表、上级转移支付情况表、本级转移支付情况表等内容,报送审议表样由26项增加至46项,将经济技术开发区纳入报告和公开范围。

【债务管理】 制定《晋城市市本级2015年度权责发生制政府综合财务报告试编工作方案》,将全市各级财政部门全部纳入试编范围,全面反映政府财务状况与运行风险。提前置换偿还全市校安工程等8个高息和到期债务项目贷款4.3亿元,置换后减少支付利息500余万元。加大逾期债务清理力度,市本级2016年逾期债务由2015年的9749.69万元降低为5162.32万元,减少4587.37万元,年底政府债务余额控制在核定限额内。

【绩效管理】 出台《绩效目标质量考核标准》《绩效评价报告质量考核标准》《晋城市事前评估管理试行办法》,完善事前、事中、事后预算绩效管理机制。采取专项资金事后评价和部门整体支出及事中监控相结合方式,对10个关系民生和公共服务类项目、10个重点部门进行绩效评价。

【国库集中收付】 上线运行财政代管资金、专户资金直接支付电子化业务。全年全市纳入国库集中支付市级单位356个,累计支付资金90551笔,支付金额52.8亿元,其中:财政直接支付方式支出资金40亿元,占国库集中支付总金额的75.65%;财政授权支付方式支出资金12.8亿元,占国库集中支付总金额的24.35%。

【财政政策】 一是落实"1533"工业行动方案。为符合政策的5家企业办理增值税退税7笔,免征行政事业性收费18项,扩大3项基金免征范围,继续停止提取煤矿"两金",共为企业减负8.66亿元。二是"降、补、缓"企业保险。企业职工养老保险企业部分交费率由20%降低至19%,失业保险单位缴费比例由1.5%调整为1%,全市减轻企业负担1.5亿元。对困难企业缴纳社会保险实施"五缓""三补贴"优惠政策,全年返还困难企业社会保险补贴、岗位补贴1.59亿元。三是争取地方政府债券资金。申请增加地方政府债券21.8亿元,其中,新增债券15亿元,置换债券6.8亿元,超过2015年8.8亿元,政府投资支持重点工程建设。四是推进财政资金统筹使用。印发《关于盘活财政存量资金及加强财政资金统筹使用的通知》,压缩存量资金规模,全年清理盘活资金7.6亿元,全部按规定收回总预算并统筹使用,集中投入民生及重点工程建设领域。五是推广PPP模式。全年纳入财政部PPP综合信息平台项目16个,总金额192.1亿元。六是扩大有效投资。累计下达资金19.4亿元,支持中心城市、水利等重点基础设施建设。七是支持科技创新。全市全年拨付资金1亿元，支持市级科技企业孵化器基建项目建设，为2015年度被新认定或通过复审的15家国家级高新技术企业以及1家被认定为省级科技企业孵化器项目进行补助，对350件专利申请、8件专利推广进行扶持资助，补助光伏发电示范户，助推农民增收。八是推动双创和中小微企业同步发展。筹集促进就业创业项目资金1.2亿元，对大众创业、万众创新全环节补贴。扶持市级4个创业孵化基地，惠及434户小微创业实体，补贴创业场地面积25547平方米，带动社会就业1302人。为中小微企业提供各类担保融资5.26亿元，其中：为69户中小企业提供贷款担保88笔，金额4.88亿元；为自主创业人员、妇女创业人员、大学生村干部、青年创业人员、集中安置就业企业办理贷款担保238笔，涉及人员429人，金额3849万元。九是加强财政与金融等部门协调配合。对皇城相府药业等3家在新三板挂牌公司进行奖励。实施政策性融资担保、贷款贴息等创新政策措施，促进经济平稳发展。

【精准扶贫】 印发《关于支持县级统筹整合使用财政涉农资金加快推进脱贫攻坚的通知》，将中央、省、市116项财政涉农资金纳入整合使用范围，构建"多个渠道饮水、一个渠道放水"脱贫攻坚财政投入新格局。制定《晋城市财政专项扶贫资金管理办法》，完善扶贫资金管理。建立扶贫投入稳定增长机制，市级扶贫专项投入2477万元，增长16.6%，对200个贫困村和8.45万贫困人口实施精准扶贫，市、县两级扶贫专项投入均实现总量和增幅"双增长"。创新易地扶贫搬迁资金筹措机制，设立晋城扶贫开发投资有限公司，承接中央和省政策性融资，保障全市23887名建档立卡贫困人员和25250名同步搬迁人员顺利搬迁。探索资产收益扶贫机制，以县级政府为主导，建立贫困村、贫困户与经营主体利益联结分享产业发展红利机制和贫困户与财政扶贫投入利益联结机制。

【环保投入】 推进蓝天碧水工程，投入资金2.2亿元，开展大气、水、土地等污染防治工作。实施乡村清洁工程，拨付资金6796万元，支持全市78个乡镇2186个村清洁工程，乡村垃圾实行统一收集、清运和处置。

【内部控管】 一是调整优化支出结构。控制一般性支出，按照从严从紧原则安排"三公经费"预算，停止一般公务用车购置，控制会议、差旅、文件等方面支出。全年市本级行政事业单位使用财政拨款的"三公经费"3066万元，较2015年下降41.02%。二是加强财政资金安全管理。检查6县(市、区)财政资金安全，针对存在隐患建立事前防范、事中牵制、事后监督相结合的资金安全保障机制，规避财政资金管理风险。控制新增财政借款，在2016年预算中，安排列支3171.4万元3笔历史借款，督促县区加大清理财政借垫款工作力度，全年未发生新增借款。开展市级公共基础设施资产清查，整理1985—2016年市级政府投资城市公共基础设施资产资料，规范园林、教育等16个部门公共基础设施资产管理。清理规范工程建设领域保证金，制定《晋城市财政局清理规范工程建设领域保证金工作实施方案》，督促退还清理工程领域保证金2932.26万元。三是加强财政票据监管。完成财政票据电子化改革前期准备工作，对全市票据领用单位资料重新审核分类备案，核发新票据购领证。四是强化政府采购监管。全年市级单位完成政府采购预算4.06亿元，采购合同额3.65亿元，节约财政资金0.41亿元，节资率达10%。五是加强国有资产监管。通过公开拍卖全额缴入国库资产处置收入32.4万元。组织5批行政事业单位闲置房产招租，成交总价259.9万元，增值率达110.9%。推进政府购买服务工作，全年全市政府购买服务项目安排预算资金2.2亿元，用于劳动就业、机关后勤等项目。六是建成内部控制制度体系。印发《晋城市财政局内部控制体系建设工作实施方案》《晋城市财政局内部控制基本制度(试行)》，初步完成"1+8+N"(即：1个基本制度+8类专项风险管理办法+N个内设机构操作规程)内部控制体系建设，进入试运行阶段。

【民生支出】 教育方面，全年拨

付资金34.2亿元，保障教育惠民政策落实。统一城乡义务教育学校生均公用经费基准定额，按照普通小学每生每年600元、普通初中每生每年800元(寄宿制小学、初中每生每年800元和1000元)标准增加公用经费补助。市直幼儿园、小学生均公用经费由2015年每生每年522元分别提高到每生每年2200元和每生每年1000元；初中由每生每年633元提高到每生每年1400元；高中、电大、游泳学校由每生每年1100元提高到每生每年2000元；中专、体校由每生每年1300元提高到每生每年2200元；大专由每生每年1700元提高到每生每年2700元，特殊教育学校由每生每年5000元提高到每生每年8000元。全年市直各类学校增加生均公用经费3561万元。医疗卫生方面，全年拨付资金18.3亿元，支持城乡居民医疗和基本公共卫生服务建设。城乡居民医疗保险财政补助标准由人均380元提高到420元以上，基本公共卫生服务补助标准由人均40元提高到45元。筹集资金4000余万元，推动实施城乡居民大病医疗保险制度。拨付资金31万元，为农村妇女进行两癌筛查及村医养老缴费。社会保障和就业方面，全年拨付资金23.4亿元，保障城乡低保、五保对象、贫困残疾人、精神病患者等重点优抚对象基本生活。提高城乡低保标准，城市低保每月提高30元，农村低保每月提高30元。文化体育与传媒方面，全年拨付资金4.5亿元，支持深化文化体制改革、农村公共文化建设、非物质文化遗产保护传承、“三馆”免费开放及文化精品创作等工作。住房保障方面，下达保障性安居工程专项资金1.7亿元，其中，城镇低收入住房保障家庭租赁补贴654万元，城市棚户区专项补助资金10850万元，公租房项目5404万元，工作经费46万元。农业方面，加大强农惠农富农力度，统筹整合资金2.1亿元，支持“一村一品”、干果经济林、“大水网”建设等。统一整合粮食直补、农资综合补贴、良种补贴“三项补贴”，支持粮食生产适度规模经营。申请资金290万元，开展县域金融机构涉农贷款增量奖励，投入政策性保险保费3465.7万元。开展“一事一议”财政奖补工作，召开2016年美丽乡村项目评审暨推进会，支持新农村建设。为低收入农户发放冬季取暖用煤货币化补贴1.3亿元，补贴农户579368户。

(市财政局)

税　务

·国　税·

【概述】 2016年，全市国税系统瞄准“工作质效显著提升、工作基础扎实牢固、管理机制健全高效、干部队伍生机勃勃、工作环境严肃活泼”五大发展目标，重点实施“提质增效、强基固本、机制创新、素质提升、凝心聚力”五大工程，各项工作取得新成绩、新突破、新进展。

【税收收入】 2016年，全市国税收入完成82.86亿元，其中，中央级收入完成49.85亿元，地方级收入完成33.01亿元。落实扶持实体经济和小微企业发展税收优惠政策，全年共为166955户次小微企业免征增值税5120.36万元。

【税务改革】 改革稽查体制，实现城区范围内一级稽查和全市稽查一体化。试行税源专业化管理，转变车购税分局职能，建立汽车行业专业化管理机制。将出口退税业务从货物和劳务税科分离，成立出口退税办公室，实现出口退税业务专业化管理。运用大数据开展大企业税收服务与监管试点工作，实现大企业税收专业化管理。成立公职律师办公室，运用社会综合治税手段，强化税收征收管理，全年个人退赔违规款项70余万元，纳税人补缴税款935万元，加收滞纳金67万元。

【“营改增”工作】 成立“营改增”工作领导组，建立“团队协作+定点督导”指挥机制，对8个基层单位开展7轮督导。确认管户12459户，开展各类培训36期，核实修改11314条数据。

【国地合作】 建立国地税合作常态化机制，制发《国地税合作规范3.0版市县级任务分解表》，建成通办国地税业务大厅2个，共建大厅县区局1家，共驻政务大厅联合办税县区、分局4家，互相派驻办税大厅县区、分局3家；国税局代地税局征收税款462.2万元，地税局代国税局征收税款1886.3万元；联合稽查查案27户，结案4户，查补国税收入121万元、地税收入13万元；联合税收风险应对46户，排查税收风险72个，发现涉税风险问题15类，税额253.1万元。

【税收服务】 实行申报征收、报税认证、发票发放等5大类28项业务全市通办；率先在全省实现银税合作全覆盖，与中国邮政晋城分公司签署"双委托协议"；推行社会化办税，惠及社区乡镇；实现发票市局统一配送，开启O2O办税模式；全省首创"营改增"申报指引"二维码"；推行网上申报平台升级版，推广应用e税客，纳税人用户占比位居全省前列。

【队伍建设】 通过"青春税苑"公众号开设"微课堂"，依托行知学堂开设晋城国税"百家讲坛"，开展"局科长讲一课"活动。全年共选派218名工作人员参加省国税局培训班40期。

（市国税局）

·地 税·

【概述】 2016年，全市地税系统坚持"应收尽收抓收入、严管善待强队伍"工作理念，务实担当、开拓进取，完成各项工作任务。全市地税系统获得省部级以上集体荣誉20余项，沁水县地税局被表彰为全国税务系统先进集体，泽州县地税局被命名为全国法治税务示范基地，市地税局获全省银税合作优秀团队称号。

【税收收入】 2016年，全市地税系统共组织各项收入69.36亿元。其中，税收收入60.14亿元，提供市、县级公共财政预算收入32.79亿元，超预算计划7900万元。全年地方税收减收15亿元，其中市、县级公共财政预算收入减收8.6亿元。煤炭产业提供地方税收30亿元，占地税收入50%。累计征收19亿元，占税收总量的32%。7月1日开征煤层气资源税，共征收1254万元。各项规费收入9.22亿元，其中，教育费附加2.51亿元、地方教育附加1.67亿元、采矿排水资源费3.39亿元、残疾人就业保障基金0.57亿元、河道工程维护管理费0.47亿元、工会经费0.60亿元。

【"营改增"工作】 成立"营改增"工作领导组，建立"营改增"工作日报制度，举办"营改增"专题培训，印制《"营改增"政策汇编》2000余册，发放到一线税务干部和"营改增"纳税户。5月1日正式实施"营改增"，共移交营业税管户12790户，完成移交管户的欠税清缴、发票缴销等工作，承接二手房交易和个人出租不动产增值税业务，共代开发票1170份，代征税款147.7万元。

【税收优惠】 全年累计减免税7.76亿元，惠及全市1.2万户纳税人。其中，改善民生类0.79亿元、鼓励高新技术类0.28亿元、促进小微企业发展类0.22亿元、节能环保类0.82亿元、支持金融资本市场类5.19亿元、支持三农类0.15亿元。运用网上申报平台，推广纳税人自行享受减免政策，全年减免7.08亿元，占全部减免额的91.25%。

【税收征管】 成立国地税合作工作领导组，签署《国地税合作实施方案》，建立国地税联席会议制度，搭建覆盖51项税收业务全流程合作平台。以联合办税为重点，各征收单位全部实现国地税联合办税，其中，国地税互相派驻2家、联合进驻政务中心4家、联合共建办税服务厅1家。开展国地税联合管户核实，新增地税管户7524户，占管户总量的20.64%。推进联合管理、联合稽查、联合培训、涉税信息共享等重点工作，推行"一人双业务、一机双系统、一屏双界面"办税模式，实行国地税费"同申报、同征收"一体化管理。

【税收服务】 结合税收宣传月、依法行政宣传月、纳税人学堂等活动，举办税企对话会、税收知识有奖答题、税收宣传片电视展播等20余项宣传活动。全年培训纳税人45期3800余人次。创新推出"掌上税务"移动服务平台。探索"一人双机(一机)一窗口"等联合办税模式，落实地税附税"先税后票"制度。落实《纳税服务规范》，实现同城通办、全市通办、全省通办和网上申报、电子缴税、自助办税。开展纳税人信用级别评价，推进“银税合作”，215户小微企业通过“税易贷”项目获批贷款2.86亿元，同比增长12.61倍。

【企业所得税管理】 开展企业所得税汇算清缴工作，全年共汇算3731户，应纳税所得额43.26亿元，应纳所得税额10.82亿元，实缴所得税额10.6亿元，减抵免所得税额0.22亿元，补缴税款3.53亿元。开展企业所得税重点税源和高风险事项团队管理工作，排查风险点14个，查补入库税款7129.16万元，滞纳金及罚款428.76万元。

【依法治税】 创新地税稽查模式，试行“双随机、一公开”办法，集中开展重点税源企业随机抽查、轮查工作，全年抽查比例占重点税源企业20%以上。全年共立案42起，组织纳税人自查143户，入库税款2.34亿元，其中，查办百万元以上大案3起，曝光税收违法案件2起，查处违法受票企业38户、发票51份，涉案金额1697万元。

（市地税局）

金融工作

【概述】 2016年，市金融办贯彻落实省、市金融振兴大会精神，团结带领全市金融机构围绕“一争三快两率先”发展战略，精心谋划、实干创新，金融工作实现“一提升、一完善、一优化、一突破”（服务实体经济能力有所提升，金融服务体系不断完善，金融生态环境不断优化，企业上市挂牌取得新突破），在全市“冬季行动”中被考评为优秀等次。

【行业状况】 银行业。年底，全市金融机构本外币各项存款余额1961.19亿元，同比增长8.95%，较年初增加161.05亿元；本外币各项贷款余额1091.82亿元，同比增长8.37%，较年初增加84.3亿元。非信贷融资累计提供融资额达697.95亿元，比2015年同期多27.07亿元。

保险业。2016年，实现保费收入39.04亿元，同比增长9.06%，赔付（给付）金额20.63亿元，同比增长13.13%。

证券期货业。2016年，证券行业成交额880.39亿元，同比减少38.61%；期货行业成交额298.18亿元，同比减少32.46%。

地方非银行法人金融机构。①小额贷款公司：2016年发放贷款金额4.78亿元，比2015年同期减少4.09亿元。②融资性担保公司：2016年发放担保金额9.04亿元，比2015年同期减少0.58亿元。③典当行：2016年发放典当金额1.47亿元，比2015年同期减少2.56亿元。④晋城太行金融服务有限公司：2016年，累计为229家企业发放应急周转资金267笔，比2015年同期增加88笔；累计发放金额26.39亿元，比2015年同期增加6.83亿元；相对为企业降低融资成本1853万元。

【政银企对接】 编印《晋城市2016年度重点项目融资需求名录》，推荐项目155个，融资需求276.69亿元。5月5日，召开全市“1533”（“1533”工业行动是从全市规模以上工业企业中优选出66户骨干企业[装备制造17户、煤炭10户、煤层气9户、冶铸8户、煤化工5户、电力4户、其他13户]作为全市工业的支柱重点进行扶持培育）工业企业及重点工程项目银企对接会，规定“1533”企业融资利率不高于同行业利率水平，现场15家银行机构签约33个项目，签约金额135亿元。截至11月底，各银行机构共向推荐“1533”企业及重点工程项目累计发放贷款374.91亿元。

【金融创新】 开展“倒贷周转”业务，全年共为319家企业和个体工商户发放应急周转资金425笔，金额43.34亿元，支持企业户数、累计发放金额、资金利用率全省排名第一。将保险机制创新引入企业融资环节，对以保证保险方式取得贷款的企业进行保费补贴，全年累计提供保证保险10笔，涉及金额2552万元，政府补贴保费51.04万元。印发《晋城市融资担保机构风险补偿资金管理办法（试行）》，增强担保机构对中小微、涉农信贷担保抗风险能力。率先在全省设立第一家地市级政府红土创业投资基金，完成对皇城药业、泫氏铸业、汉通机械等企业初步尽职调查。

【机构发展】 一是银行机构不断壮大。晋城银行是全省较有影响力的地方法人金融机构之一，至2016年年底，设异地分行7家；浦发银行晋城分行、晋商银行开发区支行分别于6月和11月正式开业运营；全市4家农信社完成改制任务；全市1268家农村金融综合服务站通过验收。二是保险市场组织不断健全。8月，大证保险经纪股份有限公司正式开业运营；推进引入中国人民健康保险公司工作进程。三是担保体系建设不断完善。完成《市级担保风险补偿资金管理办法》初稿，配合市经济发展研究中心，制定全市担保集团组建方案。四是新兴金融组织不断涌现。与深圳红土基金公司合作，市、县两级财政出资5000万元，吸收民间资本1亿元，成立全省第一支地市级红土创业投资基金；与中艺光线投资基金签订战略合作协议，成立首支文化产业发展基金。6月，启动晋城煤化工交易中心交易平台筹建工作，开辟煤化工产业现货市场和金融市场有效对接新途径。

【风险防控】 一是出台《非法集资举报奖励办法（试行）》，建立群众自发、广泛参与防范预警机制，全年共受理各类举报咨询40件，转各县（市、区）办理15件，保障区域金融稳定。二是开展治理排查和处非宣传，制定《进一步做好防范和处置非法集资工作实施方案》，建立处非联络员工作制度，组织对全市各金融机构，特别是对P2P等新兴金融组织进行多次风险排查，开展互联网金融专项整治，针对非法集资领域风险隐患和信访突出问题进行排查清理。开展防范打击非法集资宣传，与市广播电视台开办《第一金融》栏目，与市广播电台开办《金融零距离》栏目，宣传处非知识。三是鼓励民资投入金融产业，通过农信社改制、建立倒贷机制、成立红土创投基金等方式吸引民资约22亿元。四是建立不良贷款半年定期通报制度，将不良贷款指标纳入银行年度考核指标，加大风险防控，截至9月底，全市银行机构不良贷款余额17.76亿元，较年初减少23亿元，不良贷款率1.64%，较年初下降2.41%，两项指标均位于全省最低水平。

【企业上市】 出台《企业上市（挂牌）奖励申报流程》《企业直接融资指引》，实施企业上市（挂牌）培育工程，建立上市企业后备资源库，将17家企业纳入后备资源库进行重点培育，推动企业上市（挂牌）工作。5月25日，全市第一家新三板企业皇城药业获得挂牌批复（7月29日正式挂牌）；7月8日，海诺科技获得挂牌批复（8月3日正式挂牌）；8月18日，兰花纳米获得挂牌批复（10月26日正式挂牌）。兰花药业申请全国股转系统，等待挂牌批复。市、县两级分别对皇城药业、海诺科技挂牌奖励230万元和280万元。2016年，全市在Q板挂牌企业20家，E板挂牌企业3家。在新三板挂牌企业3家。E板挂牌企业昌平重工通过定向增发，与西安必盛激光公司达成投资协议2000万元，企业通过资本市场直接融资迈出实质性步伐。

（市金融办）

银行业务

【概述】 2016年，中国人民银行晋城市中心支行实施稳健货币政策，综合运用多种货币政策工具，引导金融机构优化信贷结构，支持和服务地方经济发展。加强金融风险监测和管理，维护辖区金融业安全稳定运行。截至12月末，全市金融机构各项贷款余额1091.8亿元，比年初增加84.3亿元，增长8.4%；各项存款余额1961.2亿元，比年初增加161.1亿元，增长9%。

【金融支持】 一是支持经济发展。参与制定《晋城市2016年“1533”工业行动方案》，重点扶持培育66户骨干企业，建立市级融资担保风险补偿基金，提高工业企业贷款融资能力。累计为骨干企业融资499.5亿元，其中新发放的66.2亿元贷款加权平均利率为4.84%，低于全市平均贷款利率1.81个百分点。二是支持煤炭企业。采取“重服务、强监测、搭平台”措施，结合煤炭行业去产能规划，明确信贷“扶”“控”对象，按月监测煤炭企业贷款到期还款情况，化解企业信贷违约风险。累计为煤炭企业办理续贷、展期294亿元，占到期贷款的85%；累计提供表外融资302.1亿元，新增51亿元；通过金融市场办理直接融资100.7亿元，有效缓解煤炭企业资金紧张局面。三是助推动经济转型。制定《关于发挥金融助推作用，支持全市经济转型升级的指导意见》《晋城市银行业金融机构2016年信贷投向指引》，提出五大类17项具体措施，开展“四马拉车、双轮驱动”金融支持工程，加大全市中高端智能化装备制造、煤层气综合利用、泛旅游文化、新能源、环保、医药制造等新兴产业资金支持力度，促进全市经济转型。全市6个新兴产业贷款增加17.7亿元，比2015年增加15.4亿元，占全市贷款增量的21%，较2015年提高18.3个百分点。发挥信贷政策评估导向作用，将全市14家参评机构评估结果纳入综合评价范畴。

【金融扶贫】 出台《晋城市金融扶贫“十三五”工作规划》，召开晋城市金融助推脱贫攻坚暨精准对接扶贫项目工作会议，与3家企业现场签订扶贫协议。与陵川县政府对接，开展定点帮扶。借助扶贫再贷款，探索“扶贫再贷款+扶贫产业”“扶贫再贷款+产业大户”“扶贫再贷款+贫困群体”等金融扶贫模式。截至12月末，向上级行申请扶贫再贷款限额1亿元、地方法人金融机构借用扶贫再贷款9700万元，利用扶贫再贷款发放贷款8580万元，其中贫困户150万元、涉农企业8430万元，带动贫困户322个。累计投放扶贫产业（项目）信贷资金4.4亿元，发放扶贫小额信贷（富民贷）1991万元，带动或服务贫困人口2.7万人。

【货币政策】 争取低成本资金7亿元，为“三农”和小微企业减少利息支出1550万元，全市涉农和小微企业贷款增加20.8亿元。拓展地方金融机构金融市场业务，5家机构取得全国债券市场交易资格，3家机构取得全国同业拆借资格，3家机构成为全国利率市场定价自律机制成员。对6家机构实行存款准备金率奖励政策，释放可用资金6.5亿元。推动晋城银行发行同业存单28亿元、大额存单1.69亿元，个人汽车贷款资产支持证券9亿元。

【金融管理】 一是落实存款保险制度。监督地方法人金融机构按时足额缴纳保费，确保存款人的合法权益，对11家地方法人金融机构进行风险评级打分，对高风险机构“一对一”约谈，提示风险，督促整改。二是开展“两管理、两综合”工作。开展新设机构开业管理工作，全年受理新设机构申请12家，批复同意8家机构加入人民银行金融服务与管理体系。开展综合评价工作，辖内银、证、保49家金融机构参与评价，促进落实货币信贷政策。三是强化风险监测分析，防控金融风险发生。发挥风险监测系统的作用，强化对异常情况的动态监测。加强大型企业生产经营情况监测，全面分析企业及关联企业风险、互保联保、各类融资及风险处置等情况，及时向上级行反映有关情况。四是推动反洗钱监管方式转化。开展考核评级，约谈被查机构，实现分类监管及现场检查指导有机结合，提升监管效率。五是强化外汇管理。加大非现场核查力度，共实施非现场核查93次，向9家银行和5家企业发放《风险提示函》27份，约谈6家外汇指定银行和1家企业，提升监管效果。六是推进金融消费权益保护工作。构建金融消费权益保护“三维联动”机制，培育并授牌6个“金融知识普及示范点”暨“金融法律知识宣传教育示范点”，实现市、县金融知识宣传示范阵地全覆盖。以陵川县为试点，在全省首家发布县域金融消费权益保护环境评估报告。在全省率先开展金融消费权益保护投诉调查工作。开展“三类”特定群体宣传活动，与晋城广播电视台《主播时间》《第一金融》《金融零距离》等栏目合作推出金融消费者教育节目，增强宣传实效，收到良好效果。

【金融服务】 一是加强农村金融综合服务站建设。推广“农村金融服务站+电商”业务新模式，落实以奖代补政策，提升金融服务站综合性、普惠性效能。截至12月末，全市建立达标农村金融综合服务站1337个，覆盖行政村1101个。制定《晋城市农村金融综合服务站风险防控工作指引》，建立健全风险防范体系。二是经理国库。完善中心支库直接经理全省首家乡镇级国库职能。联合长治市中心支库，在陵川县支库和屯留县支库开展国库风险防控跨区整体移位。三是加强信用体系建设。完善晋城市中小微企业和农户信用档案系统，中小微企业、农户信用档案信息直接接入人民银行征信系统数据库。截至12月末，全市小微企业信用信息数据库采集2.2万户，其中，有信贷业务的小微企业808户，贷款余额18.8亿元；农户信用信息数据库录入信息3.46万户，其中，有信贷业务的农户2万户，贷款余额26.7亿元。推动应收账款融资业务发展，通过应收账款融资平台达成交易32.4亿元。四是开展人民币净化工程活动。在全市布设硬币自助兑换机3台，回收残损人民币8种券别，提高市场流通票币整洁度。五是加强调查研究。制定《2016年重点调查研究工作方案》，到辖内金融机构、县(市)支行和部分企业调研，完成调研课题12个。开展重点课题攻关活动和重点课题竞赛，参选课题33个，6个课题获优秀课题称号。

(中国人民银行晋城市中心支行)

银行监管

【概述】 2016年，晋城银监分局坚持稳中求进，把握工作重点，服务实体经济取得新成效；创新体制机制，机构改革取得新突破；严守风险底线，风险管控能力得到新提升；改进监管方式，监管能力再上新台阶；引导全市银行业实现平稳运行，推动地方经济金融实现快速健康发展。晋城银监局被晋城市委授予促进晋城经济社会发展贡献奖，被市政府授予支持地方金融振兴贡献奖。王中秋被省总工会授予山西省五一劳动奖章。

【服务实体经济】 一是支持重点项目建设。组织开展银行业服务实体经济系列活动，与11家政府部门签订合作备忘录，召开重点工程银企对接会。贷款较年初增加85.43亿元。二是推动债委会组建运行。组建成立23户债委会，召开14次债委会会议，针对沁和能源中村煤矿透水事故等风险事件召开专题债委会会议。三是强化小微、“三农”金融服务。降低融资成本，取消收费项目117项，降低收费标准71项，减少收费及利息9953万元。全市涉农贷款实现持续增长，农村基础金融服务覆盖率达96.95%，较年初增长5.95个百分点。四是推进精准扶贫。实行小额扶贫贷款包干制，确立建档立卡贫困户2.6万户8.15万人，筛查有信贷需求贫困户3277户。年末，全市扶贫贷款余额11.78亿元。五是开展银税合作。全年，推送客户8233户，推出银税合作产品17个，向175户企业发放贷款4.61亿元。

【银行改革】 把高平联社作为信用社改制工作的重点，采取“边验收边整改”模式，高平联社成功改制，12月16日，高平农村商业银行正式挂牌成立。支持晋城银行事业部制改革，晋城银行开办证券投资基金销售、资产证券化、投融资业务，取得理财管理计划、理财直接融资工具业务和二级资本证券资格，在全国城市商行中率先发行两期汽车消费贷款资产证券化(ABS)，全国试点直销银行正式上线运行。推进扶贫、“三农”事业部改革，农发行晋城分行扶贫金融事业部挂牌，农行晋城市分行“三农”金融事业部挂牌。

【风险管控】 一是做好“两加强、两遏制”回头看工作。组织召开6次专项工作推进会，组成3个检查组，对辖区8家银行业金融机构14个营业网点进行现场检查，发现问题150个，涉及162户，176笔，金额67.52亿元。

二是强化重点领域风险防控。辖内5家融资平台贷款余额12.51亿元，累计还款8.66亿元。其中3家融资平台用政府债券置换归还贷款8.27亿元，其他平台贷款均还款正常，没有违约。按月监测分析房地产市场及贷款风险状况，建立重点监控名单，辖区房地产风险整体可控。

三是开展案防工作。开展2016年“制度执行年”活动，对全市23家机构391个网点进行自查及8家机构进行监管抽查，发现4个方面622个问题。建立整改台账，整改问题587个，整改率达94%，追究责任人372人次。辖区银行业没有发生案件和重大风险事件。

四是严防其他各类风险。对3家农信社实行贷款限额管理,对晋城银行网站存在安全隐患及日常监管发现问题进行约谈,处理招商银行涉及泛亚产品纠纷事件,摸底排查43家疑似P2P网络平台公司。

【银行监管】 一是强化监管手段综合运用。改进准入监管,制定《行政许可工作规程》,实现网上流转。强化非现场监管,成立非现场监管委员会,组成6个专题风险分析小组,定期召开分析会议,7次约见会谈问题机构,对2家机构数据质量进行通报批评,责成处理5名责任人。推广应用EAST系统,开展现场检查5项,筛查可疑问题8000余条,可疑资金近4亿元。二是强化监管协同联动。加强上下联动,提升监管效能;加强内部联动,实现人力资源集成;开展监审联动,委托省联社晋城办事处对农合机构投资业务风险状况进行专项审计,节约监管资源,提高工作效率。三是强化监督检查。加大督导力度,对服务实体经济系列活动、小微企业金融服务、"双录"等8项重点工作开展督导。

(晋城银监分局)

银行机构

·中国工商银行晋城市分行·

【概述】 2016年,中国工商银行晋城市分行以客户网格化管理实施、三大项目落地、风险化解推进、强化基层党建为抓手,深入推动"拓户、增存、创效、控风险"四项重点工作,经营管理稳健发展。

【存款业务】 实施公司客户网格化管理及重点客户营销、机构金融重点领域专项营销、零售"六进"重点营销三大项目,开展日均金融资产1万元公司客户专项营销和"存款回归账户提升"活动,新增有效对公结算账户1140户,公司存款时点日均净增2亿元和3.1亿元。开展机构客户拓户,新拓晋城市机关事业单位养老金专户等重点领域客户,全年机构存款时点净增7.64亿元。完善考核管理机制,深化"六进"营销,升级落实管维计划,加大产品渗透覆盖,成功营销3个社区"一卡通"项目,投产运行晋城大医院银医服务项目,夯实大零售根基。

【贷款业务】 完成晋煤、福盛等客户存量融资近30亿元和近40亿元贷款审批流程。累计投放贷款75.7亿元,支持晋煤、兰花、晋城煤运、蓝焰煤层气、天泽煤化工等重点领域和产业板块。拓展煤层气、公路、电力、建筑等新兴产业市场,储备赵庄鑫光发电、阳莽高速、铭石煤层气等大中型公司贷款项目。与晋煤集团开展深化合作,新增晋煤非煤板块授信14.5亿元。开展按揭项目主题营销,全年项目新增准入18个,介入6个,个贷累放9.7亿元。实现票据直贴额30.7亿元。

【市场营销】 强化"双擎两翼"战略落实,跟进晋煤集团蓝焰煤层气上市项目。办理近年来首笔出口发票融资业务,完成4家支行外汇对公业务备案审批,出国金融服务中心开业运行。成功营销旅行社境外游保证金托管业务,启动晋城高速等3家年金业务,晋城高速开创全省高速路年金业务先河。突出对公精品产品营销,票据业务收入增长显著,晋城煤运上线资金池和资产池业务。推动"大零售"改革,突出产品渗透配置,个金和银行卡两大零售板块中收占比达57.3%,营销阳城总工会联名卡2万张,发展兰花购物广场为全行首家MIS系统商户。发展间客式购车分期业务,信用卡发卡、新增特约商户均超额完成任务。加大互联网产品渗透和批量营销,发展融e联、融e行、工银e支付业务。投产运营自助银行8家,完成3家支行原址改造和改建任务。

【内控管理】 开展"基础强化年暨制度执行年"活动、两加强两遏制回头看等专项检查、十种异常行为排查、十大重点领域关键环节等专项治理。加强网点基础管理,督导帮扶21家网点,巩固网标建设,开展内部账户、ED两类运营风险网点综合治理,实施分类对账和印鉴卡集中上收管理,完成前台组合服务流程、"营改增"系统投产等5项改革,夯实运行管理基础。落实不良处置预案,不良率较年初稳步下降。推进信用卡不良压降,成为全省唯一一家成功办理债务重组业务的分行，遏制银行卡不良急剧攀升势头。全行未发生案件和重大责任事故。

（中国工商银行晋城市分行）

·中国建设银行晋城市分行·

【概述】 2016年，中国建设银行晋城市分行围绕转型发展主线，加大创新力度，大力拓展客户，优化客户结构，加强风险防控，夯实管理基础，转型发展成效明显。

【存款业务】 2016年，全行一般性存款日均余额225.75亿元，日均新增5.19亿元，新增占比22.32%。其中，企业存款日均余额121.22亿元，日均新增3.61亿元，新增占比42.14%；储蓄存款日均余额104.53亿元，日均新增1.58亿元，新增占比10.76%。

【贷款业务】 年末，各项贷款余额118.28亿元，较年初新增12.16亿元。其中，自营性个人类贷款余额155319万元，全年累计发放89004万元，累计回收42190万元，较年初新增46814万元；小企业贷款余额64285万元，全年累计投放52983万元，贷款余额较年初净新增5843万元。开展“建行助力成就梦想”个人消费经营贷款营销活动，活动期间发放贷款3197万元。年末，个人类贷款余额155319万元；全年累计发放89004万元，累计回收42190万元，较年初新增46814万元；二手房业务共发放贷款336户，金额9136万元；累计投放“快贷”业务6603笔，投放金额4460万元；新增“快贷”贷款3467万元，贷款余额5920万元。

【票据业务】 2016年，全行票据贴现业务累计贴现额14.64亿元，较上年增加10.39亿元，增幅244.23%，新增全省系统排名第一；贴现余额7.53亿元，较上年余额增加6.38亿元，增幅454.7%；累计办理直贴业务1674笔，较上年增加1155笔，增幅222.54%。

【资产质量】 五级分类不良贷款余额8811万元，较年初上升4683万元，不良率0.74%，较年初上升0.36个百分点。自营性个人类贷款7809户，余额155319万元，不良贷款余额170万元，其中存量7户，金额79万元，个人贷款不良率0.11%，较年初上升0.04个百分点。

【客户拓展】 开展“代发工资专项营销”竞赛活动，代工客户新增184户，代工人数新增11118人，代工覆盖度18.85%；单位人民币结算账户新增1193户；资金体内循环率53.53%，高于全省系统7.26个百分点；资金承接率55.00%，高于全省系统10.03个百分点；移动支付有效开卡数28241户；拓展龙支付个人客户8173户；拓展龙商户749户；发行ETC标识12869个；记账卡绑定信用卡11449张，占比88.97%；记账卡绑定借记卡1567张。年底，公司机构全量客户4294户（会计期间），较年初增加332户；有效客户（滚动期间）达到1872户，年增155户；加权有效客户10527户，年新增436户。全行个人有资产客户1070385人，新增231330人，有效客户194133户，新增19445户，加权有效客户68.36万户，较年初新增8.73万户。构建晋煤大医院—银医一卡通项目、社保卡生态圈和晋城大学—银校一卡通三个金融生态圈。至年底，社保卡有资产客户58.7万户，新增24.8万户，存款余额1.93亿元，新增1.46亿元。推进晋城大学—银校一卡通项目，通过开展交易有礼、移动支付进校园和开学季现场营销等活动，全年累计发卡1004张。

【经营效益】 全年，全行实现考核利润34558万元，同比下降4421万元；实现经济增加值14870万元，同比下降4843万元。实现中间业务收入17285万元。

【公司业务】 取得太焦高铁晋城段资金监管独家代理权。扩大非信贷类融资规模，新增晋煤集团融资租赁15亿元、超短融10亿元，兰花集团续发短融10亿元。传统信贷业务向非煤产业转型，新投放贷款9.81亿元，其中煤炭行业2.08亿元，占比21.2%。

【机构业务】 年末，机构时点存款余额876614万元，新增44804万元；日均余额855750万元，日均新增42695万元；机构中间业务收入345.16万元；成功营销晋城大医院“智慧医院”项目，项目总投资242.85万元；为晋城市人民医院申请5000万元流动资金信用额度，为泽州县人民医院申请2000万元流动资金贷款，实现资产业务“零”突破；对公保险业务全年代理保费254万元，业务收入106万元，获全省对公保险“业务卓越奖”；成功营销市本级、城区、泽州县机关事业单位养老金代发业务，月代发7900人，月代发金额3000万元，全行年代发养老金约6亿元，代收社保资金0.8亿元；晋城市公积金中心国管系统上线运行。

【电子银行业务】 移动金融柜面替代率60.94%，较年初提高17.37个百分点；手机银行活跃客户累计5.1万户；微信银行客户全年新增2.2万户；善融商务交易额完成6.5亿元；电子银行中间业务收入完成585.52万元，同比增速66%。

【小企业业务】 落实“以小为主，以微为重”小企业目标客户定位，大力推广“助保贷”业务和“评分卡”业务模式，拓展营销大数据产品，优化信贷业务流程。年末，全行小企业贷款余额64285万元，本年累计投放52983万元，累计回收47140万元，贷款余额较年初净新增5843万元；授信客户达231户，较年初新增56户；实现中间业务收入85万元；不良贷款客户数20户，金额8641万元，不良率11.45%；通过变更借款人、再融资、助保金代偿等方式化解逾期、不良贷款21户，金额8165万元。

【国际业务】 2016年，全行对公外汇存款日均余额8050万美元，日均新增4218万美元，实现中间业务收入1398万元，实现国际结算量3.75亿美元；跨境人民币业务量3.9亿元人民币，实现结售汇量1.5亿美元，代客资金业务收入691万元。办理山西省分行首笔卖出美元看涨期权业务，获总行金融市场部奖励中间业务收入20万元；办理晋城分行首笔大宗商品（铁矿石）套期保值业务，实现22万元中间业务收入；为富士康集团（晋城）办理晋城分行首笔1400万美元出口风险参与业务；解决亚美大陆煤层气有限公司企业网银资本金结汇技术难题，该客户通过晋城分行企业网银累计实现资本金意愿结汇355万美元。

【渠道建设】 年底，分行共有离行式自助银行35个，较2015年增加11个。在运行自助设备179台，较2015年增加26台，完成自助设备动态密码锁系统的上线和安装工作。推进智慧柜员机上线，对智慧柜员机进行合理配置，定期通报使用情况，引导网点提高使用率。分两批完成28家网点120台智慧柜员机安装布设，缓解网点柜面压力。

（中国建设银行晋城市分行）

·中国银行晋城市分行·

【概述】 2016年，中国银行晋城市分行坚持稳健经营、创新发展、提升效益总体思路，按照“马上就办、真抓实干”经营要求，围绕“增强五个意识，提高五个能力”（增强大局意识，提升运筹帷幄能力；增强担当意识，提升履职尽责能力；增强合规意识，提升风险管控能力；增强服务意识，提升客户服务能力；增强竞争意识，提升市场攻击能力），建立和完善激励、约束机制，强化市场营销和风险管控，整体经营管理取得成效。

【存款业务】 人民币存款业务。截至12月末，全行各项人民币存款时点余额1197581万元，较年初净增57697万元。其中，储蓄存款时点余额567912万元，较年初净增26891万元。储蓄日均余额574755万元，日均新增43246万元；公司存款时点余额505462万元，较年初减少31556元。公存日均余额522524万元，日均减少633万元；金融机构存款余额124206万元，较年初净增62362万元。人民币两项存款全口径余额市场份额5.68%，较年初下降0.48个百分点。储蓄存款全口径余额市场份额5.42%，较年初下降0.13个百分点。公存全口径余额市场份额6.00%，较年初下降0.94个百分点。行政事业日均余额410556万元，较年初新增9436万元。全行存款余额市场份额12.70%，较年初下降0.37个百分点，增量市场份额下降2.30%。其中，储蓄存款余额市场份额13.90%，较年初提升0.23个百分点。增量市场份额21.21%；公司存款余额市场份额11.58%，较年初下降0.94个百分点，增量市场份额下降42.05%。

外币存款业务。截至12月末,各项外币存款时点余额6237万美元,较年初净增1700万美元。其中,储蓄存款时点余额3152万美元,较年初净增851万美元。日均余额2833万美元,日均新增891.37万美元;公司存款时点余额3085万美元,较年初净增849万美元。全行外币存款余额市场份额16.30%,较年初提升3.89个百分点,增量市场份额99.42%。其中,余额市场份额69.66%,较年初下降0.94个百分点。增量市场份额67.22%;外币公司存款余额市场份额9.14%,较年初提升2.42个百分点。增量市场份额191.22%。

【贷款业务】 截至12月末,各项人民币贷款余额678231万元,较年初减少16189万元。其中,公司贷款余额534772万元,较年初减少31638万元;票据融资余额30420万元,较年初减少14810万元;贸易融资余额34431万元,较年初减少9463万元;个人贷款(含卡透支)余额78608万元,较年初增加10103万元。其中,个人贷款余额48863.88万元,较年初增加9263.89万元。人民币贷款全口径余额市场份额6.27%,较年初下降0.7个百分点,增量市场份额下降1.87%。全行贷款余额市场份额12.99%,较年初下降0.89个百分点,增量市场份额下降7.42%。不良贷款余额1877.57万元,较年初减少183.62万元;不良率0.28%,较年初下降0.03个百分点。不良余额、不良率控制在省分行限额内。其中:公司贷款不良余额507.86万元,较年初减少37.62万元,不良率0.08%,较年初下降0.01个百分点;零售贷款不良余额91.55万元,较年初减少25万元,不良率0.19%,较年初下降0.1个百分点;信用卡不良余额986万元,较年初减少121万元,不良率3.12%,较年初下降0.44个百分点。

【经营效益】 截至12月末,全行实现计费收入22266.49万元;实现拨备前利润12347万元,较2015年(17518万元)下降5171万元,降幅29.51%;实现净利润8100万元,较2015年(11528万元)下降3428万元,降幅29.73%;RAROC风险调整资本回报率15.21%,较2015年(20.51%)下降5.3个百分点;成本收入比46.37%,较2015年(36.16%)上升10.21个百分点。

【渠道建设】 适当增加ATM与自助终端投放,优化自助渠道,分批开展老旧ATM设备更换工作,更换黄华街支行、市分行营业部4台ATM设备。适度扩张离行式自助银行规模,完成阳城县政务中心离行式自助设备投放及凤展超市矿区店离行式自助银行装修,至年底,全行离行式自助银行达到4个。推进自助银行设施设备系统升级和设施更新,更新网点陈旧自助银行设施。

【电子银行业务】 开展大堂经理专业队伍竞赛、“易商理财”业务竞赛、“赢在大堂”电子银行“e马当先”竞赛等竞赛活动。全年,手机银行交易客户新增32869户,个人电子银行交易客户新增41961户,手机银行交易额68.81亿元,网络金融交易客户新增6813户。

【授信业务】 公司贷款业务。维持存量信贷业务,为晋煤集团还后再贷11.2亿元(基准利率上浮5%)、兰花科创还后再贷2亿元(基准利率)、长平煤业2.45亿元(基准利率上浮5%),促进贷款业务经营效益。全年为企业客户续贷14笔,金额35.75亿元。发展票据融资业务,全年累计贴现93755万元,贴现加权平均利率3.51%。累计为兰花科创累计办理票据池业务30406万元。发展保函业务等公司金融重点产品,新发生保函业务156.25万元。

个人贷款业务。营销优质楼盘项目,全年个人一手房住房贷款累计投放12465.5万元,占个人贷款投放总额比重88.1%。二手房住房贷款累计投放100万元,占个人贷款投放总额比重0.7%。推进个人经营贷款,全年累计投放个人经营贷款100万元,占个人贷款投放总额比重0.7%。累计投放无抵质押消费贷款(循环贷款)190万元,占个人贷款投放总额比重1.3%。累计投放住房公积金贴息贷款174万元,占个人贷款投放总额比重达1.3%。出租车贷款业务,全年投放营运车贷款累计金额1124.2万元,占个人贷款投放总额比重达7.9%。拓展个人贷款业务,全年累计投放个人贷款14153.7万元,年末个人贷款余额达48212.54万元,较年初净增8612.55万元。

【国际业务】 为富晋精密工业(晋城)公司办理28笔1806万美元代付业务,办理3840万美元国际结算业务。新增国际结算客户7户,新增贸易融资客户1户,新增贸易融资业务2400万元,新增保函客户1户,新发生保函业务57.61万元。确定兰花路支行国内福费廷业务重点培育网点,新发生业务5000万元。

【不良资产清收】 按季召开大户管控与不良清降推进会,推进不良清降清单式管控。对山西晋城小笠原铸造有限公司表内不良贷款客户,实现现金清收37.62万元。全年核销表内零售不良贷款25万元。累计现金清收信用卡表内不良贷款330.94万元,累计核销信用卡表内呆账不良贷款682.84万元,实现清收处置信用卡表内不良贷款1013.78万元。对以前年度已核销表外信用卡不良贷款,累计现金清收65.88万元。

【风险管控】 一是防范信用风险。印发《关于进一步加强对低信用风险、类低信用风险业务管理的通知》,检查梳理16户低信用风险、类低信用风险业务客户,涉及金额近12亿元。开展低信用风险类低信用风险业务授信发放审核检查整改工作。开展票据风险排查,严防风险发生。二是加大授信盘存管控。到泫氏铸管、阳泰晶鑫等企业实地调研,掌握重点客户风险状况第一手资料,准确把握客户风险状况、评估客户风险程度。加强授信客户年审报备上报和批复工作,严格授信发放审核,加强贷前、贷中、贷后管理,促进授信业务平稳健康发展。三是加强大户管控。7月,成立大户管控领导组、工作组,制定《落实行长大户风控责任制的实施办法》。四是完成全球额度系统上线工作。8月,全球额度管控系统正式上线,升级改造集团客户、单一客户授信流程和模块,实现对集团客户总量、单一客户总量以及客户项下贷款、贸易融资、资金等业务所涉及额度统一管控。五是运用内控工具。通过G-MAP系统、预警模型系统,自动派发和人工派发预警信息354笔,涉及模型37个,核查涉及个人金融、电子银行、国内结算三个条线部门,先后筛查出员工违规操作问题5条。六是提升安保管理水平。开展安全保卫工作,强化与保安、押运公司合作,严查严监督严管理。加强信息科技安全运营管理。开展保密管理和印章排查,全面推进声誉风险管控,全行安全无事故。

（中国银行晋城市分行）

·中国农业发展银行晋城市分行·

【概述】 2016年,中国农业发展银行晋城市分行围绕跨越发展目标,以项目营销和业务发展为着力点,以基建、基础管理等重点工作为突破口,以“贷后管理年”活动、党风廉政建设及“两学一做”学习教育为助推力,经营效益稳步提升,重点工作有序推进,基础管理继续夯实,获晋城市政府“支持‘三农’发展优秀奖”。

【主要指标】 2016年,全行累计投放各项贷款129126万元,累计收回23650万元,余额达201971万元,较年初净增105476万元,增幅109.31%。各项存款余额达169395万元,较年初增加92155万元,增幅119.31%。存款日均余额达129745万元(含同业存款日均888万元),较2015年年末增加85285万元,增幅191.83%。累计获批项目6个,总计18.67亿元,出贷11.79亿元(当年审批项目投放10.47亿元)。全年中间业务收入54.83万元,国际业务实现外汇结算259万美元,实现账面利润2852万元。

【银政对接】 以晋城市政府及大项目营销为主攻方向,促成市政府与省分行签订《农业政策性金融支持晋城市“十三五”经济发展战略合作协议》,确定“十三五”期间晋城市政府向晋城分行意向性融资额度200亿元。与城区政府签订战略合作协议,推动银政合作进程。与市发改、住建、交通、水利等部门洽谈合作,确立合作意向,制定融资方案并适时跟进项目建设进展,促进项目落地实施。

【金融扶贫】 成立脱贫攻坚领导小组,组建扶贫金融事业部,开展政策宣传和信息报道,开立包括市本级在内的全部6家扶贫专项资金共管账户，承接省扶贫开发公司各类扶贫资金25025万元。重新识别扶贫存量贷款，认定扶贫贷款客户5个，贷款金额28339万元。

【基础管理】 围绕基础管理，以"遵制度、细操作、回头看、严积分"为指导思想，狠抓四项具体工作：一是开展"贷后管理年"活动。按照活动细则要求，成立领导组，明确部门职责，开展自查检查，从制度和管理层面追根究源、逐一纠改，按月通报整改情况，有效提升信贷管理规范化水平。二是优化服务，提升效率。通过规范业务操作流程，精简冗余环节，给客户提供高效便捷的金融服务体验，兰花物流项目贷款从客户准入到投放仅用时3个月，陵川鸿生、高平厦普赛尔自营性贷款续贷实现从贷款收回到续贷投放无缝衔接。三是开展财务开支管理大整顿。以省分行财务管理检查为契机，对2015年以来财务开支进行逐笔"回头看"，针对存在问题，逐条逐项纠正偏差，规范财务开支范围和流程。四是严格落实违规积分管理。对各类检查存在问题相关责任人依照违规积分标准进行积分，提高各岗位尤其是业务岗位人员合规操作的警惕性和自觉性，推动基础管理规范化进程。

(中国农业发展银行晋城市分行)

·交通银行晋城分行·

【概述】 2016年年末，全行资产总额125.47亿元，较2015年增长1.87亿元。人民币各项存款余额113.65亿元，较年初下降1.65亿元；人民币各项贷款余额77.53亿元，较年初增加3.46亿元。全年实现中间业务净收入6102万元，实现经营利润2.56亿元，人均创利119万元。不良贷款余额547万元，较年初下降658万元，不良率降至0.07%，维持"双降"；内控评级继续保持B+。交通银行晋城分行获全市金融系统"2015年度五四红旗团委"称号。分行、建设路支行、泽州路支行获"晋城市文明单位"称号。高平支行获中银协"千佳"服务示范单位称号。

【经济服务】 2016年，重点支持全市煤炭产业技术升级和项目改造，共投放资金189亿元，其中信贷资金累计投放79亿元，投放非信贷资金110亿元，推动企业直接融资余额达20亿元。支持晋城市"1533"工业行动("1533"工业行动是从全市规模以上工业企业中优选出66户骨干企业[装备制造17户、煤炭10户、煤层气9户、冶铸8户、煤化工5户、电力4户、其他13户]作为全市工业的支柱重点进行扶持培育)，为3家企业投放资金1亿元。

【小微业务】 推行"互联网+小微企业"服务模式，运用蕴通电子供应链平台、POS贷个人经营性贷款以及"税融通"业务，提高业务效率；搭建小微企业项目制平台，围绕"供应链""产业链""商圈、商会、协会"和"工业园区"集群，进行批量系统性的小微企业项目制支持。年末，全行小微企业贷款余额6.82亿元，较年初增加1.2亿元，增幅21.26%，高于各项贷款平均增幅16.59%；小微企业贷款户数81户，较2015年同期增加37户；小微企业申贷获得率94.79%，较2015年同期增长4.96%，全面实现小微企业"三个不低于"目标。

【客户发展】 公司客户方面，通过固优势、补短板，客户数达1992户，增加144户，其中，短板指标对公有效客户、对公优质新开客户完成率较2015年分别提升12、32个百分点，投行业务优质客户数完成率100%；同业客户方面，机构有效客户数净增7户，排全辖第一，完成省行任务的117%；零售客户方面，私银、达标沃德、中端客户分别增长22.35%、17.68%、8.29%，其中私银客户净增绝对量排全辖第一；个贷客户净增724户，完成省行任务301.67%。开启"机器人—姣姣"厅堂辅助服务模式，借助高科技电子渠道压降人力成本。手机银行新增动户数、全量动户数完成率分别为122.46%、113.25%，收单业务有效商户净增190.77%。举办医疗行业客户专场活动，推进"医保贷"业务，全年新开47户医疗行业客户，发放"医保贷"贷款178万元。举办贵金属展销、保险沙龙和"太平金钻"活动，贵金属、保险销售收入分别为141万元、411万元，增幅为0.07%、13%；AUM余额达62.29亿元，增幅11.6%。

【风险管控】 一是完善全面风险管理体系。强化重点领域风险管控,对重点支行、重点项目加大跟踪清收化解力度,不良贷款余额和不良率继续“双降”,无新增逾期。成立专门清收小组,全年清收各类风险贷款本金及利息6.76亿元,化解贷款逾期18.69亿元;推进不良贷款创新处置,压降658万元,完成年度清收任务的144%。类信贷资产业务无逾期。二是加强案防和内控管理。开展“两个加强、两个遏制”回头看,省行检查提出的3个问题和自查的9个问题均完成整改;开展“五大领域”专项整治,发现1个问题并整改;开展案件防控“长剑行动”,发现2个问题并进行整改,全年无案件发生,无重大违规违纪行为。建立内控工作机制,严格实施季度、年度内控评价与考核;夯实合规服务收费长效机制,设置销售“双录”专区,规范销售行为;严格用印审批流程,加强用印精细化管理;建立舆情反馈机制,责成专人监控,发现1起负面舆情并及时进行控制;迎接市人行、晋城银监分局、成都审计局等外部单位专项检查,建立问题导向,跟踪解决结果,提升综合管理水平。

【精细化管理】 一是息差管理。2016年,大口径存款平均利率较2015年下降30个基点,降幅10.31%,各项贷款平均收益率环比降幅逐步收窄,大口径存贷利差率高于系统平均水平49个基点。二是非息收入管理。表内外融资余额187亿元,表外融资余额和增量均超过表内融资。全年实现非息业务净收入6102万元,较2015年增长555万元,增幅10.02%。其中,零售板块非息业务净收入达3561万元,较2015年增长1100万元,增幅44.7%,占比58.37%,较2015年提升11个百分点。三是成本管控。分析经济资本成本影响因素,将系统性误差引起的PD评级降到最低;放缓普惠支行、自助银行建设进度,压降办公面积,降低营运成本;压降营销拓展费占比为39.55%,较2015年下降47.58%。

(交通银行晋城分行)

·晋城银行·

【概述】 2016年,晋城银行坚定“做社区型草根银行”战略定位,探索业务发展新路径,启动深化专业化转型,创新体制机制,以业务产品化促进市场拓展和风险管控。至年底,全行资产规模达827亿元,较年初增加202亿元,增长32%。各项存款余额402亿元,较年初增加17亿元,增长4.45%。全年实现营业收入22.9亿元,实现拨备前利润13.12亿元,净利润5.13亿元。长期信用等级为AA,属于国内较高水平。

【业务拓展】 跨界整合资源,全行资源向小微金融、农村金融、普惠金融、互联网金融、消费金融倾斜,部分单元业务实现迅速发展。“五进”(即进农村、进社区、进商圈、进医院、进学校)战略取得新进展。围绕“民生、消费、服务”三大领域,重点拓展“个、微、小、农”四类业务。

【业务创新】 4月19日,经中国人民银行准予,发行金诚第一期个人汽车贷款资产支持证券。晋城银行成为资产证券化注册制实施以来较早获批的地方性商业银行之一,也是全国首家以车贷基础资产进行ABS注册制登记的城市商业银行。

【金融活动】 2月18日,参加中国银监会例行新闻发布会,交流普惠金融和服务小微客户方面经验。11月10日,参加“中国消费金融创新峰会”暨2016年度中国消费金融行业颁奖典礼,晋城银行获“2016年度消费金融新锐企业”称号。12月9日,参加第九届“中国金融机构金牌榜·金龙奖”颁奖典礼,晋城银行获“年度十佳理财服务中小银行”奖。

【公司治理】 推进增资扩股和发行二级资本债券工作。引入优质上市公司等战略性股东,推进二级债项目,提升资本实力。创新公司治理工具箱,开发履职工具,初步实现流程化管理。2016年,晋城银行第四次获“中国最佳公司治理城市商业银行”奖。

(晋城银行)

·晋城市农村信用社·

【概述】 2016年,晋城市农村信

用社按照省联社“围绕一个主题，坚持五个全面，实施十项工程”总体部署，紧密结合晋城实际，以打造“四个一流”为目标，主要经营指标全面提升，业务排名在全省系统名列前茅。

【存款业务】 截至11月底，全市农信社各项存款余额465.8亿元，较年初净增49.06亿元，其中储蓄存款较年初净增26.24亿元。低成本存款119.34亿元，占总存款的25.62%。

【贷款业务】 至11月底，各项贷款余额180.82亿元，较年初下降17.14亿元。涉农贷款余额170.8亿元，较年初下降17.49亿元。全市不良贷款余额11.47亿元，较年初下降22.37亿元，不良贷款率6.34%，较年初下降10.75个百分点。

【经营业绩】 全社实现营业收入28.22亿元，同比增加0.87亿，同比增幅达3.18%；实现经营利润7.87亿。综合业务手续费收入400.14万元。资本充足率达11.68%，较年初增加8.26个百分点；拨备覆盖率109.94%，较年初增加67.01个百分点。

【银行卡业务】 截至11月底，全市信合通卡（含福农卡）发行306.06万张，较年初增加143.2万张。IC卡替代率115.35%，借记卡活卡率47.88%，商户活动率95.98%。银行卡手续费收入876.23万元，同比增加116.16万元。

【渠道建设】 特约商户达2452户，共布放POS机具3822台，全市共建设自助银行网点156个，安装自助设备共253台。实现符合条件乡镇及商户ATM和POS机全覆盖，全市乡镇助农取款服务点覆盖率达100%。

【改制工作】 加大农村信用合作联社改制力度，推进改制工作有序进行。高平联社于9月28日召开创立大会，11月24日获得开业批复，成功改制为高平农商行。陵川联社和沁水联社改制工作稳步推进。

【业务拓展】 组建小微专营机构，推出赢+生意贷、优+生活贷、幸福快贷、“七彩阳光”系列金融产品。扩大代收代付、贵金属代理、保险代理和理财等中间业务收入，开展理财、同业、债券、投资等金融市场业务，晋城农商行和泽州农商行资金营运收入14.62亿元，占总收入的51.8%。泽州农商银行开发P2P网络金融服务平台，推出14期安心融e贷理财产品；晋城农商银行引入“互联网+”思维，借助互联网金融平台，推出蒲公英e财富平台，发布“增盈”“稳盈”系列产品，推出300期理财产品，支持140家银行卡在线支付，20个省23家银行2800多客户参与交易。

【案件防控】 出台《2016年案防工作要点》《落实2016年监管要求责任清单》，细化、分解4大项24小项监管内容，明确责任领导、责任科室及时限要求。开展案防专项检查及“两个加强、两个遏制”回头看专项检查，其中，案防专项检查发现问题2966笔、90.72亿元，整改2826笔、55.92亿元；“两个加强、两个遏制”回头看专项检查，新发现问题146笔、10.99亿元，整改143笔、10.99亿元。梳理修订现行制度流程，3家行社完成修订，其中：晋城农商行梳理制度、流程386个（条）；阳城农商行修订、完善内控制度235个；沁水联社梳理内控制度227个。

（晋城市农村信用社）

保险业务

【概述】 2016年，晋城市保险行业协会坚持“会员为本，服务社会”宗旨，发挥“自律、维权、协调、交流、宣传”作用，服务地方经济和社会发展，完善保险市场体系，扩大保险服务领域，创造晋城保险业良好发展环境，促进全市保险业又好又快发展。

【保险业务】 2016年，全市总保费收入39.03亿元，较2015年同期增长9.06%。其中，财产险总保费收入11.84亿元，较2015年同期增长0.44%；人身险总保费收入27.19亿元，较2015年同期增长13.30%。全市赔付总额达20.62亿元，赔付率为52.83%，同比增长13.13。其中，财产险赔款总额达5.79亿元，赔付率为48.93%，较2015年同期下降1.81%。人身险赔付金额为

14.83亿元(包括各类满期金、给付金),赔付率为54.53%,较2015年同期增长20.28%。

【快处快赔】 晋城市快处快赔中心联合交警部门在广播、电视、报刊等媒体进行快处快赔宣传,提高快处快赔效率,全年共受理案件867件,涉及车辆1785辆,估损金额达2527349.5元。

【行业监管】 印发《关于成立反保险欺诈工作机构的通知》,召开晋城市反保险欺诈工作联席会议。打击保险欺诈违法案件,维护会员公司和行业利益,全年共查处保险欺诈案件8件,涉案金额40余万元。

【纠纷调处】 2016年,晋城市保险纠纷人民调解委员会共受理各类保险纠纷案件106件,成功化解99件,成功率为93%,涉案金额425.87万元。其中:受理来电来访案件53件,涉案金额84.45万元;受理人民调解案件7件,成功调解7件,涉案金额24.81万元;诉调对接案件46件,成功调解39件,涉案金额316.61万元。

【自律检查】 市保险行业协会与全市各财产保险公司签订《晋城保险业关于车险销售活动中禁止给予保险合同约定以外利益的自律协议》,维护财险市场秩序,确保全市财产险市场稳定、健康发展。7—11月,到高平、陵川、阳城、沁水进行行业自律调研,并组织召开县域自律工作组会议,加强行业自律行为。

【保险宣传】 在FM935交通广播频道开办"我的美好生活"日播节目,参与录制晋城新闻频道《第一金融》《民生在线》《有事儿您说话》等民生类节目,宣传商业车险费改精神、保险精准扶贫等工作。"3·15"消费者权益保护日期间,举办诚信服务演讲比赛,全市27家保险公司参加比赛。"7·8"保险公众宣传日期间,通过LED屏、横幅、设立宣传咨询点等开展宣传活动,增强公众保险意识。创办《晋城保险行业保险资讯》刊物,升级保险门户网站,向社会公众普及保险知识。

【协会建设】 10月10日,成立晋城市保险行业协会筹备工作组,负责具体申报筹备工作。10月21日,山西保监局下发《关于同意成立晋城市保险行业协会的批复》,11月10日,晋城市民政局下发《关于同意筹备成立晋城市保险行业协会的批复》。11月29日,晋城市保险行业协会召开第一届第一次会员代表大会,晋城市保险行业协会正式成立。

(晋城市保险行业协会)

保险机构

·中国人民财产保险晋城分公司·

【概述】 2016年,中国人民财产保险晋城分公司坚持精品导向,打基础利长远;坚持市场策略,抓对标严考核;坚持数据说话,讲实效重实绩;坚持问题导向,补短板调结构;坚持过程管理,抓落实严督导;坚持依靠基层,讲付出比贡献。取得较好的经营业绩。

【经营业绩】 2016年,共实现保费收入55473万元,同比增长2.69%,实现利润3805万元。市场份额为46.89%,同比上升1.06个百分点。车险整体市场份额为42.79%,超出全省市场份额11.85个百分点;家自车业务市场份额为38.81%,超出全省市场份额13.82个百分点;农险市场份额为75%,超出全省平均水平19个百分点。

【业务拓展】 车险业务创新发展,SR比值达到4.07,夯实公司全面对标市场基础。商业非车险市场深度转型,责任险市场份额回升。加快发展新型板块业务,率先在全国开办家用光伏发电保险业务,手术意外险开全省该业务领域先河。推广新型销售平台,全年手机出单1.2万份,保费收入88.9万元。规范农险业务,加强农网门店和队伍建设,推进农险事业部改革,夯实公司农村保险市场发展基础。大病社保业务第三轮招标项目全面续标,同比增收149万元。

【市场营销】 发展家自车业务,占比达到61.44%,比2015年提升4.08个百分点。家用光伏发电保险实现保费收入29.5万元。获得新建太原至焦作铁路(山西段)先期开工工程TJXQ-1标段建筑工程一切险及第三者责任险40%的承保份额，收取保费81.71万元。责任险新增万元以上保单47单，保费收入195万元。完成中小微企业贷款保证保险1236万元，个人贷款保证保险2027万元。签发电梯责任险保单181份，拓展天然气公司安责险业务。诉责险业务出单12份，保费5.88万元。完成政策性农险业务，小麦保费增收63万元，玉米保费增收130万元。高平支公司成功续保生猪价格指数保险，保费收入96万元，黄梨、杏、核桃等特色农业保险取得新突破。阳城支公司启动蚕桑保险，保费收入65万元。城区支公司统保育肥猪保险，保费收入12万元。

【渠道建设】 个代渠道保费收入27015.47万元，同比增长52.15%。实施增人增效工程，新增营销员415名，新增/竞回保费4739.88万元。科学布局城网建设，新增南村社区门店。

【理赔服务】 服务地方经济方面，累计承担保险责任金额4332.4亿元，支付赔付金额2.9亿元。5月，被市政府授予支持地方经济发展"优秀保险公司"称号。服务外部客户方面，全险种综合赔付率57.55%，其中，车险赔付率56.49%，同比下降4.93%；万元以下赔案理赔周期8.10天，同比提速8.03%，万元以下车险理赔周期8.27天，同比提速3.91%，万元以下非车险理赔周期3.38天，同比提速83.35%；理赔投诉率为零，出险客户续保率达71.58%。

（中国人民财产保险晋城分公司）

·中国人寿保险晋城分公司·

【概述】 2016年，中国人寿保险晋城分公司贯彻"重价值、强队伍、优结构、稳增长、防风险"的经营思路和"改革创新、转型升级、加快发展、注重创费"工作要求，以预算对标为主线，以改革创新为动力，以提高创费和员工收入水平为落脚点，业务发展实现历史性突破。

【经营业绩】 2016年，共实现保费收入11.05亿元，同比增长18.08%，增速创8年来新高。其中：长期险首年标准保费10675万元，同比增长28.89%；新单保费39706万元，同比增长31.94万元；首年期交保费22740万元，同比增长53.34%；10年期及以上期交保费突破1.17亿元，同比增长50.23%；短期险保费达到3966万元，同比增长11.45%，增速创11年来新高。

【渠道建设】 1.个险渠道。长期险首年标准保费9484万元，同比增长28.33%。首年期交保费19317万元，同比增长62.18%；10年期及以上期交保费11200万元，突破亿元大关，同比增长45.82%。在全省系统个险条线考核中排名第四，获省公司"个险渠道经营先进单位"称号。

2.团险渠道。短期险保费收入3587.36万元，同比增长5.21%，在全省系统考核中排名第二，获省公司"团险渠道经营先进单位"称号。

3.银保渠道。实现长期险首年标准保费1180万元，同比增长41.49%；首年期交保费4634万元，同比增长27.14%；10年期及以上首年期交保费1090万元，是全年预算的2.7倍。

【市场竞争】 2016年，总保费市场份额40.64%，较2015年稳中有升。个险首年期交市场份额38.53%，个险销售人力市场份额38.52%。城区、高平、陵川个险首年期交、个险销售人力市场份额保持领先。泽州公司个险首年期交市场份额38.63%，同比增长12%。泽州、阳城、陵川与当地政府搭建扶贫保险项目平台，累计实现扶贫保险170万元。

【销售转型】 业务结构方面，发展中长期期交特别是10年期业务，首年期交占首年保费的比重达64.12%，较2015年同期提升12个百分点，10年期及以上首年期交保费占首年期交保费的51.43%，较2015年增长7个百分点；银保趸交占首年保费比重为30%，较2015年同期回调10个百分点，业务结构实现深度调整。销售队伍方面，个险渠道规模人力3461人，T3人力2875人，月均增员率11.38%，同比增长73.74%，月均长险举绩人力1121人，同比增长45%，新晋升组经理240人，是2015年总量的2.3倍，新晋升处经理12人，是2015年总量的2.4倍。团险渠道新增销售人员43名，团险队伍人力92人，创建拓展团队16支，星级职场4个，其中省级星级职场2个。银保渠道人力规模448人，较2015年新增人力239人，实现人力翻番，主管人数突破48人。销售方式方面，组织小说会、新人成长见证会等，开展综合销售，个险、团险、银保短期险保费收入均实现较快增长。

【经营效益】 2016年，晋城公司总体创费3700万元，同比增长26.07%。绩效工资计提比例32%，是全省计提比例最高的地市公司。全年绩效工资较2015年增长28%，员工人均收入排在全省系统第一，10家县级公司人均收入全部实现正增长。县支公司员工收入较2015年增长30%，县支公司副经理增长28%，市公司本部员工增长19%，市公司本部部门经理增长14%。

【改革创新】 启动331组织架构改革和职场标准化建设两大战略工程项目。梳理岗位人员，个险渠道人员配置由改革前的71人充实到101人，建立健全渠道员工管理、评价、考核细化指标和实施细则。围绕星级职场建设，提高公司专业化、精细化、市场化和科技国寿应用水平。专业化方面，强化"三位一体"运行模式，通过业务、队伍、基础管理独立运作又相互依托、互为整体模式，改变"抓业务就放松队伍、抓队伍就放松业务"现象。精细化方面，加强费用佣金的管控力度，以创费目标引领业务发展，以"费用换绩效"政策引导县支公司"少花、多发"。科技国寿方面，推广准客户系统，出单25万笔。

【客户服务】 e宝账新增注册客户数24702人，绑定客户名下保单数量达38942件。综合柜员40人，占比61.54%。开展客户信息真实性综合治理，临柜客户信息完整准确率近100%。开展"颗粒归仓"活动，复效保费2103.34万元。公司运营管理在全省系统排名第二，获"运营条线先进单位"称号。重视大病保险服务，在全省系统率先实现城镇居民大病保险本地就医即时结算，完成新农合系统对接。

【风险管控】 升级风险管控举措，防范重点风险，有效应对满期给付高峰，累计给付件数18815件，累计给付金额41860.41万元。开展内外部审计和"两加强、两遏制"专项检查"回头看"，风险排查不留死角，风险苗头从严从快处理。

（中国人寿保险晋城分公司）

·太平洋财产保险晋城中心支公司·

【概述】 2016年，太平洋财产保险晋城中心支公司大力推进"营改增"、商业车险改革、费赔联动等重点工作，积极采取有效应对措施，适应市场竞争，通过全体干部员工共同努力，公司在转型发展过程中迈出稳健步伐，实现业务平稳发展。

【经营业绩】 2016年，共完成保费收入9882.24万元，同比下降7.15%，其中，车险保费收入8278.69万元，同比下降7.01%；非车险保费收入1603.55万元，同比下降7.86%。公司市场份额8.35%，同比下降7.15个百分点。

【车险业务】 加大车商、电销、交叉业务拓展力度，全年车险三大渠道共实现保费收入6730.67万元，同比增长11.36%，占总体保费的68.11%。

【理赔管理】 一是手机查勘APP上线，提升查勘员工作效率和5000元以下案件处理时效。二是实现日常理赔管理数据常态化、实时化，做到理赔案件的随时跟踪与处理，加快结案进度。三是开展未决案件清理工作，案件结案支付率89.3%，高于分公司目标值。四是开展反欺诈专项行动，围绕降赔减损主题，坚持打击车险三假赔案，减损金额53.9万元，切实保护广大保险消费者合法权益。

【队伍建设】 开展建司25周年职工趣味竞赛活动、"先进职工之家"申报活动、冬季户外徒步比赛及员工书法、摄影比赛活动，参加全市金融系统纪念建党95周年书法比赛、行业协会"3·15"诚信演讲比赛、彩虹定位跑活动和分公司五四青年演讲比赛活动、建司25周年篮球比赛等活动，丰富员工文化生活，增强团队凝聚力。

【合规经营】 开展“防范和打击非法集资”专项自查自纠活动和知识测试，提升员工合规意识和防范风险能力，接受集团审计部现场检查和市人行反洗钱年度考评检查，整改问题，进一步规范基础管理工作，保证公司合规经营，健康持续发展。

（太平洋财产保险晋城中心支公司）

·太平洋人寿保险晋城中心支公司·

【概述】 2016年，太平洋人寿保险晋城中心支公司总标保69844.4万元，同比增加22089.2万元，增长46.26%；个险标保68035.9万元，个险标保达成率为134.5%，山西分公司辖内排名第一；晋城中心支公司总保费63612.8万元，同比增加15568.1万元，增长32.40%。

【个险业务】 占晋城寿险市场份额比为31.48%，个险营销新保占据市场第二位，市场份额下降4.24%。

【团险业务】 团险业务实现标保1198.7万元，短险保费收入1157.1万元，同比下降2.60%，其中短期意外险保费收入1102.3万元，同比下降1.9%；短期健康险保费收入54.8万元，同比下降15.04%。

【合规经营】 强化合规经营，有效防范经营风险，严守系统性风险和严防重大案件内控管理底线。

（太平洋人寿保险晋城中心支公司）

证券业务

【概述】 年末，全市共有证券营业部6家，从业人员98人。累计资金开户数130377户，银证转入资金59.9亿元，下降51.9%，新增资产总额-3.5亿元。全年营业收入0.56亿元，下降66.5%；利润总额0.18亿元，下降83.1%。

（市统计局）

教 育

【概述】 2016年，全市教育系统贯彻落实中共十八届三中、四中、五中、六中全会精神，坚持立德树人根本任务，深化教育领域综合改革，促进义务教育均衡发展，推动校长、教师队伍常态化交流，各级各类教育得到进一步协调发展，教育公平进一步实现，教育质量进一步提升，为全市教育事业“十三五”发展奠定良好基础。

【学前教育】 新改扩建农村幼儿园12所(其中，新建2所、改扩建1所)，共规划改造面积6613平方米，规划投资602万元(其中，中央351万元、省级231万元、县级20万元)。出台《关于开展普惠性民办幼儿园认定及奖补工作的指导意见》，新认定7所标准化乡镇中心园。深化优质园帮扶工作，清理整顿无证园颁证1所，取缔2所。高平市颁布实施《关于进一步加快全市学前教育发展的实施办法》，推进学前教育试点改革。

【义务教育】 出台《关于积极推进义务教育办学模式改革的指导意见》，在全市各级各类中小学校推进教育联盟、集团化办学、学区制管理、对口帮扶等多种办学模式。城区、泽州县、高平市、阳城县实现办学模式改革全覆盖。规范义务教育学校办学行为，有效控制城市中小学班容量。沁水县通过国家义务教育发展基本均衡督导评估认定。陵川县通过省级义务教育学校标准化建设验收。

【高中教育】 验收普通高中办学条件标准化建设学校11所，进一步规范普通高中尤其是民办普通高中的招生行为和办学行为。全市普通高考二本B类以上达线人数继续增加，清华大学、北京大学录取人数达25人。

【职业教育】 拨付2016年现代职业教育质量提升计划中央专项资金(第二批)，全市职业学校获准建设省级实训基地1个、省级重点专业2个。召开全市职业教育工作会议，旅游职业教育教育集团挂牌。举办全市第十届中等职业学校技能比赛，举办“弘扬工匠精神，打造技能强国”第二届职业教育活动周。

【民办教育】 开展全民终身学习周活动，超额完成农村实用技术和社区教育培训任务，创建学习型组织918个。规范民办教育机构管理体制，完成民办教育机构年检及变更项目工作，共认定2015年市属民办教育机构年检合格单位69个。

【特殊教育】 建设普通学校特殊教育资源教室8个，各县区制定方案，启动随班就读和送教上门工作，落实“一人一案”制度，举办全省特殊教育学校职业教育教师培训班。

【重点工程】 晋城市综合实践基地项目累计完成投资3800万元，室内综合活动区、生活区主体框架完工。凤城中学完成投资1538

万元，12月15日，高中部建筑物开标。

【教育改革】 一是深化教师队伍管理体制改革。印发《关于实行中小学教师“县管校聘”管理改革，全面推进县（区）域内义务教育学校校长教师交流轮岗工作的通知》，各县区制定具体实施方案和实施细则，推行中小学教师“县管校聘”管理改革。二是深化教师职称制度改革。出台《晋城市全面深化中小学教师职称制度改革工作实施方案》，推动中小学教师职称制度改革工作。三是深化中考招生制度改革。完善优质高中招生名额分配办法，将优质高中招生计划70%～80%比例按生源分配到所属初中学校。信息技术首次计入中考总分，分值为10分。四是深化课堂教学改革。各县区、各学校探索课堂教学改革模式，提升教育教学质量。五是深化依法治教治校。公示市教育局权力清单和责任清单，出台《关于加强中小学校章程建设的指导意见》，审定100所试点学校章程初稿。

【德育教育】 组织开展学习宣传贯彻实施教育法和高等教育法活动，举办《给母亲的一封信》、“寻找最美孝心少年”、“歌唱祖国活动”、“晋城好人”进校园宣讲、纪念长征胜利80周年等主题教育活动，泽州县周村镇初级中学学生王姝涵获全国“美德少年”称号。开展文明校园创建活动，爱物学校、凤鸣中学、高平一中被确定为山西省第二批中小学心理健康教育特色学校。开展低碳教育实践活动和非物质文化遗产进校园活动，乡村美景农业科技发展有限公司（司徒小镇）被确定为第一批省级中小学节水教育社会实践基地。

【文体活动】 举办第二十八届中小学生运动会、首届中小学生软式棒垒球比赛、第三届中小学生足球比赛。举办首届中小学生上党梆子比赛，继承弘扬非物质文化遗产。

【教育经费】 建立城乡统一义务教育经费保障机制，城乡义务教育学校生均公用经费（含民办学校）定额为小学600元/生/年、初中800元/生/年（寄宿生为小学800元/生/年、初中1000元/生/年）。加大经费补助力度，对县级公办普通高中按照300元/生/年标准进行公用经费补助，市级公办普通高中由市财政按照生均公用经费标准足额列入预算。

【教育资助】 全年，全市办理生源地贷款16641人，发放贷款资金10264.7万元。大学新生资助分三批资助506人，资助金额300余万元。完成学前教育资助、普通高中资助、中职资助等工作。

【信息化建设】 一是开展教育信息化教学应用年活动，推动网络学习空间教学应用，建立共享平台，实现微课、教案、学案、课件、论文、案例等教育资源共享。二是推进教育信息化试点工作。全市1个国家试点项目和4个省级试点项目全部通过验收，其中，晋城一中被评为全省优秀试点项目单位。依托“班班通教学平台”和“远程教学平台”，以“捆绑式发展学校”为重点，开展强弱学校结对子活动，开设异地同步课堂。三是推进“一师一优课、一课一名师”活动。全市注册教师21925名，晒课15046节，获国家部级优课25节，省级优课43节，市教育局获活动优秀组织奖。组织参加中国教育电视优秀教学课例、中小学生电脑制作活动、教师基础教育信息化交流展示活动等，均取得优异成绩。四是推进教育装备应用。确定市级试点校28所，启动中小学教育装备应用改革，在阳城县开展全市小学教育装备管理与应用经验交流活动，与市总工会联合举办全市首届初中生物教师实验操作技能竞赛。

【交流培训】 全市符合交流条件校长数282人，交流87人，交流比例31%；符合交流条件教师数6248人，交流801人，交流比例13%。完成国培项目12240人次、省培13609人次培训任务，组织55名骨干教师参加信息化环境下课堂教学创新研讨会。确定高平市和陵川县为国培项目县，城区、阳城县、沁水县为能力提升项目县。

【队伍建设】 出台《晋城市乡村教师支持计划实施办法》，印发《贯彻〈中小学教师违反职业道德行为处理办法〉实施细则》，执行幼儿园教师专业标准、小学教师专业标准、中学教师专业标准，进一步规范教师实施教育教学行为。开展乡村学校从教30年教师调查摸底工作，共确认10465人。宣传乡村教师从教事迹，与晋城电视台合作开辟“扎根山区、献身教育”专栏，宣传10余名偏远山区中小学教师先进事迹。

（市教育局）

·太原科技大学晋城校区·

【概述】 2016年，太原科技大学晋城校区围绕“统一领导、权责明晰、信息畅通、相对独立”基本原则，按照“条块结合、以条为主”管理模式开展工作。加强校区领导班子自身建设，持续推进校区基层党组织建设，教育教学质量明显提升，校区规章制度不断完善，营造优良教风、学风和工作作风。

【组织建设】 2016年，晋城校区党工委加强学生、青年教工党课培训和党员发展工作，全年发展中共党员59名，其中学生53名，青年教工6名。预备党员转正39名，其中青年教师1名，学生38名。

【制度建设】 执行党政联席会议制度，出台《太原科技大学晋城校区教职工劳动纪律管理制度（试行）》《太原科技大学晋城校区教职工请销假规定（试行）》《太原科技大学晋城校区公寓管理实施细则》《太原科技大学晋城校区名鸿食府管理办法》《太原科技大学晋城校区公车管理办法》等。加强制度建设，出台财务工作执行预算管理制度、公务卡报销制度和预算收支反馈制度。

【专业建设】 重点建设资源能源、智能制造、智慧应用三大专业集群，引进相关专业高层次人才，推进相关专业实验室建设，与晋煤集团开展产学研合作。6月，组织5位省内专家对数字媒体技术、酒店管理和旅游管理3个专业进行论证，数字媒体技术专业获教育部批准。推进经济管理实验室、焊接实验室、铸造实验室、制药工程实验室、采矿工程实验室、安全工程实验室、能源化工实验室等专业实验室建设。与中兴通讯合作建设ICT产教融合创新基地，入选数据中国“百校工程”，并合作建设曙光大数据应用创新中心。与南京煜宸激光科技集团合作建设3D打印创新创业基地。

【教学工作】 完成春季学期119门课程教学任务、秋季155门课程教学任务。完成2015级学生在晋城金鼎煤机和主校区实习工作。坚持领导干部听课制度，定期开展教学秩序检查，通报整改教学问题。举办青年教师教学基本功大赛，加强青年教师培训和教学经验交流。

【学生工作】 晋城校区在册学生4547人，在校人数3758人。开设辅导员学生QQ空间直播互动平台，实时解答学生日常生活、学习等问题。开展新疆籍学生“一帮一”结对帮扶活动、纪念中国共产党成立95周年暨红军长征胜利80周年系列活动，组织“党在我心”征文、不忘初心朗诵、红色书籍漂流、红色微信设计大赛和红色影展等活动，加强学生爱国主义宣传教育。

【就业服务】 向毕业生提供用人单位招聘信息，组织学生参加用人单位宣讲会，筹备校区首次市场招聘会。组织毕业生到洛阳、太原参加大型招聘会，组织专场招聘会10余次。全年，学生就业人数达272人，就业率达53%。

【校区建设】 建成14号、15号楼研究生公寓，完成学生宿舍楼二期建设项目可研评审，完成4号、5号学生宿舍楼工程项目结算内审，完成4号、5号学生公寓楼改造工程，保证校区师生正常生活，维护校园周边安全稳定。

（太原科技大学晋城校区）

·晋城职业技术学院·

【概述】 2016年，晋城职业技术学院坚持以习近平总书记系列重要讲话精神为指引，全面贯彻党的十八大和十八届历次全会精神，以加强和改进党的建设为保证，坚持以立德树人为根本，扎实开展“两学一做”学习教育，加强内涵建设，提升管理水平，深化教育改革，巩固巡视成果，各项工作取得显著成效。

【创新发展】 申报承担全省创新

发展行动计划项目,推动全院教学管理、专业建设、师资队伍、校企合作与产教融合、教学与科研、校园文化建设创新发展。成立学院创新创业工作领导组,出台深化创新创业教育实施办法。建设创新创业师资队伍,推荐18名教师参加创业教育师资培训。筹建大学生创业就业孵化园,实现“机构、人员、场地、经费”四到位,征集创业项目26个,初审通过19个。成立教师专业工作室,探索教职工带头创业体制机制。

【专业建设】 省重点专业煤层气抽采技术专业项目进展顺利,完成设备设施购置招标工作,教学资源库建设项目进入招标阶段。完成机电应用技术省实训基地建设项目采购任务。编制机械制造及自动化专业省实训基地项目参数编制,上报煤炭深加工与利用、酒店服务与管理2个省实习实训基地项目和矿山测量省重点专业建设项目任务书。

【教学管理】 出台人才培养方案,修订35个专业人才培养方案,下达教学任务书,编制教学日历。严格课堂教学管理,加大教师课堂教学检查力度,及时反馈整改问题。执行开学工作检查、期中教学检查、期末学生评教工作。开展听评课活动,采用“微课教学”,推荐优秀教师参加青年教师教学基本功竞赛。加强视频公开课建设力度,摄制《立体裁剪》《化工单元操作及设备》《会计职业认知》《合唱指挥基础》《Java程序设计》5门251节课程。

【课题研究】 实施课题立项申报、中期交流和结题评审制度,规范和加强课题管理。立项国家级课题2项,申报省级课题5项,立项院级课题36项,获得经费5.1万元;结项院级课题20项,市级课题1项,省级课题11项。42名教师公开发表论文58篇,出版专著3部,参编教材6本。

【实训基地建设】 投资700万元,新建在建实训室10个。成立服装设计、PLC、自动化设计等大师工作室。每个专业至少对接一个省级、国家级职业技能竞赛项目,支持教师依托竞赛项目开发课程,课程讲义经两年以上试用,教学指导委员会审核后,由学院资助出版校本教材。

【技能竞赛】 举办学院第四届职业技能竞赛,设移动互联网应用(APP)开发技能竞赛、数控加工技能竞赛等项目31个。承办山西省第十届职业院校技能大赛高职组“互联网应用技术”和“移动互联网应用软件开发”赛项。573名学生分获院级一、二、三等奖,推选优秀选手参加国家、省第十届职业院校技能大赛,获国家级二等奖2项、三等奖4项,省级一等奖3项、二等奖8项、三等奖14项。参加“雏菊杯”山西省大学生艺术大赛,获一等奖1个、优秀奖2个;参加“三晋之春”合唱比赛,获二等奖;参加第二届中国高等职业院校健美操锦标赛,获二等奖1个、三等奖1个。

【招生就业】 2016年,共招收新生2396人,其中高职2228人,中职168人,分类考试招生人数占到总招生数的68.5%。与麦可思公司合作,就毕业生就业状况调研、评估,形成毕业生社会需求与培养质量跟踪评价报告和年度就业质量报告。建立精准推送就业服务机制,利用“互联网+”技术、微信平台,精准推送就业岗位信息。举办企业推介会和专场招聘会20余场。与市人社局联合举办2016年毕业生供需洽谈会,参会企业246家,提供就业岗位近6000个,毕业生就业率超过91%。

【校园文化】 举办“弘扬长征精神”第七届校园文化艺术节、校园科技节、“春天之约”健身操大赛、“弟子规与行为习惯养成”读书实践活动、学生社团建设座谈会、学生社团联谊会、辩论赛、礼仪风采大赛等,丰富课余文化生活,促进学院精神文明建设和校园文化建设。学院图书馆“周周有讲座、月月有活动、季季有展览”,获国家“2015年全民阅读先进单位奖”。

(晋城职业技术学院)

·晋城市中等专业学校·

【概述】 2016年,晋城市中等专业学校以党的十八大和习近平总书记系列讲话精神为指导,深入开展“两学一做”学习教育,以问题为导向,以“抓落实、抓内涵、抓规范”为主线,推进从严治党、依法治校、规范管理、提升质量等各项工作。1月，后示范校建设通过省级专家组验收。10月，被省文明委授予"省级文明单位"称号。

【专业建设】 汽车运用与维修、会计、酒店、工美4个重点专业在办学模式、培养模式、教学模式、评价模式及课程体系等方面取得重要突破。会计与现代服务系对市场营销和中餐专业进行人才培养模式及课程体系改革，开展毕业季个人设计，策划平安夜等实践活动；中餐专业把企业家和家长请进课堂进行评价和指导，初步尝试多元评价机制。汽修系落实示范校建设方案，形成汽修专业实施模块化教学及理实一体化教学标准，运用于机电技术运用专业。艺体系教师自编《漆画工艺制作》《设计素描》校本教材，正式纳入工艺美术专业课程体系。研发部制定会计、机电技术应用、计算机3个专业课对口高考教学方案，开展以题库开发为核心精品课程建设，加强师德师风建设，组织述课和示范课活动。

【队伍建设】 2016年，选派80余名教师到北京师范大学、PPG北京培训中心、常州职业技术学校等进行业务提升培训。全年新增教师17人，其中9人为研究生学历。

【文明校园创建】 开展"孝老爱亲""日行一善""三爱三节""创建诚信校园，争做诚信学生"和中华优秀文化经典诵读活动，组织学生熟读《弟子规》，提升学生素养。举办春季运动会、元旦校园文化艺术节、新生军训、广播操比赛，强化学生文化素养、职业素养和文明素养。

【平安校园建设】 围绕"安全第一、预防为主、综合管理、强化责任"工作方针，落实校级领导带班、中层领导负责、行政人员全员参与安全值班和全体教职员工"一岗双责"安全工作责任制，开展消防应急、地震应急演练和法制讲座等活动。举办法制讲座3次，培养学生遵纪守法护法意识。

【教学成果】 开展学校公开课教学评选和技能比武活动，以赛促教，以赛促学。参加全市中职技能大赛，获团体第一名。参加全省中职技能大赛，获一等奖6个、二等奖18个。参加全国院校财会职业技能大赛全国网络赛，获中职组二等奖1个、三等奖1个。参加2016年"北汽新能源杯"中国汽车工程学会新能源汽车技术技能大赛，获三等奖。参加全省第九届文明风采大赛，获一等奖5个、二等奖5个。对口升学考试，70余人被本科院校录取。学生就业率达100%，对口就业率达85%。

（晋城市中等专业学校）

·晋城电大·

【概述】 2016年，晋城电大以教务管理、教学管理、资源建设和非学历教育项目等工作为主要抓手，保障教育教学质量，圆满完成全年工作目标。

【教学管理】 实行常年招生，以春、秋两季学期招生为重点，联系各县区职业中学和工矿企业，培育生源。以《班主任工作管理办法》为依托，召开班主任工作座谈会，总结推广班主任工作模式，实行首问负责和个性化精准服务。严肃考风考纪，倡仪学生诚信考试，组织各类考试10余次。完善各类学历教育常规教学流程，加强开放教育教学培训，举办开学典礼，向学员发放学生手册。以网上教学与互动为重点，完善平台教学资源，核实考核方案，开展网上讨论和答疑，达到要求的资源点击率和网上互动教学频率，通过省电大开放教育教学验收。

【队伍建设】 开展岗位大练兵活动，15位讲师参加"每周一讲"活动。开展"加强内涵建设，提升业务水平"系列活动，4名副教授教师参加"高级教师示范课"竞赛活动，8名讲师参加"中级教师优质课"竞赛活动，7名助教参加"初级教师汇报课"竞赛活动。举办"爱岗敬业、校兴我荣"主题演讲比赛，加强师德教育，凝聚教师力量，提升教师素质，提高教学水平。

【人才培养】 制定实施教师培训和岗前培训方案，选派法学、汉语言、教育学、英语等专业教师到山西电大培训，纳入全省电大教师师资库。申报省级课题1个，2人取得硕士学位，教职工发表各类论文10余篇。

【微课制作】 加强精品课程建设，出台《"微课程视频制作"工作实施意见》，选派5名教师外出学习微课程制作技术。全年共制作微课视频40多个。

【培训考试】 组织2016年度山西省党政领导干部岗位专业知识网络培训，共培训4个专题237人次。承办市法制办、城区法制办、泽州县法制办行政执法人员从业资格考试，参加从业资格考试人数达1560人次。

【设施建设】 购置65台电脑及会计和计算机专业教学软件和资料柜、报刊架、衣架等办公用具。新增3000多种图书，丰富校图书室藏书。

【校园安全】 落实安全保卫制度，加强校园保卫、消防安全、厨房食品安全、传染病防治等工作。参加"2016年网络安全宣传周"、山西省网络安全知识竞赛、市直学校消防安全趣味运动会等，开展地震安全教育讲座与防震疏散演练，举办预防网络诈骗专题知识讲座。

（晋城电大）

·晋城一中·

【概述】 2016年，晋城一中加强党风廉政和师德师风建设，扎实推进素质教育，获"山西省'中华魂'主题教育活动20周年创新活动奖"，并获晋城市高中课堂教学团体赛（地理、物理、英语）一等奖、"第十九届全国青少年五好小公民'少年向上，真善美伴我行'主题教育活动表现突出的学校"、市直教育系统先进基层党组织、中国好教育联盟联合体"三晋联盟"（2016—2017）理事单位、晋城市"中华魂主题教育活动先进集体"等称号。

【队伍建设】 开展"青年教师课堂教学大赛""优秀班主任、优秀教师团队、优秀社团辅导员、我心中的好老师"评选活动，表彰教师190人次，提升教师整体素质和执教能力。

【素质教育】 推进"三环六步"教学法（即引导—自学—交流—总结—巩固—提升），提升课堂教学质量。加强"校园广播站""校园电视台""学生大讲坛""焕章剧社"等社团活动，开展运动会、歌咏比赛、广播操比赛、主题演讲等系列活动，成立山西省首支中学国旗护卫队，负责日常和大型活动升旗任务，弘扬爱国主义教育精神。

【竞赛活动】 承办2016年全国青少年信息学奥林匹克竞赛，张淇等7名同学获二等奖，王瑞奇等4名同学获三等奖。参加全国高中数学联赛（山西赛区），2人获一等奖，8人获二等奖，11人获三等奖。参加全国中学生物理联赛，22人获二等奖，20人获三等奖。参加全国中学生生物联赛，2人获一等奖，17人获二等奖，17人获三等奖。参加全国中学生生物学联赛（山西赛区），2人获一等奖，17人获二等奖，17人获三等奖。参加第十五届全国创新英语大赛复赛，1人获二等奖，1人获三等奖。参加第十八届"语文报杯"全国中学生作文大赛，6人获国家级二等奖，3人获国家级三等奖，29人获省一等奖，20人获省二等奖，21人获省三等奖。参加第十届亚洲和太平洋地区信息学奥林匹克中国赛区比赛，学生栗明磊获铜牌。参加第十七届全国电脑制作活动，学生李子涵作品《选择》获二等奖，学生李航鸽作品《距离》获三等奖。参加全市"中华魂"主题教育征文比赛，2人获一等奖，6人获二等奖，20人获三等奖。参加全市《给母亲的一封信》征文活动，学生卫婧、李芊桦、李雨豪分别获一、二、三等奖。参加全省"老师您好，我身边的好老师"演讲比赛，学生武潇迪获全省一等奖，教师张鑫获优秀辅导教师称号，学校获优秀组织奖。参加2016全国"中华魂"主题教育活动，学生周婧璇获全国二等奖。学生杨茜茜作品《丰收印象》获山西省第四届工笔画大展优秀奖。参加晋城市第三届中小学生足球赛，获二等奖。参加"中国梦——行动有我"全国中小学生微视频展播活动，学生李航鸽作品《距离》，朱禹霖、秦珂作品《逐梦变奏曲》获"部级精品微视频"，李航鸽作品《距离》同时获"最佳创意奖"和"最佳剪辑奖"。

【高考成绩】 在2016年高考中，晋城一中一本达线率为85%，14人被北京大学和清华大学录取。

（晋城一中）

科 技

【概述】 2016年，市科技局贯彻落实中央、省委、市委决策部署，以焕发创新活力、增强创新能力为目标，着力实施创新驱动战略，推进科技管理体制机制改革，健全创新市场导向机制，为全市经济社会发展提供强有力的科技支撑。

【知识产权保护】 全市有效发明专利拥有量达340件，创历史新高，超额完成全年目标任务。资助2015年380项专利申请项目，资助金额73.9万元；引导资助8项优秀专利技术推广。

【“双创平台”建设】 加强创新创业平台建设，培育米粒儿众创空间等4家省级众创空间，推进“大众创业、万众创新”。推进“星创天地”建设，组织8家企业申报国家和省级“星创天地”，其中，山西天创梦工厂经科技部公示备案，6家企业申报省星创天地。补助省级科技孵化器企业资金124万元。

【光伏发电】 全年，农村地区分布式光伏发电项目对2542户安装太阳能发电用户进行补贴，项目申请安装规模21925千瓦，下达补贴资金6623.18万元。

【基地建设】 一期工程，科技孵化大厦和中试车间主体完工，开始内部装饰施工；二期工程，加速器大楼完成地上一层基础施工，专家公寓和员工宿舍分别完成主体6层和4层结构施工。科技孵化器内部功能规划设计方案通过专家评审，与富士康、中科院、太原科技大学等高校、研究院开展前期对接工作。

【科技投入】 出台《晋城市市级财政科研后补助资金实施办法》，完善科技项目后补助方式管理制度。申报省级科技计划项目，“建筑雨水排水用球墨铸铁管及管件国家标准制订产业化项目”等8个项目立项省重点研发计划一般项目和成果转化项目。组织实施市级科技计划，对15家高新技术企业和1家省级科技企业孵化器进行后补助，共下达资金424万元。

【高新技术产业】 组织20家企业申报国家高新技术企业，全部通过评审，并报国家科技部备案。加强科技服务，促进高新技术企业发展。4月，与省高新技术创业中心合作，邀请山西创投、晋高创投等10家省内知名的创业投资机构举办晋城市高新技术企业投融资服务对接会，组织有关金融机构人员到晋城市清慧机械制造公司、高平市泫氏铸业集团公司等企业进行实地考察对接。落实市委、市政府《关于推进科技创新的实施意见》，对15家2015年国家级高新技术企业进行资助。

【技术市场交易】 举办技术市场业务培训，邀请省技术市场管理办公室专家讲解技术合同税收优惠政策、技术合同认定登记实务、技术市场考核等内容，促进各县（市、区）技术市场工作。扩大技术合同登记范围，将技术合同登记范围扩大到各县（市、区）和重点企业，提高技术合同登记率，扩大技术合同税收优惠政策覆盖面。全年，全市技术合同成交235项，技术合同交易总额达8.32亿元。

【新能源汽车】 全年，全市共推广应用电动汽车459辆，其中纯电动客车215辆，纯电动乘用车102辆，插电式混合动力乘用车1辆，纯电动轻型货车141辆。至2016年年底，全市累计推广应用电动汽车629辆，建成电动汽车充电站15个、充电桩106个。

【科技宣传】 通过“晋城科技”专题节目和晋城科技信息网，大力宣传省、市科技创新大会精神。科技活动周、知识产权周期间，邀请中科院和省级专家举办知识产权强国与创新驱动发展论坛等各类科普讲座、专题报告会、专利宣讲和技术培训等活动30余场次，到企业、乡村、街头广场发放各类科技类法制宣传册和传单5000余册页。组织参加2016年山西省科普演讲大赛，2名参赛选手分获二等奖、三等奖。

（市科技局）

科技研究

【概述】 2016年，市科技研究所坚持“自主创新、重点跨越、支撑发展、引领未来”的科技发展方针，主动适应经济和科技发展新常态，把自主创新与大胆引进作为科技工作的核心，在加强科技成果引进推广合作、科技交流培训、推进“三项服务”、搞好科研项目等方面都取得了明显成效。被市直工委授予“市直文明标兵单位”称号。

【科研项目】 1.藜麦引进推广科研项目。该项目是一个新产品引进项目，与晋城市泽锦生物科技有限公司合作到忻州静乐藜麦种植基地进行种植、加工技术考察学习，并在泽州南岭葛万、东沟，陵川武城和阳城杨柏进行100亩藜麦大面积试种。并以“山西农业特色资源创新专项”申报山西省重点项目研发计划。

2.新能源纯电动物流汽车项目。该项目是市科技研究所与西安多伦铁马电动汽车科技有限公司合作的一个高科技引进项目。市科技研究所和晋城经济技术开发区与西安多伦铁马汽车科技有限公司、重庆长安汽车股份有限公司、湖北太行新能源产业有限公司等多家企业进行项目引进合作洽谈。与多家企业共同签订“建设‘10+5’纯电动汽车资源共享平台项目合作”意向书。

3.开展丹河湿地沉淀池淤泥清理项目。该项目由市科技研究所与晋城市亿清设备安装工程有限公司合作实施。经几十次试验，已初步成功，能在不影响湿地正常运行的前提下，较好地把沉淀在池底的淤泥完全清理。

4.晋城古代冶金技术史软课题项目。到阳城、沁水、泽州、高平实地调研，到国家图书馆、省图书馆和市图书馆查阅整理资料，并申报市科技局立项。

【基地建设】 与陵川西河底徐社村合作建设高产谷子试验合作基地，市科技研究所科研工作走上产、学、研相结合之路。

【科技培训】 与市工程师协会联合举办科研技术培训，10家单位参加培训，培训各类科技人员150余人。

（市科技研究所）

气　象

【概述】 2016年，市气象局贯彻落实省、市党代会精神和市委全会暨经济工作会议精神，围绕加强气象现代化建设和深化气象改革工作，结合2016年重点工作任务，开拓创新、锐意进取，圆满完成全年各项工作。

【防灾减灾】 完善气象防灾减灾体系建设，市政府重新修订《晋城市气象灾害应急预案》，市气象局完善部门联动机制，与多部门建立气象灾害应急防御和预测预警研判联席会议制度。突发事件预警发布系统实现与政府应急办、国土、农委、交通、安监、地震、林业、住建、水利、环保10个部门对接。全年，全市出现10余次重大灾害性天气，市气象局启动气象灾害应急响应6次，发布预警信号350余次，报送决策服务材料533期，获市领导批示9次。针对5月中旬“海峡两岸神农炎帝农耕文化节”系列活动气象保障、“7·2沁水中村煤矿透水事故救援”气象保障、“7·19”入汛以来全市最强降雨天气过程，进行准确预测、及时预警和主动服务。

【气象服务】 市气象局深化与国土、农业、林业、交通、环保等部门合作联防，实现信息资料共享。与市国土资源局、市森林防火指挥部、市环保局、市防汛办等部门联合开展地质灾害气象风险等级预报、森林火险等级预报、空气质量及雾霾监测预报、中小河流洪水气象风险预警服务等。组织为农气象服务团队，开展“为农服务”专题调研，开发专业气象服务产品。沁水县、陵川县完成“三农”气象服务专项实施县建设任务。市气象局在阳城县凤城镇美泉村和固隆乡白涧村安装农田小气候站；与市农机局联合为全市300余名农机作业手提供天气预报、预警及雨情等信息服务；参加省气象局举办的为农服务专项培训。

【人工影响天气】 推进人工影响天气工程项目，合理布局，安装10

部自动化火箭发射架,4部远程控制增雨烟炉投入使用,安装调试人工影响天气电子沙盘,高平市新增一部X波段多普勒天气雷达并投入使用。市人工影响天气领导组办公室与各县(市)政府签订安全责任书,将人工影响天气工作纳入各县(市)安全生产总体部署。全年,全市共组织开展地面增雨作业20站次,发射WR-98火箭弹127枚;组织烟炉作业14站次,燃放烟条221根。

【现代化建设】 一是提高预测预报预警业务水平。全年,全市城镇天气预报24小时晴雨预报准确率为87.93%;24小时最高、最低气温预报准确率分别为73.07%、77.58%;一般性降水24小时预报准确率为43.97%;全省排名分别为7、3、1、6,市级城镇天气预报质量继续保持全省前列。二是加强综合观测和信息系统。5个国家站均实现双套自动站运行,完成新旧站业务切换工作。提升农业气象、环境气象、旅游气象观测能力,建成农田小气候观测站及酸雨、温室气体监测站。提升通信网络传输能力,自动站、土壤水分站、酸雨、大气成分等各类气象探测资料传输率、设备稳定率均达到98%以上。

【气象改革】 推进气象行政审批制度改革,清理规范行政审批防雷中介服务,成立晋城市气象灾害防御技术中心,调整优化防雷减灾基本业务布局,建立晋城市防雷安全重点单位(企业)名录172家。深化气象业务科技体制改革,调整市、县两级业务职能,优化全市业务布局,市级强化气象业务专业化服务能力,县级强化基本方向综合气象业务服务能力。强化市、县两级气象预警工作,推进县级综合气象业务体系建设。

【规范化建设】 强化气象部门安全生产,开展安全生产月活动2次、安全生产大检查6次,落实安全生产责任制。开展内部控制体系建设,规范各项行政管理工作运行。开展超职数配备领导干部规范工作,严格领导职数规范管理。

【气象科研】 组织申报省气象局科研项目3项,争取省气象局项目1个,1项科研成果投入业务应用,2篇科技论文在国内核心期刊发表,2002—2015年15项科研课题通过省气象局验收。选送17篇论文参加2016年省气象学会年会交流,1篇获优秀论文三等奖。

(市气象局)

地　震

【概述】 2016年,市地震局按照市政府与省政府签订的年度目标责任状以及市委、市政府下达的年度目标任务,加强地震法治建设,编制《晋城市防震减灾"十三五"规划》,狠抓任务落实,扎实推进工作,圆满完成防震减灾工作目标任务。市地震局再获市级文明和谐单位称号。

【法治建设】 按照《中华人民共和国防震减灾法》《山西省防震减灾条例》和《山西省建设工程抗震设防条例》,开展抗震设防管理工作。组织开展抗震设防行政许可工作,绘制抗震设防管理业务流程,制定监管制度,做好信息公开,缩短审批时间,将项目审批纳入网上审批监察和电子政务系统,法治建设取得明显成效。

【监测预报】 强化震情跟踪和监测预报,全年监测台网运行率99.29%,信息节点连通率99.96%,均高于省地震局确定的考核指标;异常零报告报送率达99%以上。按照市、县台站(点)优化改造项目要求,完成阳城、沁水台站的道路及周边环境改造。全年未发生监测设施破坏及影响监测环境事件。全市电磁波台站覆盖率达到100%。配合省地震局完成国家地震烈度速报与预警工程项目在晋城市选址工作,确定12所中小学校为入网试点。

【震害防御】 依法开展抗震设防管理工作,做好并联审批现场踏勘及服务工作,按时出具报送现场踏勘意见,及时上网并按季上报审批记录。出台《晋城市地震局抗震设防事中事后监督管理制度》,落实抗震设防联席会议制度。开展抗震性能普查和除险加固工作,对陵川县县城所有房屋进行抗震性能普查,绘制抗震性能普查图件,建议对危房开展除险加固等措施。泽州县、高平市新建2处农村民居地震安全示范工程，提高农村民居防震能力。

【应急救援】 印发《关于开展全市地震应急准备工作检查的通知》《晋城市地震应急预案动态管理制度》《晋城市地震应急避难场所管理维护办法（试行）》，健全完善抗震救灾应急指挥体系，加强应急避难场所管理维护。7月26日，参加全省地震系统应急演练，组织市、县两级地震系统应急演练；组织晋城军分区、市武警支队、市消防支队及市矿山救护队等专业救援队伍赴国家地震紧急救援基地参加应急救援专业培训，举办全市防震减灾综合培训，坚持24小时应急值守，确保重大活动和节假日期间应急保障。

【地震宣传】 开展《山西省建设工程抗震设防条例》、新一代区划图宣贯工作和“12·4”国家宪法日宣传活动。开展“5·12”“7·28”防震减灾宣传活动，向社会公众开放防震减灾科普体验馆，在《太行日报》刊登防震减灾科普宣传专版，向全市手机用户发送宣传短信12万条，放映《唐山大地震》电影20场次，向全市1200所学校发放地震科普光盘1300盘，并开展征文活动。此外，拓宽新媒体宣传渠道，建立晋城市地震局微信公众号，定期推送防震减灾科普知识，提高社会公众认知程度。

【示范创建】 全面开展防震减灾示范创建工作，创建国家级地震安全示范社区1个、省级防震减灾示范社区3个及省级防震减灾科普示范学校2所。建成集科普教育、地震体验、互救自救于一体的地震科普馆，面向全市中小学生开放体验。10月18日，科普体验馆通过省地震局评审，获得省级防震减灾科普教育基地称号。

（市地震局）

文 化

【概述】 2016年全市文化系统围绕全市"一争三快两率先"战略部署，加强行业监管，完善公共服务，健全社会管理，扎实完成各项工作任务。

【文艺创作】 创作戏剧、曲艺、影视文学剧本24个。其中，市上党戏剧研究院创作的小品《较劲》、市文化艺术研究院创作的小品《抢红包》分别获得上海戏剧学院新剧本朗读会二、三等奖。创排大型反腐倡廉音乐剧《大道无垠》，在全市巡演18场，在太原市南宫剧场汇报演出2场，主题曲《你的背影》获山西省"五个一工程奖"。创排《炎帝故里醉乡音》等各类演出6场。创排"红色记忆"大型合唱音乐会2场和纪念建党95周年暨红军长征胜利80周年晚会。

【体育比赛】 参加全国性体育赛事17项次，获2个第一名、3个第二名、2个第三名、10个前八名。参加山西省第十五届运动会，获奖牌107枚，其中金牌36枚、银牌40枚、铜牌31枚。7人次参加省级以上教练员培训。市体校和游泳学校招生80余人。

【惠民服务】 成立晋城市慈善总会文化发展基金，募集资金300万元。市图书馆纳入山西省公共图书馆业务总分馆系统，建成41个24小时自助图书馆，藏书63万余册，持证读者达7.5万余人，接待读者40万人次，组织阅读活动60场。市美术馆二期配套工程完工，举办各类展览15场，吸引观众5.3万人次。市群艺馆开展各类免费培训、讲座155节课，教授广场舞10余支，开展免费开放场地活动10次，累计受益人数达1万余人次。举办"绿书签行动""红色的记忆"等全民阅读活动2次。完成体育场笼式篮球、足球、网球场地建设。完成国民体质抽样监测年度任务，共计监测2574人。举办周末大剧场44场，非遗广场(社区)展演31场，送戏送综艺演出下乡44场，"艺术名家小分队走进贫困村"3场，迎"六一"专场文艺晚会1场。完成广播电视直播卫星户户通工程任务552户，完成农村公益电影放映27384场、寄宿制学校爱教影片放映1512场。举办市级群众体育活动23项(次)，参赛群众达1.2万人次。

【行业监管】 全市网吧、歌舞娱乐场所、营业性演出、艺术品经营等审批项目全部录入全国文化市场技术监管与服务平台，实现审批和执法办案全部在平台上进行。开展安全生产大检查和社会治安风险隐患大排查大整治，保障文化市场安全生产。强化"扫黄打非"，开展护苗、清源、净网、秋风、固边专项行动，净化文化市场，确保文化市场依法依规经营和安全生产。全年，共出动检查人员300人次，检查印刷企业112家次、打字复印单位400多家次，警告3家，责令改正5家，取缔游商地摊1个，收缴非法和侵权盗版出版物80余册(盘)、盗版软件

20余张、非法报纸期刊2份。检查图书出版物经营单位106家，收缴损害少年儿童身心健康出版物20余册。建立文化市场行政综合执法网格化责任系统和监管服务对象网格化系统，强化文化市场案件办理，市文化市场行政综合执法大队共办理案件15件，其中，“某公司擅自提供互联网视听节目服务案”被评为“全国新闻出版广电（版权）行政处罚十佳案卷”，“新钱柜练歌城所播放的曲目、屏幕画面含有条例禁止内容案”被评为2016年全国文化市场重大案件。举行“侵权盗版及非法出版物集中销毁活动暨‘4·26’知识产权宣传周启动仪式”，共销毁收缴盗版光碟1660余张、盗版和黄色书籍1460多册。

【产业创新】 创新文化体育产业投融资渠道，筹建“晋城市文化产业发展投资基金”。康熙字典简明版（旅游纪念版）参加“中小微文化企业投融资路演·山西站”活动，山西电视台“山西新闻联播”栏目进行专访报道。互联网上网服务场所转型升级达到25%，培育“网吧转型升级实验基地（文化创意众创空间）”1家。据颐睦剧场工程竣工并投入使用，承接全市大型文艺演出16场，推出首场小剧场话剧《纪念碑》。体彩累计销售13252万元，比2015年增加1225万元，同比增长10.2%。

【非遗保护】 市上党梆子戏剧研究院刘惠斌泥塑《降龙罗汉》获中国传统宗教泥塑造像技艺大赛特别金奖。编校《上党地区舞台题壁辨析》。抢救、录制《董家岭》《闯幽州》《忠节义》等5个濒危剧目。申报、评定和公示第五批19个市级非物质文化遗产代表性项目；申报第五批省级非物质文化遗产代表性项目27个。举办第五届“太行书会”曲艺邀请赛。推进“乡村文化记忆工程”两批24个试点工作，陵川县礼义镇建成“乡村文化记忆工程示范基地”。

【文化交流】 市上党梆子剧院作品《三关排宴》入选全国梆子声腔优秀剧目展演。市书画院专职画家成红军国画《太行礼赞》入选第十一届中国艺术节全国优秀美术作品展。市群艺馆组织277幅作品参加全省美术、摄影、剪纸等艺术比赛，30幅少儿书画作品获佳作奖，45幅少儿书画作品获优秀奖。市少儿团参加第十二届全国青少年艺术风采展演活动暨2016年青少年央视春节联欢晚会和第十届《舞动中原》国际标准舞公开赛。市体管中心组织参加“强健体魄·阳光生活”等各类群众体育活动7项次。

（市文化局）

广播电视

【概述】 2016年，市广播电视台秉承“稳中求进、以稳为主”总基调，深化体制机制改革，开展“节目提升年”和“管理提升年”活动，增强舆论引导能力，提升节目品质，优化绩效管理考核，推进事业产业发展，创新党的建设、廉政建设、队伍建设和文化建设，保持健康平稳发展态势，基本实现统筹、协调、科学发展。在全省技术能手竞赛中，职工郭志刚获全省广播电视技术能手竞赛一等奖。市广播电视台获2016年度市级文明单位和市直机关“模范基层工会”称号。

【主题报道】 围绕市委、市政府中心工作，结合“三严三实”、冬季行动、市县乡换届、扶贫攻坚、海峡两岸神农炎帝文化旅游招商系列活动、生态建设、城市管理、环境整治、纪念建党95周年、贯彻党的十八届六中全会、省党代会、市“三会”精神等重大主题，电视新闻开设《温暖民生，共享发展》《美丽晋城，精彩故事》《冬季行动，马上就办，真抓实干》《争当道德模范，传承良好家风》《探寻炎帝足迹》《市县巡察》《晋城工匠，匠心筑梦》《高铁来了》《党旗飘飘》《德耀中华——讲述晋城好人，践行核心价值观》《贯彻市“三会”精神》等主题专栏；广播新闻开设《回眸“十二五”》《打赢“冬季行动”攻坚战》《太焦高铁晋城段开工》《“讲担当、转作风、抓落实”》《传承德孝文化，争做德孝模范》《践行新理念，落实新要求——代表委员话发展》《改善环境空气质量攻坚行动》《我的创业故事》《站在新起点、开启新征程》等专题专栏；广电网制作“晋城两会”“省党代会”“寻根炎帝，梦回高平”“晋城符号，流淌在晋城人生命里的基因”“重塑山西形象正当时”“纪念赵树理诞辰110周年”“我的创业故事”“晋城人的高铁梦”等专题;广电报开辟《我们的节日》《创城新变化》《志愿者在行动》《做诚实守信者》《数成就,看未来》等专栏。

【“走转改”活动】 配合市委宣传部开展市直新闻媒体编辑、记者到基层实践锻炼活动,选派20余名编辑、记者到基层。以季度为单元,每季度开展一次“走转改”活动,先后组织开展“走农家、看春耕”“我的创业故事”和“扬帆起航‘十三五’”等专题采访活动,开设专栏集中播发《李光政:贫穷“富翁”的困惑》《刘轩窑村:大棚菜坐上了“小火车”》《莫道古郊无宝玉,遍地黄花皆是金——古郊村的精准脱贫路》《“倔老头”解兰芳:敢叫黄土变黄金》《大山深处养蜂人》《“田间保姆”助力增收致富》《让山药蛋蛋变成金圪蛋蛋》等作品。“走农家·看春耕”活动共收到记者采制作品46篇,“我的创业故事”活动共展播作品55篇。“扬帆起航‘十三五’”主题采访到各县(市、区)、开发区、晋煤集团及市直单位、国有大中型企业进行采访报道。网站成立拍客团,吸纳“草根记者”50余名,随时随地报道身边事。

【外宣工作】 截至11月底,广播发稿条数排全省第一,电视发稿450余条,综合条数名列全省第一,《山西新闻联播》发稿条数保持全省先进位次。在“中国之声”和央广网发稿14条,在央视播发21条。全年,共推荐网络外宣稿件700余条次。11件新闻作品获得“山西新闻奖”。其中,广播、电视《农家兄弟双双上阵阅兵场》和电视系列报道《志在军营,献身国防》等3篇作品获一等奖。广电报10项作品分获全国报刊影视协会奖项和全国城市广播电视报作品奖项。其中《2015,我们一起走过……》获中国广播电影电视报刊协会新闻作品评选版面类一等奖。王敏鹏等3人获第四届“晋城最美新闻人”称号。

【公益宣传】 2016年,市广播电视台制作“旅游城市举办地投票”、“遇见”、“寻根炎帝·梦回高平”系列、“水墨天成,古朴晋城”、“多少种精彩,好一座晋城”、“山水古堡、晋城独好”、“山水晋城”等公益广告宣传片。频道、频率每天至少播出10次公益广告,重要时段达到3~5次播出量,广电报和广电网站在主要版面突出体现公益广告内容。播出“我们的节日”系列、“打击非法集资”、“国家版权日”、“禁毒宣传”、“交通安全”、“第四期中国梦主题创作歌曲”、“2016农业普查”、“征兵公告”、“晋城好人”、“我是共产党,时刻在你身边”、“寻根炎帝·梦回高平”系列、“水墨天成,古朴晋城”、“精彩晋城”、“山水晋城”、“人生A4纸”、“跪羊图”、“街角的拥抱”等公益宣传片100余个。公益片“水墨天成,古朴晋城”和“多少种精彩,好一座晋城”获中广联合会城市广播电视台第二届城市台城市形象片金奖,公益片“遇见20年后的父母”获公益广告(节目)类金奖。

【栏目创新】 4月,对原有节目进行全新改版、编排和设置,各频道频率完成包装改版上线。《晋城新闻联播》片头音乐加入地方元素,形成从晚19:30到22:00点完整自办节目带,栏目时长由日播56分钟增加到100分钟,自办栏目增加到10个,重点打造《晋城新闻联播》《第一民生》《剑虹说事》《主播时间》《面对面》《行风大家谈》《相约看天下》等新闻档节目。文化娱乐频道重点打造《超级星期一》《我爱上党戏》《讲谈晋城》《创业吧》《幸福有你》《家有萌娃》等节目带,自办节目时长是2015年的2倍。生活频道定位“爱晋城,享生活”,推出《小尚帮忙》《翻盘大开奖》《丹利淘淘淘》《我想去看看》等节目播出带。晴彩房车频道立足打造晋城最专业的房产、汽车服务平台,节目由2档增加到9档,自办节目时长从周播60分钟增加到206分钟,《主播看房》《文钊跑腿》《整点房产报道》《汽车帮》《旺铺直通车》《乐活家居》《大牌也团购》等节目全天循环滚动播出。导视健康栏目围绕大健康概念,推出《名医直播间》《艾诺瑜伽课堂》《健康大讲堂》《少年·心学院》等自办栏目,配合《天天养生》《健康生活大调查》等外购节目,形成完整健康节目播出带。新闻频率、交通频率、都市频率广播节目全新改版。4月10日,《行风大家谈》改版周播,至年底,共接待群众1000余人，接听热线3000余次，制作节目40期，解决问题260个。6月，全市首档电视调解栏目《调解现场》正式开播。开办全媒体栏目《理论在身边》，录制20期。市广播电视台自办电视栏目34档，周节目播出量达1720分钟；广播自办栏目达到37档，周播节目播出量达15000分钟。

【文艺创作】 拍摄儿童微电影《书包》、儿童大电影《美丽乡村那些事儿》之《疯狂夏令营》。《入党》获中国广播剧研究会第十六届广播剧专家评析活动单本剧三等奖。9月，与新疆生产建设兵团第六师芳草湖电视台合作拍摄微电影《依依芳草情》、MV《亮剑之师》以及专题形象展示片《美丽的芳草湖》。

【体制改革】 启动二次创业，试行频道制（频率）改革。撤销台广告经营中心，实行以频道（频率）为节目宣传、经营管理的责任主体，进行目标责任制考核，建立精细化管理体制机制。推行独立制片人制，出台《〈行风栏目组〉〈剑虹说事〉独立制片人考核办法》，新增《行风大家谈》栏目为独立制片人制。注册晋城广电旅游文化公司和晋城广电文化艺术公司并投入运营。晋城广电影视制作公司完成拟选合作方资产评估工作。与晋城市茶协会合营“琵琶泓茶社”，开办广电小演员培训班。7月，广电文化艺术有限公司牵头举办“2016市县广播电视台经营发展晋城峰会”，共有省内外广电工作者100多人参加大会。

【大型活动】 举办首届全国主持人大赛、方言达人大赛、豫剧电视大赛、于丹和纪连海大型文化讲座、“同心圆梦”各民主党派无党派人士主题活动、心中歌儿唱给党——中国歌剧经典唱段原艺君演唱会、红色记忆——长征组歌大型合唱音乐会等活动。全年，共举办各类大型活动260余场次，直播25场。2月，台长冯裕民获中国城市电视台“华视奖”——2015年度广电实战台长风云人物管理大奖。

【新媒体业务】 6月1日，山西广邦电子商务有限公司挂牌成立。12月1日，晋城帮手机APP正式通过验收，入驻商家80余家、商品260余种，建成为用户提供政务信息、实时新闻资讯以及生活相关服务于一体的便民综合信息平台。推进“移动晋城、智慧城市”网络电视台、APP手机移动客户端电子商务平台建设，完成网络电视台平台建设，互联网信源出口带宽容量由100兆增加到1000兆，可提供最大10000人同时在线并发量。优化升级软硬件二次扩容，页面优化PC端、手机端，增加互动功能，手机台APP更名为“红果TV”。

【专题报道】 5月，在“寻根炎帝·梦回高平”海峡两岸神农炎帝文化旅游招商系列活动期间，特邀请山西、山东、河北、陕西、河南等5省26市的100多名媒体记者进行采风报道。9月，在阳城“聚焦农业嘉年华，写意秋季徒步赛”活动期间，组织山西、陕西、河北、河南4省15市广电旅游联盟的49位媒体记者进行宣传报道。

（晋城广播电视台）

太行日报

【概述】 2016年，太行日报社全面贯彻省委“一个指引、两手硬”重大思路和要求，围绕“一争三快两率先”战略部署，围绕市七次党代会和市“两会”绘就发展蓝图，全力做好新闻宣传和舆论引导工作，为实现两个“率先”目标营造良好舆论环境。

【主题宣传】 省十一次党代会期间，及时转载《山西日报》等省级主要媒体新闻报道，关注晋城代表团宣传报道，开设《聚焦省十一次党代会》专栏，分产业转型升级、改善民生、全面从严治党3个主题采访12名代表，及时、准确报道晋城团代表履职尽责、建言献策情况。市第七次党代会期间，推出大型系列报道《坚实脚步，精彩答卷——迎接市七次党代会召开特别报道》，开设《以实际行动迎接市七次党代会》专栏，全景展现全市经济社会发展取得的辉煌成就和重要经验。市“两会”期间，推出《喜迎市人大政协“两会”召开》《代表委员发言席》《两会特稿》等专栏，及时传递代表、委员议政建言情况。围绕脱贫攻坚，开设《坚决打赢精准脱贫攻坚战》栏目，刊发《精准脱贫的南阳路径》《我市统筹整合使用财政涉农资金实施精准扶贫》等稿件，宣传市委、市政府政策举措，反映贫困群众生活之变。围绕创业就业、社会保障、教育均衡、医疗改革、文化惠民、文化旅游等方面，推出专栏专题，进行深度报道。

【重大活动宣传】 围绕“三学六守换届九严禁”警示教育月活动，完成市、县、乡三级换届工作报道。围绕海峡两岸神农炎帝文化旅游招商系列活动，开设《高平炎帝文化探源》栏目14期，刊发刊播各类稿件100多篇、照片100多幅、视频20多条。围绕社会主义核心价值观宣传，日报、晚报版分别以《永不褪色的信念》《绿叶对根的情谊》为题，深入报道老典型王小宽的新事迹；持续开设《德孝模范》《身边好人》等专栏，以典型引领，在全市上下掀起见贤思齐的热潮。

【媒体融合】 改造升级晋城新闻网，7月，新版新闻网上线，日均访问量39031次。在车站、大型购物商场、政务大厅安装《太行日报》电子阅报屏25块，运行状态良好。在移动客户端建设传播器，上线运行新版APP；《太行日报》、新闻网官方微博关注人数突破15万人，日报、晚报、新闻网官方微信关注人数近6万人，各个官方微信最高图文阅读量均超过2万多人次；新建“色影太行”公众微信号，专注摄影、艺术领域，平均每天阅读量达2000多人次，总点击量超过50万人次。市党代会和“两会”期间，在官方微博中开设话题讨论，进行图文直播报道，共讨论消息1075条/次，阅读量达109万次。

【广告业务】 报纸广告经营由太行报业有限公司广告公司统一管理，统一经营、统一考核。非竞争性业务由广告公司直接管理，竞争性业务实行事业部体制。严格广告审批手续，杜绝发布不良广告和虚假违法广告，受到省、市工商监管部门好评。开展“社会主义核心价值观”“讲文明·树新风”“文明旅游”“学习雷锋”“志愿者服务”“青少年思想道德建设”“我们的节日”“晋城好人”“晋城精神”“文明城市建设”“安全”等方面公益广告宣传。1—11月，日报、晚报公益广告发布290条，折合整版94个，折合金额270万元，占到整个广告发布量的1/4以上。截至11月底，报纸广告收入926万元。

【发行业务】 截至11月底，共印刷报纸3208万对开张，其中对外印刷147.2万对开张。印务对外业务产值为81.4万元，同比下降34%。在全省报纸印刷质量评比中，《太行日报》连续第十年被评为“特优级”。

（太行日报社）

上党戏剧研究

【概述】 2016年，市上党戏剧研究院坚持扬弃继承、转化创新，保护、传承与发展并重，发挥戏曲艺术在繁荣全市文化事业中的独特作用。经过全院干部职工共同努力，各项工作有序推进，整体工作水平有新提高，呈现出良好发展态势。

【艺术创作】 新编古装戏《后羿与嫦娥》《御碑予悲》《陆渊赶考》、话剧《无人生还》《无名客栈》、小戏《糊涂账》《巧遇》、实景剧《印象铁花绚》。改编现代戏《母亲》。合作创作上党梆子电视纪录片《大戏足音》脚本6集。修改大型历史剧《程颢兴学》《陈廷敬》、小品《“粮”心》《清扫》、快板《抗战阅兵两英豪》、歌词《新时代的中国工人》等作品20余件。鼓书《中国梦·劳动美》由市歌舞团排演，小品《“粮”心》《清扫》、快板《抗战阅兵两英豪》在市电视台播出，话剧《无人生还》由长治市歌舞剧团投排，大型实景剧《印象铁花绚》由司徒小镇排演。《新时代的中国工人》等5首歌词由市总工会推荐参加全省总工会评奖，小品《较劲》获得上海戏剧学院新剧本朗读会二等奖，《爷爷的回忆》入围上海剧协小戏小品大赛。完成市歌舞团首部小剧场话剧《纪念碑》舞美设计制作，泥塑作品《降龙罗汉》荣获中国传统宗教泥塑造像技艺大赛特别金奖，《牛拉粧》《高跷社火》等被青龙镇非遗博物馆收藏。

【戏曲研究】 撰写《上党梆子耀太行》《浅论戏曲音乐的特性》《从

〈三关排宴〉看上党传统戏曲的艺术特点》等论文、艺术评论文章26篇。其中《上党梆子耀太行》在中国核心期刊《艺术评论》上发表，同名文章在《太行日报》《三晋文化研究》发表，《姹紫嫣红，百花争妍》在《晋城文化研究》发表，《细数梨园好时光，共话戏曲新美景》在《黄河之声》发表，剧评《只留清气满乾坤》在《太行日报》刊登。

【剧种普查】 开展地方戏曲剧种普查，完成前期资料收集工作，形成普查工作报告。初步摸清全市专业、民营、班社演出团体人才状况、演出剧目和生存现状等。

【非物质文化遗产保护】 出版发行2016年度《上党戏剧》。完成《上党梆子剧本选（五）》初选、编辑工作。印刷出版《上党地区舞台题壁辨析》。完成《上党梆子音乐》初稿、《晋城曲艺》一稿。抢救、录制《董家岭》《闯幽州》《忠节义》等5个濒危剧目。

【承办活动】 一是协助举办“盛世梨园”2016年晋城市新春戏曲晚会。晚会形式多样，传统经典与主旋律题材共鸣，突出展示建市30年全市戏曲事业发展成绩。二是承办晋城市第十一届“凤鸣春晓——赵树理戏剧奖”优秀剧目展演活动。剧目丰富，题材多样，现代戏、历史剧及改编的传统戏、音乐剧并举，初步显现老中青相结合的戏曲人才梯队建设成果。三是参加“文化扶贫基层行”活动。新春送祝福文化演出活动在陵川县附城镇丰西村启动，郭孝明、吴国华、张爱珍、张保平登台演出上党梆子经典唱段，为当地老百姓献上文化大餐。四是组织排练“炎帝故里醉乡音”大型文艺晚会，并在市政协会、党代会等期间演出。

（市上党戏剧研究院）

卫生和计划生育

【概述】 2016年，全市卫生计生工作坚持“立足实际、重点突破、综合施力、统筹推进”工作原则，牢牢把握服务人民、促进健康的宗旨和目标，以深入推进医药卫生体制改革为抓手，扎实稳妥推进卫生计生各项工作顺利开展，在努力增进人民群众健康福祉上取得积极成效。

【医药卫生体制改革】 一是推进县级公立医院综合改革。全市县级公立医院全部取消“以药补医”，实行药品零差率销售，基本建立投入保障机制和现代医院管理制度。按照省委“先行一步”试点工作要求，高平市组建高平市人民医院集团，统筹推进县级公立医院综合改革、优质医疗资源下沉、分级诊疗等工作，实现城乡医疗卫生一体化发展。

二是提高新型农村合作医疗保障水平。新农合人均筹资标准由470元提高到540元，参合率达99.31%。提高住院统筹基金保障水平，新农合政策范围内住院费用报销比例达到75%以上。继续开展重大疾病医疗保障工作和新农合大病保险工作，截至9月底，重大疾病保障累计补偿1991人，新农合累计补偿基金1632.85万元，人均补偿达8201.16元。加大新农合支付方式改革力度，部分乡镇卫生院实行按病种、按床日、按疾病组付费等相结合混合支付方式，有效控制医疗费用增长。

三是推进分级诊疗工作。市政府下发《关于建立分级诊疗制度的实施意见》，加强宣传教育，引导群众树立就近就医理念；开展家庭医生签约服务，推进实现基层首诊；通过新农合报销比例杠杆作用，引导和建立“基层首诊、双向转诊、急慢分治、上下联动”分级诊疗格局。截至9月底，79%的住院病人、63.2%的住院补偿资金分布在县、乡两级，较2015年同期分别增长2.6和5.19个百分点，县域内就诊率明显提升，县域内住院补偿基金回流，分级诊疗工作取得成效。

四是落实基本公共卫生服务项目。人均基本公共卫生服务经费标准由40元提高到45元，全部完成12类基本公共卫生服务项目。7月28日—30日，晋城市城区和泽州县代表山西省接受国家基本公卫检查，获得国家和省基本公卫考核组的认可和肯定。在省公共卫生督导检查中名列前茅。

五是完善基本药物制度和基层运行新机制。出台对基本药物配送企业考核办法，实行月度考核，对配送品规、配送率不达标企业进行约谈，保障基层医疗卫生机构药品供应和百姓用药安全。全市公立医院药品、高值耗材、试剂的采购全部实行网上集中采购并优先配备使用基本药物，将非基本药物品种增加30%，进一步保障群众用药需求。

【计划生育】 2016年，全市人口出生率8.51‰，自然增长率3.46‰，符合政策生育率97.41%，出生人口性别比105.3，各项指标均保持在省定范围内。

一是推进全面两孩政策实施。通过电视、广播等新闻媒体广泛宣传《山西省人口和计划生育条例》和《全面实施两孩政策宣传读本》。出台《关于在全市实施一孩、二孩生育登记服务和办理〈再生育服务证〉的实施办法》，确保新旧政策无缝对接。

二是开展“计划生育基层基础建设年”和新一轮计划生育优质服务先进单位创建活动。高平市、阳城县成为新一轮国家级计划生育优质服务先进单位。

三是落实计划生育奖励扶助政策。继续落实农村领证独生子女父母奖励、退二孩指标独生子女父母奖励等6项计划生育奖励扶助政策。2016年，农村计划生育家庭奖励扶助对象143841人（户），6项奖励扶助资金总额10036.39万元。继续做好5类独生子女家庭（伤残、患重大疾病、生活困难、上学困难以及失独）扶助关怀工作，计划生育困难家庭救助对象达1203户，救助金额达414.57万元，有效解决计划生育家庭的实际困难。在市人民医院等8家医院设立计划生育特殊家庭“绿色通道”，制定相关工作流程，确保计划生育特殊家庭在就医、新农合报销等得到优先优惠。

四是推进流动人口卫生计生基本公共服务均等化。流动人口卫生计生基本公共服务均等化全覆盖。完善流动人口服务管理区域协作机制，增强流动人口“一盘棋”工作机制。开展流动人口卫生计生关怀关爱活动和“流动人口与健康同行”系列活动，做好返乡流动人口的卫生计生服务，针对新生代农民工、流动育龄妇女和流动学龄儿童不同需求，开展健康教育和健康促进。做好全市流动人口动态监测。

五是提升妇幼健康服务能力。开展两癌筛查等五项国家重大妇幼项目。做好免费孕前优生健康检查工作，完成率达101.38%，群众优生意识增强。加快妇幼计生服务资源整合进度，推进标准化建设和规范化管理。推进妇幼健康优质服务示范县创建工作和乡级妇女儿童保健门诊规范化建设，扎实实施“百姓生殖健康促进工程”，开展生殖健康咨询服务进万家活动，促进群众生殖健康。做好危重孕产妇与新生儿管理服务和临床救治工作，晋城市人民医院与六县（市、区）分别建立危重孕产妇与新生儿救治中心。加强产、儿科建设，提高孕产妇与新生儿危急重症救治能力，全市二级以上综合医院产、儿科床位数分别占编制床位数5%以上。

六是落实计划生育“一票否决”制度。在党政干部选拔任用过程中，落实计划生育“一票否决”制度。在评优评先、评模和文明单位评选中，严格执行计划生育情况审核。全年，在评优评先评模和综合考核中，累计审查个人250多人，集体和基层党组织135个，市直单位80多家；在干部选拔任用中，累计审查160多人。

【医疗服务】 建立以晋城市人民医院、晋城大医院为龙头的医疗联合体。加强三级医院对口支援县级医院工作，市人民医院、晋城大医院派出25名骨干医师对县级医院在管理、技术等方面进行精准帮扶，各县（市、区）组织县级医院对口支援乡镇卫生院，促进市、县、乡、村四级医疗人才的合理流动，提高基层医疗服务水平。长治医学院附属和平医院与辖区内4所县级医院（高平、阳城、陵川、泽州二院）建成医疗联合体，开展技术帮扶、人才培养、信息系统、双向转诊等多方面合作。深化“平安医院”创建工作，有效预防和妥善处置医疗纠纷。提升中医药服务能力，创建10所中医药特色基层医疗卫生机构，全市95%以上的社区卫生服务中心、90%以上的乡镇卫生院、70%以上的社区卫生服务站和65%以上的村卫生室能够提供中医药服务。开展医养结合工作，推选陵川县人民医院、城区北石店医院和晋城市老年病专科医院为省级医养结合试点单位。

【公共卫生】 2016年，出台《“健康晋城”健康促进行动实施方案》，加强宣传引导和健康教育工作，在全市大力开展健康促进行动。加强结核病、艾滋病、地方病、职业病、重型精神病以及重特大传染病的防控工作，在全省率先开展艾滋病快速检测工作，对4256名严重精神患者进行救治救助，全市乙肝、卡介苗、脊灰、百白破、含麻疹成分疫苗、甲肝、乙脑和流脑8苗基础免疫报告接种率以县为单位均在99%以上。加强食品风险监测工作，全市食品中食源性致病菌监测工作完成全年任务数的91.6%，全省第三；食源性疾病病例信息采集工作完成任务的100%，全省第一；食品中化学污染物和有害因素监测工作完成100%。对全市餐饮具集中消毒服务单位卫生情况、全市医疗机构依法执业情况等进行监督检查，进一步规范依法执业行为。开展“亮剑行动”，严厉打击非法行医，全面加强学校卫生专项整治、生活饮用水卫生、职业放射、卫生监督协管工作。组织开展全市医疗卫生机构医院感染管理专项督导检查和血液透析机构专项检查，检查覆盖率达70%以上。完善卫生应急体制机制，经常性开展应急演练，在“7·2”沁水县沁和能源集团中村煤业透水事故医疗救援中保障有力。

【人才培养】 完成2016年度“百千万卫生人才”选拔培养工作，全市选拔出卫生领军人才4名、骨干精英人才70名、基层适宜人才121名。加强继续医学教育工作规范化管理，落实继续医学教育政策制度，突出强化“两基地一平台”建设，即加强晋城市人民医院、晋城大医院全科医生培训基地和晋城市人民医院住院医师规范化培训基地建设，完成19名全科医生转岗培训、12名全科医学师资培训；强化继续医学教育信息管理平台建设，加强心血管内科、神经内科等省级重点学科建设和神经内科、神经外科等省、市共建医学重点学科建设。参加省卫计委在北京、上海举行的卫生人才引智大会，与2名博士生、50名硕士生签订意向协议书。

【贫困地区卫生支援】 以健康扶贫兜底工程为载体，加大贫困地区卫生支援力度。掌握全市23687名建档立卡对象和乡、村两级卫生服务机构设置情况等信息，奠定建档立卡、实施精准扶贫基础。降低精准扶贫对象大病保险补偿起付线5000元，提高3%补偿比例。晋城市人民医院、晋城大医院派出25名骨干医师对陵川、沁水县级医院在管理、技术等方面进行精准帮扶。

【健康信息化建设】 市政府印发《关于全面推进居民健康卡“晋城通”建设工作的通知》，召开业务培训会议和泽州现场推进会，以典型带动方式推进居民健康卡普及应用。市、县、乡、村四级网络完成互联互通。市人民医院、晋城大医院、泽州县人民医院等综合医疗机构率先在全市应用居民健康卡“一卡通”，涵盖挂号、打印、查询、健康信息共享等功能。村卫生室和大部分乡镇卫生院开始应用居民健康卡开展基本公共卫生服务和基本医疗服务，80%以上医疗机构实现持卡居民“电子健康档案、电子病历和基本医疗服务”信息共享。147万居民持有居民健康卡，全市居民持卡率达62%以上，参合农民持卡率达99%以上，电子健康档案建档率达75%以上。通过APP、健康网页等多种方式，实现个人健康信息共享，逐步实现健康信息惠民目标。7月，晋城市居民健康卡建设受到国家卫计委表彰。

【城乡清洁环境工程】 以农村改厕工程为重点，推进实施城乡清洁环境工程。开展农村改厕调查、培训、宣传和修建等工作，对全市农村改厕的基数情况、农村改厕“十三五”规划、农村改厕任务分解情况及各县（市、区）爱卫机构情况等工作进行全面调查统计，夯实农村改厕工作基础。

【依法行政】 出台《晋城市卫生计生系统法治宣传教育第七个五年规划（2016—2020年）》，对“十三五”期间法治宣传教育主要任务、对象要求、措施保障等进行多层次划分和规定。印发《关于全面加强卫生计生法治建设的实施意见》，细化工作责任和目标要求，推进全市卫生计生系统法治建设。加强各类行政审批事项的事中、事后监管工作，建立健全《晋城市卫生和计划生育委员会首办负责制度》等11项行政审批制度。开展“财务管理规范年”活动，强化项目与资金监管。健全、完善公立医院运行评价监测和绩效考核机制，扩大公立医院运行评价监测范围。

（市卫计委）

·晋城市人民医院·

【概述】 2016年，市人民医院年门诊量为40余万人次，急诊5万余人次，出院病人29262人，住院手术病人5929台，其中三、四级手术占比达50%以上，床位使用率92.2%，平均住院日11.09天。全年未发生安全事故。

【医疗服务】 完善预约挂号和诊间预约服务，缩短患者等候时间。启动专病门诊探索工作，设立全科医学门诊，承担慢性病复审、双向转诊相关工作。加大“居民健康卡”应用力度，为患者就诊提供便捷。落实《突发公共卫生事件应急条例》，强化培训演练，提高应急救治水平。建立急诊信息系统，完善急诊就诊患者在线信息，优先为急救患者办理住院手续，实施急诊手术、急诊PCI、急诊溶栓、急诊胃镜下硬化等抢救措施。在急诊科设立综合病房，允许各科在急诊科借床管理病人，缓解因床位紧张急诊患者不能及时住院等问题。实行64排螺旋CT全天开展增强服务，16排螺旋CT全天候开展普通患者检查，解决“增强”患者多、等待时间长问题；超声检查全彩超化，降低相应费用；改造升级高压氧舱，增加一级供氧设备，升级雾化系统，提升高压氧舱救治作用。

【远程会诊】 与北京301医院、安贞医院、中日友好医院、郑州大学第一附属医院、山西医科大学第二附属医院等医疗机构远程会诊网络平台对接，接受上级医疗机构远程技术援助；与医联体合作单位远程会诊端链接，由市医院专家为全市基层医院提供免费远程会诊指导。运用远程医疗会诊系统，接受郑大一附院远程教学，开辟医院继续教育新路径。与医联体内合作单位开展远程视频教学，与基层医务人员交流最新医学进展和专家临床心得，促进基层医疗卫生事业健康发展。

【预防保健】 强化传染病与性病防治、流感哨点监测、健康教育与控烟工作、食源性疾病的监测及放射安全防护、慢性非传染性疾病防治、新生儿出生信息、两苗接种和孕产妇相关信息网报工作，完成各项年度防保目标、任务。

【健康体检】 转变健康管理理念，引进先进健康管理软件，对身体健康危险因素进行风险评估、干预，出具风险评估报告。以“健康+互联网”服务模式，制定个性化健康管理处方，实现全面健康维护和保障服务。开通手机APP网上体检预约、套餐购买、报告查询、体检咨询等服务。举办《健康大讲堂公益讲座》11期和科内科普讲座50余场，普及各种疾病防治知识。

【学科建设】 成为中国基层医师心血管疾病培训示范中心、国家首批卒中中心、全国早期胃癌筛查协作单位、国家呼吸临床研究中心·中日医院呼吸专科医联体首批成员单位、全省首批“助产士临床培训基地”，晋城地区危重孕产妇和新生儿救治中心、山西省血液透析卫技人员规范化培训和临床药师培训基地、“山西护工”培训就业计划——精准扶贫定点培训机构和临床实践基地。建立晋城地区首个急性胸痛区域性救治中心，实现紧急医疗救援中心及各基层网络医院与院内救治无缝连接，形成“患者未到，信息先到，协同救治”救治模式，实现“快速诊断、及时治疗、协同救治、降低死亡、节约费用”综合目标。骨科、消化内科进入省级临床重点专科行列，泌尿外科、急诊科、病理科、超声医学科、检验科、肾病科、麻醉科7个专业为市级医学重点学科，建设晋城市医疗质控中心神经外科、风湿免疫质控部。全院有省市共建医学重点学科3个、省级临床重点专科4个、市级重点学科17个，成为晋城市医疗质控控制中心下属20个质控部依托单位。全院有17人入选山西省卫生计生委“百千万卫生人才培养工程”，其中，3人为临床高端领军人才、14人为骨干精英人才。

【新技术引进】 开展冠状动脉旋磨术、药物球囊技术、内镜下黏膜剥离术治疗消化道早癌、肠道支架置入、腓骨高位截骨术治疗膝关节骨关节炎、腰交感神经微创手术治疗下肢动脉闭塞、床旁血液净化局部枸橼酸抗凝技术、经阴道四维输卵管超声造影技术、个性化用药基因检测项目等高端、适宜技术项目和复杂疑难手术28项。建立晋城首家分子实验室，为肿瘤精确分型和靶向治疗及其他临床精准诊治技术发展创造有利条件。

【科研项目】 2016年，全院共达成国家级课题项目立项2项、北京医卫健康公益基金资助项目1项、吴阶平基金会临床研究课题立项1项、长治医学院科技启动基金项目9项。启动国家“十三五”精准医学科技重大专项——基因组学特征谱的H型高血压脑卒中分子分型研究项目。2015年度7项科研成果通过专家评价，确认国内先进5项、国内领先2项。

【医学教育】 设立科教楼，规范教学管理，完成长治医学院本科教学任务、晋豫两省各医学院校实习生74人临床带教任务、第五批31名全科医师转岗培训人员考核和2016年骨干医师培训、第六批19名全科医师转岗培训工作。推进住院医师规范化培训基地建设，建立住培临床技能培训中心，完善高级模拟人等成套培训设备，外派69人次参加国家和省级住培师资培训，配置美国DXR临床思维系统，提高临床以问题为导向（PBL）教学能力，合作培养长治医学院并轨硕士研究生。与山西医科大学开展战略合作，对市医院教学管理、教学条件、师资队伍等9个方面、26个二级指标、43个三级指标，进行教学评估，确定市医院为山西医科大学非直属附属医院。举办学术会议50次，其中，国家级继续医学教育项目1项，省级学术活动4个，市级学术活动45个。

【卫生帮扶】 出台《晋城市人民医院城乡医院对口支援工作实施方案（2016年）》，对口支援晋城市第二人民医院、泽州县人民医院和陵川县人民医院。完成2年援非任务，3名援非医务人员受当地医疗机构表彰奖励和中国驻喀麦隆大使接见。第二、三批援疆医疗队员完成各项支援工作。

（市人民医院）

·晋城大医院·

【概述】 2016年，晋城大医院启用新门诊大楼，推进学科建设，提高医疗服务能力，加大科技兴院步伐，医疗、科研、服务水平大幅提高。全年门诊病人数达684615人次，同比增加56490人次；出院病人数28618人次，同比增加3331人次；住院手术例数9110台，同比增加64台。平均住院日11.4天，同比减少0.5天。门诊患者平均费用同比减少11.54元，住院患者平均费用同比下降385.9元，患者满意度达98%。全年危重患者1793人，同比增加71.91%。抢救病人1277人，同比增加316人，抢救成功率92.56%，同比提高34.47%。业务收入55882万元，同比增收1829万元。未发生医疗事故。

【基础建设】 11月8日，新门诊大楼正式启用。新门诊楼占地面积38492平方米，建筑面积56292平方米（其中主体工程42300平方米，地下车库13992平方米），功能分区明显、设备配置先进、服务流程合理、自助系统完备，是全省医疗机构中建筑面积最大、功能设施最先进的单体门诊建筑，达到省内一流、国内先进水平。

【学科建设】 2016年，泌尿外科被省卫生计生委批准为省级临床重点专科，眼科、康复科、儿内科、病理科被市卫生计生委批准为晋城市重点专科。重点专科达到21个，其中，省级临床重点专科2个，市级重点专科19个。普外科和影像科获2016年全省省市共建重点学科先进单位称号。

【护理服务】 护理部全面推行优质护理服务，成立静脉治疗、压疮管理、健康教育、康复指导和糖尿病5个院级护理专业小组，开展护理理论培训、技术推广、操作示范、疑难会诊等服务。建立“317护”健康宣教微信平台，内分泌科被评为“317护”第二期“互联网+护理创新”全国十佳优秀科室。

【科技成果】 申报国家自然科学基金项目1项。获批国家高技术研究发展计划（863计划）子课题1项，获批国家卫生计生委医药卫生科技发展研究中心项目1项，获批省重点研发计划项目1项，获批省卫生计生委科研课题4项。获中国煤炭工业协会科技进步奖4项,其中二等奖2项,三等奖2项。获晋煤集团科技进步奖8项,其中二等奖2项,三等奖6项。获部级科技成果鉴定2项。获得省级科技成果2项。

【学术交流】 2016年,全院共发表省级以上论文116篇,其中SCI 3篇,中华牌杂志8篇,国家级杂志34篇。获得山西省第十八届优秀论文二等奖1篇。第九届科技活动周期间,158个项目参加科技交流。组织举办市级以上学术会议22次(其中省级3次,市级19次)。

【技能比武】 参加全市医护岗位技能大赛,获一等奖。参加全省医护岗位技能大赛,获团体二等奖和个人一等奖(张晓乾),晋城大医院被山西省总工会授予"集体一等功"和"五一劳动奖状",张晓乾被省总工会授予"个人一等功"和"省五一劳动奖章"。

【医学教育】 全年,新接收和带教各医学高校实习生和硕士生230人,完成院校规定的临床教学任务。举办教学活动周活动,全院26个科室参加教学竞赛。参加山医大第三届教学讲课竞赛和第一届微课教学视频比赛,常鹏、李雪琴获三等奖。8月27日,举行山西医科大学附属晋煤总医院2016年硕士学位授予仪式,30人获MPH硕士学位。

【医疗合作】 4月22日,成立中国肺癌防治联盟肺结节诊治分中心。7月26日,与中华社会救助基金会签署大爱清尘尘肺治疗定点医院合作协议。11月8日,成立郑大一附院协作医院和中国创伤救治联盟救治中心。11月26日,成立晋城市疝与腹壁外科诊治中心。12月10日,成立晋城市肿瘤防治指导中心及博士工作站。确定为长治医学院非隶属性附属医院。

【应急救援】 加强应急救援能力培训,参加晋城市人员密集场所综合应急救援演练等活动。在沁和能源中村煤矿"7·2"透水事故救援中,派救护车8辆,210人次参加救援。在"12·27"车祸事故抢救中,抢救伤员9名。

【卫生帮扶】 对口帮扶沁水县人民医院、阳城县人民医院和高平市人民医院,全年共派出33名医务人员到受援医院驻院工作3个月,开展各类教学查房、业务讲座、管理交流等438次,接诊患者5190余人次。

(晋城大医院)

·晋城市中心血站·

【概述】 2016年,市中心血站以党的十八届五中、六中全会精神为指引,以站党支部提出的五个全面建设为主线,解放思想、实事求是、整体推进、重点突破,在党风政风、职工思想、文化建设、献血宣传、质量管理、安全生产等方面持续稳定发展,确保临床急救用血安全有效,圆满完成全年各项工作任务和目标。

【宣传活动】 加大无偿献血宣传力度,重点抓机关、学校、社区、厂矿、农村五大阵地,城市和农村居民献血知晓率达到国家无偿献血先进城市标准。市电视台、《晋城广播电视报》、晋城献血网、网络短信平台等媒体定期播放、刊登公益广告。自办内部刊物《晋城献血》,每月一期,与临床和兄弟血站交流发放。在"5·8"红十字日、"6·14"世界献血者日、"12·1"世界艾滋病日期间,开展专项主题宣传。在市区各大社区、文昌街、人民广场等人流密集场所设置无偿献血宣传栏。

【无偿献血】 2016年,投资6万余元,在全市49个乡镇制作无偿献血墙体广告100余块,定期到高平市、阳城县、沁水县、陵川县进行宣传、采血,在沁水县固定端氏镇、嘉峰镇2个采血点,全市农民献血比例达到40%,完善固定采血网点7个。开展团体招募、团体献血活动,做到"五进"(即进机关、进企业、进社区、进农村、进学校),全年新增团体献血单位6家,团体献血单位达30家,共计1583人次62.86万毫升,团体献血总量占到总采血量的8.5%。

【献血队伍建设】 一是巩固志愿服务队。2007年6月,成立无偿献血志愿服务队,2012年挂靠市红十字会志愿服务总队。至2016年年底,共有8人获市级荣誉称号。在全国无偿献血表彰中,共118人达到星级志愿者服务标准,20人达到奖励标准,其中4人达到"终生荣誉奖"标准。

二是建立应急献血后备队伍。完善应急献血预案,与市兰花化工厂、恒光热电厂、宏圣集团等8家团体单位签订应急献血协议书,对1361人进行体检筛查备案,建立一支1000余人的后备应急献血力量,按25%应急有效率计算,相当于13.6万毫升的移动血库,对全市预防重大突发事故、消除血荒血液偏型起到积极作用。

三是培养单采成分献血队伍。2016年,发展新单采献血者214人,总人数达1020人,保障机采成分血临床供应。

四是壮大稀有血型献血队伍。2016年,筛查Rh(D)阴性献血者25人,总人数达621人,全年为临床供应258单位,保障Rh阴性临床急救需求。

五是稳固固定献血队伍。2016年,固定献血比例达62.5%,实现由随机献血向预约献血转移,由流动献血向固定献血转移。

【采供血工作】 全年采全血18509人次,采集红细胞36904单位,其中献血400毫升的占99.4%;首次献血4267人次,占22.2%;固定献血者12006人,占62.5%;机采705人次1333个治疗量。全年,共供应红细胞类血液36349单位,血浆2219100毫升,机采1296治疗量,冷沉淀2724单位。临床用血100%来自自愿无偿献血。

【质量管理】 1.修改完善2015版《血站技术操作规程》,邀请运城市中心血站、阳泉市中心血站3位专家对晋城市中心血站年度质量管理体系运行进行严格审核,按要求进行整改和跟踪验证。

2.严格内部监督检查机制。全年,质管部门内部监督检查90次,献血和用血满意度调查148份,数据统计分析14次,专项质量分析会议12次,审核确认计划和确认报告4次,监控血液批放行563次,下发《不合格项(差错)登记报告表》4个,下发纠正和预防措施6个,对不合格品进行评审,到临床进行现场咨询。质控部门对原辅材料抽检85次,试剂抽检160次,净化、储血、运血等909台次,对环境卫生、细菌、余氯等检测803次,血液制剂抽检204袋,采供血全过程均在受控下进行。

3.开展实验室血液检测工作。全年,共对19214份血液标本进行检测,并进行正、反定型及抗-D筛查,检出178份不合格(核酸检测54例),占0.93%,发布188份检验结果报告,筛选出Rh阴性献血者25例,血型定型准确率达100%,检验报告差错率0%。

4.通过外部监测进行室间质量评价。全年,参加国家卫计委血液检测室间质评3次,全血细胞计数室间质评2次,核酸检测室间质评2次,血型室间质评3次,省临检中心血液检验室间质评2次,核酸检测室间质评1次,血型室间质评1次,全血细胞计数室间质评2次,省临检中心组织的核酸和采供血机构检验的盲样考核1次,成绩均为满分。按照《传染病疫情报告管理规范》,按时上报艾滋病初筛阳性标本6例,经CDC确证阳性1例,不确定2例。

【技术比武】 开展采血护士岗位练兵和技术比武,21名护士参加实际献血和道具模拟献血比赛,张媛媛、段红玲、李丹莉、张金霞、赵芳等6名护士分别获一、二、三等奖,原丽丽获技术比武特别奖。

(市中心血站)

疾病防控

【概述】 2016年,市疾病预防控制中心围绕中心、服务大局,贯彻落实"预防为主"的工作方针和省、市卫生工作会议精神,狠抓疾病防控体系建设,狠抓业务能力建设,狠抓突发公共卫生事件应急能力建设,落实重大疾病防控措施,努力保障全市人民身体健康,圆满完成全年各项工作任务。

【传染病报告】 2016年,全市6县(市、区)通过网络报告法定传染病23种12414例,报告发病率为536.24/10万。病死12例,死亡率为0.52/10万,病死率为0.10%。发病数居前五的病种为:乙肝、其他感染性腹泻病、手足口病、流行性感冒、肺结核。未发生重大传染病暴发或流行。全市传染病信息报告质量综合评价指标综合率为97.86%;市、县两级疾控对辖区乡级以上医疗机构网络直报工作督导全覆盖。完成全市传染病信息网络报告管理质量年活动任务。

【传染病监测】 流感监测方面,全市哨点医院及时报告流感样病例,应采集标本660份,实际采集678份,检出阳性131份,阳性检出率为19.32%(131/678)。手足口病监测方面,应采集标本213份,实际采集283份,检测283份,检出阳性200例,阳性检出率为70.67%。双份血清全年应采5人份,实采6人份。

【免疫工作】 2016年,全市常规免疫接种一类疫苗426586剂,二类疫苗接种77599剂。全市乡级接种单位85家,接种门诊109家,常规免疫报告完整率、二类疫苗接种报告完整率均达到100%。全市儿童免疫规划疫苗报告接种率维持在较高水平,乙肝、卡介苗、脊灰、百白破、含麻疹成分疫苗、甲肝、乙脑和流脑8苗报告接种率以县为单位均在98%以上。各乡镇各类疫苗报告接种率均在95%以上,疫苗针对传染病得到有效控制。全市共报告AEFI病例68例(全部为一般反应),分布于百白破、白破、麻腮风等15种疫苗,6县(市、区)均有报告,以县为单位报告覆盖率为100%,并严格按要求进行调查、录入及后期诊断处理工作。全市报告AFP病例4例,报告发病率1.14/10万;报告疑似麻疹病例68例,确诊6例,各项指标均达到国家方案要求。

【结核病防治】 2016年,全市发现活动性肺结核患者1081例,其中新涂阳病人135例,复治涂阳13例,涂阴765例,结核性胸膜炎及其他168例;新涂阳肺结核患者治愈率为89.3%(117/131);涂阳肺结核患者密切接触者筛查率为100%(610/610);总体到位率为98.8%(1037/1049);艾滋病感染者中结核病的筛查率为97.9%(292/298);抗结核固定剂量复合制剂使用率为100%;县级结核病实验室开展痰培养工作比例为100%;市级耐多药结核病定点医院开展耐多药结核病诊治工作。

【艾滋病防控】 2016年,全市报告艾滋病病人68例,与2015年同期(69例)相比下降1.47%,至年底,存活306例,死亡99例。CD4检测率96.32%(288/297),结核筛查率97.99%(292/298),配偶检测率97.98%(97/99),病毒载量检测完成率98.39%(183/292)。年底,存活已随访病例290人,正在进行治疗254人(其中儿童3人),治疗覆盖率为87.6%。建立艾滋病快速检测点,扩大检测覆盖面。对所有乡镇卫生院艾滋病检测相关人员开展培训,建立89家艾滋病快速检测点,全年共检测238128人份,全市人口检测率达到10.3%。筛查阳性95人次,进行确证检测70人次,确证阳性63例。全年共检测羁押人员1763人。自愿咨询检测2959人次,HIV筛查阳性39人次,确认阳性29例。5个哨点监测1880人。累计干预暗娼1914人10724人次,检测1632人1643人次,检测覆盖率为85.28%,未检出阳性感染者。完成男男干预316人1744人次,检测195人198人次,检测率为61.62%,HIV抗体筛查阳性29人,确认阳性21例。

【慢性非传染性疾病防控】 2016年,全市高血压患者登记人数221314人(健康管理率48%),规范管理人数177902人(规范管理率80%),管理人群血压控制数153677人(血压控制率69%);2型糖尿病登记人数40096人(健康管理率22%),规范管理人数30026人(规范管理率74%),血糖控制数26807人(血糖控制率66%)。65岁以上老年人登记人数204795人,健康体检170264人,体检率83%。

在山西省疾控中心2016年死因监测工作情况通报中,晋城市报告死亡率位居全省第一,为5.57‰。人群死亡信息登记乡镇以上医疗机构覆盖率达100%,规范登记报告率≧80%且辖区死因登记报告粗死亡率≧6‰的县级数达到67%。全年全市共报告死亡病例12715例,其中脑血管疾病占28.5%,恶性肿瘤占27.6%,心脏病占25.5%,慢性病导致死亡占总死亡的81.7%以上。城区、高平市、阳城县进行成人慢性病危险因素监测,完成样本量11000余人。

完成慢性病综合防控示范区

创建工作。高平市、城区、阳城县成功创建省级慢性病综合防控示范区，通过省卫计委组织专家验收，均被命名为省级优秀慢性病综合防控示范区。阳城县在省级示范区基础上，完成国家级慢性病综合防控示范区创建及申报工作。

【地方病防控】 2016年，全市布鲁氏菌病共发生66例，6县（市、区）均有病例发生，其中城区6例、泽州县27例、高平市11例、阳城县8例、陵川县2例、沁水县12例。布病防治项目县——泽州县完成840人份目标人群血清学监测，其中126例阳性，阳性率为15.00%；共调查常住居民1234户5257人，其中养殖户25户，查出布病病例3例，2例及时上报，未就诊1例，漏报率为33.33%；共调查7所医疗机构，查出9例，报告9例。报告率和及时率均为100%。陵川、沁水两县完成碘缺乏病病情监测，其他四县共采食用盐1200份，其中合格1115份，不合格61份，非碘盐24份，非碘盐食用率2%，碘盐覆盖率98%，碘盐合格率94.81%，合格碘盐食用率92.92%。

【消毒和病媒生物防控】 2016年，全市共监测16所医疗机构和托幼机构，采集样品150份。其中医疗机构抽查95份样品，合格93份，合格率97.89%；托幼机构抽查55份，合格41份，合格率74.54%。监测苍蝇56笼次254只，蚊子214灯次2969只，老鼠3400余夹次6只，蟑螂880张次36只。监测结果每月通过网络及时上报。开展登革热、乙脑、疟疾媒介蚊虫督导工作。高平市、阳城县、陵川县被确定为省级监测点，对蚊虫监测点进行选取，在蚊虫容易滋生的地方开展登革热、乙脑、疟疾媒介蚊虫监测，对报表录入情况进行审核，及时上报监测数据。开展农村环境卫生监测工作。对泽州、阳城、高平三县（市）15个乡镇60个村300户居民人口资料、经济收入、环境卫生情况、环境卫生管理、村容村貌、垃圾、污水、厕所、病媒生物等情况进行调查，对全市60个村土壤进行采集和监测工作，按时汇总审核数据，撰写监测工作及技术报告，通过全国农村环境监测信息管理系统数据录入和上报。

【食源性疾病监测】 食源性疾病监测。全年，共采集食源性疾病病例信息1055条，新增哨点医院16家，其中有15家开展监测工作，开展率达93.75%，位列全省第一。监测发现可疑聚集性病例28起，经流行病学调查，排除14起食源性疾病暴发事件。确定泽州县为食源性疾病县乡村一体化试点县，全县27家乡镇卫生院全部纳入监测网报系统，有2家卫生院开展网报。全市二级以上医院未发现疑似食源性异常病例/异常健康事件。

食源性致病菌监测。全年，采集样品312份，并进行相关项目的检验，采样覆盖6县（市、区），覆盖率达100%，样品检验率达100%，获得监测数据1432条，网报及时率100%。检出阳性菌株54株，阳性菌株检出率达17.3%，阳性菌株复核准确率达100%，位列全省第一。

食品中化学污染物和有害因素的监测。食品污染物和有害因素监测布点覆盖所有县（市、区），全年采集化学污染物食品213份，检测数据2641条，网报及时率100%。

地方特色食品监测。按计划采集市售西瓜31份，监测西瓜中农药残留；采集市售熟肉制品60份，检测亚硝酸盐，采集酱腌菜60份，检测色素与亚硝酸盐。结果显示：31份西瓜样品中菊酯类农药检出率100%、氨基甲酸酯类农药检出率6.4%、有机磷农药检出率12.9%，三类农药均未超标；60份熟肉制品中检出亚硝酸盐48份，检出率80%，超标6份，超标率10%；60份酱腌菜检出亚硝酸盐25份，检出率41.7%，超标0份；熟肉制品和酱腌菜两类食品均未检出苏丹红、红2G等工业染料。

【实验室检测】 流感检测。流感网络实验室对700份样本进行核酸检测，其中核酸阳性120份，并对其进行流感病毒分离，获得阳性毒株49株，全部送国家流感中心进行复核，结果一致。手足口病检测。完成手足口病核酸检测360份，并按时完成网络直报。住院严重急性呼吸道感染检测。完成住院严重急性呼吸道感染（SARI）PCR检测100人份，计219项次，并分离毒株1株。艾滋病检测。HIV确证实验室共完成初筛检测470份，HIV自愿咨询检测221人份；全市HIV抗体阳性样品的复检80份；长治、晋城两地HIV抗体确证样品210份，CD4检测560份。

国家食品安全风险检测。检测化学污染物及有害因素495份，6313余项次。样品类别覆盖22种食物，样品检测项目涉及金属元素9项、碱性染色剂10项、霉菌毒素4项、有机磷农药检测16项、拟除虫菊酯类农药检测6项、氨基甲酸酯类农药检测7项、添加剂检测5项、色素检测4项，共计63项，计划内任务344份样，计3560项次，其中：完成其他地市的委托送样202份，计1200余项次；完成地方产品检测151份，其中腌制咸菜60份1020项，街头摊贩熟肉制品60份1020项，西瓜31份713项数据。

国家饮水水质检测。检测国家农村饮水安全工程水质监测项目5个项目县73个乡镇263个饮水监测点，526份水样，计16832个数据的审核、上报及20%的抽样复检等工作；城市饮用水监测完成全市6个县（市、区）设置的80个监测点160个数据的审核、上报及20%的抽样复检。

国家农村环境卫生检测。检测泽州县、高平市、阳城县60份土壤样品卫生，完成pH、铅、镉、铬项目180项次。受省CDC委托承担全省11个地市土壤重金属铅、镉、铬复测工作，共85份样品，计255个数据，在全省培训会议上作专项技术讲评。

【质量管理】 市疾控中心通过省质监局实验室资质认定，取得有效期为6年的实验室资质认定证书，检测能力资质取得8大类86种222项（包括食品3大类70种99个参数检验项目、综合5大类16种123个检验项目）。全年，共受理各业务科室及委托送检等各类样品1774份，其中：委托样品511份；监督所352份（其中，饮用水289份、游泳池水63份）；环卫科公共场所监测61份，空调检测680份；餐具检测20份；消毒效果监测150份。

【卫生应急】 6月27日—28日，组织全市疾控机构在泽州县大阳镇开展重大自然灾害灾后防疫和传染病疫情防控卫生应急实战演练。市、县两级疾控机构7支卫生应急队伍、市天龙救援队134人参加演练。

【职业卫生防控】 全年，共接受职业病诊断咨询80余人次，审查并受理职业病诊断申请材料52人份，涉及用人单位16家，确诊尘肺病45例，其中煤工尘肺一期43例，矽肺一期1例，电焊工尘肺一期1例，出具职业病诊断证明书135份，及时进行网络直报。组织各县（市、区）疾控中心及辖区内各职业健康检查机构和职业病诊断机构，开展职业病报告和重点职业病监测，职业病诊断机构全部完成网报任务。6县（市、区）全部开展重点职业病监测工作，重点职业病在岗期间体检个案卡网上录入19535张，职业健康检查汇总表录入233张，尘肺病报告卡录入87张，疑似职业病报告卡录入19张。向安监、煤炭监管部门收集职业病危害项目申报表197份，向人社部门收集职业病病人工伤保险待遇落实情况72人次。实行职业病网络直报制度，全年共审核尘肺病报告卡87张，有毒有害作业工人健康监护汇总表233张，疑似职业病报告卡19张，职业健康检查个案卡19535张。

【环境与公害病监测】 市区市政供水及市辖厂矿自备水源水质监测。共监测各类样品486份，合格418份，合格率86%。其中：市政供水289份，合格率97.9%；厂矿企业委托水样197份，合格率68.5%。对供水单位存在的问题提出整改建议。

公共场所卫生监测。共监测市区游泳场馆15家，采集样品55份，合格率40.0%，不合格项目主要为尿素；共监测市区公共场所6家，采集公共用品用具类样品61份，合格率93.4%。

公共场所集中空调通风系统监测。共检测样品1073份，其中，新风量131份、送风中PM10 131份、送风中细菌总数131份、送风中真菌总数131份、送风中β-溶血性链球菌131份、风管内积尘量131份、风管内细菌总数131份、风管内真菌总数131份、冷却水军团菌25份。所检样品合格率99.2%。

（市疾控中心）

爱卫工作

【概述】 2016年,市爱卫办以巩固国家卫生城市成果为重点,强化省级卫生县城(城市)创建,深化农村卫生厕所改造,引深城乡爱国卫生清洁运动,全市爱国卫生工作取得新进展。

【环境治理】 出台《晋城市"冬季行动"环境卫生整治工作方案》,针对"垃圾围城"问题,开展城市环境卫生整治行动。集中清理城中村、城乡结合部积存垃圾,综合整治卫生死角,清理规范杂物堆,共清运处理垃圾36000吨。实地查看5个环保监测点。城区、泽州县、开发区爱卫办出动人员600余人次,清理生活垃圾200余吨,清理建筑垃圾100余吨,清理垃圾罐(桶)20个,清理小广告1万余条,整治沿街门店100余家。

【专项整治】 开展学校食堂及周边餐饮单位、建筑工地食堂、景区周边餐饮、餐饮具集中消毒单位等重点区域专项整治行动;开展元旦、春节"两节"期间及农村自办宴席等重点环节专项整治行动;严厉打击采购和使用病死畜禽及其制品、劣质食用油、非法添加食用物质、超范围超剂量使用食品添加剂、制售"三无"食品等行为。开展饮用水卫生和医疗市场专项整治行动,监督检查全市千吨以上供水水厂水质消毒、学校自建设施供水水源卫生防护措施、居民住宅区二次供水储水设备卫生管理等情况。开展医疗市场和医疗美容专项整治行动,共检查医疗机构、美容场所、按摩店、药店、产后护理中心及月子中心等单位204户,下达监督文书57份,提出整改意见210余条,拆除违法违规医疗广告牌31块,登记保存药械10箱。整治露天烧烤行为,共取缔露天烧烤摊点100余个,下达限期整改通知书100余份,督促整改烧烤经营户180余家,暂扣露天烧烤炉190余个、三轮车40余辆、桌椅板凳560余件。开设夏季便民夜市点14个,规范1000余个经营户定点经营,实现市区建成区露天烧烤摊点全部入室经营目标。全年,全市共出动执法人员26973人次、执法车辆7008车次,检查餐饮服务单位9435家次,提出整改意见3109家次。

【爱卫宣传】 爱国卫生月期间,开展"灭蚊防病、健康你我"主题宣传活动,设立宣传台,向广大群众发放灭蚊防病、健康生活方式、食品安全、传染病防治等爱国卫生宣传资料以及环保袋、苍蝇拍等宣传品。各县(市、区)均组织开展主题宣传活动,共同倡导爱国卫生运动。

【城乡清洁运动】 县城环境整治。结合创建省级卫生县城(城市)工作,各县(市、区)开展城乡环境整治行动。高平市出动清扫人员、清运人员0.62万余人次,清理垃圾2.5万余吨,清理"炎帝精品线路"沿线四堆十乱20余处。阳城县改革县城周边9个村环境卫生管理体制,由县环卫处统一管理、统一考核,对县城周边环境进行拉网式排查和清理整治工作。陵川县整治清理县城、集镇及周边卫生死角、积存垃圾,省道、县道、乡村道路两边可视范围内建筑垃圾和生活垃圾,垃圾填埋场周边环境等。沁水县开展机关环境大扫除活动,清除卫生死角,清除病媒生物孳生地,组织专业消杀队伍对广场、车站等人员密集场所开展集中灭蚊防病消杀活动;新建集贸市场,引导马路摊贩进市场、入门店规范经营,清理县城街巷马路摊贩。经过省爱卫检查验收,确定高平市、沁水县、阳城县、陵川县为省卫生县城(城市),确定16个乡镇、238个村为省级卫生乡镇、卫生村。

农村环境整治。以旅游景区景点环境卫生整治、旅游景区厕所改造管理、旅游公路沿线环境卫生整治为重点,开展旅游景区景点环境卫生集中整治行动。泽州县开展"务实清廉、春满泽州""六个一"活动和环境卫生集中整治,清除四堆八乱、粉刷墙体树木、修补残墙断壁、拆除破烂建筑、铲除根茬秸秆、修建卫生厕所、规范经营店铺等,累计投入资金4000万元,配备环卫人员3000余人,配备环卫设施3000件。高平市推进乡镇垃圾转运、处理场建设,实行垃圾不落地管理,实现生活垃圾村收集、乡处理模式全覆盖,垃圾收集处理率稳步提高。阳城县清理区域道路周边积存垃圾、卫生死角；筹划建设建筑渣土垃圾填埋场5个、农村垃圾中转站4个、乡村垃圾卫生填埋场1处。陵川县投入专项整治资金70万元，确定24条重点公路管理主体，开展公路沿线环境卫生大整治，对沿线积存垃圾、边坡垃圾和沟道沟渠进行综合整治。投入1000余万元，以道路、环境、绿化、美化、招牌、路灯、公厕、污水治理、农家乐等为重点，综合整治旅游重点村和旅游道路。沁水县14个乡镇累计清理积存垃圾7000余吨，整治农村"四堆"800余处，整治残垣断壁100余处。

【农村改厕】 1—3月，开展全市农村改厕的基数情况、农村改厕"十三五"规划、农村改厕任务分解情况及各县（市、区）爱卫机构情况调查。4月，设立宣传台、张贴宣传海报、发放宣传资料，组织各县（市、区）爱卫办开展宣传教育活动。5月，召开全市爱卫办主任暨农村改厕培训研讨会议，研究部署农村改厕工作。至年底，全市动工改造农村卫生厕所6856座。

【病媒生物防治】 6月16日，举办2016年全市病媒生物防治培训会议，对病媒生物防治工作人员进行培训。6月21日，向城区、泽州县、开发区和市疾控中心发放灭蚊蝇药品50件。6月22日—28日，在市区范围内集中开展蚊蝇消杀行动。此外，各县（市、区）均组织开展县城（城市）范围内积存垃圾、卫生死角整治清除工作，综合整治孳生地，统一时间集中开展消杀行动，降低病媒生物密度，控制虫媒疾病的发生和流行。

（市爱卫办）

民 政

【概述】 2016年，全市各级民政部门深入开展“两学一做”学习教育，从解决市委市政府关切、群众关心、社会关注问题出发，履行基本民生保障、基层社会治理、支持国防军队建设、提供公共服务四大职能，发挥兜底、基础、保障和支撑四个作用，扎实推进各项工作，取得明显成效。

【城乡低保】 城乡低保保障标准每人每月提高30元。城市低保标准平均达到每人每月498元，农村低保标准平均达到每人每年3108元，提标幅度分别达到6.4%和13.1%，保障水平分别位列全省第二和第三，高于周边省市标准。出台《关于加强农村低保与扶贫开发制度衔接的实施方案》，实现农村低保标准和扶贫标准“两线合一”，实施低保兜底助力精准扶贫。全市共保障城市低保对象7690户、14016人，累计支出7657.24万元；共保障农村低保对象43843户、55648人，累计支出8295.22万元。

【特困供养】 提高特困人员供养标准，每人每年统一提高500元，特困人员集中供养标准为5829元/年，分散供养标准为3700元/年。全市共保障特困人员对象6596人（其中，分散供养对象4652人，集中供养对象1944人），累计支出供养金2038.13万元，集中供养率达29%。完善特困供养机构硬件设施建设，全年共拨付900万元专项资金，用于全市敬老院消防设施改造。全市安装防火自动报警系统敬老院34所，通过消防部门验收19所。

【医疗救助】 出台《关于进一步完善医疗救助制度，全面开展重特大疾病医疗救助工作的实施意见》，明确各类医疗救助的救助对象、救助标准，规范重特大医疗救助病种、救助对象及救助标准。全市共直接救助19745人次，支出救助资金3219.23万元。

【临时救助】 加大对困难群众“救、急、难”救助力度，全市共支出临时救助资金500.15万元，共救助城乡困难群众4782户，户均2623.12元。

【防灾减灾】 一是完成灾害信息的统计上报和灾民生活救助工作。全年全市共有受灾人口59.4万人，紧急转移安置3749人；农作物受灾面积48692公顷，其中：成灾面积26414公顷，绝收3780公顷；倒塌民房1119间、损坏11378间，造成直接经济损失5.7亿元。市民政局及时启动自然灾害救助四级应急响应，到受灾地区实地查灾核灾，拨付紧急救助物资，组织受灾群众进行生产自救，共下拨中央、省、市救灾资金700万元。二是开展减灾知识宣传和减灾示范社区创建工作。“5·12”国家减灾日宣传周期间，开展“减少灾害风险，建设安全城市”主题宣传活动，共发放宣传品1.5万余份。开展减灾示范社区创建工作，共推荐全国减灾示范社区1个，省级减灾示范社区5个。三是开展访贫问寒走访慰问活动，共为城乡困难群众和部分乡镇敬老院发放慰问金29.21万元。四是探索、引导社会力量参与救灾防灾工作。转发省民政厅《关于转发〈民政部关于支持引导社会力量参与救灾工作的指导意见〉的通知》，探索、推动社会力量参与救灾工作健康发展。

【基层民主自治】 出台《晋城市村务监督管理办法》，在全市范围内开展农村基层民主政治建设和党风廉政建设工作。出台《晋城市村务公开管理办法》《关于进一步加强和规范村务公开工作的意见》，加强和规范村务公开工作。开展村级数据摸底排查和村务公开调研工作，形成《关于全市村务监督工作情况的调研报告》。探索创新农村社区治理新模式，出台《关于深入推进农村社区建设试点工作的实施意见》，确定阳城县、陵川县为农村社区建设试点县，拨付市级彩票公益金180万元（其中，陵川县100万元，阳城县80万），开展试点建设。加强城市社区活动场所和公益性服务设施建设，出台《加强全市城市社区活动场所和公益性服务设施建设的实施方案》《关于全市城市社区活动场所和公益性服务设施建设扶持补助办法》，从2016年起连续5年，重点扶持活动场所在200平方米以上达不到500平方米的社区，每个项目市级财政扶持20万元，市委组织部用党费扶持10万元。组织申报开发区郝匠社区综合服务楼、城区西大街社区养老服务设施和西巷社区养老服务设施省级资助项目3个。开展城乡社区协商工作，出台《关于加强城乡社区协商的实施方案》，明确社区协商总体要求、实施步骤、主要任务和保障措施。

【优抚安置】 落实优抚对象抚恤补助提标政策，共下拨中央、省级和市级优抚对象抚恤补助资金8858.8万元。加大优抚对象医疗保障力度，共下拨各级医疗补助资金814.1万元。开展参战、参试退役军人摸底登记工作，确认在职“两参”人员身份共300余人，在乡“两参”人员200余人。开展部分优抚对象生活补助认定审批工作，对全市60周岁农村籍退役士兵、带病回乡退伍老兵和60周岁农村籍烈士子女进行身份核查认定，审定符合发放生活补助条件共计1207人，按照规定和标准足额下拨生活补助。推进退役士兵安置工作，安置2015年度退役士兵84名，审核确认2016年度符合政府安置工作条件退役士兵档案54名，完成量化考核排名工作。全年，接收自主就业退役士兵877人，发放一次性自主就业补助资金1298万元。开展自主就业退役士兵职业教育和技能培训，共培训601人，毕业（结业）423人。完成军休干部接收安置任务，接收伤病残退役士兵3人，安置军队离退休干部1人。开展拥军慰问等各类纪念活动，为军分区、武警、消防等驻市部队送去慰问金24万元。开展“9·30烈士公祭活动”，为沁水县老红军冯自根发放纪念章1枚，一次性生活补助资金1万元。

【养老福利】 出台《关于支持社会力量发展养老服务业的实施意见》《关于贯彻落实经济困难的高龄与失能老年人补贴制度及提高百岁以上老年人补贴标准工作的实施方案》，确定补贴范围和补贴标准，共向3402人发放补贴116.3万元。加快建设城乡老年日间照料中心，全年全市共建设城市社区老年日间照料中心4个、农村老年日间照料中心100个，共下达省、市建设补助资金700万元，所有日间照料中心全面完工。开展城市社区老年日间照料中心建设试点工作，探索居家养老服务和城市社区养老服务相结合的新型养老模式，城区西大街幸福苑老年日间照料中心全面建成并投入使用。开通12349民政公益服务热线，为居民提供居家养老、社会救助、志愿义工、政策咨询等十大类便民服务。加大县级福利服务中心建设，阳城县福利服务中心主体完工。

【儿童福利】 印发《关于开展农村留守儿童摸底排查工作的通知》，完成全市农村留守儿童摸底排查工作，下发散居孤儿生活保障金294.74万元，有效保障孤残儿童基本生活。

【残疾人补贴】 出台《关于贯彻落实困难残疾人生活补贴和重度残疾人护理补贴制度的实施办法》，明确补贴发放程序、发放标准和发放范围,全年,向13090人发放补贴423.02万元。

【福彩发行】 2016年,全市各类福利彩票销售3.39亿元。开展福彩公益金资助活动,资助100名家庭经济困难应届大学生50万元,每人资助5000元;资助晋城市公安系统100名困难民警60万元;承办全省第二届福彩公益金“百岁福”资助活动,对9名百岁老人每人发放一次性资助金1000元。

【社会组织管理】 开展社会组织统一代码赋予和登记证书换发工作,换发社会组织新证书654份。新登记社会组织73个,注销4个,撤销23个。全市共有社会组织914个(社会团体538个,民办非企业单位376个);年检社会团体148个,年检民办非企业单位112个。抽查市教育学会、市慈善总会、市风华学校等33个社会组织财务,清理重复任职社会团体负责人16人,评估市级社会组织5家。联合市财政局、市发改委、市经信委开展涉企收费清理情况专项检查,全市涉企收费情况整体良好,收费项目公开透明,无违反相关收费政策情况。推进社会组织党建工作,全市各类社会组织中共设党组织33个,有党员303人,组建率达3.6%。出台《关于动员社会组织参与扶贫开发的意见》,支持各级各类社会组织开展对口扶贫、产业扶贫、智力扶贫、医疗扶贫和教育扶贫等举措,参与扶贫开发工作。

【区划地名】 全市普查地名实体2.8万多个,核定居民区标准名称12个,新确定门牌地址33处。规范街路地名标志牌,新安装改造道路标志85套,清洗刷漆整修街路牌400余块。开展平安边界建设,划拨各县(市、区)省级界线管理经费和市级界线界桩管护经费71.25万元。完成晋城长治线、泽州城区线、陵川高平线行政区域界线联检工作。

【殡葬改革】 出台《关于充分发挥党员干部带头作用大力推进殡葬改革的实施意见》,印发《关于重新划定全市火葬区的通知》,宣传殡葬改革政策,推行节地安葬和绿色殡葬。完善城乡殡葬惠民政策,为89名群众发放殡葬惠民补贴16.94万余元。全市共火化遗体520具,上缴国库殡葬收费资金84万余元。

【社会救助】 救助各类生活无着的流浪乞讨人员1677人次。开展主题为“保护儿童,告别流浪”的流浪未成年人救助保护工作,开展“接送流浪孩子回家”和“接送流浪孩子回校园”行动,建立健全救助保护机制和关爱服务体系。通过全国救助寻亲网,推动滞站人员寻亲工作。市救助管理站获“省级青少年维权岗”称号。

【婚姻登记】 全年,全市共办理婚姻登记19754余对,其中结婚登记14581余对,离婚登记2878余对,补领证件2295余对。

(市民政局)

人力资源和社会保障

【概述】 2016年,市人力资源和社会保障局围绕市委、市政府“一争三快两率先”战略部署,坚持党建引领,推进“四个人社”(法治人社、智慧人社、温馨人社、文明人社)建设,化解就业结构性矛盾,推进社会保障制度改革,促进居民收入稳步增长,创新人才发展体制机制,深化人事制度改革,构建和谐劳动关系,加快公共服务体系建设,全市人力资源和社会保障工作实现整体跃升。

【创业就业】 一是组建“创业指导服务中心”“创业融资服务中心”“就业培训指导中心”,打造从创业入门到成功孵化、从就业指导到在岗培训全方位、立体式就业创业服务体系。二是举办晋城市“梦想成真”电视创业大赛暨创业产品展,在全市营造“大众创业,万众创新”氛围。三是开展就业援助月、“春风行动”等公共就业服务活动,共举办各类招聘会133场,提供就业岗位5.2万个,通过晋城人才网、微信公众号、手机客户端网络信息平台发布就业岗位3万多个,帮助3万多人实现就业再就业。全年,全市城镇新增就业40298人,创业带动就业9380人,失业人员再就业7464人,就业困难人员就业1961人,转移农村劳动力23307人,分别完成省定目标任务的118.5%、117.3%、138.2%、140%、110.9%,

城镇登记失业率控制在1.85%以内，低于省定目标（4.2%以内）2.35个百分点。

【社会保障】 一是率先在全省完成机关事业单位养老保险制度改革，实现机关事业单位人员及退休人员社保全覆盖。整合城镇居民基本医疗保险和新型农村合作医疗制度，实现城乡居民医保全覆盖。二是启动失业保险“四项补贴”申领发放工作，共为275户企业发放稳岗补贴15625.78万元，稳定就业岗位19.83万个。三是落实阶段性降低企业职工基本养老保险缴费比例，企业缴费比例由20%降至19%，为全市参保企业减轻负担8200多万元；为3户符合条件的企业办理缓缴养老保险，缓缴保险费1800万元。四是推进社会保险服务标准化试点工作。在服务业标准体系框架基础上，建立晋城社会保险服务标准化体系。全年，全市参加城镇职工基本养老、医疗、工伤、失业、生育、城乡居民养老保险参保人数分别达42.19万人、61.64万人、47.99万人、30.29万人、31.38万人、110.58万人，全面超额完成省定目标任务。

【人事人才工作】 一是组织2016年公务员考录工作，招录公务员（含参照管理）120人，完成市直事业单位169人专业人才招考工作。二是开展高层次人才服务基层工作，组织11名省级专家，73名市级专家与基层单位对接，开展技术指导128项，破解技术难题84项。三是组织实施中小学教师职称制度改革，发挥职称杠杆作用，有效调动中小学教师立足本职、努力工作积极性和主动性。四是邀请德国、美国等国专家、海外博士开展技术指导、智力交流和项目合作30人次，提出合理化建议100多条，培训各类人才500余人。

【惠民政策】 一是党组成员每月一次带队到各县（市、区）进行督导，业务人员每月月末进入各分管社区（居委）、村委等基层单位进行各项政策的宣传和讲解。二是落实带薪年休假制度，对市直各单位应休未休工作人员年休假工资报酬进行审核备案，年平均每人发放6000元。三是完成全市机关事业单位在职人员工资标准调整工作，人均月增资约300元。四是发布全市企业工资指导线，基准线为7%，上线为11%，下线为4%。五是在全市企业推行工资集体协商制度，加强工资分配宏观调控。

【专项整治】 一是开展农民工工资支付检查5次，督促用人单位与5088名劳动者签订劳动合同，为2151名劳动者追发工资2053万元，为10719名劳动者缴纳各项社会保险费1148万元。二是落实工资支付卡管理办法，落实工资保证金和应急周转金两个兜底措施，建立完善重大劳动保障违法案件联席会议制度和拒不支付劳动报酬犯罪案件联席会议制度。三是各级网格人员、设备全部配备到位，所有投诉、举报、接待和上级转办案件，全部实现线上运行。四是全市劳动人事争议案件法定期限内全部结案。信访案件有效处置率达100%，无重复访，无突发事件，越级上访和群体性上访得到严格控制。

【政务公开】 一是在晋城在线和部门网站公开权力责任清单和权力运行流程图、风险防控图，在晋城在线公开政务信息50余条，在晋城市人力资源和社会保障信息网公开政务信息80余条，做到“应公开、尽公开、应上网、尽上网”，让群众看得到、能监督。二是成立行政审批科，对本部门行政审批事项，实行“一个窗口”集中办理，落实一次性告知制、限时办结制、首问负责制，加强行政管理和服务事项事前、事中、事后监督。三是及时办理人大代表建议、政协委员提案32件，做到件件有答复、件件有回音，见面率、满意率均达到100%。

（市人社局）

·人才服务·

【概述】 2016年，市人才服务中心围绕“人才强市”战略和“一争三快两率先”战略目标，按照全省就业服务工作目标和全市人力资源社会保障工作目标要求，开拓创新，创造性地开展人才服务工作，人才服务工作实现新发展、新跨越，为全市经济社会发展提供强有力的人才保障和智力支持。

【人才服务】 一是开展岗位征

集。到各县（市、区）重点行业企业和新兴行业企业开展人才需求岗位征集，征集各类人才需求岗位3.4万多个，其中高校毕业生的岗位需求2.4万个。二是组织招聘活动。每周五、周六举办定期交流会，全年举办100场；举办就业援助月、"春风行动"、2016年新春招聘活动、民营企业招聘周、高校毕业生就业服务月（周）等公共就业服务活动，组织召开晋城行业龙头企业专场招聘会和月星城市广场专场招聘会等各类专场招聘活动31场。6月16日，在职业技术学院举办"2016年大中专毕业生供需洽谈会"，246家用人单位，提供岗位近8000个，4500余人次毕业生与用人单位达成初步就业意向。全年，共举办各类招聘会133场，入场招聘单位5120家次，为求职者提供就业岗位5.2万个次。三是开展网络信息服务。截至2016年年底，"晋城人才网"有会员单位2780家，缴费会员2146家，手机客户端累计下载次数突破8000人次，网站日均点击率保持在4万次以上，提供就业岗位3万多个。全年，有3万多人通过人才市场平台实现就业、再就业。

【招才引智】 组织人员并聘请专家到院校进行就业政策宣讲和就业指导培训。组织专人到全省各高校开展就业推荐和网络信息合作。11月12日—13日，组织22家企事业单位赴太原参加"2016山西太原人才智力交流大会"，共提供就业岗位430个，接待求职者3200余人次，达成初步就业意向620人次，其中，硕士研究生58人次，本科生302人次，大专及以下学历260人次。在达成的意向中，离校未就业高校毕业生209人次。

【档案管理】 规范人事代理服务，调整人事代理工作，协调解决2015年以前代理人员档案工资、调动及代理人员职称（职务）评定、代理退休人员社保待遇等问题，最大限度保障代理人利益。加强档案安全管理，开展防火、防潮、防蛀、防盗、防光、防高温"六防"工作，健全档案查（借）阅制度、鉴别归档制度、转递制度、保管保密制度、管理人员职责和送交档案材料归档工作制度等，规范查阅档案流程，通过"晋城市人才服务中心档案管理系统"，实现档案微机管理和查询。至年底，代理单位282家，新增代理人数3698人，存放档案21603份，出具各类证明材料3000份，户口挂靠2400多人，党员关系挂靠746人。

【就业服务】 一是加强"就业失业登记证"发放管理。规范证件信息填写、数据监测和跟踪回访，扩大证件办理数量和覆盖率，办理就业失业登记证1996人。二是开展高校毕业生就业见习工作。组织3场高校毕业生就业见习对接招聘会，30家用人单位800多名高校毕业生参加招聘会，对接招募就业见习岗位200人。三是加强公益性岗位管理。严格公益性岗位招用对象认定，规范招录程序，招募省政府购买基层公共服务公益性岗位312人，在岗人员达567人，并按时足额发放工资和补贴。四是严格就业服务统计数据报送。建立业务数据统计分析制度，重点做好日常业务统计、重点及专项工作统计等，按照要求及时、准确、完整上报统计数据。五是开展大中专毕业生实名制登记工作。建立离校未就业毕业生就业信息数据库，依托"山西省公共就业服务平台"开展实名制登记，掌握应届大中专毕业生个人基本情况、求职意向、就业服务需求和接受公共就业人才服务、享受就业扶持政策、实现就业创业等情况。为已登记大中专毕业生进行跟踪服务和管理，确保"登记一人、服务一人"。对实名登记毕业生定期跟踪回访，至少一个月跟踪一次，采取电话回访或现场走访形式。全年，共登记5841人，其中，自主登记2561人，教育部转发3280人。通过对接服务，3700人实现就业，686人参加就业见习，135人入伍升学或出国（境）。

（市人才服务中心）

民族宗教

【概述】 2016年，市民族宗教局围绕"两个共同"民族工作主题，进一步发展民族团结进步事业，认真贯彻党的宗教工作基本方针，围绕中心，服务大局，突出优势，圆满完成工作任务。

【民族团结进步创建活动】 制定

下发《关于2016年度开展民族团结进步创建活动的实施方案》，在高平市召开全市民族团结进步创建活动推进会，共计50余人参加会议。会议对民族宗教界人士和民族宗教工作干部进行民族宗教政策、社会主义民族宗教观和法律观再教育，增强各族少数民族群众和宗教教职人员政策观念和法制意识，在全市形成各族人民自觉投身于民族团结进步创建活动、共创共建良好局面。

【经济服务】 3月17日，召开少数民族聚居村经济发展推进会，阳城县凤城镇东关村、阳城县凤城镇南关村、陵川县礼义镇东街村、陵川县平城镇东街村、陵川县附城镇附城村代表参加座谈会，提升少数民族聚居村的自我发展能力，促进少数民族经济加快发展。

【清真食品监管】 贯彻落实《山西省清真食品监督管理条例》《食品安全法》，规范清真食品市场。各县(市、区)民族宗教局对清真食品生产经营企业和网点进行全面调查摸底和登记备案，对清真食品市场进行监督检查，确保清真食品安全。发挥少数民族群众主体监督作用，清真食品义务监督员与部门联动开展清真食品安全大检查，维护少数民族合法权益。

【宗教事务管理】 一是加强财务监督管理。组织各县(市、区)民族宗教局和五大宗教团体召开会议，部署财务审计工作和年检工作，规范财务管理。二是推动宗教团体加强班子建设、队伍建设和人才培训工作。3月，在少数民族和信教群众中开展“学习讲话、学习作风、跟党奋进”(《双学一跟》)活动。三是加强宗教团体建设。8月5日，协助省佛教协会和市佛教协会举办山西省第三届佛教讲经交流会，28名参赛法师和各市大德居士、宗教局人员百余人参加会议。12月8日，组织召开宗教团体述职会，市五大宗教团体会长作述职报告。

【宗教政策】 开展贯彻落实《宗教事务条例》《山西省宗教事务条例》执法调研。8月，举办“政策法规学习月”活动，送法规书籍进团体、进场所，增强广大民族宗教界人士、少数民族群众和信教群众法律意识，提高其法律素质。10月20日—21日，联合中共晋城市委统战部、中共晋城市委党校举办民族宗教界代表人士和民族宗教工作干部培训班，共100余名民族宗教工作干部、民族宗教界代表人士参加培训。

【安全检查】 制定《2016年全市宗教活动场所安全工作实施方案》，成立安全稳定和社会治安风险隐患排查整顿工作领导小组，开展各类安全隐患排查治理工作。采取平时检查和突击抽查相结合办法，不定期检查宗教活动场所，要求各宗教团体、宗教活动场所建立严格消防安全检查制度，全面落实消防安全责任制，建立高效的消防安全检查队伍，确保宗教活动场所消防安全和活动安全。10月，为全市各宗教活动场所配发消防器材400件，加强防火防控安全。

【宗教执法】 依法处理和打击非法宗教活动，对重大宗教活动实行报批手续制度，并提供具体活动方案及发生意外事件应急预案，严格审批后方可举办。同时，排查调处基层矛盾纠纷，排查宗教活动场所安全隐患，走访调查清真寺等场所，了解全市穆斯林群众思想状态，排查化解突出问题，保障全市民族宗教领域的和谐稳定。

(市民族宗教局)

老龄工作

【概述】 2016年，市老龄办以党的十八大精神为指引，层层签订老龄工作目标责任书，加强基层老龄工作，开展“敬老文明号”“敬老月”“关爱银龄·助老御险”“三个创建”等工作，务实创新，扎实工作，推动全市老龄工作迈上新台阶。

【基层老龄工作】 4月12日—28日，市老龄办组成复查组到6个县(市、区)的5个乡(镇、办)、45个行政村，复查2014年全市基层老年协会规范化建设情况。12月，到6个县(市、区)，依据“一中心”(为老服务中心)、“五有”(有老年活动室、尊老敬老制度、养老补贴金制度、老年创业基地、老年福利基金)建设标准,共验收合格“一中心”乡镇5个,“五有”村71个。组织20多人次到基层开展调查指导工作,就老年人协会建设、居家养老服务网络平台建设、养老设施建设、老年优待政策落实等方面进行专题调查指导4次。

【“敬老文明号”活动】 出台创建“敬老文明号”表彰激励办法。对获得国家级、省级、市级的单位,予以物资奖励。坚持“三个结合”要求(即“敬老文明号”创建同居家养老服务相结合,同创建老年友好城市、老年宜居社区、老年温馨家庭相结合,同创建省级示范县、市级示范乡、县级示范村相结合),全市各级各单位开展“敬老文明号”示范基地创建工作。上半年,全市申报国家级“敬老文明号”2家。

【“关爱银龄·助老御险”工作】 5月,与人寿保险晋城分公司联合开展深入基层“关爱银龄·助老御险”调研活动。7月8日,召开晋城市“关爱银龄·助老御险”阶段总结会议,表彰17家“关爱银龄·助老御险”先进单位。10月18日—19日,召开全市“关爱银龄·助老御险”工作流动现场会。至年底,全市实现参保人数66404人,参保款1785080元,共办理《山西省老年人优待证》11446个,其中60岁以上2465个,70岁以上8981个。

【“敬老月”活动】 9月27日,召开晋城市第四届老龄工作“十类百佳”表彰暨“敬老月”活动启动大会。表彰100个老龄工作“十类百佳”先进单位及个人。10月,开展“敬老爱老·全民行动”主题“敬老月”活动。举办“幸福重阳·美在金秋”乐龄文艺展演,市老年艺术合唱团和市妇女文体协会100多名中老年队员演出11个节目。

【尊老金发放】 9月27日,市政府为全市2320名90~99岁老人集中发放尊老金548.16万元(每人每年2400元),为全市17名百岁老人发放尊老金61200元(每人每年3600元)。市老龄办慰问“两老”寿星(即最高龄男性老人、最高龄女性老人),为全市老龄系统10名专职老龄工作20年以上老龄干部送去慰问品。

【老龄宣传】 “敬老月”期间,举办晋城老龄事业图片巡回展,图片共分10个版面,展出照片百余张,全面直观地展示全市老龄事业取得的丰硕成果。全年,编印《晋城老龄工作信息》12期,登载全市老龄工作信息及动态180余条。“晋城老龄信息网”发布老龄信息、政策法规、工作通知、专题调研等200余条(篇)。编印《晋城老龄》4期2000册。编印《绿色老龄》——图说数说晋城老龄“十二五”,回顾总结全市“十二五”老龄工作历程和成绩。“重阳节”当日,在《太行日报》设立“老龄特刊”,印发3万份。10月,在泽州公园、金华社区等地设立《老年法》宣传点,讲解《老年法》新增惠老政策,发放《老年法》宣传册1000余册、“敬老文明号”宣传画册500余本。编印《第四届老龄工作“十类百佳”先进事迹汇编》,在各级、各单位进行宣传。

【“三个创建”试点工作】 组织开展“老年友好城市”“老年宜居社区”“老年温馨家庭”创建工作。落实《晋城市创建全国老年友好城市试点工作方案》,制定“县(市、区)创建老年宜居社区”“乡(镇、办)创建老年温馨家庭”的标准和实施方案,确定创建试点单位。市、县、乡三级联创工作稳步开展,市级重抓“老年友好城市”创建、县级重抓“老年宜居社区”创建、乡镇重抓“老年温馨家庭”创建。

【政策落实】 全年,共处理老年人来信来访8件,实现老年人来信来访“零”投诉。督促检查老年优待政策落实,建立“投诉—督察—落实—反馈”工作制度,落实涉及老年人旅游、乘坐公交车、就诊、安装闭路电视、社区居家养老等老年优待政策20余项。

(市老龄办)

新任市级领导

武宏文 男，汉族，1962年8月出生。山西孝义人。大专学历。1979年10月参加工作，1990年1月加入中国共产党。

1979年10月任山西省戏曲学校干事；1981年9月任山西晋剧院干事；1984年4月至1995年8月任团省委干事、副主任科员、主任科员（其间，1986年9月至1988年6月在省团校政治专修科学习）；1995年8月任团省委权益部副部长（其间，1994年9月至1995年9月挂职泽州县犁川镇党委副书记）；1997年12月任团省委办公室主任（其间，1996年4月至1998年3月在中国社会科学院研究生院农业经济专业研究生课程班学习）；1998年6月任运城行署副秘书长；2001年3月任万荣县委副书记、县长；2006年6月任永济市委书记；2009年8月任运城市副市长；2013年4月任晋城市委常委、纪委书记；2015年12月任晋城市委常委、副市长；2016年1月任晋城市委常委、副市长、市政府党组副书记；2016年10月任中共晋城市委副书记、代市长、市政府党组书记；2016年10月任中共晋城市委副书记、市政府党组书记，晋城市人民政府市长。系市六届、七届人大代表。

曾庆勇 男，汉族，1967年1月出生，河南省平舆县人。研究生学历，历史学硕士。1992年7月参加工作，1992年12月加入中国共产党。1992年7月任北方工业大学干部；1995年1月任北方工业大学人文社会科学学院副院长兼党总支副书记（副处级，其间，1997年4月至1998年9月借调中组部组织局帮助工作）；1998年10月任中组部组织局六处副处级干部；2000年3月任中组部组织局六处副处级调研员；2001年5月任中组部组织局六处正处级调研员（其间，2001年5月至2004年7月援藏任西藏自治区党委组织部组织处处长）；2004年9月任中组部组织局（基层办）办公室主任；2010年3月任中组部组织一局办公室主任；2010年6月任中组部组织一局副巡视员（其间，2010年6月至2013年8月援青任青海省委组织部副部长、第一批援青干部总领队）；2015年12月任晋城市委副书记；2016年2月任晋城市委副书记、市委党校校长（兼）。

赵沂旸 男，汉族，1973年12月出生，山西祁县人。研究生学历，管理学硕士。1995年7月参加工作，2000年10月加入中国共产党。1995年7月任省总工会企事业发展中心干事（借调省总工会办公室工作，其间，1997年12月至1998年12月在繁峙县后河乡扶贫）；2000年11月任省总工会企事业发展中心正科级干事（借调省总工会办公室工作）；2003年2月任省总工会副处级秘书；2005年7月任省总工会正处级秘书；2006年4月任省总工会正处级干部（其间，2005年9月至2007年7月在山西财经大学研究生院社会保障专业学习）；2008年5月任省总工会办公室主任；2009年3月任省总工会经费审查委员会主任(副厅长级)、党组成员;2013年5月任晋城市政府副市长、党组成员;2016年8月任晋城市政府副市长、市委宣传部部长;2016年9月任晋城市委常委、宣传部部长。

那志茂 男,汉族,1969年11月出生,山西孝义人。大学学历,管理学硕士。1992年8月参加工作,2000年2月加入中国共产党。1992年8月在太原轨枕厂参加工作;1997年4月在省经贸委工作,先后任财金处、企业监督处、综合处副主任科员、主任科员;2004年9月任省经委综合处助理调研员;2005年1月任省经委综合处副处长;2008年5月在省纪委工作;2010年8月任省纪委办公厅正处级检查员;2011年1月任省纪委监察厅政策法规研究室正处级副主任;2012年9月任省纪委监察厅政策法规研究室主任;2015年4月任省纪委副秘书长、办公厅主任;2016年5月任省纪委副秘书长、办公厅副厅级主任;2016年11月任晋城市委常委、市纪委书记。系十一届省纪委委员,市七届人大代表。

卫明喜 男,汉族,1967年4月出生,山西河津人。大学学历,高级工商管理硕士。1985年6月加入中国共产党,1989年7月参加工作。1989年7月任山西产业用纺织品研究所党工部宣传干部、党委秘书;1990年12月任山西产业用纺织品研究所党委宣传部副部长兼团委书记;1992年1月任山西产业用纺织品研究所党委办公室主任;1993年9月任山西产业用纺织品研究所办公室主任、人劳科科长(其间,1995年12月至1996年6月借调省经贸委综合处工作);1996年9月任省委办公厅综合处干部(试用);1997年9月任省委办公厅综合处主任科员;2000年9月任省委办公厅综合处副处长(其间,2000年11月至2002年1月在省直机关处级干部第82期轮训班学习);2003年12月任省委办公厅综合处副处长(主持工作);2004年11月任省委办公厅综合处调研员、副处长(主持工作);2005年4月任榆社县委副书记、代县长;2005年5月任榆社县委副书记、县长(其间,2008年5月至2008年7月在浙江省龙游县挂职县长助理);2011年5月任平遥县委副书记、代县长;2011年6月任平遥县委副书记、县长(其间,2010年12月至2012年12月在天津财经大学在职学习获高级工商管理硕士学位);2013年1月任平遥县委副书记、县长(主持县委工作);2013年2月任平遥县委书记、县长;2013年3月任平遥县委书记(其间,2014年11月至2015年1月在中央党校第一期县委书记研修班学习);2016年7月任中共晋城市委常委、组织部部长。

王晋峰 男,汉族,1963年5月出生,山西长子人。中央党校大学学历。1985年9月参加工作,1991年11月加入中国共产党。1985年9月在市检察院工作(其间,1987年10月至1990年10月在山西大学法律专业学习);1991年7月任市伯方煤矿办公室主任;1992年12月任市国资局综合科科长;1993年9月任市伯方煤矿副矿长(挂职);1996年6月任市伯方煤矿第一副矿长(挂职);1996年10月任市经济协作办公室副主任;1998年8月任市国家安全局副局长;2002年4月任市国家安全局调研员;2002年5月任市委副秘书长(保留正处级)(其间,2004年8月至2006年12月在中央党校函授学院经济管理专业学习);2007年5月任高平市委副书记(保留正处级);2011年5月任阳城县委副书记,副县长、代县长;2011年6月任阳城县委副书记、县长;2014年3月任阳城县委书记、县长;2014年7月任阳城县委书记;2016年8月任晋城市委副秘书长;2016年9月任晋城市委常委、秘书长。

石云峰 男,汉族,1970年2月出生,晋城市城区人。大学学历。1991年6月加入中国共产党,1992年8月参加工作。1992年8月任市信托投资公司证券部职员;1994年3月任市委组织部办公室科员;1998年7月任市委组织部副科组织员;1999年12月任市委组织部正科组织员;2000年11月任沁水县副县长;2006年5月任晋城团市委书记、党组书记;2011年5月任陵川县委副书记、代县长;2011年6月任陵川县委副书记、县长(其间,2009年3月至2012年1月在清华大学公共管理学院公共管理专业学习，获公共管理硕士学位）；2012年5月任陵川县委副书记、县长（主持县委工作）；2012年6月任陵川县委书记、县长；2013年7月任陵川县委书记；2016年8月任晋城市委副秘书长；2016年9月任晋城市委常委、政法委书记。

范丽霞 女，汉族，1961年11月出生，山西黎城人。大学学历。1977年3月参加工作，1983年10月加入中国共产党。1977年3月在黎城县程家山公社插队；1978年9月在山西大学中文系汉语言文学专业学习；1982年9月任共青团长治市委办公室、青农部干事；1987年11月任共青团长治市委学校部副部长；1989年9月任共青团长治市委学校部部长（其间，1990年2月至1991年2月任长治市郊区关村下乡工作队队长）；1991年12月任长治市委组织部经济技术干部科副科长、科长；1997年12月任长治市委组织部副处级组织员、党支部书记；2001年11月任长治市编办主任（其间，2000年7月至2002年7月在山西大学行政管理专业研究生课程进修班学习；2004年3月至2004年7月在山西省委党校第36期中青班学习）；2006年9月任长治市委常委、宣传部部长；2009年12月任晋城市委常委、组织部部长；2016年8月任晋城市委常委、市人大党组副书记；2016年9月任晋城市人大党组副书记；2016年10月当选为晋城市七届人大常委会主任。系省十二届人大代表，市六届、七届人大代表。

张斌胜 男，汉族，1963年12月出生，山西高平人。大学学历。1986年4月加入中国共产党，1986年8月参加工作。1986年8月任晋城市委党校教员；1987年4月任市政府办公厅科员；1990年1月任市政府办公厅副科级、正科级研究员；1993年5月任运城行署办公室正科级秘书；1993年12月任运城地区无线电管理委员会办公室副主任（正科）；1995年5月任平陆县委副书记；1995年10月任市农牧局副局长；2004年5月任市农业局副局长、市委农工办副主任；2006年9月提名任市人大常委会农村工作委员会主任；2006年10月任市人大常委会农村工作委员会主任；2011年7月任市人大常委会党组成员；2011年8月任市人大常委会秘书长；2011年9月任晋城市人大常委会秘书长、党组成员；2016年10月当选为晋城市七届人大常委会副主任。系市五届、六届、七届人大代表。

郭治琛 男，汉族，1962年9月出生，山西阳城人。中央党校大学学历。1983年9月参加工作，1986年12月加入中国共产党。1983年9月任高平县贸易公司统计员、物价员；1984年5月任高平县供销社物价科内务干事；1986年12月任高平县供销社办公室副主任；1989年1月任高平市供销社办公室主任、团总支书记；1994年4月任晋城市新闻出版处办公室负责人；1997年10月任晋城市新闻出版处副主任科员；2000年8月任晋城市新闻办综合科科长；2002年5月任晋城市政协办公厅副主任；2006年9月任晋城市统计局党组书记、提名市统计局局长；2006年10月任晋城市统计局局长、党组书记；2011年3月任市财政局党组书记、提名局长；2011年4月任晋城市财政局局长、党组书记；2016年10月当选为晋城市七届人大常委会副主任。系市六届、七届人大代表。

冯裕民 男，汉族，1963年10月出生，山西高平人。大学学历。1986年6月加入中国共产党，1986年8月参加工作。1986年8月任市电大干事（其间，借调市委宣传部）；1987年10月任市委宣传部干事；1997年10月任市委宣传部宣传科副科长；1999年9月任市委宣传部办公室副主任、正科级支部教员；2001年3月任市委宣传部干部科科长；2002年6月任市委宣传部办公室主任；2006年5月任市委宣传部副部长；2009年12月任市委宣传部副部长、市文联党组书记（兼，主持工作）；2011年8月任市文联党组书记（兼），晋城广播电视台台长、党组书记；2011年9月任晋城广播电视台台长、党组书记；2012年3月任晋城广播电视台台长、党组书记，市委宣传部副部长（兼）；2016年10月当选为晋城市七届人大常委会副主任。系市七届人大代表。

李翠叶 女，汉族，1965年10月出生,山西高平人。大学学历。1987年2月加入中国共产党,1989年7月参加工作。1989年7月任市环境监测站化验员;1991年12月任市环保局科员;1998年6月任市环保局科技科副科长;2000年8月任市环保局科技科科长;2002年11月任市环保局污染控制科科长;2006年5月任城区政府副区长;2011年9月任市司法局党组书记、提名局长,2011年10月任晋城市司法局局长、党组书记;2016年10月当选为晋城市七届人大常委会副主任。系市七届人大代表。

王斌权 男,汉族,1962年2月出生,山西和顺人。中央党校大学学历。1981年10月参加工作,1984年5月加入中国共产党。1981年10月任省公安厅三处(治安处)户籍科科员;1986年9月任省公安厅三处居民身份证科副科长(其间,1988年10月至1989年10月任太原市公安局桥东派出所挂职副所长);1989年1月任省公安厅三处居民身份证科正科级侦察员;1990年12月任省公安厅三处劳教科科长;1992年8月任省公安厅三处户籍科科长、副处级侦察员;1995年3月任省公安厅出入境管理处副处长兼太原边防检查站政委;2000年11月任省公安厅出入境管理处处长;2005年4月任省公安厅出入境管理局局长;2008年4月任阳泉市市长助理、市公安局局长、党委书记(副厅级),2008年10月兼武警阳泉支队第一政委;2014年6月任晋城市公安局局长、党委书记、市政府党组成员(副厅级),2014年11月兼武警晋城支队第一政委、党委第一书记;2016年10月当选为晋城市人民政府副市长。系市六届、七届人大代表。

梁丽萍 女,汉族,1966年11月出生,山西岚县人。研究生学历,法学博士,民盟盟员,民盟山西省委副主委。1988年6月参加工作。1988年6月任山西大学政治与公共管理学院教师(其间,1988年9月至1989年7月参加山西省讲师团在榆社县教师进修校支教;1991年9月至1994年6月在山西大学教育系心理学专业硕士研究生学习,获心理学硕士学位;1999年9月至2002年6月在中国人民大学社会与人口学院社会学专业博士研究生学习,获法学博士学位;2003年9月至2005年7月在中国社会科学研究院社会学所完成博士后研究);2003年11月任山西大学政治与公共管理学院副院长(其间,2005年5月至2010年5月任第九届省青联副主席);2007年3月任山西大学国家大学生文化素质教育基地办公室主任;2011年4月任太原理工大学副校长(公选试用期一年);2012年5月任太原理工大学副校长(其间,2012年5月任民盟山西省委员会副主委,2013年6月任第二届省社科联合会常委,2014年5月任第十一省妇联常委);2016年7月提名晋城市人民政府副市长人选;2016年8月任晋城市人民政府副市长;2016年10月当选为晋城市人民政府副市长。系省第十一届、十二届人大代表,省十二届人大常委,市七届人大代表。

张利锋 男,汉族,1971年6月出生,山西宁武人。研究生学历,公共管理硕士。1993年4月加入中国共产党,1995年8月参加工作。1991年9月至1995年7月在东北大学工商管理学院工业管理工程专业学习(其间,1994年9月至1995年7月担任东北大学工商管理学院94级学生政治辅导员);1995年8月任太钢热连轧厂精整车间工序管理员;1997年1月任省体改委企业处科员;1997年12月任省体改委企业处主任科员(其间,1998年12月至1999年12月任省委驻兴县农村工作队联络员);2001年1月任省委企业工委干部处主任科员;2002年3月任省委企业工委干部处助理调研员;2003年7月任省委企业工委干部处副处级组织员;2004年5月任省国资委企业领导人员管理处副处级组织员(其间,2004年3月至2004年11月在省委人才办帮助工作);2005年12月任省国资委企业领导人员管理处正处级组织员(其间,2004年11月至2007年8月在省政府办公厅帮助工作);2007年8月任省国资委企业领导人员管理处处长(其间,2008年1月至2009年3月在省政府办公厅帮助工作;2010年3月至2010年6月在省委党校第48期中青年领导干部培训班学习);2011年4月任城区区委副书记,副区长、代区长;2011年6月任城区区委副书记、区长；2013年6月任城区区委书记、区长；2013年7月任城区区委书记（其间，2012年9月至2016年6月在清华大学公共管理学院公共管理专业学习；2014年11月至2015年1月在中央党校第一期县委书记研修班学习）；2016年8月任晋城市政府党组成员；2016年10月当选为晋城市人民政府副市长。系市六届、七届人大代表。

王宏微　男，汉族，1962年1月出生，山西泽州人。中央党校大学学历。1981年11月参加工作，1984年10月加入中国共产党。1981年11月任晋城县西上庄乡经管员；1984年12月任晋城市郊区组织部科员；1986年12月任晋城市郊区团委副书记；1992年5月任晋城市郊区团委书记；1995年12月任泽州县北义城乡党委书记；2000年5月任泽州县委办公室主任；2002年1月任泽州县委常委、办公室主任；2006年5月任泽州县委常委、提名常务副县长候选人；2006年6月任泽州县委常委、常务副县长；2011年5月任市政府秘书长、党组成员，市政府办公厅党组书记；2013年11月任市政府秘书长、党组成员，市政府办公厅党组书记，提名市应急办主任（兼）；2013年12月任市政府秘书长、党组成员，市政府办公厅党组书记，市应急办主任（兼）；2015年9月任市政府秘书长、党组成员，市政府办公厅党组书记，提名市政府办公厅主任（兼）；2015年10月任晋城市政府秘书长、党组成员，市政府办公厅党组书记、主任（兼）；2016年10月当选为晋城市人民政府副市长。系市六届、七届人大代表。

常国荣　男，汉族，1960年9月出生，山西泽州人。大学学历。1982年6月加入中国共产党，1982年10月参加工作。1982年10月在晋城县城建局工作；1984年5月任晋城市（县级）建筑设计室副主任；1987年2月任晋城市建筑设计室主任；1996年10月任市规划局副局长；2002年5月任市城建规划办公室主任、党组书记；2003年6月任市规划设计局局长、党组书记；2005年7月任沁水县委副书记、代县长；2005年8月任沁水县委副书记、县长；2006年4月任沁水县委书记（其间，2008年5月至2008年8月在江苏省徐州市鼓楼区挂职任区委书记助理）；2011年4月任市委副秘书长（正处级）；2011年8月任市委常委；2011年9月任市委常委、统战部部长；2014年3月任市委常委、市委秘书长；2016年8月任晋城市委常委、秘书长、市政协党组副书记；2016年8月任市政协党组副书记；2016年10月任市政协党组书记、市政协主席。

武四海　女，汉族，1963年1月出生，山西阳城人。大学学历。1984年9月参加工作，1994年6月加入中国共产党。1984年9月为阳城县人民医院内科医师；1993年2月任阳城县卫生局医政股股长；1995年12月任阳城县卫生局副局长；2000年12月任阳城县卫生局副局长兼县人民医院院长；2004年8月任晋城市卫生局副局长；2011年10月任市人口和计划生育委员会主任、党组书记；2015年3月任市卫生和计划生育委员会主任、党委书记；2016年10月任市政协副主席。

阴建正　男，汉族，1964年4月出生，山西夏县人。大学学历。1984年8月参加工作。1984年8月在原晋东南地区矿业公司生产技术科工作；1986年12月在市煤管局工作；1998年11月任市煤管局规划发展科副科长；2002年5月任市安全生产监督管理局安全监管二科科长；2003年6月任阳城县政府副县长；2011年6月任城区政府副区长；2016年7月任城区政府副区长、民建晋城市委主委；2016年10月任市政协副主席、城区政府副区长、民建晋城市委主委。系政协晋城市五、六届委员。

郭向阳　男，汉族，1963年5月出生，山西阳城人。大学学历。1983年9月参加工作。1983年9月在阳城一中工作；2003年6月任阳城县政协副主席；2011年6月任阳城县政府副县长；2011年11月任阳城县政府副县长、民进晋城市委副主委；2016年7月任阳城县政府副县长、民进晋城市委主委；2016年10月任市政协副主席、阳城县政府副县长、民进晋城市委主委。

于昌明 男,汉族,1966年3月出生,山西平定人。中央党校研究生学历。1987年8月参加工作,1996年4月加入中国共产党。1987年8月任阳泉市中级人民法院刑一庭书记员(其间,1988年9月至1991年7月在全国法院干部业余法律大学学习);1990年1月任阳泉市中级人民法院执行庭书记员、助理审判员、审判员(其间,1991年7月至1995年6月在山西大学法学专业自考本科学习);1997年12月任阳泉市中级人民法院经济审判一庭副庭长;1998年7月任阳泉市中级人民法院执行庭副庭长(主持工作);2002年1月任阳泉市中级人民法院民事审判二庭庭长(其间,1999年10月至2001年6月在山西大学经济法学研究生班学习);2003年5月任阳泉市中级人民法院执行局局长;2004年10月任阳泉市中级人民法院党组成员、审委会委员、副县级审判员、执行局局长;2008年2月任阳泉市中级人民法院党组成员、副院长(正县级,其间,2008年9月至2011年7月在中央党校研究生院法学理论专业学习);2016年8月任晋城市中级人民法院党组书记、代院长;2016年10月当选为晋城市中级人民法院院长。系市七届人大代表。

张世荣 男,汉族,1967年1月出生,山西万荣人。大学学历。1989年9月参加工作,1995年12月加入中国共产党。1989年9月任山西大学法律系教师;1992年7月任省人大常委会法工委科员;1996年2月任省人大法制委副主任科员;2000年3月任省人大法制委主任科员;2002年4月任省人大法制委法规一处副处长;2006年2月任省人大法制委法规一处处长;2007年4月任省人民检察院检察长秘书;2007年11月任省人民检察院办公室主任;2009年11月任省人民检察院办公室主任、检察员;2012年10月主持省人民检察院案件管理中心工作(正处级);2014年3月任省人民检察院案件管理中心主任(副厅级);2014年9月任省人民检察院案件管理中心主任(副厅级)、检委会委员;2015年12月任晋城市人民检察院党组书记、副检察长、代检察长人选;2016年1月任晋城市人民检察院党组书记、代检察长;2016年10月当选为晋城市人民检察院检察长。系市六届、七届人大代表。

劳模人物(含集体)

晋城市2016年全国
五一劳动奖章名单

薛琴芹(女) 晋城市城区钟家庄社区卫生服务中心主任

晋城市2016年全国
工人先锋号名单(集体)

晋城市恒光热力有限公司供热服务队

晋城市2016年山西省
五一劳动奖状名单(集体)

山西天地王坡煤业有限公司

国网山西省电力公司泽州县供电公司

晋城市市政工程总公司

晋城市2016年山西省
五一劳动奖章名单

王德璋 晋煤集团成庄矿矿长

王中秋 晋城市银监局局长

杨素娟(女) 太平洋人寿保险公司晋城公司总经理

牛月林 高平市野川镇农业办公室主任

陈 斌 晋城市地方税务局经济开发区分局科长

郭晋城 晋城市城区东街办事处东关社区书记

郝春平 晋城市假日国际旅行社业务总监

徐燕辉 山西陵川崇安苏村煤业有限公司职工

杨旭峰 山西晋通公路工程监理有限公司监理工程师

张晋斌 晋城市第一中学校高一年级主任

陈素琴(女) 晋城市上党梆子传习所所长

秦朝泥 沁水县郑村镇夏荷村兴荷养鸡专业合作社养殖户

李兵生 阳城县润城镇上庄村支部书记

王西栋 山西兰花科创田悦化肥分公司经理

崔志周 晋城市粮食局军粮供应

站站长

晋城市2016年山西省工人先锋号名单(集体)

山西兰花科技创业股份有限公司望云煤矿分公司综放队

山西汽运集团晋城汽车运输有限公司阳城分公司

陵川金隅水泥有限公司电气部检修班

沁水县顺世达铸业有限公司铸造工段

山西泽州珏山旅游开发有限公司索道站

2016年晋城市五一劳动奖状名单(集体)

山西前和农工商集团有限公司

高平市长平中学

高平市妇幼保健院

晋城市地方税务局直属一分局办税服务厅

晋城市建筑工程总公司第三分公司

晋城古书院工贸有限公司万德福超市

金驹煤电化股份公司沁水晋煤瓦斯发电有限公司

山西兰花华明纳米材料有限公司

山西兰花机械制造有限公司

沁水县沁源煤层气开发有限公司

沁水县园林局

晋城市人才市场

晋城市青年人才协会

晋城市美的好商贸有限公司

中国移动通信集团山西有限公司晋城分公司

阳城县公安局

中国移动通信集团山西有限公司阳城县分公司

阳城县烟花爆竹专营有限公司

山西阳城阳泰集团屯城煤业有限公司

阳城县环城房地产开发有限公司

陵川县地方税务局

山西陵川崇安关岭山煤业有限公司

晋城银行晋城分行

晋城市第二人民医院

泽州县审计局

晋城市沁河拴驴泉水电站

山西清慧机械制造有限公司

泽州县金秋铸造有限公司

中国工商银行股份有限公司晋城分行

兴业银行股份有限公司晋城支行

2016年晋城市五一劳动奖章名单

白为广　山西省第三建筑工程公司晋广分公司经理

鲍永庆　陵川县畜牧兽医局局长

陈首德　晋城市城市客运管理处所长

陈院龙　沁水县鑫源工贸有限公司总经理

崔　伟　山西晋煤集团赵庄煤业有限责任公司班组长

崔有青　中国电信股份有限公司晋城分公司部门经理

都俊锋　富士康晋城工业园区自动化机器人事业处职工

豆国平　沁水县区域性调委会城东片端氏站义务调解员

段忠强　沁水县郑庄镇玉沟村村委主任

樊永城　晋城市热力公司工会主席

冯　飞　山西兰花酿造有限公司董事长

冯晋彪　山西汽运集团晋城汽车运输有限公司副总经理

冯俊国　科兴高良煤业有限公司业务科科长

冯艳武　山西天地王坡煤业有限公司综采队队长

高佳琦　国网晋城供电公司技术员

郜明远　前和煤业有限公司综采队队长

郭爱兵　晋城市城区城中村改造领导组办公室科员

郭会军　山西兰花煤炭实业集团有限公司工会副主席

郭晋霞(女)　晋城市眼科医院科员

郭　涛　晋城市地方税务局科长

韩亚峰　晋城市新华线缆有限公司总经理

和卫兵　晋城市国库集中支付中心副主任

侯丙芳　晋城市广场管理处主任

侯有才　高平市米山镇侯家庄村主任

霍俊文　中国建设银行股份有限公司晋城分行党委书记

贾龙斌　晋城市人民医院副院长

贾娜娜(女)　沁水县示范初级中学教师

贾小转(女)　陵川县古郊乡仙红

双村农业合作社负责人
焦燕雷　沁和能源有限公司端氏煤矿综掘二队综掘机司机
李二培　长平煤业有限责任公司综采三队队长
李海霞(女)　高平三中教师
李红梅(女)　泽州县凤城幼儿园园长
李建强　山西省农村信用社联合社晋城办事处科长
李建强　山西兰花科技创业股份有限公司大阳煤矿分公司队长
李小兵　晋城市城区林业局局长
李义斌　阳城县公安局凤城派出所所长
李艺红　陵川县人民法院政治处主任
李中华　山西汽运集团晋城汽车运输有限公司高平分公司经理
栗李军　山西阳城阳泰集团西冯街煤业有限公司工人
栗苗平(女)　阳城县第五中学教师
梁继军　国投晋城公司综合管理部经理
刘郭林　阳城县横河镇麻地村党支部书记
刘和平　山西当先律师事务所律师
刘建利　晋城市城建物业管理总公司副经理
逯江平　陵川县绿尔新种植专业合作社社长
马建新　晋城职业技术学院办公室副主任
马立新　泽州移动公司网络中心主任
马路军　阳城县皇城相府(集团)实业有限公司相府景区管理处总经理
马平平　晋煤集团王台铺煤矿连采队工人
马　强　晋城市康复医院院长
苗二良　晋城市凤展购物广场总经理
牛安生　陵川县棋源中学工会主席
牛国芳　山西兰花科技创业股份有限公司新材料分公司副总经理
牛军胜　晋煤集团寺河矿钻探二队队长
戚　鹏　晋煤金鼎公司木材分公司经理
秦雪峰　陵川县财政局会计管理中心主任
桑洪泉　晋城市和平耳鼻喉专科医院院长
商沁军　沁水县总工会部长
石庆伟　陵川县农村信用合作联社理事长
宋虎增　晋城市金建建筑有限公司九公司经理
宋继东　高平公安局北诗派出所副所长
苏爱玲(女)　陵川县人民医院院长助理
苏金庆　山西兰花集团东峰煤矿有限公司王莽岭旅游分公司党总支书记
孙海波　晋城市青年创业就业服务中心主任
田改萍(女)　晋城市气象局
田建龙　高平市大益养殖专业合作社社长
王　霞(女)　沁水县龙港中心学校教师
王斌达　炎帝农耕文化园开发公司副经理
王桂仙(女)　高平市中医院总护士长
王红明　高平市农委技术站站长
王晋平　总医院麻醉科主任
王　婧(女)　晋城市假日国际旅行社计划调度员
王　康　市政府重大项目稽查办科长
王连合　晋城市农商银行北石店支行书记
王鹏　晋城市久建工贸有限公司技术员
王荣天　晋城市耀达浙江商贸城工会主席
王双红　晋城热电有限公司副总经理
王卫东　阳城县人民医院副院长
王志忠　国家统计局泽州调查队队长
吴学会　阳城县河北镇史家岭村党支部书记
武卫军　炎帝文化旅游开发有限公司总经理
邢瑞保　高平市南城办事处庄子村支书
徐卫强　山西蓝焰煤层气集团有限责任公司勘探队机长
闫　锵　阳城国际发电有限责任公司总经理助理
闫美玲(女)　晋城市水务局科长
杨　斌　阳城县蓝煜热力有限公司经理
杨　静(女)　泽州县疾控预防控制中心会计师
杨国庆　泽州县巴公镇渠头村党支部书记
杨国中　泽州天泰西陈庄煤业有

限公司总工程师

杨玉文　陵川县崇文镇城内社区居民委员会主任

袁敏　中国工商银行股份有限公司泽州支行行长

原红波（女）　交通银行晋城分行营业部总经理

张贵青　沁秀公司岳城矿综采队

张建兵　晋煤集团总医院科主任

张建兵　泽州县高都镇南焦庄村党支部书记

张丽芳（女）　泽州县铺头中学教师

张树林　中国邮政集团公司高平市分公司投递员

张晓鸿　晋城市教育局教育督导室主任

张晓霞（女）　沁水县金田园农业发展有限公司董事长

张正芳　晋城市工程师协会工程师

张志平　国网山西省电力公司晋城供电公司主管

赵　建　晋城市城区医疗保险管理服务中心科员

赵国胜　泽州天泰坤达煤业有限公司监察室负责人

赵军越（女）　晋城市蔬菜有限公司职工

赵连飞　山西天泽煤化工集团股份公司煤气化厂车间主任

赵普社　阳城县博艺图文装饰有限公司工人

赵鑫　晋煤集团工会科员

郑利军　晋城市国家税务局稽查局副班主任科员

郑云瑞　山西兰花科技创业股份有限公司伯方煤矿分公司机电科科长

2016年晋城市工人先锋号名单

山西绿洲纺织有限责任公司纺纱分厂清花小组

晋城市国家税务局车购税分局

国网高平市供电公司客服中心营业班

阳城国际发电有限责任公司仪电设备管理部保护班

山西汽运集团晋城汽车运输有限公司货运分公司

晋城市卫生和计划生育委员会晋城市紧急医疗救援中心

晋城市文体宫管理中心运行部

中共晋城市委党校培训服务处

中国工商银行股份有限公司晋城凤翔支行

泽州浦发村镇银行股份有限公司营业部

晋城市国土资源局晋城市国土测绘院

中国石油天然气股份有限公司山西煤层气勘探开发分公司煤层气处理中心

中国邮政集团公司阳城县分公司凤凰西街支局

中国联合网络通信有限公司晋城市分公司网络优化中心

中国电信股份有限公司泽州分公司支局组

晋城市乡村美景农业科技发展有限公司工程部

晋城市爱格琉璃制品有限公司一车间

晋城市健牛工贸公司高炉车间

高平市行政审批服务中心营业大厅

高平市市政工程公司市政设施应急分队

高平市红旗商场有限责任公司物流配送部司机班

高平市公安局户政出入境管理大队

晋煤集团寺河煤矿二号井综采二队

晋煤集团赵庄二号井机电运行工区

晋煤集团供电分公司寺河工区

晋煤集团通信分公司运维中心

山西蓝焰煤层气集团有限责任公司沁盛公司

山西兰花清洁能源有限责任公司造气车间化工一班

山西兰花科技创业股份有限公司唐安煤矿分公司机运一队

山西兰花集团东峰煤矿有限公司综掘二队

山西和瑞新能源开发有限公司燃机检修班

沁水县龙城大酒店有限公司工程维修部

沁水县环保局医疗废物处置中心

沁水县社会治安综合治理委员会办公室

沁水县端氏中学生物化学组

山西天巨重工机械有限公司煤机分公司金加工车间数控二组

福士瑞精密工业（晋城）有限公司自动化设备开发处事业处分会精密组装厂

晋城市中康建筑有限公司第二项目部

晋城市姜玉坤眼镜营销中心售后服务部

山西隽致科贸有限公司研发部

晋城市天合建筑装饰工程有限公司生产部

阳城县蓝煜热力有限公司城镇集中供热项目部

山西阳城阳泰集团义城煤业有限公司工会办公室

阳城县红太阳建材陶瓷有限公司内墙砖生产线分选车间

阳城县人力资源和社会保障局社会劳动保险事业所

阳城县肿瘤医院心内科

晋城市山西合聚有限公司烧成车间

泽州县畜牧局动物卫生监督所

晋城市兴达铸件有限公司技术中心

山西晋煤集团泽州天安润宏煤业有限公司抽放队

泽州天泰坤达煤业有限公司综采队

晋城市城区西上庄街道牛山村

街道牛山村位于西上庄街道东北部，紧邻白马寺山森林公园。全村总面积 3.2 平方千米，共 375 户，927 口人，874 亩耕地。村委下设 18 个村民小组，其中村民组长 18 名，村民代表 22 名；党支部现有正式党员 35 名，共下设 3 个党小组。

近年来，在各级党委和政府的正确领导下，支部、村委满怀“村兴我荣，村衰我耻”的政治责任感和使命感，立足村情实际，以十八大精神为指导，坚持安全发展、转型发展、开放发展、和谐发展，社会主义新农村建设稳步推进，党建、村务管理、综合治理、农业发展、村镇建设、精神文明等各项工作均取得显著成绩。

在美丽乡村建设进程中，通过老村整体搬迁实现户均一套高标准小别墅，建成一千米环村道路，提升了中山主街道，村内街巷全部实现绿化、美化、亮化，建立了老年公寓、卫生所、便民店、物业中心等多功能便民服务场所。煤层气进入农家院户，农民生产生活得到极大改善，村内环境焕然一新。民主自治管理不断完善，村民文化生活日益丰富，村风纯朴，社会和谐。围绕“一村一品”战略思路，大力发展农业生态旅游业。筹建了牛山黑龙潭农业都市休闲园区，园区建设按照“以特色种植为基底，以休闲体验为核心，以农业旅游为主线，以品牌打造为路径，以示范带动为目标”的功能定位和战略思想，园区规划占地 6640 亩，项目总投资 51416.6 万元。牛山欢乐谷完成投资 2200 余万元，汽车影院投资 180 余万元。玫瑰发展中心不断扩大玫瑰种植面积，加大产品研发力度，特色种养殖业蓬勃发展。努力打造全国“农旅一体”专业示范村和美丽宜居示范村。

近年来，多次获得省级文明村、妇女群众文化活动示范点、依法治理示范单位和市级先进基层党组织、安全文明村、环境优美村、生态园林绿化村、文明和谐村标兵以及区级五好先进示范农村党组织、爱国卫生先进村等荣誉称号。

牛山村门楼

欢乐谷

黑龙潭农业文化休闲园区

玫瑰园

新建居民住宅区

晋城市城区人民法院

城区人民法院院长 李东明

晋城市城区人民法院始建于 1985 年，坐落于交通便利的文昌西街。法院现有正式干警 99 人，内设刑事审判第一庭、刑事审判第二庭、民事审判第一庭、民事审判第二庭、民事审判第三庭、行政审判庭、执行局、立案庭、审判监督庭等 18 个职能部门和北石店、西上庄、钟家庄 3 个派出法庭。

近年来，城区法院受理案件的数量呈逐年增长之势，2012 年受理 2664 件，2013 年受理 2791 件，2014 年受理 3296 件，2015 年随着国家推行立案登记制度改革，该院受理案件增至 4925 件，2016 年受理各类案件 6256 件，创历史新高，案件受理数居全市基层法院之首。城区法院在李东明院长的带领下，以审判管理为抓手，多措并举，破解难题，圆满完成审判执行任务；加强司法公开工作，增强司法权威，提升法院形象；加强信息化建设，促进审判质效；把队伍建设牢牢抓在手上，严管厚爱，建设一支能适应工作需要的法院队伍；以法院文化建设为切入点，推进文明单位创建工作。2011 年以来，连续三年被市中级人民法院评为刑事审判先进法院。2012 年获得区级文明单位称号。2014 年各项工作全面发展，获得“全市先进法院”称号。2015 年被评为执行工作先进法院。2016 年再次被评为刑事审判先进法院。

晋城市城区人民法院数字法庭正式启用

李东明院长到北石店法庭调研

开展国家宪法日暨全国法治宣传日宣传活动

组织收看中国共产党山西省第十一次代表大会实况

到陈廷敬廉政教育基地参观学习

晋城市城区地税局

局班子成员研究精神文明建设工作

党风廉政建设工作会议

晋城市城区地方税务局组建于1994年8月，1994年8月8日正式挂牌对外办公，全局在职正式干部职工72人，其中：中共党员62人，大专以上学历人员63人，40周岁以下人员20人。内设7个科室，下设3个直属机构以及8个基层税务所。主要负责市区泽州路以西、凤台街以北和凤台西街以南、瑞丰路以西、中原街以北及西上庄街道范围内所有纳税人以及市区范围内注册资金50万元以下私营有限公司和所有个体户的税费管理，现有正常管户10500余户。

近年来，晋城市城区地税局认真学习党的十八大精神，以科学发展观为指导，围绕省地税局“1463”总体工作思路，以“组织收入攻坚年”和“基层组织提升年”为契机，以组织收入为中心，着力挖掘新税源、征管新举措、探索新体制三方面创新。2015年共组织各项收入62791万元，完成省口径公共财政预算收入51530万元，占税收总量的100%；完成区口径公共财政预算收入63930万元，占全区公共财政预算收入的80.41%；2016年1#3月共组织各项收入17324万元，占全年计划的29.5%，为全区经济社会发展提供了坚实财力保障，有效地促进了税收职能作用的发挥，为服务转型跨越发展提供了精神动力。

代开发票合作点揭牌仪式

"两学一做"学习教育会议

设立党员纳税服务点

设施齐备的局综合办公楼

不断强化征管监控指标考核，开展管户清查，出台《双定户定额核定管理办法》；认真做好"营改增"后管户的管理工作，做到资料清、发票清、税费清，主税顺利移交、附税加强征管；重点项目"343"增收工程制度化、常态化，做到有特色、有侧重，项目细化，责任到人；税收信息化稳步推进，继续加强财税库银横向联网工作，"金税三期"成功上线；全员讲评工作不断深化，做到讲评与工作落实、工作排查、明确目标、互动交流、排查风险五并重；做好真诚服务，惠民减税，搞好税收宣传活动，服务困难企业。

2000—2003 年连续 4 年荣获"省级文明单位"称号，2004—2011 年连续 8 年荣获"省级文明和谐单位标兵"称号，2008 年被晋城市总工会评为"窗口单位优质服务竞赛先进集体"；2009 年荣获"第四届全国精神文明建设工作先进单位"称号，2010 年被晋城市委、市政府授予"和谐机关标兵""2009 年度财税收入征管先进单位""2009 年政风行风评议优秀窗口基层单位"称号，被晋城市精神文明建设指导委员会授予"2009 年度文明结对共建先进单位""文明志愿服务工作优秀单位"称号；2010 年被晋城市劳动竞赛委员会荣记社会主义现代化建设集体一等功；2011 年被山西省地方税务局评为"2010 年全省地税系统县（区）局先进单位"，被晋城市地方税务局评为"2010 年目标责任考核优秀单位"；2010 年荣获省委"依法治理示范单位"称号；2011 年荣获省地税系统"依法治理示范单位"称号，2011 年 12 月荣获"全国文明单位"称号。2014 年 2 月被晋城市依法治市领导组评为"2013 年度市级依法治理示范单位"。2015 年 2 月，被中央精神文明建设指导委员会办公室继续保留"全国文明单位"称号，2015 年 2 月被市地税局评为"2014 年度绩效管理与目标优秀单位"。

晋城市国土资源局城区分局

刘闯局长陪同区政府领导巡查地质灾害隐患点

党组中心组学习

2016 年，晋城市国土资源局城区分局全面贯彻落实党的十八届三中、四中、五中、六中全会精神，认真学习习近平总书记系列重要讲话，努力工作，狠抓落实，圆满完成各项工作任务。

一、提高行政效能，全力服务重点工程

围绕市、区两级政府确定的重点工程项目，以及城区西北片区改造、北石店综改实验区、城中村改造等工作重点，转变观念，改进作风，服务水平和保障能力不断提升，为城区乃至全市的经济社会发展做出了贡献。7 所新建学校用地，手续均已办理完毕。新开 8 条道路工程用地，全部进行了勘测定界、统征和预审。景西路北段和晋春街的用地手续已经办理完毕。对已经完成预审的项目，提前给申请用地单位开具了社保费和征地补偿费清单。6 宗拟公开出让用地的回迁安置用地，统征事宜基本完成。西北片区的 17 宗拟公开出让用地，12 宗给市局上报了出具规划条件的信函，其他 5 宗规划局出具了规划条件，分局按职责分工给市局上报了土地补偿意见和附着物调查。3 宗用地已公开出让。城中村改造方面，为苗匠、西巷、时家岭、玉苑办理了回迁供地手续，完成了泰昌、凤西、吴家沟、叶家河等 9 个社区居委核定用地规模初审上报工作，金华、大车渠、圪瘩、古书院居委等单位的城中村改造土地利用总体方案也已全部进行初审，并且及时上报市国土资源局。

二、落实基本国策，加大耕地保护力度

进一步健全区、镇（办）、村三级耕地管控网络，区政府和有关镇（办）、村（居委）签订《耕地保护目标责任书》74 份，再一次明确耕地保护的责任，强化地方政府和各有关单位落实基本国策的主体意识。完成耕地保护目标的自查工作，就耕地保有量及变化、基本农田保护面积及变化、耕地保护责任制落实及制度建设、耕地等级及质量建设等情况，进行详细检查和总结，进一步夯实耕地保护工作的基础。通过了基本农田全域划定的评审，初步建立城区基本农田数据库，达到全省要求进度。上报三个批次农用地转用和征收，报件资料全部符合要求。对于省政府已批复的建设用地，按季上报了城区建设用地批后实施情况。落实占补平衡的规定，出台《城区易地补充耕地管理办法》，以易地补充为主的方式，共补充耕地 218.24 亩。目前，全区耕地保有量不低于 4.82 万亩，基本农田保有量不低于 2.51 万亩，两项均达到市里下达的目标。

三、健全长效机制，强化执法监察工作

一是根据市局要求，实行了严格的执法监察“五级责任制”，分局局长、分管副局长、执法大队长、国土所所长、包片所员层层签订责任书，使得工作责任划分更为明确。二是采取国土所负责常规全面巡查，执法分队负责重点巡查定点督察的方式，认真开展执法动态巡查工作，并对发现的 42 宗违法占地行为，进行了严肃查处。三是认真开展卫片执法检查，对于国土资源部下发城区的 120 个违法图斑，立案 94 个，未立案（已完善手续）25 个。在立案的 94 个违法图斑中，78 个已经查处，16 个已拆除整改。四是认真开展案卷评查工作，向市局提交自评报告，接受市局、省厅的案件评查检查。五是在全区开展“反三违”专项行动，对辖区有证矿山企业、历年关闭矿山企业、历史遗留私采滥挖井口等进行排查和回查。六是开展安全生产大检查和安全隐患排查整治集中行动。七是进一步加强信访工作，认真落实局领导信访接待日制度，对于群众来信来访，全部做到件件有登记，事事有回音，没有因为工作失误而形成的越级群访事件。

四、坚持依法行政，夯实基础业务工作

土地管理方面：先后完成 13 平方千米的地籍测量任务和北石店镇、西上庄办事处及钟家庄办事处 41 个行政村 8006 宗地的权属调查工作。按时完成 2016 年度变更及遥感监测工作，编制了 2016 年度建设用地供应计划、住房用地供应计划和保障性住房用地供应计划。进行建设项目用地预审 7 宗，面积 285.3 亩。组织专家对《晋城市城区北石店镇土地利用总体规划（2006—2020 年）实施评估报告》进行论证和修改，市政府于 2016 年 8 月 16 日批复该方案。加强建设用地批后监管，做到土地供应信息及时上网，确保各项信息准确无误并对有关预警信息进行及时有效处置。2009—2014 年所供宗地疑似闲置率未超过 5%，开竣工违约比例未超过 10%。

矿产资源管理方面：完成王台铺矿等 3 个煤矿的入坑互检以及图纸交换和井下实测工作，并建立台账。对鸿升等 4 个煤矿进行回采率考核。完成 6 个煤矿的矿山企业开发利用年检工作和 4 个煤矿年度矿山储量年报的编制审查工作。

测绘管理方面：对地图市场进行 4 次检查。进行测绘项目登记 16 件。对辖区内的测量标志进行 4 次巡查检查。

地质灾害防治方面：下发《晋城市城区 2016 年地质灾害防治方案》。区政府与镇（办）、镇（办）与村签订地质灾害防治责任书。进行了汛前汛中排查检查工作。对于排查出的隐患点，建立档案，落实监测人和责任人，逐点送达《地质灾害隐患防治通知书》。提前部署安排汛前地质灾害防治工作，对各隐患点所在村委领导、隐患点负责人和监测人等 40 余人进行专项培训，并在西上庄办事处苗匠村举行突发地质灾害应急演练。进一步提高地质灾害防治“十有县”建设水平，落实地质灾害防治专项经费 22.66 万元，并成立地质灾害应急小分队。

荣军疗养院送温暖

深入社区强化用地服务

划定基本农田，严守耕地红线

晋城市城区钟家庄街道办事处

区委书记王学忠到该处调研党建工作

区长王文全在文博路晓庄段拆迁现场指导工作

钟家庄街道党工委“两学一做”学习教育常态化制度化工作推进会

2016年，钟家庄街道办事处以习近平总书记系列重要讲话精神为指引，深入贯彻落实党的十八届六中全会精神和省、市、区党代会及“两会”精神，集中打响项目大攻坚、矛盾大化解、环境大整治、民生大改善、纪律大整顿、党建大提升“六大战役”，经济社会持续发展。全年固定资产投资51.12亿元，财政总收入24322万元，限额以上社会消费品零售总额完成113184万元，重点工程“六位一体”主要指标超额完成任务。

一、实施项目大攻坚 经济赢来新突破

重点工程强力推进。瑜园老年公寓项目成功落地，花园小学如期开工，鹭翔商务大厦全面封顶，皇城相府城市综合体、金融财富广场、公园里、星河湾等十大省、市、区重点项目累计完成投资36.9亿元。

城中村改造成效显著。启动8个城中村改造项目，完成投资7.2亿元。

十村连片旅游开发稳步开局。以打造美丽乡村为契机，启动以洞头为核心的慢生活小镇连片规划，覆盖南部十村生态旅游乡村建设。

二、实施矛盾大化解 维稳取得新成果

处村联动，全力化解信访矛盾。坚持开门接访，主动下访，重点信访人员“五包一”稳控等措施，对83起信访案件进行集中攻坚，一批信访问题得到有效化解和稳控，实现了“三中全会”“省党代会”“两会”等重大节点期间全处“零非访”。

依法治处，全面推进社会治理。组织开展社会治安风险隐患大排查大整治活动，深入推进以“城中村”为重点的“六项整治”，实现维稳信息全覆盖。全年共排查受理各类民事纠纷76件，调解成功率达到91%。

三、实施环境大整治 城乡拥有新面貌

城乡面貌焕然一新。对城乡环境进行集中整治，共清理垃圾4000余吨，清理卫生死角1000余处，环境卫生整治取得综合集聚效应。

四、实施民生大改善 社会呈现新局面

社会事业不断进步。投入惠民资金500余万元，撬动社会资金600余万元，实施惠民项目46项，新建停车场、文化活动广场、老年活动中心、便民市场等一批民生项目。

安全稳定常抓不懈。强化"党政同责、一岗双责"安全监管责任，与815家企业签订安全生产承诺书。开展安全生产大检查。组织开展"安全生产月"宣传咨询日活动，不断加强食品药品安全监管，加大护林防火巡查力度，确保了全年无安全责任事故，为全处营造了良好的发展环境。

五、实施纪律大整顿 党风出现新气象

继续保持强大气场。始终把"两个责任"落实抓在手上，强化压力传导，明确责任清单，完善监督机制，推动"两个责任"落地生根。强化执纪审查工作。根据"十严禁"要求，先后组织开展三次"十严禁"约谈会议，做到党员干部约谈全覆盖。

不断加大整治力度。对照六个方面突出问题，进行"五查五看"，通过集中学习动员、开展自查自纠、制定整改措施及建立长效机制四个环节有序推进作风纪律整顿工作，取得阶段性成效，营造了风清气正的良好局面。

六、实施党建大提升 基层激发新活力

以上率下，落实党建主体责任。先后召开29次党工委会议和两委会议，研究部署全处党建工作。严格要求两委班子成员履行好所包片和分管领域"一岗双责"的责任，重点抓好村（社区）党支部书记和第一书记责任，初步形成党建工作一级抓一级，层层抓落实，齐抓共管的有效合力。

以学促做，引深"两学一做"学习教育。采取"干部领学、党员自学、形式导学、竞赛促学、实际活学"方式，制定以16项内容为重点的学习教育任务清单，形成争做"五好支部""五好干部"和"四讲四有"好党员的浓厚氛围，先后涌现出一批先进支部、优秀支部书记和一批好党员。

强基固本，夯实基层基础。抓班子，夯堡垒，落实基层党建"联述联评联考"制度，对软弱涣散村（社区）支部加强整顿。抓党员，强队伍，解决12个村（社区）支部五年以上未发展党员问题。抓制度，促规范，对组织生活不正常和党员管理不严格问题，坚持按照"三化五好八有"目标，加大整治力度，使其党建工作走向规范化，基层党组织的战斗力不断增强。

洞头生态旅游村

钟阳大厦

东南新区

文笔峰塔

晋城市城区西上庄街道办事处

晋城市城区西上庄街道位于晋城市区西部，总面积 44.6 平方千米。辖 29 个村、4 个社区，驻有企事业单位 10 个。总人口 3.6 万余人，其中农业人口 20818 人，非农业人口 15182 人。耕地面积 18965 亩。文物旅游资源丰富，古泽州八景之“龙潭骤雨”“白马拖疆”位于境内，历史文化悠久。产业以商贸物流业和农业观光园区为主。2016 年度，连续第五年被区委、区政府表彰为“年度目标责任考核优秀镇（办）”，被晋城市人民政府表彰为“安全生产优秀单位”；被市、区普法依法治理领导组表彰为“法制宣传教育先进镇（办）”；被晋城军分区表彰为“先进基层武装部”；被城区政府、城区武装部表彰为“国防教育先进单位”；被区文明委表彰为“区级文明单位”；被区委宣传部、区文化局授予“广场舞比赛二等奖”。

2016 年，以“打造都市农业园、提升沿路经济带、做精依山旅游线、建设宜居新片区”为目标，经济社会发展取得明显成效。

综合实力实现新跨越。固定资产投资完成 64.52 亿元，社会消费品零售总额完成 4.21 亿元，省市重点项目完成投资 40 亿元。

吴王山森林公园

白马寺山至吴王山绿道

豪德二期项目

黑龙潭都市农业休闲园

晋城第十一中学

北闫庄城中村改造新区

蓝海港花卉市场

城区电子商务园区服务大厅

重点工程取得新进展。省市重点项目 18 个，总投资 113.73 亿元。晋城市第十一中学校于 9 月 1 日正式开学。牛山黑龙潭都市农业休闲园完成采摘园、道路、水利设施建设，成功举办了首届全国魔音摇滚音乐节。玉屏山生态治理工程和吴王山森林公园围护工程全部完工，白马寺山至吴王山绿道工程 6 个标段正在施工。

片区建设实现新突破。完成道路建设范围内 17.18 万平方米拆迁任务。7 个启动改造项目完成投资 3.2 亿元，续建楼座 11 个，建筑面积 22.3 万平方米，新开工楼座 8 个，建筑面积 18.28 万平方米，完成拆迁 106 户 3.58 万平方米。

基础设施得到新提升。实施民生工程 39 项，完成夏匠、坡底等村主街道绿化工程，完成小后河村 370 户的集中供气和屋厦村 220 户的集中供暖，启动东片 6 个村连片供暖工程和西北片 9 个村连片供气工程，完成牛山、北闫庄、坡底等村水网改造，完成夏匠、苗匠、冯匠、西掩等村群众文体活动场所建设，完成牛山、山西底等乡村道路建设工程。

社会事业取得新进步。城乡居民养老保险参保人数达 12003 人；纳入最低生活保障 223 户 415 人，供养五保户 13 人；发放抚恤事业费 54 万余元、救灾救济款 24 万余元；为 44 名困难群众提供医疗救助 16.6 万元；建设老年日间照料中心 7 处，为 79 名 60 周岁以上老兵发放生活补助 13 万余元，为建国前老党员发放生活补助 6300 元，为 5 名在乡烈士子女发放生活补贴 1.95 万元；开展居家养老服务，为 41 名 70 周岁以上的低保、五保、伤残军人老年人发放居家养老服务券 1.92 万元；重阳节为全处 60 周岁以上老人发放金额不等的尊老金，为 1914 名老人购买人身意外伤害保险 57420 元；完成了 29 个村 7539 户 18397 人的低收入农户冬季取暖用煤货币化补贴工作；全面完成土地确权工作；7 名乡村医生入选全区“最美乡村医生”；南掩村入选城区“最美乡村”。

晋城市城区北石店镇

“两学一做”学习教育工作会

2016年，北石店镇以习近平总书记系列重要讲话精神为指引，坚持从严管党治党，以“两学一做”学习教育为契机，以新型城镇化为抓手，全力主攻“12356”工程，加快项目建设，着力改善民生，全镇各项工作稳步推进。2016年财政总收入完成9.44亿元，社会固定资产投资完成70.45亿元。

坚持把学习贯彻习近平总书记系列重要讲话精神作为首要的政治任务，牢固树立“四个意识”，认真学习宣传、贯彻落实党的十八届六中全会、省市区党代会和市区“两会”精神，始终同以习近平同志为核心的党中央保持高度一致。

以项目建设为抓手，全力实施重点工程“百日攻坚”行动，十二中、百灵街、北石店中心幼儿园、南石店城中村改造、朝天宫城中村改造等23项重点工程达到序时进度，重点工程六位一体综合指标完成情况位居全区前列。

以新型城镇化建设为重点，全力化解拆迁、征地、手续办理等难题，停滞两年的南石店回迁楼重新复工装修，历时五年多的司徒城中村改造工程全面完成回迁，百灵街道路工程全面推进，北石店城市化建设在逆境中持续推进。

以改善空气质量为中心，强力推进生态建设，北石店河治理工程全面开工，共清除煤泥堆场41处，取缔小煤球厂12处，沉积20多年的环保顽疾得到彻底根治，人居生活环境显著改善。

以为民服务为宗旨，新建晋城市十二中如期开学，东王台小学主体工程全部完成，北石店中心卫生院和北石店幼儿园全面开工，年初确定的民生实事悉数兑现，各项惠民政策全部落实，群众生活水平显著提升。

以全面从严治党为统领，扎实开展“两学一做”学习教育，强化主体责任，突出“三基”建设，认真抓好党建7项重点任务，全镇党建工作科学化水平不断提高。

晋城市第十二中学

北石店村富鑫广场

东上村景熙城市海景水上乐园

司徒村回迁楼

建设中的北石店中心卫生院

建设中的北石店中心幼儿园

建设中的东王台小学

吕祖坛

窑头村希望路

小张村硬化后的人行道

整治前的小朝路

整治后的小朝路

泽州县南村镇杨洼社区

社区党支部书记　李志刚

社区居委会主任　靳光明

杨洼社区居民委员会于 2010 年 10 月在原杨洼村的基础上成立。社区共有居民 360 户，人口 1076 人。社区党支部和社区居委会成员共计 8 人，其中支委 3 人，居委 5 人，党员 40 人。近年来，杨洼社区在上级党组织的科学领导和关怀下，紧紧围绕“社区服务、社区卫生、社区党建、社区治安、社区计生、社区文明建设”六个方面开展工作。

经济发展方面：随着城乡一体化建设的脚步不断加快，社区两委班子紧紧抓住区域优势，围绕“融城、强村、建设一流园林社区”的目标，进行大胆突破和科学规划，成立了晋城市亿泰房地产开发有限公司。公司成立后，先后进行了杨洼社区“城中村”改造，修建了四季花城小区、晋城市经济适用住房和泽州县凤城小学，总建筑面积 43 万平方米。并且筹建了杨洼社区综合大楼（占地 11 亩，建筑面积 2.7 万平方米，总投资 6000 余万元）。几年来，社区依托房地产业的发展，妥善安置社区居民，新建社区居民回迁住宅楼 392 套，98% 的居民喜迁新居。随着集体经济收入持续增高，也带动了相关产业的发展，居民人均收入由过去的 3000 元增加到了现在的 12000 元。

社会事业方面：为了给社区居民日常生活提供细致和周到的服务，成立了四季花城物业管理有限公司，并且解决了部分居民就业问题。目前，全社区的社会养老保险和新型合作医疗已实现了全覆盖，设立了社区卫生服务部，建立了助学金和奖学金制度。

党的建设方面：按照党的十八大提出的要求，社区班子团结，干部谋事，党员带头，为社区发展提供了保障。坚持民主管理，认真落实“四议两公开”制度。健全党员民主权利保障制度，落实党员的知情权、参与权、选举权、监督权，全面推进党务公开，使党员更好地了解和参与党内事务，大大提高了两委班子决策的民主性和科学性。

多年来，社区在城乡一体化的建设中取得了一定成绩，并将继续本着“想群众所想、帮群众解难、解群众之忧”的服务宗旨，以科学发展观为指导，发扬“团结、开拓、高效、争优”的精神，提高社区服务新理念，全力打造充满活力、和谐、平安、幸福的新型社区。

宁静祥和的学府平墅区

环境优美的学府平墅区

杨洼社区综合服务楼

杨洼社区鸟瞰图

阳城县町店镇

焦庄新村

大宁 CNG 加气母站

町店镇共有 20 个行政村，总面积 61 平方千米，人口 1.8 万余人，耕地 1.96 万亩。镇境内煤炭、煤层气、水资源丰富，电力充足，交通便捷，生态良好，是山西省历史文化名镇之一。

历史文化底蕴厚重。始建于公元 629 年的崦山庙，是省级重点文物保护单位。白岩书院，留下“九凤朝阳”“十凤齐鸣”的美谈。大宁村下黄自然村，是明万历工部尚书白所知和清顺治刑部尚书白胤谦叔侄二人的故里。大宁村党支部，是阳城县 1938 年第一批成立的农村党支部之一，村内建有 1951 年 9 月 3 日中共中央访问华北老根据地的“九三”纪念楼。震惊中外的“町店战斗”，就发生于此。

煤炭、煤层气资源丰富。町店镇位于沁水煤田，是阳城县的产煤大镇。含煤面积达 40.67 平方千米，占全镇国土面积的 66.67%。煤炭储量达 24600 万吨，共有煤矿 3 座，产能 580 万吨，占全县总产能 3515 万吨的 16.5%。煤层气面积达 30.32 平方千米，储量达 32 亿立方米，分布着 6 个大型煤层气企业，日开采量达 60 万立方米。

水资源丰沛。町店镇地下水、地表水储量丰富，芦苇河流量在洪峰期可达 8000 立方米 / 秒，五龙沟水源地年可提供用水 600 万立方米。

电力资源充裕。町店镇境内分布着 110 千伏和 35 千伏两座变电站与一个供电所。

交通快捷通畅。町店镇境内公路、铁路、高速公路互通成网。大宁煤矿铁路运煤专线横穿镇境，八芹、阳端公路穿境而过，阳翼高速公路跨镇而过。

生态环境良好。町店镇山川秀美，属于阳城县的生态文明区。全镇林业资源覆盖率达 27%，有林木面积 12702 亩，有华北之最的崦山柏林覆盖面积达 13 平方千米。

国新中昊盛町店配气站

崦山景区登山步道

田园风光

崦山过山桥

崦山白龙庙正殿

崦山白龙庙全景

阳城县北留镇

皇城相府河山楼

2016年，是“十三五”规划开局之年。北留镇新一届领导班子总揽全局，紧密结合镇情实际，确立了“1234”新的发展战略，即：围绕“一张蓝图”（建设休闲旅游胜地，打造民生幸福高地），坚持“两个定位”（全国旅游名镇、全国特色城镇），推进“三区联动”（北部人文古堡景观区、中部旅游综合服务区、南部观光农业示范区），实现“四个提升”（产业融合提升、基础设施提升、民生保障提升、作风效能提升），为全镇率先全面建成小康社会提供了战略指引和发展路径。

完成皇城相府、九女仙湖、郭峪古城、海会寺、“半亩园”和华阳山森林公园基础设施配套建设，郭峪古城跻身国家3A级旅游景区，大桥村入选第二届晋城“最美乡村”，成功举办了阳城首届农业嘉年华和秋季国际徒步大会，促进“帝师故里·瑰丽北留”声名远播。

横岭至石苑旅游公路全线贯通，李家、洸壁等6村污水管网工程圆满完成，大力推进旅游景区周边经营秩序和人居环境集中治理，继续实施“一乡一业”“一村一品”农业项目，完成美丽乡村建设、乡村“四清一美”、农田水利建设、小沟水库加固、阳电运灰道路改造和红庙岭公园土方工程，建成一批卫生清洁村和美丽宜居示范村。

全力打响脱贫攻坚战，完成10村光伏扶贫项目，实现崇上、南岭两村整村摘帽和845人稳定脱贫。圆满完成李家、壁河、杏王集中供热工程。

将从严治党要求落实到每个支部、每名党员。认真贯彻《关于新形势下党内政治生活的若干准则》，严格落实“三会一课”、民主生活会等制度，不断推动党内生活规范化、制度化、常态化。

海会书院

户用燃气供应站

集中供热工程

山西老陈醋是中国四大名醋之一，它的生产至今已有3000余年的历史，素有“天下第一醋”的盛誉。山西老陈醋以色、香、醇、浓、酸五大特征著称于世。

九女仙湖

皇城烧肝是阳城的地方名吃。以鲜猪肝加佐料，用花油包卷，经煎、蒸、炸等工序达焦黄酥软即成。其特点是外焦里脆，味美适口，佐酒佳肴，热食不腻。

美丽的九女湖

相府蜜酒采用太行山无公害蜂蜜酿造而成，纯蜂蜜酒，营养健身，滋补强体，保健美容，延缓衰老。

史山全景

沁水县龙港镇

县委书记原光辉到该镇调研防汛工作

县长侯贵宝到该镇调研城市建设

沁水县龙港镇位于沁水县中西部，东依郑庄镇，北靠樊村河乡，西临翼城县，南毗阳城县。辖9个社区、28个行政村，有20620户，常住人口58689人。总面积392.32平方千米，耕地45758亩，林地22万亩（森林防护面积45万余亩）。侯月铁路、晋侯高速公路和建设中的高沁高速公路穿境而过，交通通信便利，矿产资源丰富，区位优势明显，是沁水县的政治、文化和信息中心。

2016年，被全国计划生育协会表彰为“2011—2015年度先进单位”，被山西省精神文明建设指导委员会表彰为“2014—2015年度山西省精神文明创建先进集体”，被晋城市委宣传部、市司法局市普法依法治理办公室表彰为“2011—2015年全市法治宣传教育先进乡镇”。连续6年在全县年度目标责任考核中被评为优秀乡镇，并获得2016年“党建红旗金杯”。

——经济发展 2016年，全镇民营经济营业收入18.83亿元，民营经济增加值9.22亿元，民营经济工业产值5.94亿元，民营经济工业增加值2亿元，固定资产投资24亿元，粮食总产量13405吨，蔬菜产量4842.2吨，农民人均可支配收入13501元。

——城市建设 规划以梅园城市综合体建设为核心，以永宁、柳庄、宣化、杨河四大片区改造为驱动，以杏园、小岭、梅苑三个城郊连接点建设为延伸的“一核四轮三极”城镇格局。推动五大项目建设：梅园城市综合体回迁区，完成247户、446套房屋回迁安置，商业开发一期主体工程完工；小岭回迁安置楼项目实现回迁入住；柳庄社区“城中村”改造一期工程，完成土地挂牌出让；永宁社区“城中村”改造一期工程，完成88%的拆迁户入户丈量和附属物登记工作；杏园社区“城中村”改造项目开工建设。

——文化旅游 按照“围绕农业抓旅游，抓好旅游促增收”的总体思路，采取“规划引领先行，景点再造跟进，衍生产品拓展，旅游文化融合，社会广泛参与，分块治理推进”的运作模式，立足“一城”，借势“一圈”，依托坪曲、沁东、迎白主干线和沁翼交界古烟火大道，以沁水“古十景”为底蕴，以城镇建设为支撑，精心打造镇域旅游“小圈”，全面构建集旅游观光、农事体验、休闲度假“三大功能”于一体的大旅游格局。

——农业产业 坚持“小的不丢，培育大的”发展思路，做强做精“四大基地”。设施蔬菜基地，全镇蔬菜大棚达到562标栋。畜牧养殖基地，固镇百头养牛扶贫项目完成投资300万元。林业产业基地，全镇苗木达到2700余亩，连翘达到12450余亩，核桃达到7400余亩。特色种养基地，虹鳟鱼养殖达到40万尾，黑木耳种植达到15亩，中药材达1000余亩，蜂业养殖达到6452箱。

龙港镇 2016 年度目标责任考核大会

山西省干部“分类送学”省委党校沁水培训班暨沁水县干部教育专题讲座

召开安全生产暨防汛工作会议并现场签订责任状

举办首届杏花节暨民间推选沁水“新十景”活动发布会

龙港镇消夏晚会

吴家沟沁秀山庄采摘园（日光温室大棚—草莓棚）

沁水县嘉峰镇

党员春训

党的建设工作会议

嘉峰镇位于沁水县东南部，东临郑村镇，北倚端氏镇，南与阳城县润城镇搭界，西与阳城县町店镇、寺头乡毗连，总面积99.7平方千米。辖24个建制村，136个村民小组，8058户，户籍人口24114人，常住人口4.2万人，耕地1895公顷，驻地企事业单位584个，规模以上企业65家。

2016年，全镇粮食总产量9825吨，民营经济总收入30.79亿元，民营经济工业增加值15.41亿元，民营经济增加值达15.37亿元，农民人均可支配收入达16702元。

一年来，该镇获得省级文明乡镇，市级先进基层党组织、市级文明单位、市级城建工作、城乡环境整治工作、三八红旗集体、老龄工作先进集体，县级红旗单位、环境保护目标责任制先进单位、平安乡镇、安全生产、环保、计划生育等60多项荣誉。

2017年，嘉峰镇围绕县委“一个指引、三五支撑”发展战略，聚焦县政府“三五百四”攻坚行动，主动适应经济发展新常态，提出了“1318”科学工作思路。即：瞄准率先全面建成小康社会总目标，紧扣“工业三产服务、人文古堡旅游、新型城镇建设”三件大事发展思路，全力推动十八项重点工程建设，努力建设“经济强、百姓富、环境优”的国家级新能源特色小镇，以优异成绩迎接党的十九大胜利召开。

一、挖掘人文底蕴，构建“三圈一带九心”旅游新格局

本着“做优特色、做强精品”的原则，嘉峰镇以“人文、历史、工业”三张旅游名片为基础，全面融合古堡、人文、工业、服务业、休闲观光等元素，精心策划短期精品旅游路线，集中投资9000万元，突出打造“五项重点工程”，叫响“如画沁水、出彩嘉峰”品牌。即：窦庄、郭壁（郭北、郭南）、武安、嘉峰、尉迟6个中国传统古村落（嘉峰传统古村落群），武安、嘉峰、尉迟3个省级历史文化名村的保护修缮工程；打造红色旅游景点、完善窦庄烈士陵园的保护修缮工程；挖掘沁河文化底蕴，开发沁河古堡农文化产业园的项目工程；依托“金郭壁、银窦庄”和赵树理故居资源优势，与全县“赵树理文化旅游嘉年华”活动紧密衔接，办好“树理文化节”；依托寺河、蓝焰、美中等驻地大型企业，进行旅游景点化改造，推出“特色工业旅游”项目，努力打造全国“工业旅游示范点”。

二、建设新型城镇，助推国家级新能源特色小镇创建

民生温度，考量着一个城市的良心。补短板、兜底线、惠民生、推动社会事业创新发展是嘉峰党委政府的不懈追求。今年，嘉峰镇聚焦“四区联动”，围绕全县“城镇化集聚区”总体安排，突出“工业强镇”定位，投资8.5亿元重点实施城镇建设10大项目。即：创建“全国特色小镇”“中国历史文化名镇”“国家园林城镇”；实施嘉峰移民综合体项目，完善城镇集聚功能；实施潘庄限价房二期项目，解决移民搬迁、职工置业等民生问题；开展农村环境卫生整治，做好美丽乡村连片区建设；实施医养联合体项目，打造全市特色鲜明、示范性强的医养结合项目示范点；以PPP模式，建设镇区集中供水和集中供热项目；建设垃圾处理厂和污水处理厂项目，完善环境卫生清洁机制。

党员志愿服务

“我爱上党戏”栏目走进嘉峰镇

窦庄古堡

赵树理文化旅游节文艺展演

三、服务工业三产，打造提质增效、转型升级新引擎

为推动现代服务业提质增效，把现代服务业打造成新型产业体系的重要支撑、转型升级的重要引擎、农民增收的重要依托，嘉峰镇在服务工业三产上投资2000万元，重点实施三个项目。即：依托创业孵化基地，打造嘉峰镇电商便民服务中心；按照PPP模式，建设覆盖镇村两级的纯电动公交车项目；与寺河、蓝焰等企业做好对接，成立服务于驻地企业的后勤管理公司，打造统一的专业化管理模式。

新常态需要新追求，新常态需要新动力。嘉峰镇党委、政府敢闯敢试、主动作为，积极挖掘新动力，努力创造新亮点，大力推动经济发展迈上新台阶，创造经得起实践、人民、历史检验的新业绩。

煤层气产业示范基地建设

沁水县中村镇

中村镇第四届人民代表大会第一次会议

2016年主要工作：

一、主要经济指标

粮食总产量6753.96吨，蔬菜产量4000吨，固定资产投资16.56亿元，储备项目总投资180亿元，落地项目总投资12亿元，开工项目总投资11亿元，招商引资签约项目总投资13.5亿元，招商引资到位资金3亿元，招商引资落地项目投资1.6亿元。

二、重点工程建设

1. 景区环境综合整治。投资150万元，对全长37千米沿线环境卫生进行集中整治，并成立环卫公司和清洁队伍，建立和完善长效环卫管理机制，每日定期清理垃圾，保护景区优美环境。

中村镇敬老院

2. 历山自驾车营地与民俗精品酒店建设项目。预计投资2亿元，完成规划、初步设计、招投标等前期手续。

3. 宋庄万只养羊项目。投资1000万元，流转土地500余亩，种植玉米和苜蓿草用于饲料加工，年存栏量达到3000只，实施“种植、养殖、加工、销售”一体化模式。

4. 下峪移民搬迁工程。投资500万元，完成30户采煤沉陷区治理搬迁工作，其中完成16户移民房建设及附属设施建设。其余14户给予现金补助共计200余万元。

5. 百万棒食用菌项目。投资500万元，在上阁、东沟、北庄、南河等村建成100万棒基地，生产“历山牌”香菇、黑木耳、猴头菇等品牌食用菌。

6. 下川旅游服务提升工程。投资60万元，聘请同济大学规划设计院对下川旅游小镇、下川遗址、历山景区开发进行规划，对景区交通秩序进行专项整治，对景区农家乐运营进行规范管理，对景区标识标牌进行改造更换。

7. 千亩油用牡丹项目。投资300万元，在上川、下川、向阳三村流转土地640亩，完成油用牡丹种植任务。

千亩油用牡丹示范基地

中村镇中心街区道路

农业示范园区茄子大棚

农业示范园区西红柿大棚

北庄村黑木耳基地

宋庄羊场一号养舍

中村镇中心幼儿园

沁水县郑村镇

2016年，在县委、县政府的正确领导下，该镇坚持以建设“美丽郑村、幸福小镇”为目标，围绕全省“百镇建设”镇和全市转型综改特色城镇化试点工作，忠诚担当，砥砺前行，实现了全镇政治、经济、文化、社会、生态和党的建设的新突破。农民人均可支配收入达到15818元，比上年增长8.17%。6月，郑村镇党委被表彰为“全省先进基层党组织”。10月，郑村镇被表彰为“省级文明镇”。10月14日，全县实施“五个管住”创新乡村治理暨第三次党建例会在该镇召开。

“五个管住”创新乡村治理暨第三次党建例会

全年重点实施了6项重点工程。湘峪三都古城古村落保护利用综合项目，修缮完成了14个院落。幸福农庄灌溉工程，完成招标程序，具备开工条件。主要用于3000余亩生态农业灌溉，以及周边6961口人的生活用水。郑村卫生院建设工程，完成总投资的70%，进入装修阶段。郑村河道治理工程，清理许村至肖庄河道，保证排洪渠道畅通。南山森林公园续建工程，砌筑护坡、硬化道路，完善基础设施建设。常店村移民工程，建筑面积20600平方米，分为四栋192户，两栋楼已分房到户。

郑村河道

湘峪三都古城

常店移民

南山公园善园

幸福农庄灌溉工程

我爱上党戏栏目走进郑村

山西泽州天泰西陈庄煤业有限公司

总经理、矿长 张三政

安全生产会议

山西泽州天泰西陈庄煤业有限公司位于泽州县下村镇下寺头村东南，距晋城市区约 25 千米，是由原晋城市晋宏实业有限公司西陈庄煤矿和泽州县下村镇兴天煤矿（关闭矿）重组整合而成，属整合保留矿井，隶属山西泽州天泰能源有限公司下属企业。矿井现有职工 640 人，井田面积 2.9259 平方千米，批准开采 3# 煤层，属高瓦斯矿井，现开采 3# 煤层，经鉴定无爆炸性，属 3 类不易自燃煤层。矿井采用斜立井综合开拓方式，中央并列式通风方式，机械抽出式通风方法；现保有储量 1219 万吨，可采储量 593 万吨，矿井核定生产能力 45 万吨 / 年，以生产低灰、低硫、高发热量的优质煤为主。公司属生产矿井，“三证”齐全合法有效。

近年来，该公司始终把落实企业安全生产的主体责任贯穿于安全生产的全过程，建立健全了上至董事长、总经理，下至每个员工的安全生产责任制，狠抓班组现场安全管理，不断加大安全投入，改善安全条件，彻底改善了矿井的安全、生产、生活条件。积极推行职工安全技能账户工程建设，每月对所有职工进行一次安全培训考核。积极推行安全质量标准化矿井建设。

坚持以人为本，安全为天，严格遵守安全生产法律法规，严格执行安全生产监管监察指令，落实企业安全生产主体责任，不断加大安全投入，改善安全条件，强化安全培训，提高公司本质安全化程度，把公司建设成安全、高效、和谐的温馨家园。

矿区全景

井口群众安全工作站

调度指挥中心

井下采区工作面

配电室

图书室

高压配电柜

调度室

山西泽州天泰锦辰煤业有限公司

董事长　焦卫太

山西泽州天泰锦辰煤业有限公司前身为晋城市三八煤矿，位于泽州县巴公镇北板桥村，始建于 20 世纪 50 年代。2009 年由晋城市三八煤矿和北板桥煤矿、兴泰煤业、鲁西煤业南部井田整合而成。隶属山西泽州天泰能源有限公司，是泽州县骨干矿井。公司现有员工 1300 余人，总资产 13.98 亿元。

2016 年 8 月，锦辰煤业 120 万吨 / 年技改项目顺利投产。目前，该公司井田面积为 13.726 平方千米，设计可采储量 3192 万吨，单一开采 15# 煤层。矿井水文地质类型为中等，地质构造属简单类型，瓦斯矿井，自燃煤层，煤尘无爆炸性。采用斜井开拓，中央分列式通风方式，综采一次采全高采煤工艺，机械化程度达 98% 以上。公司地面选运系统齐全，建有一座配套洗煤厂，弥补了 15# 煤种高硫劣势。同时公司凭借高发热值的优势，产品畅销晋城周边地区及省内外市场。建矿至今，公司已累计生产原煤 1500 余万吨，为国家上缴利税 6 亿余元，创下了连续 15 年实现安全生产的纪录。被国家、省、市、县授予“全国煤炭行业先进煤矿”“省生态示范矿井”“省优秀企业”等称号。

2016 年转产以来，锦辰煤业一手抓安全，一手抓营销，全年完成原煤生产 65 万吨，完成销售收入 2.1 亿元，当年实现止亏。2017 年，公司提出“1388”年度工作思路和“151”三年发展战略，紧紧围绕“推改革、保安全、强管理、降成本、提效益”主线，各项指标位居全县前列。上半年，工业总产值 19791 万元，同比增加 546%；主营收入 15670 万元，同比增长 412%，上缴税金 4570 万元，实现利润 4192 万元。有效扭转了技改期间的被动局面。

“十三五”，是锦辰煤业改革发展、转型升级的关键时期。公司全体干部职工将牢牢把握“稳中求进、稳中求优”的原则，围绕跨越发展和长治久安两大目标，向着“生命安全，生产发展，生活幸福，生态文明”富裕和谐的现代化矿井迈进。

内强素质 外塑形象

安全生产月”安全知识竞赛
运输队一组
掘进队一组
生产技术科
安检科

晋城市地方风味小吃城

晋城市地方风味小吃城，是改革开放以来由个体地摊发展起来的小吃餐饮龙头产业。前身为泽州路综合市场，2005年在创建“全国优秀旅游城市”过程中，更名为“晋城市地方风味小吃城”。

晋城市地方风味小吃城位于市区泽州路，占地面积13.8亩，建筑面积达14000平方米，安排个体商户百余户，其中：小吃餐饮户占到55%，主要经营全市和全国各地方风味小吃。此外，还有与餐饮相匹配的蔬菜、肉、蛋类、水产、水果、粮油、调味品等经营品种2万余种。另有练歌、网吧、棋牌、茶社等大众娱乐项目。就业人员达到600余人，年创利税60余万元。是晋城市争创全国卫生城市和文明城市的一个服务窗口和亮点，被评为全市“双十大”餐饮名店和知名市场单位，被市政府确定为全市创业孵化基地。

晋城市地方风味小吃城项目总投资3300万元，商户全部安装煤气，大大改善了环境。小吃城正向新的餐饮标准和要求迈进，努力让八方游客在小吃城，吃出健康，饮出欢乐。

香锅·铁锅炖菜
重庆
川菜馆
竹笋鸡

特色烤鱼
香锅·铁锅炖菜

驴肉甩饼
税务

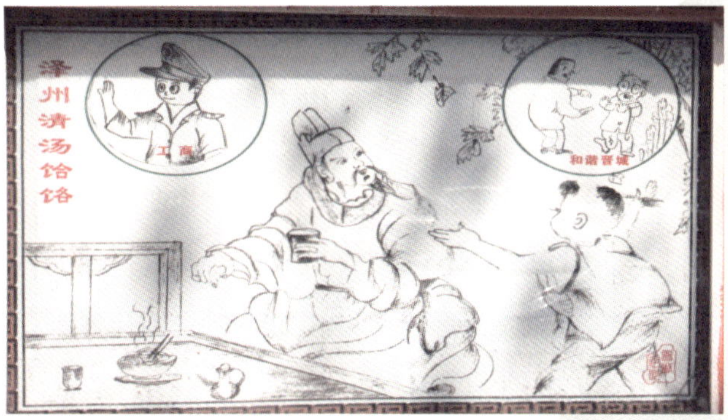
泽州清汤饸饹
工商

阳城烧肝

晋城烧大葱
交通安全

SENGTO圣拓
生态家园让城市微笑

晋城市圣拓房地产开发有限公司

——用情怀珍惜发展契机 用责任坚定前行脚步

董事长 李永利

晋城市圣拓房地产开发有限公司成立于2006年，注册资金5000万元，具有二级房地产开发资质，是以棚户区改造为主的地产企业。公司现有员工500人，以李永利董事长为核心、由经验丰富的行业精英共同组成管理团队，秉承“精准聚焦、深度服务”的发展思路，逐步实现专业化、规范化、精细化、品牌化运作。

秉承“生态家园让城市微笑”的建设理念，包容开放、合作共赢、方便宜居，彰显了休闲晋城的魅力。已开发和正在开发的项目有文景苑、九龙商贸城、金融财富广场、金丽嘉苑、金丽九龙公寓、世纪佳苑、岚郡银河、景德溪秀、滨河紫郡、白水湾、虹桥大厦、华泽学府、拓谷电商基地，总建筑面积逾400万平方米。

创新的“金融 + 地产 + 互联网”商业模式，以线上交易平台为主体、线下实体资产做保障，以结果导向追诉惩戒失信行为，建立信用体系，规范守信底线，从而实现“万商聚一、自由搏击”的拓谷电商平台，让置业、就业、创新更为灵活，让规范、透明、公正成为风尚。

公司自成立以来，支持教育和各类慈善事业捐资过千万，从迎奥运促和谐的特别贡献，到偏远山区的扶贫攻坚，从公益文体到捐资助教，都尽己所能承担“民生为本，产业报国”的社会责任。

“昨天的业主，今天的会员，明天的股东”，诠释着圣拓人筑家的梦想，让圣拓地产在推进产业升级和可持续发展的道路上坚定前行。

人才
Talent Concept
唯才是命 爱才之德
识才之能 用才之长

2016"圣青春 拓前行"木札岭留念

代表当选证书

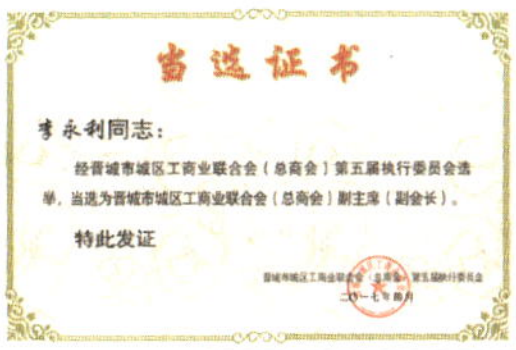

当选证书

捐资助教 功垂千秋

晋城市圣拓房地产开发有限公司

晋城市圣拓房地产开发有限公司
CCTV
2015年度央视展播品牌

小区管理优秀奖

城改建设最佳方案奖

授权证书
晋城市圣拓房地产开发有限公司

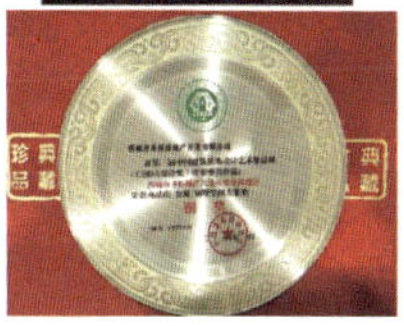

最佳楼盘销售奖

SENGTO圣拓
景德桥社区城中村连片改造回迁安置楼

SENGTO圣拓
生态家园让城市微笑

坚定前行圣拓地产

岚郡银河

景德溪秀

景德溪秀

景德溪秀

用情怀珍惜发展契机

用责任坚定前行脚步

金融财富广场

文景苑

拓谷电商基地

世纪佳苑

城 区

中共区委书记 张利锋*
王学忠
区人大常委会主任 宋春生
区人民政府区长 王学忠*
王文全
区政协主席 刘秋海* 晋 昕

【简述】 城区位于晋城市中部，四周与泽州县接壤。地理坐标为北纬35°24′55″~35°35′45″，东经112°45′10″~112°55′08″。海拔748.3米。南北长17.5千米，东西宽15.4千米，总面积142.6平方千米。是1985年8月市管县体制改革中新设置的县级行政区。辖1个镇、7个街道办事处、62个行政村、75个社区，总人口（常住人口）49.28万人。是晋城市政治、经济、文化、科技中心，为晋城市人民政府、城区人民政府和泽州县人民政府机关驻地。

城区区位优越，交通便捷。双轨电气化太焦铁路贯穿南北，有铁路专用线10多条。晋（城）阳（城）、晋（城）焦（作）、长（治）晋（城）、晋（城）济（源）高速公路，在境内交会。207国道、太（原）洛（阳）、晋（城）韩（城）、晋（城）陵（川）、晋（城）张（路口）、晋（城）辉（县）等干线公路，纵横交织。

旅游业是城区的新兴产业。境内旅游景点主要有白马寺山森林公园、吴王山森林公园、司徒小镇、景熙绿谷生态农业园、程颢书院、洞头生态旅游景区、泽州公园、凤凰岭森林公园、玉龙潭公园、文笔峰塔、怀覃会馆等。驻区旅行社、旅游公司有友好国际旅行社、太行旅行社、假日旅行社、铁道旅行社、东方旅行社等。

【综合经济】 2016年，城区地区生产总值完成249.8亿元，同比增长5.0%；其中，第一产业增加值0.74亿元，下降17.0%，占生产总值的比重为0.3%；第二产业增加值80.93亿元，增长1.8%，占生产总值的比重为32.4%；第三产业增加值168.13亿元，增长6.8%，占生产总值的比重为67.3%。规模以上工业增加值完成8.9亿元，同比下降9.1%；固定资产投资完成334.9亿元，同比增长6.3%；社会消费品零售总额完成204.7亿元，同比增长7.9%；公共财政预算收入完成8.9亿元，同比下降6.8%；城镇居民人均可支配收入完成30168元，同比增长5.9%。增速排名全市第三。各项约束性指标和民生指标全面完成年度目标。

【农业】 以市场需求为导向，积极推进农业供给侧结构性改革，在粮食生产、龙头企业带动、发展功能农业上持续用力，支持精品花卉、食用菌、设施蔬菜等优势产业做大市场、做精产品、做强品牌。全年，全区粮食总产量706.2万千克，占目标任务600万千克的117.7%。农业产业化龙头企业销售收入5.25亿元，占年计划5.2亿元的100.9%。现代农业投资5.42亿元，占年计划5.4亿元的100.4%。全区粮食播种面积2.33万亩，平均亩产303.1千克，亩产量较2015年减产2.8%。其中，小麦收获面积1.74万亩，平均亩产272.1千克，与2015年相比亩减产

9.45%,总产量473.4万千克。秋粮播种面积0.59万亩,单产397.9千克,与2015年相比亩增产20.6%,总产量232.8万千克。

【工业】 23家规模以上工业企业利润降幅收窄,北石店工业园区建设艰难推进;农业发展增势迅猛,司徒小镇、景熙绿谷生态园强势引领,十大农业园区的品牌示范效应进一步显现,全区三次产业发展更加协调,产业结构更加优化,产业整体质量有效提升。以工业化、信息化"两化"融合为方向,加大传统产业技术改造和新项目、新业态培育力度,协调和服务区属23家规模以上工业企业发展,集中抓好海斯制药新医药园、宇光线缆等十大重点项目建设,在扩投资、拓市场、创品牌上实现新突破,推动工业经济稳中向好,步入正增长轨道。争取"一县一省级工业园区"政策红利,加快完善北石店工业园基础设施,引进和落地具有城区特色的工业企业,形成更加健全、完善的产业支撑体系。

【招商引资】 全年签约项目17个,总投资额369.2亿元,完成市目标任务的173.33%,全市排名第二。麦当劳、优衣库、上海世纪华联等一批知名品牌入驻,以兰花城、电子商务产业园、"幸福苑"等为引领的新项目、新业态、新模式亮点纷呈,服务业对全区经济增长的贡献率达到88.5%。外来资金到位88.02亿元,重点项目万达城市广场进入规划方案设计阶段。坚持招商引资与招才引智互动融合,结合上级要求和城区实际,针对性出台招商引资优惠政策,综合考虑项目投资大小、投资强度、经济贡献、社会效益等情况,从用地、财政、规费、金融等方面给予相应的扶持,为外地企业和本地企业的落地建设创造条件,设立1000万元的新产业新动能投资专项基金,对有发展潜力、有突出贡献的企业采取相应的奖补措施。

【项目建设】 114项省市重点工程扎实推进,"六位一体"各项指标全面超额完成,促进了固定资产投资的持续增长。民间投资继续发挥主体作用,完成投资310.4亿元,增长28.4%,占全区固定资产投资比重的92.7%;电商、养老、休闲、文化等成为产业投资新方向、居民消费新热点,信息传输、软件和信息服务业投资增长186.7%,文化、体育和娱乐业投资增长85.2%,全年网络零售额同比增长22.6%,达到4592万元;西北片区和北石店镇"四化同步"两个市级试点建设持续推进,北石店镇被纳入第三批国家新型城镇化综合试点。重点领域改革有序推进,改革红利进一步释放。财税金融改革,全面实施"营改增",为各类企业减负近1亿元;创新"政银企"合作模式,为14户企业提供倒贷周转金5985万元,为19家小微企业发放"助保贷"5115万元。积极争取中央预算内投资、国债、城投债以及筹建城市建设投资经营有限公司等系列措施,缓解城市建设和重点项目建设资金紧张局面。工商登记制度改革,变"三证合一"为"五证合一",提高市场主体准入的便利化水平,激发创业创新的市场活力,全年新登记注册各类企业848户,新增注册资金4.2亿余元。村(社区)改革初见成效,土地确权有序推进,农村产权流转交易市场体系加紧建设,以南街办事处金华社区为试点的村(社区)集体产权制度改革取得突破。公车改革扎实推进,参改公车处置工作圆满完成。城镇集体企业改革、城市管理体制改革等各项改革进展顺利,全面深化改革的成效正在显现。

【道路建设】 主动对接晋城市实施"全面开放大通道"工作部署,全力打好、打赢城市道路工程征地拆迁攻坚硬仗,景西北路、电厂路、道西路、晋春街、书院西街、书院东街、百灵街、泰康街、程颢路、景西南路10条道路全线通车;白水西街、景西南路南延工程开工建设,地下管线、道路绿化和河道景观建设整体推进。着手推进古书院街、西大街道路建设和新市西街提升改造工程。全力保障全市"双十"城建重点工程实施,完成七叉口立交桥、畅安路延伸、文博路北段等21项工程拆迁任务。统筹推进村级公路改造升级,修复、改造一批城乡裸露道路,打通断头路,疏通瓶颈路,畅通微循环,促进大改造,带动大开发。

【城镇建设】 彻底解决太行印刷厂征补遗留问题,景西北路全线通车。破解制约工程建设的管网迁改、水浇地置换、资金筹措等瓶颈问题，西北片区“两横三纵”路网骨架基本成形，沿线城中村改造及基础管网、学校工程、河道景观建设有序推进，城市配套功能日趋完善；北石店新区开发提速，富鑫广场招商、海斯药业用地、城中村（棚户区）改造、河道治理等重点难点工作取得突破性进展；协调推进带状公园、时家岭公园、汇仟街、龙潭路、207国道改线等重点项目建设，东南片区开发改造步伐加快。全区城中村改造累计投资21.3亿元，新增建筑面积96.5万平方米。加大以城带乡、城乡一体推进力度，确立大抓基层鲜明导向，紧扣集体经济薄弱、基础设施建设滞后、社会治理水平不高等突出问题，积极探索村级经济发展和美丽乡村建设新机制、新路径，涌现出大车渠、东上村、南掩、金华、东岭巷等各具特色的先进典型。

【城中村改造】 结合路网工程建设，推进城中村改造、基础设施和公共服务配套、市场开发等工作，打造设施齐全、功能完备、居住舒适的宜居样板区。按照“规范、稳健、提质”的思路，科学编制全区城中村改造规划纲要，优先保障回迁楼建设，确保居民顺利回迁安置。新申报东上庄、小后河、后圪塔3个项目，新开工西吕匠、西马匠、北岩、时家岭、中原街、金华、景德桥7个项目。加快西北片区项目引进和土地出让，实质性推进片区市场化开发；加快推动东方玻璃厂厂区改造、气门厂及周边旧城改造；谋划春光热电和太印旧厂区改造。全年，城中村改造投资20亿元，完成建筑面积80万平方米。

【生态建设】 持续推进“三山两河一场”六大生态龙头工程建设，吴王山公园后期围护、玉屏山生态治理和苇匠生活垃圾填埋场环境整治等重点工程全部完工，白马寺山至吴王山绿道基本成形，北石店河治理工程稳步推进，书院河治理工程即将立项。4个村庄的绿化和1处街头绿地建设任务圆满完成。强力推进以雾霾治理为重点的大气污染防治工作，共清理煤堆、煤泥堆、煤矸石堆等各类堆场83处，清运煤泥、煤矸石约26万吨，取缔土小企业41家；整治露天烧烤48家；对1703家不达标经营户实施清洁能源改造；集中开展优质型煤供应工作，从源头上遏制环境污染。大力开展城乡清洁行动，高标准完成农村500户改厕任务，新增农村煤层气用户1497户，农村生产生活条件进一步改善。

【社会事业】 坚持公共财政优先保障和改善民生，民生事业支出达到14.3亿元，同比增长14.7%，占总支出的85.3%。就业创业工作超额完成任务，全年新增就业6321人，创业带动就业2176人。社会保障覆盖范围继续扩大，基本养老保险和医疗保险实现全覆盖；机关事业人员全部纳入工伤保险统筹范围；城镇居民医保和农村居民新农合的财政补贴提高到420元；为5405名退休职工月均增资161元；建筑业农民工参加工伤保险工作稳步推进，参保人数达2.1万人；城乡低保标准分别提高到511元、273元，共保障3158户、6237人；为750户住房困难家庭发放廉租房补贴。晋城八中、十一中、十二中相继投入使用，书院小学、东王台小学完成主体工程，北石店中心幼儿园、花园小学、北石店中心卫生院开工建设，程颢书院二期、晋冀鲁豫野战军十二纵队整军旧址、吕祖坛和怀覃会馆等文物修缮工程有序推进，基础薄弱学校改造提升、城乡裸露道路修复、困难群体救助等一批惠民实事圆满完成。牢固树立安全红线意识，从严从细落实安全生产责任和措施，深入开展安全生产大检查专项行动，实现全区各行业安全生产无事故。启动实施“七五”普法规划，深入开展矛盾纠纷排查调解，全面加强社会治安综合治理，加强应急管理和防灾减灾能力建设，防范各类突发事件，保障人民群众生命财产安全。妇女儿童、民族宗教、档案、统计、气象、人防、地震、红十字、慈善、残疾人、老龄等各项事业都取得新的成绩。

（杨　盼）

泽州县

中共泽州县委书记　赵新年
县人大常委会主任　陈晋勇*
　　　　　　　　　　靳水生
县人民政府县长　高喜全
县政协主席　樊秋宝*　李正根

【简述】 泽州县位于太行山南

端、山西省东南部。史称“河东屏翰,冀南雄镇”。地理坐标为北纬35°12′~35°42′,东经112°31′~113°14′。地域分布在晋城市城区四周,东连陵川县,西接阳城县、沁水县,北靠高平市,南与河南省的辉县、修武、博爱、沁阳、济源等市、县毗邻。总面积2024.4平方千米,占晋城市总面积的21.3%,占山西省总面积的1.2%。

境内地貌以山地、丘陵为主,山地、丘陵、平川面积之比为6:3:1。最高点为西北部的武神山主峰,海拔1346.6米,最低点为东南丹河出口处的三姑泉,海拔296米。相对高差1050.6米。全县平均海拔650~1000米。境内主要河流有沁河、丹河,均属黄河水系。年平均气温10℃左右,大陆性季风气候明显。无霜期192.6天。年降水量618.3毫米,但年际、月际间降水量的相对变率较大。日照时数为2580小时,日照率67%。

境内自然资源丰富,尤以煤、铁为最。全县煤炭地质储量为44亿吨,铁矿石储量5亿吨,硫铁矿、铝钒土、石灰石、大理石、银、铜、锰、石膏等储量也很丰富。全县水资源总量为2.814亿立方米,属相对富水区。全县年末耕地保有量为76.74万亩。封山育林面积8.1万亩。全县有省级自然保护区1个,自然保护区面积93775.1公顷。全县林木绿化覆盖率达到50.6%,森林覆盖率达到36.7%。野生动植物不但种类繁多,而且较为珍贵,其中属国家二、三类保护的珍稀动物有猕猴、大壁虎;属国家保护的植物有青檀木等。丰富的自然资源为泽州县经济的发展提供了重要的物质基础和条件,使泽州县成为山西省能源重化工基地及全国无烟煤生产基地的重要组成部分。

泽州县辖14镇3乡,即下村、大东沟、周村、南村、北义城、大箕、柳树口、山河、犁川、晋庙铺、金村、高都、巴公、大阳镇、川底、李寨、南岭乡。全县共有629个行政村,1088个自然村。2016年年底,全县常住人口为491789人,其中农业人口261539人,非农业人口230250人。人口以汉族为主,回族次之,另外,还有蒙、满、朝鲜、布依、苗、白、土、壮等少数民族。

【综合经济】 2016年,泽州县主要经济指标排名均居全市前列,地区生产总值完成218.5亿元,同比增长4.8%,其中:第一产业增加值14.0亿元,增长5.7%,占生产总值的比重为6.4%;第二产业增加值134.8亿元,增长4.6%,占生产总值的比重为61.7%,其中,工业实现增加值129.9亿元,增长4.4%;第三产业增加值69.8亿元,增长5.0%,占生产总值的比重为31.9%。一般公共预算收入完成12.4亿元,同比增长7.8%;工业增加值、固定资产投资、城镇居民和农村居民收入4项指标增速位列全市第一。规模以上工业增加值同比增长5.4%;城镇居民人均可支配收入29333元,同比增长7.1%;农村居民人均可支配收入13129元,同比增长7.5%。

2016年,人均地区生产总值44485元,按2016年平均汇率计算达到6699美元。全年全县公共财政预算收入12.4亿元,增长0.9亿元。税收收入7.0亿元,下降7.6%,其中,国内增值税、营业税、企业所得税、个人所得税、资源税和城建税共计完成税收5.6亿元,增长1.7%。公共财政预算支出27.9亿元,下降10.8%,减支3.4亿元。其中:教育支出6.0亿元,下降9.5%;社会保障和就业支出3.9亿元,下降9.1%;医疗卫生与计划生育支出4.1亿元,增长4.8%;农林水支出5.1亿元,下降8.7%。民生支出占全县公共财政预算支出的比重72.7%。

2016年,全县城镇新增就业5940人,下岗再就业人数达到784人。其中,安置就业困难对象再就业280人。年末,城镇登记失业率为0.3%。

【农业】 2016年,全县农作物种植面积60996.6公顷,比上年减少4815.7公顷。其中:粮食种植面积58697.0公顷,减少4581.7公顷;油料种植面积370.3公顷,减少265.8公顷;棉花种植面积4.7公顷,增加0.2公顷。在粮食种植面积中,玉米种植面积6604.0公顷,增加207.6公顷;小麦种植面积29629.9公顷,减少464.0公顷。

2016年,粮食总产量23.7万吨,比上年减少2.9万吨,同比减产10.9%。其中,夏粮12.8万吨,减产14.8%;秋粮10.9万吨,减产6.0%。

2016年,棉花产量3吨,同比

下降25.0%；油料产量695吨，同比下降61.1%；药材产量2063吨，同比增长118.8%；蔬菜产量79828吨，同比下降3.3%；水果产量18723吨，同比下降0.2%。

2016年，全县肉类总产量52331吨，比上年增长0.1%。其中，猪、牛、羊肉分别增长1.5%、-16.9%和-15.2%；奶类总产量480吨，同比下降0.6%；禽蛋总产量22768吨，同比下降4.0%；蚕茧产量9.6吨，比上年减少6.8%；水产品产量655吨，同比减少11.0 %。

年末，全县农业机械总动力28.3万千瓦，下降62.7%。机械耕地面积52690公顷，增长2.5%；机械播种面积44700公顷，增长4.5%；机械收获面积36600公顷，下降5.2%。全县农机化经营总收入1.8亿元，下降53.8%。

2016年，该县以农地入市为突破口，加快推进农村集体经营性建设用地入市试点工作，修订完善13项规章制度，完成13宗192.8亩土地入市和7宗640亩土地调整入市方案批复，实现入市途径和入市方式全覆盖。加强农田水利基本建设，任庄水库除险加固完工蓄水，荣获全省“禹王杯”先进县称号；病死畜禽无害化处理工作全省现场会在该县召开；绿化造林2518亩，森林覆盖率达36.7%。

【工业】 2016年年末，全县有规模以上工业企业45家。全年规模以上工业增加值同比增长5.4%。

2016年，原煤产量672.0万吨，下降5.2%，化肥折纯量125.2万吨，增长6.2%，生铁产量367.5万吨，增长15.1%，粗钢产量357.8万吨，增长17.0%，钢材产量354.2万吨，增长17.6%，水泥产量42.7万吨，下降5.0%，发电量完成19.1亿度，下降2.8%。

2016年，规模以上工业实现主营业务收入184.6亿元，比上年增长3.2%；工业企业实现利润1.5亿元，比上年增长0.4%；实现利税11.1亿元，同比增长25.1%。

2016年，全社会建筑业实现增加值50318万元，增长0.02%，年末，全县具有资质等级总承包和专业承包建筑业企业7家，完成总产值25613万元，同比下降31.7%。

2016年，深入实施产业新体系、新格局转型升级战略，以长河经济带为重点，坚定走转型升级稳煤之路，煤电、煤化、煤企联盟深入推进，煤炭就地转化率不断提高，煤化工产能提高15%，煤层气转换率提高27%；天泽4060、兰花己内酰胺、纳米碳酸钙建成投产，晋煤华昱煤电化循环项目建设步伐加快；都宝、润红、寺河3个瓦斯发电厂并网发电。以巴公板块、南村板块为重点，坚定走集群发展强铸之路，南村铸造园区建设启动、巴公装备制造园区集聚效应进一步提升，传统铸造开始迈向高端制造；以南部山区板块为重点，坚定走健康绿色优农之路，“一县一业、一乡一特、一村一品”持续提升；以金村板块为重点，坚定走低碳智慧育新之路，“四新经济”不断涌现。大力实施“六位一体”建设，75个重点项目进展顺利，建立并落实“五个一”工作机制和重大建设项目部门联席会议制度，南村铸造工业园区、枣园学校等75个重点项目前期工作有序推进，清慧三期、万鑫顺达光伏发电等20余个重大项目落地开工，华明纳米、中国青年城、爱窝商贸、国晨生物科技等四家企业分别在“新三板”“青创板”“Q板”挂牌上市。全县三次产业比重由2015年的6.0∶63.9∶30.1调整到5.5∶62.8∶31.7，产业结构日趋合理。坚持把培育“五大产业”新体系，构建“两带四板块”“五化”，同步推进产业新格局。县域经济发展考核评价位列全省A类县(市)第8名。

【服务业】 晋城海关、兰花物流保税中心运营，“泽州坊”“乐村淘”等电商平台覆盖面进一步扩大。全年，新创办实体企业314家，同比增长18%；新增个体工商户1001家，与去年持平。

【财政】 2016年，全县生产总值218.5亿元，按2016年平均汇率计算达到6699美元。全年全县公共财政预算收入11.5亿元，下降7.3%。税收收入7.0亿元，下降7.6%，其中，国内增值税、营业税、企业所得税、个人所得税、资源税和城建税共计完成税收5.5亿元，下降7.7%。公共财政预算支出31.3亿元，增长34.2%，增支8.0亿元。

【贸易】 2016年，全县社会消费品零售总额38.6亿元，增长7.0%。其中：城镇消费品零售额26.6亿元，增长5.7%；乡村消费品零售额12.0亿元，增长10.0%；批发业完成38588万元，增长16.9%，零售业完成299209万元，增长6.0%；住宿业完成8999万元，增长-1.1%，餐饮业完成39613万元，增长7.9%。

2016年，全县海关进出口总额24359万美元，下降8.3%。其中，出口完成1442万美元，同比下降32.5%；进口完成22914万美元，下降6.1%。

【金融】 年末，全县金融机构各项存款余额202.7亿元，比年初增加17.7亿元，增长9.6%。各项贷款余额88.9亿元，比年初减少4.6亿元，下降5.5%。

【保险】 2016年，全县保费收入16170.7万元，同比增长3.9%。其中，寿险业务保费收入2791.1万元，下降71.3%；健康险业务保费收入1457.2万元，增长15.5%。意外险业务保费收入314.6万元，下降5.3%，财产险业务保费收入5800.4万元，下降0.6%。全年支付各类赔款及给付3807.1万元，下降10.8%。

【教育】 2016年，全县共有各级各类学校195所，比上年减少20所。在各类学校中，有高中学校5所，高职中学2所，初中中学32所，小学154所，教师进修学校1所，特殊教育学校1所。年末，全县共有各级各类在校学生人数50344人，比上年末减少3084人；全年各级各类学校招生数14730人，比上年减少164人；毕业生数15681人，比上年减少993人；年末，全县教职工人数4761人。小学学龄儿童入学率100%；小学和初中升学率均达100%。

【科学技术】 2016年，共申请各类专利25件。其中：发明专利申请量14件，实用新型专利11件；有效发明专利拥有量26件。列入市级专利推广实施项目1项。

【文化】 2016年，全县共有艺术表演团体9个，新创作首演剧目1个，本年上演剧目50余个，演出场次2500余场，收入500万元，其中：剧团2个，本年上演剧目25个，演出场次500场，收入400万元；曲艺队1个，本年上演剧目20个，演出场次600余场，收入3万元。全县共有公共文化馆1个，公共图书馆1个，乡镇文化站17个，村级农家书屋632个，共藏书约110万册。广播电台1座，电视台1座。年末，全县有线电视用户达8万户。其中，接收数字信号用户5.3万户。广播综合覆盖人口48.1万人，广播综合人口覆盖率98.0%；有线电视综合覆盖人口48.6万人，电视人口综合覆盖率达99.0%。有线电视入户率达到99.0%。

【体育】 2016年，全县共举办各级各类体育赛事10余次，参加运动会运动员人数8000余人。运动员在市级以上重大比赛中获金、银、铜牌分别为3枚、5枚、4枚。全民健身活动形式多样，据不完全统计，全年全县体育锻炼标准达标人数达35万人。

【卫生】 2016年，全县共有卫生机构（含诊所）692个，其中，县医院1个，县妇幼保健院1个，疾病预防控制中心（防疫站）1个，卫生监督所1个，乡镇卫生院26个，村级卫生所627个，个体诊所35个。全县共有床位数2003张，卫生技术人员1904人，其中，执业医师和执业助理医师835人，注册护士591人。乡村三级医疗机构达标率为100%，新型农村合作医疗参合率达到99.58%。

【交通】 2016年，全县公路线路里程2381千米，其中高速公路134千米。公路密度117.7千米/百平方千米。

【邮电】 2016年，全县完成邮电业务总量17069万元。其中，邮政业务总量1369万元；电信业务总量15700万元。农村固定电话用户2.8万户，移动电话用户年末达到29.4万户，全县接入用户数达4.3万户。

【旅游】 2016年，全县共有旅游景区（点）9处，其中，4A级景区1个，3A级景区2个，2A级景区1个。共有星级饭店5家，其中四星级3家、三星级2家。共有农家乐147家。全年共接待游客753万人次，其中，直接接待游客179万人次，间接接待游客574万人次，海外旅游接待游客0.3万人次。实现旅游总收入62.3亿元，其中，直接接待游客收入13.9亿元，间接接待游客收入48.4亿元，海外旅游创汇134.7万美元。

【社会保障】 2016年，参加城镇基本养老保险30022人，比上年末增加1121人；参加新型农村社会养老保险297839人，减少897人；参加城镇医疗保险50610人，增加229人，其中：城镇职工医疗保险参保35200人；城镇居民医疗保险参保15410人，增加38人；参加失业保险24038人，增加470人；参加工伤保险64080人，减少1929人，其中：农民工参保42072人；参加生育保险28000人，增加800人。全县共有农民389015人参加了合作医疗。

2016年，全县城镇基本社会保障覆盖率达99.2%，其中：养老保险覆盖率达99.4%，医疗保险覆盖率达99.8%，生育保险覆盖率达99.7%，失业保险覆盖率达99.2%。全年城镇低保人数968人，保障户数850户；农村低保人数8102人，保障户数5495户。

【重点项目】 2016年，泽州县全力加快金村新区建设，丹河龙门湿地公园一期工程建成开园，丹河西路、碧水街建成通车，太岳街、西岭街加快建设，县政府驻地变更上报民政部待批。配合市政府推进高铁新区和空港新区建设，民用机场开始选址，太焦高铁和通用机场有序推进。深入推进“美丽乡村”建设，3镇5村采煤沉陷区搬迁安置项目全面启动，新增集中供热面积54万平方米、煤层气用户7013户，城中村改造新开工1538套，危房改造完成210户，改建卫生厕所6000座，开工建设3个污水处理工程，建成3个垃圾填埋场。

【生态建设】 持续加强生态建设，开展改善环境质量“百日攻坚战”“铁腕治污”等专项行动，空气质量综合指数同比下降3.7%，优于二级天数同比增加50天，立案查处环境违法行为105起，罚款691万元，征收排污费1282万元；强化水生态治理，丹河人工湿地四期工程投入使用。

【社会事业】 2016年，泽州县狠抓脱贫攻坚，全面实施精准扶贫“255”工程，10个村脱贫项目全部开始实施，4个村光伏扶贫项目全部并网发电，2503户5050名贫困人口实现脱贫。十件惠民实事全面完成。新建25个农村老年人日间照料中心和川底、大东沟、南岭3所乡镇敬老院；新建成边道路11条75千米，农村公路生命安保工程完成143.4千米；新开通公交线路4条，新增通公交村67个，累计通公交村达370个；为6.58万名60岁以上老人免费体检；解决了1.48万人饮水安全问题，自来水入户率达95.5%；更新了130个村级室外健身器材；义务教育均衡发展得到巩固，李寨国家级示范性综合实践基地主体完工；基本公共卫生服务项目在全省考核中位列第一；为14362名残疾人发放护理、生活补贴479.4万元；城镇新增就业5940人，培训农民工9967人；机关事业单位养老保险制度改革全面完成，共缴纳专项经费1.1亿元。食品安全持续稳定，信访总量大幅下降，安全生产形势总体平稳，平安泽州创建成效显著，全县保持和谐稳定的良好局面。应急、人防、外事、侨务、老龄、气象、史志、档案等各项工作得到加强，民族宗教、人民武装、妇女儿童等工作取得长足进步。

（张　静）

高平市

中共高平市委书记　张玉宏*
　　范兆森
市人大常委会主任　张志刚
市　长　邹树琦
市政协主席　梁沁高*
　　李培安

【简述】 高平市位于晋城市北部。地理坐标为北纬35°39′～35°59′、东经112°42′～113°09′。东至铁佛岭与陵川县接壤，南至界牌岭与泽州县毗邻，西至老马岭与沁水县交界，西北至丹朱岭与长治市长子县为邻，东北至金泉山与长治市长治县相接。东西长41千米，南北宽37千米，境域总面积980.3平方千米。境内矿产资源主要有煤、铁、坩土、铝土、硫黄、石灰石等。含煤面积271平方千米，地质储量约为161亿吨，已探明储量30亿吨。铁矿储量约1.8亿吨，硫黄储量约为5.5亿吨。

1993年5月12日，经国务院批准，撤销高平县，设立高平市。2016年，全市辖9镇4乡3个街道办事处。常住人口493020人，人口自然增长率为2.43‰。

高平是中华民族人文始祖炎帝的故里，中国历史上著名的长平之战的发生地，太行太岳革命老区和闻名全国的“煤铁之乡”“黄梨之乡”“生猪之乡”和“上党梆子戏剧之乡”。高平春秋时称泫氏，战国时称长平，北魏至今称高平。传说远古时期，炎帝神农在此播五谷、创耒耜、教稼穑、尝百草、兴医药、疗疾伤、开日市、制陶器，开创了华夏文明。已发现的东庙遗址、李家庄遗址等，证明早在旧石器晚期这里就有人类繁衍生息。

高平历来为兵家必争之地，战国时期的秦赵长平之战，悲惨壮烈；五胡十六国时期的晋汉长平之战，血雨腥风；周世宗高平大捷，威震天下。高平是革命老区，抗日战争时期，朱德、彭德怀、左权、徐海东、黄克诚等老一辈无产阶级革命家在此战斗，取得了一次又一次辉煌胜利。

市境地处交通枢纽，太（原）澳（门）高速公路、国道207线、省道长（治）晋（城）线和太（原）焦（作）铁路南北纵贯，省道坪曲线东西横越，交通便利。

【综合经济】 2016年，全市地区生产总值完成200.3亿元，同比增长3.6%；规模以上工业增加值48.2亿元，增长3.2%；一般公共预算收入12.7亿元，增长0.8%，在全省96个县（市）总量排名第二；固定资产投资150.5亿元，增长0.8%；社会消费品零售总额59.9亿元，增长7.5%；城镇居民人均可支配收入完成28235元，同比增长5%；农民人均可支配收入完成12277元，同比增长5.6%。

【项目建设】 按照“打造一个新引擎、稳定一个基本面、强化两个驱动力”的实施路径，千方百计稳企增效，多措并举招商引资，转型升级步伐不断加快。整合原有4个工业园区，构建“一区三园”的开发区发展模式，为产业转型搭建平台。加强企业分类帮扶，推进煤炭企业去产能、降成本，地方煤矿原煤产量、销量和销售收入同比分别增长59.7%、71.4%和50.6%，平均综合成本下降14.5%；帮助非煤企业引进战略投资者，泫氏、昌平、海诺、天润、凯永等企业积极寻求合作伙伴，进行产品技术升级改造，唐一新能源、福川制铁等企业也加快了资产重组步伐。建成炎帝陵景区，成功举办海峡两岸神农炎帝文化旅游招商系列活动，深化与山投晋旅等企业的合作，文化旅游产业稳健起步；建成电子商务产业园、中小企业创业园等各类创业创新基地，引进阿里巴巴、京东、苏宁、乐村淘等知名电商企业，新兴业态不断涌现，三产服务业发展势头良好。推进现代农业发展，稳定粮食、生猪、蔬菜和果品生产，高平市再次荣获全国生猪调出大县和全省农田水利基本建设“禹王杯”红旗县称号。

【重点领域改革】 完善科兴集团法人治理结构，出台国有企业重大资产处置、投资管理、对外担保和国有资产监督管理办法，构建国有资产监管体系。完成农信社改制，成功组建高平农商银行；启动实施人民医院医技楼、神农健康城、炎帝文化苑、城市第三水厂等PPP项目；全力推进九康食品、天润农业E板挂牌和海诺科技、兰花药业新三板挂牌，全市挂牌上市企业达到9家，中小企业占比全省排名第六。成立市公立医院管理委员会，组建市人民医院集团，推进市乡村医疗卫生机构一体化发展。基本完成土地确权登记颁证工作，建成晋城首家农村产权交易平台。启动“五规合一”规划编制，出台户籍制度改革实施意见，限价房配售放宽到全市户籍。供销社综合改革初见成效，高平市被列为全省试点。启动综合行政执法体制改革，组建市场监管局。开通“52345”一号通服务热线，公共资源交易中心、政务服务中心、政务云大数据中心和政务协同办公系统先后建成并投入运行，行政效能和服务水平不断提升。

【城乡建设】 加强城市基础设施建设，以点带片、以片促面，提升城市品质。贯通区域路网，神农路北段、精卫路南段、锦华街东段、康苑街竣工通车，金峰大道南延、建设路南延、锦华街西段工程有序推进，太焦高铁高平段开工建设，城市发展空间不断拓展；完善城市功能配套，市区新增供热面积105万平方米、集中供气用户3000户，开工建设保障性住房316套，“四山”绿化、丹河景观整治提升等工程基本完工，丹河公园、炎帝公园、凤和园等多处游园建成开放，人居环境明显改观。推进特色小镇和美丽乡村建设，实施张峰供水二期、农村饮水提升、公路改造、危房改造、河道整治等项目，三甲、河西、马村被列为全国重点镇，石末乡侯庄村入选全国美丽宜居村庄，11个村入选第四批中国传统村落，32个村入选住建部第一批“绿色村庄”。全面开展“铁腕治污”行动，环境质量持续改善。

【社会事业】 全年财政民生类支出累计达22.6亿元，占总支出比重达85%以上。扎实推进精准脱贫，全年完成5个村、1841户、5022人的脱贫任务。协调推进教育事业发展，完成14所省级义务教育薄弱学校改造，高平六中投入使用；高考成绩再创新高，中考质量稳中有升，特殊教育工作全省名列前茅，学前教育改革试点取得初步成效。大力推进就业创业，全年公开招聘事业单位人员180人，选聘、储备各类人才583人。城乡医疗、养老、低保、救助和住房公积金等各类保障标准进一步提高，社会保障基本实现应保尽保。强化社会治安综合治理，安全生产和信访形势总体平稳，高平市荣获省级平安县称号。

【政府建设】 深入开展“两学一做”学习教育，抓好局长讲坛和专家讲座，联合清华大学继续教育学院开设优秀企业经营者管理创新高级研修培训班，提升干部和企业家素质。扎实开展普法宣传教育，深入推进依法治理，社会法治意识不断增强。严格执行“三重一大”制度，健全政府顾问团队，实行政府法律顾问参与重大决策制度，政府决策能力水平不断提升。严格执行市人大及其常委会的决议决定，全力支持人民政协履行职能，全年政府系统共办理人大代表建议184件、政协委员提案196件。积极偿还政府性债务，主动回应群众诉求。认真贯彻落实中央“八项规定”精神，持之以恒查纠“四风”，干部作风明显好转，政府廉政建设持续加强。

此外，老龄、慈善、国防动员、民族宗教、妇女儿童、档案史志、外事侨务、防震减灾、残疾人保障等工作均取得了新成绩。税务、电力、气象、烟草、煤销等各个行业都为高平经济社会发展做出了积极贡献。

（陈青平）

阳城县

中共阳城县委书记 王晋峰* 窦三马

县人大常委会主任 申永山* 张保国

县人民政府县长 窦三马* 史小林

县政协主席 张星社* 田龙善

【简述】 阳城县位于晋城市西南部，地处太行、太岳、中条山三山之间。地理坐标为北纬35°12′30″～35°41′12″、东经112°01′02″～112°37′28″。东沿樊山、华阳山、沁河与泽州县搭界，西以云蒙山与运城市垣曲县相连，南以大岭头、原山、鳌背山与河南省济源市毗邻，从西到北，有东岩根、梁树腰、地棚岭、皇岩底、险坪、柿树凹、后韩山、大安头与沁水县接壤。南北长约54千米，东西宽约53千米，总面积1917.5平方千米。辖10镇7乡。年末，常住人口391986人，其中男性198114人，女性193872人，男女性别比为102.19（女性为100）。居住在城镇的人口182597人，居住在乡村的人口209389人。城镇人口比重46.58%。人口出生率7.43‰，人口死亡率5.95‰，人口自然增长率1.48‰。

阳城古称濩泽，历史悠久，文化源远流长。唐至清末县内130多人中进士。有明万历吏部尚书王国光、天启工部尚书白所知、南明吏部尚书张慎言，更有清康熙文渊阁大学士兼吏部尚书陈廷敬、雍正初期的文华殿大学士兼吏部尚书田从典，还有世称“天下第一清官”的明成化佥都御史杨继宗及南宋著名画家萧照、清代著名数学家张敦仁。抗日战争时期，阳城是晋豫边革命根据地的中心，朱德、彭德怀、邓小平、徐向前等老一辈革命家曾在此战斗、生活。1946年至1949年，太岳行署进驻阳城，阳城成为太岳区中心。

主要山脉南部有析城山、云蒙山、小尖山、鳌背山、大乐岭、风山岭、老虎岭、指柱山，西部、北部有仙翁山、白龙山、黄龙山等。沁河是境内最大的河流，其次为南大河、芦苇河、涧河。

境内交通发达。侯月铁路穿越县境，阳翼高速、晋阳高速、阳济、陵沁、阳垣等出境公路构成四通八达的交通网。该县在全省首家实现“村村通”。

阳城工业以煤炭产业为支撑，形成以安阳工业集中发展区、北留工业园区、芹池煤化工园区、演礼工业园区为主导“1+4”的工业强县的产业格局；亚洲最大的火力发电厂——阳城电厂位于境内。旅游业发展较快，主要有AAAAA级景区皇城相府，AAAA级景区蟒河风景区、亚高山草甸析城山景区。

【综合经济】 全年实现生产总值1665181万元，比上年增长1.3%。其中，第一产业实现增加值96862万元，增长1.1%；第二产业实现增加值900779万元，下降1.9%；第三产业实现增加值667540万元，增长6.2%。第三产业中，批发和零售业122166万元，交通运输、仓储邮政业123225万元，住宿和餐饮业50689万元，金融业63009万元，房地产业65285万元，其他服务业240225万元。人均生产总值42512元，按2016年平均汇率折算为6400美元。

全年完成财政总收入311546万元。完成公共财政预算收入123548万元。地方公共财政预算支出240161万元。其中，农林水事务支出37776万元，增长3.2%；教育支出40272万元，下降19.1%；科技支出2204万元，增长1.2%；医疗卫生与计划生育支出31995万元，增长4.37%；文化体育与传媒支出7239万元，下降2.4%；社会保障和就业支出48083万元，增长24.8%；节能环保支出11321万元，增长2.9%。

【农业】 全年粮食播种面积31443公顷，减少1912公顷。其中，夏粮面积7684公顷，秋粮面积23759公顷，油料种植面积838.6公顷，蔬菜种植面积984.4公顷，棉花种植面积7.8公顷。

全年粮食总产量165936.6吨，增长0.7%。其中，夏粮34113.9吨，秋粮131822.7吨，油料产量1648吨，蔬菜产量53393吨，棉花产量6.1吨，水果产量7212.7吨。

年末，牛存栏2434头，猪存栏170770头，羊存栏102015只，鸡存栏331.9万只。全年肉类总产量24519吨，禽蛋产量28715吨。全年蚕茧产量1453吨。

全年有效灌溉面积9940公顷，节水灌溉面积5663公顷。全年化肥施用量（实物量）35176吨。农用薄膜使用量29吨。农药使用量96吨。

【工业】 全年全部工业增加值847379万元，比上年下降1.9%。

规模以上工业增加值712657万元，比上年下降4.1%。其中，煤炭开采和洗选业下降6.2%，天然气开采业增长36%，纺织业下降8.0%，电力生产下降1.0%，金属制品业增长47.6%，食品制造业下降13.9%，化学原料及化学制品制造业增长19.8%，非金属矿物制品业增长34.6%，黑色金属冶炼及压延加工业增长27.1%。

全年规模以上工业企业实现主营业务收入1195801万元。其中，煤炭企业实现主营业务收入513295万元，电力企业实现主营业务收入510915万元。规模以上工业企业实现利税323334万元。其中，煤炭企业实现利税166491万元，电力企业实现利税169087万元。规模以上工业企业实现利润173822万元。其中，煤炭企业实现利润61233万元，电力企业实现利润127765万元。

【建筑业】 全年建筑业实现增加值54248万元。年末，全县具有资质等级的总承包和专业承包建筑业企业13家，完成总产值11925万元，房屋建筑施工面积17.9万平方米。

【固定资产投资】 全年完成固定资产投资1647973万元，增长3.0%。其中，第一产业投资75591万元，第二产业投资548031万元，第三产业投资1024351万元。在第二产业中，工业投资548031万元。其中，煤炭工业投资133207万元，非煤产业投资414824万元。传统产业（煤炭、冶金、电力）投资137876万元，非传统产业投资410155万元，民间投资866530万元。

全年计划总投资的在建施工项目中，亿元以上项目47个，计划总投资2809997万元，完成投资425271万元。

全年房地产开发投资54264万元。其中住宅投资44570万元。全年房屋施工面积540630平方米，房屋新开工面积280435平方米，商品房销售面积72450平方米。

【能源生产】 全年一次能源生产折标准煤1035.9万吨，二次能源生产折标准煤645万吨。

全年销售煤炭859.3万吨，增长4.1%。向省外输送电力170亿千瓦时。

全年全社会用电总量40.2亿千瓦时，其中，第一产业用电0.4亿千瓦时，占全社会用电量的1.0%；第二产业用电36.8亿千瓦时，占全社会用电量的91.6%，其中，工业用电36.7亿千瓦时；第三产业用电1.4亿千瓦时，占全社会用电量的3.6%。城乡居民生活用电1.5亿千瓦时，占全社会用电量的3.8%。

【贸易】 全年社会消费品零售总额430122万元，其中，城镇消费品零售额374742万元，乡村消费品零售额55380万元，批发、零售贸易业零售额344934万元，住宿、餐饮业零售额85188万元。

全年外贸进出口总额958.4万美元，其中，进口163.4万美元，出口795万美元，进出口差额(出口减进口)631.6万美元。

【金融】 年末，全县金融机构各项人民币存款余额1927429万元，比年初增加117809万元。其中，住户存款余额1360952万元，比年初增加108300万元。金融机构各项贷款余额587067万元，比年初增加65898万元。

【保险】 全年保费收入59533万元，其中，财产险保费收入12754万元，人身保险费收入46779万元。

【交通 邮电】 全年公路货运量1800万吨。公路货物周转量61000万吨千米。公路客运量1690万人。公路旅客周转量58320万人千米。

全年完成邮政业务总量2703万元。订销报纸663万份，订销杂志15万份，收寄特快专递4.8万件，发送信件1.7万件。

年末，全县固定电话用户33452户，移动电话用户390826部，计算机互联网用户84874户。

【旅游】 年末，共有成规模A级旅游景区(点)6处，其中，有1处国家级5A景区，2处国家级4A景区，3处国家级3A景区。全县全年共接待游客860万人次，实现旅游总收入62.3亿元。

【教育】 年末，全县普通中学26所，在校学生19971人，教职工2065人；职业高级中学2所，在校学生2305人，教职工142人；小学70所，在校学生15300人，教职工1827人；幼儿园149所，在园幼儿6981人，教职工539人；成人中等专业学校1所，教职工15人。高考二本以上达线2402人。

【科技】 全县投入科学技术研究与开发专项资金603万元，组织实施市级农村光伏发电扶持项目，下达专项资金1247万元。新增高新技术企业2家。有效发明专利拥有量35件。

【文化】 年末，全县共有文化馆1个，公共图书馆1个，青少年活动中心分馆1个，文物博物馆1个，档案馆1个，电视台1座。完成电影放映5544场。组织了庆五一“中国梦·劳动美”健身操舞大赛，举办了阳城鼓书展演活动，举办了“红色阳城、悠然阳城、文化阳城”摄影展。

【体育】 年末，全县有体育场1个，综合体育馆2个，田径场5个，游泳馆3个。举办了阳城县第十三届门球比赛，第七届北京国际山地徒步大会春秋两季活动，全国汽摩联盟协会和全国摩托车表演，第二届全县农民篮球赛等多项体育健身活动。

【卫生】 年末，县乡村共有医疗卫生机构613个，卫生技术人员2721人(乡村医生664人，医师700人，助理医师171人)，床位2036张。村级卫生所达标率99%。新型农村合作医疗参合率99.6%。

【环境】 全县森林覆盖率51.15%，林木绿化率56.9%。城市绿化覆盖率和绿地率分别为45.5%和40.5%。人均公园绿地面积12.6平方米。

县城空气质量二级以上天数282天，全年综合污染指数为5.59，比上年下降12.4%。

城市燃气普及率97.1%,城市居民用户集中供热率77%,城市生活垃圾无害化处理率85%,城市生活污水处理率98%。

【安全生产】 全年生产安全事故死亡30人。亿元生产总值生产安全事故死亡0.18人。

【社会保障】 全县非私营单位在岗职工年平均工资50653元。居民人均可支配收入17589元。其中,城镇居民人均可支配收入26037元,人均生活消费支出14271元。农村居民人均可支配收入11488元,人均生活消费支出7775元。

全年全县企业职工基本养老保险参保29933人,机关事业养老保险参保15691人,城乡居民养老保险参保211504人,失业保险参保60704人,工伤保险参保65100人,生育保险参保35220人。

(王家胜)

陵川县

中共陵川县委书记　石云峰*
　　　　　　　　　胡晓刚
县人大常委会主任　张江龙
县人民政府县长　胡晓刚*
　　　　　　　　任彩虹
县政协主席　郎在陵

【简述】 陵川县位于晋城市东北部。地理坐标为北纬35°25′~35°54′4″、东经113°1′30″~113°37″。东、南分别与河南省辉县市、修武县交界,西与泽州县、高平市相连,北与长治市长治县、壶关县毗邻。东西长53.2千米,南北宽52.8千米,总面积1751平方千米。2016年,全县共辖7镇5乡,7个居民社区,371个行政村。

境内万峰环列,沟壑纵横,山势险峻,较大的山峰有70余座。地形东北高、西南低,佛子山主峰海拔最高1796.2米,甘河海拔最低628米。河流分丹河和卫河两个流域,分别属于黄河和海河两大水系。

境内属大陆性季风气候区,气候特别凉爽,年平均气温为7℃~9℃,年平均降水量700~1000毫米。日照时数平均为2380~2730小时。

境内矿产资源丰富,矿种主要有煤、铁、硫、铝、黏土、大理石、硅石等。全县水资源总量为62872.62万立方米,是山西省水资源较丰富的地区之一。

陵川县人杰地灵。古代著名人物有金代武氏三状元、金代教育家元好问老师郝天挺、元代国信使郝经等。现代人物有中共山西省委原第一书记卫恒、作家韩文洲、电影《上甘岭》编剧崔家俊等。国家级文物保护单位有西溪二仙庙、小会岭二仙庙、崔府君庙、郊底白玉宫、北马玉皇庙、石掌玉皇庙、寺润三教堂、南神头二仙庙、玉泉东岳庙、南吉祥寺、北吉祥寺、三圣瑞现塔、崇安寺、龙岩寺、塔水河遗址、南召文庙,省级文物保护单位有千佛造像碑、东掌南庙宫、田庄全神庙。主要风景名胜区有王莽岭、棋子山、黄围山、西溪风景区。

【综合经济】 2016年,全县地区生产总值完成35.27亿元,按可比价计算,比上年增长4.2%。其中:第一产业增加值完成4.92亿元,增长1.7%,占生产总值比重为14%;第二产业增加值完成9.6亿元,增长2.9%,占生产总值比重为27.2%;第三产业增加值完成20.75亿元,增长5.5%,占生产总值比重为58.8%。第三产业中,金融业增加值完成2.69亿元,增长6.4%;批发和零售业增加值完成1.76亿元,增长2.7%;住宿和餐饮业增加值完成0.76亿元,增长6.7%;营利性服务业增加值完成2.91亿元,增长10%。人均地区生产总值完成15005元,按2016年平均汇率计算达到2259美元。

全县财政总收入完成27384万元,增长23.8%。其中:增值税2327万元;企业所得税353万元;个人所得税173万元;营业税2101万元;资源税522万元。公共预算财政收入完成14352万元,增长25.2%。公共预算财政支出158780万元,下降1.4%,其中农林水事务支出增长3.8%,教育支出增长0.17%,环境保护支出增长0.21%,科学技术支出增长0.13%,医疗卫生与计划生育支出增长3.26%,文化体育与传媒支出下降30.5%,社会保障和就业支出增长0.28%。

【农业】 全年农作物播种面积22443公顷。其中:粮食种植面积20343公顷,较上年减少293公顷;

粮食作物中玉米种植面积17311公顷，小麦种植面积104公顷。

全年粮食总产量达到10.21万吨，减产6%。其中，夏粮产量455吨，减产17.3%；秋粮10.2万吨，减产5.6%。

全年油料产量485吨，减产13.5%；药材产量3340吨，减产17.1%；水果产量3178吨，减产23.9%；干果927吨；减产14.9%；蔬菜产量37143吨，减产26.7%。

全年肉类总产量达到15095吨，下降3%。其中，猪肉产量12878吨，下降4.1%；牛肉产量37吨，下降11.9%；羊肉产量697吨，增长11.5%；年末生猪存栏118753头，下降7.2%，生猪出栏171703头，下降4.1%；牛存栏731头，下降0.5%，牛出栏272头，下降12.8%；羊存栏57285只，下降16.7%，羊出栏46445只，增长11.7%；禽存栏112.31万只，增长17.4%，禽出栏112.79万只，增长0.9%。禽肉产量1466吨，增长0.9%；兔肉产量8.4吨，下降23.6%；禽蛋总产量9676吨，增长16.3%；蚕茧总产量8.9吨，下降50.6%。

年末，全县森林面积133万亩，森林覆盖率达到52.07 %。全年完成造林面积287公顷；四旁植树65万株，育苗面积333公顷，与上年基本持平。

年末，全县农业机械总动力10.69万千瓦。机械耕地面积16300公顷，增长1.7%；机械播种面积13210公顷，增长0.6%；机械收获面积9630公顷，与上年持平。农机化管理服务总收入达到4000万元，利润总额1100万元。

【工业和建筑业】 年末，全县规模以上工业11个。全年规模以上工业总产值完成86825.3万元，同比增长0.5%。规模以上工业增加值增长4.4%，其中：国有控股企业增长5.1%，非公有制企业下降0.48%。分轻、重工业看，轻工业下降19.02%，重工业增长6.7%。

规模以上工业企业实现主营业务收入90454.2万元，增长8.4%。其中：煤炭行业27298.4万元，增长31.3%；农副食品加工业8054.8万元，下降33.6%；化工行业13808.9万元，增长17.1%；非金属矿物制品业16383.5万元，下降6.8%；冶炼行业18991.6万元，增长13%；电力、热力生产和供应业3620.4万元，增长30.5%。

规模以上工业企业实现利税4381.5万元，实现利润-3290.1万元；亏损企业亏损额6707.4万元，下降18.1%。

全县乡镇及民营经济增加值21.2亿元，下降6.2%；总产值65.1亿元，下降5.4%；营业收入55.4亿元，下降5.3%。

建筑业实现增加值2.94亿元，与上年持平。年末，全县具有资质等级的总承包和专业承包建筑业企业共有2家，完成总产值12928.4万元，下降9.38%；竣工产值13767.3万元，同比增长113%。

【固定资产投资】 全年固定资产投资完成41.65亿元，同比增长6.7%。其中：第一产业109590万元，同比增长42.7%；第二产业115204万元，同比增长47%；第三产业191697万元，同比下降18.5%。

全年在建固定资产投资项目103个。其中，5000万元以上项目25个，比去年同期减少18个，本年累计完成投资21.04亿元，占全县固定资产投资的比重为50.5 %。

【能源】 全县全年向省外运输煤炭57.4万吨，增长6.71%，外运煤炭占原煤产量的比重为29.1%。

全县全年全社会用电量39600万千瓦时。其中，第一产业用电1712万千瓦时，占全部用电量4.3%；第二产业用电25113万千瓦时，占全部用电量63.4%；第三产业用电4121万千瓦时，占全部用电量10.4%。城乡居民生活用电7498万千瓦时，占全部用电量18.9%。

【国内贸易】 全年社会消费品零售总额175077.7万元，同比增长6.9%。分地域看，城镇115068.7万元，同比增长6.3%；乡村60009万元，同比增长8.1%。在限额以上批发和零售业零售额中，粮油食品类增长0.7%，饮料类下降12.7%，烟酒类下降22.4%，服装鞋帽、针纺织类下降12.3%，化妆品类下降8.9%，日用品类下降0.8%，汽车类下降27.3%，文化办公用品类下降53.2%，书报杂志类下降8.4%，机电产品及设备类下降22.2%，体育娱乐用品类增长2.2%，中西药品类增长6.1%，其他类下降2.5%。

【交通、邮电和旅游】 全县公路通车里程1641.03千米，全年交通运输、仓储和邮政业增加值完成3.58亿元，增长12%。

全县邮政业务总量1459万元；电信业务总量3741.8万元，增长11.6%，其中移动业务总量9364.9万元。移动电话用户18.5万户，新增1.6万户，全县宽带接入用户达到41622户，增加7941户，增长23.6%。

全年全县旅游企业个数为22个，共接待旅游人数404万人次，增长8.5%，实现旅游总收入10.3亿元，增长14.8%。

【金融、保险】 年末，全县金融机构各项存款余额853394万元，比年初增加80272万元，增长10.4%。其中：住户储蓄存款余额612067万元，比年初增加62365万元，增长11.3%。年末，各项贷款余额287424万元，比年初增加24336万元，增长9.3%。

全年全县保险费收入10805万元，下降32.1%。其中，人身险保费收入6869.4万元，下降13%。全年支付各类赔款2322.9万元，增长14.7%。其中，人身险给付支出399.9万元，下降1.3%。

【教育和科学技术】 全县共有各级各类学校170所，其中，中学17所，小学115所，幼儿园和其他36所。全县共有各级各类在校学生人数31835人，全年高中招生数1745人，高中毕业生数1931人；初中招生数2566人，初中毕业生数2850人；职业高中招生数92人，职业高中毕业生数156人；小学招生数2006人，小学毕业生数2627人；在园幼儿5792人。年末，全县教职工人数2951人，其中，专任教师2293人，社会办学492人。

全县科技三项经费支出1420万元，全年完成各类科技项目39项（国家级1项，省级1项，市级1项，县级36项）。

【文化、卫生和体育】 年末，全县共有文化馆1个，公共图书馆1个，总藏书量3.6万册。博物馆1个。

年末，全县共有各级医疗卫生机构459个，床位755张，卫生从业人员1089人，每千人拥有病床3.01张，每千人拥有医生数1.09人。村卫生室覆盖率100%，县、乡、村三级医疗机构达标率85%。全县的儿童“七苗”全程接种率以乡镇为单位均达到了98%。碘盐覆盖率达到90.75%、合格碘盐食用率达到77.25%，各种地方病得到了有效控制。

年末，全县拥有室内体育场馆1个，各级裁判员20人，各级举办运动会13次。

【人民生活和社会保障】 年末，全县常住人口为235317人，比上年末增加557人。其中，城镇人口96566人，乡村人口138751人。全年出生人口1839人，人口出生率为7.82‰；死亡人口1282人，死亡率为5.45‰；自然增长率为2.37‰。性别比为104.31（以女性人口为100）。城镇化率为41.04%。

全年全体居民人均可支配收入11257元，增长6.5%。其中：城镇居民人均可支配收入17256元，增长6.4%；农村居民人均可支配收入7929元，增长6.8%。城镇20%低收入户人均可支配收入6688元，增长6.9%；农村20%低收入户人均可支配收入2880元，增长8.8%。

全县城镇职工参保12206人，基金征收完成4798万元，分别占年任务12130人和4200万元的100.6%和114.2%；城乡居民养老保险参保133902人，与目标任务基本持平。基金征收完成1553.4万元，超额完成255.4万元。

机关事业养老保险参保8420人，基金征收完成13868万元，分别占年任务7700人和8000万元的109.4%和173.4%；全年为2658名机关事业离退休人员发放养老金12306万元。

城镇职工医疗保险参保人数达到17926人，城镇居民医疗保险参保人数达到14895人，均超额完成年度目标任务。全年基金征收完成296万元。

失业保险参保8745人，基金征收完成284.9万元；全年为354名失业人员发放失业保险金221.6万元。工伤保险参保24092人，基金征收完成422万元，全年为118名工伤职工支付工伤保险基金，完成354万元，其中：为52名遗属人员发放抚恤金58万元，为1名工亡职工发放丧葬费62万元。生育保险参保15226人，基金征收完成195万元，均超额完成年度目标任务。

年末，城镇低保人数1608人，减少1506人；农村低保人数3784人，减少8724人；农村集中供养五保户363人;分散供养五保户1514人;农村定期救济58人。

年末,全县有各类收养性社会福利单位6个,床位480张,收养各类人员393人。享受伤残抚恤金人数218人,减少35人;享受定期补助人数1757人,减少168人。优待对象户数262户,优待总金额505万元,安置499个残疾人就业。

(焦国锋)

沁水县

中共沁水县委书记 范兆森*
原光辉
县人大常委会主任 柴守瑛*
郭沁林
县人民政府县长 原光辉*
侯贵宝
县政协主席 张桂春

【简述】 沁水县位于晋城市西南部。地理坐标为北纬35°23′48″~36°04′03″、东经111°56′02″~112°47′20″。东连高平市、泽州县,西接临汾市翼城县、运城市垣曲县,南邻阳城县,北靠长治市长子县,临汾市安泽县、浮山县。地形东西长,南北窄。东西长约150千米,南北宽约55千米。地势西高东低,最高处西南舜王坪海拔2358米,最低处东南尉迟村沁河出境处海拔520米,相差1838米。行政区划总面积2676.6平方千米。2016年,辖7镇7乡,242个建制村,9个社区。全县户籍人口203412人,比上年末减少287人,其中,城镇人口64101人,乡村人口139311人;全县常住人口215866人,比上年末增加544人,其中,城镇人口90992人,乡村人口124874人。全年全县出生人口1755人,人口出生率为8.14‰;死亡人口1211人,死亡率为5.62‰,自然增长率为2.52‰。男女人口性别比为104.58(以女性人口为100)。

境内自然资源丰富,其中煤炭和煤层气储量最大。全县含煤面积2421.9平方千米,占全县总面积的90.5%,煤炭地质总储量265.25亿吨,年产原煤948.3(包括基建工程煤3.1万吨)万吨。煤层气资源沁水盆地储量6.85万亿立方米,县域境内储量6000亿立方米,是国内最大的煤层气开发利用基地和第一个国家级煤层气高技术产业化示范基地。全县林地面积179820公顷,森林覆盖率48.63%,林木蓄积量792.98万立方米,草地面积73707公顷。有野生植物400余种,属国家重点保护的植物11种。野生动物220余种,属国家重点保护的珍稀动物26种。位于县城西南部的历山是国家级自然保护区,被誉为“山西动植物宝库”。

沁水县人杰地灵,文化底蕴深厚。古有著名的画家荆浩、散曲家常伦,今有人民作家赵树理、作曲家乔谷、儿童文学家靳兵煊。

沁水历史悠久。历山脚下发掘有“下川遗址”,证明早在2.3万年到1.6万年前就有人类在这里繁衍生息。舜耕历山的动人传说源远流长。周文王第十六子被封于此,是为原伯,史称原伯故城。春秋战国时置端氏城,三家分晋时“徙晋君以端氏”。秦汉时置端氏县。东汉别置沁水县,沁水之名始于此。境内有武安村战国古寨、河头村汉墓群、柳氏民居、湘峪古城、窦庄夫人城等人文景观。

沁水交通便利。晋(城)侯(马)高速公路穿越境内东西,侯(马)月(山)铁路西连同蒲线,东接太(原)焦(作)线。此外,境内有省道4条,县道11条,乡道58条,村村通水泥路。通信网络覆盖全境。

沁水是革命老区,抗日战争时期,晋豫特委、太岳区党委、太岳行署、太岳军区、抗日军政大学第七分校、决死三纵队和八路军23个正规团相继进驻沁水。刘少奇、朱德、彭德怀、邓小平、徐向前、陈赓、王震等老一辈革命家曾在这里生活、战斗。上党战役最后一战的桃川战斗就发生在境内。

2014年,被联合国地名专家组认定为“千年古县”,成为全省第五个“千年古县”;曾获全国“六五”普法中期先进县、地质灾害防治高标准十有县,国家级生态示范县、中国绿色名县、中国低碳旅游县、中国最具投资潜力特色示范县、全国无公害农产品标志推广与监管示范县、全国绿化模范县、中国美丽乡村建设示范县、中国生态魅力县、山西省文化强县、全省文明创建先进县、省级平安县、全省双拥模范县、全省增加农民收入先进县、林业生态建设先进县、省级卫生县城等称号。

【综合经济】 全年全县生产总值172.0亿元，按可比价格计算，比上年增长3.8%。其中：第一产业增加值6.0亿元，增长5.4%；第二产业增加值120.3亿元，增长3.2%；第三产业增加值45.8亿元，增长5.2%。三次产业占GDP的比重由上年的3.3∶72.1∶24.6调整为3.5∶69.9∶26.6。第三产业中，金融业增加值6.9亿元，增长5.5%；交通运输、仓储邮政业增加值9.4亿元，增长10.1%；批发和零售业增加值3.7亿元，增长3.0%；住宿和餐饮业增加值3.6亿元，增长6.7%；营利性服务业增加值4.7亿元，增长10.0%。按常住人口计算，人均地区生产总值79802元，按2016年平均汇率计算为12014美元。

全年全县一般公共预算收入完成11.7亿元，增长6.1%。其中税收收入6.3亿元，下降10.9%。一般公共预算支出18.2亿元，下降12.6%。其中，科学技术支出下降69.0%，教育支出下降0.3%，城乡社区事务支出增长5.1%，农林水事务支出下降10.2%，社会保障和就业支出增长15.8%，文化体育与传媒支出下降6.4%，医疗卫生与计划生育支出增长3.4%，节能环保支出下降41.4%。

全年全县城镇新增就业5448人。转移农村劳动力4402人。城镇登记失业率为0.9%。

【农业】 全年全县完成农业总产值110719.6万元，按可比价格计算，比上年增长5.8%。其中：种植业总产值49481.1万元，增长3.5%；林业总产值11004.5万元，增长33.7%；牧业总产值46009.5万元，增长4.3%；渔业总产值1740.8万元，与上年持平；农林牧渔服务业总产值2483.7万元，增长4.8%。

全年全县农作物播种面积27617公顷，下降4.5%。其中粮食作物播种面积25427公顷，下降4.7%。粮食作物中，小麦播种面积2364公顷，下降31.1%；玉米播种面积19779公顷，增长2.0%。粮食总产量144848吨，增产2.0%。其中：小麦产量8346吨，减产34.2%；玉米产量126839吨，增产7.0%。粮食亩产量380千克，增产7.0%。年末，全县设施农业大棚1727个，同比增加97个。其中蔬菜播种面积172公顷，增长29.8%，产量9210.5吨，下降2.7%；食用菌面积11公顷，增长1.9倍，产量900.7吨，增长3.3倍。

全县大牲畜存栏133头，下降27.7%。猪存栏47120头，下降1.9%；牛存栏2055头，下降2.7%；羊存栏233907只，增长6.2%；禽存栏1398093只，增长5.5%；羊群饲养量366505只，增长5.2%；肉类总产量14715.7吨，增长9.6%；禽蛋产量4396吨，下降0.7%；蚕茧产量952吨，下降34.0%。

全县农业机械总动力202570千瓦，下降43.1%。机械耕地面积21810公顷，下降1.6%；机械播种面积17550公顷，下降0.03%；机械收获面积14280公顷，下降3.5%。全县农机化经营总收入4400万元，下降56.0%。

全年全县义务植树35万株；营造林720公顷；培育苗木花187公顷；完成村庄绿化6个。

【工业】 全县规模以上工业企业34家，完成增加值56.1亿元，增长4.1%；其中煤炭行业增加值24.8亿元，增长6.9%；煤层气行业增加值25.9亿元，下降6.8%。完成总产值94.9亿元，增长1.4%；实现利税24.7亿元，下降1.0%；其中：煤炭行业总产值37.7亿元，实现利税11.3亿元；煤层气行业总产值43.2亿元，实现利税11.6亿元。完成销售产值91.6亿元，下降1.3%；实现利润14.4亿元，下降4.2%；税金总额10.1亿元，增长3.7%。

全年全县原煤产量948.3万吨（包括基建工程煤3.1万吨），增长3.3%；洗煤228万吨，增长2.9%；煤层气利用量25.5亿立方米，下降2.7%；煤层气液化量42.6万吨，增长17.9%；发电量136732万千瓦时，增长6.9%；焦炭6.3万吨，下降27.6%；生铁6.8万吨，增长122.7%；水泥0.8万吨，增长0.5%。

全年规模以上工业企业综合能源消费量51.68万吨标准煤，增长7.46%；规模以上工业单位总产值能耗为0.54吨标准煤/万元，增长5.99%；规模以上工业单位增加值能耗0.87吨标准煤/万元，增长2.85%；规模以上工业企业工业用电量109315万千瓦时，增长10.96%。

全年民营企业实现增加值62.3亿元，增长0.5%；出口产品交货值3234万元，下降7.5%；实现营业收入123.4亿元，增长0.6%；利润总额13.4亿元，增长0.5%；上缴税金10.7亿元，下降16.9%。其中：民营工业总产值102.4亿元，下降2.1%；民营工业增加值43.3亿元，下降2.2%。

【建筑业】 全县具有资质等级的建筑业企业12家，完成建筑业总产值1.91亿元，下降17.67%；其中建筑工程、安装工程和其他工程分别完成1.36亿元、0.1亿元和0.45亿元。签订合同额2.13亿元，下降19.32%；其中2016年新签合同额1.8亿元，下降18.92%。建筑施工面积7.1万平方米，下降21.46%；房屋建筑竣工面积5.94万平方米，下降27.12%；房屋竣工价值完成0.77亿元，下降21.43%。

【国定资产投资】 全县投资上报项目541个，累计完成固定资产投资159.3亿元，增长6.2%。其中5000万元以上项目24个，累计完成投资28.6亿元，占全县投资总额的18.0%。分产业看，第一产业投资35.2亿元，同比增长512.8%；第二产业投资58.9亿元，下降44.9%；第三产业投资65.2亿元，增长74.8%。三次产业投资比例由上年的3.8∶71.3∶24.9调整为22.1∶37.0∶40.9。按投资构成看，建筑工程完成118亿元，增长7.9%；安装工程完成8.9亿元，下降42.7%；设备工器具购置完成19.85亿元，增长39.8%；其他费用完成12.9亿元，增长15.5%。

全年全县房地产开发计划总投资136503万元，增长342.5%；实际完成投资41856万元，增长297.5%。按工程用途分，住宅投资35206万元，增长273.3%；商业营业用房投资4518万元，同比增加4418万元；其他投资2120万元，同比增加1120万元。全年完成商品房销售面积56178平方米，增长402.3%。

【市场贸易】 全年全县社会消费品零售总额22.4亿元，增长7.7%。其中城镇消费14.6亿元，增长7.6%；乡村消费7.8亿元，增长8.1%。分行业看，批发业零售额2.1亿元，增长39.4%；零售业零售额16.8亿元，增长7.5%；住宿业零售额0.2亿元，下降1.9%；餐饮业零售额3.3亿元，下降4.1%。

在限额以上商品零售额中，家用电器和音像器材类、日用品类、金银珠宝类和文化办公用品类分别实现零售额2758.8万元、1659.6万元、155.2万元和109.1万元，同比分别增长9.9%、4.5%、10.3%和19.8%；粮油食品饮料烟酒类、服装鞋帽纺织品类、汽车类和机电产品及设备类分别实现零售额8570.4万元、2910.5万元、1057万元和775.7万元，同比分别下降0.8%、13.4%、36.3%和33.1%。

全年全县签约招商引资项目66个，投资总额390.9亿元，完成年度目标的138.6%；资金到位88.5亿元，完成年度目标的104.2%；落地项目投资总额51亿元，完成年度目标的106.3%。

【交通】 全县公路通车里程1703千米，其中高速公路28.9千米。全县有载货汽车1647辆，其中普通载货汽车载重量14258吨位。公路干线3条122.5千米，公路支线70条844.9千米，桥梁141座15014米。全年公路养护里程1703千米。

【邮电】 全县邮政局（所）21处，邮政路线60条，邮政单程总长度1291千米。全年全县完成邮政业务总量1755.7万元，比上年增加63.4万元，增长3.7%；其中，国内函件76.9万件，特快专递7.8万件，订销报纸429.2万份，订销杂志85.1万份。

【通信】 全县有通信基站数1446座，其中新联通公司361座，移动公司954座，电信股份有限公司131座。移动电话客户196103户，比上年减少28户，下降0.01%；其中4G客户62579户，比上年增加46123户，增长280.3%；互联网客户50699户，比上年增加7108户，增长16.3%。全年全县完成通信业务总量13671万元，比上年减少315万元，下降2.3%。

【金融】 年末，全县金融机构人民币各项存款余额达110.5亿元，较年初增加2.0亿元，增长1.8%；其中住户存款余额达69.2亿元，较年初增加4.6亿元，增长7.1%；金融机构人民币各项贷款余额达53.7亿元，剔除县联社和县邮储银行贷款核销0.9亿元，较年初增加0.9亿元，增长1.8%。

【保险】 全年保险行业实现业务总收入8740万元，增长5.2%。其中：财产保险业务收入1947万元，下降17.1%；人身保险业务收入6793万元，增长14.0%。全年支付各类赔款及给付1963万元，下降27.1%。其中：财产险赔款824万元，下降28.8%；人身险赔款及给付1139万元，下降25.7%。

【教育】 全县有各级各类学校104所，其中幼儿园23所，小学21所，教学点18个，初中16所，高中3所，职业学校1所，特殊教育学校1所，教师进修校1所。在校学生26409人，其中义务教育阶段学生数14921人，在园幼儿4556人。全县参加高考1992人，二本B类以上达线774人，其中一本达线275人，600分以上12人。全年义务教育阶段学校校长交流30人，交流比例达36.6%，交流教师74人，交流比例达11.3%。义务教育发展基本均衡工作顺利通过国家验收。

【科学技术】 加大产学研合作力度，支持驻县大型骨干企业开展科技攻关，全县有省级高新技术企业4个。受理农村地区分布式光伏发电共227户，装机容量2200kW，申请市级补贴资金660万元。积极落实专利资助办法，充分激励发明人申请发明专利，全年有效发明专利拥有量达17件，比年初目标增加5件。

【文化体育】 全县有群众文化馆1个，公共图书馆1个，文史博物馆1个，宣传文化中心1个，老年活动中心1个，青少年活动中心1个，全民健身中心1个，县级剧团1个，电影发行放映公司1个，乡镇综合文化站14个；农村电影放映队11支，业余文艺演出团体4家；国家级非物质文化遗产项目3项，省级项目7项，市级18项，县级40项。

全年组织举办“两节”社会文化活动以及各种文体活动30余场次，组织送戏下乡400余场，完成农村电影放映2904场，送公益文化演出50余场次。重点实施“乡村文化资讯综合服务体系”建设工程，该工程涵盖农村文艺广播讯息平台、乡村文化记忆工程、图书数字阅览普惠工程等三项。农村文艺广播讯息平台建设工程，242个行政村的文艺广播设备全部安装到位，初步投入运行；乡村文化资讯记忆工程，数据库安装和普查人员培训全部完成，试点普查工作正在进行当中；图书数字阅览普惠工程完成县、乡两级中心建设采购工作，完成县级电子数据库、电脑网络安装工作，乡镇设备全部发放到位。开展体育健身器材进社区、公园、行政村试点工程，为全县11个试点配置篮球架、乒乓球台、健身路径等健身器材，发放健身器材88余件，篮球架8副，乒乓球台16余副，安装到位。

【广播电视】 全县有广播电视台1个，乡镇广播电视站14个；调频发射台和转播台1座，调频发射功率4千瓦，广播覆盖率96.7%；电视转播发射台1座，电视发射功率0.6千瓦，电视覆盖率98.9%；有线电视用户3.8万户，其中数字电视用户3.4万户；全年制作播发《沁水新闻》244期，《沁水全接触》52期；全年在市广播电视台播发各类新闻220余条，进一步扩大全县对外影响力和美誉度。

【卫生】 全县有各级医疗卫生机构335个，医院和卫生院床位686张，卫生专业技术人员782人，每千人拥有病床3.18张，每千人拥有医生数3.62人。新型农村合作医疗参合率99.76%，村卫生室覆盖率100%，县、乡、村三级医疗机构达标率100%。

【人民生活】 全年全县城镇居民人均可支配收入24825元，增长5.3%；人均消费性支出14960元，增长8.1%。农村居民人均可支配收入10098元，增长6.5%；人均生活消费支出7021元，增长12.0%。城镇和农村居民恩格尔系数（即食品消费支出占生活消费支出的比重）分别为26.4%和31.4%，分别比上年下降1.4和3.7个百分点。

【社会保障】 全年城乡基本养老保险参保150284人，征缴基本养老保险基金30021万元。其中：机关事业单位职工、企业职工和城乡居民分别参保10493人、21574人和118217人，基本养老保险基金分别征缴17358万元、11201万元和1462万元；城镇基本医疗保险参保42881人，其中城镇职工27279人，城镇居民15602人，征缴保险基金6100万元；新型农村合作医疗参保

150963人，筹集合作医疗基金8155.59万元，其中农民个人缴费1811.56万元；失业保险、工伤保险和生育保险分别参保18051人、45952人和25410人，保险金分别征缴1412万元、1183万元和450万元。

全年发放基本养老金30934万元。其中为3424名机关事业单位离退休人员、343名遗属人员、93名离退休死亡人员发放待遇16021万元；为3454名企业离退休人员、439名遗属人员和44名离退休死亡人员发放待遇11096万元；为31941名60周岁以上城乡居民发放待遇3817万元。另外，企业退休人员和机关事业退休人员月平均养老金分别提高到2479.6元和3552元，分别比上年增加192.1元和180元。

【民政事务】 全县城乡低保对象2948户3657人，发放资金1755.45万元。其中：城市低保对象241户434人，标准由月455元提高到月485元，提标幅度为6.59%，发放城市低保金431.62万元；农村低保对象2707户3223人，标准由年2556元提高到年2916元，提标幅度为14.08%，发放农村低保金1323.83万元。全年发放城乡医疗救助资金264.35万元，救助5271人。深入开展冬春期间灾民救助和汛期备灾工作，发放防震减灾基本常识宣传资料3000余份，下拨自然灾害生活补助资金100万元，储备棉大衣1005件、棉被844条、帐篷130顶。全县农村五保对象894户917人，发放五保供养资金430.42万元。其中：集中供养对象161户163人，发放资金102.03万元；分散供养对象733户754人，发放资金328.39万元。

全年为1340名重点优抚对象发放抚恤资金790.75万元。为611名重点优抚对象发放大病医疗补助资金42.85万元。为54名中华人民共和国成立前入党的农村老党员和未享受离退休待遇的城镇老党员发放生活补贴25.16万元。发放城乡义务兵优待金221人次521.76万元。为96名自主就业退役士兵发放一次性经济补助金166.5万元。积极组织自主就业退役士兵职业教育和技能培训，为41名取得驾驶证的学员支付培训费13.27万元，为2名取得长治职业技术学院合格证的学员支付培训费1.46万元。为60名原参加核试验退伍军人进行体检，为1名部队退役残疾军人向市民政局提交评残鉴定申请。

全年全县办理结婚登记1299对，补领结婚登记443对，离婚登记272对，婚姻登记率、合格率、档案完好率均达100%。完成对县城部分新（改）建道路、小区的标牌补查安装，共计42个街路牌、157个楼牌、247个单元牌和4515个门牌。根据中国地名文化遗产保护促进会要求，完成《“千年古县”文化志·沁水卷》审稿核定工作。完成对全县67个注册登记社会组织中38家社会组织和3家持有福利企业证书企业的年检工作。

【生态环境】 全年县城空气质量二级以上天数291天，比上年减少28天，其中一级天数39天；全年空气综合污染指数5.02，环境空气质量稳定达到二级标准；全年列入市级考核的6项主要污染物减排指标全部控制在市控目标之内；饮用水源地水质达标率达100%；全面实施清洁生产工程，全县工业固废处置率95.5%，固废综合利用率达85%，涉重金属和涉危险废物企业清洁生产审核率达100%。

【城镇建设】 全年全县组织实施新建路改造、梅杏水上广场、保障性住房及市政配套等18项重点工程建设项目，累计完成投资3.9亿元。新建和改造城市道路15.1千米、城市供水管网20.6千米、供气管网10.2千米、供热管网15.3千米、雨水管网20.6千米，新建城市污水管网9.1千米，新增供气用户1029户，新增供热面积20.2万平方米。组织完成曹里、北丰厂等8条街巷硬化3458平方米，梅杏两河、永安北巷等人行道铺装1300余平方米，圆盘二巷、北坛幼儿园等路面铺油8000平方米，完成道路补坑、灌缝18000平方米，更换街道水篦、盖板80余块。先后在9个社区各背街小巷安装路灯430盏，更换节能灯60盏，在滴水岩至碧峰公园段安装路灯60盏，在南山公园、便民中心广场安装2盏高杆灯，县城亮灯率达99%。全年县城人均道路面积达16.5平方米，生活垃圾无害化处理率达100%，污水处理率达95%，供水普及率达98%，集中供热普及率达80.5%，燃气普及率达96.3%。

【安全生产】 全年全县发生各类安全生产事故19起，同比减少74起，下降79.6%，事故死亡15人，同比减少12人，下降44.4%。其中：煤矿事故1起，死亡4人；道路交通事故18起，同比减少49起，下降73.1%，死亡11人，同比减少15人，下降69.4%。其他行业领域无安全生产事故。

（张丽霞）

索 引

说 明 (1)本索引以人名、地名、机构名称、活动名称、事件(事物)名称等为主题词进行检索。(2)本索引按主题词汉语拼音字母顺序排列(数字开头主题词另排序),主题词后面的数字和字母分别表示所在页码和分栏位置(a b c表示本页码左、中、右三栏)。(3)本索引主题词主要选自本年鉴正文部分,特载、大事记、附录以及图表、照片不在索引范围内。

H

J

K

L

S

T

Y

ISBN 978-7-5144-3027-1

定价：280.00元